Kosten und Kostenrechnung

Von

Dr. Konrad Mellerowicz

Professor an der Handels-Hochschule Berlin.

I

Theorie der Kosten

Walter de Gruyter & Co.

vormals G. J. Göschen'sche Verlagshandlung — J. Guttentag, Verlagsbuchhandlung — Georg Reimer — Karl J. Trübner — Veit & Comp.

Berlin und Leipzig 1933

Archiv-Nr. 13 14 33

Druck von Walter de Gruyter & Co., Berlin W 10

Vorwort.

Die Betriebswirtschaft ist eine Ertrag-Kosten-Organisation, die Betriebswirtschaftslehre die Grundlage zu ihrer rationalen Gestaltung. Die Gestaltungskraft selbst ist Veranlagung, und nur wenige wirken schöpferisch. Das Gros bleibt Techniker, Routinier, Mitläufer. In der Betriebswirtschaft verbleibt die letzte Entscheidung der Intuition, die man nicht mit dem „Fingerspitzengefühl der Anfänger" verwechseln sollte. Aber bis zu dieser letzten Entscheidung reicht das Betätigungsfeld der Betriebswirtschaftslehre, der Berufswissenschaft des praktischen Kaufmanns und jedes praktischen Wirtschafters. Ihnen will die Betriebswirtschaftslehre etwas Vierfaches vermitteln:

1. Einsicht in Struktur und Zusammenhänge wirtschaftlicher Erscheinungen,
2. quantitative wirtschaftliche Vorstellungen,
3. kalkulatorisches und
4. organisatorisches Denken.

Dieses betriebswirtschaftliche Denken erfordert eine spezifische, theoretische Schulung. In unserer komplizierten Wirtschaft ist ein theoretisch ungeschulter Betriebswirt wie ein Kapitän ohne navigatorische Ausbildung.

Bewußte Wirtschaftsführung, ruhend auf Einsicht, getragen vom Verantwortungsgefühl für den eigenen Betrieb und das Wirtschaftsganze, das zu ermöglichen und zu erreichen ist die Aufgabe dieser Wissenschaft, die zunächst eine theoretische ist, aber eine theoretische auf empirisch-statistischer Grundlage. Eine rein deduktiv gewonnene Betriebstheorie erscheint mir wertlos. Ebenso ist es natürlich falsch, zu glauben, ohne Deduktion auskommen zu können. Ohne Deduktion ist eine betriebliche Totalerfassung unmöglich. Das Ergebnis könnte niemals eine systematische Betriebswirtschaftslehre sein, die aber Ziel der Forschung sein muß.

Die Betriebswirtschaftslehre ist aber nicht nur Theorie. Sie ist ebenso eine angewandte Wissenschaft. Sie ist Betriebstechnik und, nicht zuletzt, Betriebspolitik. Grundlage einer jeden Betriebspolitik auf längere Sicht muß eine Theorie, müssen Vorstellungen sein über Struktur und Ablauf innen- und zwischenbetrieblicher Erscheinungen. Ohne eine bestimmte betriebstheoretische Einstellung müssen die praktischen Maßnahmen den Charakter des Zufalls, der Nachahmung, des Augenblicks erhalten. Eine Auswertung betrieblicher Zahlen kann vernünftig nur im Geiste einer Theorie geschehen. Andererseits aber werden die theoretischen Erkenntnisse erst verwertbar auf der Grundlage einer gut organisierten Kostenrechnung, die die Betriebsabläufe zahlenmäßig registriert. In dem Zusammenhang der Betriebstheorie und der praktischen Kostenrechnung liegt das betriebswirtschaftliche Schwergewicht.

Die Betriebswirtschaft, als rationale Organisation zur Erstellung von Leistungen, sieht die Wirtschaft nicht als Schicksal an, und das Wirtschaften nicht als Ergebung in dieses Schicksal, sondern als bewußtes Gestalten nach eigenem Willen. Gestalten kann nur, wer 1. die wirtschaftlichen Kräfte kennt und 2. die Entwicklung voraussieht. Hierzu ist Erfahrung nicht nebensächlich, aber sie ist nicht das Wichtigste. Einsicht, mit theoretischer Voraussicht, ist mehr.

Der Betriebswirt ist vom wirtschaftlichen Geschehen nicht so abhängig, wie es z. B. der Landwirt vom Wetter ist. Freilich ist der Markt auch für den Betriebswirt eine ungewisse Größe, aber doch bei weitem nicht so ungewiß wie das Wetter. Dem Gestaltungswillen des Betriebswirts, seiner Initiative, sind viel größere Möglichkeiten gegeben.

Darum ist das Ziel dieser Arbeit eine Betriebstheorie, und zwar auf der Grundlage der Kostentheorie. Die Kosten sind das betriebliche Kernproblem, aber Kosten, erfaßt im Geiste der modernen Relativität und Dynamik.

Worauf es mir ankommt, ist, die Dinge nach dem heutigen Stand der Forschung so darzustellen, wie ich sie sehe. Es ist dabei selbstverständlich, daß ich auf den Schultern derer stehe, die vor mir die betrieblichen Kostenfragen behandelt haben. Es ist von mir aber nicht beabsichtigt, auf die gesamte bisherige Literatur einzugehen und mich mit allen einzelnen Autoren auseinanderzusetzen. Das würde den Fluß der Darstellung stören und der Lesbarkeit des Buches hinderlich sein, das ja vor allem auch der Praxis dienen will, sich daher mit wissenschaftlichen Streitfragen nicht allzusehr abgeben darf. Angeführt werden nur die Stellen, die wörtlich entnommen sind oder die mich in meiner Stellungnahme tatsächlich beeinflußt haben. Besondere Anregung verdanke ich den Arbeiten folgender Autoren: Schmalenbach, Nicklisch, Leitner, F. Schmidt, so weit ihre Ansichten auch auseinandergehen. Ebenso stark ist aber auch der Einfluß der amerikanischen Kostentheoretiker und der deutschen und amerikanischen Praxis. Nicht zuletzt ist die nationalökonomische Theorie für meine Grundeinstellung von Bedeutung gewesen, insbesondere die neuere österreichische Schule, ferner Marshall, Pigou und die neueren amerikanischen Forscher: Clark (Vater und Sohn), Taussig, Knight. Es scheint mir überhaupt an der Zeit, ein engeres Zusammenarbeiten beider Wirtschaftsdisziplinen anzustreben. Was in Amerika eine Selbstverständlichkeit ist, sollte bei uns nicht unmöglich sein.

Die Darstellung ist absichtlich reich an Beispielen und Einzelheiten. Konkrete und größenhafte Vorstellungen scheinen mir unerläßlich, wenngleich nicht sie letztes Ziel sind, sondern allgemein gültige Sätze und Gesetze die in der Betriebswirtschaft den Sinn von Tendenzen, Regelmäßigkeiten und im höchsten Falle von funktionalen Abhängigkeiten haben. Einzelheiten sind vor allem auch der Praxis wegen in so reichem Maße geboten, weil eine rein abstrakte Darstellung die Erkenntnis der Zusammenhänge und die Anwendung der Grundsätze erschweren würde. Hoffentlich ist es gelungen, den theoretischen Kern in dem Rankenwerk der Beispiele und Zahlen klar erscheinen zu lassen.

Nicht alle Teile sind mit gleicher Ausführlichkeit behandelt. Wo Literatur in ausreichendem Maße vorhanden ist, wie z. B. bei den Fertigungskosten, glaubte ich mich berechtigt und verpflichtet, besonders knapp zu sein, schon um Raum frei zu bekommen für weniger oder gar nicht behandelte Gebiete: wie Kapital- und Vertriebskosten, Risiko und Reklame, Transportkosten und Betriebstypologie.

Die vorliegende Arbeit ist ein Versuch, das Kostenproblem umfassender als bisher, nicht nur vom Standpunkte der Industrie, sondern aller Wirtschaftszweige : Industrie, Verkehr, Handel und Banken zu behandeln. Darum die eingehende, an Einzelheiten reiche Behandlung der Vertriebskosten, des Risikos, der Reklame, darum auch das Bestreben, aus der einseitigen Industriebetrachtung heraus und zu einem Allzusammenhang der Betriebe, zu einer Totalerfassung zu kommen, freilich immer nur unter einem Gesichtspunkt: der Kosten. Der erste Band wird erst voll verständlich durch den zweiten Band — Theorie der Kostenrechnung und Preispolitik — der die praktische Auswertung und Anwendung der Kostentheorie enthält.

Berlin, im März 1933.

K. M.

Inhalt des ersten Bandes.

A. Die betrieblichen Bewegungsgesetze.

B. Theorie der Kosten.

A. Die betrieblichen Bewegungsgesetze.

I. Der betriebliche Kapitalumlauf — eine Organisation von Ertrag und Kosten.

Wirtschaft ist Beschaffung von Sachgütern oder sonstigen geldwerten Leistungen. Sie geht in Betrieben vor sich, Stätten organisierter Werkverrichtung. Die Erzeugung von Sachgütern oder Dienstleistungen, allgemein von Nutzwerten, ist Produktion. Der Betrieb muß zum Zwecke der Leistungen Aufwendungen machen, wobei das Ziel seiner Anstrengungen ist, mindestens einen Ausgleich von Kosten und Ertrag zu erreichen. Der Betrieb, dessen Produktion eine ständige, sich immer erneuernde sein muß, ist daher vor die Aufgabe gestellt, einen Einklang zwischen den aufgewendeten Kosten und dem zu erwartenden Preis (Wert) herzustellen. Darum ist das Verhältnis zwischen Kosten und Wert der Kern und das Problem der Produktion. Der Betrieb hat das Bestreben, dieses Verhältnis zu seinen Gunsten zu beeinflussen. Ist das Ergebnis der betrieblichen Produktion ein negatives, so ist ihre Aufrechterhaltung auf die Dauer unmöglich.

Die betriebliche Ertrag-Kosten-Organisation ist ein ständig wiederholter Einsatz betrieblicher Mittel. Im Betriebe vollzieht sich eine dauernde Bewegung von Kosten zu Ertrag und wieder zu Kosten, ein betrieblicher Güterkreislauf, der bestimmten Gesetzen unterworfen ist, die wir als die betrieblichen Bewegungsgesetze bezeichnen wollen, und die den Güterfluß in Bewegung halten, solange er überhaupt in Bewegung zu halten ist. In Bewegung gehalten wird er vor allem von zwei Kräften: dem Drang nach Bedürfnisbefriedigung beim Konsumenten, aus dem sich die Willigkeit ergibt, Produkte des Betriebes zu bestimmten Preisen zu erwerben, und dem Drang nach Reinertrag beim Produzenten, der ihn veranlaßt, bestimmte Aufwendungen zu machen und das Risiko der Produktion auf sich zu nehmen. Der durch Bedürfnisbefriedigung beim Konsumenten erreichte Nutzen und der beim Produzenten erzielte Reinertrag lenken die betriebliche Produktion.

Am Anfang der Produktion steht der (erwartete) Nutzen beim Konsumenten, den der Produzent kennen muß, den er entweder aus der Erfahrung weiß oder schätzen muß, den er aber bei Strafe des Unterganges nicht ignorieren darf.

Das zweite erst ist die Produktion. Sie ist vom Konsumenten absolut abhängig, den zu studieren darum für den Produzenten mindestens ebenso wichtig ist wie die Produktion selbst. Die genaue Kenntnis des Produktionsprozesses ist längst Allgemeingut moderner Betriebsführung geworden; die Entwicklung der Technik vom Handwerk zur angewandten Wissenschaft ist längst vollzogen. Die Entwicklung der kommerziellen Vorgänge vom planlosen Produzieren und Feilhalten zu angewandter Wissenschaft ist dagegen noch nicht erreicht. Die betrieblichen Vorgänge der Planung, Finanzierung, Verwaltung, Verrechnung, des Absatzes sind heute noch weit von jener Vollkommenheit entfernt, die der Ingenieur für seinen Teil längst erreicht hat. Die Wirtschaft ist noch weit im Rückstande. Wenn jemals, so hat die letzte Depression deutlich diese Diskrepanz zwischen Technik und Wirtschaft gezeigt. Die Betriebswirtschaftslehre hat die Aufgabe, auch die rein kommerziellen Vorgänge der Finanzierung, inneren Verwaltung, Verrechnung und des Absatzes zu angewandter Wissenschaft auszugestalten. Sie hat insbesondere die Aufgabe, den Betrieb, der vor allem im Industrie- und Verkehrsbetrieb rein produktionstechnisch orientiert war und die wirtschaftliche Verwertbarkeit zu häufig außer acht ließ, absatz- und kostenbewußt zu machen.

Beim Konsumenten finden wir daher den einen Problemkreis, den der Betriebswirt zu analysieren hat, um ihn betrieblich richtig zu behandeln, und im Betrieb den zweiten, den innerbetrieblichen Produktionsprozeß, der wiederum zwei Seiten hat: die technische Produktion, die Sache des Ingenieurs ist, und die wirtschaftliche Verwertung bzw. Verwertbarkeit, die zu den Obliegenheiten des Betriebswirts gehört. Der Betriebswirt gibt der Produktion die Richtung; er plant, finanziert, kontrolliert und setzt ab; der Ingenieur produziert. Der technischen Produktion ist die wirtschaftliche Verwertbarkeit vorangestellt, da das betriebliche Ziel des höchsten Reinertrages sonst nicht erreicht werden kann.

Zu den zwei Kräften, die die Produktion in Gang halten: Motive des Konsumenten und des Produzenten, kommt noch eine dritte: der soziale Einfluß, der Nachfrage und Angebot gleicherweise beeinflußt. Die neuzeitliche Betriebswirtschaft ist eine soziale Produktion, eingegliedert in eine festgefügte Gesellschaft, mit sozialen Hilfen und sozialen Bindungen. Wollte der Betriebswirt die dritte Art von Kräften außer acht lassen, so würde er ihre reale Existenz an den sich einstellenden Hemmungen und Spannungen sehr bald merken. Nicht die Produktion, nicht die Kosten allein machen den „Betrieb“ aus, sondern daneben der Absatz und die sozialen Kräfte, die man beide bisher unverantwortlich vernachlässigt hat.

Die drei Kräfte, die die betriebliche Bewegung bestimmen: Konsumtion, Produktion, soziale Einflüsse müssen zunächst dargestellt werden.

Der Konsument wird in seinen Entschlüssen vom Grenznutzen geleitet, dem Wert der letzten Einheit eines vorhandenen Vorrates oder „dem Nutzen der unwichtigsten Einheit, die an Stelle der für entbehrlich gehaltenen Einheit treten kann“ (Böhm-Bawerk). Der Grenznutzen ist bestimmend für die Wertung des ganzen Vorrates. Der Konsument stellt dem zu erwartenden Nutzen seine Aufwendungen gegenüber, d. h. er teilt seine

Kaufkraft auf die einzelnen Bedürfnisse auf. Die Differenz zwischen Nutzen und Kaufkraftaufwendung gibt bei ihm immer einen Überschuß, einen Reinertrag. Je größer der Reinertrag, desto eher wird dieses Bedürfnis befriedigt und jedes Bedürfnis so lange, bis der Ertrag so klein wird, daß der Ertrag einer anderen Bedürfnisbefriedigung größer ist. Die letzte Menge zur Befriedigung eines Bedürfnisses ergibt einen Grenzertrag. Jede Bedürfnisbefriedigung hat ihren Grenzertrag. Da zur Befriedigung eines weiteren Bedürfnisses erst geschritten wird, wenn sein Grenzertrag mindestens ebenso groß ist wie der des vorhergehenden, müssen sich die Grenzerträge ausgleichen. Das ist das Liefmannsche Gesetz vom Ausgleich der Grenzerträge beim Konsumenten. Die Aufwendungen werden auf die einzelnen Bedürfnisse immer in dem Maße ihrer Grenzerträge aufgeteilt. Das Gesetz des psychischen Grenzertrages leitet den Konsumenten.

Zweifellos ist diese Darstellung der Wahlvorgänge beim Konsumenten rationalisiert und konstruiert, da solch rationale Entscheidungen nicht getroffen werden. Das Prinzip ist aber richtig. In der Theorie erscheint es reichlich kompliziert und unwirklich. In der Praxis ist der Vorgang viel einfacher, da die große Masse der Entscheidungen nicht an Hand solcher Kalkulationen erfolgt, sondern nach der Erfahrung. Die wichtigsten Bedürfnisse und die Aufwendungen zu ihrer Befriedigung sind bekannt, nur die letzten Bedürfnisse, die „Ränder der Bedarfsbefriedigung“, werden tatsächlich besonders erwogen und nach dem Grenzprinzip entschieden, z. B. die Wahl zwischen einem Radiokauf oder einer Reise. Immer aber handelt es sich um die Verteilung von Aufwendungen für die verschiedenen Bedürfnisse nach dem Grenznutzen bzw. dem psychischen Grenzertrag. Grenznutzen bzw. Grenzertrag sind auch heute noch zur Erkenntnis der psychischen Vorgänge beim Konsumenten anwendbar und ausreichend, wenn man damit nicht eine mathematische Genauigkeit zu erzielen glaubt. Sie sind freilich nicht ausreichend zur Erklärung des gesamten Vorganges der Preisbildung.

Von der Kenntnis dieser Wertung des Konsumenten, seinem Bedarf und seiner Kaufkraft, d. h. seiner Nachfrage, geht der Produzent an die Erzeugung von Sachgütern und Dienstleistungen. Auch ihn leitet ein ähnliches Motiv wie den Konsumenten: Bedürfnisbefriedigung, nämlich des Bedürfnisses nach Ertrag zum Zwecke der Unterhalts- und darüber hinaus der Erwerbsfürsorge. Ihn leitet das Streben nach Gewinn, nach einem Reinertrage. Der Nutzen soll größer sein als die Kosten. Er vergleicht Nutzen und Kosten und produziert dann und solange, wie der Nutzen die Kosten übersteigt. Der Nutzen, den die letzte produzierte Schicht erbringt, ist der innerbetriebliche Grenzertrag. Der Grenzertrag ist ein Geldertrag und eine Differenz. In dem bekannten Kreislauf: Geld — Ware — (Mehr-) Geld werden Geldkosten zur Erzeugung von Produkten aufgewendet, die einen Bruttoertrag erbringen. Die Produktion wird solange und soweit ausgedehnt, als der Grenzertrag ein Reinertrag ist. Er ist der Motor der betrieblichen Produktion; er gibt ihr Ziel, Richtung und Stärke. Der

Reinertrag lenkt die Produktion; der Grenzertrag bestimmt ihre Ausdehnung. Das ist das oberste betriebliche Bewegungsgesetz, das Gesetz der Produktionsregelung der freien und halbfreien Wirtschaft.

Der Grenzertrag als Reinertrag erfüllt die zwei betrieblichen Aufgaben: a) der Kapitalerhaltung, b) der Gewinnerzielung (über die Kapitalerhaltung hinaus). Es kommt hier nicht auf den einzelnen Vorfall an, sondern auf den Gesamtertrag einer Periode, und zwar nicht einer Jahresperiode, sondern einer Konjunkturperiode, wenngleich nach Möglichkeit jedes Jahr und sogar jeder Vorfall einen Reinertrag erbringen sollte. Darum wird eine Produktion solange ausgedehnt, wie die Marktlage einen Reinertrag zuläßt, solange wie der Grenzertrag ein Reinertrag ist. Der Ertrag ist zunächst als absoluter Ertrag zu nehmen, als positiver Gewinn. Im weiteren Verfolg der Produktion, sei es in bezug auf nachfolgende Produktionsschichten oder in Depressionszeiten, kann der Grenzertrag auch ein relativer Ertrag, ein geminderter Verlust sein[1]). Neben dem absoluten Ertrag steht daher im Betriebe für weitere Schichten und bestimmte Konjunkturphasen der relative Gewinn, der eine Verlustminderung darstellt. Dies bedeutet, daß der Betrieb seine Produktion soweit ausdehnen wird, daß der Grenzertrag seinen Gesamtreinertrag zu erhöhen oder seinen Gesamtverlust zu mindern imstande ist. Führt ein Betrieb mehrere Artikel, Abteilungen, wird er erst die rentabelsten produzieren oder vertreiben und bei ihnen solange bleiben, bis ihr Grenzertrag nicht von dem Grenzertrag eines anderen Artikels übertroffen wird, immer unter dem Gesichtspunkt, daß der Markt beschränkt aufnahmefähig ist. Zu den Hauptartikeln (Hauptabteilungen) werden Kompensationsartikel kommen, die häufig einen geringeren Reinertrag erbringen, die aber immerhin noch einen relativen Nutzen stiften und zur Erhöhung des Gesamtertrages beitragen. Der positive Grenzertrag, der die Kosten deckt und einen Reinertrag erbringt, muß das Ergebnis normaler und Haussezeiten sein, der relative Grenzertrag, der den geringst möglichen Verlust darstellt, dagegen von Krisen. Auf die Dauer muß sich ein positiver Ertrag ergeben, weil sonst ein Anreiz zur Produktion nicht mehr vorhanden wäre.

Der Ertrag muß Kosten und Eigenzins decken. Die Tendenz hierzu ist noch bei dem letzten zur Deckung der Nachfrage nötigen Betriebe, dem Grenzbetrieb, vorhanden. Im Laufe der Entwicklung bleibt aber der Grenzbetrieb nicht Grenzbetrieb. Er kann steigen und zum repräsentativen Betriebe, oder fallen und zum Verlustbetriebe werden. Der Grenzbetrieb erhält vom Markte im Preis Deckung der Kosten (und Eigenzins).

---

[1]) Jeder Ertrag über die Deckung der festen Kosten hinaus ist als relativer Ertrag anzusehen. Wenn auch nicht die gesamten Kosten gedeckt werden, so doch alle veränderlichen und ein größerer oder geringerer Teil der festen Kosten. Durch Deckung eines Teiles der festen Kosten wird der sonst entstehende Verlust vermindert. S. Abschnitt über Kapazitätskosten.

Dieser Ertrag, der ein Gesamt- und Durchschnittsertrag ist, ist der zwischenbetriebliche Grenzertrag.

Auch zwischenbetrieblich gesehen leitet der Grenzertrag (Kosten und Zins) die Produktion. Die Produktion einer Branche wird bis zum Grenzbetrieb, und zwar bis zur Grenzschicht des Grenzbetriebes, bis zum innerbetrieblichen Grenzertrage des Grenzbetriebes ausgedehnt. Innerhalb der Branche herrscht natürlich infolge der verschieden günstigen Lage, der Organisation und anderer Faktoren eine große Ertragsdispersion, die in sich aber auch eine Ausgleichstendenz trägt.

Innerhalb der Gesamtwirtschaft, zwischen den verschiedenen Branchen, herrscht das Liefmannsche Gesetz vom (zwischenbetrieblichen) Ausgleich der Grenzerträge. Eine hochrentable Branche zieht neues Kapital an sich, die Produktion wird erweitert, der Ertrag sinkt. Einer Branche fließt solange Kapital zu, als sie rentabler ist (unter Berücksichtigung der verschieden großen Risiken) als die übrigen: Gesetz der Kapitalbewegung, das auch die internationalen Kapitalbewegungen beherrscht. (Das Kapital fließt nach dem Orte größter Rentabilität [nutzenreichster Verwendung]). Die Gesamtproduktion wird darum vom Gesetz vom Ausgleich der Grenzerträge beherrscht.

Bei allen diesen Ausgleichen der Grenzerträge, bei Konsumenten und Produzenten, in der Einzel- und in der Gesamtwirtschaft, ist festzuhalten, daß es praktisch zum wirklichen Ausgleich nicht kommt. Das wäre ein statisches Ideal, das es in der Wirklichkeit nicht geben kann. Wirksam ist nur die Tendenz zum Ausgleich. Worauf es hierbei ankommt, ist die Erkenntnis der Kräfte, die die Bewegung hervorbringen, und die Richtung, in der die Veränderung vor sich geht, nicht die minutiöse Feststellung rechnerischer Größen.

Der einzelne Betrieb ist mit seiner Produktion in ein ganzes System von bestehenden Beziehungen und Einrichtungen hineingesetzt, die für ihn einen „sozialen Fonds“ darstellen, der ihm teils Hilfen bietet, teils Bindungen auferlegt, die er alle kennen und beachten muß, wenn seine Ertrag-Kosten-Organisation reibungslos, betrieblich und gemeinwirtschaftlich erfolgreich wirken soll. Die übliche Darstellung von Nachfrage und Angebot, als den zwei sich gegenüberstehenden Parteien ist zur Kennzeichnung all der im Markt und im Betriebe wirkenden Kräfte wegen der Vernachlässigung der sozialen Beziehungen und Bindungen nicht ausreichend. Die sozialen Gegebenheiten, die beide beeinflussen, sind ebenso notwendig in der Darstellung der den Güterfluß bestimmenden Kräfte.

Konsument und Produzent finden in den meisten Fällen nicht nur bestehende Marktverhältnisse, „schwebende“ Preise vor, an denen sie ihr Verhalten ausrichten können, sie finden ferner die starken Kräfte einer festgefügten Gesellschaft, des Staates vor, mit denen sie sich abfinden müssen und die jedenfalls die völlig freie Entschließung stark behindern. Die Wirtschaft ist eben nicht mehr vollkommen frei, und wollte die Betriebstheorie von einer völlig freien Wirtschaft ausgehen, würde sie niemals eine anwendbare Wissenschaft ergeben, was sie doch unbedingt sein muß.

Die sozialen Einflüsse sind vor allem folgende:[1])

1. „Leitung und Führung" der individuellen Entscheidungen, sowohl beim Konsumenten als auch beim Produzenten. Beide finden feste Verhältnisse vor, die ihre Wahlvorgänge bestimmend beeinflussen. Der Konsument: sozial bedingte Bedürfnisse, Beeinflussung durch das Milieu (Nachahmung), durch Erziehung, Information, Reklame. Der Produzent: Erfahrung und Bildung, Konkurrenz, Erfindungen, Verbände, Zeitschriften usw. Es sind auf beiden Seiten insbesondere Erziehung und Informationen, die auf die Wahlvorgänge, die das Wirtschaften ausmachen, Einfluß üben. Sie beeinträchtigen die Freiheit der Entschließung, ermöglichen aber andererseits beim andern Teil eine Voraussicht der Wahl. Eine wirklich freie Entscheidung, entsprechend dem Grenznutzen beim Konsumenten und dem Grenzertrag beim Produzenten, erfolgt darum nur in den allerseltensten Fällen. Der Großteil ist bereits vorherbestimmt, ist entschieden: durch das bisherige Tun, die Erfahrung, Sitte und Brauch, familiäre, erzieherische Einflüsse, Nachahmung, Information. Die wirklich frei zu entscheidenden Fälle sind so selten, daß ihnen die menschliche Urteilsfähigkeit durchaus gerecht werden kann, in den früher relativ stabilen oder sich nur langsam ändernden Zeiten naturgemäß eher und besser als in unserer sich rasch ändernden Zeit. Hier wird Information, nicht so sehr durch Reklame als durch Erziehung und Bildung, unabhängige Zeitungen und Zeitschriften, öffentliche Informationsstellen und in schwierigen Fällen durch unterrichtete, unbeteiligte Personen, unbedingt notwendig.

2. Gesellschaftliche Bindungen: moralische Anschauungen, Sitten und Gebräuche.

3. Staatliche und ständische Einrichtungen:

a) Die Rechtsordnung mit dem ausgesprochenen Ziel des Schutzes der Gesellschaft, so unvollkommen der Schutz auch sein mag: Durchführung rechtmäßig abgeschlossener Verträge, Begrenzung der Erwerbssucht, Zurverfügungstellung fester Rechtsformen für die Wirtschaftsorganisationen und zahllose anderer Einrichtungen, die alle Hilfen, aber auch Bindungen für den Produzenten und Konsumenten bedeuten.

b) Staatliche Kontrolle und Regulierung: Eingriffe in die Arbeitsverhältnisse (Tarifverträge, die Möglichkeit ihrer Verbindlichkeitserklärung und Unabdingbarkeit, Sozialversicherung, Eingriffe in die Preisbildung (Eisenbahn-, Kraftwagentarife, Preissenkungsaktion), Bildung von Zwangsverbänden (Kohlen-, Kalisyndikat; das Elbe-Schiffahrtskartell), Subventionen, Interventionen, Sozialisierungen u. v. a.

---

[1]) Vgl. J. M. Clark, in: Die Wirtschaftstheorie der Gegenwart. Herausg. von Hans Mayer, Bd. II. Wert, Preis, Produktion, Geld und Kredit. S. 271/72. Wien 1932. — Ferner Clark: Social control of business. Chicago 1928.

Sinn der Kontrolle ist, entgegenstehende Interessen auszugleichen. Sie ist in dem Maße gut, als sie über die Möglichkeiten freier Wirtschaft hinausgeht und neben der Erhaltung eines Höchstmaßes an privater Initiative weiteren Fortschritt und „eine gerechte Verteilung der resultierenden Vorteile gewährleistet". Die Produktion der Sachgüter in einer freikapitalistischen Wirtschaft bringt zahlreiche Nebenwirkungen hervor über die Belastung der Konsumenten mit den Kosten hinaus (z. B. Schädigung durch giftige Gase, Lärm, Verunreinigung des Flußwassers, Freisetzung von Arbeitern [soziale Gemeinkosten]), die ein Rechtssystem nicht erfolgreich verhindern und ausgleichen kann. Die moderne Produktion ist eine soziale Produktion, dessen sich der Betriebswirt bewußt werden muß. Sie gibt dem Betriebswirt die Vorteile des „sozialen Fonds", den er nicht geschaffen hat, über den er für sich aber verfügen darf und den er tatsächlich nutzt. Dafür legt sie ihm soziale Verpflichtungen auf und verlangt von ihm, daß er nicht nur absatz- und kosten-, sondern auch sozialbewußt sei, sie fordert von seiner Betriebsführung nicht nur wirtschaftliche, sondern auch „soziale Effizienz". Die Betriebswirtschaftslehre, die eben nicht nur Privatwirtschaftslehre ist, hat darum vom Unternehmer schon immer soziales Bewußtsein verlangt und ihm als Ziel die „gemeinwirtschaftliche Wirtschaftlichkeit" gezeigt (Nicklisch) und hat als ihre Aufgabe „Forschung unter gemeinwirtschaftlichen und nicht privatwirtschaftlichen Gesichtspunkten" erkannt (Schmalenbach). Die in einem gewissen Stadium der kapitalistischen Wirtschaft notwendige Kontrolle und auch Intervention hat daher das Ziel, „Interessenkonflikte zu schlichten und manche Interessen auszuschalten, um andere schützen zu können" (J. M. Clark). Wiederum aber wird dadurch die freie Entschließung gemindert.

Die wirkliche Entscheidung über den Wert betrieblicher Produktion, über das Verhältnis von Kosten und Wert, erfolgt erst auf dem Markt, der beide Parteien beherrscht und keiner gestattet, ihren Willen voll durchzusetzen. Beide kommen mit vorgefaßten Meinungen auf den Markt, aber erst hier fällt die letzte Entscheidung darüber, was jede Partei dafür erhält, was sie hingibt.

Die Stellung des Marktes im sozialen Bau und die entscheidende Wirkung des Preises auf die Organisation der Gesamtwirtschaft gibt beiden eine besondere Bedeutung. Es ist darum eine sehr wichtige staatliche Aufgabe, darüber zu wachen, daß Preis und Markt ihre Funktionen ausüben können. Im Zeitalter mechanisierter Erzeugung, hoher fixer Kosten und riesiger akkumulierter Kapitalien, bleibt dem Staate zu tun außerordentlich viel übrig. Hundertprozentiger Liberalismus ist bei der heutigen sozialen Produktion unmöglich. Die Eingriffe des Staates dürfen sich nur nicht zum „reaktionären Interventionismus" [1]) auswachsen. Doch ist ein gemäßigter Individualismus durch nichts zu ersetzen.

[1]) A. Rüstow, Interessenpolitik oder Staatspolitik? Der Deutsche Volkswirt 1932/6.

Sind erst die Bedingungen und Grundkräfte der Produktion erkannt [1]), ist die Darstellung des objektiven Güterkreislaufs weniger wichtig. Es handelt sich immer um die Bewegung von Kosten zu Ertrag und so fort. In der Produktionssphäre ist hierbei die technische Produktion in der Werkstatt von der vor ihr liegenden und sie begleitenden Dispositions- und Kontrolltätigkeit im Sinne der wirtschaftlichen Verwertbarkeit zu trennen, wenngleich sie praktisch eine Einheit mit einem einzigen Zweck bilden: wirtschaftlich verwertbare Leistungen zu vollbringen. Noch eine zweite Teilung ist im Betriebe vorzunehmen: die der produzierenden von der finanziellen Sphäre: die Beschaffung von Kaufkraft, ihre Umwandlung in Kapitalgüter und deren Umwandlung wieder in Geld und geldwerte Forderungen. Die Speisung der finanziellen Betriebssphäre geschieht durch reine Finanzkräfte (Kapitalisten, insbesondere Banken), die wiederum durch andere Finanzkräfte genährt werden: unverbrauchtes Einkommen und unverteilten, nicht wieder investierten Betriebsertrag. Hier greift die konsumtive Sphäre in die betriebliche hinein, insofern als der Konsument unverbrauchtes Einkommen als Spar- oder Investitionskapital Depositen- und Finanzbanken zur freien Nutzung übergibt. Und noch in einer zweiten Weise greift der Konsument in die Betriebssphäre ein: als Arbeiter und Angestellter in der Gewinnung und Formgebung der Sachgüter, und in der Erstellung der Dienstleistungen. Die Kaufkraft, die er als Entgelt erhält, tritt dann drittens als Nachfrage auf und gibt dem betrieblichen Güterkreislauf den letzten und auch entscheidenden Anstoß. Sie bildet die eigentliche Verbindung der betrieblichen Sphäre mit der konsumtiven und vollendet durch die Umwandlung der betrieblichen Leistungen in Geld und Geldeswert den betrieblichen Güterfluß [2]).

Diesen betrieblichen Güterkreislauf kann man aber als einen wirklichen Kreislauf nicht anerkennen, da zwar eine Tendenz zum Kreislauf insofern besteht, als Geld in Ware und Ware in Geld zurückverwandelt wird, aber eine Rückkehr zum Ausgangspunkt nicht zustande kommt, vielmehr stets eine Weiterentwicklung erfolgt: eine positive, wenn Mehrgeld das Ergebnis eines Umschlages ist, eine negative, wenn Wenigergeld erzielt wird. Außerdem ändert sich ständig die Zusammensetzung der Kapitalgüter. Die immerwährende Rückkehr zum Ausgangspunkt wäre etwas Statisches, das in diesem Falle bestimmt kein Ideal wäre, ganz abgesehen von der Unwirklichkeit. Wir entscheiden uns daher für Umlauf statt Kreislauf, weil dadurch sowohl die Umwandlung als auch die Entwicklung erfaßt wird.

Weiter trifft auch das Wort „Gut" im Begriff des betrieblichen Umlaufs nicht den Kern dieser Bewegung: es sind nicht einfache Güter, der Bedürfnisbefriedigung dienende Mittel, sondern Kapitalgüter, dem Erwerbe dienende Mittel, die in einer spezifischen Form und einem spezifischen Aufbau zur Anlage organisiert werden. Es handelt sich hierbei um Kapital, das um-

---

[1]) Die Ertragsgesetze sind in einem anderen Zusammenhang untersucht. S. 342.

[2]) Eine nähere Darstellung dieser Wertumläufe s. bei Nicklisch, Die Betriebswirtschaft, S. 103 ff.

läuft, das sich aus Geldkapital in Sachkapital umwandelt und umgekehrt. Das im Begriff Kapital liegende dynamische Erwerbselement ist es, das in dem Begriffswort eingefangen werden muß. Kapital ist hier im umfassendsten Sinne zu nehmen, die Konsumtions-, Produktions- und Sozialsphäre umfassend: in der *Konsumtionssphäre* das Sparkapital, das nicht zu Konsumtions-, sondern zu Produktionszwecken verwendet wird; in der *Produktionssphäre*: die zur Anlage verbundenen Kapitalgüter und das zum Betrieb nötige Umlaufskapital, aber ebenso die kapitalisierten Einkommensquellen; in der *Sozialsphäre*: der soziale Fonds an Wissen und Können, Arbeits- und Handelstechniken, an Rechtssystemen; der moralische Fonds, der staatliche Schutz der Ordnung und der Arbeit, die alle erst Kapitalaufbau und Kapitalnutzung in wirksamster Weise möglich machen. Darum sprechen wir statt von Gutsumlauf von *Kapitalumlauf*.

Der Kapitalumlauf des Betriebes ist nur ein Teil des *gesamtwirtschaftlichen* Kapitalumlaufs, den näher zu analysieren nicht unsere Aufgabe ist. Nur seine quantitative Gestaltung wollen wir in Anschluß an Wagemann [1]) darlegen:

		Mrd. RM	%
1925: 1. Landwirtschaft		10	18.87
2. Industrie und Handel		25	47,17
a) Kraftstoffe	1,9 Mrd. = 7,5%		
b) Grundstoffe	4,3 Mrd. = 17,1%		
c) Konstruktionen	7,3 Mrd. = 29,5%		
Produktionsmittel insgesamt	13,5 Mrd. = 54,1%		
d) Nahrungs- und Genußmittel	2,8 Mrd. = 11,3%		
e) Bekleidung	4,9 Mrd. = 19,6%		
f) Wohnung, Luxus, Kultur	3,8 Mrd. = 15%		
Verbrauchsgüterindustrie insgesamt	11,5 Mrd. = 45,9%		
3. Handel- und Verkehr und Wohngewerbe		12	22,64
4. Dienstleistungen		6	11,32
		53 Mrd.	100%

II. Die wirtschaftliche Dynamik.

1. Begriff der Dynamik.

Der betriebliche Kapitalumlauf ist kein *Kreislauf*. Die betriebliche Entwicklung ist vielmehr ständig fortschreitend, insbesondere in unserer vorwärts drängenden Zeit. Strukturänderungen, soziale und wirtschaftliche Verschiebungen überall! Der Betrieb ist mitten drin, eingegliedert in das wirtchaftliche und soziale Geschehen. Seine Veränderungen sind nicht minder groß, erzwungen durch die Entwicklung der Umwelt oder selbst Entwicklung hervorbringend: *der Betrieb ist ein dynamischer Organismus.*

Die Dynamik steht im Gegensatz zur Statik. Beide Begriffe entstammen der Mechanik [2]) und bedeuten hier die Lehre von der Ruhe und der Bewegung der Körper.

[1]) Konjunkturlehre, Berlin 1928, S. 25—43.

[2]) Vgl. insbes. F. H. Knight, dem wir uns im Hauptprinzip anschließen:

Die Grundidee der wirtschaftlichen *Statik* ist die Annahme eines Gleichgewichts, von Kräften im Gleichgewicht. Was aber ist, wirtschaftlich gesehen, die Kraft? Die Antwort ergibt sich aus der Grundeinstellung zur *Psychologie*. Materialisten und Nicht-Materialisten (Idealisten, Dualisten, Pluralisten) werden die Frage nach dem Wesen der Kraft verschieden beantworten. Die einen werden in der Materie, die andern in der Psyche, allein oder in Verbindung mit der Materie, den entscheidenden Faktor sehen. Die einen werden darum nicht den Menschen als Mittelpunkt betrachten, sein Streben, seine Motive, sondern die Ware und den Preis und daher vor allem durch Korrelationen und Trendberechnungen den Zusammenhang der Dinge zu erforschen versuchen. Für die anderen steht der Mensch, das Bedürfnis, das Opfer zur Befriedigung des Bedürfnisses im Mittelpunkt. *Das menschliche Motiv wird zur wirtschaftlichen Kraft.* Freilich ist das keine mechanische Kraft und unterliegt nicht mechanischen Gesetzen. Für uns ist das menschliche Bedürfnis der Urgrund des menschlichen Wirtschaftens, die Nachfrage der entscheidende Faktor im wirtschaftlichen Werden. Das Motiv der Unterhaltungsfürsorge beim Konsumenten, der Erwerbsfürsorge beim Produzenten, ist für uns die wirtschaftliche Kraft, ist bewegende Kraft.

Auch die Statik kennt Bewegung oder Prozeßvorgänge. Die Aufhebung zweier Kräfte durcheinander, die wiederum zum Ruhezustand, zum Gleichgewicht führt, ist eine solche Bewegung. Nur untersucht die Statik nicht die Bewegung, sondern den Zustand der Ruhe, das Gleichgewicht. Wo die Bewegung, die Entwicklung, der Veränderungsprozeß untersucht wird, da handelt es sich bereits um Dynamik. Wirtschaftliche Dynamik ist wirtschaftliche Entwicklung, gesehen in der Zeit; dynamische Betrachtung bezweckt Erkenntnis der wirtschaftlichen Kräfte, des Ausmaßes und der Richtung ihrer Wirkung, die zur wirtschaftlichen Veränderung führen. *Das Entwicklungs- und das Zeitmoment* kennzeichnen darum insbesondere *die wirtschaftliche Dynamik.*

In der *mechanischen* Statik wirken Kräfte, die zu einem *stationären Gleichgewicht* führen. Wie steht es in der Wirtschaftswissenschaft mit dem Gleichgewicht?

In dieser Wissenschaft vom konsumierenden und produzierenden Menschen steht in der Betrachtung der Analogie zwischen Mechanik und Wirtschaft und damit auch der Frage des Gleichgewichtes, die *Psychologie* im Mittelpunkt, weil es hierbei auf das menschliche Verhalten ankommt. Wird das menschliche Verhalten vom bewußten Überlegen und Streben oder einer automatischen Reaktion bestimmt? Ist das Verhalten ein gleichmäßiges und ständig gleiches? *Die Naturwissenschaft verlangt eine automatische und ausnahmslose Gleichmäßigkeit.* Es kann kein Zweifel darüber bestehen, daß die Psychologie und auch die Wirtschaftswissenschaft eine solche ausnahmslose Gleichmäßigkeit nicht kennen. Das

---

Statik und Dynamik. Zur Frage der mechanischen Analogie in den Wirtschaftswissenschaften. J. f. N. 1931/1.

bewußte Interesse: das Streben nach Bedürfnisbefriedigung, das Drängen nach wirtschaftlichem Vorteil führt zu keinem automatischen Verhalten. Hierzu wären gleichmäßige Beharrungs- und Reibungskräfte in der Wirtschaft notwendig, die es aber nicht gibt. In der Wirtschaft besitzen Beharrung und Reibung nicht jene Gleichmäßigkeit wie in der Mechanik.

Ebensowenig wie die Annahme automatischer und gleichmäßiger Bewegung ist die Annahme eines stationären Gleichgewichtes berechtigt. Es gibt freilich Anpassungsvorgänge, kurz- und langfristiger Natur, die nach einem Gleichgewicht streben; aber es bleibt beim Streben, bei der Tendenz. Dieses Gleichgewicht selbst könnte auch niemals ein stationäres, sondern müßte ein dynamisches sein, weil sich selbst im Gleichgewicht Bewegungsvorgänge abspielen müßten, die zur Weiterentwicklung, zum Fortschritt führen würden. Dem gleichmäßigen Fortschritt stehen die vielen Variablen hindernd entgegen, die sich durchaus unregelmäßig verhalten. Freilich ist unsere Kenntnis auf dem Gebiete der wirtschaftlichen Dynamik viel zu gering, um etwas Definitives sagen zu können. Vielleicht könnte die Wirtschaftsstatistik auf diesem Gebiete einst zu besseren Ergebnissen kommen.

Es ist daher Knight [1]) durchaus zuzustimmen, daß eine Übertragung der Gesetze der Mechanik auf die Wirtschaft unmöglich ist, daß Statik und Dynamik in der Wirtschaftswissenschaft nicht denselben Sinn haben können wie in der Mechanik. Wenn man in der Wirtschaftswissenschaft von Dynamik im Gegensatz zur Statik spricht, meint man mehr die Grundeinstellung zu den wirtschaftlichen Dingen: ob man den Zustand oder die Veränderung und ihre Gesetze im Auge hat und Methoden anwendet, die das Zuständliche oder die Bewegung zu zeigen in der Lage sind. Beim Dynamiker meint man das Evolutionistische seiner Auffassung und die Ablehnung der gegenteiligen Ansicht, die auf das rein Zuständliche gerichtet ist.

Zusammenfassend könnten wir das Verhältnis von wirtschaftlicher Statik und Dynamik etwa folgendermaßen darstellen:

Statik	Dynamik
zeitlos	zeitgebunden
entwicklungslos	sich fortentwickelnd
das Sosein	das Sowerden
Kreislauf	Entwicklung
stationäres Gleichgewicht	Tendenz zum dynamischen Gleichgewicht
lineare Größe	Dimension höheren Grades
Konstruktion	Wirklichkeit
Photographie	Kinematographie
Zustand in einem Augenblick	Werden in einer Periode
Darlegen des Daseins.	Aufzeigen der Kraftquellen und Störungen.

Haben wir die Wirtschaft als etwas Dynamisches erkannt, so muß auch unsere betriebswirtschaftliche Auffassung dynamisch sein: auf die Erfassung der

[1]) a. a. O.

Entwicklung hinzielen und das Zeitmoment berücksichtigen. Uns ist darum die Bewegung wichtiger als der Zustand, das Werden wichtiger als das Sein, die wirtschaftlichen Kräfte, die der Bewegung Richtung, Tempo und Ausmaß geben, wichtiger als das Ergebnis, das Werden des betrieblichen Erfolges und seine Quellen wichtiger als das Dasein der Bestände und ihrer einzelnen Arten und Größenverhältnisse. Darum muß unser Ziel eine dynamische Betriebstheorie und eine dynamische Kostenlehre sein.

2. Tatsachen, Ursachen und Tendenzen der wirtschaftlichen Entwicklung.

Die wirtschaftliche Entwicklung ist eine historische Tatsache. Ihr entscheidendstes Merkmal ist, daß die Dynamik zunimmt, so daß man von einer Tendenz zur Steigerung der Dynamik sprechen kann. Die Perioden, während der umwälzende Änderungen vor sich gehen, werden immer kürzer. Nationen, denen die westliche Zivilisation erschlossen wird, nehmen in kürzester Zeit Entwicklungen von Jahrtausenden in sich auf. Innerhalb von 20 Jahren entwickelte sich Japan zum modernen Industriestaat, wozu England über 100, Italien 50 und Deutschland wenigstens 30 Jahre gebraucht haben. In der jüngsten Zeit jagt eine Erfindung die andere, und die Technik feiert Triumphe wie nie zuvor. Whitehead, der große amerikanische Philosoph, machte in seiner berühmt gewordenen Rede [1]) vor der Harvard Business School im Dezember 1930 außerordentlich wirkungsvoll darauf aufmerksam, wie der Charakter der Gesellschaft und der Wirtschaft sich geändert hat. Er versuchte hierbei eine Periodisierung der wirtschaftlichen Entwicklung und wies darauf hin, wie gering die Entwicklung früherer Jahrtausende gewesen ist: Millionen von Jahren sind vergangen, ehe Berge und Meere entstanden und das Antlitz der Erde formten; eine Änderung der Klimate braucht immerhin Zeiträume von 5000 Jahren, Völkerwanderungen infolge Übervölkerungen Zeiträume von fast 500 Jahren. Und wie gering ist doch der technische Fortschritt im vorwissenschaftlichen Zeitalter gewesen! Nur wenige Erfindungen wurden gemacht: das Feuer, das Zähmen der Tiere, die Schmiedekunst. 500 Jahre waren die geringsten Zeitspannen für solche Änderungen. Vergleichen wir den Stand der Technik um 100 nach Christus, zur Zeit der Blüte des römischen Kaisertums, und um 1400, dem Ausgang des Mittelalters, so werden große Unterschiede nicht sichtbar. Zwar ist das Schießpulver erfunden und die Navigierkunst verbessert, aber die Wirkungen zeigten sich doch erst in ferner Zukunft. Von 1400 bis 1700 zeigt sich dagegen ein großer und schneller Fortschritt: Schießpulver — Kriegsführung, Buchdruckkunst, Schiffahrt und Technik des Handels. Immer aber noch besteht zwischen dem Leben zur Zeit der Römer und dem im 18. Jahrhundert eine große Ähnlichkeit, und daraus allein erklärt sich der große Einfluß der griechischen und römischen Kultur und ihrer Literatur auf die damalige Zeit. Welche Wirkung geht heute noch von ihr aus? Kann sie noch groß sein, wo

---

[1]) Abgedruckt als Vorwort zu Donham's Buch „Business Adrift". New York 1931.

ihr die Grundlagen entzogen sind? Wieviel schneller ging dann die Entwicklung in den 50 Jahren von 1780 bis 1830 vor sich! Von 1830 bis 1880 war mehr eine Periode der Stabilisierung der Technik. Von da ab aber, besonders hervorgebracht durch den Krieg, befindet sich die Welt in einer dauernden Revolution. Eine Erfindung folgt der andern, mit oft tiefgreifenden Wirkungen auf Wirtschaft und Gesellschaft, Wirkungen, die die Grundlagen unserer Gesellschaft zu erschüttern drohen. Die Welt ist in Bewegung geraten, Dynamik ist das vorherrschende Merkmal der Wirtschaft, die zugleich eine Allverbundenheit und Markt- und Weltverkehrsabhängigkeit zeigt, die der Wirtschaft und dem Betrieb ein anderes Gepräge geben und ihm für immer die Möglichkeit der Isolierung nehmen.

Fragen wir nach der Ursache dieser zunehmenden Dynamik, so haben wir zunächst von der Grundstruktur der modernen Wirtschaft auszugehen, die durch drei Erscheinungen charakterisiert wird: den Kredit, die Maschinenproduktion, das Preissystem. Alle drei aber sind dynamischer Natur.

Der Kredit macht die für die moderne Wirtschaft so wichtige Tatsache möglich, Kaufkraft und damit Verfügungsgewalt ohne Geldbesitz zu erhalten. Dem wagemutigen Unternehmer sind so Möglichkeiten geboten, seine Verfügungsgewalt in fast unbegrenztem Maße zu erweitern. Es macht ihn unabhängig vom Besitz. Der Kredit ist expansions- und kontraktionsfähig, je nach Bedarf und Kreditpolitik. Hierdurch wird die Wirtschaft aber in hohem Maße dynamisch. Die monetären Konjunkturtheoretiker führen auf diese Erscheinungen die gesamten zyklischen Wirtschaftsbewegungen zurück.

In ebenso hohem Maße bringt die Maschinenproduktion die wirtschaftliche Welt in Bewegung. Hier ist es vor allem die Kraftmaschine, die die wirtschaftlich genutzte Energie fast unheimlich gesteigert hat. Auf die Maschinenproduktion mit ihren unerhörten Wirkungen auf die wirtschaftliche Produktion gehen wir bei den Ursachen der wirtschaftlichen Entwicklung des Näheren ein.

Das Preissystem, die dritte Grundlage modernen Wirtschaftens, ist wiederum dynamisch, in durchaus nicht geringerem Maße als die beiden anderen. Es ist der eigentliche unsichtbare Regulator der Wirtschaft. Das allgemeine Preisgesetz, daß Angebot und Nachfrage den Preis bestimmen, ist deutlich dynamischer Natur. So kommt es zu steigenden Preisen in der Hausse, fallenden in der Baisse, Symptomen steigender oder fallender Konjunktur. Ohne elastische Preise wäre eine Anpassung des Angebots an die Nachfrage und umgekehrt nicht möglich. Wie groß die Preisschwankungen, selbst in verhältnismäßig kurzen Perioden sind, zeigt uns z. B. der Kupferpreis, der in kaum 14 Jahren von 35 auf 5 cts, also auf ein Siebentel gefallen ist.

Alle drei modernen wirtschaftlichen Grundlagen drängen die Wirtschaft in eine bestimmte Richtung: zur Integration. Es entsteht eine neue Bewegung: zu größeren Kombinationen. Der Großbetrieb, der Konzern, der Trust werden geboren. Es entstehen neue große Wirtschaftskomplexe, hochorganisierte Systeme für Produktion und Vertrieb, Finanzierung und Transport, die wiederum neue Bewegungsgesetze entwickeln und die Wirtschaft in eine neue Richtung stoßen, zunächst noch langsam und fast unsichtbar: die Bewegung nach einer neuen Wirtschaftsform!

Die Bewegung zum Großbetrieb bringt eine größere Vereinheitlichung des gesamten Lebens mit sich. Der einzelne wird assimiliert, uniformiert, mit anderen seinesgleichen zu großen Massen kumuliert, die ein gleichmäßiges Verhalten und eine Abhängigkeit aller von allen erzeugen. Welche Wirkungen müssen aber nun daraus entstehen, wenn große Massen einer Bewegung und einer Veränderung unterliegen! Es wird so zur entscheidenden Erkenntnis, daß Stabilisierung der Produktion, Stabilität der Beschäftigung zum wichtigsten Erfordernis wirtschaftlicher Politik wird.

Eine Analyse der Ursachen wirtschaftlicher Veränderungen zeigt deutlich mehrere Ursachengruppen, die sich auf die zwei Marktparteien zurückführen lassen: den Konsumenten und den Produzenten. Von beiden gehen Impulse zur Veränderung aus. Veränderungen, die vom Konsumenten ausgehen, werden hervorgebracht:

1. durch Änderungen in der Bevölkerung
   a) in Zahl,
   b) Zusammensetzung,
   c) Verteilung;
2. der Nachfrage
   a) Änderungen des Grenznutzwertes,
   b) verstärkte Substitutionsmöglichkeit,
   c) Entstehung neuen Bedarfs.

Die Produktion verursacht Änderungen:

1. durch technischen Fortschritt,
2. durch bewußte Weckung neuen Bedarfes.

Die Konsumtion erfährt zunächst Änderungen durch die Änderungen der Bevölkerung, die durch die Bevölkerungszahl hervorgebracht wird. Höhere Bevölkerungszahl bedeutet höheren Bedarf an Gütern, dem die Produktion sich anpassen muß. Wie groß ist die Änderung, die auf diese Weise erzeugt wird? Bis in die jüngste Gegenwart hat die Bevölkerungszahl sehr schnell zugenommen. Die Tendenz zur Vermehrung ist in den Staaten der westlichen Zivilisation zwar nicht mehr so deutlich, z. T. zeigt sie sogar einen Stillstand und gegenteilige Entwicklung, aber dies trifft auf die übrigen Staaten nicht zu. Es ist folgende Bevölkerungsentwicklung festzustellen [1]): In Europa von 100 Mill. i. J. 1350 auf 187 Mill. i. J. 1800, auf 449 Mill. i. J. 1920, in Deutschland von 24,8 Mill. i. J. 1816 auf 64 Mill. i. J. 1932.

Die Zusammensetzung der Bevölkerung: Alter, Geschlecht, Erwerbstätige, selbständige und unselbständige Existenzen, Stadt- und Landbevölkerung ist schwankend. Sie übt Einfluß auf den Bedarf und bringt dadurch wirtschaftliche Veränderungen hervor.

---

[1]) Woytinsky, Die Welt in Zahlen. Berlin 1927.

Die Verteilung der Bevölkerung auf die einzelnen Staaten, Berufe ist gleichfalls veränderlich, insbes. die Verteilung auf Agrar- und Industriestaaten. Die Industriealisierung früherer Agrarländer, durch den Weltkrieg stark beschleunigt, hat geradezu eine Umschichtung hervorgebracht. Auf die Produktion der einzelnen Länder üben solche Veränderungen große Wirkungen aus.

Änderungen von der Konsumentenseite gehen ferner von Bedarfsänderungen aus: der Geschmack ändert sich, insbes. die Mode bringt ständige Veränderungen hervor. Die Wandlung des Geschmacks von Wolle und Baumwolle zur Seide und Kunstseide hat riesige Kapitalien entwertet und große Unternehmungen vernichtet, um nur ein Beispiel zu nennen. Der Grenznutzen der einzelnen Güter hat sich geändert: Schokolade konkurriert mit der Zigarette, der Gasthausbesuch mit dem Reisebedürfnis, das Theater mit dem Kino und dem Sport. Die Substitutionsmöglichkeit der Güter ist gewachsen: das Klavier durch Grammophon und Radio, eine Stoffart durch die andere, eine Vergnügungsart durch eine neue. Und alle diese Änderungen gehen nicht vereinzelt, sondern stets massenhaft vor sich. Ganze Industrien leben und sterben mit solchen Veränderungen.

Der Bevölkerungsänderung und dem Bedarfswandel ist der größte Anteil an der wirtschaftlichen Dynamik zuzuschreiben. Doch trägt auch die Produktion ihr gerüttelt Maß dazu bei. Auf den ersten Blick ist man sogar geneigt, dem technischen Fortschritt die größere Bedeutung zuzuerkennen. Wie unermeßlich groß ist doch der Fortschritt zu Dampfmaschine, Flugzeug und zum Radio, und wie groß erscheint schon die Entwicklung bis zur Dampfmaschine. Ist es doch die Dampfmaschine, die die Produktion revolutioniert und den Grund zur Fabrik, zum modernen Industriestaat, gelegt hat. Nach der Erfindung der Kraftmaschine ging die weitere Entwicklung stürmisch vor sich. Die Industrialisierung erfolgte zuerst in der englischen Textilindustrie, insbesondere durch die Verwendung der Wattschen Dampfmaschine in der Baumwollindustrie im Jahre 1785. Hier liegt die Geburtsstunde der modernen Industrie!

Einzelne Etappen der weiteren Entwicklung seien angeführt:

1825 die erste Eisenbahn, 1833 der erste Dampfpflug, 1840 die erste elektrische Glühlampe und die Agrikulturchemie von Liebig; 1875 die Luftdruckbremse, 1877 der Fernsprecher, 1879 die elektrische Eisenbahn (Werner v. Siemens), 1881 elektrische Straßenbahn, 1884 Setzmaschine (Linotype durch Mergenthaler), 1886 Dampfturbine, 1896 Dieselmotor, 1900 Taylorismus, 1903 erster Motorflug (W. u. O. Wright), 1908 Hochfrequenzmaschine für den Funkverkehr, 1914 erstes Metallflugzeug (Junkers), 1921 Verflüssigung der Kohle, 1924 erste Amerikafahrt des Z. R. III, 1925 Fernphotographie.

Entscheidend für die Entwicklung war die Erfindung der Kraftmaschine. Das Dreigestirn: Kohle, Eisen, Dampf wurde gar bald durch Elektrizität und Petroleum zum glänzenden Fünfgestirn erweitert. Nicht mit Unrecht nennen die Amerikaner das 20. Jahrhundert das Power-Age, während wir gewöhnt sind, vom Maschinenzeitalter zu sprechen. Es ist aber tatsächlich das Zeitalter der mechanischen Energie.

Mechanische Energie bedeutet beliebig vermehrbare Arbeitsleistung. Wie groß die Entwicklung in der Verwendung mechanischer Energie ist, zeigt folgende Tabelle [1]):

	Primäre Kraftquellen in PS (nach F. R. Low)
U. S. A.	704 000 000
England	175 000 000
Deutschland	175 000 000
Frankreich	70 000 000
Für vier Länder	1 124 000 000

Schätzen wir den Gesamtenergiebedarf der Welt mit $1^1/_2$ Mrd. PS, und setzen wir 1 PS = 10 Menschenleistungen, so bedeutet das die Leistungen von 15 Mrd. Menschen, die der Wirtschaft zur Verfügung stehen. Welch riesige Produktionserweiterung bedeutet doch diese Energieleistung, welche Erhöhung des Lebensstandards ermöglicht sie! Freilich ist dabei zu bedenken, daß die Benutzung dieser Energie nur stoßweise geschieht, ein Teil also immer ungenutzt ist.

Die Zunahme der Kraftmaschinen in Deutschland zeigt folgende Statistik (nach den Gewerbezählungen 1907 und 1925) [2]):

Gewerbeabteilungen, Gewerbegruppen	1925		1907 [3])		Zunahme 1925 gegen 1907 in %	
	Primärkraftmaschinen	Elektromotoren	Primärkraftmaschinen	Elektromotoren	Primärkraftmaschinen	Elektromotoren
A. Gewerbe überhaupt	21 605 380	14 823 212	7 414 520	1 877 828	+191.4	+689.4
B. Industrie und Handwerk darunter	21 183 395	14 201 886	7 180 045	1 634 553	+195.0	+768.9
Bergbau, Salinen, Torfgräberei	4 266 788	2 614 268	1 091 311	240 555	+291.0	+986.8
Ind. d. Steine u. Erden	627 003	608 711	481 394	117 217	+ 30.2	+419.3
Eisen- u. Metallgewinnung	2 435 394	3 178 163	867 290	224 564	+180.8	+1315.3
Eisen-, Stahl-, Metallwarenherst.	360 063	564 890	261 535	91 195	+ 37.8	+519.4
Maschinen-, Appar.-, Fahrzeugbau	683 695	1 456 727	333 879	158 748	+104.8	+817.6
Elektrotechnische Ind., Optik	200 861	489 141	55 331	52 080	+263.0	+839.2
Chemische Industrie	1 118 825	898 545	212 395	74 232	+426.8	+1110.5
Textilindustrie	1 217 459	809 116	795 745	94 028	+ 53.0	+760.5
Papierind., Vervielfältigungsgew.	881 310	678 390	435 973	122 359	+102.1	+454.4
Leder- u. Linoleumindustrie	118 998	134 328	56 025	19 649	+112.4	+583.6
Kautschuk- u. Asbestindustrie	50 526	79 999	22 113	5 552	+128.5	+1340.9
Holz- u. Schnittstoffgewerbe	589 547	662 393	383 590	98 602	+ 53.7	+571.8
Musikinstrumente, Spielwaren	20 161	37 321	11 569	6 557	+ 74.3	+469.2
Nahrungs-, Genußmittelgewerbe	1 467 952	1 168 591	996 338	173 965	+ 47.3	+571.7
Bekleidungsgewerbe	57 911	119 903	42 925	20 784	+ 34.9	+426.2
Baugewerbe, Baunebengewerbe	311 023	261 719	134 826	24 012	+129.9	+990.0
Wasser-, Gas-, Elektr.gewinnung	6 776 879	439 681	997 806	110 454	+579.2	+298.1
C. Handel u. Verkehr	372 197	572 817	217 258	232 303	+ 71.3	+146.6
D. Theater-, Musikgewerbe	8 661	13 464	4 566	4 125	+ 89.7	+226.4
E. Gesundheitswesen, hyg. Gewerbe	41 127	35 045	12 651	6 847	+225.1	+411.8

[1]) St. Chase, Men and Machine. New York 1929. In der deutschen Übersetzung „Moloch Maschine" Stuttgart 1931, S. 264.

[2]) Zitiert nach St. Chase, a. a. O. S. 265.

[3]) Jetziges Reichsgebiet.

Die Wirkung des Einsatzes mechanischer Energie in den Produktionsprozeß ist zunächst eine größere Menge der Ausbringung mit derselben Menschenkraft, in der weiteren Entwicklung eine Rationalisierung der Arbeit durch Arbeitszerlegung und Maschineneinsatz und endlich eine Vollmechanisierung der Produktion.

Diese letzte Stufe ist noch nicht überall und nicht einmal oft erreicht; aber sie ist Tatsache und Ziel einer Entwicklung. Als Typ sei die Fordsche vollautomatische Autoproduktion genannt. Aber denselben Grad haben heute schon erreicht [1]): die Selbstanschlußämter im Fernsprechverkehr, die automatischen Stellwerke von Rangierbahnhöfen, Paternosterwerke, der Tonfilm, mechanische Kesselfeuerungen, automatische Walzwerke, automatische Zucker- und Seifenfabrikation u. v. a.

Mit dieser Entwicklung der Maschinenproduktion geht die Massenfertigung Hand in Hand.

Die Überwindung des durch die normierte Herstellung der Fertigungsteile entstandenen Lagerproblems führte zur Fließfertigung, die eine „neue Revolution" bedeutet, seitdem die Technik die Welt revolutioniert hat.

Mit der Maschinenproduktion ist eine dreifache Folge verknüpft, die betriebs- und sozialwirtschaftlich außerordentlich weittragend ist:

1. ungenutzte Kapazität infolge Ausnützungsschwankungen,
2. rasches Veralten der Anlagen,
3. technische Arbeitslosigkeit.

Die für die Maschinenproduktion notwendigen Anlagen schaffen eine ständige Betriebsbereitschaft, die bei Nichtausnutzung feste Kosten verursacht. Der Betrieb wird dadurch immer starrer, die Wirtschaft selbst aber immer dynamischer.

Das schnelle Veralten, heute die vielleicht wichtigste Abschreibungsursache, ist bedingt durch den technischen Fortschritt und durch Änderung der Geschmacksrichtung. Chase bringt für die technische Überholung folgendes treffende Beispiel:

Für die New Yorker Untergrundbahn war 1899 eine Kolbendampfmaschine für 10 000 Pferdestärken Leistung in Betrieb gestellt worden. Sie ragte 40 m hoch in die Lüfte. An sich hätte sie 100 Jahre arbeiten können. Aber 1902 bereits ließ die Erfindung der Turbine sie zu Schrott werden. Mit einer Maschine von einem Zehntel an Raumbedarf ließ sich mit viel geringerem Kohlenverbrauch dieselbe Leistung erzielen.

Erfordert eine automatische Anlage auch nur eine geringe Änderung, sind die Kosten unverhältnismäßig hoch. Die Umstellung von Typ T auf A kostete Ford 100 Mill. $. Mehr als 50% aller Maschinen mußten ersetzt werden. „Zur Herstellung zweier Gänge in der neuen Hinterachse waren 43 000 Werkzeuge zu ändern und 4 500 funkelnagelneu zu bauen. Die Abänderung der Gesenke allein kostete 5 Mill. $. [2])".

[1]) Vgl. St. Chase, a. a. O. S. 278.
[2]) St. Chase, a. a. O. S. 275.

Eine der verhängnisvollsten Folgen der Maschinenproduktion ist die Freisetzung von Arbeitskräften, die technische Arbeitslosigkeit, die zwar nicht die einzige Ursache der Arbeitslosigkeit ist, aber doch eine der wichtigsten. Gewiß nimmt die Erzeugung der Maschinen, die zur Produktion nötig werden, nehmen die vielen Erfindungen einen großen Teil der freigesetzten Arbeitskräfte wieder auf, und die erhöhte Produktivität der Arbeit erlaubt eine Verkürzung der Arbeitszeit und eine Erhöhung des Reallohns, aber etwas Dreifaches bringt es zustande, daß die Wirkung keine 100-prozentige ist:

a) Die Maschine arbeitet schneller, als neue Arbeitsmöglichkeiten geschaffen werden können. Mindestens auf kurze Sicht werden sich immer Diskrepanzen ergeben. Ein Teil der Arbeiter wird nie wieder aufgenommen werden können, und dieser Teil wird immer größer.

b) Die Ertragssteigerung ist zweifellos nicht so groß wie die Steigerung der physischen Erzeugung. Es gibt offenbar Verlustquellen, die mit steigender Mechanisierung verstärkt werden. Die Kosten des Vertriebes, der gesteigerten Verkaufsanstrengungen, um die erhöhte Produktion unterzubringen, steigen progressiv und verkürzen den Ertrag der verbesserten, verbilligten Produktion. Das Gesetz der Vertriebskosten ist ein anderes als das der Produktionskosten (in der Produktion ist das letzte Stück das billigste, im Vertrieb das teuerste).

c) Die Verteilung der Ertragssteigerung ist nicht eine solche, daß sie dem Arbeiter zugute käme. Der Unternehmer ist zu wenig an dem Schicksal der durch seine Umorganisation freigesetzten Arbeiter interessiert. Die sozialen Gemeinkosten, die durch seine Arbeiterfreisetzung entstehen, belasten nicht ihn, sondern den gesamten Staat.

Zu den durch Maschinenproduktion und technischen Fortschritt herbeigeführten Änderungen kommt von der Produzentenseite noch eine hinzu: absatzorientierte Änderungen. Aus dem Interesse an gleichmäßiger Beschäftigung, an voller Kapazitätsausnutzung, ergibt sich das Interesse der Unternehmer an gleichmäßigem Absatz. Bei dauerhaften Gütern muß bei den Käufern recht bald der Sättigungspunkt erreicht werden, mit der Wirkung der Absatzstockung. Um zu neuen Käufen anzuregen, müssen die Besitzer dieser Güter mit ihrem Besitz unzufrieden gemacht werden. Änderungen, Verbesserungen müssen angebracht werden, um die alten Käufer zu immer neuen Käufen anzuregen. Daher die Typen-, Modeänderungen, die an sich dem Betrieb unangenehm sind, die aber allein die alten Käufer kaufbereit machen können, wenn neue Käuferschichten nicht mehr vorhanden sind. In Betrieben mit Massenfertigung sind daher, vor allem in U. S. A., Abteilungen vorhanden, die sich nur mit solchen Änderungen befassen: Changemaking Departments. Sie tragen ihr gut Teil zur wirtschaftlichen Dynamik bei.

Aus den Tatsachen und Ursachen der wirtschaftlichen Entwicklung ergeben sich Entwicklungstendenzen, von denen die zur Überkapazität, zu technischem Fortschritt und zeitweiser Steigerung der Arbeitslosigkeit, technischer und wirtschaftlicher Art, die wichtigsten sind.

3. Betriebswirtschaftliche Wirkungen der Dynamik.

Wirtschaft und das Medium der Wirtschaft, der Betrieb, stehen nicht isoliert da, sie sind eingebettet in das gesamte gesellschaftliche Geschehen, dessen vielleicht wichtigsten Teil sie ausmachen. Wirtschaft an sich und Betriebswirtschaft im besonderen können darum nicht verstanden werden, wenn sie nicht in der Gesellschaft betrachtet werden. Alle Betriebswirtschaft ist in der Gesellschaft begründet und mündet in ihr.

Zwei Grundkräfte machen sich nun in allen Organisationen, seien es soziale oder betriebliche, bemerkbar, die beide freilich nie in ihrer höchsten Vollkommenheit erscheinen: Einsicht und Routine. Die vollkommene Einsicht in die Dinge und ihre Zusammenhänge ist nur als Ergebnis höchster wissenschaftlicher bzw. wirtschaftlicher Bildung zu erreichen. Nur ist sie noch nicht sehr weit gediehen. Viel besser steht es um die Routine, die gesellschaftliche und betriebliche Organisationen in festgefügte Formen und Bahnen zwingt. Vor allem die moderne Arbeitsteilung hat die Routine zur höchsten Entwicklung gebracht. Routine hat aber zwei Nachteile: sie ist Feind jeder Änderung, jeder Verbesserung, und sie versperrt die Einsicht in den Allzusammenhang der Dinge. Trotzdem erfreut sich Routine höchsten Ansehens, und sie ist das höchste Ziel eines jeden Organisators, sei es eines sozialen oder betrieblichen. Alles soll einen festgefügten Weg gehen, auf seinem Platz stehen und bleiben. Die Natur des Menschen kommt dieser Tendenz zur Routine stark entgegen. Reformatoren, Revolutionäre, dynamische Persönlichkeiten sind stets in der Minderzahl.

Die Routine ergibt sich ohne weiteres aus der Beharrungstendenz, die der Gesellschaft und der Wirtschaft eigen ist, wenigstens eigen war. Heute haben sich die Verhältnisse grundlegend geändert. Wir stehen zweifellos mitten in einem Umschwung.

Auf eine Folge der neuzeitlichen Entwicklung macht Whitehead [1]) mit besonderem Nachdruck aufmerksam: „Unsere soziologischen Theorien, unsere politische Philosophie, unsere praktischen Geschäftsgrundsätze, unsere politische Ökonomie, unsere Grundsätze der Erziehung entstammen einer ununterbrochenen Tradition großer Denker und praktischer Beispiele, von Plato im 5. Jahrhundert v. Chr. bis zum Beginn des 20. Jahrhunderts. Die gesamte Tradition beruht auf der Annahme, daß jede Generation unter denselben substantiellen Verhältnisse leben wird, die das Leben ihrer Väter beherrscht haben, und daß sie dieselben Bedingungen übertragen kann, und mit gleicher Kraft das Leben ihrer Kinder gestalten wird. ...Wir leben in der ersten Periode menschlicher Geschichte, auf welche diese Annahme nicht zutrifft."

Der Betrieb macht hiervon keine Ausnahme. Im Gegenteil. Er ist ihr ausgesprochener Exponent. Die Welt ist anders geworden. Ihr charakteristisches Merkmal ist die Dynamik. Vorher waren die Verhältnisse relativ

---

[1]) a. a. O.

stabil. Man konnte die Zukunft auf lange Sicht voraussehen und danach seine Dispositionen treffen. Man kannte im voraus ungefähr das Verhalten der Menschen, die Art und die Menge ihres Bedarfs. Man konnte daher für Erkenntniszwecke einen vereinfachten ökonomischen Menschen konstruieren und ihn in vereinfachte Verhältnisse hineinsetzen. Die Werkstatt- und die Handelstechnik blieben sich gleich, und man konnte annehmen, sie würden noch auf lange Zeit gleich bleiben. Änderungen waren meist nur geringe Verbesserungen, die leicht in das alte System eingebaut werden konnten.

Das ganze System war daher traditionalistisch, die Technik wurde vererbt von dem Vater auf den Sohn, die Lehre war von entscheidender Bedeutung, damit Routine und Erfahrung. Heute ist Werkstatt- und Handelstechnik rationalistisch, wissenschaftlich entwickelt aus den Gegebenheiten und angepaßt den Zielen.

Die Erfahrung war der überragende Lehrmeister der Menschheit. Erfahrung erhält aber nur dann höchsten Sinn, wenn die Dinge sich nicht ändern. „Die Wiederkehr der Dinge gibt der Vergangenheit die Bedeutung" (Whitehead).

Da die Dinge sich aber ändern, rasend schnell und tiefgreifend, nützen Routine und Erfahrung allein nicht viel. Die Stelle der Tradition muß durch die wirtschaftliche Vernunft, die Lehre muß durch wissenschaftliche Schulung ersetzt werden; an Stelle der Routine und Erfahrung muß die Einsicht treten. Das Wissen um die Dinge ist Voraussetzung des Erfolges. Die Routine wird zur Plage und zum Hindernis des Fortschrittes, zum Grund des Versagens.

Notwendig ist eine genaue Analyse der Verhältnisse und der treibenden Kräfte, notwendig die Erkenntnis der Faktoren, die die Änderung herbeiführen. Anzeichen der kommenden Dinge zu sehen, sie eher zu erfassen als die anderen, wird zum Fortkommen wichtig. Wer sie sieht, und sich rechtzeitig um- und einstellt, erringt den Erfolg, der Unelastische büßt sein Verhalten mit dem Untergang.

Im Betriebsleben wird das Rechnungswesen ein wichtiger Teil der Wirtschaftsführung, aber nicht ein Rechnungswesen, das Geschichte darstellt, sondern Gegenwart ist und in die Zukunft weist. Was war doch der Buchhalter früher anderes als Historiker, der nach einem Jahre sagen konnte, wie der Betrieb gearbeitet hat? Heute aber ist kurzfristige Erfolgsrechnung nötig und tägliche Erfolgsrechnung keine Seltenheit und für viele Betriebe unerläßlich (Banken). Der bilanzsichere Buchhalter von früher war vor allem Abschlußtechniker, heute muß der Betriebswirt Wertungsfachmann sein, mit feinem Verständnis für Kalkulationsfragen und einem auf Einsicht beruhenden Fingerspitzengefühl für Zusammenhänge und wirtschaftliche Wirkungen. Das Rechnungswesen wird Seismograph und Barometer, der Rechnungsmann wird der betriebliche Steuermann.

Entsprechend den stabilen Verhältnissen blieben Buchhaltung und Kalkulation fast bis ans Ende des Weltkrieges in alten Geleisen; leise, sehr leise kündigten sich Änderungen an. Gewiß gibt es heute noch Betriebswirtschafter, denen der Sinn für die veränderten Verhältnisse nicht aufgegangen ist, denen Buchhaltung Geschichte, denen Bilanz Zusammenstellung der historischen Kostenwerte und denen Kalkulation eine mechanische Addition der Anschaffungskosten + Gewinnaufschlag sind. Daß heute im Betrieb der Tageswert zu herrschen hat, ist notwendige Folge der wirtschaftlichen Dynamik. Die Rechnung mit Marktzeitwerten ist die Art der Wertung, die der Dynamik der Wirtschaft allein gerecht wird. Die Kostenrechnung muß noch in vielen anderen Beziehungen dynamisch sein. Wie könnte der Betrieb sich sonst der dynamischen Wirtschaft anpassen? Die Kostenrechnung entzieht sich damit von selbst der Tradition und wird Sache der Wissenschaft.

Und schon genügt der Tageswert nicht mehr. Der nächste Schritt verlangt Erfassung und Verwertung der zukünftigen Entwicklung, wenigstens der kurzen Periode bis zu einem Jahr. Standardkosten, in der vollkommensten Art als im voraus veranschlagte Normkosten, werden beherrschend im Rechnungswesen.

Wir müssen eine Tendenz zur Abnahme der Länge der Perioden, in denen sich Änderungen vollziehen, feststellen. Die Zeit als Wirtschaftselement, die bis dahin vor allem für den Zins, der eine Funktion der Zeit ist, von Bedeutung war, wird jetzt als Risikoelement, ja als allgemeines Kostenelement von größter Wichtigkeit, vor allem wegen der Schwankungen im Betriebs- und Verkehrsvolumen. Ist der Betrieb beweglich und seine Kostengestaltung proportional der Produktion, sind Wirtschaftsschwankungen sicherlich auch unangenehm, aber sie können nicht so katastrophal wirken wie in unseren Zeiten der Kapitalintensität und der Tendenz steigender fester Kosten.

Die veränderten Verhältnisse haben sich einen neuen Führertyp geschaffen, wenn er auch noch nicht in vielen Exemplaren vorhanden ist, weil sich zurzeit der alte Führertyp in vielen, ja den meisten Fällen nicht verdrängen läßt. Führer war in statischen Zeiten der energievolle Beherrscher des Werkes, der erfolgreiche Verkaufsmann, der recht viele gute Abschlüsse zu tätigen vermochte. Dieser Führertyp des energiegeladenen Willensmenschen ist im Aussterben begriffen. An seine Stelle tritt der Analytiker, der Mann mit dem größten Verständnis für Zusammenhänge und der größten Voraussicht für kommende Entwicklungen, der größten Anpassungsfähigkeit an veränderte Verhältnisse. Nicht der ist Führer, der imstande ist, einen Plan um jeden Preis durchzuführen, sondern der, der den Plan den veränderten Verhältnissen entsprechend zur rechten Zeit abändern kann, der infolge seiner Einsicht in die Dinge in der Lage ist, im voraus Maßnahmen zu treffen, Methoden einzuführen, die der neuen Lage gerecht werden. Ihm eignen Einsicht und Elastizität, ein philosophischer Geist, der nicht die Einzelheiten sieht, sondern das waltende Gesetz, der das Allgemeingültige aus der Fülle der Erscheinungen zu abstrahieren, aus der Gegenwart unter Analyse der waltenden und wirkenden Kräfte die Zukunft zu schauen vermag. Die wissenschaftliche Betriebsführung in der Werkstätte verlangt eine verwissenschaftlichte

Gesamtbetriebsführung und einen Führer, der alle Register betriebswirtschaftlicher Wissenschaft zu spielen vermag. Wenn Plato sagt, daß der Staat erst dann vollkommen sein wird, wenn „Philosophen Könige sind", so wäre in Abänderung dieses Ausspruches zu sagen, daß unter dynamischen Verhältnissen der Betrieb erst dann die menschenmöglich beste Führung besitzt, wenn der Unternehmer Wissenschafter ist, neben hervorragender Befähigung zum Geschäftsmann alle Erkenntnisse und Mittel neuzeitlicher Wirtschaftswissenschaft sich zu eigen macht.

Aus der Tatsache und den Wirkungen wirtschaftlicher Dynamik ergeben sich für den Betriebswirt, abgesehen davon, daß die gesamte Betriebs-, insbes. die Kostentheorie dynamisch sein muß, drei Folgerungen:

1. Verstärkte Berücksichtigung der Nachfrage,
2. gesteigerte Planung in der gesamten Betriebsführung,
3. Behandlung der betrieblichen Probleme in sozialem Geiste.

Bei fortgeschrittener Zivilisation und großbetrieblicher Produktionsweise ist Stabilität und Methodenstandardisierung notwendig — trotz und wegen der Dynamik der Wirtschaft. Die Grundlage der Wirtschaft, der Bedarf, hat seine Ursache in der menschlichen Natur, die an sich unveränderlich ist. Was sich ändert, das sind die sozialen Gegebenheiten. Aus beiden, der menschlichen Natur und den sozialen Verhältnissen, ergibt sich das menschliche Verhalten, das wiederum für die Wirtschaft bestimmend ist.

Ein Studium des wirtschaftlichen Verhaltens der Menschen — für die gesamte Betriebswirtschaft eine der wichtigsten Fragen — hat kaum eingesetzt. Die Grenznutzentheorie hat zwar viel Geist und Kraft hierfür aufgebracht, aber 1. sieht sie dieses Problem nicht unter den Gesetzen der Dynamik, 2. geht sie deduktiv, fast spekulativ vor, hat fast nur die Selbstbeobachtung zur empirischen Grundlage.

Auch heute noch ist — trotz Grenznutzentheorie — die Frage des menschlichen Verhaltens, das Problem der Nachfrage, kaum in Angriff genommen. Wieviel besser ist da die Frage des Angebots geklärt! Sie ist auch leichter faßbar, enthält sie doch nicht soviel variable Faktoren wie gerade die Nachfrageseite. Es liegen zwar auch hier schon Versuche vor, z. B. von Nystrom in seiner „Economics of Consumption" (als Unterproblem: Economics of Fashion) von neuem. Aber so überzeugend er auch die Wichtigkeit des Problems nachweist, so wenig kann er Wege zur Erfassung und ihrer Analyse weisen. Und doch kommen wir nicht darum herum, die Nachfrage in weit höherem Maße zur Grundlage der Produktions-, der Einkaufs-, ja der Gesamtpolitik des Betriebes zu machen. In freier Konkurrenz ist es ohne Zweifel die Nachfrage, die auf den Markt und damit die Produktion entscheidend einwirkt. In gebundener Wirtschaft, vor allem beim Bestehen von Monopolen, macht sich das Bestreben bemerkbar, die Nachfrage von der Angebotsseite zu beherrschen. Daß das nur ganz unvollkommen gelingen kann, ist von vornherein klar, weil die gesamte Wirtschaft auf der Nachfrage beruht. In allen Versuchen, den vorhandenen effektiven und latenten Bedarf festzustellen, in der Analyse der Märkte und dem Studium des menschlichen Verhaltens und der Elastizität der Nachfrage, sehen wir einen entscheidenden Fortschritt zur Rationalisierung der Wirtschaft, weil hierin eine Grundlage zur Erfassung kommender Dinge, zur Erkenntnis wirtschaftlicher Dynamik enthalten ist.

Die Dynamik der Wirtschaft läßt konservatives betriebliches Verhalten nicht zu. Vergangenheit und Gegenwart verlieren die große Bedeutung, die sie für relativ statische Wirtschaften hatten. Die Zukunft ist entscheidend, darum sind alle Investitionen auf lange Sicht besonders wichtig. Zu richtigem Investieren und Disponieren gehört Voraussicht und genaueste Planung. Es kommt darauf an, die kommenden Dinge zu erfassen und in die betrieblichen Dispositionen einzugliedern. Die Zeit als Betriebsfaktor gewinnt erhöhte Bedeutung, denn die Wirtschaftsdynamik ist eine Abhängige der Zeit. Ist Voraussicht wegen der Dynamik unbedingt notwendig, so ist Voraussetzung hierzu eine Analyse der Zeit. W. B. Donham [1]), Dean der Harvard School of Business Administration, hat eine Abgrenzung der einzelnen Zeitspannen nach dem Gesichtspunkt der Vorausbestimmbarkeit versucht. Er unterscheidet die kurze, mittlere und lange Periode. Die kurze Periode ist die, die in gut organisierten Betrieben ohnehin kalkuliert und budgetiert wird. Das ist eine Saison, ein Semester, ein Jahr. Die mittlere Periode umfaßt einen viel längeren Zeitraum, 20—25 Jahre, einen Zeitraum, in dem das Geschick einer Generation in Erfüllung geht, früher eine Spanne, in der merkliche Veränderungen kaum vor sich gegangen sind, in der aber heute mehrfache Wandlungen vorkommen. Die lange Periode umfaßt Zeiträume über 25 Jahre hinaus. Sie sind unter den heutigen Verhältnissen überhaupt nicht erfaßbar, und darum besitzen sie betriebswirtschaftlich nur geringe Bedeutung, wenn auch oft Verträge geschlossen werden, die 50—60, ja 99 Jahre gelten, besonders bei Anleihen und Heimfallbetrieben u. a.

Die betriebswirtschaftlich wichtigste Periode ist die mittlere. Während man von der kurzen sagen kann, daß ihre Erfassung mehr oder weniger, für einzelne Faktoren ganz, für andere zum Teil gelöst ist, wenngleich vor allem anormale Zeiten alle Berechnungen abzuändern vermögen, ist die mittlere Periode noch fast völlig unerforschtes Gebiet. Dem steht nur die unerbittliche Notwendigkeit ihrer Lösung gegenüber. Eine unendlich große Menge von Variablen wirken hier aufeinander und machen eine exakte Erfassung nur schwer möglich. Einzelne Teilerscheinungen sind schon besser faßbar und auch erforscht, vor allem die Wirtschaftszyklen, insbesondere aber die Saisonschwankungen, die branchenmäßig schon praktisch verwertbar vorliegen. Die Fülle der Variablen verlangt ein schrittweises Vorgehen, ein Auslassen weniger wichtiger Faktoren, Erkenntnis der wichtigsten Faktoren und ihrer Kräfte; Erkenntnis ihrer verschiedenen Zeitspannen; Eingliederung

[1]) Business Adrift, New York 1931.

der einzelne Kräfte oder Serien ähnlich gerichteter in rationale Synthesen; Isolierung einzelner Erscheinungen; ihre Fixierung und der Versuch, durch Fixierung einzelner Variablen auch andere zu fixieren.

„Der einzig mögliche Weg, die Wirkung der Veränderungen zu vermindern, ist allgemein die Analyse jedes Faktors in bezug auf seine Wirkung auf die Zeit“ [1]). Ihre Erkenntnis ermöglicht die Voraussage und damit rationales betriebliches Verhalten. In der Entwicklung von Methoden zur Ermöglichung der Voraussicht ersteht der Wirtschaftswissenschaft eine Aufgabe von ungeheurem Ausmaße, wichtiger als all der historisch-literarisch-methodologische Wust, der die Wirtschaftswissenschaft erstickt und sie für praktische und Gegenwartsaufgaben untauglich macht.

Betriebliche Planung und Planungskosten (Standard-, budgetierte Kosten) werden uns darum im weiteren Verlauf besonders beschäftigen.

Zuletzt, aber nicht am letzten, ergibt sich aus der Betriebs- und Wirtschaftsstruktur die Notwendigkeit einer wirtschaftlichen Gesinnung, die wir mit Nicklisch, der diese Forderung auf dem Gebiet der Betriebswirtschaft besonders klar erkannt hat und nachdrücklich vertritt, „gemeinwirtschaftliche Betriebsführung“ nennen. Auch Schmalenbach betont immer wieder, daß es die gemeinwirtschaftliche, nicht die privatwirtschaftliche Wirtschaftlichkeit ist, die seinen Arbeiten die Richtung gibt. Lange Kommentare darüber, was damit gemeint ist, sind nicht notwendig. Im Vordergrunde des Interesses steht die Bedarfsbefriedigung der Menschheit. Der Ertrag der Arbeit muß dem Arbeiter die Möglichkeit der Existenz geben. Arbeitslosigkeit infolge wirtschaftlicher Dynamik, technischem Fortschritt und Maschinenproduktion muß die Wirtschaft selbst wieder beheben. Dieses Problem muß in sozialem Geiste gelöst werden.

Die Untersuchung der wirtschaftlichen Dynamik ist für uns besonders wichtig wegen ihrer Wirkung auf die Kosten, deren Betrachtung wir uns nun zuwenden.

B. Theorie der Kosten.

III. Das Wesen der Kosten.

1. Begriff der Kosten.

Die Grundlage für praktische Kostenrechnungen und Kalkulationen bildet die Theorie der Kosten. In ihr sind Kosten der tragende Begriff. Die Kostenrechnung ist durchaus praktisch eingestellt. Aus ihrer Aufgabe, dem Betrieb verläßliche Auskunft über die Höhe der Kostenaufwendungen zu verschaffen, ergibt sich die Zweckabhängigkeit des Kostenbegriffes, wie dies auch auf die meisten Grundbegriffe der Betriebswirtschaftslehre,

[1]) Donham, a. a. O. S. 18.

die eine Zweckwissenschaft ist, zutrifft. Kosten sind, wir folgen Schmalenbach [1]), „nicht das, was etwas gekostet hat. Nicht auf die Ausgabe von Geld kommt es an, sondern darauf, daß durch einen Erzeugungs- oder Betriebsvorgang Güter verzehrt werden. Das Verzehren, nicht die Geldausgabe entscheidet". Kosten müssen natürlich gewertet, in Geld beziffert werden. Kosten sind demnach geldwerter Gutsverbrauch zur Leistungserstellung.

Von den Ausgaben unterscheiden sich die Kosten auf dreifache Weise:

1. Betriebswirtschaftlich werden auch dort Kosten begründet, wo Ausgaben nicht entstehen, also weder vorher, noch nachher Geldzahlungen geleistet werden. (So sind zur Produktion verbrauchte geschenkte oder selbst erzeugte Materialien, Eigenkapitalszinsen, nicht gezahlter Unternehmerlohn und andere Kostenelemente Kosten, aber keine Ausgaben).
2. Kosten und Ausgaben können zeitlich auseinanderfallen und fallen auch sehr oft auseinander; erst im Augenblick des betrieblichen Verbrauches wird ein Gegenstand Kostenteil. Geschieht kein Verbrauch, entstehen keine Kosten, auch wenn früher Ausgaben entstanden sind.
3. In der Wertung gehen oft Kosten und Ausgaben auseinander. Kosten werden oft mit anderen Geldziffern bewertet als mit den Ausgaben.

Für den Betriebswirt, der allen betrieblichen Kalkulationsnotwendigkeiten gerecht werden will, genügt die Auffassung der Kosten als Gutsverbrauch nicht. Es ist nicht immer möglich, die Kosten der Produktion absolut aufzufassen. Auch die Kosten eines Produktes kann man nur aus dem Zusammenhang mit sämtlichen zu gleicher Zeit laufenden Produktionsprozessen erklären.

Hinter der Frage nach den Produktionskosten steht immer die Frage: „Was gebe ich hin, um mich in den Besitz der nötigen Produktionsmittel zu setzen"? Da alle Güter knapp sind, muß ein Produktionsmittel, das man für seine Zwecke benötigt, stets einer anderen Verwendung entzogen werden. Um in seinen Besitz zu gelangen, muß man den Nutzen ersetzen, den es dort stiften würde. Hinter den Geldkosten der Produktion stehen demnach immer als wirkliche Kosten die Nutzstiftungen der Produktionsmittel in einer anderen Verwendungsart.

Durch die nutzenstiftende Brauchbarkeit, die allen wirtschaftlichen Gütern innewohnt, und durch die Zweckumworbenheit dieser Brauchbarkeit infolge der relativen Knappheit gegenüber den Verwendungsmöglichkeiten, entsteht eine Verbundenheit aller Objekte im Markt. Alle Güter, die ein und dieselbe Leistung hervorbringen können, sind für den Wirtschafter trotz ihrer großen Artverschiedenheit gleich. Er wertet sie in ihrer Brauchbarkeit mit dem Blick auf die gesamte Wirtschaft. Die Brauchbarkeit ist eine tätige

[1]) Selbstkostenrechnung, S. 8—9.

Kraft, deren Auswirkung ihm durch Nutzen und Ertrag sichtbar wird. Nur wenn bereits vom Objekt irgendwo ein Nutzen gestiftet ist, bekommt er eine größenhafte Vorstellung von der Nutzwirkung. Erst dann kann er den Nutzen beziffern, und nur der zahlenmäßig erfaßte Nutzen kann zu Kosten werden, denn im Begriff Kosten ruht einmal die Idee von einer Quantität von Brauchbarkeit, andererseits aber die Idee der Zuführung dieser Brauchbarkeit an einen anderen Verwendungszweck. Da aber der zahlenmäßige Ausdruck dieser Brauchbarkeitsmenge der in der alten Verwendungsart gestiftete Nutzen ist, so bildet dieser Nutzen gleichzeitig die wirklichen Kosten für den neuen Verwendungszweck. Dieser darf das Gut nur in Anspruch nehmen, wenn hier der Nutzeffekt mindestens derselbe ist. Die Grenzerträge der Produktionsmittel müssen demzufolge in allen Verwendungsarten gleich sein.

Kosten sind in diesem Sinne als wirkliche, relative oder auch alternative Kosten Nutzentgang (Wieser) bzw. opportunity costs (D. Green, besonders aber Davenport), gewertet nach der letzten, nicht mehr wirklich werdenden Verwendungsart.

Entgangener Nutzen bedeutet etwas Zweifaches:

1. Nichtverwendung vorhandener Mittel zur Bedürfnisbefriedigung, sondern zur Produktion (in weitestem Sinne);

2. Verwendung vorhandener Mittel zu einer oder mehrerer von vielen möglichen Verwendungen.

Die Auffassung der Kosten als Nutzentgang ist für die richtige Kostenauffassung besonders wichtig, weil sie die Grundlage für die Bezifferung der Kosten, den Gutsverbrauch bildet. Die allgemeine Wertungsgrundlage des Gutsverbrauchs ergibt sich aus der Bedeutung der Kosten für die Wertbildung. Den Wert im allgemeinen bedingen Mengen im Verhältnis zur Nachfrage. Entscheidend ist darum, was Einfluß auf die Menge der herzustellenden Güter hat. Was ist es, was die Güter selten macht? Welches sind die Widerstände gegen die Produktion (Davenport, Cassel)? Die vorhandenen Widerstände sind die Gründe für die Knappheit. Die einzelnen Widerstände, das sind die fundamentalen Kostenelemente. Aus den Widerständen ergeben sich die Geldkosten, weil Geld das Mittel darstellt, die Widerstände zu besiegen, z. B. Geld für Lohn, zu erwartender Geldgewinn.

Die Größe der Widerstände ergibt die Höhe der Kosten. Die beste Grundlage für die Bezifferung der Kosten, also für die Wertung der Kostengüter, gibt die Theorie von der wahlweisen Verwendungsmöglichkeit. Nach dieser Theorie werden die Kosten, die der Gebrauch irgendeines Produktionsgutes verursacht, durch seine wahlweise Gebrauchsmöglichkeit bestimmt. Die Verwendung geschieht immer dort, wo die beste Verwendung stattfindet. Das ist der Ort des größten Bedarfes, der intensivsten Nutzenstiftung, des höchsten Preises.

Die Verwendung des in einer bestimmten Menge vorhandenen Gutes geschieht stufenweise in den einzelnen Verwendungsmöglichkeiten, angefangen von der Verwendung, die die höchsten Kosten zu tragen gewillt ist, fallend bis zu der Verwendung, die zwar nur geringere Kosten tragen kann, aber für die der vorhandene Vorrat noch ausreicht. Die Verwendungsmöglichkeiten fallen aus, die diese letzten Kosten nicht mehr tragen können. Für alle Verwender eines Gutes sind die Kosten der nicht mehr in Frage kommenden Verwendung maßgebend. Auf dem Markte entstehen für die verschiedenen Nachfragenden verschiedene Preismöglichkeiten, die durch einen konkurrierenden Preisprozeß zum Ausdruck kommen.

Entsteht z. B. eine neue Industrie, beispielsweise die Radioindustrie, so tritt sie für Eisen, Kupfer, Aluminium, Gummi usw. in Konkurrenz mit anderen Industrien. Die Rohmaterialien erhält der Betrieb, der die höchsten Preise zu zahlen gewillt ist. Der vorhandene Vorrat wird auf die einzelnen Branchen verteilt, und die Branchen fallen aus, die die Preise des letzten Verwenders nicht tragen können. Die Höhe der Kosten wird also bestimmt durch die Kosten der letzten, nicht mehr wirklich werdenden Verwendungsmöglichkeit. Dadurch wird die wirtschaftlichste Gutsverwendung gesichert.

Diese Betrachtung ist zunächst eine zwischenbetriebliche. Innerbetrieblich gilt aber dieselbe Wertung. Auch im Innenbetrieb gibt es einen konkurrierenden Preisprozeß, der die Verwendung der vorhandenen Güter, insbesondere aber der Produktionskapazität, ja der gesamten betrieblichen Betätigung leitet. Die wahlweise Verwendungsmöglichkeit bestimmt die Höhe der Kosten, damit die letzte, nicht mehr wirklich werdende Verwendung.

Für die Kosten ergibt sich so eine relative Auffassung, losgelöst von dem absoluten Geldausdruck einst gezahlter Preise. Die Kosten, die auf dem Markt die Menge der angebotenen Güter bestimmen und durch die Menge wertbildenden Einfluß besitzen, erhalten innerbetrieblich durch Wertung der Kostengüter nach dem Prinzip wahlweiser Verwendungsmöglichkeit den Charakter von Kalkulationswerten. Der Kalkulationswert muß innerbetrieblich dasselbe erreichen wie der Preis im Markt: hier die rationale Marktorganisation, dort die harmonische Betriebsorganisation, die bestmögliche Ausnutzung der Kapazität. Der Kalkulationswert bestimmt die Höhe der Kosten, die Wertung der Kostengüter geschieht zum Kalkulationswert.

Kommt die Auffassung der Kosten als Nutzentgang immer dann in Frage, wenn zwischen mehreren Verwendungszwecken zu wählen und ein begrenzter Vorrat auf mehrere Produktionsarten aufzuteilen ist, so trifft dies besonders zu, wenn Materialien zum Tagespreis nicht in beliebiger Menge zu beschaffen sind oder die Verbindung mit dem Markt sonstwie gelockert ist, sei es, daß Tagespreise unbekannt sind oder infolge interner Lieferung nicht benutzt werden. In solchen Kalkulationen ist besonders zu werten, und der Betriebswirt folgt hier dem Prinzip des Nutzentgangs. Werden wir später den Gutsverbrauch als konstitutives Preiselement erkennen, so gilt das auch für den entgangenen Nutzen, der gleichsam das subjektive Preisbildungselement der Angebotsseite ist.

Der Kalkulator, der als Kosten nur Geldausgaben anerkennt und Kalkulation als Addition von Geldausgaben bzw. von historischen Kosten auffaßt, wird der vertieften Auffassung der Kosten als zweckbewußten, zeitbedingten Gutsverbrauch oder gar als relative Kosten (Nutzentgang) nur schwer gerecht werden. Und doch kommt die neuzeitliche Kostenrechnung ohne die zwei Seiten des Kostenbegriffes, als Gutsverbrauch und Nutzentgang und eine scharfe Scheidung der Betriebsfunktionen, nicht mehr aus. Dieser Kostenbegriff erst ermöglicht eine in jedem Falle richtige Entscheidung und differenzierte Behandlung der Betriebsvorgänge.

2. Allgemeine Natur der Kosten.

Im betrieblichen Rechnungswesen werden die Kosten in Geld ausgedrückt. Geld bedeutet Verfügungsmacht über alles, vor allem über alle Güter, die der Betrieb zur Leistungserstellung benötigt. Beschaffungsmöglichkeiten durch Geld und Wertung in Geld gibt den betrieblichen Kosten den Charakter von geldwertem Gutsverbrauch, von Geldkosten. Mit der Zurückführung aller Kosten auf Geld ist aber noch nicht die wahre Natur der Kosten aufgedeckt und nicht ihre Funktion im Markt und bei der Preisbildung erklärt. Die betriebliche Kostenrechnung, vor allem in der Form der Preiskalkulation, ist aber besonders daran interessiert, ja davon abhängig, zu wissen, welche Rolle die Kosten, insbesondere die individuellen Kosten, bei der Preisbildung spielen, welche Chancen die eigenen Kosten haben, im Markt durch den Preis rückvergütet zu werden. Die Theorie der Kosten muß der Kalkulation und der Wertung der Kostengüter (dem Kalkulationswert) die Grundlage geben. Andernfalls ist jede praktische Kostenrechnung nur eine mechanische Technik, gestützt auf Übung und Tradition, geleitet durch Rezepte. Die Kostenrechnung würde ohne theoretische Begründung der wissenschaftlichen Grundlage entbehren.

Die Theorie der Kosten hat zu zeigen, was hinter den Geldkosten steckt. Darum ist z. B. der Geldkostenbegriff der Werttheorie mehr oder weniger fremd. Diese sucht die Geldkosten auf weitere reale Elemente zurückzuführen, die hinter den Geldausgaben stehen. Dieses Suchen nach der wahren Natur der Kosten ist für die Werttheorie notwendig, weil sie die Entstehung der Preise erklären soll. Hierbei spielen naturgemäß die Kosten eine wichtige Rolle. Darum ist es für die Kostentheorie, die auch eine Theorie der Wertung der Kostengüter ist, so wichtig, die wahre Natur der Kosten zu erkennen. Immer wird es auf der anderen Seite wiederum nötig sein, die verschiedenen realen Elemente der Kosten in Geld zu werten und damit die Kosten allvergleichbar zu machen.

Es liegt nahe, die Kosten auf die fundamentalen Kostenelemente zurückzuführen. Freilich ändern sich diese im Laufe der Zeiten, wie sich die Produktion selbst ändert. Zu den verschiedenen Zeiten treten die einzelnen

Kostenelemente in verschiedener Stärke auf. Naturgemäß war das wichtigste Kostenelement in weniger kapitalintensiven Zeiten, als die Gegenwart es ist, die Arbeit. Ihr Anteil an den Gesamtkosten der Produktionseinheit war in früheren Jahren viel höher. Unter Umständen bildete die Arbeit das einzige Kostenelement. Sogar in der heutigen kapitalintensiven Zeit gibt es Betriebstypen mit überragendem Anteil der Arbeitskosten (z. B. Kohlenbergbau mit mindestens 60% der Gesamtkosten, die Reichsbahn mit 73% Personalkosten [1931]). Es ist daher kein Zufall, daß A. Smith alle Kosten auf Arbeitskosten zurückführte. Bei den Klassikern beruhten daher die Kosten auf der Menge der aufgewandten Arbeit. Das ist Arbeitsmühe, gemessen in Stunden. A. Smith gibt diese Kostenerklärung für primitive Verhältnisse, auf die sie tatsächlich auch zutrifft, Ricardo auch für kompliziertere Verhältnisse, wo sie nicht mehr zutrifft.

Bald jedoch sah man weitere Kostenelemente: Material- und Kapitalkosten. Es lag nahe, beide zunächst auf Arbeit zurückzuführen, auf vorgeleistete Arbeit. Solange man Kapital lediglich als produzierte Produktionsmittel ansah, war eine solche Rückführung natürlich, nur daß es sich bald zeigte, daß ein solcher Kapitalbegriff zu eng war. Für den Betrieb war er auch wertlos. Für ihn hat Kapital den Sinn von Geldkapital und erst in zweiter Linie von Sachkapital.

Bei der Arbeit ist die Mühe, die die Arbeit verursacht, das Kostenelement, das eine Begrenzung der Arbeitsaufwendung hervorruft. Auf die Erklärung der Begrenzung der Menge der aufgewandten Kosten kommt es aber an. Hinter der Arbeit als Kostenelement steht also die Mühe, die Unlust, das Opfer. Senior führt auf Mühe und auf Opfer nicht nur Arbeit und Material, sondern auch die Kapitalkosten zurück. Kapitalkosten beruhen auf dem Opfer des Kapitalisten, der auf den Genuß, den er sich durch sein Geld verschaffen könnte, verzichtet und es in die Produktion steckt. Demnach wären Kosten Mühe und Opfer, die die Produktion verursacht. Ein Gut wäre also um so teurer, je mehr Mühe und Opfer es verursacht.

Die aufgewandte Mühe der Arbeit müßte im Betriebe ein entsprechendes Entgelt im Lohn finden, wenn tatsächlich die Arbeitsmühe die Kosten darstellen würde. Nun ist es aber ganz offenkundig, daß Arbeitsmühe und Arbeitslohn sich nicht entsprechen, daß Arbeit, wie jede andere Ware, in ihrer Preisbildung von der Knappheit abhängt. Gewisse Typen der Arbeit erreichen Vorzugslöhne, andere dagegen nicht, so daß zwischen Arbeitsmühe und Lohn kein ursächlicher Zusammenhang besteht. Darum ist auch der klassischen Werttheorie die Erklärung der Kosten, insbesondere ihrer Bedeutung für die Wert- und Preisbildung, nicht geglückt. Die Grenznutzentheorie vollends hat die Angebotsseite der Wertbildung vernachlässigt und vor allem die Nachfrageseite berücksichtigt. Für den Betriebswirt, der eine Theorie für die Wertung seiner Kostengüter braucht, ist aber die Kostenseite entscheidend. Freilich darf er die Nachfrageseite nicht vernachlässigen, wie es bis in die jüngste Gegenwart durchweg geschah. Entscheidend ist doch der Konsument, sein Bedarf und seine Nachfrage. Sie bedeutet für den Betrieb Absatz, d. h. Existenzmöglichkeit. In der Grenznutzentheorie spielen die Kosten keine Rolle, sie sind nur Reflex des Nutzens. Für den Betriebswirt bilden sie den Kern der Betriebstheorie.

Aus der nationalökonomischen Theorie kann der Betriebswirt zur Erkenntnis der Natur der Kosten entnehmen, daß die Ursache der Kosten Mühe und Opfer sind, physische und psychische. R. Bye versucht eine weitere Analyse der Kostenelemente. Zu den aufgewandten psychischen und physischen Opfern, für die im Lohn ein Entgelt — modifiziert durch die Knappheit der angebotenen Arbeit — gewährt werden muß, kommen noch andere Entgelte, die der Betrieb, in dem ja die Kosten entstehen, aufwenden muß. Bye sieht weitere Kosten entstehen für besondere geistige und körperliche Fähigkeiten, die der Betrieb sich zunutze machen will. Ferner wird die Zeit ein Kostenfaktor: die Zeit der Kapitalnutzung, die im Zins zum Ausdruck kommt, dazu das Risiko der Produktionsübernahme infolge der mit ihr verbundenen Unsicherheit. Ein besonders wichtiger Kostenfaktor, der die Natur der Kosten zu erklären vermag, ist weiter die Knappheit an einzelnen Produktionsgütern:

a) Knappheit an Land,
b) „ „ natürlichen Rohstoffen (Mineralien),
c) „ „ natürlicherweise in der Produktion beschränkten Gütern, das sind solche Güter, die die Landwirtschaft erzeugt und Gewinnungsindustrien hervorbringen: Häute, Naturgas.
d) künstlich erzeugte Knappheit durch Monopole (Übergewinne als Kostenfaktor).

So ergeben sich nach R. Bye 8 letzte Ursachen der Kosten:

1. Mühe,
2. besondere Fähigkeiten,
3. Kapitalnutzung,
4. Risikoübernahme,
5. Verwendung von Grund und Boden,
6. natürliche Materialien,
7. natürlicherweise beschränkte Produktionsgüter,
8. künstliche beschränkte Produktionsgüter (Übergewinne der Monopolisten).

Diese fundamentalen Kosten erscheinen auch in den Kosten, die der Betriebswirt in den Kalkulationsbüchern verrechnet. Die betrieblichen Kosten lassen sich alle auf einen oder mehrere dieser fundamentalen Kostenelemente zurückführen, z. B. Lohn auf Mühe und Fähigkeiten, Material auf natürlich oder künstlich beschränkte Güter, Versicherungskosten auf das Risiko, Zins auf die Kapitalnutzung usw. Der Betriebswirt, der die Kosten, die in seinen Büchern erscheinen, verrechnet und analysiert, denkt naturgemäß nicht an die fundamentalen Kostenursachen, also nicht an Kosten als Entgelt für Mühe und Unsicherheit, ebensowenig wie er an die Kosten denkt, die seine Preise für den Konsumenten bedeuten. Für ihn sind Kosten die Ziffern, die in seinen Büchern erscheinen. Dieses Denken führt leicht zu einer oberflächlichen, mechanischen Auffassung der Kosten, die sich in der Ansicht erschöpft, daß Kosten Geldausgaben sind, ein Gegenstand deswegen Kosten darstellt, weil er Kosten, Ausgaben, verursacht hat und in dem Maße Kosten darstellt, als er Ausgaben begründet hat. Damit bekommen Kosten eine solche Starrheit, wie sie Ausgaben anhaftet, während die richtige Kostenauffassung die Kosten nicht elastisch genug haben kann. Darum ist es falsch, wenn ein Kalkulator Kosten nur darin sieht, was der Unternehmer an andere als Entgelt entrichtet hat, also in seinen Ausgaben oder gar nur in den Ausgaben, die für einen bestimmten Fall entstanden sind, ohne die Vorleistungen, also nur die „out of pocket expenses".

Die tiefere Auffassung der Kosten, die zurückführt auf die fundamentalen Elemente, ihre Scheidung von den Ausgaben und, worauf noch einzugehen sein wird, von dem buchhalterischen Aufwand, bewahrt den Betriebswirt vor einem starren und darum unzulänglichen Kostenbegriff.

3. Die vier natürlichen Kostenarten.

Die betrieblichen Kosten enthalten folgende vier Kostenarten, die wir als natürliche von den übrigen Kostenarten unterscheiden wollen. Sie sind natürliche Kostenarten, weil sie natürlicherweise in jedem Produkt enthalten sind:

I. Kapitalkosten:
   a) Zinsen,
   b) Amortisation,
   c) Risiko,
   d) Steuern [1]).
II. Lohn (und Gehalt).
III. Material.
IV. Fremdleistungen (Sach- und Dienstleistungen des Staates und fremder Wirtschaftsbetriebe, z. B. Transport von Gütern und Nachrichten, Revision und Organisation).

Immer handelt es sich um eines dieser vier Elemente, die naturgemäß im speziellen Anwendungsgebiet ihre besondere Form erhalten und danach weiter, unter Umständen sehr viel weiter unterteilt werden.

Kapitalaufwendungen erleiden sehr oft das Schicksal, daß sie als Elemente des Rechnungswesens vernachlässigt werden, meist aus Nichterkenntnis des diesen Aufwendungen zugrunde liegenden Tatbestandes. Bei den Kapitalkosten besonders gilt der Grundsatz des Rechnungswesens: die Aufwandsrechnung (die Buchhaltung) hat das Tatsächliche, die Kostenrechnung das Normale zu erfassen; die Aufwandsrechnung hat stets alle Aufwendungen, die Kostenrechnung je nach den Umständen entweder nur

[1]) Wenngleich nicht alle Steuern Kapitalkosten sind, wollen wir sie aus Gründen der Darstellung an dieser Stelle zusammenhängend behandeln.

die Teil- oder die Vollkosten zu verrechnen. In den Kapitalkosten besonders scheiden sich die Geister.

Material- und Lohnkosten benötigen in diesem Zusammenhange keiner besonderen Darstellung.

Die Kosten für Fremdleistungen stellen ein Vielerlei dar. Sie enthalten einen guten Teil der Rechenelemente, die Lehmann und Löwenstein „Mischelemente" nennen, aber sie decken sich nicht. Der Begriff der Mischelemente ist mißverständlich, da die Natur dieser Elemente hierbei nicht zum Ausdruck kommt. Es ist vor allem nicht erkennbar, was gemischt wird: Art, Charakter oder irgend etwas sonst.

Aus dieser Gruppe der Kosten ragen vor allem die Kosten für Leistungen des Staates und sonstiger öffentlicher und privater Körperschaften für den Betrieb: für Sicherheit (persönliche und rechtliche) und Ordnung, Benutzung öffentlicher Einrichtungen, der Gerichte, Auslandsvertretungen, öffentliche Information und unzählige andere Veranstaltungen moderner Staaten zur Förderung ihrer Angehörigen. Das Entgelt für diese Staatsleistungen bilden Steuern, die in modernen Staaten einen immer höheren Anteil an den Selbstkosten der Betriebe ausmachen.

Die zweitgrößte Gruppe der Fremdleistungen bilden Transportkosten, von denen die Transportkosten, die Selbstleistungen darstellen, zu unterscheiden sind. Transport-Selbstleistungen sind naturgemäß Material-, Lohn- und Kapitalkosten, wenn sie auch zu Verrechnungszwecken auf eine besondere Kostenstelle zu verbuchen sind. Innentransport bildet eine Kostenstelle, keine Kostenart. Auch die Gruppe der Fremdtransportkosten umfaßt ein Vielerlei an Kosten, wobei zunächst die Kosten nach den verschiedenen Transportmitteln zu gruppieren sind: Eisenbahn, Post (Briefe, Telephon, Telegraph, Radio, Pakete), Nachrichtenbetriebe. Hierher fallen nicht die Kosten für die Transportabteilung, unter welchem Namen sie im Betriebe auch auftreten mögen.

An diese zwei größten Gruppen schließt sich eine Fülle anderer Kostenarten, die teils laufende, teils einmalige Kosten sind, wie Organisations-, Revisions-, Prozeß-, Auskunfts-, Werbekosten (die freilich nicht nur Fremdleistungen darstellen), ferner Ausstellungkosten, Zugaben (Wertreklame) und eine unzählbare Menge anderer Kosten dieser Art.

Daneben werden häufig Zufallsaufwendungen als besondere Kostenart aufgefaßt. Zufallsaufwendungen sind unvorhergesehene Ausgaben, die entweder völlig unvoraussehbar sind oder deren Höhe nicht im voraus bestimmt werden kann, wenngleich mit ihnen bestimmt zu rechnen ist. In die erste Gruppe gehören Explosionen, Überschwemmungen, Unterschlagungen; in die zweite Gruppe: übermäßig hoher Ausschuß bei der Produktion, übermäßiger Schwund, übermäßige Debitorenverluste.

Die Erfolgsrechnung bucht natürlich sämtliche Vorkommnisse in ihrer ganzen Höhe, da sie unter dem Prinzip des Tatsächlichen steht. Die Kostenrechnung kann an den Aufwendungen der zweiten Gruppe der Zufallsaufwendungen nicht vorübergehen. Da sie aber nur das „Normale“ etwas angeht, d. h. das, was bei der Konkurrenz bzw. der ganzen Branche normal ist, kann auch nur das „Normale“ berücksichtigt werden, z. B. bei Eisengießereien 2% Ausschuß, selbst wenn in einem speziellen Falle 5% vorgekommen sind, 1—2% Debitorenverluste im kreditgebenden Einzelhandel, wenn im Einzelfalle der Prozentsatz auch 4% gewesen ist. Diese Zufallskosten sind keine natürlichen Kostenelemente, sondern fallen je nach ihrer Art unter eine der vier aufgezählten.

Die erste Gruppe dagegen stellt nur Aufwand, keine Kosten dar. Die Rechenelemente, die unter diese Gruppe fallen, können nicht einkalkuliert werden. Ihre Deckung finden sie in der Risikoprämie, die im Übergewinn enthalten ist, ihre rechnungsmäßige Deckung im Bruttogewinn bzw. in den Reserven.

Diese Einteilung der Aufwendungen in die vier natürlichen Arten geschieht unter anderen Gesichtspunkten als die Einteilung unter Verrechnungsgesichtspunkten in Material-, Lohn-, Gemeinkosten, weil Gemeinkosten zum guten Teil wieder aus Material und Lohn bestehen und den Gegensatz zu Gemeinkosten auch nicht Material und Lohn bilden, die beiden ersten Glieder der obigen Gliederung, sondern Einzelkosten. Zu Verrechnungszwecken wird eine besondere Gliederung der natürlichen Kostenelemente vorgenommen, je nachdem, ob sie sich direkt oder nur indirekt verrechnen lassen, direkt entweder auf den produktiven Kostenträger oder die produktive Kostenstelle, indirekt als geschlüsselte Kosten, d. h. Kosten, die von den unproduktiven Abteilungen auf die produktiven Abteilungen nach einem möglichst in ursächlichem Zusammenhang mit der Kostenart stehenden Schlüssel verteilt werden können. Die natürlichen Kostenarten, weiter unterteilt, würden etwa folgende Kostengliederung ergeben:

I. Kapitalkosten
   1. Zinsen,
      a) für Eigenkapital,
      b) für Fremdkapital (effektiv, mit Provisionen).
   2. Abschreibungen.
   3. Risiko (Risikoprämie, Rücklage für unversicherbares Risiko).

II. Arbeitskosten
   4. Löhne und Lohnnebenkosten.
   5. Gehälter und Gehaltsnebenkosten.
   6. Personalversicherung.
   7. Unternehmerlohn.
   8. Sonstige Personalkosten.

III. Materialkosten
   9. Roh-, Hilfsstoffe, Fertigteile.
   10. Büromaterial.

IV. Fremdleistungen
   a) des Staates und sonstiger öffentlicher und privater Körperschaften.
   11. Steuern.
   12. Gebühren, Zölle, sonstige Abgaben und Beiträge.

b) der Transportbetriebe.
13. Güterbeförderungskosten.
14. Nachrichtenbeförderungskosten.
c) sonstige Sach- und Dienstleistungen.
15. Miete und sonstige Gebäudekosten.
16. Elektrizitäts- und Gaslieferungskosten.
17. Werbekosten (soweit nicht Betriebsleistungen, die in I—III enthalten sind).
18. Patent- und Lizenzgebühren.
19. Anwalts-, Sachberatungs-, Organisations-, Revisions- usw. Kosten.
20. Versicherungskosten (für versicherbare Risiken).

4. Die drei funktionalen Kostengruppen.

Entsprechend den drei betrieblichen Grundfunktionen: Finanzierung, Produktion und Vertrieb gibt es drei funktionale Kostengruppen: Finanzierungskosten (Kapitalkosten), Erzeugungskosten, Vertriebskosten. Sie setzen sich naturgemäß aus den vier natürlichen Kostenelementen zusammen und lassen sich auf die acht fundamentalen Kostenursachen zurückführen.

Die Grundfunktionen sind zugleich die Hauptfunktionen, die sich im Betrieb in Unterfunktionen auflösen: die Erzeugung z. B. in Einkauf, Lagerung, Fertigung, Verwaltung usw.

Die scharfe Trennung der betrieblichen Funktionen voneinander gibt auch eine gute Grundlage für die richtige Kostenauffassung. Sie erleichtert die Erkenntnis, ob ein Rechnungselement Kosten darstellt oder nicht. Besonders schwierig ist diese Entscheidung bei den Kapitalkosten. Zur besseren Erkenntnis, vor allem der Kapitalkosten [1], ist die Funktionentheorie entwickelt worden, die eine scharfe Scheidung der Funktionen der am Betriebe Beteiligten in Unternehmer-, Kapitalisten- und Arbeiterfunktionen vornimmt. Jedem dieser Funktionäre kommt sein Entgelt zu, selbst dann, wenn eine oder alle diese Funktionen in einer Hand vereinigt sind. Der Unternehmer erhält für Übernahme des Risikos Prämie und Profit, der Kapitalist für die Kapitalüberlassung Zins, der Arbeiter für seine Mühe Lohn, der an der Arbeit beteiligte Unternehmer Unternehmerlohn. Die funktionalen Kostengruppen erfordern je nach Größe und Organisation des Betriebes eine mehr oder weniger weite Aufteilung in funktionale Kosten niederer Art. Die Gliederung des Betriebes nach Funktionen und ihre Wahl zu Kostenstellen ist besonders aus organisatorischen und Kontrollgründen von entscheidender Bedeutung.

5. Vorläufige Übersicht über die Kostenarten.

Zu betrieblichen Zwecken: zur Verrechnung, zur Preisstellung, zu betriebspolitischen Maßnahmen ist der Betrieb genötigt, die Kosten nach

---

[1] Vgl. Abschnitt Kapitalkosten, S. 44 ff.

Arten zu gliedern. Je nach dem Gesichtspunkt der Gliederung entstehen überaus verschiedene Kostenarten, die jeweils nur für bestimmte Zwecke verwertbar sind. Aus der Mannigfaltigkeit der Rechnungszwecke in Großbetrieben ergibt sich eine Fülle von Kostenarten, aus der es gilt, die wesentlichen zu erkennen.

Nach der Gewichtigkeit eingeteilt, ergeben sich Haupt- und Nebenkosten (z. B. Lohn- und Lohnnebenkosten: soziale Abgaben, Urlaubskosten, Kosten der Anlernung, Einstellung und Entlassung, Fortbildungskosten, Kosten der Personalabteilung usw.).

Nach der Häufigkeit: einmalige und laufende Kosten (Kosten der Maschinenbeschaffung und Kosten der Unterhaltung).

Nach der Beziehung auf das Einzelprodukt oder die Gesamtproduktion: Einheits- und Gesamtkosten.

Nach der Einbeziehung oder Nichteinbeziehung in die Kostenrechnung: Teilkosten oder Vollkosten.

Nach der Betrachtung der gesamten bisherigen Erzeugung oder nur der einzelnen Schichten, insbesondere der letzten hinzukommenden oder wegfallenden Schicht: Durchschnittskosten $= \left(\frac{\text{Gesamtkosten}}{\text{erzeugte Menge}}\right)$ und Schichtenkosten (Differenz-, Zuwachs-, Grenzkosten).

Nach ihrer Beziehung zu den einstigen Geldausgaben: historische Kosten, Marktpreise, Verrechnungspreise, Standardkosten.

Es wären noch viele Kostenarten aufzuzählen, ohne daß eine erschöpfende Aufzählung erreicht werden könnte. Zwei Einteilungen sind aber für die Erkenntnis der Kosten und ihre Gliederung von besonderer Wichtigkeit, zumal in diese beiden Hauptgruppierungen die meisten kosten- und kalkulationstheoretisch wichtigen Kostenarten eingegliedert werden können:

1. nach ihrer Zurechenbarkeit auf die Produkteinheit (und Kostenstelle),
2. nach ihrer Entwicklung bei schwankendem Produktionsvolumen.

Nach der Zurechenbarkeit teilt man die Kosten nach dem Vorgang des V. D. M. A. ein in Einzel- (Maß-, unmittelbare, direkte, produktive) Kosten und in Gemein- (Zuschlags-, mittelbare, indirekte, unproduktive, Un-) Kosten ein. Diese Einteilung trifft das innere Wesen der Kosten nur mittelbar, unmittelbar nur ihre Verrechnungseigenschaft, ob man sie dem Stück direkt (Einzelkosten) oder nur mit Schlüsselungsverfahren und indirekt (Gemeinkosten) zurechnen kann. Hierbei ist praktisch nicht nur die Unvollkommenheit des angewandten Rechnungsverfahrens, sondern auch die Kostenverursachung der einzelnen Verfahren entscheidend. Es sind also nicht nur verrechnungstechnische, sondern auch ökonomische Grenzen vorhanden, woraus sich echte und unechte Gemeinkosten ergeben. Immer handelt es sich bei dieser Kostenrechnung und bei dieser Einteilung der Kosten um ein Wissen um die einzelnen Kosten und die sie verursachenden Stellen.

Nach der Kostenentwicklung bei schwankendem Leistungs- (Erzeugungs-, Absatz-, Verkehrs-, Kredit-) Volumen ergeben sich solche Kostengruppen, die durch Schwankungen gar nicht, teilweise oder ganz beeinflußt werden. Hierbei ist das Verhalten ein entgegengesetztes, ob es sich um Gesamt- oder Einheitskosten handelt. Nach dem Verhalten gegenüber schwankendem Produktionsvolumen ergeben sich:

1. fixe (vom Volumen unabhängige),
2. variable (vom Volumen abhängige),
   a) proportionale,
   b) beschränkt (sprunghaft) variable Kosten.

Die variablen Kosten ändern sich entsprechend dem Beschäftigungsvolumen, so daß sie, auf die Einheit bezogen, in bestimmten Grenzen stets gleichbleiben. Die festen Kosten, die als Gesamtkosten gleichbleiben, werden, auf die Einheit bezogen, um so kleiner, je größer das Beschäftigungsvolumen, je geringer demnach der Anteil der Einheit an ihnen ist. Der Betrieb befindet sich dann in Degression, wir sprechen von degressiv verlaufenden Kosten. Von einem Wendepunkte ab, an dem die Betriebsanlagen am besten ausgenutzt sind, steigen die Gesamtkosten und die Einheitskosten zunehmend: der Betrieb befindet sich in Progression, wir sprechen von progressiven Kosten. Die kleine Zone um die optimale Ausnutzung des Betriebes ergibt gleichbleibende (konstante) Kosten. Weil diese vom Beschäftigungsvolumen beeinflußten Kosten von der Ausnutzung der Betriebskapazität abhängig sind, nennen wir sie Kapazitätskosten, die dem Verlauf nach sein können:

a) degressiv, b) konstant, c) progressiv.

Das moderne Kostenproblem ist durchaus ein Problem der Kapazitätskosten, das demnach die Kostentheorie und auch unsere weitere Darstellung voll beherrscht.

6. Kosten und Aufwand.

Von den Kosten, den Elementen der Kostenrechnung, unterscheidet Schmalenbach, und mit ihm die meisten deutschen Betriebswirtschafter, den Aufwand [1]). Nach dieser Auffassung gehören die Kosten der Kostenrechnung an, während der Aufwand der Buchhaltung, der Kapitalrechnung, angehört. Welches das Verhältnis zwischen Kapitalrechnung (Buchhaltung) und Gutsverbrauchsrechnung (Kostenrechnung) ist, wird unter Formen der Kostenrechnung dargestellt. Hier sei nur gesagt, daß die Buchhaltung die Betriebsaufwände für eine Periode erfaßt, also „zeitlich" orientiert ist, während die Kostenrechnung eine Stück- oder Stellenrechnung ist. Wie die Kosten Grundelemente der Kostenrechnung sind, so ist der Aufwand Grundelement der Buchhaltung, die Kapitalrechnung und Periodenrechnung ist. Der Aufwand ist darum Kapitalverbrauch während einer Betriebsperiode. Schmalenbach definiert Aufwand folgender-

[1]) Schmalenbach, Dynamische Bilanz. Leipzig 1931.

maßen: „Aufwand ist der Wert der Güter, der für Rechnung der Unternehmung, sei es bestimmungsgemäß, sei es nicht bestimmungsgemäß, sei es im Betriebe der Unternehmung selbst oder außerhalb derselben, vernichtet wurde oder sonst verlorenging.“

Die Aufwandsrechnung (Buchhaltung und Bilanz) will den *Periodengewinn* erfassen. Für sie sind Kontinuität und Vergleichbarkeit neben Glaubwürdigkeit, Vorsicht und Sicherheit (Vermeidung aller Willkür) wichtigste Grundsätze. Die Prinzipien der Kontinuität und Vergleichbarkeit setzen das Gleichbleiben a) der Form (dieselbe Kontierung und Verbuchung desselben Buchungsinhaltes auf denselben Konten) und b) der Wertung (stets gleiche Wertansätze für Bilanzposten und Buchungsfälle, etwa zum Kostenwert) voraus. Die Kostenrechnung dagegen steht unter anderen Grundsätzen, von denen die der *natürlichen Kostenzuteilung* (der möglichst genauen Zurechnung der Kostenarten auf Kostenträger) und der *differenzierten Behandlung* der einzelnen Kostenarten die wichtigsten sind.

Aus den verschiedenen Anwendungsgebieten des Aufwandes und der Kosten: in Buchhaltung und Kostenrechnung, leitet Schmalenbach weitere Unterschiede im Inhalt der Begriffe Aufwand und Kosten ab. Zwar fallen beide im Umfang sehr häufig zusammen, in gewissen Posten fallen sie aber auseinander. Die Teile, die nicht zusammenfallen, bilden nach Schmalenbach neutralen Aufwand oder Zusatzkosten. „Neutraler Aufwand sind Kosten, die im Sinne der Erfolgsrechnung Aufwand, im Sinne der Kostenrechnung keine Kosten sind. Zusatzkosten sind Kosten, die im Sinne der Kostenrechnung Kosten, im Sinne der Erfolgsrechnung aber keinen Aufwand darstellen.“ Die in Kostenrechnung und Erfolgsrechnung zusammenfallenden Posten bilden Grundkosten und Zweckaufwand, so daß sich folgendes Bild des Verhältnisses von Kosten und Aufwand ergibt:

Neutraler Aufwand	Zweckaufwand	
	Grundkosten	Zusatzkosten

Als typisches Beispiel des „neutralen Aufwandes“ nennt Schmalenbach den Titelkauf und den „Königswunsch“, der zu einer Schenkung durch den Betrieb führt. Schmidt bestreitet mit Recht in beiden Fällen das Vorliegen eines Aufwandes überhaupt. Beide stellen Vermögensverbrauch dar, sind also über Privatkonto zu verbuchen oder aus einer Reserve oder aus dem Gewinn zu decken. Sind sie aber in hohem Maße werbend, so sind sie auch Kosten, so daß ein Unterschied von Aufwand und Kosten nicht entsteht.

Das typische Beispiel von Zusatzkosten sind die kalkulatorischen Abschreibungen, die höher sind als die buchhalterischen. Auch hier weist Schmidt mit Recht darauf hin, daß zwischen kalkulatorischen und buchhalterischen Abschreibungen Divergenzen erst durch übermäßige buchhalterische Abschreibungen entstehen, mit dem Zweck, stille Reserven zu bilden. Stille Reserven zeigen aber kein nachahmenswertes betriebliches Verhalten. Offene Reserven erreichen denselben Zweck besser. Dann entstehen auch weder Zusatzkosten noch neutraler Aufwand.

Die von Schmalenbach angeführten Beispiele zeigen in der Sache also keine Merkmale, die zur Behandlung als neutraler Aufwand und Zusatzkosten zwingen würden. Ist aber ein innerer Grund zur Scheidung von neutralem Aufwand und Zusatzkosten nicht vorhanden, so ist lediglich schlechte Buchungsgewohnheit Grund der differenzierenden Behandlung. Zweifellos geht die Praxis in den angeführten Beispielen den von Schmalenbach gezeigten Weg, oder besser, Schmalenbach hat der Buchhaltungs- und Kalkulationspraxis die theoretische Begründung für ihr Vorgehen geliefert. Nichtsdestoweniger hat Schmidt mit seiner Begründung recht.

Trotzdem geht Schmidt zu weit, wenn er den Tatbestand des neutralen Aufwandes und der Zusatzkosten überhaupt bestreitet, wenngleich zuzugeben ist, daß tatsächliche Übung in der Praxis als ausreichender Grund zur Differenzierung nicht anerkannt werden kann. Schmidt ist Vertreter eines materiellen Monismus [1]) in Buchhaltung und Selbstkostenrechnung. Es gibt aber Gründe, die für eine differenzierte Behandlung von Rechnungselementen in Buchhaltung, Bilanz und Kostenrechnung sprechen. Sogar in der Sache selbst ist ein materieller Dualismus begründet. Der Dualismus kann sich aus zwei Gründen ergeben:

a) Aus der verschiedenen Wertung der einzelnen Rechenelemente, z. B. Wertung zu historischen Kostenwerten in der Buchhaltung, zu Tageswerten in der Kalkulation.

b) Aus dem verschiedenen Umfang der Rechenelemente, also aus dem Auseinanderfallen der einzelnen Posten in den beiden betrieblichen Rechnungsformen. Dieser Tatbestand ist es vor allem, der Schmalenbach die Scheidung von Aufwand und Kosten und von neutralem Aufwand und Zusatzkosten nahelegt.

Aus Wertungsgründen ergibt sich keine notwendige Divergenz zwischen Aufwand und Kosten. Wenn es auch heute noch meist üblich ist, Aufwand zu historischen Kostenwerten, Kosten zu Tagespreisen zu werten, so ist aus diesem Grunde ein materieller Dualismus nicht notwendig. Zum materiellen Monismus ist sogar eine deutliche Tendenz vorhanden.

Dagegen ergibt sich eine Wertungsdivergenz, sobald zu festen Verrechnungspreisen oder Standardkosten verrechnet wird. Anders ist es um den zweiten Problemkomplex bestellt, der einen materiellen Dualismus, also die Unterscheidung von Aufwand und Kosten, neutralem Aufwand und Zusatzkosten, begründen könnte. An sich wäre es nicht nötig, Aufwand von Kosten zu unterscheiden, und selbst bei Vorhandensein eines besonderen Tatbestandes für neutrale und zusätzliche Rechenelemente könnte man den neutralen Aufwand neutrale Kosten nennen, sodaß zu unterscheiden

---

[1]) Diese Terminologie gebrauchen wir im Anschluß an Löwenstein.

wären: neutrale Kosten, Grundkosten und Zusatzkosten. Aber es sind doch bei aller Anerkennung der Schmidt'schen Kritik und Schmidt'schen Tendenz zum formellen und materiellen Monismus Gründe für eine Scheidung von Aufwand und Kosten und zur Anerkennung eines besonderen Tatbestandes beim neutralen Aufwand und bei Zusatzkosten vorhanden.

Solche Gründe sind folgende fünf:

1. Die Einheitlichkeit der Terminologie ist ein großer Vorteil, was an sich schon Grund wäre, sich Schmalenbach anzuschließen.
2. Sprachlich bedeutet die Scheidung von Aufwand und Kosten eine große Erleichterung.
3. Die Unterscheidung trägt zur Denkschulung einen großen Teil bei.
4. Die Praxis macht diese Unterscheidung in ihren Rechnungen auch, wenn auch mehr sachlich als sprachlich.
5. Es sind innere Gründe in den Tatbeständen selbst, die eine Unterscheidung notwendig machen. Dieser Grund ist entscheidend.

Zwischen Kosten und Aufwand besteht eine *materielle Divergenz* im *Umfange* der zu verrechnenden Posten. Gewisse Posten gehören nur in die Buchhaltung, gewisse nur in die Kostenrechnung, gewisse in beide. Das ist ganz der Tatbestand, den Schmalenbach mit seiner Unterscheidung meint, nur daß wir z. T. *andere Gründe* für die Unterscheidung sehen. Auch der Umstand, daß die Praxis Unterscheidungen macht, ist wichtig, wenngleich unrichtige Buchungsgepflogenheiten keine innere Begründung herbeizuführen vermögen, weshalb wir zwischen unechten und echten neutralen Aufwänden und unechten und echten Zusatzkosten unterscheiden. Unecht sind beide dann, wenn sie zwar in der Praxis vorkommen, für ihre Unterscheidung aber keine inneren Gründe vorhanden sind. *Innere* Gründe, die also in der Natur der Rechenelemente begründet sind, ergeben sich aus den verschiedenen *Zwecken* und der verschiedenen *Struktur* der Erfolgs- und Kostenrechnung. Es ergeben sich vor allem folgende innere Divergenzgründe:

Es werden erfaßt:

im Aufwand:	in den Kosten:
a) das Tatsächliche,	a) das Normale [1],
b) das Bestimmungs- und nicht Bestimmungsgemäße,	b) nur das Bestimmungsgemäße,
c) das Ganze der Unternehmung,	c) der Teilbetrieb und die Teilleistung,
d) das Periodische,	d) die Einzelleistung, das Stück,
e) Betrieb, Unternehmung und viel darüber Hinausgehendes,	e) nur Betrieb und Unternehmung,
f) auch das Zufällige,	f) nur das Typische,
g) die *gesamten* Aufwendungen,	g) die gesamten, oft auch nur die *teilweisen* Aufwendungen.

Die Aufwandsrechnung steht außerdem vor dem Problem der *Periodi-*

[1]) Das Normale ist nicht gleich dem Optimalen (Bestausnutzung, etwa 85%), sondern ist das unter den jeweiligen Umständen Mögliche, etwa bei 50%iger Ausnutzung. Es entspricht z. B. den Standardkosten.

sierung (von Aufwand und Ausgabe), die Kostenrechnung dagegen nicht. Sie hat aber außerdem das Problem der richtigen Zurechnung der einzelnen Kostenelemente auf das verursachende Stück zu lösen.

Aus der grundverschiedenen Einstellung und besonders aus dem Erfassen oder Auslassen verschiedener Rechnungselemente ergibt sich eine materielle Divergenz von Aufwand und Kosten und ergibt sich der Tatbestand des neutralen Aufwandes und der Zusatzkosten. Durch Unterscheidung von unechten und echten neutralen Aufwänden und Zusatzkosten wird ferner eine Scheidung der neutralen Aufwände und Zusatzkosten in solche aus innerem Grund und aus praktischer Übung herbeigeführt.

Versuchen wir jetzt, an einzelnen Beispielen den Tatbestand weiter zu erklären. Titelkauf und „Königswunsch" als neutrale Aufwände und Abschreibungen als Zusatzkosten sind im Anschluß an Schmidt bereits behandelt worden.

Genau so wie den Titelkauf würden wir Stiftungen (seien sie für Außen- oder Innenzwecke — Betriebsstiftungen — errichtet) nicht als Aufwand verbuchen, natürlich schon lange nicht als Kosten. Die Steuer würde solche Posten auch nie als Aufwand anerkennen, sondern sie als Einkommen ansehen. Dasselbe gilt für Beiträge zu kirchlichen oder politischen Zwecken, ferner für Repräsentationsausgaben des Unternehmers, die über das normale Maß (wofür sie Kosten bilden) hinausgehen. Geschenke an Geschäftsfreunde sind entweder sowohl Aufwand als auch Kosten (in normaler Höhe) oder weder das eine noch das andere.

Anlagezugänge, die als neutraler Aufwand über Unkosten abgebucht werden, weil sie entweder zu geringfügig sind oder weil der Jahresgewinn die Abbuchung gestattet, sind zweifellos falsche Buchungen und stören die Vergleichbarkeit bedeutend, stellen auch steuerlich keinen Aufwand dar. Es ist notwendig, die Unterscheidung zwischen Vermögenszugang und Aufwand in der Praxis schärfer durchzuführen. Lediglich bei wirklich geringfügigen Posten scheint mir diese Verbuchungsart vertretbar, wie es z. B. die Reichsbahn macht. Aber selbst diese Posten sind unechte neutrale Aufwände.

Echte neutrale Aufwände sind dagegen alle über die normalen Kosten hinausgehenden tatsächlichen betrieblichen Aufwände. Die Kostenrechnung kalkuliert z. B. nur die normalen Gemeinkostenzuschläge, die Buchhaltung muß sämtliche Gemeinkosten verbuchen. Daraus ergeben sich neutrale Aufwände. Im Einzelfall lösen sie sich in zahlreiche Posten auf, z. B. in Abschreibungen. Der kalkulatorische Satz für Abschreibung bei 50%iger Kapazitätsausnutzung sei 100 000 M.; die buchhalterische Abschreibung für die gesamte Kapazität ist 200 000 M. Oder moderne Maschinen mit gleicher Leistungsfähigkeit sind 50% billiger. Die Konkurrenz besitzt die billigeren Maschinen und hat darum nur 5000 M. Abschreibung, so daß in unserer Kostenrechnung auch nur 5000 M., in der Buchhaltung dagegen 10 000 M. abgesetzt werden. Oder: aus Gründen der Überholung sind Extra-Abschreibungen notwendig. Sie stellen neutralen Aufwand dar. Bei Normalabschreibungen ergibt sich Kongruenz zwischen Buchhaltung und Kostenrechnung, bei Extra-Abschreibungen entstehen neutrale Aufwände, echte, sobald sie in der Sache begründet sind, unechte, sobald sie auf Willkür beruhen. Buchhalterische Minderabschreibungen ergeben neutralen Ertrag, kalkulatorische Minderabschreibungen neutralen Aufwand. Neutraler Aufwand entsteht auch dort, wo fixe Kosten in der Kalkulation ganz oder teilweise nicht verrechnet werden; ferner aus Zinsverlusten bei Überschreiten des gewährten Zieles, aus Debitorenverlusten, die das normale Maß übersteigen. Skonto dagegen ist, weil einkalkuliert, kein neutraler Aufwand. Echter neutraler Aufwand sind auch Kursverluste aus Effekten und Devisen, ferner: Nacharbeiten, Vertragsstrafen, Kosten der Errichtung und Verwaltung, Propagandakosten (die über das normale Maß hinausgehen), Versuchskosten (über das in der Branche Normale hinausgehend), Preisnachlässe. Auch bei Zusatzkosten gibt es echte und unechte Formen. Abschreibungen über die buchhalterische Abschreibung hinaus — weil die Anlage nur noch mit Erinnerungsposten zu Buche steht — sind unechte Zusatzkosten, dgl. Unternehmerlohn, Eigenkapitalzins. Sie alle sollten in der Buchhaltung ebenso behandelt werden wie in der Kostenrechnung. Echte Zusatzkosten sind dagegen: Selbstverbrauch von Kohlen bei Hüttenzechen (für den über die Produktionskosten hinausgehenden Teil), Finanzierungsgewinne (kalkulatorische Verrechnung der Zinsen zum Tagespreis, buchhalterisch zum niedrigeren wirklichen Zins), Betriebstantiemen, falls sie, die nachträglich festgestellt werden, über das Normale hinausgehen (infolge größerer Wirtschaftlichkeit sind die Kosten geringer geworden als die Standardkosten; die gezahlten Tantiemen sind aber geringer als die erzielte Ersparnis), die Differenz sind Zusatzkosten. Risikoprämien, die einkalkuliert werden, bilden bei nicht eintretendem Schaden Zusatzkosten, bei höherem Schaden ergibt sich ein neutraler Aufwand. Bei Verrechnung von Material ergeben sich, wenn es zu Verrechnungspreisen verrechnet wird, bei Preissteigerung neutraler Aufwand, bei Preisfall Zusatzkosten. Bei zu niedriger Inventarisierung ergeben sich Zusatzkosten, aber nur unechte, weil die Inventarisierung eben nicht zu niedrig sein sollte.

Zweifellos kommt der Tatbestand des neutralen Aufwandes öfter vor als der der Zusatzkosten. Die Scheidung von Kosten und Aufwand, neutralem Aufwand und Zusatzkosten mit all den notwendigen Differenzkonten, bringt, und das ist nicht zu vergessen, eine große Komplizierung des Rechnungswesens hervor, so wichtig die Scheidung zur richtigen Erfassung der Vergänge im Betriebe auch ist.

Neben dem neutralen Aufwand und den Zusatzkosten unterscheidet Schmalenbach noch den neutralen Ertrag. Dieser kann sein:

a) anorganischer Gewinn (aus betriebsfremden Geschäften, also aus Geschäften, die mit der Produktionstätigkeit des Betriebes — in weitestem Sinne — nicht zusammenhängen);

b) Differenzgewinne, die sich aus einer materiellen Divergenz zwischen Aufwand und Kosten ergeben, dann nämlich, wenn die Kosten höher sind als der Aufwand.

Anorganische Gewinne können sein:

Spekulationsgewinne an Effekten,
Verpachtungserlöse,
Subventionen,
Steuernachlässe,
Erträge aus Gelegenheitsgeschäften,
Eingänge aus bereits abgebuchten Debitoren,
Erlöse aus Abfallverwertung (wenn die Verwertung nicht regelmäßig geschieht, sonst entstehen reguläre Gewinne),
Lotteriegewinne (wenn solche in Betrieben überhaupt vorkommen sollten).

Anorganische Gewinne sehen wir als neutrale Erträge überhaupt nicht an. Für diese kommt vielmehr nur der 2. Tatbestand, die materielle Divergenz zwischen Kosten und Aufwänden, in Frage. Geschieht z. B. die Verrechnung der Kosten zu Standardkosten, so entsteht bei niedrigerem wirklichem Aufwand ein neutraler Ertrag. Es seien beispielsweise die Standardkosten 1000, die wirklichen Kosten 900, so entsteht ein neutraler Ertrag von 100.

Material

Magazin	900	Fabrikation	1000
Gewinn u. Verlust (Neutr. Ertrag)	100		

Der neutrale Ertrag findet sich immer als Saldo auf dem Ausgleichskonto. Entsteht ein Debetsaldo, gibt es einen neutralen Aufwand, entsteht ein Kreditsaldo, gibt es einen neutralen Ertrag. Dieser ist die positive Seite in dem Fragenkomplex von neutralem Aufwand und Zusatzkosten. Seine Auslösung findet der neutrale Ertrag technisch, wie jeder Ausgleich bei formalem Monismus und materiellem Dualismus, auf den Differenzkonten. Eine Analyse des neutralen Ertrages, wie weit er Betriebs-, wie weit Marktgewinn ist — er kann beides sein —, soll hier nicht vorgenommen werden.

7. Kosten und Leistung — das Betriebsprodukt.

Kosten werden im Betriebe zweckvoll angewandt, um Güter zu erzeugen, zu befördern, zu verteilen. Das Ergebnis der Kosten soll ein Produkt sein, das der Markt mit mehr als den Kosten bewertet, und daher die Kosten mit einem Gewinn vergütet. Den Kosten steht daher das Betriebsprodukt gegenüber. Schmalenbach nennt das Betriebsprodukt Leistung. Diese Bezeichnung scheint uns zu weit. Leistung ist jede wirksame Tat des Betriebes, auch wenn sie nicht marktwirksam ist. Auf die Marktwirksamkeit kommt es uns aber an, und marktbewußtes Denken, fern von aller Isolierung und allen Robinsonaden, ist unbedingt notwendig. Vor allem im Hinblick auf das Sozialprodukt der Sozialökonomie erscheint uns Betriebsprodukt der richtige Begriff zu sein. Der Begriffsinhalt ist derselbe wie für Leistung und Ertrag bei Schmalenbach. Natürlich gebrauchen wir Produkt, Produktion und produktiv im weitesten Sinne. Produktion ist Gutserzeugung, letzten Endes für den Konsumenten, und der gesamte Prozeß bis zur Bereitstellung beim Einzelhändler ist notwendiger Produktionsprozeß.

Das Betriebsprodukt durchschreitet im Betriebe 4 Stadien, und immer sind in einem produzierenden Betrieb alle 4 zu gleicher Zeit vorhanden: Produktionsvorbereitung, Güter im Produktionsprozeß, fertiggestelltes und verkauftes Produkt. Die verkauften Produkte bilden den Erlös, die fertiggestellten und noch nicht abgesetzten bilden den Vorrat an Fertigfabrikaten, die in der Fabrikation befindlichen Güter stellen die betrieblichen Halbfabrikate dar. Die vorbereitenden Leistungen (Versuche, Konstruktionen, Organisation) ermöglichen die weitere Produktion. Das Betriebsprodukt (der Ertrag, Bruttoertrag) erscheint wertbar in den drei letzten Stadien der Produktion. Das erste Stadium ist noch nicht bezifferbar. Es bildet noch kein Produkt, nur die Vorbereitung dazu, es stellt natürlich eine Leistung dar. Die Bilanz (Erfolgs- und Kapitalbilanz) ist das Mittel der Erfassung des Betriebsproduktes. Zu seiner größenhaften Bezifferung ist eine Wertung notwendig. Der Erlös besitzt bereits Geldcharakter, ist daher nicht wertungsbedürftig, die vorbereitenden Leistungen sind noch nicht wertungsfähig, weil noch nicht zu übersehen ist, ob sie überhaupt marktwirksam werden können. Fertig- und Halbfabrikate dagegen sind wertungsfähig und wertungsbedürftig. Fertige Betriebsprodukte, die noch nicht abgesetzt sind und auch keine Vertriebskosten verursacht haben, werden zu ihren Selbstkosten bewertet, die hier, weil Vertriebskosten noch nicht entstanden sind, die Bedeutung der Herstellungskosten haben, natürlich mit Einschluß desjenigen Teiles der Verwaltungsgemeinkosten, die schlüsselmäßig auf den Betrieb (die Herstellung) verteilt werden müssen. Es handelt sich hier um die Dienste, die die allgemeine Verwaltung dem Betrieb geleistet hat. Dasselbe Wertungsprinzip gilt auch für die in Fabrikation befindlichen Güter.

Mit der Zurückführung der Kosten auf ihre fundamentalen Elemente, ihre Trennung von den Geldausgaben, ihre Unterscheidung vom Aufwande, der Erkenntnis ihres relativen, elastischen Charakters, ihrer Wertung zum Kalkulationswert und ihrer Gegenüberstellung dem Betriebsprodukt ist die Natur der Kosten dargelegt.

Diese Wesenserklärung der Kosten, die eine notwendige Grundlage der Kostentheorie und der praktischen Kostenrechnung ist, ist nun weiter zu klären durch eine Analyse der Kostenarten und der Kostenzusammensetzung in der Produktionseinheit, die uns beide eine tiefere Erkenntnis der einzelnen Elemente und ihrer konkreten Größe in den Kosten der einzelnen Betriebstypen bringen sollen. Erst durch eine genaue Analyse der Kosten in den einzelnen Betriebstypen kann die Kenntnis der praktischen Kostenverhältnisse erzielt werden, die eine vernünftige Preis- und

Betriebspolitik, weiter aber eine brauchbare Organisation des Rechnungswesens ermöglichen. Beides ist aber der letzte Sinn einer betrieblichen Kostentheorie.

IV. Analyse der funktionalen Kosten.

1. Kapitalkosten.

a) Kapitalstruktur der Betriebe.

Die Grundfunktion der Finanzierung steht am Anfang jeder betrieblichen Tätigkeit. Sie ermöglicht erst die Erfüllung der übrigen Funktionen. Finanzierung ist Kapitalbeschaffung für Unternehmungszwecke, Kapital zunächst gesehen als Geldkapital, dann erst als Sachkapital, als Kapitalgüter. Die Finanzierungssphäre im Betriebe umfaßt die gesamte betriebliche Finanzwirtschaft, die einmalige und laufende Finanzierung, erstreckt sich also neben der Kapitalbeschaffung auf die Finanzverwaltung, die täglichen Geld- und Kassendispositionen. Der Finanzierungsverkehr ist Kapital- und Geldverkehr. Er schlägt sich betrieblich in der Finanzbuchhaltung, der Kapitalrechnung und ihrem Schlußstein, der Kapitalbilanz nieder.

Kosten der Finanzierung sind Kosten des Kapitals. Kapitalleistungen bewirkt nur der Kapitalist. Seine Leistung ist eine Finanzierungsleistung. Das Entgelt hierfür ist der Zins, den der Unternehmer ihm zahlt. Der Kapitalist erscheint im Betriebe in zwei Arten: als Geber von Eigen- und von Fremdkapital. Kapitalisten sind sie beide. Ihr Gegenkontrahent ist der Unternehmer, der im Betriebe eine ganz andere Funktion als der Kapitalist zu erfüllen hat. Gibt dieser dem Betrieb Kapital, so fragt jener danach und lenkt es in die ihm vorteilhaft erscheinende Richtung. Er ist der Träger der Kapitalverwendung, der Wandlung des Kapitals in konkrete Kapitalgüter. Der Unternehmer erhält für seine Leistung Unternehmergewinn (Übergewinn). Er ist der Träger des Unternehmerrisikos, nicht der Kapitalist. Beide Funktionen sind im Betriebe scharf zu scheiden, selbst wenn sie in einer Person vereinigt sind. Dies ist bei Aktionären, G. m. b. H.-Gesellschaftern, Gewerken, Einzelunternehmern der Fall. Zu den Funktionen der Kapitalisten und des Unternehmers tritt die des Arbeiters. Diese Scheidung in Kapitalisten, Unternehmer und Arbeiter, die die Funktionentheorie vornimmt, soll uns bei der Analyse der einzelnen Betriebsfunktionen, ihrer Leistungen und Kosten, leiten.

Kapitalkosten sind viererlei Art:

1. Zinsen für das investierte Geldkapital,
2. Wertminderung der Kapitalgüter: des Anlage- und des Betriebs kapitals,
3. Kapitalrisiko,
4. Steuern.

Kapitalkosten verbindet ein Gemeinsames: sie alle sind Funktionen der Zeit: der Zins, die Wertminderung, das Risiko, teilweise auch die Steuern.

In der Kapitalssphäre bekommt der Betriebsfaktor Zeit seine eigentliche Bedeutung. Zeit ist darum der natürliche Maßstab und Verteilungsschlüssel für die Kapitalkosten, ja aller fixen Gemeinkosten, die mehr oder weniger zeitabhängig sind. Sie werden oft geradezu Zeitkosten genannt, von denen sie jedenfalls den größten Teil bilden.

Die Kapitalkosten werden zunächst von der Höhe des investierten Kapitals bzw. der Kapitalgüter bestimmt. Kapitalgüter sind:

1. Anlage —, 2. Betriebskapital:
   a) Vorräte,
   b) flüssige Mittel u. Forderungen.

Man spricht, je nach dem, welche von diesen drei Kapitalgüterarten vorherrscht, von anlageintensiven und betriebskapilalintensiven Betrieben. Die letzteren teilt man in vorrats- und forderungsintensive Betriebe [1]). Die Grundlage dieser Unterscheidung ist der Aufbau der Kapitalgüter, wie er auf der Aktivseite der Bilanz zum Ausdruck kommt. Man spricht ferner von kapital-, arbeits- und stoffintensiven Betrieben, und meint hierbei den Kostenanteil der Kostenarten: Kapital, Arbeit und Stoff an den Gesamtkosten der Produkteinheit. Das sind durchaus verschiedene Einteilungen, die nur insofern einen Zusammenhang zeigen, als der Kapitalgüteraufbau nicht ohne Einfluß auf die Kostenzusammensetzung ist, und die Kostenzusammensetzung Einfluß auf die Kapitalstruktur besitzt. Aber beide Einteilungen enthalten verschiedene Gesichtspunkte. Sie liegen auf verschiedenen Ebenen. So ist z. B. der Bergbau unter dem Gesichtspunkt der Kostenzusammensetzung arbeitsintensiv, unter dem Gesichtspunkt der Kapitalstruktur kapitalintensiv, weil der Arbeitslohn über 50% der Stückkosten beträgt (64.4%) und das Anlagekapital über 50% der gesamten Kapitalgüter ausmacht (74.1%).

Das typische Verhältnis der Kapitalgüter in den einzelnen Betriebszweigen ist vom Produktionsprozeß und von Marktnotwendigkeiten abhängig. Der Produktionsprozeß bestimmt den Anteil der Anlagen, der Markt den Anteil des Lagers und der Forderungen. Sind Lager und Forderungen bei einem Betriebe gering und können sie es markttechnisch sein, so steigt naturgemäß der Anteil des Anlagekapitals. Die Vorräte können gering sein, wenn a) das Sortiment nicht reichhaltig zu sein braucht (bei Einproduktbetrieben am geringsten, es sei denn, daß technisch eine lange Lager- oder Produktionszeit erforderlich ist); b) wenn der Absatz stetig ist.

Der Anteil der Forderungen wird gering sein, wenn dem Betrieb die Kundenfinanzierung nicht obliegt, sie ihm vielmehr von besonderen Betriebszweigen, insbesondere vom Großhandel, abgenommen wird.

Anlagekapitalintensive Betriebe sind daher vor allem die Grundstoffindustrien: Gewinnungs- und Aufbereitungsindustrien, wie Bergbau,

[1]) Vergl.: v. d. Gablentz, Kapitalstruktur und Kapitalerträge der deutschen Industrie. In „Kapital und Kapitalismus", herausgg. v. B. Harms, Berlin 1931, Bd. II. S. 101 ff.

Hütten, Baustoffindustrie; von den verarbeitenden Industrien: Glasindustrie, Brauereien, insbesondere aber Versorgungsbetriebe (Elektrizitäts-, Gas-, Wasserwerke), Verkehrsbetriebe; am höchsten ist die Anlageintensität bei Terraingesellschaften und Darbietungsbetrieben. Verkehrsbetriebe besitzen z. B. bis zu 90%, Theaterunternehmungen bis zu 93.5% Anlagekapital. Dagegen sind Handelsbetriebe im Durchschnitt nur mit 4.1%, Banken mit 5.4% Anlagekapital ausgesprochen anlagekapitalextensiv.

Betriebe, deren Produktionsprozeß an sich stark maschinenorientiert ist, die aber daneben eine besondere Vertriebsaufgabe zu lösen haben, sind kapital- und vorrats- oder forderungsintensiv. Keines der Kapitalgüter gewinnt das absolute Übergewicht.

Zu den Anlagen werden auch die Beteiligungseffekten gezählt, denn sie bilden Anlagekapital, wenn auch nicht im eigenen, so doch im abhängigen Betrieb. Typische Betriebe dieser Art entwickelten besonders die elektrotechnische, chemische, Großeisen- und Bergwerksindustrie, in neuerer Zeit in immer höherem Maße die Elektrizitäts- und Gasgewinnungsindustrie. Sie alle zeigen eine deutliche Tendenz zur Bildung von Konzernen und anderen Konzentrationsformen.

Vorratsintensive Industrien sind produktionstechnisch oder markttechnisch bedingt. Dies ist insbesondere der Fall, wenn:

a) der Anfall periodisch ist (Gemüsekonservenindustrie, Kellereien),
b) die lange Lagerung technisch notwendig ist (Holz-, Lederindustrie),
c) der Produktionsprozeß sehr lange dauert (Brücken-, Schiffsbau),
d) die Industrie zugleich Handelsfunktionen ausübt (Metallindustrie).

Warenintensiv sind naturgemäß, wenn auch in verschiedenem Maße, alle Handelszweige, von den Industrien diejenigen mit zahlreichen Produktarten, vor allem die Betriebe mit kurzfristiger Wechselfertigung (Kleineisenwaren, optische Industrie).

Forderungsintensive Betriebe sind: a) Industrien, die die Kundenfinanzierung übernehmen müssen (z. B. Maschinen- und Textilindustrie), vor allem aber b) der kreditgebende Einzelhandel, c) die Banken.

Dem Aufbau der Kapitalgüter muß der Kapitalaufbau (die Finanzierung) entsprechen. Entscheidend ist die Frage, wie weit Eigen-, wie weit Fremdfinanzierung vorliegt, in welchem Maße das Anlagekapital durch eigenes und langfristiges Fremdkapital finanziert, wieviel kurzfristige Mittel hinzugenommen sind. Die Art der Finanzierung ist aber nicht nur durch den Aufbau der Kapitalgüter bedingt, sondern auch durch die Unternehmungsform (ob Aktien- oder Nichtaktiengesellschaft) und durch die Geld- und Kapitalmarktverhältnisse. Anlagekapitalintensive Industrien müssen langfristig, vorrats- und forderungsintensive Betriebe können kurzfristig finanziert werden. Das Verhältnis von flüssigen Aktiven zu fälligen Verbindlichkeiten und von gebundenen Aktiven zu langfristig aufgenommenen Kapitalteilen zeigt die Liquidität der Betriebe.

Die folgende Tabelle[1]) zeigt die Kapitalstruktur (Aufbau der Kapitalgüter, des Kapitals) der deutschen Industrie.

Gliederung der Kapitalgüter und des Kapitals wichtiger Industrie-Gruppen nach den Bilanzen von 1929 (in %):

Industriegruppe	Gliederung der Kapitalgüter					Gliederung des Kapitals			
	Anlagen	Beteiligungen	Anlagekapital insgesamt	Vorräte	Flüssige Mittel	Eigenkapital	langfristige Verschuldung	langfristige Finanzierung insgesamt	kurzfristige Verschuldung
Gewinnung von Steinkohlen	52.35	17.18	69.53	4.86	25.61	69.31	12.03	81.34	18.66
Gewinnung von Braunkohlen	61.87	6.78	68.65	3.44	27.91	66.04	4.41	70.45	29.55
Kalibergbau[2])	44.13	25.90	70.03	4.39	25.58	60.63	27.93	88.56	11.44
Bergbau und Eisenindustrie	57.85	14.95	72.53	9.49	17.98	55.38	31.98	87.36	12.64
Baustoffindustrie	49.61	15.64	65.25	11.88	22.87	70.09	5.50	75.59	24.41
Großeisenindustrie	40.29	2.40	42.69	21.81	35.50	49.66	7.91	57.57	42.43
Metallhütten usf.	44.53	3.12	47.65	24.00	28.35	40.63	8.81	49.44	50.56
Mit Eisengewinnung verbundene Werke	44.05	13.60	57.65	16.72	25.63	45.21	18.30	63.51	36.79
Papiererzeugung	36.98	7.57	44.55	25.38	30.07	56.58	11.65	68.23	31.77
Industrie der Grundstoffe insgesamt	50.19	13.42	63.61	10.22	26.16	58.08	21.80	79.88	20.12
Industrie der Steine und Erden[3])	43.40	8.66	52.06	15.38	32.56	70.32	4.56	74.88	25.12
Herstellung von Eisen-, Stahl-, Metallwaren	38.91	6.12	45.03	24.59	30.38	68.11	3.99	72.10	29.90
Maschinen- und Apparatebau	31.11	4.18	35.29	25.55	39.16	56.02	5.43	61.45	38.55
Fahrzeugbau	35.84	3.01	38.85	37.19	23.96	54.17	10.88	65.05	34.95
Schiffbau	28.01	6.98	34.99	35.55	29.46	33.75	4.99	38.74	61.26
Elektrotechnische Industrie	18.67	18.50	37.17	20.46	42.37	46.16	19.64	65.80	34.20
Feinmechanik und Optik	32.20	—	32.20	37.07	30.73	73.87	1.51	75.38	24.62
Chemische Industrie[4])	34.44	14.18	48.62	19.92	31.46	64.92	9.65	74.57	25.43
Textilindustrie	30.78	10.94	41.72	23.99	34.29	56.47	2.90	59.37	40.63
Papierverarbeitung	52.00	3.20	55.20	25.60	19.20	66.39	4.91	71.30	28.70
Leder- und Linoleumindustrie	26.58	5.35	31.93	33.09	34.98	55.02	12.46	67.48	32.52
Kautschuk- und Asbestindustrie	33.17	1.63	34.80	20.42	44.78	51.57	15.36	66.93	33.07
Holz- und Schnitzstoffgewerbe	28.99	4.79	33.78	32.10	34.12	56.08	14.06	70.14	29.86
Brauereien und Mälzereien	46.13	6.10	52.23	10.16	37.62	53.16	10.95	64.12	35.88
Mühlenindustrie[5])	35.74	5.95	41.69	36.85	21.46	43.98	2.01	45.99	54.01
Tabakindustrie[5])	13.58	5.34	18.92	38.60	42.48	24.71	1.76	26.47	73.53
Bekleidungsgewerbe	18.58	5.28	23.86	29.85	46.29	62.74	3.00	65.74	34.26
davon: Schuhmacherei und Schuhindustrie	17.87	4.89	22.76	37.43	39.81	61.52	3.45	64.97	35.03
Verarbeitende Industrie insgesamt	31.70	8.98	40.68	22.88	36.44	56.40	11.27	67.67	32.33
Elektrizitätswerke	73.96	9.87	83.83	1.53	14.64	52.14	29.41	81.55	18.45

[1]) Entnommen v. d. Gablentz, a. a. O. S. 113—115.

[2]) Nach den Bilanzen von 1927, weil die Zahlen für 1928 und 1929 durch die interne Konzernverschuldung aufgebläht sind.

[3]) Ohne Baustoffindustrie.

[4]) Einschließlich chemische Großindustrie.

[5]) Nach den Bilanzen von 1928.

Die Kapitalstruktur allein aber bedingt noch nicht die Kapitalkosten. Es kommen die drei Komponenten der Kapitalkosten hinzu: Zins, Amortisation und Risiko und endlich der Kapitalumschlag. Die drei Komponenten der Kapitalkosten sollen im nächsten Abschnitt behandelt werden, so daß hier nur auf den Kapitalumschlag kurz einzugehen ist.

Der Kapitalumschlag ist das Verhältnis von Umsatz und Gesamtkapital[1]). Man nennt bei diesen Untersuchungen das Gesamtkapital gern das „arbeitende Kapital", ganz gleich, ob man die Summe von Eigen- und Fremdkapital oder die Summe der Kapitalgüter nimmt. Wenngleich die Ziffern gleich sind, ist jedoch der Ausgangspunkt nicht bedeutungslos, weil er die Denkrichtung bezeichnet.

Auch bei der Behandlung des Kapitalumschlages kommt es uns auf die quantitative Darstellung an, die zeigen soll, wie groß in den einzelnen Betriebszweigen der Kapitalumschlag tatsächlich ist. Hierüber unterrichten die folgenden Tabellen:

I. Kapitalumschlagskoeffizienten verschiedener Industriezweige.

Industriezweig	Land	Jahr	Umschlagskoeffizient
Petroleumgewinnung [2])	U. S. A.	—	0.43
Metallgewinnung und Verhüttung [3])	Deutschland	1927	1.20
Vereinigte Stahlwerke A.-G.	Deutschland	1927/28	0.75
		1928/29	0.77
		1929/30	0.67
Eisen- und Stahlindustrie [2])	U. S. A.	ø 8 Jahre	0.50
Kupferindustrie [2])	U. S. A.	ø 9 Jahre	0.72
Bleiindustrie [2])	U. S. A.	ø 7 Jahre	0.42
Maschinen-, Apparate-, Fahrzeugbau	Deutschland	1927	0.94
Linke-Hoffman-Busch	Deutschland	1927/28	1.32
		1928/29	1.07
		1929/30	1.05
Nationale Automobilgesellschaft		1928	1.25
		1929	1.18
Fahrzeugindustrie [3])	Deutschland	1927	0.85
Automobil- a. Truck Mfcts. [2])	U. S. A.		0.96
Auto Accessorie Mfcts. [2])	U. S. A.		1.16
Railway equipment Mfcts. [2])	U. S. A.		0.73
Chemische Industrie [3])	Deutschland	1927	1.07
Chemische Industrie [2])	U. S. A.		0.82
Feinmechanik, Elektrotechnik, Optik [3])	Deutschland	1927	0.94
		1928	0.99
		1929	1.03
		1930	0.90
Elektrotechnik [2])	U. S. A.		0.85
Bekleidungs-, Nahrungs-, Genußmittel [3])	Deutschland	1927	1.24
Textilindustrie	Deutschland	1927	1.93
Nahrungsmittelindustrie [2])	U. S. A.		1.37
Gesamte verarbeitende Industrie [3])	Deutschland		1.27
Gesamte verarbeitende Industrie [2])	U. S. A.		0.99

II. Verkehrs- und Versorgungsbetriebe.

	Jahr	Ziffer
Eisenbahngesellschaften:		
Deutsche Reichsbahn-Gesellschaft	1929	0.20
	1930	0.17
Lübeck-Büchener Eisenbahngesellschaft	1929	0.27
	1930	0.24
Kleinbahn Bremervörde-Osterholz	1927/28	0.13
Kleinbahn A. G. Burxdorf-Mühlberg	1928	0.20
Kolberger Kleinbahn	1927/28	0.13
Kyffhäuser Kleinbahn	1927/28	0.10
Ziedertal Eisenbahn Ges.	1928	0.06
Halle-Hettstedter Eisenbahn Ges.	1927/28	0.24
Straußberg-Hersfelder Kleinbahn	1926	0.35
Lehniner Kleinbahn A. G.	1927/28	0.30
Buckower Kleinbahn	1927	0.29
im Durchschnitt		0.20
Berliner Verkehrs A. G.	1930	0.27
Reedereien:		
Hapag	1928	0.18
	1929	0.16
Norddeutscher Lloyd	1929	0.13
Hapag + Lloyd (Pool)	1930	0.10
Hafen-, Lagerhaus- und Speditionsunternehmungen:		
Behala	1929	0.43
	1930	0.43
Berliner Paketfahrt und Lagerhaus A. G.	1929	1.02
	1930	1.02
Königsberger Lagerhaus A. G.	1928	0.29
	1929	0.39
	1930	0.58
im Durchschnitt		0.62
Versorgungsbetriebe:		
Charlottenburger Wasser- und Industriewerke	1929/30	0.14
Kraftwerk Thüringen A. G.	1928/29	0.25
	1929/30	0.25
	1930/31	0.27
Nach Schnettler:		
Vereinigte Elektrizitätswerke Westfalen		0.26
Kommunales Werk Hagen		0.26
Kraftübertragungswerke Rheinfelden		0.18
Städtische Elektrizitätswerke Breslau		0.31
im Durchschnitt		0.235

[1]) Kapitalumschlag ist vom Lagerumschlag zu unterscheiden, der das Verhältnis vom Umsatz zum Durchschnittslager darstellt.

[2]) Bliss, Financial and Operating Ratios in Managment. New York 1923.

[3]) Skrodzki und Moeßner, Besteuerung, Ertrag und Arbeitslohn industrieller Unternehmungen. Berlin 1929.

III. Handel[1]).

Firma	1913	1914	1915	1916	1917	1918	1919	1920	1921	Kap.-umschlag (1914-1920)
Einzelhandel (Allgemein):										
National Grocer Co.	2.01	2.06	1.99	2.04	2.26	2.34	2.25	2.85	—	2.29
Western Grocer Co.	—	2.25	2.34	2.21	2.60	2.51	2.36	2.56	—	2.43
Nation. Cloak & Suit Co. .	0.73	0.79	0.86	0.97	1.12	1.14	1.35	1.61	1.35	1.16
Durchschnitt f. 3 Firmen .	—	1.22	1.27	1.45	1.56	1.58	1.72	2.10	—	1.58
Penn Traffic Co........	—	—	1.38	1.66	2.16	2.43	2.31	3.15	—	—
Albert Pick & Co.	—	—	—	1.18	1.36	1.48	1.48	1.09	1.20	—
A. T. Lewis Sons, Dry Goods	—	—	—	—	—	1.53	1.43	1.60	1.82	—
I. C. Penney Co.	—	—	—	—	—	2.74	2.78	3.51	4.08	—
Warenhäuser:										Kap.-umschlg. 1913/21
May Dep. Stores Co. ...	0.89	0.87	0.81	0.83	0.99	1.07	1.11	1.32	1.43	1.08
Kaufman Dept. Stores ..	0.91	0.84	0.90	0.98	1.06	1.23	—	—	—	—
Postversandgeschäfte:										Kap.-umschlg. 1913/21
Montgomery Ward & Co.	2.39	2.31	2.60	2.47	2.18	1.68	1.41	1.62	1.68	1.85
Sears Roebuck & Co. ...	1.20	1.24	1.27	1.34	1.27	1.21	1.51	1.02	0.86	1.18
Durchschnitt f. 2 Firmen	1.42	1.44	1.51	1.56	1.46	1.32	1.48	1.15	1.01	1.32
Einzelhandels-Filialbetriebe:										Kap.-umschlg. 1916/21
F. W. Woolworth & Co.	0.93	0.95	1.00	1.10	1.18	1.25	1.32	1.50	1.43	1.31
S. S. Kresge & Co.	—	1.58	1.53	1.97	1.75	1.80	2.09	1.96	1.80	1.86
Mc. Crory Stores Co. ...	—	—	0.79	0.82	0.88	1.04	1.24	1.41	1.44	1.15
Jewell Tee Co.	—	—	—	0.59	0.70	0.71	0.77	0.99	0.71	0.74
S. H. Kress & Co.	—	—	—	0.82	0.81	1.01	1.10	1.33	1.34	1.06
Durchschnitt f. 5 Firmen	—	—	—	1.03	1.11	1.20	1.31	1.40	1.41	1.27
American Stores Co.	—	—	—	—	3.41	2.78	3.10	4.34	—	—
United Cigar Stores of Am.	—	—	—	0.81	0.98	1.06	1.18	1.41	1.42	—

Betriebe mit schnellem Kapitalumschlag sind demnach:

a) Banken (etwa 100 mal im Jahre),

b) Handel (mit geringen Ausnahmen),

c) manche Industrien.

Ausgesprochen langsam schlagen ihr Kapital um:

a) Verkehrs-,

b) Versorgungsbetriebe, daneben aber auch die

c) Landwirtschaft mit einem Umschlagskoeffizienten von 0.35 und manche Industrien, vor allem die Gewinnungsindustrien.

Die Betriebe müssen alles daran setzen, ihr Kapital so schnell wie

[1]) Tabelle nach J. H. Bliss.

IV. Banken.

	Jahr	Kapitalumschlag
Deutsche Bank	1926	97.44
	1927	99.59
	1928	85.32
Deutsche Bank und Disconto-Gesellschaft	1930	38.00 [1])
Dresdner Bank	1929	102.00
	1930	109.00
Preußische Staatsbank (Seehandlung)	1928	28.85
	1929	31.89
	1930	33.00
Braunschweigische Staatsbank	1929	35.80
	1930	31.27

möglich umzuschlagen. Das ist eine Frage der Betriebs-, vor allem der Lagerhaltungspolitik und der Betriebsplanung.

b) Der Zins als Kostenfaktor.

aa) Der Zins als Regulator der Produktion.

Der erste der zu untersuchenden Kapitalkostenfaktoren ist der Zins. Die Hingabe des Kapitals ist ein Opfer des Kapitalisten, ein Verzicht auf Eigennutzung. Hierfür erhält er eine Entschädigung: Fremdkapitals- oder Eigenkapitalszinsen. Der Unternehmer erwirbt für den Preis des Zinses Kapital für Investitionszwecke. Investieren ist spezifische Unternehmertätigkeit und bedeutet Begründung und Durchführung von Produktionshandlungen. Investieren ist ein Gütervorgang. Sparen dagegen ist ein Geldvorgang — entstanden aus dem Verzicht des Konsumenten auf Verzehr seines gesamten Einkommens.

Die Kapitalinvestition bezieht sich auf Anlage- und Betriebskapital, eine Unterscheidung, die gerade für Zwecke des Zinscharakters wichtig ist.

Der Zins spielt im betriebswirtschaftlichen Kapitalumlauf eine entscheidende Rolle. Er ist es insbesondere, der die Veränderungen hervorbringt, wenigstens im Normalfalle und in einer frei-kapitalistischen Wirtschaft. Er ist das Mittel und der Preis, um den der Unternehmer Kredit (Gegenwarts- gegen Zukunftsgeld) erhält und in die Lage kommt, seine Unternehmungsabsicht durchzuführen und seinen Betrieb zu entwickeln: auszudehnen (expansiver Produktionskredit), zu verbessern (intensivierender Produktionskredit), sein Betriebskapital bei gleichbleibender Kapazität zu erhöhen oder (in der Depression) seinen Betrieb aufrechtzuerhalten. Entscheidend ist nicht der letzte Fall, der Defizit- und Überbrückungskredit, sondern die erste Gruppe von Fällen, die sich auf Neuinvestitionen beziehen, weil diese für die betriebliche Entwicklung die Grundlage bieten.

[1]) Andere Berechnungsgrundlage für den Umsatz als vorher.

Was veranlaßt den Unternehmer, Kredit aufzunehmen und Zins dafür zu bezahlen? Stets nur die Erwartung, einen Gewinn dabei zu erzielen, im Betrieb mit Hilfe der durch den Kredit finanzierten Investition mehr zu verdienen als den Zins. Ist der Gewinn hoch, der Zins gering, steigt die Nachfrage nach Kredit. Im umgekehrten Fall verzichtet der Unternehmer auf die Investition. Die Höhe des Zinses (im Verhältnis zur Gewinnerwartung) bestimmt die Nachfrage nach Kredit. Der Zins reguliert demnach die Produktion; er gibt ihr Richtung und Ausmaß. Der Zins spielt hier die Rolle, die dem Preis in einer freien Wirtschaft überhaupt zukommt: Organisator und Regulator der Wirtschaft zu sein. Niemals wird der Unternehmer einen Kredit aufnehmen, wenn der Zins so hoch ist, daß ein Gewinn hierbei nicht mehr zu erzielen ist. Dem vorhandenen Kreditvolumen (Sparvolumen plus Kreditschöpfung) steht der Investitionswille gegenüber, dessen Antriebskraft die zu erwartende Rentabilität ist. Zwischenbetrieblich gesehen ist gleichsam eine Rentabilitätsskala vorhanden zwischen den einzelnen Branchen und den einzelnen Betrieben derselben Branche. Auf der anderen Seite steht das Kreditvolumen, das auf die einzelnen Nachfragen in der Reihe der Preisangebote verteilt wird, bis das Kreditvolumen überhaupt oder bei einem bestimmten geforderten Zins erschöpft ist. Wo der letzte noch befriedigte Nachfragende und die letzte gegebene Kreditmenge zusammentreffen, bildet sich die Zinshöhe. Bei vollem Ausgleich ist der so entstandene Zins ein „Gleichgewichtszins" (Schumpeter). Der Zins tendiert zweifellos nach einem Gleichgewichtszustand, der einen Ausgleich zwischen Kreditnachfrage und Kreditangebot darstellt. Somit lenkt der Zins in der freien Wirtschaft die Produktionsrichtung.

Der Zins ist aber nicht nur zwischenbetrieblich der Produktionslenker, er ist es — und hier immer — auch innerbetrieblich. Innerbetrieblich entscheidet er über die Finanzierungs- und Investitionsmöglichkeit. Er entscheidet über Betriebsausdehnung, Rationalisierung, Größe des Lagers, spekulativen Einkauf, spekulative Produktion. Innerbetrieblich ist der Zins Investitionsregulator. Auch hier gibt es Rentabilitätsskalen, die die Kreditaufnahme (durch Vergleich von Zins und Gewinn) lenken. Der Betrieb kennt seinen Gesamtgewinn, seine Produktionsschichten, ihre Kosten und Gewinnaussichten und nicht zuletzt die Rentabilitätsskala der einzelnen Artikel.

Der Wirtschaftsprozeß ist in dauernder Bewegung von einem Gleichgewichtszustand zum andern, aus der Prosperität zur Depression, und „jede Depression ist nur das Suchen nach einem neuen Gleichgewicht" (Schumpeter). So entstehen Gründe, die Investition auszudehnen oder abzubauen, je nachdem, ob der Betrieb Gewinn oder Verlust erleidet, und was er von der zukünftigen Entwicklung erwartet. Die Anziehungskraft ist der Gewinn, der Vergleichs- und Richtpunkt der Zins, wobei das Bestreben nach Ausdehnung der Kapazität (Nachfrage nach fixem Kapital und langfristigem Kredit und langer Bindung) oder nach voller Ausnutzung vorhandener

Kapazität (Nachfrage nach Betriebskapital, kurzfristigem Kredit und kurzer Bindung) verschiedenen Gesichtspunkten unterliegt und daher scharf zu scheiden ist. Die rationale Nachfrage nach Kredit ist konjunkturorientiert, sie versucht, kommende Entwicklungen vorwegzunehmen.

Die produktionsbestimmende Wirkung des Zinses setzt eine freie, unregulierte Wirtschaft voraus. In dem heutigen Zustande des kapitalistischen Wirtschaftssystems ist der Zins dagegen nicht in der Lage, sich immer durchzusetzen. Die klare Auswirkung von Menge und Preis ist unterbunden. Kredithingabe und Zinsbildung gehen über die Banken. Für diese, insbesondere die Zentralnotenbanken, kommen noch besondere Gesichtspunkte in Betracht: Sicherheit, Verwendungsart, der individuelle Kunde und seine Beziehung zur Bank, kurz, die gesamte Kredit- und Betriebspolitik der Banken, insbesondere der Zentralnotenbanken, die in der modernen Wirtschaft ausgesprochen konjunkturpolitische Ziele verfolgen. Außerdem wird der Kapitalmarkt noch gestört: durch starke Inanspruchnahme des Einkommens durch Steuern, die nach anderen als Rentabilitätsgesichtspunkten verwendet werden, und durch öffentliche Kredite, die gleichfalls nicht rentabilitätsorientiert sind. Auch international geht das Kapital nicht mehr den Weg der größten Rentabilität. Politische Gesichtspunkte und Vertrauensstörungen hemmen die normale Kapitalbewegung. Damit verliert der Zins seine Bedeutung als Produktionsregler zwar nicht, aber seine Kraft ist bedeutend geschwächt. Nur der Zins selbst kann nicht abgeschafft werden, er gehört unbedingt zum Kapitalismus. „Ein Zinsfuß von Null wäre das wichtigste Kriterium der Reife des Kapitalismus“ (Schumpeter).

Für den Betrieb ist der Zins der Produktionsregler und Organisator durch seine Eigenschaft als Kostenfaktor. Die Zinskosten sind abhängig: a) von der Höhe des Kapitals, insbesondere des Fremdkapitals; b) von der Höhe der Zinsen für lang- und kurzfristigen Kredit; c) von der Umschlagsgeschwindigkeit des Kapitals.

bb) Die Zinshöhe.

Der Zins ist eine Funktion von Kapital und Zeit. Für den einzelnen Betrieb kommt es auf die effektive Zinshöhe an, auf den Zins für Eigen- und Fremdkapital. Das Eigenkapital tritt in zwei Formen auf: als Grund- und als Reservekapital. Das Fremdkapital nimmt die allerverschiedensten Formen an. Entscheidend ist bei der Fremdkapitalgruppierung die Zeit, die Fristigkeit des benutzten Kredites. Diese Gruppierung entspricht zugleich den Quellen des Kredits: dem Kapitalmarkt bei langfristigem (über 6 Monate) und dem Geldmarkt bei kurz- und mittelfristigem Kredit (bis zu 90 bzw. bis zu 180 Tagen). Der langfristige Kredit nimmt meist die Form der Obligationen und Hypotheken oder sonstiger langfristiger Darlehen an. Obligationen und Darlehen können hypothekarisch gesichert sein oder nicht. Von den 5 Milliarden deutscher Industrieobligationen der Vorkriegszeit waren etwa 51% hypothekarisch gesichert. Das Bedürfnis nach spezieller Sicherung steigt im Grade der allgemeinen wirtschaftlichen Unsicherheit, der Länge der Kreditdauer, verstärkt oder gemildert durch den Betriebstyp und den Status des individuellen Betriebes. Formen des kurzfristigen Kredits sind vor allem Lieferanten-, Wechsel-, Akzeptations- und gedeckter oder ungedeckter Kredit in der technischen Form des Konto-Korrents. Abgesehen von Lieferantenkredit und Vorauszahlungen der Kunden, ist der kurz- und mittelfristige Kredit mehr oder weniger Bankkredit.

Die Zinshöhe, mit der der Betrieb zu rechnen hat, ist in armen Volkswirtschaften hoch, in reichen tief. Normalerweise stehen Geld- und Kapitalmarkt in enger Beziehung zueinander; in anormalen, besonders unsicheren Zeiten ist das Verhältnis gestört. Dann nimmt der Kapitalmarkt seine eigene Entwicklung.

In der Vorkriegszeit waren 4—4½% typische Sätze für den Landeszinsfuß, 6% für zweite Hypotheken. Heute sind 1. Hypotheken (effektiver Zinssatz) unter 9,5%, 2. unter 12%, höherstellige unter 14% nicht zu haben (die Brüningsche Zinskonversion von 8 auf 6% usw. kann sich für neue Kredite nicht auswirken, der normale Satz ist für 1. Hypotheken wieder auf fast 10%, wie vor der Konversion, geklettert).

Auf dem Geldmarkt waren vor dem Kriege die Sätze gleichfalls viel niedriger, wofür der Reichsbanksatz von 5% als Standardsatz gelten konnte. Zinsen über 6% boten die Möglichkeit jederzeitiger Kündbarkeit. Nach der Stabilisierung betrugen die Zinsen in den ersten Tagen 10—15% pro Monat, etwas später 4—5% pro Monat. Heute, nach der Zinskonversion, unter den Augen des Bankkommissars, kostet in Berlin der Normalkredit (also gegen beste Sicherheiten) 10% (bei 4% Habenzinsen). In den meisten Fällen ist der wirkliche Zins aber höher. Der Sprung der Reichsbank im August 1931 auf 15% Diskont- und 20% Lombardsatz beleuchtet schlagartig die Situation. Unterdes sind die Zinsen sowohl für Lang- als auch für Kurzkredite gefallen, aber trotzdem zeigt die Höhe der Zinsen deutlich, wie wichtig vernünftige Finanzierung und betriebliche Erfassung der Zinsen als Kosten sind.

Viel niedriger sind die Geld- und Kapitalmarktsätze vor allem in Frankreich, Holland, der Schweiz, England und USA. Das Gesetz der Kapitalbewegung ist aber infolge der anormalen Verhältnisse zum guten Teil außer Kraft gesetzt.

Infolge der Zusammenziehung der Kapitalkosten in eine Summe, meist noch vermischt mit anderen Kostenteilen, ist es unmöglich, den wirklichen Anteil der Zinsen an den Gesamtkosten der Produkte festzustellen. Der Eigenkapitalzins ist nie gesondert ausgewiesen, sondern im Gewinn enthalten. In den summarischen Betrachtungen der Verbände und öffentlichen Stellen, die mit Durchschnittszahlen arbeiten, wird zudem der Reinertrag der Gewinnbetriebe durch die Verlustbetriebe gemindert. In den bekannten

Veröffentlichungen wird darum nur der Fremdkapitalzins ausgewiesen, und zwar in Prozenten des Fremdkapitals und als Anteil an den Gesamtkosten. Er ist abhängig von dem Fremdkapitalanteil, der Zinshöhe und der Umschlagsgeschwindigkeit des Kapitals. Skrodzki und Moeßner geben aus ihrer Enquète folgende Ziffern bekannt:

	Fremdkapital-anteil	Fremdkapital-Zins in % des Fremdkapitals	Umschlagsge-schwindigkeit	Hypotheken und Obligationen	Sonstiges Fremd-kapital	Fremdkapital-Zinsen in % des Umsatzes	Ertrag des Eigen-kapitals in % d. Eigenkapitals	davon aus-geschüttet:	Ertrag des Eigen-kapitals in % des Umsatzes
Bergbau	25.72	3.73	0.80	0.39	0.81	1.20	4.33	4.00	4.02
Ind. d. Steine u. Erden	21.44	4.23	0.96	0.15	0.79	0.94	8.95	6.41	7.30
Eisen-, Stahlgewinnung	38.30	5.24	1.20	0.40	1.27	1.67	2.18[1])	2.84[1])	1.42
Maschinenindustrie	37.14	4.31	0.94	0.22	1.49	1.71	3.07	2.09	0.36
Elektrotechnik, Optik	38.85	3.70	0.93	0.65	0.89	1.54	6.16	3.98	4.03
Eisen-, Stahl- u. Metallwaren	34.99	4.03	1.38	0.03	0.99	1.02	5.66	4.09	2.68
Chemische Industrie	29.48	3.61	1.07	0.15	0.84	0.99	5.29	5.06	3.49
Textilindustrie	36.16	5.73	1.20	0.15	1.57	1.72	9.96	5.13	5.29
Papierindustrie	33.18	5.06	1.32	0.49	0.78	1.27	9.03	7.00	4.56
Nahrungsmittelindustrie	41.48	4.71	1.82	0.12	0.97	1.09	7.75	4.13	2.49
Lederindustrie	38.67	5.70	1.36	0.63	0.99	1.62	7.07	4.24	3.19
Gesamtdurchschnitt	32.42	4.46	1.07	0.28	1.08	1.36	5.49	4.23	3.50

Die Zinsen werden nun weiter beeinflußt vom Kapitalumschlag, also erhöht beim geringeren Umschlagskoeffizienten als 1, gemindert bei höherem Koeffizienten. Die Wirkung des Kapitalumschlages auf die Zinshöhe zeigt folgende Tabelle (bei Annahme eines nominellen Zinses von 10%):

Typ	Umschlags-koeffizient	Zins-belastung
1. Bergwerke	0.80	12.5%
2. Industrie der Steine und Erden	0.96	10.4
3. Eisen- und Metallgewinnung	1.20	8.3
4. Stahl- und Metallwaren	1.38	7.2
5. Maschinen- und Apparatebau	0.94	10.6
6. Elektrotechnik	0.93	10.8
7. Chemische Industrie	1.07	9.4
8. Textilindustrie	1.20	8.3
9. Papierindustrie	1.32	7.6
10. Nahrungsmittelindustrie	1.82	5.5
11. Leder- und Kautschukindustrie	1.36	7.4
12. Handel	1.58	6.3
13. Landwirtschaft	0.33	33.3
14. Elektrowerke	0.26	38.5
15. Verkehrsbetriebe	0.20	50.0

[1]) Ausschüttungen größer als Ertrag, weil Verlustgesellschaften berücksichtigt.

cc) Der Zins — ein Kosten-, nicht Ertragsfaktor.

Es ist gar nicht fraglich, daß der Zins für Fremdkapital reiner Kostenfaktor ist. Der Zweifel beginnt erst bei dem Zins für Eigenkapital, und zwar deshalb, weil der Eigenkapitalzins keine Ausgaben verursacht. Die Ausgabe, die ihm zugrunde liegt, ist in der Form der Ausschüttung des Gewinnes vorhanden, der aus Zins und Profit besteht. Das ist aber nur ein äußerlicher Vorgang. Niemals, auch bei Zinsen nicht, kann einem Rechnungselement deswegen sein Kostencharakter abgesprochen werden, weil mit ihm ursächlich eine Ausgabe nicht verknüpft ist.

Das Fehlen des äußeren Kennzeichens der Ausgabe ist der einzige Grund, Eigenkapitalzinsen nicht als Kosten anzusehen, und dies ist kein Grund. Alles andere spricht für die Auffassung der Eigenkapitalzinsen als Kostenfaktor, wie auch die Abschreibungen Kostenfaktor sind. Das äußere Merkmal der fehlenden Ausgabe trifft z. B. auch auf den Unternehmerlohn zu. Er hat mit dem Zins auch noch eine andere Eigenschaft gemeinsam: die Schwierigkeit der Bestimmbarkeit seiner Höhe. Und doch bezweifelt niemand die Kosteneigenschaft des Unternehmerlohns.

Die Begründung für die Kosteneigenschaft des Zinses liefert in überzeugender Weise die Funktionentheorie, die dem Kapitalisten den Zins ebenso zubilligt wie dem Unternehmer Profit und Risikoprämie und dem mitarbeitenden Unternehmer Unternehmerlohn. Freilich ist der Zins als Entgelt für den Kapitalisten frei von Unternehmungsrisiko, weil nicht der Kapitalist dieses Risiko trägt, sondern der Unternehmer. Der Eigenkapitalzins ist reiner Zins.

Der Eigenkapitalzins ist Kostenteil:

1. weil er die Entschädigung für den Kapitalisten bildet, wie der Lohn für den Arbeiter. Die Art der Bezahlung ist unwichtig.
2. Ohne Anspruch auf Zins würde der Kapitalist sein Geld in anderen Formen anlegen, die ihm Zins oder Rente gewähren. Dieser Einnahmeentgang bedeutet die Rechtfertigung der Behandlung des Zinses als Kostenteil.
3. Der Verzicht des Kapitalisten auf Nutzung seines Geldes zu Konsumzwecken weist den Tatbestand des Opfers auf, das als eines der fundamentalen Kostenelemente anerkannt ist.
4. Die Benutzung der durch das Geld des Kapitalisten angeschafften Kapitalgüter verursacht nicht nur die Kosten der Amortisation (Abschreibung), sondern auch ihrer Nutzung.
5. Die Behandlung des Eigenkapitalzinses als Kostenfaktor ist aus betriebs-, vor allem rechnungstheoretischen Gründen unbedingt notwendig:
   a) Zur Ermöglichung des Betriebsvergleiches, und zwar nicht nur eines nationalen, sondern auch internationalen. Die Außerachtlassung des Eigenkapitalzinses stört die Vergleichbarkeit der Kosten der einzelnen Betriebe, weil ihre Kapitalzusammensetzung verschieden ist. Es gibt nur zwei Wege der Vergleichbarmachung: Berechnung des Zinses für das gesamte Kapital oder Auslassung des Zinses überhaupt, wie es z. B. die Einheitsstatistik für die Landwirtschaft vorsieht. Der zweite Weg ist aber für kaufmännische Betriebe sicherlich nicht empfehlenswert. Sogar bei Berücksichtigung des Eigenkapitalzinses ist

die Vergleichbarkeit nicht im idealen Maße erreicht, weil die Kapitalschichtung und die Kreditlage bei den einzelnen Betrieben verschieden ist und verschieden hohe Zinsen erfordert. Es gilt hier eine Entscheidung zu treffen zwischen größtmöglicher Vergleichbarkeit oder größtmöglicher Wirklichkeitsnähe. Bei der Entscheidung ist der Zweck der Kostenrechnung bedeutsam. Für Preisstellungszwecke ist wirklicher Zins zu fordern, wie überhaupt im Zweifel dem Wirklichkeitsprinzip gefolgt werden sollte.

b) Beim Zeitvergleich dagegen ist größtes Gewicht auf Vergleichbarkeit zu legen. Aber auch der Zeitvergleich erfordert wegen der schwankenden Kapitalinvestierung Einrechnung des Zinses.

c) Nicht nur die systematische Kalkulation, auch Sonderkalkulationen bedürfen zu ihrer Richtigkeit der Einrechnung des Zinses. Verfahrensvergleiche, die Produktionsmethoden mit verschiedener Beanspruchung von Kapital und Arbeit vergleichen wollen, müssen zu einem falschen Ergebnis führen, wenn bei kapitalintensiven Verfahren Zinsen nicht eingerechnet werden. Überall, wo Entscheidungen zu treffen sind, die Kapitalbenutzung betreffen, ist der Zins als Kostenteil für die richtige Kalkulation entscheidend. Die Höhe des eingesetzten Kapitals ist verschieden und bewirkt verschiedene Kostenhöhen wegen verschiedener Höhe der Zinskosten.

d) Daneben ist die Länge der Kapitalnutzung bei den einzelnen Verfahren zu berücksichtigen. Der Zins als Funktion der Zeit steigt mit der Länge der Kapitalnutzung bzw. der Kapitalbindung. Eine Betriebspolitik, die eine rationale Lager- und Produktionspolitik betreiben will, muß falsche Entscheidungen treffen, wenn der Eigenkapitalzins nicht berücksichtigt wird. Wo hohes Anlagekapital und große Läger vorhanden sind, wird die Umschlagsgeschwindigkeit gering sein, sodaß die Kapitalkosten einen großen oder gar überwiegenden Teil der Gesamtkosten ausmachen. Sie können dann Material- und Arbeitskosten übersteigen. Die Betriebspolitik wird zur Minderung der Zinskosten nach einer Beschleunigung des Kapitalumschlages, einer Minderung des Kostenfaktors Zeit streben. Die Kenntnis der wirklichen Zinskosten ist hierzu notwendig.

e) Bei Materialpreiskalkulationen sind gleichfalls die Zinskosten zu berücksichtigen, denn billigeres Material ist nicht nur des Preises wegen billig, sondern auch wegen der geringeren Kapitalbindung, und damit wegen der Zinsersparnis.

f) Standardisierung (Normung und Typung) verbilligt nicht nur den Produktionsprozeß, sondern spart auch Zinsen.

g) Bei Vorratskäufen (Material, Maschinen, Gebäuden, Grubenfeldern, Grundstücken), die oft Gelegenheits- oder Zwangskäufe sind, ist ohne Einkalkulieren der Zinsen für die Zeit der Nichtnutzung ein Urteil über die Richtigkeit der Maßnahme unmöglich.

h) Die Errichtung von Hilfs- und Nebenbetrieben, die eigene Anfertigung von Werkzeugen, Erzeugung von Betriebskraft, die eigene Verwertung von Nebenprodukten, die eigene Produktion von Halb- und Teilfabrikaten basieren oft auf falscher Kalkulation, weil Zinsen nicht berücksichtigt werden. Wenn sich z. B. Maschinenfabriken Gießereien, Papierfabriken Holzschleifereien, Automobilfirmen Karosseriewerkstätten, Verlage Druckereien, Textilgroßhandlungen Ausrüstereien, Verkehrsbetriebe große Reparaturwerkstätten angliedern, ist eine richtige Entscheidung ohne Zinskalkulation gar nicht möglich. Die oft zu geringe Spezialisierung auf diesem Gebiete ist die Folge eines Kalkulationsfehlers. Hierdurch werden nicht nur variable in fixe Kosten, mit all ihren Nachteilen, verwandelt, es erwachsen daneben bedeutende Zinskosten. Die Entscheidung, ob kaufen oder mieten (z. B. ein Haus für den Betrieb), bauen oder pachten (bei ganzen Betrieben) ist ohne Zinsrechnung unmöglich. Die Wahl zwischen verschiedenen Betriebs- und Vertriebs-, Organisations- und Finanzierungsformen ist immer auch eine Frage der Zinskosten. Ihre Nichtberücksichtigung führt zu falschen Investitionen.

Die wichtigsten Argumente gegen Zinseinrechnung sind (im Anschluß an Scovel[1]) folgende:

1. ökonomische und kalkulatorische Kosten seien verschieden, also seien Zinsen, auch wenn sie ökomomisch Kosten sind, deswegen noch nicht kalkulatorisch Kosten. (Diese Unterscheidung wird kein Betriebswirt unterschreiben).
2. Zinsen seien keine Kosten, weil sie sich ja erst aus dem Gewinn ergeben. Es genüge, wenn sich in der Kalkulation ein Gesamtposten als Gewinn ergibt, der Zins enthalte. (Hier liegt Verwechslung von Zins und Profit vor).
3. Zinsen seien Finanz-, keine Produktionskosten. (Beide gehören aber zusammen und bilden die zwei Seiten derselben Sache: Kapital und Kapitalgüter. Auch Finanzierungskosten sind Produktionskosten.)
4. Zinsen seien keine Ausgaben. (Sie sind aber Einnahmeentgang.)
5. Public Utilities kalkulieren auch keine Zinsen ein, entsprechend der „Service at cost"-Idee. Ihr Betriebsgebaren sei „von der Gesetzgebung sanktioniert, ja sogar gefordert". (Gerade Public Utilities mit ihrer hohen Kapitalintensität würden des Zinses als Produktionsreglers ganz besonders bedürfen. Der erzielte „angemessene Gewinn" enthält übrigens Zinsen.)
6. Bei gewissen Betrieben (Einproduktbetrieben, wie Extraktivindustrien, Betrieben mit kontinuierlichem Produktionsprozeß, wie Mühlen-, Zement-, Ziegel-, Zelluloseindustrien, Gießereien, Verkehrsbetrieben) mache es keinen Unterschied, wann die Zinsen berechnet werden, ob als Kostenelemente vorher oder als Ertragsteil später. (Es wird zugegeben, daß in gewissen Industrien, vor allem solchen mit Divisionskalkulation, die Zinsberechnung nicht so wichtig ist wie in anderen, aber wichtig ist sie auch für sie zur Kostenstellenkontrolle. Zudem gibt es wirkliche Einproduktbetriebe nur wenige, entweder sind die Erzeugnisse verbundene Güter, sodaß Nebenprodukte entstehen, oder es werden mehrere Arten desselben Produktes hergestellt, und endlich kann das Produkt teils im End-, teils im Zwischenstadium verkauft werden, sodaß kalkulatorisch 2 Produkte vorhanden sind. Ein besonders gutes Beispiel eines Einproduktbetriebes, der trotzdem die Zinsrechnung benutzt, sind die Werke von Ford. Nur unter statischen Verhältnissen können Zinsen vernachlässigt werden, nicht aber bei der beispiellosen technischen Entwicklung der Gegenwart. Die verschiedenen Verfahren erfordern verschieden hohe Kapitalinvestierungen, deren Wirtschaftlichkeit erst bei Einrechnung der Zinsen erkannt werden kann. Die Angliederung der vielen Hilfs- und Nebenbetriebe: eigene Eisenbahn, Gruben, Lagerhäuser, Verkaufsstellen, kann in ihrer wirtschaftlichen Berechtigung ohne Zinseinsatz nicht beurteilt werden. Verfahrensvergleiche und Organisationskalkulationen sind ohne Zinsberechnung sinnlos. Dasselbe gilt für alle Hilfs- und Nebenbetriebe und für Errechnung der Abteilungsgewinne. Hier ist jeder Kapitaleinsatz Kostenfaktor. Die einzelnen Abteilungen

[1]) C. Scovel, Interest as a cost. New York 1924.

wären wegen ihrer verschiedenen Struktur gar nicht vergleichbar und in ihren wirklichen Kosten nicht erfaßbar, wenn Zins nicht eingerechnet würde, denn die einzelnen Produktionsfaktoren werden verschieden beansprucht. Auch die verschiedenen Artikel bei Betrieben mit Wechselfertigung, die in verschiedenem Maße Kapital beanspruchen, können nur bei voller Einsetzung der Kapitalkosten richtig kalkuliert werden.)

7. Eine genaue Errechnung der Zinsen sei doch nicht möglich. (Kostenrechnungen sind niemals mathematisch genau und doch recht wertvoll. Auch Abschreibungen sind nicht genau, aber niemand denkt daran, dieses Kostenelement auszulassen.)
8. Die Zinsen schwanken. (Sie schwanken nicht mehr als andere Preise.)
9. Wenn Zins einkalkuliert wird, denke der Durchschnittsgeschäftsmann, es genüge, wenn er den Zins verdiene und gebe sich einer Selbsttäuschung über den Stand seines Betriebes hin. (Diese Befürchtung ist unbeachtlich.)
10. Zinsrechnung verhindere niedrige Preise und mindere die Absatzmöglichkeit der Ware. (Kostenrechnung und Preisstellung sind nicht dasselbe. Das letzte Wort hat immer die Preispolitik, die auch vor dem Zins nicht Halt macht und unter Umständen noch ganz andere Kosten im Preise ungedeckt läßt.)
11. Zinsrechnung blähe die Bestände auf. (Erstens ist das nicht der Fall, da (unserer Ansicht nach) auch Zins zu den Herstellungskosten gehört. Zweitens ist es möglich, die Zinsen vorher abzubuchen, so daß der Bestand ohne Zinsen auf dem Konto erscheint.)
12. Man könne den Zins nicht in der Abteilungskalkulation verrechnen und auch nicht in das Buchungssystem eingliedern. (Beide Standpunkte sind in gleichem Maße falsch.)

So gibt es keine stichhaltigen Gründe gegen die Einrechnung von Eigenkapitalszins, nur einige Schwierigkeiten. Schwierigkeiten aber dürfen den Fortschritt nicht hemmen.

dd) Zinserrechnung und Zinsverteilung.

Für Zinserrechnung und Zinsverteilung gilt es zunächst, den richtigen Ausgangspunkt zu gewinnen, also die Frage zu klären, ob vom Aktiv- oder Passivkapital auszugehen ist. Wird die Passivseite gewählt, ist zu entscheiden, ob zwischen Eigen- und Fremdkapital, im anderen Falle, beim Ausgang von der Aktivseite, ob zwischen Anlage- und Betriebskapital differenziert werden soll. Zuletzt ist in jedem Falle die Höhe des Zinssatzes und seine Differenzierung zu klären.

Für den Betrieb selbst, vor allem von der Produktionssphäre aus gesehen, handelt es sich immer um Kapital, um Gesamtkapital, ohne Unterscheidung von Eigen- und Fremdkapital, die ja rechtlicher Natur ist. Für die Erfüllung der Produktionsfunktion ist es gleichgültig, welcher Art das Kapital ist, das in den verschiedenen Formen der Kapitalgüter im Betriebe investiert ist. Zu den Kapitalgütern sind auch die Regulierungsgüter (Nicklisch): Kasse, Bank- und Postscheckguthaben zu rechnen, die ebenso betriebsnotwendig sind wie Maschinen, Rohstoffe und Halbfabrikate. Wer daher nur die Kapitalgüter, die Produktionssphäre im Auge hat, wird nur in Gesamtkapital denken und keine Differenzierung zwischen Eigen- und

Fremdkapital machen und noch weniger zwischen den einzelnen Kreditformen. Interessieren ihn aber die einzelnen Formen nicht, sind ihm auch die verschiedenen Zinssätze gleichgültig. Für ihn gibt es dann nur Kapitalgüter (Aktiva) und einen Einheitszinssatz für ihre Nutzung. Diese Meinung hat vieles für und vieles, vielleicht mehr, gegen sich.

Die scharfe Scheidung von Produktions- und Finanzsphäre ist für gewisse Betrachtungen des Betriebes vorteilhaft, z. B. wenn es gilt, die Störungen und Schwankungen, die von der Finanzierungsseite kommen, vom Betrieb (der Produktion) fernzuhalten. Das Gelddenken trübt in gewissen Fällen und bei gewissen Entscheidungen den Blick. Darum pflegen vor allem reine Werkstattechniker das isolierende Werkstattdenken. Das führt aber häufig zu einem Denken in Mengen. Das ist die andere Gefahr, die leicht entsteht. Das Kostendenken und das Marktbewußtsein muß bei einer solchen Einstellung schwinden, was für den Betrieb nicht gerade von Vorteil ist. Denken in Mengen und in technischen Begriffen führt z. B. dazu, schon an Ersparnis und Wirtschaftlichkeit zu glauben, wenn mit gegebenem Aufwand mehr Güter produziert werden. Ob es tatsächlich wirtschaftlicher ist, darüber entscheiden die Stückkosten und die Aufnahmefähigkeit des Marktes. Durch Isolierung von Produktion und Finanzierung kann zwar oft mehr Klarheit hineinkommen, meist wird aber das ganze Denkgebäude wirklichkeitsfremd. Die gegenseitigen Bedingtheiten scheinen uns aber besonders notwendig. Jede von ihnen, sowohl Produktion als auch Finanzierung, sind betriebliche Grundfunktionen und voneinander und vom Vertrieb abhängig. Es besteht eben eine betriebliche Allverbundenheit.

Wer von der Geldkapitalseite ausgeht, der sieht sofort das Kapital in der Mannigfaltigkeit seiner Formen und die Vielheit der Zinssätze. Da hört die Einheitlichkeit des Gesamtkapitals und der Einheitszinssatz auf. Damit ist aber auch die Möglichkeit gegeben, den wirklichen Verhältnissen gerecht zu werden: dem Kapital, wie es zusammengesetzt ist, und dem Zinssatz, wie er wirklich gezahlt wird. Diese Wirklichkeitswahrheit ist ein großer Vorteil. Sie zeigt alle Vor- und Nachteile der Finanzierung eines individuellen Betriebes, Vor- und Nachteile, die sich in seinen Kosten auswirken und dem Betrieb seine Stellung im Markt geben. Es spricht viel dafür, die Kapitalzusammensetzung so zu nehmen, wie sie ist, und wie sie sich dem Betriebswirt in der Bilanz darstellt, und die Zinssätze so zu verrechnen, wie sie gezahlt werden. Es ergeben sich freilich infolge des Schwankens der Marktsätze Vergleichsschwierigkeiten, jedoch nicht so viele, wie sie von den Vertretern eines geschätzten Einheitssatzes, der ja zudem auch nicht immer gleich ist, angenommen werden. Das Vertreten stets desselben Prinzips bringt an sich schon eine gewisse Stetigkeit in den Betrieb; der Kapitalmarktsatz, der für einen Teil des Kapitals in Betracht kommt, schwankt auch nicht so stark wie der Geldmarktsatz und gilt zudem für längere Perioden. Da der Zinseinfluß auf die Kosten immerhin relativ gering ist, wird die Vergleichbarkeit nicht so stark gestört, daß der Vorteil der Wahrheit aufgehoben würde. Diese Möglichkeit gibt nur die Passivseite als Ausgangspunkt.

Diese Möglichkeit ist dagegen nicht vorhanden, wenn die Aktivseite zur Zinserrechnung und Zinsverteilung benutzt wird. Zwar müssen Aktiv- und Passivseite größenhaft übereinstimmen, aber eben nur als Summe, nicht in Posten und Teilbeträgen. Geht man von der Aktivseite aus, kann man die einzelnen Posten als zinsverbrauchende Kapitalgüterteile nicht differenzieren, weder das Anlage- vom Betriebskapital, noch im Betriebskapital die einzelnen Teile. Es bleibt nur die Möglichkeit der Pauschalsumme und des Pauschalsatzes. Woraufhin will man den Zinssatz für das Anlagekapital von dem für Betriebskapital differenzieren, wie es oft willkürlich getan wird? Kapital- und Geldmarkt mit ihren Sätzen können nicht herangezogen werden. Das verbietet schon die Tatsache der oft anders vorgenommenen Finanzierung, abgesehen davon, daß von den Finanzierungsformen die Vertreter dieser Richtung ja gerade absehen wollen. Es bleibt reine Willkür.

Es besteht auch keine Möglichkeit, den einzelnen Kapitalbeträgen der Passivseite Kapitalgüterbeträge der Aktivseite gegenüberzustellen, weil hier korrespondierende Größen nicht vorhanden sind. Es gilt zwar die Finanzierungsregel, daß Anlagekapital nur durch Eigenkapital oder durch langfristiges Fremdkapital finanziert werden darf. Aber es ist kein Geheimnis, daß es in praxi nicht so gehandhabt wird, und daß die Banken kurzfristige Kredite schon mit dem Bewußtsein geben, prolongieren zu müssen. Bei Aktiengesellschaften mag diese Form noch manchmal hingehen, bei Nichtaktiengesellschaften sind die Folgen ganz bestimmt eingefrorene Kredite. Auch Debitoren und Kreditoren sind keine korrespondierenden Teile. Man kann also Obligations- und Hypothekarzinsen nicht auf Gebäude und Grundstücke, Akzeptzinsen nicht auf Wechsel, Kontokorrentzinsen nicht auf Debitoren verrechnen, eben weil sie sich weder größenhaft noch inhaltlich entsprechen, noch nachweisbar aus den entsprechenden Finanzierungsformen stammen. Wo man es doch versucht, tut man den Dingen Gewalt an. Genau so wenig, wie man den Ertrag einzelner Aktiven und den Ertragswert von unselbständigen Teilaktiven errechnen kann, so wenig kann man Zins von Teilpassiven auf Teilaktiva umlegen. Sie beide, Aktiva und Passiva, wirken nur zusammen, nicht als Teile. Innerhalb einer Seite kann man wohl differenzieren, nicht aber von einer Seite auf die andere gehen.

Es ist jedenfalls die natürliche Methode, von der Passivseite auszugehen, von hier die Summe des zu verrechnenden Zinses zu nehmen und dann auf die Aktivseite, nach welchen Grundsätzen auch immer, zu verteilen. Es kann sich immer nur um ein Problem der Zinserrechnung und der Zinsverteilung handeln.

Das Problem der Zinserrechnung ist ein Problem des eingesetzten Kapitals. Es erscheinen uns mithin zwei Wege, die beide in Theorie und Praxis vorkommen, ungangbar: 1. Annahme eines Einheitssatzes, und 2. Errechnung des Zinses aus der Aktivseite. Diese Methoden haben zu viele Nachteile, weil sie zu wenig differenzieren und der Verbindung mit der Finanzierungssphäre ermangeln. Die Aktiva haben den Zinsverbrauch zu erbringen, im Gesamterfolg, aber wieviel an Zinsen sie zu erbringen haben, das kann die Aktivseite nicht sagen, weil darüber nicht der Gütermarkt, sondern Geld- und Kapitalmarkt entscheiden. Der Gütermarkt zeigt lediglich, ob nicht etwa zu viel Zinsen eingerechnet sind, der Betrieb also schlecht finanziert ist. Freilich ist die eben zurückgewiesene Methode einfach und darum beliebt. Gewiß ist die Einfachheit für den Betrieb von unschätzbarem Wert, aber Schwierigkeit und Kompliziertheit sollten Verbesserungen nicht unmöglich machen.

Ebenso undiskutierbar erscheint uns 3., die Kapitalseite nicht als Nominalkapital anzunehmen. Soweit das Fremdkapital in Betracht kommt, gibt es nichts anderes als das Nominalkapital, da das Fremdkapital einer Wertung nicht unterliegt. Das Eigenkapital, als Grund- und Reservekapital, unterliegt auch keiner Wertung, freilich der Errechnung als Differenz der Aktiva und der Verbindlichkeiten. Hier greift, wie auch sonst immer bei diesen Fragen, das Problem der stillen Reserven ein. Soweit stille Reserven einwandfrei zu ermitteln sind, bilden sie Eigenkapital und sind mit zu verzinsen.

Als zu verzinsendes Eigenkapital kommen Grund- und Reservekapital (gesetzliche und freiwillige, auch stille Reserven, Gewinnvortrag) in Betracht. Erzielter Gewinn des laufenden Jahres ist für uns vor dem Bilanzabschluß noch kein Eigenkapital wegen der Unsicherheit der Errechnung und wegen der Ungewißheit seiner Auswirkung bis zum Jahresschluß. Reingewinn wird sich vor allem als Liquiditätsreserve im Bankkonto auswirken, also da schon selbst Zins erbringen. Die Größe des zu verzinsenden Eigenkapitals wäre damit festgelegt.

Beim Bestimmen des zu verzinsenden Fremdkapitals bieten sich kaum Schwierigkeiten, mit Ausnahme von drei Posten: 1. Lieferantenkredite, 2. Anzahlungen, 3. Reserven, die eigentlich Fremdkapital darstellen, z. B. Pensionsfonds. Ist beim letzteren ein korrespondierender Aktivposten vorhanden, so sind alle Fragen gelöst. Pensionsfonds als Fremdkapital ist sicher ein Posten, der Zinsen zu erbringen hat, ist er ein Fonds, sind seine Zinsen durch den Ertrag gegeben, und er fällt als Zinsposten weg. Hat er keine besondere Aktivanlage gefunden, ist für ihn ein Satz zu bestimmen, da er der Teil des Fremdkapitals ist, für den kein Zins abgemacht ist. Uns scheint für diesen Posten der landesübliche Zins der gegebene zu sein.

Bei Lieferantenkrediten und Anzahlungen sind beide Fragen zu untersuchen: ob sie Fremdkapital bilden, das Zinsen erfordert, und wenn ja, in welcher Höhe. Lieferantenkredite sind zunächst zinslos, wenn Zins auch im Einkaufspreis enthalten ist. Im regulären Fall geben sie dem Betriebe kein Zinsproblem auf, höchstens eine Frage der Ausnutzung des Skontos. Werden dagegen die Termine überschritten, und müssen Zinsen gezahlt werden, ist auch die Höhe bestimmt. Nur, wo bei Lieferantenkrediten besondere Zinsen gezahlt werden, sind sie zu berücksichtigen.

Anzahlungen sind in gewissen Betriebstypen Produktionsvoraussetzung, z. B. im Schiffsbau, vor allem in der Nachkriegszeit. Oft werden Vorauszahlungen vom Produzenten verzinst, dann besitzen diese Posten den Charakter reiner Kredite und werden wie diese behandelt. Ist dies nicht der Fall, bilden Anzahlungen kein zinsverursachendes Fremdkapital und sind auszuschalten. Auch reine Verrechnungsposten, transitorische Posten, sind vom Zinskapital abzusetzen. Damit wären in großen Zügen die Kapitalposten erfaßt, die bei der Zinsberechnung zu berücksichtigen sind. Sie umfassen alle Posten des Eigenkapitals und meist auch alle Posten des Fremdkapitals, es sei denn, daß sie dem Betrieb zinslos zur Verfügung stehen oder den Zins nur mittelbar ersetzt erhalten.

Neben dem zu verzinsenden Kapital ist die Höhe der Zinsen zu bestimmen. Beim Eigenkapital erscheint die Bestimmung zunächst problematischer, ist es aber nicht.

Zur Bestimmung des zu verrechnenden Zinses sind folgende Feststellungen zu machen: 1. Eine Differenzierung zwischen Grund- und Reservekapital hat nicht stattzufinden, auch nicht eine Teilung des Grundkapitals. 2. Der Eigenkapitalzins ist reiner Zins, frei von Risikoprämie. Er ist scharf vom Reinertrag zu scheiden. Eine Vermischung bzw. Gleichsetzung beider, wie es z. B. Schnettler [1]) tut, stiftet nur Verwirrung an und läßt weder das betriebliche Zins- noch das Wertproblem klar erscheinen. Zins ist Zins, und Ertrag ist Ertrag, beide mit bestimmten Funktionen. Der Zins ist übrigens eine rein volkswirtschaftliche Kategorie, einen betriebswirtschaftlichen Zins gibt es nicht. Das betriebliche Zinsproblem ist ein Finanzierungs- und Kapitalproblem, kein Wertproblem.

Reiner Zins bedeutet völlige Ausschaltung des Risikoelementes. Eigenkapitalzins ist Zins für langfristiges Kapital, sein Vergleichszins liegt daher im Kapitalmarkt. Der Eigenkapitalzins muß risikofreier Kapitalmarktzins sein, das ist der landesübliche Zins. Gibt man diese Eigenschaft zu, ist die Bestimmung seiner Höhe nicht mehr schwer. Man ist dann nicht mehr versucht, ihn nach der durchschnittlichen Rentabilität des Eigenkapitals oder der Vorzugsaktiendividende, sobald diese in festen Zinssätzen ausgedrückt ist, zu suchen. Beide enthalten Risikoelemente, der erste Vergleichssatz mehr, der zweite weniger. Beide entsprechen nicht den Anforderungen der Risikofreiheit. Der Landeszins, der im Satz für 1. Hypotheken bzw. für erstklassige Staatspapiere zum Ausdruck kommt, wird allerdings dann problematischer, wenn auf dem Kreditmarkt infolge großer Unsicherheit und geringer Neigung, Geld auf längere Zeit festzulegen, anormale Knappheit an langfristigen Geldern besteht und die sonst be-

[1]) Der betriebswirtschaftliche Zins. Stuttgart 1931.

stehende Verbindung von Geld- und Kapitalmarkt gestört ist. Dann erscheint der Kapitalmarktzinsfuß überhöht, und der Betrieb hat in solchen Fällen den Landeszinssatz besonders vorsichtig zu bestimmen. Dann kommt es häufig vor, daß die Rentabilität geringer ist, u. U. sehr viel geringer ist als der Landeszinsfuß. So ist z. Zt. der Landeszinsfuß 8%. Da anormale Kapitalverhältnisse bestehen, und da der Betrieb, der sein Geld auf sehr lange Frist festgelegt hat, nicht nur an die Gegenwartsverhältnisse denken kann, wird er mit einem mäßigen, langfristig orientierten Zins von z. Zt. 6% rechnen. Die durchschnittliche Rentabilität ist freilich noch viel geringer. Sie ist im Durchschnitt für alle Betriebszweige 3%, so daß, da Zinsen hierin mit enthalten sind, tatsächlich Verluste vorliegen. Die notwendige Folge ist betrieblicher Abbau, nicht Aufbau, was die Tatsachen bestätigen.

Beim Fremdkapital liegen die Verhältnisse anders. Hier liegen abgemachte Zinssätze vor, aber für verschiedene Kapitalteile verschiedene: Obligations- und Hypothekarkredite zu Kapitalmarkt-, Bankkredite zu Geldmarktzinssätzen. Das gibt schon Unterschiede, abgesehen davon, daß die Geldmarktsätze viel mehr als die Kapitalmarktsätze schwanken. Außerdem sind die verschiedenen Kapitalschichten oder -Stufen zu beachten. Erststellige Hypotheken sind billiger als zweit- und drittstellige. Es ist zu beachten, daß im Fremdkapitalzins auch Risikoelemente vorhanden sind, die den reinen Zins erhöhen. Zu bedenken ist auch, daß nicht der nominelle, sondern der effektive Zins berechnet werden muß: also vermehrt durch Disagio (der Emission) und Agio (der Rückzahlung), durch Provisionen aller Art: Kredit-, Umsatz-, Bereitstellungs-, Überziehungs- und wer weiß was für Provisionen. Als billigster Kredit erscheint der Akzeptkredit: Privatdiskontsatz + z. Zt. $^1/_8$% Akzeptprovision, als höchster der Konto-Korrent-Kredit. Entscheidend für die Höhe der Zinsen ist die Lage des kreditnachfragenden Betriebes, seine Rentabilitäts- und Sicherheitslage, sein Status und die zu gewährende Kapitalschicht.

Ist nun der wirklich gezahlte Zins, ein Durchschnitts- oder der Grenzzins zur Zinserrechnung zu benutzen? Der Durchschnittszins, wenn es ein gewogener Durchschnitt ist, würde dem wirklichen Zins entsprechen, sodaß nur zwischen dem wirklich gezahlten Zins und dem Grenzzins, d. h. dem Zins für die letzte Kapitalschicht zu entscheiden wäre. Schmalenbach verlangt, entsprechend seiner Grenzwerttheorie, stets den Grenzzins, d. h. den höchsten Zins, und zwar für das gesamte Fremdkapital. Dadurch will er unrationellen Kapitalverbrauch verhüten. Der Betrieb wird, so sagt Schmalenbach, bei wirklichem Kapitalbedarf den höchsten Satz für das gesamte Fremdkapital tragen; wenn er ihn nicht tragen kann, darf er den zusätzlichen Kredit nicht aufnehmen. Nur so kann eine rationale Finanzierungsorganitsation erreicht werden.

Dieser Grenzwerttheorie für den Zins können wir uns nicht anschließen, so bestechend sie auch auf den ersten Blick erscheint. Sie konstruiert zu sehr und bedenkt nicht, daß die verschiedenen Zinssätze durch die verschiedenen

Kapitalschichten und verschiedenen Kreditarten verursacht werden, die ständig gegeben sind, und denen auch dadurch nicht beizukommen ist, daß man einen Einheitssatz, auch nicht den Grenzsatz nimmt. Der Grenzsatz kann die Kapitalschichtung nicht beseitigen. Schon durch den gestuften Satz mit jeder neuen Kapitalschicht ist die Gefahr einer Überfinanzierung gemindert, soweit Zinssätze dies überhaupt können. Aber in Zeiten der Not oder der überschwänglichen Unternehmungslust gibt es für Kredite, vor allem auf kurze Frist, keine Grenze. Es bleibt also für das Fremdkapital nur der wirkliche Zinssatz, d. h. die wirklich gezahlten, verschiedenen Zinssätze. Daraus läßt sich leicht für die in Frage stehenden Zeiten, z. B. einen Monat, die zu verrechnende Zinssumme errechnen. Dagegen scheint uns der jeweilige Marktsatz für alle Kapitalschichten als Rechnungssatz durchaus diskutabel.

Es wird in der Literatur noch eine Methode erörtert: die Errechnung eines Einheitssatzes als gewogener Durchschnitt von Fremd- und Eigenkapital, so daß dann ein Einheitssatz zur Verzinsung des Aktivkapitals zur Verfügung stände, nicht mehr einer Zinssumme, die zu verrechnen wäre. Im Effekt würde dieser gewogene Durchschnittssatz dieselbe zu verteilende Zinssumme ergeben, aber wir ziehen es vor, da es natürlicher und genauer ist, eine Summe von Zinsen auf eine Summe von Aktiven, bzw. ihre Teile zu verteilen. Oft nimmt man sogar keine Differenzierung zwischen Eigen- und Fremdkapital vor und bestimmt für beide denselben summarischen Satz, z. B. von 6% für das Gesamtkapital, wie es das Beispiel der amerikanischen Druckereibetriebe [1]) zeigt. Diese Methode ist zu roh und sollte nicht angewandt werden, wenngleich sie in der Praxis nicht nur in dieser Branche tatsächlich vorkommt.

Soviel über die Frage der Zinserrechnung.

Die Zinsverteilung ist ein Problem der Aktiva, weil Aktiva die werbenden Mittel sind und Zins und Übergewinn zu erbringen haben. Von uns wird nicht die oft vertretene Ansicht geteilt, daß die Aktiva einen angenommenen Zinssatz für Kapitalnutzung zu tragen haben, etwa 6%. Der Gedanke der Kapitalnutzung ist zweifellos richtig, weil ja auch Zins als Kostenteil ein Gutsverbrauch durch Kapitalnutzung ist, nur ist bei einem angenommenen Satz die von uns für notwendig gehaltene Verbindung mit der Finanzierungsseite nicht vorhanden.

Die Zinsverteilung wirft zunächst drei Fragen auf: 1. Sind alle Aktivposten (auch hier geht der Betriebswirt naturgemäß von der Bilanz aus) einzubeziehen? 2. Sind sie alle in gleicher Höhe (mit demselben Satz) zu belasten? 3. Wie sind die Kostengüter für diese Zwecke zu werten?

Was den Umfang der einzubeziehenden Aktivposten betrifft, so gilt der Grundsatz, daß alle Posten zu erfassen sind, die Kapital binden und nicht etwa selbst Ertrag bringen, wie z. B. Kapitalgüter anorganischen Charakters, z. B. Spekulationseffekten. Es ist also gleichgültig, ob es sich um Anlage

[1]) S. dieses Beispiel der Zinsverteilung im II. Bd. dieser Arbeit.

oder Betriebskapital handelt und um welche Formen dieser beiden Kapitalgüterarten; auch gleichgültig, ob der Betrieb überkapitalisiert ist und unter ungenutzter Kapazität leidet. Die Verteilung hat sich zunächst auf alle Aktiva zu erstrecken, die Kapital binden. Die Behandlung nicht genutzter Kapazität ergibt sich erst später, bei der Scheidung von Kosten und Aufwand und der Errechnung des Zuschlagssatzes. Zunächst erfolgt keine Differenzierung. Also sowohl Betriebsanlagen, als auch Betriebsmaterialien jeder Art, ferner Kasse, Wechsel und Debitoren haben an sich Zinsen zu tragen, weil sie Kapital binden. Aber es ergeben sich Ausnahmen für die Aktivteile, die selbst Zinsen erbringen oder in deren Nominalsumme Zinsen bereits enthalten sind. Zinsen erbringen: Bankguthaben, Effekten. Zinsen enthalten: Wechsel und ferner die Debitoren, soweit nämlich, als die Zahlungsziele nicht überschritten werden. Es sind demnach Bankguthaben, Effekten, in gewissen Fällen Wechsel und Debitoren von der Zurechnung auszunehmen. Terminüberschreitungen dagegen sind einzubeziehen. Rechnungsposten sind natürlich auszuschalten. Gebäude, für die eine Miete bereits verrechnet ist, sind gleichfalls auszulassen, da die Miete die Gesamtkosten, also auch Kapitalzinsen bereits enthält, ja sogar einen Gewinn.

Zur zweiten Frage, der gleichen oder ungleichen Höhe der Belastung, ist zu sagen: Sicherlich ist die Art des Kapitals, das die einzelnen Aktivteile binden, verschieden und damit auch die Zinsen, die sie verursachen. Obligations- und Kontokorrentzins sind nun einmal verschieden. Wenn es also möglich wäre, jeder Kreditart ihre Aktiva, die sie finanziert hat, zuzuweisen, dann wäre eine Differenzierung möglich. Da aber auch in diesem Sinne das betriebliche Zurechnungsproblem unlösbar ist, entfällt auch die Möglichkeit dieser Differenzierung. Man könnte natürlich die einzelnen Posten der Aktiva verschieden belasten: das Anlagekapital mit Kapitalmarktzins, das Betriebskapital mit Geldmarktzins, die Kasse mit dem Satz für tägliches Geld, Wechsel mit Bankdiskont. Aber da es 1. nicht immer so ist, daß Anlagekapital mit Mitteln des Kapitalmarktes und Betriebskapital mit Mitteln des Geldmarktes finanziert ist, wäre selbst diese, an sich erwünschte Differenzierung, nicht richtig; 2. wäre auch hier die Verbindung mit der Passivseite getrennt, die unbedingt notwendig ist. So bleibt uns nichts anderes übrig, als zwischen den einzelnen Aktivteilen nicht zu differenzieren. Diese Methode ist einfacher und ebenso richtig und ebenso falsch wie die Differenzierungsmethode, weil ihr die Grundlagen der Differenzierungsmöglichkeit fehlen. Es werden also die Gebäude und Maschinen und Kasse mit demselben Satz belastet.

Eine prinzipielle Entscheidung verlangt die dritte Frage, wie die Kapitalgüter für Zinszurechnungszwecke zu werten sind. Hier ist wirklich eine Wertungsfrage zu lösen, während auf der Passivseite eine selbständige Wertungsfrage nicht besteht. Es handelt sich hier, wie immer bei Wertungsfragen, um das Kosten- und Wertprinzip, wobei beide mit Werten doppelter Art rechnen.

Das Kostenprinzip kann bei der Zinszurechnung zwei Formen annehmen:
1. Originalkosten,
2. Originalkosten ÷ Abschreibung.
Das Wertprinzip kann lauten:
1. Reproduktionskosten (Tageswert der Teilaktiven),
2. Ertragswert (Unternehmung als Ganzes).

Bei der Wertung der Kapitalgüter sind zunächst diejenigen nicht zu werten, die auf nominelle Geldwerte lauten, wie Kasse, Bank-, Postscheckguthaben. Alle übrigen unterliegen der Wertung, davon einige nur infolge der Marktschwankungen, z. B. Grundstücke, andere wegen Marktschwankungen und Abnutzung und Überholung, z. B. Maschinen.

Bei Wertung nach dem Kostenprinzip würden alle Marktschwankungen unberücksichtigt bleiben, beim Niederstwertprinzip nur dann, wenn der Marktwert höher als die Originalkosten ist. Wo das Kostenprinzip auftritt, wird es stets modifiziert durch das Niederstwertprinzip, also korrigiert durch niedrigere Marktwerte. Dies gilt besonders für Waren mit Börsen- und Marktpreis, dann aber auch für alle Vorräte (an Rohstoffen, Halb- und Fertigfabrikaten). Anlagen und Einrichtungen, die der Abnutzung und Überholung unterliegen, werden meist nach dem Kostenprinzip ÷ Abschreibungen bewertet. Für Grundstücke gilt das reine Kostenprinzip. Es sind dies dieselben Prinzipien, die die übliche Bilanzwertung befolgt. Scovel, der die beste Arbeit über den Zins als Kostenelement geschrieben hat, verficht außerordentlich scharf die Kostenthese. Er wendet sich gegen den Marktwert der Kapitalgüter als Zinsenbasis. Er wendet sich aber auch gegen die Berücksichtigung der Abschreibung bei der Feststellung des Wertes: „Es ist unwesentlich, ob der gegenwärtige Wert der Kapitalgüter gleich, größer oder geringer als ihre ursprünglichen Kosten ist, denn die Investierung wird nicht durch den Wert der Güter gemessen, sondern durch das in sie hineingesteckte Kapital bestimmt. Das aber sind die ursprünglichen Kosten der Kapitalgüter [1].“ Das Wertprinzip entspricht der entgegengesetzten Meinung: Nicht die ursprünglichen Kosten, das investierte Kapital, sondern der Zeitwert ist entscheidend und bildet die Zinsverteilungsbasis. Vergangene Kosten haben mit der Gegenwart und Zukunft nichts zu tun, weil das Vergangene tot ist. Lebendig sind nur Gegenwart und Zukunft.

Der Zeitwert als Ertragswert ist gar nicht gebräuchlich, weil er doch recht viele Unsicherheitsfaktoren enthält: Reingewinn, Kapitalisierungsfaktor, aber auch deswegen, weil die Bilanzen, die als Grundlage der Zinszurechnung genommen werden, niemals den Charakter von Ertragsbilanzen haben. Theoretisch wäre diese Methode zwar brauchbar, praktisch wird sie aber wegen der Wertungspraxis in der Bilanz nicht verwendet.

Auch der Reproduktionskostenwert hat sich wegen der Schwierigkeit seiner Erfassung nicht durchsetzen können. Es bleibt also nur das Kosten-

[1]) Scovell, a. a. O. S. 59.

prinzip. Es muß aber, entgegen der Ansicht von Scovel, eine Entwertung der Kapitalgüter berücksichtigt werden, es sei denn, daß passive Abschreibung geübt wird. Dann steht die Abschreibungsreserve den Originalkostenwerten gegenüber, erhöht die Zins- und verbreitert die Verteilungsbasis. Am besten ist es, für Verteilungszwecke die Abschreibungsreserven von den Anlagen abzuziehen [1]).

c) Wertminderung des Kapitals (Abschreibung).

aa) Begriff und Ursachen.

Jede Kapitaldisposition erfordert etwas Doppeltes: Zins als Preis für Kapitalhingabe und Rückzahlung am Fälligkeitstage. Die Rückzahlung kann auch allmählich geschehen (Amortisation). Die Nutzung der Kapitalgüter hat beides zu erbringen: Zins und Amortisationsquote, die letztere deswegen, weil die Kapitalgüter vergänglich sind. Die Amortisationsquoten dienen der Erhaltung des Kapitals (und der Neuanschaffung bzw. der Rückzahlung). Sie müssen so groß sein wie die Minderung der Kapitalgüter innerhalb einer Periode.

Die dauerhaften und vergänglichen Kapitalgüter (Anlagen und anlageähnliche Wirtschaftsgüter: Patente, Verlags-, Urheberrechte, immaterieller Geschäftswert), aber auch die umlaufenden Kapitalgüter (Materialien, Waren, Buch-, Wechselforderungen, Effekten, Valutaguthaben) sind Wertminderungen unterworfen, die den Bestand des investierten Kapitals vermindern. Wertminderungen sind Kapitalgüterverluste innerhalb einer Periode (Substanz-, Eignungs-, Mengenverluste). Sie sind zunächst wertmäßige Minderung der Kapitalgüterbestände und darum Aufwandsfaktoren in der Kapitalrechnung; sie sind ferner geldwerter Gutsverbrauch bei der Leistungserstellung, darum Kostenfaktoren in der Kostenrechnung.

Wertminderungen der Kapitalgüter sind in der Produktion etwas durchaus Normales, Betriebsnotwendiges, darum sowohl Aufwand als auch Kosten (Zweckaufwand und Grundkosten); sie können aber auch über das Normale hinausgehen oder zufällig entstehen, z. B. durch Katastrophen. Dann sind sie Aufwand, aber nicht Kosten, wenigstens, soweit sie über das brancheübliche hinausgehen (neutraler Aufwand). Sie werden oft aus bilanz- und gewinnpolitischen Gründen über das Normale erhöht (unechter neutraler Aufwand). Oft aber werden sie aufwandmäßig (infolge schlechter Gewinnlage) ganz vernachlässigt oder nicht in entsprechendem Maße vorgenommen, während die Kostenrechnung sie voll erfaßt (neutraler Ertrag).

Die Wertminderung des Kapitals als Aufwands- und Kostenfaktor wird in der angelsächsischen Literatur und Praxis auch als solche bezeichnet: depreciation. In Deutschland nennt man sie Abschreibung und trifft damit nicht ihr Wesen, sondern nur ihre rechnungstechnische Behandlungsweise, man schreibt nämlich, buchtechnisch, die Wertminderung der Kapitalgüter

---

[1]) Die praktische Verrechnung der Zinsen ist im II. Bd. behandelt.

ab. Abschreibung (writing-down) ist das buchtechnische Verfahren zur Erfassung der Kapitalwertminderung, in Deutschland aber zugleich die Wertminderung selbst. Durch die Bezeichnung „Abschreibung“ setzt man die buchtechnische Behandlung für ihr Wesen. Trotzdem ist ein Mißverständnis über das Gemeinte nicht möglich. Darum gebrauchen auch wir Abschreibung im Sinne von Kapitalwertminderung und ihrer rechnungstechnischen Erfassung.

Zunächst sind die Ursachen der Wertminderung zu erkennen. Zweifellos gibt es eine Fülle von Abschreibungsursachen, ohne daß sie erschöpfend aufgezählt werden könnten, da sie vom Standpunkt abhängig sind.

Matheson [1]) gibt folgende acht Ursachen der Wertminderung an:

1. Abnutzung,
2. Dauer des Besitzes oder der Pachtung (tenure of holding),
3. Fortdauer oder Stetigkeit des Betriebes (permanency or steadiness of industry),
4. Minderung der Substanz,
5. Überholung infolge von: Erfindungen, neuen Gütern, besseren Verfahrensweisen,
6. Wandlungen und unversicherbare Unfälle,
7. Marktschwankungen,
8. Nichtentsprechung (inadequacy).

An erster Stelle steht die Minderung der Gebrauchsfähigkeit infolge Abnutzung: technische Wertminderung, daneben aber auch kaufmännische: geringerer Marktwert infolge Gebrauchs. Da Anlagen aber nicht die Bestimmung haben, veräußert zu werden, kümmert uns diese Abschreibungsursache bei Weiterführung des Betriebes oder Verkauf im Ganzen nicht. Die Kurve der Minderung der technischen Gebrauchsfähigkeit verläuft zunächst sehr flach, um zuletzt sehr stark abzufallen; die Abschreibungskurve dagegen ist eine Gerade, da der Kaufmann nicht nach der Eignungskurve abschreibt, sondern nach Prinzipien der Aufwands- und Kostenrechnung, unter denen Gleichmäßigkeit und Vergleichbarkeit an erster Stelle stehen.

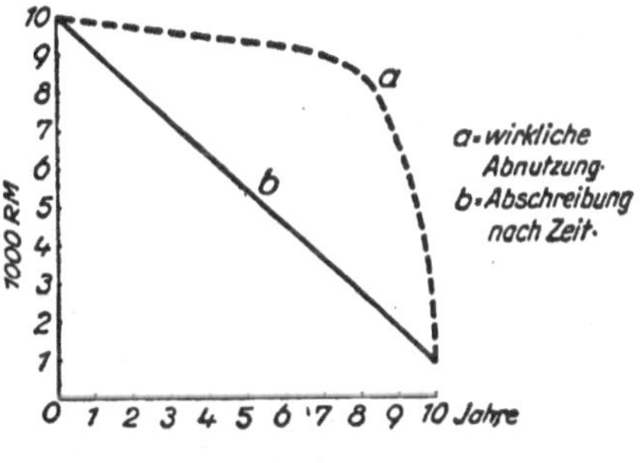

Der Abnutzung ist im Wesen die zweite Abschreibungsursache, die Substanzminderung in Abbaubetrieben, ähnlich.

Abnutzung und Substanzminderung galten lange Zeit als einzige oder wenigstens wichtigste Ursachen der Abschreibung. Sie sind es heute nicht mehr. In der heutigen hochdynamischen Wirtschaft sind dynamische Abschreibungsursachen wichtiger. Diese sind:

[1]) Matheson, Depreciation of Factories, S. 36—41, zitiert nach Saliers, Depreciation — Principles and Applications. New York 1923, S. 10.

3. **Überholung**: infolge Erfindungen und verbesserter Verfahrensweisen,

4. **Mißverhältnis** zwischen Kosten- und Ertragswert,

5. **Marktschwankungen**:
   a) Preisschwankungen,
   b) Geldwert-(Valuta-)schwankungen,
   c) Geschmackswandlungen und Produktion neuer Güter (Ersatzartikel),
   d) Kaufkraftschwankungen.

Dazu kommen noch einige andere Ursachen: Abschreibungen auf Debitoren infolge Zahlungsunfähigkeit u. a.

Abschreibungs**bedürftig** sind **alle Kapitalgüter**, die Wertminderungen unterliegen, also Kapitalverluste erleiden. Hierher gehören sowohl Anlage- als auch Umlaufskapitalgüter; die **einzelnen** Kapitalgüter und die Unternehmung als Ganzes; materielle und immaterielle Güter. Die Bedeutung der Abschreibungen als Kosten- und Aufwandfaktor ersieht man daraus, daß Abschreibungen der wichtigste Gemeinkostenfaktor sind und den größten Anteil an den Fixkosten des Betriebes bilden, wenn dies auch nicht für alle Betriebstypen zutrifft, z. B. nicht für den Groß- und Einzelhandel. Sie steigen im Grade des Fixkapitalanteils am Gesamtkapital, erreichen also ihre Höchstbedeutung in Verkehrs- und Versorgungsbetrieben, nicht in Industriebetrieben, wie man es aus ihrer bisher alleinigen Behandlung als Industrieproblem annehmen könnte. Es ist dies nur ein neuer Beweis dafür, daß die übrigen Wirtschaftszweige in bezug auf das Rechnungswesen, ja auf die Gesamtbetriebswirtschaftslehre ein Aschenbrödeldasein geführt haben. Die Tatsachen selbst liegen — auch beim Abschreibungsproblem — ganz anders. Die Abschreibungspraxis in Eisenbahnbetrieben (eine Theorie ist überhaupt nicht vorhanden) beleuchtet hell die Unzulänglichkeit betrieblicher Abschreibungserkenntnis.

Zur Erkenntnis der Abschreibung ist ferner notwendig zu wissen, ob es sich um eine **Kostenverteilungs**- oder **Finanzierungsfunktion** handelt. Zweifellos hat die Abschreibung primär eine Kostenverteilungsfunktion: richtige Verteilung des Aufwandes auf die Jahre der Nutzung (mit Schmalenbach: Ausgabe jetzt, Aufwand später). Doch ist mit dieser Funktion, wenn auch nur sekundär, die zweite unauflöslich verbunden: die Finanzierungsfunktion zur Erneuerung der Anlagen. (Die zweite Funktion verlangt notwendig Anwendung des Zeitwertprinzips.)

bb) Verfahrensweisen.

Die gebräuchlichen **Methoden** der Abschreibung: die gleichbleibende (vom Anschaffungswert), die abfallende (vom Buchwert) und die steigende (vom Anschaffungswert, steigend um die ersparten Zinsen) beruhen auf einer Lebensdauerschätzung der Anlagen. Sie beziehen sich nur auf die erste und zweite der Abschreibungsursachen: Abnutzung und Substanzminderung;

sie erfassen nicht die dynamischen Abschreibungsursachen, die eine durchaus individuelle Behandlung und Erkenntnis des Einzelfalles verlangen. Hier aber liegt gerade das moderne Abschreibungsproblem. Abnutzung (und Substanzminderung) sollten der Beanspruchung entsprechend behandelt werden. Hierzu wäre eine jährliche Taxation notwendig. Dann könnte der Wert der Anlage entsprechend dem Zustand am Bilanztage (und ebenso entsprechend der Marktlage der Produktionsmittel) festgesetzt werden. So wichtig die betriebliche Taxation auch ist, in Amerika (durch die Tätigkeit der Appraisel Companies) auch mehr und mehr in Übung kommt, wozu die starken Marktschwankungen und die vielen Erfindungen und Verbesserungen auch immer mehr drängen, in Deutschland merkt man noch nichts von dieser Bewegung, und auch in Amerika ist sie bei weitem noch nicht genügend verbreitet. Schuld daran ist zum Teil die rein formale Behandlung des Abschreibungsproblems. Weder Wertschwankungen, noch wirklicher Zustand der Anlagen werden beachtet. Es wird lediglich eine rein mechanische Verteilung auf die Zeit des voraussichtlichen Gebrauches vorgenommen. Man ist auch immer noch der zweifellos falschen Ansicht, daß die Anlage eines Betriebes keine Marktverbundenheit besitze, die Wertschwankungen des Marktes den Betrieb für seine Anlagen und anlageähnlichen Gegenstände nichts angehen. Dieses Denken ist reichlich wirklichkeitsfremd. Auch die Anlagen können nicht vom Markt isoliert behandelt werden, wenngleich sie nicht jene enge Verbundenheit zeigen wie die zum Umsatz bestimmten Güter, die Markt-, oft sogar Börsenpreise als Maßstab ihres Zeitwertes besitzen. Die Anlagen eines Betriebes sind vom Marktpreise gleich leistungsfähiger Produktionsmittel und von der Leistungsfähigkeit und den Marktpreisen konkurrierender Produktionsmittel abhängig. Beide Tatsachen zwingen zur Abschreibung unter Marktgesichtspunkten.

Doch ist mit einer marktorientierten Abschreibung immer eine gewisse Willkür verbunden, da, mit wenigen Ausnahmen, eine Vergleichbarkeit der Leistungsfähigkeit und eine Kenntnis vergleichbarer Marktpreise nicht vorhanden ist. Eine Taxation wird ja nicht vorgenommen, und auch die ist nicht 100%ig sicher. So gebraucht auch hier die Praxis das theoretisch schlechtere, aber praktisch bessere Verfahren, weil ohne Taxation eine brauchbare Möglichkeit der Erfassung des Gegenwartswertes nicht vorhanden ist. Nur muß man sich darüber klar sein, daß die Methode der Lebensdauerschätzung mit der Beanspruchung und dem wirklichen Anlagenzustand nichts zu tun hat, vielmehr ein rein formales Verfahren darstellt.

Wie bei den Anlagen die Lebensdauerschätzung, sind bei den Umlaufsgütern Skontration und Befundrechnung rechnerische Mittel der Erfassung des Bestandes bzw. des Verbrauchs und des Abschreibungsbetrages [1]). Insbesondere im Handel und in Banken, die ja dem Wesen nach auch Handelsgeschäfte sind, kommt diese Art der Erfassung der Bestände und des Verbrauchs in Frage. Der Verbrauch bzw. der Kapital-Verlust werden in der

[1]) Vergl. Schmalenbach, Dynamische Bilanz.

Inventur festgestellt, so daß häufig buchtechnisch eine Abschreibung nicht stattfindet. Trotzdem kommt sie als Kapitalwertminderung zum Ausdruck und belastet den Jahresgewinn.

Die Beanspruchung als Abschreibungsmaßstab findet trotzdem verschiedentlich Anwendung, wo sie leicht festzustellen ist: z. B. bei Kraftwagen entsprechend den gefahrenen Kilometern im Verhältnis zur Gesamtleistungsfähigkeit, beim Motor des Flugzeuges nach den Betriebsstunden usw. In diesen Fällen sind die Abschreibungen variable Kosten, weshalb z. B. verschiedene Autoren die Abschreibungen auf die Flugzeugmotore als rein variable Kosten ansehen, was wegen der Überholungsgefahr sicherlich nicht zutrifft.

Verhältnismäßig viel häufiger findet die Abschreibung nach Zeit Anwendung. Dann hat die Abschreibung lediglich Kostenverteilungsfunktion. Wird die Abschreibung nur nach der Zeit bemessen, ohne Rücksicht auf die Abnutzung, so macht man die Abschreibung in viel höherem Maße zu einem fixen Kostenteil, als sie es ihrer Natur nach ist. Trotzdem ist die Zeit häufig genug an sich Abschreibungsursache, wenngleich nicht so häufig, wie man es den gebräuchlichen Methoden nach annehmen müßte. Die Zeit als Abschreibungsursache ist besonders dort wirksam, wo der Einfluß der Witterung sich zeigt: z. B. bei Straßen, wo etwa ein Drittel der Abschreibung auf Zeit, zwei Drittel auf Beanspruchung zurückzuführen sind; dies gilt ebenso für Ober- und Unterbau der Eisenbahnen, wo die Zeit einen überragenden Einfluß auf die Abschreibungsnotwendigkeit besitzt.

Lebensdauerschätzung und damit Abschreibung nach Zeit ist die gebräuchlichste Abschreibungsart, in welcher Form sie auch angewendet werden mag: als gleichmäßige, fallende und zunehmende Abschreibung. Sie alle beruhen auf der Lebensdauerschätzung, nur daß sie das Endziel: Schrottwert bzw. Merkwert zwar in der gleichen Zeit, aber durch verschiedene Amortisationsquoten erreichen wollen. In der Praxis finden die gleichbleibende und die abfallende Abschreibung etwa gleich häufige Anwendung, während Schmalenbach z. B. die fallende Abschreibung propagiert und ihr den Vorrang zuerkennt. Dem kann nicht ohne weiteres zugestimmt werden, wenn man der Art der Abschreibung, falls man sich für die Lebensdauerschätzung entschieden hat, überhaupt eine besondere Bedeutung zuerkennen will. Sie kommt ja doch nur als Abschreibung für die Abnutzung in Frage, nicht für die vielen übrigen Abschreibungsursachen, die alle sehr wichtig sind, mögen sie in der Theorie auch noch so sehr vernachlässigt werden. Die fallende Abschreibung ist zwar die bequemste Art, aber vernünftigerweise ist sie nur dann anzuwenden, wenn die Neuanschaffungen als Zugänge verbucht werden. Sonst müßten z. B., um von 1000 M. Anlagewert in 10 Jahren auf 1 M. zu kommen, jährlich 50% vom Buchwert abgeschrieben werden, weil infolge der geometrischen Degression bei 10% Abschreibung der Restwert von 1 M. erst in etwa 93 Jahren erreicht werden würde. Uns scheint die gleichbleibende Abschreibung genau so gut und so schlecht wie die abfallende und auch nicht besser oder schlechter als die steigende (Annuitäten-) Abschreibung zu sein. Die letztere ist sogar die einzig richtige, wenn man die Verrechnung der Kapitalverzinsung zugleich mit den Abschreibungen vornehmen will, was allerdings nicht zu empfehlen ist. In diesen Methodenfragen sehen wir überhaupt nicht das neuzeitliche Abschreibungsproblem. Außerdem ist eine generelle Behandlung aller Abschreibungsposten viel zu roh. Vielmehr sind die einzelne Vermögensart und der einzelne Fall individuell zu behandeln.

Einer gleichbleibenden Abschreibung kommen die Gegenstände entgegen, die völlig von der Zeit abhängen, also alle anlageähnlichen Gegenstände immaterieller Art, wie Firmenwert, Verlags-, Urheber-, Heimfallrechte, oder die Gegenstände, die einem gleichmäßigen Gebrauch unterliegen, diese aber auch nur dann, wenn die Preise nicht allzu sehr schwanken. Auch die Katastrophenabschreibung ist — bei Aktivierung des Verlustes — natürlicherweise gleichmäßig.

Die fallende Abschreibung wird dort angewandt, wo der Verschleiß die Ursache ist, freilich nur dann, wenn die Neuanschaffungen als Zugänge verbucht werden. Diese machen die an sich geringer werdenden Abschreibungen höher und erreichen einen automatischen Ausgleich. Die höheren Sätze der ersten Jahre werden ferner deswegen erträglich, weil diese Jahre weniger Instandhaltungsarbeiten bedürfen als die letzten Jahre, wodurch eine größere Gleichmäßigkeit der Jahresbelastung von dieser Seite erreicht wird.

Die steigende Abschreibung ist weniger gebräuchlich, weil die Zinsrechnung bisher noch weniger geübt und auch besser als gesonderter Gemeinkostenteil behandelt wird.

cc) Abschreibung vom Kosten- oder vom Zeitwert.

Wichtiger und problematischer als diese Fragen der Verfahrensweise ist die Entscheidung, ob die Abschreibung vom historischen Anschaffungswert oder vom Zeitwert zu erfolgen hat. Völlige Einigkeit besteht darüber, daß in der Kalkulation nur der Zeitwert in Betracht kommt. Dabei besteht hier die gleiche Schwierigkeit seiner Feststellung wie in der Bilanz, bei der der Einsatz der Tageswerte vor allem an der Schwierigkeit scheitert, sie festzustellen. Immerhin ist diese Einmütigkeit der Ansichten in bezug auf den Tageswert in der Kalkulation sehr erfreulich.

In der Bilanz herrscht der Anschaffungswert bzw. der Niedrigstwert. Nach der dynamischen Bilanzauffassung Schmalenbachs hat die Bilanz überhaupt nicht die Aufgabe der Statusfeststellung, sondern die der Errechnung des richtigen, d. h. vergleichbaren Gewinnes. Ihn interessiert deswegen die Feststellung richtiger Vermögenswerte gar nicht; er geht deshalb bei der Abschreibung vom Anschaffungswert aus. Schmidt verlangt von der Bilanz richtige Gewinn- und Vermögensfeststellung und glaubt beide Ziele mit einer Bilanz erreichen zu können. Er schreibt darum auch vom Zeitwert ab, ja er verlangt sogar von den bisherigen Abschreibungen, daß sie auf den Zeitwert gebracht werden. Erst dann sei eine Ersatzbeschaffung möglich. Mir scheint die Schmidtsche Bilanzauffassung, die ich nicht als organische, sondern als voll-dynamische ansehe, theoretisch die einzig richtige und logische zu sein. Was mich abhält, sie praktisch anzuwenden, ist die Schwierigkeit der Wertfeststellung der Bilanzwerte, vor allem der Anlagewerte. Wenn ein Betrieb nur Kapitalgüter mit Markt- und Börsenwerten besäße, wäre kein Grund vorhanden, die Grundsätze organischer Bilanzauffassung nicht anzuwenden. Aber das Vielerlei der preislosen Anlagewerte, die unendliche, unökonomische Mühe der Feststellung ihrer Zeitwerte macht die theoretisch richtige Auffassung praktisch unmöglich; es sei denn, daß eine jährliche Taxation stattfinden würde.

Aber auch beim Ausgehen vom Anschaffungswert ist die Errechnung eines richtigen Gewinns bei Befolgung des Bilanzierungsgrundsatzes der Kontinuität (dieselbe Gliederung der Konten, dieselben Wertungsgrundsätze, dieselbe Periodisierung) durchaus möglich, da es sich hierbei nicht um die Bestände, sondern um ihre Differenzen handelt. Je geringer die Schwierigkeit der Feststellung der Zeitwerte bei den einzelnen Betriebstypen ist (Groß- und Einzelhandel, Banken), desto stärker sollte die Tendenz zur volldynamischen Bilanz sein. Sie allein kann theoretisch bestehen.

Die Abschreibung kann in jedem Falle nach dem Zeitwertprinzip vorgenommen werden, wenn auch die Zeitwerte häufig geschätzt werden müssen. Allerdings scheint mir die Schmidtsche Methode der Rückführung der bisherigen Abschreibungen auf den Zeitwert zu kompliziert, ohne daß der Zweck, einen ausreichenden Fonds zur Ersatzbeschaffung zu erhalten, erreicht werden würde. Ich möchte daher eine Methode vorschlagen, wie sie Castenholz [1]) darlegt. Sein Ziel ist, eine Abschreibung vom Zeitwert zu ermöglichen, ohne die Kostenwerte der Bilanz und die entsprechenden Erneuerungskonten auf der Passivseite zu ändern. Er geht folgendermaßen vor: Eine Anlage besitzt z. B. am 1. Januar 1926 einen Anschaffungswert von 100 000 $. Ihre Lebensdauer beträgt 10 Jahre, so daß zur richtigen Kostenverteilung auf die Nutzungszeit jährlich 10 000 $ dem Erneuerungskonto gutzuschreiben sind. Er erkennt demnach am Anfang des Jahres das Erneuerungskonto mit 10 000 $ und belastet das Abschreibungskonto mit demselben Betrag. Nach dem Prinzip der Zwölftelung wird das Betriebskonto mit Monatsbeträgen von 833 $, insgesamt mit 10 000 $ belastet, das Abschreibungskonto mit 10 000 $ erkannt. In die Bilanz kommt der Anschaffungswert von 100 000 $, und als Erneuerungskonto die Abschreibung mit 10 000 $. Beträgt der Zeitwert der Anlage Januar 1927 95 000 $, beträgt die Abschreibung nicht mehr 10 000 $, sondern 10 555,55 $. Trotzdem wird das Erneuerungskonto mit 10 000 $ erkannt, das Abschreibungskonto mit 10 000 $ belastet. Das Betriebskonto wird aber mit 10 555,55 $ belastet und das Abschreibungskonto mit demselben Betrag erkannt. Der Saldo von 555,55 $ auf dem Abschreibungskonto wird einer Abschreibungsrücklage erkannt, die über Bilanz ab-

[1]) A solution to the appreciation problem, Chicago 1931, S. 14 ff.

geschlossen wird. Neben dem Erneuerungskonto, das mit dem Anschaffungswert der Anlage korrespondiert, besteht ein Abschreibungsrücklagekonto, das die Preisschwankungen auffängt und die nötigen Mehrbeträge ansammelt. Beträgt z. B. nach fünf Jahren, am 1. Januar 1931, der Zeitwert 60 000 $ statt 50 000 $, die Lebensdauer fünf Jahre, so wird wiederum das Erneuerungskonto, das auf 50 000 $ angewachsen ist, mit 10 000 $ erkannt, das Abschreibungskonto mit 10 000 $ belastet. Das Betriebskonto wird mit 12 000 $ belastet, das Abschreibungskonto mit 12 000 $ erkannt. Der Saldo von 2 000 $ wird auf Abschreibungsrücklage verbucht, wo sich allmählich eine Reserve von 6 555,55 $ angesammelt hat, die der Teuerung entspricht und eine Ersatzanschaffung möglich macht.

Ist ein Preisfall eingetreten und der Zeitwert der Anlage gesunken, so wird von dem niedrigeren Zeitwert abgeschrieben, aber niemals auf dem Erneuerungskonto, sondern auf Betriebs- und Abschreibungskonto. Der Saldo kommt wieder auf Abschreibungsreserve, die sogar negativ werden kann und einen Abschreibungsverlust darstellt, der freilich durch das (höhere) Erneuerungskonto kompensiert wird. Man könnte aber noch anders vorgehen und den Preisfall nicht berücksichtigen, so daß volle 10 000 $ abgeschrieben werden. Diese zweite Verfahrensweise ist nicht sehr konsequent, aber entspricht dem Prinzip der Vorsicht.

Die Castenholzsche Abschreibungsmethode sieht kontenmäßig folgendermaßen aus:

Anlagekonto

1926: Bestd.	100000.—	Bil.	100000.—
1927: Bestd.	100000.—	Bil.	100000.—
.			
.			
1931: Bestd.	100000.—	Bil.	100000.—

Erneuerungskonto

Bil.	10000.—	Abschrbg.	10000.—
.		Bil.	10000.—
Bil.	20000.—	Abschrbg.	10000.—
.		.	
		Bil.	50000.—
Bil.	60000.—	Abschrbg.	10000.—

Abschreibungskonto

Ern.	10000.—	Betriebsk.	10000.—
Ern.	10000.—	Betriebsk.	10555.55
Abschr. Rückl.	555.55	.	
.		.	
Ern.	10000.—	Betriebsk.	12000.—
Abschr. Rückl.	2000.—		

Abschreibungsrücklage

Bil.	555.55	Abschrbg.	555.55
.		.	
(Bil.	6555.55)	(Abschrbg.	6555.55)
Bil.	8555.55	Abschrbg.	2000.—

Betriebskonto

Abschrbg.	10000.—	Fabr.	10000.—
Abschrbg.	10555.55	Fabr.	10555.55
Abschrbg.	12000.—	Fabr.	12000.—

Bilanz

26: Anl.	100000.—	Ern.	10000.—
27: Anl.	100000.—	Ern.	20000.—
		Abschrbg. Rückl.	555.55
31: Anl.	100000.—	Ern.	60000.—
		Abschrbg. Rückl.	8555.55

Ob aktive oder passive Abschreibung, spielt für das Abschreibungsproblem keine Rolle. An sich bevorzugen wir die passive Abschreibung, also das Erneuerungskonto, weil der Gesamtzustand klarer zum Ausdruck kommt. Wichtig ist nur, daß jedem Jahre seine Abschreibungsquote belastet wird.

dd) Abschreibung und Erhaltungswirtschaft.

Von der Abschreibung ist die Instandhaltung nicht zu trennen. Die Erhaltungswirtschaft ist besonders in der neuesten Zeit wieder in den Blickpunkt des Interesses gerückt. Sie umfaßt die laufenden Reparaturen, um die Anlage voll gebrauchsfähig zu erhalten. Diese Kosten laufen neben den Abschreibungskosten einher und werden als Unkosten verbucht. Daneben gehen große Reparaturen, die eine Maschine wieder auf den Anfangswert bringen können. So werden z. B. Omnibusse alljährlich ganz überholt, vollkommen auseinander genommen, schadhafte Teile ausgebessert bzw. ersetzt, so daß nach Verlassen der Reparaturwerkstätte ein neues Auto zur Verfügung steht. Im Flugverkehr wird die Zelle nach einer bestimmten Betriebsstundenzahl vollkommen überholt. Große Reparaturen bedeuten Anlagezuwachs und sollten nicht über Unkostenkonto gehen. Nicht vorgenommene laufende oder fällige große Reparatur ist in jedem Falle dem entsprechenden Jahr zu belasten.

Durch sorgfältige Wartung und Pflege kann die Lebensdauer einer Maschine bedeutend verlängert werden, bis zu dem Tage, wo Überholung und Bruch ihrem Gebrauch ein Ende setzt.

Unter Berücksichtigung der Überholung bzw. der Einstellung leistungsfähigerer Maschinen sind folgende vier eng zusammenhängende Kosten- und Aufwandsfaktoren zu unterscheiden:

1. Instandhaltung,
2. Erneuerung (bzw. Abschreibung),
3. Betriebsentwicklung,
4. Anlagezugang.

Die Punkte 1 und 2 sind ohne weiteres verständlich. Betriebsentwicklung bedeutet Ersatzbeschaffung leistungsfähigerer Maschinen, die also über bloße Erneuerung hinausgehen. Betriebsentwicklung stellt für die Mehrleistungsfähigkeit bzw. den Mehrpreis über die alten Kosten Anlagezuwachs dar und ist durch Kapital zu finanzieren (z. B. Anleihen), nicht aus dem Erneuerungsfonds bzw. als Unkosten. Anlagezugang bedeutet Anschaffung neuer Maschinen über den alten Bestand hinaus. Auch er kann nur aus Kapital finanziert werden. Überhaupt ist wegen sauberer Verbuchung, Gewinnrechnung und Finanzierung eine scharfe Scheidung zwischen Kapitalzugang und Unkosten zu machen, wenngleich aus Gründen der Buchhaltungsökonomie kleine Anlagezugänge über Unkosten genommen werden können, z. B. bei den Preußischen Staatsbahnen alle Beträge unter 100 000 M., bei der Reichsbahn unter 2000 M. (Ebenso ist natürlich scharf zu scheiden zwischen Kapital und Gewinn.)

ee) Abschreibung wegen Überholung, Marktschwankungen und Rentabilitätsmangel.

Die Überholung insbesondere beendet das Leben einer Anlage häufig eher, als es seine Gebrauchsfähigkeit erwarten ließe. Sie ist das eigentliche moderne Abschreibungsproblem und in ihrer Bedeutung noch lange nicht genügend erkannt. Ein Beispiel sei hierfür angeführt, und zwar aus dem Flugverkehr. Der technische Fortschritt gegenüber 1919 ist ungeheuer. 1919 gab es nur alte Kriegsflugzeuge mit 1 Mann Besatzung, zwei Fluggästen. Die G 38 des Jahres 1932 besitzt 6 Mann Besatzung und trägt 36 Fluggäste. Die stürmische Entwicklung im Zellen- und Motorenbau macht heute Flugzeuge unbrauchbar, die noch durchaus flugfähig sind. Nicht bloß ältere Maschinen müssen aus dem Verkehr gezogen werden, aus Gründen der Sicherheit häufig sogar ganz neue Maschinen. Die Messerschmidt M 20, von der die Lufthansa vier Flugzeuge besaß, erwies sich infolge zu schwacher Kielflosse als Fehlkonstruktion. Nach 2 Abstürzen (mit 12 Toten und 7 Verletzten) mußten die beiden letzten Maschinen, von denen die eine keinen einzigen Kilometer zurückgelegt hat, voll abgeschrieben werden (200 000 RM.). Im Flugverkehr ist die Abschreibung wegen Überholung so groß, daß sie sogar die Abschreibung wegen Abnutzung übersteigt: 10—17% der Gesamtkosten gegenüber 10% Abschreibung wegen Abnutzung. Der Überholung ähnlich ist im Charakter (und auch in rechnungstechnischer Behandlung) die Abschreibung wegen Markt- und Geschmacksänderungen, die ganze Anlagen und besonders Läger entwerten können. Sie sind sehr häufig vorkommend, aber jeder Fall ist individuell zu behandeln. Es ist in jedem Fall besonders festzustellen, ob hier ein Kosten- oder nur ein Aufwandsfaktor vorliegt. Meist wird zugleich ein Kostenfaktor vorliegen, aber bei weitem nicht immer. Wird eine Anlage stillgelegt, werden dadurch keine einkalkulierbaren Kosten geschaffen. Diese Abschreibungen stellen alle Sonderabschreibungen dar, aber im Gegensatz zu den später zu behandelnden Abschreibungen wegen Wertdiskrepanz zwischen Kosten- und Ertragswert, Abschreibungen nicht auf das Ganze der Unternehmung, sondern auf Einzelteile: Maschinen, Anlageteile, Warenlager usw. Hierher gehören auch Katastrophenabschreibungen. Solche Abschreibungen nimmt man aus Gründen der Vergleichbarkeit nicht über Gewinn- und Verlustkonto, sondern wählt eine von den zwei Methoden: Aktivierung der Abschreibung und Abschreibung nach Zeit oder Abbuchen gegen eine Rücklage, die für solche Zwecke immer vorhanden sein sollte. Handelt es sich um Wirkung in die Zukunft (durch Anschaffung einer neuen Maschine gegen eine noch lebensfähige alte), so sollte die Aktivierung gewählt werden, im anderen Falle die Abbuchung gegen die Rücklage.

Die Überholung zwingt zu einer Kalkulation, wann es vorteilhafter ist, die neue Maschine anzuschaffen und die alte auszurangieren. Saliers [1]) gibt hierzu folgendes Beispiel: Eine Maschine zu 10 000 $ und 1000 $ Schrottwert,

[1]) a. a. O. S. 29/30.

ist mit 4500 $ bereits abgeschrieben. Die Betriebskosten betragen 600 $. Die neue Maschine kostet 8000 $ und verursacht 400 $ Betriebskosten:

I.		II.	
Kosten ÷ Abschreibung	5 500 $	Anschaffungskosten	8 000 $
Betriebskosten	600 $	Betriebskosten	400 $

Wird als Zins 6% angenommen, beträgt der kapitalisierte Wert der Betriebskosten der alten Maschine 10 000 $, der neuen 6666.67 $.

I.		II.	
Wert	5 500.— $	Wert	8 000.— $
+ kapitalisierte Betriebskosten	10 000.— $	+ kapitalisierte Betriebskosten	6 666.67 $
	15 500.— $		14 666.67 $

Die neue Maschine müßte noch den Wert der alten Maschine von 5500 $ ÷ 1000 $ Schrottwert tragen, so daß die Kosten der neuen Maschine eigentlich 19166,67 $ sind. Es wäre in diesem Falle also zu empfehlen, die neue Maschine dann anzuschaffen, wenn der Kaufpreis höchstens 8000 $ ÷ 4166.67 $ = 3833,33 $ wäre oder die Abschreibung der alten Maschine weiter fortgeschritten ist.

Eine Sonderabschreibung erfordert auch ein auf lange Sicht bestehendes Mißverhältnis zwischen Kosten- und Ertragswert, heute ein sehr gewöhnlicher Zustand bei der überall vorhandenen großen Überkapazität. Diese Sonderabschreibung erfordert eine Abschreibung auf die Unternehmung als Ganzes. Sie ist eine reine Kapitalabschreibung, niemals ist sie Kostenfaktor. Manchmal genügt eine Abbuchung gegen offene und stille, gesetzliche und freiwillige Reserven. Häufig aber ist eine Kapitalherabsetzung notwendig. Sie ist die Vorbedingung zur Rentabilitätserreichung. Von Hotels kann man z. B. im allgemeinen sagen, daß sie erst nach mehrmaligen Kapitalherabsetzungen rentabel werden. In Verkehrsbetrieben bewirken häufig Strukturwandlungen denselben Zustand. Eisenbahnen sträuben sich aber viel länger gegen notwendige Abschreibungen dieser Art als z. B. Industriebetriebe, die allerdings keine Monopole besitzen [1]).

ff) Höhe der Abschreibungen und ihr Kostencharakter.

Wie bei allen Kostenfaktoren ist auch hier eine größenhafte Darstellung notwendig. Hierzu wählen wir zwei Maßstäbe:

1. normative Abschreibungssätze,
2. den Anteil der Abschreibungen an den Gesamtkosten.

---

[1]) Weitere Ausführungen über Abschreibungen scheinen uns in Anbetracht der reichen literarischen Behandlung unnötig. Inbes. sei verwiesen auf Schmalenbach (Dynamische Bilanz), Nicklisch (Die Betriebswirtschaft), Großmann (Abschreibung als Kostenfaktor) und auf das amerikanische Standardwerk über Abschreibung: Saliers, Depreciation, New York 1923.

Die folgenden Abschreibungssätze[1]) sind Mindestsätze, die auch von Finanzämtern, Handelskammern und Verbänden als angemessen angesehen werden. Sie beziehen sich naturgemäß nur auf Abschreibung wegen Abnutzung, während alle übrigen Abschreibungsursachen sich solch normativer Festlegung entziehen und eine individuelle Behandlung notwendig machen. Die letzteren werden vom Finanzamt in jedem Falle nachgeprüft, ob sie auch angemessen sind.

Normativsätze für Abschreibungen.

	%
Armaturen	20
Aufzüge: bei Tagbetrieb	7—10
bei Tag- und Nachtbetrieb	10—12
Automobile: große	25
kleine	20
Bahnwagen: brauereieigene	8—12½
im Durchschnitt	10
Baugeräte, Handwerkszeug und sonstige Geräte, ausgenommen schnell abgenutzte, die unter Unkosten verrechnet werden	33⅓—50
Benzinmotoren	7—10
Betonmischmaschinen: Hochbaubetriebe	10
Spezialbetriebe (Beton und Tiefbau)	20
Betriebsgebäude im allgemeinen	3
massiv mit nassem Betrieb	5
Büroinventar	10
Büromaschinen	10—15
Büromöbel	5—10
Dampfkessel mit Rohrleitungen, Überhitzer, Vorwärmer, Wasserreinigung, Dampfmaschinen:	
bei Tagbetrieb	5—10
bei Tagbetrieb im Durchschnitt	7
bei Tag- und Nachtbetrieb	7—12
Dampflokomotiven	15
Dieselmotoren: bei Tagbetrieb	5—10
bei Tag- und Nachtbetrieb	7—12
Drehbänke	10
Druckereimaschinen im Durchschnitt	10—12½
Eisenbahnwagen	8—12
im Durchschnitt	10
Elektrische Leitungen für Kraft und Licht	
bei Tagbetrieb	12—20
bei Tagbetrieb im Durchschnitt	15
bei Tag- und Nachtbetrieb	15—20
bei Tag- und Nachtbetrieb im Durchschnitt	16
bei nassem Betrieb (Färberei)	20
Elektrokarren	25
Fahrräder	33⅓
Gasleitungen	5—10
Gebäude, massiv (Wohnhäuser)	1

[1]) Entnommen: „Abschreibungssätze auf Anlagewerte“, Hrsg. Treuhandgesellschaft Koblenz, Berlin 1931.

	%
(Geschäftshäuser)	1½—2
Fachwerk	2
Büro- und Werkswohnungen, massiv	2
Fachwerk	3
Saal- und Konzertlokale	3
Chemische Fabriken	3
(Feuersgefahr)	5
Geschäftseinrichtungen (Büromöbel)	5—10
gewerbl. Einrichtung, z. B. bei Friseuren	10
Handwerkszeug und Geräte: bei Tagbetrieb	33⅓—50
bei Tag- und Nachtbetrieb	50—100
im Baugewerbe	50
Telephonanlagen	10—15
Werkzeugmaschinen (gewöhnliche)	
bei Tagbetrieb	7—10
bei Tag- und Nachtbetrieb	10—12
in gewöhnlichen Betrieben als Hilfsmaschinen	13
in Werkzeugmaschinenfabriken	20
automatische- und Präzisionsmaschinen	
a) bei Tagbetrieb	10—17
b) bei Tag- und Nachtbetrieb	12—20

Der Anteil der Abschreibung an den Gesamtkosten hängt von der Kapitalintensität und vom Kapitalumschlag ab, in zweiter Linie von der Größe des Lagers und endlich von der Höhe der Forderungen. Naturgemäß ist darum der Anteil der Abschreibungen in Industrie- und besonders Verkehrs- und Versorgungsbetrieben höher als in Handels- und Bankbetrieben, aber auch innerhalb der einzelnen Betriebstypen desselben Wirtschaftszweiges sind Abstufungen vorhanden.

1. In der Industrie.

Hier bilden sowohl Abnutzung als auch Überholung und Rentabilitätsmangel Abschreibungsursachen, wenn auch in Betriebstypen mit besonders starker Dynamik und besonders großem technischen Fortschritt die Überholung eine besonders große Rolle spielt. Dann kann dieser Abschreibungsteil sogar höher werden als die Abschreibung wegen Abnutzung. Zahlenmäßige Angaben sind nur schwer zu erhalten. Sie bekämen auch erst dann den richtigen Wert, wenn daneben der Ausnutzungsgrad angegeben wäre, da der Anteil der Abschreibungskosten, die meist als fixe Kosten angesehen werden, von dem Ausnutzungsgrad abhängt. Alle Zahlen sind mit dieser Einschränkung zu werten, trotzdem ist ihr Erkenntniswert groß genug, um auf eine größenhafte Darstellung nicht zu verzichten. Zunächst geben wir eine Übersicht über den Anteil der Abschreibungskosten am Umsatz[1]) in % (im Jahre 1927):

1. Bergbau	4,98
2. Industrie der Steine und Erden	5,69
3. Eisen- und Metallgewinnung	3,00
4. Eisen- u. Metallwaren	2.31

1) Skrodzki und Moeßner, a. a. O.

5. Maschinen, Apparate, Fahrzeuge	2,64
6. Elektrotechnik, Feinmechanik	3,11
7. Chemische Industrie	3,01
8. Textilindustrie	2,72
9. Papier, Vervielfältigungsgewerbe	3,62
10. Nahrungs- u. Genußmittelindustrie	1,77
11. Leder-, Kautschuk-, Holzindustrie	2,03
Durchschnitt	3,21

Den Abschreibungsanteil an den Gesamtkosten zeigen folgende Ziffern:

1. Steinkohlenbergbau: pro t = 1,75 RM = 11,63%
2. Steinkohlen- Brikettfabriken: pro 1 to = 0,20 RM = 1,09%
3. Steinkohlen-Kokereien pro to = 1,89 RM = 7,90%
4. Braunkohlengruben:

1926	1927	1928
18,7%	19,2%	18,2%

5. Maschinenindustrie: 3,4%
   „ nach V.D.M.A.: 1,5—3,5%, im Durchschnitt 2,2%.

2. Verkehr:

a) Eisenbahnen: Reichsbahn (Erneuerungskosten, da Abschreibungen im kaufmännischen Sinne nicht vorgenommen werden):
etwa 15% d. Gesamtkosten.

b) Luftverkehr: nach Stahlberg: veränderliche Abschreibungskosten ... 11%
feste Abschreibungskosten ... 10%
21%
Wartung und Instandhaltung: = veränderliche Kosten ... 8%
feste Kosten ... 14%
22%
nach Jakobshagen: veränderliche Abschreibungskosten 5,1%
feste Abschreibungskosten ... 11,3%
nach Blum-Pirath: Gesamtabschreibungskosten ... 25,8%

Die Lufthansa schrieb tatsächlich ab (Abnutzung und Überholung):

Jahr	Zellen Wert	Zellen Abschr.	%	Motore Wert	Motore Abschr.	%	Zubringer-Kraftwagen Wert	Zubringer-Kraftwagen Abschr.	%
	in Mill. RM.			in Mill. RM.			in Tausend. RM.		
1928	9.9	3.3	32.8	6.9	2.0	28.8	295	74	25.0
1929	10.4	3.2	31.0	7.4	2.3	30.7	220	126	56.8
1930	8.1	2.4	29.2	5.8	2.0	35.6	132	66	50.5
1931	7.2	2.4	33.3	5.3	1.9	35.0	163	38	23.4

c) Binnenschiffahrt:
bei Lastkähnen, bei 3,3% = 20 Jahre Lebensdauer,
bei 5% = 15 Jahre Lebensdauer. (Zinseszinsabschreibung).

(Bei dem problematischen Charakter der Selbstkostenrechnung in der Binnenschiffahrt ist eine Angabe des Anteils der Abschreibungskosten an den Gesamtkosten unmöglich.)

d) Versorgungsbetriebe: (Berliner Städtische Gaswerke): 3,4% der Gesamtkosten.

e) Hotelgewerbe[1]):

auf 1 Einzelzimmer bei	100%	70%	50% Besetzung
a) auf Gebäude	6,1 RM.	8,7 RM.	12,2 RM.
b) auf Mobilien	24,4 RM.	34,9 RM.	48,8 RM.
	30,5 RM	43,6 RM.	61,0 RM.
in % d. Gesamtkosten	7,5%	7,4%	7,9%

3. Im Handel.

Im Handel gelten für Gebäude, Maschinen und Inventar dieselben Abschreibungsgrundsätze wie in Industrie- und Verkehrsbetrieben. Eine wichtigere Rolle spielen Abschreibungen auf Warenläger und Forderungen. Die Abschreibungen auf Warenläger werden regelmäßig bei der Inventur vorgenommen und erscheinen dann als verminderte Bestandswerte, ohne daß besondere Abschreibungen vorgenommen werden. Im Grunde aber sind sie nichts anderes als Abschreibungen. Auch die Preisherabsetzungen, sei es bei Ausverkaufsgelegenheiten oder sonstigen Sonderverkäufen, sind Abschreibungsmaßnahmen. Die Herabsetzungen gehen bis auf den Einstandspreis, manchmal sogar, z. B. bei überholten Modeartikeln und im Basement Store, weit darüber hinaus. Genaue Zahlenangaben, insbesondere über Anteile an den Gesamtkosten, sind nicht erhältlich.

4. Bei Banken.

In den Banken ist das Abschreibungsproblem gar nicht beachtet. Häuser und Maschinen mit Millionenwerten werden häufig im Anschaffungsjahr über Unkosten abgebucht, desgleichen die oft riesigen Vorräte an Materialien. Manchmal werden zu diesen Zwecken Reserven aufgelöst, ganz selten geschieht eine Verteilung auf mehrere Jahre. Nun machen nicht nur die Abschreibungsnotwendigkeiten auf Gebäude und Maschinen, sondern auch auf Forderungen, Effekten, Devisen große Beträge aus. Die „Abschreibung" geschieht bei der Inventur und wirkt sich meist als direkte Bestandsminderung aus. Genauere Zahlenangaben waren nicht zu erhalten.

In bezug auf ihren Kostencharakter und ihr Verhalten in der Kostenentwicklung sind die Abschreibungskosten fixe Kosten, z. T. ihrer Natur nach, wenn sie von der Zeit und ihren Einflüssen allein abhängig sind, z. T. ihrer Behandlung nach, wenn sie auf Grund einer Lebensdauerschätzung (gleichgültig, ob gleichbleibend, fallend oder steigend) auf die Nutzungsdauer verteilt werden. Sie sind variable Kosten, ihrer Natur nach, soweit sie von der Beanspruchung abhängen, ihrer Behandlungsweise nach, wenn sie entsprechend ihrer Beanspruchung im Verhältnis zur Gesamtleistungsmenge verrechnet werden. Unter diesen Gesichtspunkten sind die Abschreibungen überwiegend fixe Kosten, zumal die Sonderabschreibungen durchweg fixen Charakter tragen und nach Zeit vorgenommen werden.

[1]) Stehle, Der Hotel-, Restaurations- und Kaffeehausbetrieb. Nordhausen, o. J., S. 223.

Die moderne Kalkulation hat noch ein Mittel eingesetzt, um die Abschreibungskosten variabel zu gestalten, indem sie nicht alle aufgelaufenen Abschreibungskosten einkalkuliert, sondern nur einen Teil, entsprechend dem Produktionsvolumen, etwa nach der Prozentual- oder Normalkalkulation (Kalkulation mit normalem Gemeinkostenzuschlag)[1]. Die Abschreibungen sind ja immer der Teil der fixen Kosten, der in Depressionszeiten mit zuerst im Preis nicht ersetzt wird. Der Angebotspreis wird der Nachfrage und der Kaufkraft angepaßt und dementsprechend gemindert, zunächst um die Eigenkapitalzinsen, dann um die Risikoprämie, die Abschreibungen und sonstigen Gemeinkosten, bis man zu der Preisuntergrenze, den Grenzkosten, kommt.

Die Abschreibungen sind ein Kostenfaktor, dem steigende Bedeutung zukommt, schon wegen der zunehmenden Kapitalintensität und der steigenden Überholungsgefahr. Aus diesem Grunde sind ihre genaue Erfassung und eine scharfe Kontrolle notwendig, auch deswegen, weil die Abschreibungen den beliebtesten Tummelplatz der Bilanzpolitik bilden.

d) Risiko.

aa) Begriff und Meßbarkeit.

Bei jeder wirtschaftlichen Tätigkeit besteht die Gefahr, daß der erstrebte Zweck nicht, oder wenigstens nicht mit dem veranschlagten Einsatz erreicht wird. In der Sphäre der Technik und der Wirtschaft wirken Kräfte, die wegen ihrer Irrationalität der Rechenhaftigkeit der Betriebswirtschaft widerstreben. Durch sie wird in jede wirtschaftliche Tätigkeit ein Unsicherheitsmoment hineingetragen, das man mit Wagnis oder Risiko bezeichnet. Risiko ist die Möglichkeit des Mißlingens einer auf Zeitdauer bestimmten wirtschaftlichen Veranstaltung. Es ist die Verlustgefahr und die Ungewißheit über die Erreichung eines wirtschaftlichen Zieles und über die zu seiner Erreichung notwendigen Kosten.

Der irrationale Charakter des Kostenfaktors Risiko verleiht ihm seine besondere Stellung. Mit dem Risiko taucht in dem durchaus auf Rechenhaftigkeit eingestellten Betrieb ein zahlenmäßig nicht faßbarer Kostenfaktor auf, der, an keine Ausgabe gebunden, oft noch keine wirklichen Kosten verursachend, doch kalkulatorisch als Kostenelement behandelt werden muß. Denn zunächst ist Risiko nur die Unsicherheit, die Möglichkeit der Entstehung von Kosten. Tatsächliche Kosten, Ausgaben, erwachsen dem Betrieb erst beim Effektivwerden des Risikos, beim Schadensfall.

Die Problematik des Risikos als Kostenfaktor besteht darin:

1. daß es kalkulatorisch bereits zu einem Zeitpunkt veranschlagt werden muß, wo seine Höhe noch gar nicht feststeht, ja auch mit allen sonst üblichen Mitteln der Vorausrechnung nicht erfaßt werden kann,

2. daß selbst effektiv gewordene Risiken keine oder nur geringe Maßstäblichkeit besitzen, denn kalkuliert wird nicht der einzelne, tatsächlich eingetretene Schaden, sondern die Schadensmöglichkeit,

[1] Näheres darüber im II. Band: Elastische Kalkulationsmethoden.

3. daß es für eine ganze Reihe von Risiken einen direkten Maßstab, eine Schadenssumme, gar nicht gibt. Das Risiko besteht häufig nur im Nichteintreten eines Erfolges, in entgangenem Gewinn, verlorenem Goodwill, verringerter Kreditwürdigkeit usw.

Trotz seines irrationalen Charakters ist das Risiko zweifellos ein wichtiger wirtschaftlicher Faktor. Der „wirtschaftshemmende Zufall“, der „Wirtschaftsunfall“ ist die „normale und den Erfolg bestimmende Begleiterscheinung alles Wirtschaftens“ [1]). Allen Bemühungen zuwider wird es niemals möglich sein, einen wirtschaftlichen Prozeß risikolos durchzuführen. Das Risiko ist dem individualistischen Wirtschaftssystem immanent. Stets muß ein Einsatz an Stoff, Arbeit, Kapital gewagt werden, wenn überhaupt ein wirtschaftlicher Effekt erzielt werden soll. Aber der Einsatz wird nur dann gewagt werden, wenn der Markt bereit ist, im Preis für die erstellten Leistungen auch eine Vergütung für die Wagnisübernahme zu gewähren, die genügt, um die entstandenen Schäden zu ersetzen und Reserven zu bilden.

Ist das Risiko eine normale Begleiterscheinung des Wirtschaftens, dann ist es auch Kostenbestandteil. Seine Besonderheit liegt nur in der Schwierigkeit bzw. Unmöglichkeit seiner Messung. Hinsichtlich der Meßbarkeit unterscheidet man:

1. Risiken, die überhaupt nicht meßbar sind,
2. solche, die zwar nicht im Einzelbetrieb, wohl aber in einer Vielheit von Betrieben meßbar sind.

Die Meßbarkeit des Risikos ist eine günstige Folge seiner Massenhaftigkeit, wodurch zwar immer noch nicht eine kausale, wohl aber statistische Gesetzmäßigkeit festgestellt werden kann (Gesetz der großen Zahl). Mit Hilfe der Wahrscheinlichkeitsrechnung wird die Intensität des Risikos an der Häufigkeit und Höhe der Schäden im Verhältnis zur Schadensmöglichkeit gemessen.

Voraussetzungen für die Meßbarkeit sind:

1. Eine genügende Anzahl von Schadensfällen, damit das Gesetz der großen Zahl wirksam werden kann.
2. Eine genügend große Anzahl von Untersuchungen, um einen ausreichenden Sicherheitskoeffizienten zu erreichen (die Sicherheit des Eintreffens wächst mit der Quadratwurzel der gemachten Versuche).
3. Vorliegen gleicher Verhältnisse in der Zukunft wie in der Vergangenheit.

Die letzte Forderung wird in den weitaus meisten Fällen nicht erfüllt werden. Die hierdurch entstehende Fehlermöglichkeit ist aber nicht so groß, daß sie die Anwendbarkeit der Wahrscheinlichkeitsrechnung für die Messung wirtschaftlicher Risiken unmöglich machen würde. Zwar werden die Ergebnisse nie einen so hohen Grad von Wahrscheinlichkeit erreichen wie z. B. die Sterblichkeitsziffern der Lebensversicherungsgesellschaften; auch werden die Ergebnisse in kürzeren Zeiträumen nachgeprüft und berichtigt werden

---

[1]) Woerner, Z. f. B. 1924/25, S. 180.

müssen. Aber mit diesen Einschränkungen sind auch wirtschaftliche Risiken mathematisch durchaus erfaßbar.

Ein sehr großer Teil aller betrieblichen Risiken, und hierunter fallen ganz besonders wichtige Gruppen, entbehrt aber selbst dieser Meßbarkeit. Zweifellos sind auch diese Risiken Kosten. Sie müssen, auf lange Sicht, vom Markt im Preis vergütet werden, aber im einzelnen sind sie nicht meßbar. Sie können daher nicht als wirkliche Kosten einkalkuliert werden. Vielmehr finden sie ihren Niederschlag kalkulatorisch im Gewinnzuschlag, erfolgsrechnerisch im Reinertrag. Zum Unterschied von den direkt oder indirekt meßbaren und daher kalkulierbaren Risiken nennen wir die zahlenmäßig nicht erfaßbaren Risiken Wagnis (uncertainty). Risiko ist also nicht jede Verlustgefahr, sondern nur die meßbare, während Wagnis die unmeßbare Gefahr enthält. Der Sprachgebrauch macht freilich diese betriebswirtschaftlich notwendige Unterscheidung nicht.

Je nach dem Unternehmungszweig überwiegt der eine oder der andere Unsicherheitsfaktor. Dagegen ist innerhalb der Branche das Wagnis sowohl in seiner Struktur als auch in seiner Höhe ziemlich gleich. Betriebe mit gleichen wirtschaftlichen Funktionen weisen die gleichen Risiken auf, da diese zumeist an die Funktionen geknüpft sind.

Niederschlag und Ausdruck findet die unterschiedliche Risikobelastung der einzelnen Branchen in der Rentabilität. Würde der Wirtschaftsprozeß in naturgesetzlicher Gleichmäßigkeit verlaufen, gäbe es kein Risiko. Dann würden alle Betriebe einer Volkswirtschaft, wenigstens im Verlauf der langen Periode, innerhalb der sich alle Quasirenten, alle technischen oder wirtschaftlichen Vorsprünge und Nachteile ausgleichen, die gleiche Rentabilität aufweisen, die in ihrer Höhe durch die Kosten der Kapitalnutzung — und zwar nur bedingt durch die Zeit — bestimmt würde. Auch wenn es nur bezifferbare Risiken gäbe, wäre die Rentabilität der Betriebe gleich, denn dann wären die Risiken reine Kosten- und nicht Ertragselemente. Die Rentabilitätsunterschiede der verschiedenen Zweige der Volkswirtschaft resultieren — immer auf lange Sicht gesehen — zum guten Teil aus der Ungleichheit der Risikobelastung. Innerhalb der Branche gibt es natürlich noch andere Gründe für Rentabilitätsunterschiede, z. B. in Bergwerken natürliche Vorkommen, in allen Betrieben der Standort, das persönliche Element des Unternehmers u. a.

Die brancheübliche Rentabilität ist demnach der wichtigste Anhaltspunkt für das mit einem Wirtschaftszweig verbundene Wagnis. Rückschlüsse erlauben ferner die durchschnittliche Lebensdauer der Betriebe eines Wirtschaftszweiges, die Konkurshäufigkeit und, wenn diese bekannt sind, die Gründe für das Ausscheiden der einzelnen Betriebe aus dem Produktionsprozeß. Leider liegen Untersuchungen in dieser Richtung noch kaum vor und sind auch bei dem augenblicklichen Stand der statistischen Erfassung der Geschäftsgründungen und Auflösungen, bei der außerordentlich summarischen Behandlung, die die Insolvenzen in der Konkursstatistik finden, nicht möglich. Dies ist außerordentlich zu bedauern, da eine Analyse des Risikos, dieses für das Betriebsleben so wichtigen Faktors, nur empirisch-statistisch möglich ist.

Nach amerikanischen Untersuchungen schwankte die brancheübliche Rentabilität in einer Reihe von Jahren zwischen 9.76 % und 60.33 % des Eigenkapitals. Für die Rentabilität als Risikomaßstab spricht auch die Tatsache, daß neu entstehende Wirtschaftszweige zumeist eine außerordentlich hohe Rentabilität aufweisen. Die hier übernommenen Wagnisse sind außerordentlich groß: die Technik ist meist noch unentwickelt und daher Fehlschlägen in hohem Maße ausgesetzt, die Aufnahmefähigkeit des Marktes und die erreichbare Preishöhe unbekannt, Absatzwege sind nicht oder nur unvollkommen vorhanden, die künftige Entwicklung der Konkurrenzverhältnisse liegt noch vollkommen im Dunkeln. Nur die Aussicht auf einen sehr hohen Gewinn kann bei derartig kumuliertem Risiko einen Anreiz bieten. Der Gewinn enthält eine hohe Risikoprämie. Die brancheübliche Rentabilität ist aber nur ein Anhaltspunkt für die Höhe des Branchenrisikos, und zwar wegen der Mängel der von den Betrieben ausgewiesenen Gewinne: Ungleichmäßigkeit in der Behandlung von Eigenkapitalzins und Unternehmerlohn, Bildung stiller Reserven und ihre Auflösung in Zeiten schlechten Geschäftsganges u. v. a. Auch sind im Ertrag außer dem Zins und der Risikoprämie noch andere Elemente enthalten: echte und Quasi-Renten, Monopolgewinne u. ä. Aber für die dauernden Unterschiede in der Rentabilität der verschiedenen Zweige einer Wirtschaft ist doch die verschiedene Höhe der Risikoprämien ausschlaggebend.

Ein nicht so sicherer, aber immerhin auch ein Anhaltspunkt für die Höhe des Branchenrisikos ist die durchschnittliche Dauer der Existenz der einzelnen Unternehmungen.

Untersuchungen in dieser Richtung sind in Amerika verschiedentlich angestellt worden. Wir geben einige Zahlen wieder[1]):

1. Durchschnittliches Lebensalter der Betriebe:

Industriezweig	durchschn. Lebensalter
Mühlen	10.7 Jahre
Strumpf- und Strickwaren	10.0 „
Kleidung	9.2 „
Eisenindustrie	8.6 „
Schuhindustrie	7.5 „
Zigarren und Tabak	7.5 „
Bauholz	7.0 „
Waggon- und Fahrzeugindustrie	7.0 „
Druckereien	6.7 „
Möbelindustrie	6.5 „
Messing, Kupfer, Bronze	5.4 „
Drogen	5.3 „
Automobile	5.0 „
Gesamtdurchschnitt	7.2 Jahre

[1]) Nach Untersuchungen des Bureau of Business Standards im Jahre 1924.

Industriebetriebe „sterben" eher als Einzelhandelsbetriebe, diese eher als Großhandelsbetriebe.

2. Innerhalb von 30 Jahren gingen von allen Betrieben ein:

Zigarren- und Tabakgroßhandel	79 %
Tabakfabrikation	75 %
Bauholzproduktion	74 %
Wagen- und Waggonfabriken	72 %
Fleischgroßhandel	71 %
Butter- und Eierhandel	70,5 %
Textilwareneinzelhandel	69 %
Kolonialwareneinzelhandel	67 %
Drug-Stores	66 %
Schuhwareneinzelhandel	66 %
Textilwareneinzelhandel	65 %
Buch- und Schreibwareneinzelhandel	64 %
Kolonialwareneinzelhandel	63 %
Drogeneinzelhandel	59 %
Eisenwareneinzelhandel	58 %
Konfektionseinzelhandel	56 %
Juweleneinzelhandel	52 %

Am dauerhaftesten erwiesen sich:

Buchdruckereien	mit 49 %	Betriebssterblichkeit innerhalb von 30 Jahren.
Konfektion ...	„ 42 %	
Wirk- und Strumpfwaren	„ 29 %	

In **Deutschland** bestehen ähnliche Untersuchungen nicht, so wichtig sie auch für die Beurteilung des branchemäßigen Risikos wären. Um wenigstens einen geringen Anhaltspunkt zu erhalten, haben wir die Zahlen der Konkursstatistik zu den bestehenden Betrieben (nach der letzten Gewerbezählung) in Beziehung gesetzt und den Konkurstrend errechnet. Freilich ist die Konkursstatistik zu summarisch; es fehlen Angaben über die investierten Kapitalien, die Höhe der Ausfälle und Angaben über die Ursachen der Konkurse.

Es ergaben sich folgende Konkurskoeffizienten (in ‰):

Gewerbegruppe	1926	1927	1928	1929	1930
1. Kautschuk- und Asbestindustrie	13.25	7.01	7.79	17.15	16.38
2. Eisen- und Metallgewinnung	14.58	3.93	5.05	11.78	8.97
3. Maschinen-, Apparate- und Fahrzeugbau	9.92	3.82	5.66	6.51	7.94
4. Industrie der Steine und Erden	5.59	2.49	3.41	5.33	5.64
5. Leder- und Linoleumindustrie	3.95	1.43	2.41	3.10	3.03
6. Bergbau, Salinenwesen, Torfgräberei und komb. Werke	6.46	1.36	1.69	2.38	3.74
7. Baugewerbe	1.72	1.35	2.11	2.39	2.72
8. Holz- und Schnitzstoffgewerbe	2.32	1.14	1.80	2.62	2.84
9. Gast- und Schankwirtschaftsgewerbe	0.93	0.65	0.90	1.10	1.64
10. Bekleidungsindustrie	1.58	0.52	0.79	0.94	1.27
11. Handelsgewerbe	7.57	3.17	4.36	5.26	6.19

Gewerbegruppe	1926	1927	1928	1929	1930
12. Elektrotechn. Industrie, Feinmechanik und Optik	7.11	3.16	3.83	4.56	7.11
13. Papierindustrie und Vervielfältigungsgewerbe	3.91	2.32	3.16	3.61	4.17
14. Nahrungs- und Genußmittelgewerbe	2.22	1.36	1.73	2.01	2.15
15. Textilindustrie	3.46	1.24	1.42	2.02	2.49
16. Herstellung von Eisen-, Stahl- u. Metallwaren	2.32	1.12	1.29	1.68	2.47
17. Chemische Industrie	1.97	0.73	0.97	0.93	1.33
18. Verkehrswesen	1.12	0.67	0.86	0.89	1.53
19. Wasser-, Gas-, Elektr.-Gew. und -Versorgung	0.26	0.26	0.17	0.35	0.35
20. Versicherungswesen	1.10	0.14	0.14	0.09	0.32

Als besonders risikobelastet erwiesen sich Kautschuk- und Asbest-Industrie, wo von 1000 Betrieben 13.25 (1926), 17.15 (1929) und 16.38 (1930) liquidieren mußten. Gleich dahinter kam die Eisen- und Metallgewinnung, deren Konsolidierung nach der Expansion der Kriegsjahre zahlreiche Konkurse zur Folge hatte. Als besonders widerstandsfähig erwiesen sich mittlere und kleine Betriebe: Gast- und Schankwirtschaften, Nahrungs- und Genußmittel, Textil- und Bekleidungsgewerbe und Herstellung von Eisen-, Stahl- und Metallwaren. Daß die Versorgungsbetriebe sich als konkursfest erweisen, ist ohne weiteres verständlich, weniger dagegen bei den chemischen Betrieben, denen jedenfalls die hohe Rentabilität eine besondere Reservebildung gestattet.

Auch in der betrieblichen Lebensdauer lassen sich branchemäßige Regelmäßigkeiten beobachten. Doch ist die Betriebssterblichkeit durchaus nicht nur risikobedingt, und gerade bei den bisher vorliegenden amerikanischen Untersuchungen scheinen tatsächlich noch andere Faktoren schwer ins Gewicht zu fallen: die in manchen Branchen und wahrscheinlich in manchen Betriebsgruppen herrschende Übung, das Geschäft beim Tode oder bei Arbeitsunfähigwerden des Inhabers zu liquidieren, während in anderen Branchen die Unternehmung als Ganzes verkauft wird. Die Branchen mit den höchsten Abgangsziffern sind tatsächlich Branchen, in denen der Firmenwert eine sehr untergeordnete Rolle spielt. Die branchenmäßige Risikobelastung bleibt also weiter recht ungeklärt.

Im Einzelbetrieb stehen neben dem Wagnis viele Arten von Risiken, die wenigstens als Massenerscheinungen[1]) meßbar sind. Sie unterscheiden

[1]) Das ideale Beispiel für die Auswirkung des Gesetzes der großen Zahl ist die Lebensversicherung, die allein in Deutschland (Ende 1932) 15 Mill. Versicherte umfaßt. Aber schon auf die Seeversicherung trifft es nicht zu. Die deutsche Handelsmarine verfügt über 4000 Schiffe, die französische über etwas weniger, die amerikanische über das Dreifache, die englische über das Fünffache. Diese Massen genügen aber nicht. Die Auswirkung zeigt sich bei Großschäden. Der Brand des „Georges Philippar", Mai 1932, verursachte einen größeren Schaden als die gesamten französischen Schiffsverluste während dieses Jahres. Er ver-

sich vom Wagnis, kostentheoretisch gesehen vor allem dadurch, daß sie 1. sich auf dem Weg über die Versicherung in bezifferbare Kosten umwandeln lassen, 2. auch ohne Versicherung Anhaltspunkte für ihre voraussichtliche Höhe aufweisen, so daß sie mit einiger Genauigkeit einkalkuliert werden können.

Meßbarkeit ist im allgemeinen Voraussetzung für die Versicherungsfähigkeit eines Risikos. Aber die Entwicklung der Versicherungstechnik ist heute so weit vorgeschritten, daß auch nicht meßbare Risiken versichert werden, wenn nur eine genügend große Zahl gleicher Risiken vorhanden ist, die einen Ausgleich wahrscheinlich erscheinen lassen. Einer der größten Versicherungszweige, die Feuerversicherung, entbehrt noch heute mathematisch exakter Unterlagen. Man mißt das einzelne Risiko nur nach Erfahrungssätzen, die allerdings in diesem Falle aus einer großen Zahl von Erfahrungen resultieren. Die einzige Voraussetzung, die unbedingt gemacht werden muß, um ein Risiko versicherungsfähig zu machen, ist die zahlenmäßige Begrenzung seiner Höhe. Alle anderen Voraussetzungen, die man früher als unbedingt erforderlich für die Versicherung erachtete, hat man nach und nach fallen lassen. Manes stellt in seiner Definition der Versicherung darum auch nur drei Bedingungen für die Versicherungsfähigkeit eines Risikos: daß es zufällig, in Geld schätzbar sei und zahlreiche Wirtschaften gleichzeitig bedrohe. In Geld schätzbar bedeutet dabei: Schätzbarkeit des Maximalschadens, nicht aber Meßbarkeit des Risikos an sich. Wenn auch die Meßbarkeit nicht die Voraussetzung für die Versicherungsfähigkeit eines Risikos ist, so wird es doch durch die Versicherbarkeit für den einzelnen Betrieb meßbar; als Kostenfaktor ist jedes versicherte Risiko gleich der Versicherungsprämie. Ist das Risiko aber nicht versichert, so ist selbst durch seine Messung als Massenerscheinung über seine Höhe innerhalb eines bestimmten Betriebes noch nichts gesagt, denn die wichtigste Voraussetzung der Meßbarkeit, die Massenhaftigkeit des Auftretens, entfällt hier. Zwar gibt die Höhe der Versicherungsprämie einen gewissen Anhaltspunkt für die Risikohöhe, aber nur einen Anhaltspunkt und keinen Maßstab, denn

1. ist in der Prämie bereits ein Ausgleich der günstigen und ungünstigen Schadensfälle vorgenommen, also ein Durchschnitt, der auf den Betrieb nicht zutreffen wird;
2. werden aus versicherungspolitischen Gründen oft verwandte, aber nicht ganz gleichartige Risiken zu einer Gefahrenklasse zusammengefaßt, so daß die Prämie die tatsächliche Risikohöhe der einzelnen Risikoart nicht wiedergibt [1]).

wandelte das gesamte Seeversicherungsgeschäft dieses Jahres in ein Verlustgeschäft. Das Risiko bei Großschiffen ist so groß, daß eine Vollversicherung nie erreicht wird, obgleich fast alle Seeversicherer der Welt daran beteiligt werden. Die Januar 1933 abgebrannte „Atlantique" war bei einem Wert von 4,5 Mill. £ nur mit 2 Mill. £ versichert. Sogar die „Bremen" würde etwa nur mit 2,5 Mill. £ versicherbar sein. Eine Erhöhung der Prämiensätze ist wegen der gedrückten Frachtraten unmöglich.

[1]) Die Kaskoversicherungsprämie, die der Zeppelin für eine Ozeanreise be-

3. enthält die Versicherungsprämie **risikounabhängige** Bestandteile: Verwaltungskostenzuschlag, Verzinsung des Deckungskapitals.

Oft täuschen sich auch die Versicherungsgesellschaften über die Höhe des Risikos in den einzelnen Versicherungszweigen bzw. bei einzelnen Gruppen von Versicherten. Es gehört meist ein langes Tasten und Experimentieren dazu, bis die tatsächliche Höhe des Risikos ermittelt ist. Ein Ausgleich kann überhaupt nur auf lange Sicht erfolgen. Innerhalb kurzer Perioden werden — da bei den meisten Risiken eine kausale Gesetzmäßigkeit fehlt — Differenzen zwischen Prämieneinnahme und Schadenshöhe nicht zu vermeiden sein. Aber wenn z. B. eine amerikanische Ärztehaftpflichtversicherung 25 Mill. $ Schäden aufweist bei nur 1.8 Mill. $ Prämieneinnahmen (1921), liegt hier ganz zweifellos eine Fehlschätzung des Risikos von seiten der Versicherung vor. Die Höhe der Versicherungsprämie ist also für den Einzelbetrieb zwar ein Anhaltspunkt, aber **kein Maßstab** für die Risikohöhe.

Meßbar ist das Risiko für den Einzelbetrieb überhaupt nicht. Die Größe der Gefahr läßt sich nur schätzen, und zwar nur subjektiv schätzen, denn in jedem Betrieb sind die Lagerung der Schadensfälle und ihre Wirkungen durchaus verschieden.

Drei Faktoren sind für die **Größe** des Risikos im Einzelbetrieb ausschlaggebend:

1. Der **Wert** des von einem Risiko bedrohten Vermögensteiles,
2. die **Häufigkeit** der Schadensmöglichkeit,
3. das **Verhältnis von schadenbedrohtem und Gesamtvermögen.**

Aus diesen drei Faktoren ergibt sich die **Intensität des Risikos.**

Je kleiner der Anteil des vom Risiko bedrohten Vermögensteiles am Gesamtkapital, desto geringer die Risikointensität. In **dezentralisierten Betrieben** ist darum z. B. das Brandrisiko trotz gleicher Anlagekapitalintensität von geringerer Bedeutung. Bei Eisenbahngesellschaften, die bis zu 91% Anlagekapital aufweisen, aber dezentralisiert sind, ist darum das Brandrisiko so wenig intensiv, daß man häufig von einer Versicherung absieht. Die vielen kleinen Objekte bilden einen Risikoausgleich in sich. Dasselbe gilt vom **Kreditrisiko.** Bei einem Betrieb mit verhältnismäßig geringen Außenständen, die aber auf eine kleine Anzahl von Debitoren entfallen, kann das Kreditrisiko größer sein, als in einem ausgesprochen forderungsintensiven Betrieb mit vielen kleinen Schuldnern.

Die technische und wirtschaftliche Entwicklung der letzten Jahrzehnte

---

zahlen muß, und die 12—8 % des Wertes beträgt, ist ebenfalls kein Maßstab für das mit dem Zeppelinverkehr verbundene Risiko. Für seine Errechnung fehlen selbst den Versicherungsgesellschaften die Unterlagen, da weder Zeppeline als solche noch Zeppelinozeanreisen eine so häufige Erscheinung sind, daß man aus ihnen Erfahrungssätze für die Risikohöhe gewinnen könnte.

Schon bessere Anhaltspunkte für die Risikohöhe sind Prämiensätze in der Luftfahrzeugkaskoversicherung.

hat zu einer wesentlichen Erhöhung einer großen Anzahl von Betriebsrisiken geführt, weniger durch Häufung der Risiken als durch Steigerung ihrer Intensität.

Die technische Entwicklung hatte zur Folge:

1. Eine dauernde Steigerung der Kapitalintensität der Betriebe;
2. Steigende Größe der einzelnen Betriebsaggregate: der Antriebs- und Arbeitsmaschinen;

hinzu kommt, daß mit wachsender Spezialisierung des Produktionsprozesses die einzelnen Risiken an Intensität gewinnen, weil

1. verhältnismäßig größere Vermögensteile von ihnen bedroht sind,
2. der innerbetriebliche Risikoausgleich immer geringer wird.

Die spezialisierte Kapitalinvestierung ist vielleicht das größte Industrierisiko. Alle Betriebe versuchen daher, das Risiko zu mindern oder abzuwälzen. Das Ergebnis dieser Betriebspolitik ist, daß:

1. Wagnistragen zu einer selbständigen wirtschaftlichen Funktion geworden ist (Versicherung, Spekulation);
2. die volkswirtschaftliche Arbeitsteilung sich z. T. risikoorientiert vollzogen hat, indem besonders risikoreiche Funktionen ausgegliedert und verselbständigt worden sind (Absatzfinanzierung, Exporttätigkeit, die Güterverteilung als selbständiger Handelsstand);
3. das verbleibende Risiko auf möglichst viele Risikoträger verteilt wird (Wahl der Unternehmungsform: A. G.; Kommandit-A. G.; Genossenschaft, Versicherung auf Gegenseitigkeit mit Umlageverfahren);
4. neue Wirtschaftsformen entstanden sind, mit dem ausgesprochenen Zweck der Minderung bestimmter Betriebsrisiken (Kartelle, Syndikate, Trusts);
5. die Formen des Verkehrs so entwickelt wurden, daß sie a) selbst möglichst risikofrei sind (Ausbau des bargeldlosen Zahlungs-, des stückelosen Effektenverkehrs, Schaffung von Rechtsinstitutionen mit dem ausgesprochenen Zweck der Sicherung von Ansprüchen: Eigentumsvorbehalt, Pfandrecht, Zurückbehaltungsrecht, Wechsel- und Scheckrecht und anderes) und b) den zwischenbetrieblichen Risikoausgleich ermöglichen (Börsentermingeschäfte).

bb) Arten des Risikos.

Welcher Art sind nun Wagnis und Risiko, die die Betriebe zu tragen haben? Einer Systematisierung stellen sich wegen der Vielgestaltigkeit dieser an sich schon irrationalen Erscheinung ganz erhebliche Schwierigkeiten entgegen. Weder die Sphäre, in der die einzelnen Risiken wirken, noch die Quellen, aus denen sie entspringen, sind exakt festzustellen und abzugrenzen. Einzelne Risikogruppen sind von solcher Totalität, daß sie das gesamte

Betriebsleben umfassen und sich daher nur schwer in eine Systematik einfügen lassen.

Den betriebswirtschaftlichen Hauptfunktionen entsprechen drei Risikohauptgruppen, die nach den hauptsächlichsten Risikoquellen in Untergruppen zerfallen. Als solche müssen wir vor allem Natur und Technik, Staat und Gesellschaft, den wirtschaftenden Menschen und das bewirtschaftete Objekt ansehen. Wir beschränken uns darauf, eine Übersicht über die wichtigsten — die häufigsten und intensivsten — Risiken zu geben:

1. Finanzierungsrisiken:
   a) Verlust und Zerstörung von Geld und Geldwerten;
   b) Geldwertschwankungen;
   c) Investitionsrisiken (Fehlinvestition, Überkapitalisierung, Kursrisiko usw.);
   d) Kreditrisiken;
   e) Liquiditätsrisiken.
2. Produktionsrisiken:
   a) Risiko der Zerstörung, Beschädigung und Verschlechterung der Produktionsmittel;
   b) Risiko der gesetzgeberischen Eingriffe in den Produktionsprozeß aus sozialpolitischen, wirtschaftspolitischen oder sonstigen gemeinwirtschaftlichen Erwägungen;
   c) personelle Risiken, resultierend aus der Unvollkommenheit menschlichen Wissens und Handelns;
   d) Risiken des technischen Produktionsprozesses;
   e) Risiken der Rohstoffe und des Fertigfabrikates (z. B. Preis-, Qualitäts-, Mengenrisiko, Bearbeitungs- und Lagerrisiken).
3. Absatzrisiken:
   a) Risiko des Verlustes oder der Beschädigung der absatzbereiten Ware;
   b) Risiko gesetzgeberischer und sonstiger staatlicher Eingriffe in den Absatz (Zölle, gesundheits- und sicherheitspolizeiliche Bestimmungen, Beschlagnahme in Kriegs- und sonstigen Notzeiten u. ä.);
   c) Risiko der Nachfrageänderung, die wiederum auf den verschiedensten Ursachen beruhen kann, z. B. Mode, Konjunktur-, Strukturwandlungen, Neuentstehen von Konkurrenz;
   d) Preis- und Qualitätsrisiko;
   e) Transportrisiken.

Dauernd entstehen neue Risiken, andere verlieren an Bedeutung. Jeder Fortschritt der Technik, jede Änderung der politischen Lage, jede Strukturwandlung der Wirtschaft bringt eine Umschichtung der Risiken mit sich. Darum ist es so schwer, über die Intensität der einzelnen Risiken etwas Allgemeines, auf das es allein ankommt, auszusagen.

Für die kalkulatorische Behandlung ergeben sich drei Möglichkeiten:

1. Man verwandelt das Risiko in feststehende Kosten und behandelt diese wie alle anderen. Der Weg hierzu ist die Versicherung. Versicherungskosten können wiederum direkte oder indirekte Kosten sein;
2. ist das Risiko durch Erfahrungssätze in seiner Höhe ungefähr bekannt, so erfolgt seine Verrechnung in der Stückrechnung durch einen Risikozuschlag, in der Periodenrechnung durch Bildung von Reserven;

3. sind betriebliche Risiken überhaupt nicht meßbar, so erfolgt ihre Verrechnung im Gewinnzuschlag.

Die gefühlsmäßige Schätzung des Risikos in Verbindung mit der im Markt erreichbaren Gewinnspanne geben dem Betrieb einen Anhaltspunkt, das Verhältnis von Gewinn und Verlust im Durchschnitt mehrerer Jahre einen Maßstab für die Angemessenheit der im Preis enthaltenen Risikoprämie.

cc) Risikoumwandlung in Kosten — die Versicherung.

Durch Versicherung können die Betriebe Risiken in Kosten umwandeln. Der Betrieb muß dann zwar mit dauernden, aber bestimmten und kleinen Kosten rechnen, während sonst ein einmaliger und großer Schaden seine Vernichtung zur Folge haben kann. Versicherung ist „die aus einem gegenwärtigen Sicherheitsbedürfnis entspringende Veranstaltung zur Deckung in Zukunft entstehenden Geldbedarfs" (Lindenbaum).

Die Versicherung ist imstande, dem Betrieb eine größere Stabilität zu verleihen. Aber nur bei einer ganz geringen Zahl von Risiken ist dies technisch, bei einer noch geringeren Anzahl wirtschaftlich möglich, denn der Betrieb kann von der Versicherung nur dann Gebrauch machen, wenn der Preis eine der Versicherung entsprechende Risikoprämie enthält. Und dies ist durchaus nicht immer der Fall, denn die Höhe der Versicherungsprämie untersteht anderen Gesetzen als die Risikoprämie im Preis einer bestimmten Leistung. Die Versicherungsprämie basiert auf dem durchschnittlichen Risiko vieler Wirtschaftszweige, das individuelle Betriebs- und Brancherisiko kann durchaus geringer sein, wie es z. B. die folgende Tabelle der Kreditverluste amerikanischer Einzelhandelsbetriebe zeigt.

Kreditverluste des amerikanischen Einzelhandels 1930[1]).
(Januar—Juni).

Branche	Zahl der Firmen	Buchkredite Verluste in % des Buchkredit-umsatzes	Buchkredite Verluste in % des Gesamtumsatzes	Zahl der Firmen	Abzahlungskredite Verluste in % der Abzahlungskredite	Abzahlungskredite Verluste in % der Gesamtumsätze
Warenhäuser	28	0.5	0.2	25	1.5	0.1
Möbel	14	0.2	0.1	25	3.1	2.3
Juwelen	9	0.1	0.04	4	6.3	5.5
Herrenkleidung	44	1.4	0.6	5	3.1	0.7
Schuhe	21	0.3	0.2	—	—	—
Damenspez. Geschäfte	31	0.6	0.4	4	5.4	4.2
Elektrobedarf	13	2.2	0.9	15	0.8	0.5

Bei den offenen Buchkrediten schwanken die Verluste von 0.1% der Kredite (0.04% vom Umsatz) bei Juwelen bis 2.2% (0.9% vom Umsatz) bei elektrischen Bedarfsartikeln, bei den Abzahlungskrediten zwischen

[1]) Retail credit survey 1930, S. 5.

0.8% (0.5% vom Umsatz) bei elektrischen Bedarfsartikeln und 6.3% (5.5% vom Umsatz) bei Juwelen.

Eine Versicherungsprämie, die sich aus den durchschnittlichen Verlusten dieser 7 Branchen ergeben würde, wäre für die Mehrzahl dieser Betriebe nicht tragbar. Trotz der technischen Versicherungsmöglichkeit ist daher häufig die Versicherung wirtschaftlich nicht durchzuführen, weil die Versicherungsprämien dem spezifischen Risiko nicht entsprechen. Die Betriebe mit unterdurchschnittlichem Risiko können nicht versichern, und den Versicherern bleiben nur die schlechtesten Risiken übrig; sie müssen die Prämien erhöhen, und der Kreis derer, für die die Versicherung dann noch tragbar ist, wird immer kleiner. So kommt es, daß technisch mögliche Versicherungszweige sich wirtschaftlich nicht halten können. Das beste Beispiel hierfür ist die Hochwasserversicherung, die trotz mehrfacher Versuche in Deutschland nicht bestehen konnte.

Versicherungstechnisch versucht man diese Schwierigkeit dadurch zu meistern, daß man neben den objektiven Grundlagen bei der Bemessung der Prämien auch subjektive Faktoren berücksichtigt. Durch differenzierte Prämien erstrebt man eine bessere Mischung der Risiken, um auch den Betrieben die Versicherung zu ermöglichen, die bei gleichen Prämien als Versicherungsnehmer ausfallen würden. Nach der Art der Prämienbemessung kann man daher folgende Einteilung vornehmen:

1. Versicherungszweige, die nur gegen feststehende, auf objektiver Grundlage errechnete Prämien versichern (z. B. Lebensversicherung — alle Zweige der Sozialversicherung — die verschiedenen Zweige der Transportversicherung — Hagel-, Viehversicherung u. ä.).
2. Versicherungszweige, die bei der Prämienbemessung objektiv feststehende, aber subjektiv verschiedene Risikofaktoren berücksichtigen, die also: gleichartige Gefahren in verschiedenen Prämienklassen versichern, z. B. Feuerversicherungsprämien (nach der Bauart und der Nutzung verschieden), Schiffskasko-Versicherung (nach Bauart und Alter des Schiffes), Viehversicherung (nach der Verwendung der Tiere, z. B. Pferde: noch nicht zur Arbeit verwendet, im eigenen rein landwirtschaftlichen Betrieb verwendet, landwirtschaftlichen Betrieb und Lohnfuhren, Pferde in laufenden Fabrikationsbetrieben, Chaisenpferde), oder in der Lufttransportversicherung (wo die Prämie mit wachsender Entfernung steigt).
3. Versicherungszweige, die überhaupt keine festen Tarife haben, sondern die Prämien nach den subjektiven Verhältnissen der einzelnen Versicherten festsetzen. Hier ist z. B. die Kreditversicherung für Abzahlungsgeschäfte, die in Deutschland nie mit festen Prämien gearbeitet haben soll, zu nennen.

Wie stark oft subjektive Momente bei der Bemessung von Versicherungsprämien berücksichtigt werden, zeigt am besten die amerikanische Autokaskoversicherung, bei der die Prämien nach Marke und Alter des Wagens verschieden sind, ferner danach, wie lange der Fahrer bereits einen Wagen fährt und ob er Herren- oder Berufsfahrer ist.

Die Tendenz der Ausschaltung von Risiken durch Versicherung ist zweifellos im Wachsen begriffen und setzt sich vor allem auch auf

Gebieten durch, wo bisher Risikoausgleich durch Reservebildung allgemein üblich war. Hier denken wir vor allem an die Substitution von Abschreibungen auf Anlagekapital und Bildung von Erneuerungsfonds durch die Sachlebensversicherung, ferner an die verschiedenen Formen der Kaskoversicherung und auch daran, daß Lebensversicherungen immer mehr in den Dienst betrieblicher Risikopolitik gestellt werden, durch Abschluß von Versicherungen auf das Leben von Inhabern, Hauptaktionären oder leitenden Angestellten zugunsten des Betriebes.

Zwischen Reservebildung — irrtümlicherweise auch Selbstversicherung genannt — und Versicherung besteht ein grundsätzlicher Unterschied, der für den Betrieb von ausschlaggebender Bedeutung sein kann: bei der Versicherung ist der Betrieb vom Augenblick der ersten Prämienzahlung an gegen die Auswirkungen des Risikos vollkommen (d. h. im Rahmen des Versicherungsvertrages) gedeckt. Die Bildung von Reserven dagegen hat zur Voraussetzung, daß dem Risikoeintritt genügend Zeit zur Ansammlung dieser Reserven vorausgeht. Zum Wesen des Risikos gehört aber, daß nicht nur seine Höhe, sondern auch der Zeitpunkt seines Eintrittes unbestimmt ist.

Außerdem ist bei der üblichen Technik der Reserveanlage ein besonderer Reservefonds nicht vorhanden, sondern die Reserven, die nicht ausgeschüttete Gewinne oder mobilisiertes Anlagekapital sein können, arbeiten im Betriebe, sie sind häufig sogar wieder langfristig investiert und stehen beim Eintritte des Schadens in flüssiger Form nicht zur Verfügung. Selbst bei genügend großen Reserven bewirkt der Schadenseintritt einen plötzlichen, sehr gefährlichen Entzug flüssiger Mittel.

Durch die wachsende Maschinenanwendung in allen Zweigen der Wirtschaft steigern sich die hiermit verbundenen Risiken: Maschinenbruch — technische Überholung — Explosions- und Brandriskio — in solchem Ausmaß, daß sie für den Betrieb neben anderen Produktions- und Absatzrisiken, die auch nicht geringer geworden sind, kaum mehr tragbar sind. Man empfindet sie auch nicht als unabänderlich funktionsgebunden und ist daher bestrebt, sie durch Versicherung auszuschalten. Maschinenbruch-, Sachlebens- und alle Formen der Kaskoversicherung finden daher immer weitere Verbreitung.

Die Sachlebensversicherung umfaßt die den Maschinen drohenden Risiken in ihrer Totalität, denn sie trägt nicht nur die eigentlichen Sachschäden, sondern auch die technische Überholung und sonstige Risiken, die den Gebrauch der Maschine beeinträchtigen. Zur Zeit schreckt die Höhe der Prämien noch viele Betriebe davor zurück, ihre jährlichen Abschreibungen durch Versicherung zu ersetzen, aber eine Überlegung über das Verhältnis von Prämienhöhe und tatsächlich erkaufter Sicherheit spricht zweifellos für die Versicherung.

Eine wichtige Ergänzung zur Sachlebens- oder Maschinenbruchversicherung bietet die Betriebsunterbrechungsversicherung, die gegen alle mit einer Betriebsunterbrechung verbundenen Schäden schützt, mag diese nun entstehen durch Maschinenschaden oder Brand im eigenen Betrieb, Versagen der Stromversorgung, Mangel an Material infolge von Betriebsunterbrechungen im liefernden Betrieb, ja auch, wenn der Abnehmer in Annahmeverzug kommt und eine andere Verwertung des Produktes nicht möglich ist, so daß der Betrieb stillgelegt werden muß. Die Betriebsunterbrechungsversicherung, für die in U. S. A. viel Propaganda gemacht wird, ersetzt im Schadensfall:

1. den entgangenen Gewinn,
2. die fixen Kosten, die auch während des Stillstandes entstehen,
3. die Aufwendungen, die zur Minderung des Stillstandsschadens gemacht wurden.

Über die Verbreitung dieser Versicherungsart, die noch ziemlich jung ist, ist uns nichts bekannt. In Deutschland finden wir eine Spezialform in der Streik- und Aussperrungsversicherung, die aber nur die aus sozialen Kämpfen resultierenden Schäden ersetzt.

Der modernen Wirtschaft wohnt die Tendenz inne, im einzelnen Betrieb immer mehr Risiken zu häufen. Der Betrieb kann aber nur ein gewisses Maß von Wagnis tragen, alle anderen Risiken muß er auszugliedern versuchen.

Die Möglichkeit der Ausgliederung ohne gleichzeitige Aufgabe der risikobehafteten Funktion ist für den Betrieb deshalb besonders wichtig, weil er in seiner Entschließung, ob er eine Funktion und die damit verbundenen Risiken übernehmen will oder nicht, durchaus nicht frei ist. Die Entwicklung der Wirtschaft, die konjunkturelle Lage, die Betriebsgröße und der Betriebstyp zwingen ihn oft dazu, neue Aufgaben zu übernehmen und Risiken zu tragen, die ihm bisher fremd waren. Dies trifft in besonderem Maße auf das Kreditrisiko zu. Viele Produktionsbetriebe mußten in der Nachinflationszeit die Finanzierung der Lagerhaltung und des Einzelhandels selbst übernehmen, weil der Großhandel, durch die Inflationsverluste geschwächt, hierzu außerstande war. Die Praxis des Hand-to-Mouth-Buying des Handels zwingt die Produzenten vielfach zur Übernahme der Lagerhaltung mit all ihren Kosten und Risiken. Insbesondere die Zunahme des Anteils der Kreditverkäufe erhöht das Kreditrisiko, das freilich in den einzelnen Branchen durchaus verschieden ist.

Das Kreditrisiko ist abhängig:

1. von der Zahlungsfähigkeit des Kreditnehmers,
2. von seiner Zahlungswilligkeit,
3. von der allgemeinen wirtschaftlichen Lage,
4. von der Stabilität des Geldwertes.

Der Geldwert ist der einzige objektive Faktor, und daher ist das Kreditrisiko so sehr schwer zu veranschlagen, und brancheübliche Risikokoeffizienten sind kaum zu berechnen. Die einzigen branchemäßigen Untersuchungen, die wir kennen, beziehen sich auf den Einzelhandel, den Wirtschaftszweig, der die einheitlichste Struktur der Außenstände und auch die beste Risikomischung aufweist. Nach Feststellungen des Enquête-Ausschusses betrugen die Kreditverluste in den deutschen Teilzahlungsgeschäften für Möbel 0.55% vom Umsatz, für Textilwaren 0.25%. Für Amerika konnte C. N. Schmaltz folgende durchschnittlichen Kreditverluste in Warenhäusern und Spezialgeschäften feststellen (in % v. U.)[1]:

Jahr	Warenhäuser mit einem Umsatz von 500000—2000000 $	Warenhäuser mit einem Umsatz von über 2 Millionen $	Spezialgeschäfte
1927	0.25	0.3	0.30
1928	0.30	0.25	0.35
1929	0.25	0.3	0.35
1930	0.35	0.35	0.40

Nach diesen Zahlen erscheint das Kreditrisiko nur gering, im Verhältnis zum Reingewinn ist es doch recht beträchtlich.

Eine amerikanische Untersuchung über die Kreditpolitik von 416 Kolonialwaren-Einzelhandelsbetrieben kam z. B. zu dem Ergebnis, daß Kreditverluste die wichtigste Ursache für die Insolvenz von Betrieben dieser Branche sind. Von 416 untersuchten Betrieben befanden sich 30 im Konkurs. Sie hatten einen durchschnittlichen Kreditorenverlust von 5.67% vom Umsatz, gegen durchschnittlich 1.77% vom Umsatz bei den gesunden Betrieben. Die Verluste schwanken zwischen 2 und 12% des Umsatzes. Der durchschnittliche Reingewinn der Branche betrug 3% vom Umsatz.

Zu den normalen Kreditverlusten, dem nachträglich Zahlungsunfähigwerden der Kreditnehmer, treten als weitere Gefahr die betrügerischen Kreditkäufe: Käufe von Leuten, die von Anbeginn nicht die Absicht haben, die Ware zu bezahlen. Die Verluste aus derartigen Betrugsversuchen sind vor allem in solchen Betrieben sehr hoch, die weniger auf Kreditverkauf eingestellt sind, z. B. die Warenhäuser (0.2% v. U.). Reine Abzahlungsgeschäfte, die mit Kreditauskunftsbüros ausgerüstet oder an ein solches angeschlossen sind, erleiden dagegen geringere Verluste (0.01—0.03% v. U.).

Es ist daher verständlich, daß immer mehr Betriebe dazu übergehen, die gewährten Kredite zu sichern, sei es durch Bestellung von Pfandrechten, Eintragung von Sicherheitshypotheken, Eigentumsvorbehalt, Hinterlegung von Wertpapieren, Bürgschaften oder durch Kreditversicherung.

Die Bestellung zusätzlicher Sicherheiten mindert das Risiko, die Kreditversicherung hebt es vollkommen auf. Trotzdem ist sie als direkte Versicherung wegen der Kosten nur wenig in Gebrauch. Aus diesem Grunde konnte die Exportkreditversicherung in Deutschland und England nur mit Staatshilfe ins Leben gerufen und unter Mitbeteiligung des Staates an den Katastrophenschäden weitergeführt werden. Allerdings war die Inanspruchnahme des Reiches bisher ganz minimal.

---

[1]) Operation results of Department and Speciality Stores 1930.

Die Versicherungsfähigkeit bestimmter Risiken war Voraussetzung für die Entwicklung einer großen Anzahl von Kreditverkehrsformen, und die durch Versicherung erreichte Risikominderung hat zu einer erheblichen Senkung der Kreditkosten geführt. Hierfür nur wenige Beispiele: Der Hypothekarkredit entwickelte sich in seinem heutigen Umfang erst nach allgemeiner Einführung der Feuerversicherung; die verschiedenen Formen des internationalen Warenkredites haben die Transportversicherung zur Voraussetzung (zu den Dokumenten beim dokumentierten Akkreditiv gehört der Versicherungsschein), die Schiffshypothek und der Abzahlungskredit im Automobilhandel sind nicht ohne Kaskoversicherung denkbar, beim Bausparkredit und bei Amortisationshypotheken mancher gemeinnütziger Realkreditinstitute benutzt man die Lebensversicherung als Kreditunterlage.

Die englischen Automobilhändler fordern bei Abzahlungskrediten neben der Kasko- auch eine Unfallversicherung des Kreditnehmers, die die Zahlung der Raten übernimmt, wenn der Käufer verunglücken sollte.

Die Entwicklung des modernen Zahlungsverkehrs geht ebenfalls darauf hinaus, die damit verbundenen Risiken zu mindern: den Transport baren Geldes zu vermeiden, durch verschärfte Haftungsbestimmungen, Verminderung der Einredemöglichkeiten, Beschleunigung des Gerichtsverfahrens (Wechsel- und Scheckrecht) den Verkehr zu sichern usf. Aber oft schafft man durch Ausschaltung einer alten eine neue Gefahr. So ist mit der weiteren Verbreitung des bargeldlosen Zahlungsverkehrs die Gefahr der Scheckfälschung gewachsen. In Amerika, wo die bargeldlose Zahlung im täglichen Verkehr eine weit größere Rolle spielt als bei uns, konnten bei einer Untersuchung im Einzelhandel Verluste aus gefälschten Schecks von 0.02—0.1% v. U. [1]) festgestellt werden.

Die Unterhaltung von Zahlungsdepositen ist selbst bei guten Bankhäusern ebenfalls nicht frei von Risiko. Die Depositenversicherung ist in Amerika der verlustreichste Versicherungszweig, was bei den vielen Bankinsolvenzen nicht zu verwundern braucht.

Daher auch die Vorschläge im Wagemannplan für die Reorganisation des deutschen Bankwesens, für die Zahlungsdepositen scharfe Anlagevorschriften, wie wir sie ja bei Sparkassen und Girozentralen und auch bei Hypothekenbanken bereits haben, zu erlassen und sie dem Zugriff der Gläubiger beim Konkurs der Bank zu entziehen.

Während es sich bei den bisher behandelten versicherungsfähigen Risiken nur um solche handelte, die den Betrieb mit einem materiellen Verluste bedrohen, gibt es aber auch Risiken, die eigentlich ideeller Natur sind und doch schwerstwiegende materielle Verluste nach sich ziehen können. Hierbei ist vor allem an den Tod oder das Ausscheiden des Inhabers oder eines leitenden Angestellten gedacht. Hierdurch werden häufig recht

[1]) Retail credit survey. Domestic service No. 42, S. 4/5.

beträchtliche Einlagen fällig, und die kostbare Arbeitskraft, die Verbindungen, die Erfahrungen des Ausgeschiedenen gehen der Gesellschaft verloren.

Auch gegen dieses Risiko sucht man sich zu sichern, sei es vertragsmäßig durch vorherige Regelung der Rückzahlungsverpflichtungen, Bestimmung des Nachfolgers usw. oder durch Versicherung. Die Teilhaberversicherung ist in Deutschland noch fast unbekannt, in Amerika dagegen ganz allgemein in Übung. Versicherungstechnisch ist es eine Todes- oder Erlebensfallversicherung zugunsten eines oder mehrerer Dritter. Wie hoch die Versicherungssumme ist, wer die Begünstigten sind, das richtet sich jeweils nach dem Zweck der Versicherung. Es versichern sich z. B. die Teilhaber einer Firma gegenseitig in einer Gruppenlebensversicherung in Höhe ihrer Einlagen, um die Rückzahlung an die Erben sicherzustellen, die Gesellschaft versichert ihren Hauptaktionär zu ihren Gunsten, um bei seinem Tod die Aktienmajorität kaufen zu können, das Unternehmen versichert leitende Angestellte mit einer bestimmten Summe, um bei deren Tod die Mittel zu einer Umorganisation zur Verfügung zu haben und eventuelle Verluste oder Mindergewinne während der Übergangszeit decken zu können.

In Amerika betrachtet man derartige Versicherungen heute als unerläßlich, und in Emissionsprospekten und ähnlichen Veröffentlichungen wird ausdrücklich auf sie hingewiesen. Bei einer Untersuchung über die Häufigkeit der Versicherung im Einzelhandel bestanden bei 49 von 75 untersuchten Betrieben Lebensversicherungen für leitende Angestellte.

Die Versicherungssummen sind oft recht erheblich, und selbst sehr gut fundierte Unternehmen und recht wohlhabende Industriekapitäne machen davon Gebrauch, wie folgende Zusammenstellung über den „Bilanzwert" der Arbeitskraft der Leiter bekannter amerikanischer Firmen beweist:

Colgate, Parfümeriefabrikant	1 500 000 $
Du Pont, Großindustrieller	4 000 000
Eitingon, Im- und Exporteur	3 000 000
Firestone, Autoreifenfabrikant	1 000 000
Fokker, Flugzeugkonstrukteur	2 000 000
Fox, Filmproduzent	6 500 000
Kettering, Direktor der Laboratorien von „General Motors"	4 000 000
Kresge, Leiter eines Einheitspreis-Konzerns	5 000 000
P. Rockefeller, Bankier	3 000 000
Swift, Konservenfabrikant	1 800 000
Vanderbilt, Zeitungsverleger	1 850 000
Wanamaker, Warenhausbesitzer	7 500 000
Willys, Automobilfabrikant	1 800 000
Wrigley, Kaugummi-Fabrikant	1 500 000

Als Ergebnis unserer bisherigen Untersuchungen kann festgestellt werden, daß:

1. durch dauernde Verbesserungen der Versicherungstechnik immer mehr Risiken versicherbar werden,

2. Betriebe mit Vorteil immer häufigeren Gebrauch von der Versicherung als Mittel der Risikopolitik machen.

dd) Das Wagnis als Kostenfaktor.

Bei allen versicherungsfähigen Risiken ist, im Gegensatz zum Wagnis, ihre Umwandlung in Kosten möglich. Aber auch vom Wagnis sucht man sich so weit wie möglich freizumachen, um die gesamte Betriebsführung auf eine rationale Grundlage zu stellen. Hierbei ergeben sich zwei große Gruppen von Maßnahmen:

1. Sicherung gegen das Risiko:
   a) vorbeugende,
   b) ausgleichende Maßnahmen.
2. Weiterwälzung des Risikos:
   a) unter Beibehaltung der risikobehafteten Funktion:
      aa) unentgeltliche,
      bb) entgeltliche Weiterwälzung,
   b) durch Ausgliederung der risikobehafteten Funktion.

Die betrieblichen Wagnisse, vor denen sich die Betriebe nicht oder nur sehr schwer sichern können, entfallen vor allem in die Sphäre der Produktion und des Absatzes. Hier sind die Wagnisse meist mit der Funktion so eng verknüpft, daß sie nur zusammen mit ihr ausgegliedert werden könnten, was entweder gar nicht oder nur durch Aufgabe von erheblichen Gewinnchancen geschehen könnte.

Die in der Produktions- und Absatzsphäre auftretenden Risiken sind durchaus individuell und treten mit wechselnder Intensität auf. In manchen Wirtschaftszweigen ist das Preisrisiko das Risiko des Betriebes, in anderen das Qualitätsrisiko der Rohstoffe, das Fertigungsrisiko (z. B. Glockenguß, Diamantenschleiferei), das Moderisiko, das fast alle Betriebe mehr oder weniger betrifft, sich aber in den ausgesprochenen Mode-Industrien besonders stark auswirkt, endlich das Absatzrisiko.

Das Preisrisiko ist ein Einkaufs- und Verkaufspreisrisiko. Es umfaßt sowohl die Schwankungen der Marktpreise als auch die Preisänderungen nach Abschluß des Verkaufes. Am intensivsten ist es in den Wirtschaftszweigen, die überwiegend Rohmaterialien erzeugen, verarbeiten oder handeln, weil die heftigsten Preisschwankungen bei Rohmaterialien auftreten und die Preisentwicklung immer stetiger wird, je mehr sich das Gut der Konsumreife nähert. Die Übernahme hoher Preisrisiken liegt nicht im Wesen der Produktionsbetriebe und wird von diesen — besonders wenn es sich um Risiken auf dem Einkaufsmarkt handelt — als anorganisch und schwer tragbar empfunden. Das Preisrisiko gewinnt an Intensität, wenn der Anteil des Rohstoffes groß, die Preisschwankungen kurzfristig und heftig, die Produktionsdauer aber lang ist. Die Betriebe versuchen durch die verschiedensten Maßnahmen, dieses Risiko zu beschränken; inwieweit dies gelingt, ist vor allem eine Frage der Marktlage. Ist das Angebot knapp, die Nachfrage groß — herrscht also der Verkäufer im Markt —, dann ist es ihm häufig möglich, das Preisrisiko auf den Abnehmer abzuwälzen durch Verkauf zu freibleibenden Preisen, Vorbehalt von bestimmten Zuschlägen nach Maßgabe der Veränderung einzelner Kostenfaktoren (Material oder Löhne), Valutaklauseln u. a. m. In der Inflationszeit haben wir die schönsten Blüten derartiger Preissicherungsmaßnahmen erlebt. Aber sie sind stets ein zweischneidiges Schwert, denn der Betrieb ist meist nicht nur Verkäufer, sondern auch Käufer, und in dem gleichen Maße, wie er seinen Verkaufspreis sichert, sichert sich sein Lieferant ebenfalls und belastet ihn mit allen Einkaufspreisrisiken. Ist dagegen das Angebot reichlich, herrscht also der Käufer im Markt, dann muß zumeist der Produzent das ganze Absatzpreisrisiko auf sich nehmen.

Der Kampf gegen das Risiko der Preis- und Absatzschwankungen führt dazu, daß die Betriebe von sich aus versuchen, die Marktverhältnisse, vor allem Absatzmengen und Absatzpreise, so weit wie möglich zu stabilisieren durch das Mittel der monopolistischen Beherrschung der Märkte. Die Zusammenschlüsse zu Kartellen und Trusts dienen dieser Sicherung, und die Entwicklung der freien und gebundenen Preise in der Krise der letzten Jahre zeigt, daß durch monopolistische Zusammenschlüsse tatsächlich die Möglichkeit besteht, selbst unter recht ungünstigen Verhältnissen eine weitgehende Stabilität der Preise und dadurch eine außerordentliche Verminderung des Preisrisikos zu erreichen.

Nicht minder wichtig ist für viele Betriebe die Sicherung vor den Preisrisiken des Einkaufsmarktes. Da die Rohmaterialien erfahrungsgemäß stärkeren Schwankungen unterworfen sind als die Fertigfabrikate, ist das Preisrisiko auf der Einkaufsseite oft intensiver als beim Absatz. Das Risiko wird um so schwerer empfunden,

1. je stärker die Schwankungen der einzelnen Preise sind,
2. je länger die Periode zwischen Einkauf und Absatz der Ware,
3. je größer der Anteil des Materials am Fertigprodukt ist.

Diese Risiken auszuschalten oder zu mildern, sind die Betriebe bestrebt:

1. durch langfristige Lieferungsverträge, vielleicht zum Durchschnittspreis längerer Perioden, den Materialbezug zu einem möglichst stabilen Preis zu sichern, um so eine stabile Kalkulationsgrundlage zu gewinnen;
2. durch Verkürzung der Zeitspanne zwischen Ein- und Verkauf:
   a) durch Verkürzung der Produktionsdauer;
   b) durch kauftechnische Annäherung des Einkaufs- und Absatztermins:
      aa) durch Eindeckung mit entsprechenden Materialmengen beim Verkaufsabschluß (Bestellungsindustrie),
      bb) durch Abschluß eines Sicherungsgeschäftes an der Börse.

Das Termingeschäft an den Warenbörsen hat den ausgesprochenen Zweck, den Produktionsbetrieben die Sicherung der Materialpreise zu ermöglichen. Das Preisrisiko wird den berufsmäßigen Spekulanten übertragen, in deren Händen sich der größte Teil der Risiken kompensiert. Der verbleibende Rest enthält dann jene Chancen, um deretwillen der berufsmäßige Spekulant seine Mittel und seine Arbeitskraft einsetzt. Warentermingeschäfte sind ihrem Ursprung nach zumeist keine Spekulationsgeschäfte, sondern Sicherungsgeschäfte; sie sind es jedenfalls in viel höherem Maße als Effektentermingeschäfte, und ohne die Möglichkeit der Preissicherung an der Börse wäre ein großer Teil unserer verarbeitenden Industrien nicht in der Lage, langfristige Lieferungsverträge abzuschließen.

Das spezifische Betriebsrisiko der Fertigungsindustrie ist das Produktionsrisiko. Dieser Begriff umfaßt eine Unzahl von Einzelrisiken, die alle das eine gemeinsam haben, daß sie mit dem Ablauf des Produktionsprozesses entstehen, zum größten Teil technischer Natur sind und sich auf Material, menschliche und mechanische Arbeitskraft beziehen.

Bereits die Errichtung einer Produktionsanlage birgt eine große Anzahl von Risiken, die von Branche zu Branche in ihrer Zusammensetzung und Intensität schwanken: Wahl des Standortes, Bau und Anlage der Produktionsstätten, Wahl der Maschinenausstattung usw.

Hierfür ein Beispiel aus der Erdölindustrie. Geyer berichtet in seiner Studie über die Preisbildung des Erdöls, daß die Bohrdauer zwischen einer Woche und mehr als einem Jahr schwankt. Die Bohrkosten belaufen sich in U. S. A. von 4000 bis 150 000.— $, in Mexiko im erschlossenen Gebiet auf annähernd 20 000 $, im unerschlossenen auf 75—125 000 $. Wird eine solche Bohrung fündig, und das Nichtfündigwerden ist eines der größten Risiken, so bleiben noch immer zwei ausschlaggebende Risikofaktoren zurück: die Ergiebigkeit der Quelle, die im voraus nie zu schätzen ist, und die Möglichkeit, daß die Quelle plötzlich versiegt, sei es durch Anbohrung durch einen dritten, sei es durch Eindringen von Salzwasser oder durch nicht vorhergesehene tektonische Veränderungen. Erdölbohrungen gehören zweifellos zu den riskantesten Unternehmungen, aber auch alle anderen Versuche, Naturschätze neu zu erschließen, sind mit hohen Risiken verbunden, da mit Sicherheit nie im voraus gesagt werden kann, ob sich mengen- und qualitätsmäßig abbauwürdige Materialien finden werden. Die Geschichte der Bergwerks- und Bohrgesellschaften ist so reich an Fehlschlägen, daß die Höhe des damit verbundenen Risikos nicht weiter bewiesen zu werden braucht.

Im allgemeinen denkt man aber, wenn man von Produktionsrisiken spricht, mehr an jene kleinen Wirtschaftsunfälle, die durch Unzulänglichkeit von Material, Mensch und Maschine im Betrieb entstehen. Da sind zuerst die Risiken, die aus der menschlichen Unvollkommenheit resultieren: Fehler in der Konstruktion, die zu Nach- oder Neuarbeiten zwingen, Kalkulations- und Dispositionsfehler, die ein Stocken des Produktionsablaufes mit sich bringen, schlechte oder zu geringe Leistungen der Arbeiter, Nichteinhalten von Terminen und dadurch bedingte Verzögerungen, die vielleicht zur Zahlung von Konventionalstrafen führen, u. a. m. Zumeist sind das nur kleine Risiken und kleine Schäden, die doch in ihrer Summe den Erfolg sehr stark beeinflussen können. Man versucht, sich gegen diese kleinen Risiken zu schützen durch Akkord-, Prämien- und sonstige Leistungslöhne, durch Verpflichtung zum Schadensersatz bei Verschulden und grober Fahrlässigkeit, durch sorgsame Wahl der Mitarbeiter, gründliche

Anlernung und dauernde Kontrolle. Aber ganz lassen sich solche Schäden nie vermeiden. Der Betrieb und seine Mitarbeiter arbeiten nie mit dem technischen Optimum, und jene Leistungsdifferenz stellt einen Kostenteil dar, der in der Kalkulation durch Berechnung von (normalen) Zuschlägen berücksichtigt werden muß.

Das Risiko des Arbeiterwechsels z. B. ergibt sich aus der Zeit, die ein alter, eingearbeiteter und ein neu eingestellter Facharbeiter zur gleichen Arbeit benötigen. Bei der Herstellung eines Büfettunterteiles brauchte der beste Arbeiter nur 7, der schlechteste dagegen 12 Stunden [1]). Das bedeutet für den Betrieb, selbst bei Zahlung von Akkordlöhnen, einen nicht unerheblichen Verlust, denn die Maschinen- und die sonstigen Gemeinkosten sind für den schlechten Arbeiter höher.

Ein früher oft hart empfundenes Risiko war die Beschaffung der nötigen gelernten Facharbeiter. Es hat Zeiten gegeben, wo es für den Betrieb oft eine Existenzfrage war, ob es ihm gelang, den einen oder den anderen Arbeiter zu halten: Färber- und Braumeister, Verputzer im Bauhandwerk, ferner Graphiker, Dekorateure und andere Facharbeiter, die eine spezielle Begabung erfordern. Durch Modewechsel oder technische Änderungen können derartige Fragen in allen Betrieben einmal akut werden. Ahleff berichtet z. B., daß beim Wechsel der Möbelmode von gebeizten zu polierten Hölzern ein guter Polierer nicht mit Gold aufzuwiegen war, und daß sich die Möbelfirmen gegenseitig die Polierer abspenstig machten. Als in der Damenmode im Winter 1931 plötzlich die jahrzehntelang verschwundene Phantasiefeder wieder zu Ansehen kam, fehlten gelernte Arbeiterinnen vollkommen, und Direktricen und Vorarbeiterinnen wurden ganz ungewöhnlich hohe Gehälter geboten.

Viel größer ist natürlich das Risiko bei der Neueinstellung leitender Angestellter. Ein guter Verkäufer oder Einkäufer, ein begabter Konstrukteur, ein künstlerisch veranlagter Musterer sind für den Betrieb oft von unersetzlichem Wert, und entsprechend hoch ist das Risiko ihres Verlustes. Je stärker das persönliche Moment in einem Betrieb in den Vordergrund tritt, sei es nun geistige Fähigkeit (Konstruktion), manuelle Fertigkeit (Diamantschleiferei, Uhrmacherei, Porzellanmalerei), Verkaufs- und Organisationstalent oder künstlerische Begabung (Musterer in der Textilbranche und Konfektion), desto intensiver sind die mit dem Produktionsfaktor menschliche Arbeit verbundenen Risiken.

Auch aus dem Material an sich und aus seinem Verhalten im Produktionsprozeß erwachsen viele und oft recht schwerwiegende Risiken. Zu nennen sind hier das Beschaffungs-, das Mengen- und das Qualitätsrisiko, wobei je nach der Art des zu verarbeitenden Materials das eine oder das andere mehr im Vordergrunde stehen kann. Mit der Verbesserung der Verkehrswege, der Einführung systematisch organisierter, kontinuierlicher Pro-

---

[1]) Ahleff, Das Risiko in der Möbelindustrie, S. 68.

duktionsprozesse bei der Gewinnung von Materialien hat man einen großen Teil dieser Risiken ganz beseitigt. Normung, Typung und sonstige Standardisierung garantiert die Beschaffungsmöglichkeit selbst von komplizierten, zusammengesetzten Materialien. Weniger günstig liegen meist die Qualitätsrisiken. Zwar ist auch hier in den letzten Jahrzehnten ein großer Fortschritt zu verzeichnen. Die technischen Fortschritte beim Anbau, der Gewinnung und Verarbeitung garantieren eine viel größere Gleichmäßigkeit der Produkte, ihre wichtigsten Eigenschaften sind meßbar gemacht worden, können kontrolliert und vertragsmäßig im voraus vereinbart werden. Lediglich die naturgegebenen Materialien bergen noch immer eine große Anzahl von Qualitätsrisiken, die aber durch Verwendung von sachkundigen Einkäufern, zuverlässigen Lieferanten und durch Anwendung guter Prüfungsmethoden sich auf ein Minimum reduzieren lassen. Für die Höhe dieser Risiken liegen in den meisten Betrieben auch zumeist Erfahrungen vor, die es ermöglichen, diese Risiken mit einem Zuschlagssatz auf Materialpreise (für nicht verwendbares Material, Sonderbearbeitung, Nachbehandlung usw.) und Mengen (für Mehrverschnitt [1]), Mehrverbrauch) ziemlich genau einzukalkulieren.

Die eigentlichen Fertigungsrisiken schwanken außerordentlich nach der Kompliziertheit der angewandten Technik, dem verarbeiteten Material und der Präzision, die vom Fertigprodukt verlangt wird. Je mehr sich das Produkt seiner Konsumreife nähert, desto feiner wird der Fertigungsprozeß, desto wertvoller das verarbeitete Material, und desto größer sind die Fertigungsrisiken.

Die Bekämpfung der Fertigungsrisiken ist vor allem eine technische und organisatorische, z. T. auch eine Frage der Personalauslese. Kalkulatorisch werden die Risiken durch Zuschläge auf Material-, Lohn- und Maschinenkosten oder auf die gesamten Herstellungskosten verrechnet.

Neben das eigentliche Fertigungsrisiko tritt bei vielen Betrieben als gleichbedeutend das Lagerrisiko; dieses ist zwar ein spezifisches Handelsrisiko, es steigt aber auch bei den Industriebetrieben um so mehr, je mehr sich im Handel die Tendenz des Hand-Mund-Kaufs durchsetzt, in deren Verfolg die Lagerhaltung mehr und mehr auf die Industrie zurückgewälzt wird.

Das Lagerhaltungsrisiko der Industrie ist ein doppeltes: vor und nach der Produktion. Das risikoreichere ist zweifellos das Fertigfabrikatelager. Es wirken sich hier nicht nur reine Lager-, sondern auch Preis-, Mode- und Absatzrisiken aus, die aber an den lagernden Waren hängen.

Das Lagerhaltungsrisiko, die Kosten der Lagerhaltung überhaupt, haben bisher nur wenig Beachtung gefunden: 1. weil diese Kosten nur einen geringen Teil an den Gesamtfertigungskosten ausmachen und 2. der Ingenieur meist den Produktionsprozeß mit der Ablieferung an das Lager als erledigt be-

[1]) Ahleff berichtet, daß der Verschnitt beim Schneiden von Rundholz aus einer Partie Pappeln, je nach Länge und Stärke der Stämme, zwischen 20,9 und 59,5 % schwankt. Schwankungen zwischen 10 und 20 % sind normal.

trachtet, 3. wesentliche Teile der Industrie — z. B. die ganze Bestellungsindustrie — kein nennenswertes Lager halten. Die vorhandenen Untersuchungen beziehen sich daher ausschließlich auf den Warenhandel, aber man kann ihre Ergebnisse zum guten Teil auf den Industriebetrieb übertragen.

Die Intensität des Lagerhaltungsrisikos ist in hohem Maße abhängig:

1. von der natürlichen Lagerfähigkeit der Ware,
2. von der Art der Lagerung, die vom Zweck der Lagerhaltung abhängt (Lagerung in verschlossenen Lagerhäusern in der Industrie oder auf offenen Tischen und leicht erreichbaren Fächern im Einzelhandel),
3. von der Elastizität,
4. von der Variabilität der Nachfrage (Mode).

Die natürliche Lagerfähigkeit der einzelnen Waren ist außerordentlich verschieden: es gibt Güter, die ohne Wertminderung und auch ohne Risiko des Nachfragewechsels jahrelang gelagert werden können, z. B. Rohmaterialien und Halbfabrikate (Schrauben, Muttern, Nägel, Draht u. ä.), ferner einfache Gebrauchs- und Verbrauchsgegenstände. Andere Güter vertragen wegen ihrer natürlichen Beschaffenheit und wegen der Anforderung des Konsums an diese nur eine Lagerung von Stunden (Gebäck, Milch) oder Tagen (frische Blumen, Frischfleisch, Fische, Gemüse u. ä.). Zwar ist durch die moderne Kühl- und Lagertechnik dieses Risiko ganz wesentlich verringert worden, die Verderblichkeit der Ware ist aber trotz allem in manchen Branchen noch der wichtigste Faktor des Lagerrisikos. Vor dem Enquète-Ausschuß berichtete z. B. ein Sachverständiger des Gemüse- und Obsthandels, daß bei ausländischem Obst, besonders Erdbeeren und Kirschen, weil hier Mängelrügen nicht brancheüblich sind, oft 50% der Ware schon verdorben ankommt. Bei Apfelsinen dagegen sind die Verluste nur gering. Hat der Händler dann noch an dem Tage falsch disponiert, z. B. überwiegend Erdbeeren, während Kirschen verlangt werden, so verderben vielleicht nochmals 50% der Ware. Hierdurch ergeben sich für den Betrieb oft von einem Tag zum anderen ganz ungeheure Verluste, die sich zwar auch wieder ausgleichen lassen, aber im Jahresdurchschnitt doch 15—17% betragen. Über die Verluste durch Verderb im Milchhandel schwanken die Angaben ganz außerordentlich: ein Massenfilialbetrieb gab vor dem Enquète-Ausschuß 1925/27 ca. 0.5% vom Umsatz, ein anderer dagegen 2.62% und 2.34% an. Im Feinkosthandel schwanken die Verluste durch Warenverderb, je nach der Warenzusammensetzung, vor allem dem Anteil von Frischobst und Gemüse am Umsatz, zwischen 1½% und 5% vom Umsatz.

Aber selbst bei Produkten mit weit größerer Dauerhaftigkeit bedeutet die Lagerung ein Risiko: die Waren können bestoßen, zerbrochen, verunreinigt werden, sich verflüchtigen, eintrocknen oder Feuchtigkeit absorbieren. Frisch gewaschenes Gemüse, wie es zumeist im Handel ist, verliert innerhalb weniger Stunden bis 10% des Gewichtes, bei anderen wasserhaltigen Waren ist der Verlust noch größer. Aber auch bei sehr substanzbeständigen Waren können erhebliche Lagerschäden eintreten. So berichtet Ahleff z. B., daß in den Möbelfabriken für die Nachbearbeitung von am Lager entstandenen Schäden 5% vom Wert im Preis einkalkuliert wird. Die Höhe dieser Schäden ist abhängig von der Umschlagshäufigkeit bzw. der Lagerdauer der Ware. Je länger die Lagerdauer, desto größer die Gefahr des Verderbs und der Beschädigung.

Je nach der Art der Lagerung sind die Waren einer größeren oder geringeren Gefahr des Verderbs ausgesetzt. Ist die Lagerung Selbstzweck, wie meist in Industrie und Großhandel, so kann die Lagertechnik allein auf die Werterhaltung abgestellt werden, z. B. durch Aufbewahrung in Kühl- und mottensicheren Schränken, staubdichter Verpackung, geschützt vor der Einwirkung des Lichtes, unter diebessicherem Verschluß usw. Im Einzelhandel dagegen, wo die lagernde Ware zugleich zum Verkauf bereitgestellt werden muß, müssen diese Rücksichten oft hinter verkaufs- und werbepsychologischen Erwägungen zurücktreten. So weisen z. B. die Warenhäuser einen ziemlich hohen Prozentsatz an Warenverlusten aus, wie aus untenstehender Tabelle hervorgeht. Dabei sind hierbei nur reiner Warenschwund und Diebstahl berücksichtigt, während die Preisherabsetzungen für beschädigte, angestaubte oder sonstwie minderwertig gewordene Ware in dieser Zusammenstellung nicht berücksichtigt sind.

Lagerverluste durch Warenschwund, Diebstahl usw. in amerikanischen Warenhäusern[1]):

Umsatz in $	% vom Umsatz (Durchschnitt)
2 Mill.—4 Mill.	1.5
4 Mill.—10 Mill.	1.6
Über 10 Mill.	1.75
Von 500000—750000	1.60
Von 750000—1000000	1.70
Von 1000000—2000000	1.50
Weniger als 500000	1.70
Spezialgeschäfte mit über 2 Mill. Umsatz	0.85

Die Gefahren des effektiven Warenverlustes sind zwar in den einzelnen Branchen recht erheblich, aber in den meisten Wirtschaftszweigen werden sie an Intensität übertroffen durch das Risiko der Entwertung infolge Nachfragewandel. Diese kann entstehen durch:

1. Erfindung neuer oder Verbesserung der alten Waren,
2. Wandlungen in der Struktur der Abnehmerkreise,
3. Kaufkraftänderungen,
4. Bedarfsverschiebungen,
5. Geschmacksänderung (Mode).

Unter diesen Faktoren kommt zweifellos der Mode die allergrößte Bedeutung zu, da sich die anderen Nachfrageveränderungen so langsam voll-

[1]) C. N. Schmaltz, Operating results of Department and Speciality Stores. 1930.

ziehen, daß lagernde Ware dem Konsum noch, wenn auch meist mit Verlust, zugeführt werden kann. Mode und technischer Fortschritt sind die wichtigsten Risikofaktoren in der Lagerhaltung[1]).

Namentlich bei neuen Gütern bedeutet völlige Unkenntnis des voraussichtlichen Bedarfs ein kaum tragbares Risiko. Häufig müssen die Hersteller von Produktionsmitteln für neue Industrieprodukte die Fabrikation oder den Vertrieb dieser Produkte selbst in die Hand nehmen, weil sich keine Unternehmer finden, die die Produktionsmittel kaufen.

Wichtiger noch als die Marktänderungen durch neue Produkte sind wegen der viel größeren Häufigkeit, Plötzlichkeit und Unberechenbarkeit die Nachfragewandlungen durch Modeänderungen. Die Mode beeinflußt die Nachfrage in den verschiedensten Richtungen:

1. welche Waren überhaupt nachgefragt,
2. welche Anforderungen hinsichtlich Farbe, Form, Material usw. an sie gestellt werden.

Wir haben es in den letzten Jahren so häufig erlebt, wie die Mode einen Gegenstand plötzlich zu einem Artikel des täglichen Bedarfs machte, der nach kurzer Zeit wieder verschwand. Hierin liegt für den betroffenen Produzenten eine ganz ungeheuere Gefahr, denn er weiß nie, in welcher Frist er die Maschinen für die Herstellung dieser Artikel, z. B. Zierknöpfe, Ansteckblumen, Spitzen, Stickereien, Federn usw., amortisieren muß.

Besser gesichert gegenüber dem Modewechsel sind jene Betriebe, bei denen das Produkt als solches wohl bestehen bleibt, nur seine Ausführung von der Mode bestimmt wird hinsichtlich Farbe, Form, vielleicht auch Material (Wechsel im Material bedeutet allerdings bereits wieder eine Erhöhung des Risikos, da verschiedenes Material nicht mit den gleichen Maschinen bearbeitet werden kann), denn dann trifft das Moderisiko zunächst nur die Vorräte an Rohmaterial und Fertigfabrikaten, dagegen nicht das Anlagekapital.

Seinen zahlenmäßigen Niederschlag findet das Moderisiko in dem Verhältnis von kalkuliertem und tatsächlich erzieltem Preis. Die Amerikaner betrachten diese Differenz — die Preisherabsetzungen — als Kostenteile und haben darüber im Einzelhandel interessante Feststellungen gemacht. Danach betrugen die Preisherabsetzungen in % vom Umsatz von 1927/30[2])

Jahr	Betriebe mit einem Umsatz von	
	500000 bis 2 Mill. $	2 Mill. $ und mehr
1927	6.8%	6.3%
1928	6.5%	6.6%
1929	7.2%	6.6%
1930	8.4%	7.4%

[1]) Über den Einfluß der Erfindungen auf die Konsumgewohnheiten s. die Abschnitte über „Dynamik“ und „Nachfrage“.

[2]) Schmaltz, Operating results of Department and Speciality Stores. 1930, S. 2.

Das Bureau of Business Research der Ohio State University hat Untersuchungen über die Gründe von Preisherabsetzungen in verschiedenen Branchen vorgenommen. Aus ihnen geht ganz klar hervor, daß die Mode der wesentlichste Faktor für die Nichterreichung der erwarteten Preise ist. Preisberichtigungen nehmen im Durchschnitt aller Waren mit 45.5% aller Preisherabsetzungen den ersten Platz ein. Dazu kommen die Preisherabsetzungen zu Sonderkäufen mit durchschnittlich 28.9%, die ja auch in erster Linie den Zweck haben, von der Mode überholte Ware zu räumen. Mängel an Stil, Farbe und Form verursachen nochmals 7.1% der Preisherabsetzungen, so daß man wahrscheinlich das Moderisiko nicht überschätzt, wenn man 75—80% aller Preisherabsetzungen als Folge des Modewechsels ansieht.

Die Bedeutung dieser Tatsache wird dann besonders klar, wenn man das Verhältnis von Gesamtkosten, Preisherabsetzungen und Reingewinn betrachtet, wie es Godley und Kaylin für 132 Warenhäuser für 1927 getan haben: hohe Gesamtkosten, hohe Preisherabsetzungen und niedrige Gewinne fallen stets zusammen, so daß sich klar ergibt, daß die Preisherabsetzung ein ganz wesentlicher Rentabilitätsfaktor ist.

Zahl der Betriebe	Durchschnitts-Umsatz in Mill. $	Gesamtkosten in % v. Umsatz	Preis-herabsetzungen in % v. Umsatz	Reingewinn
28	2.3	29.9	3.8	2.7
26	3.5	31.4	5.5	1.8
23	5.4	31.5	6.6	1.4
27	2.7	31.7	7.5	2.3
28	2.5	32.2	9.0	1.2

Untersuchungen in anderen Branchen bestätigen unsere Ansicht. The Rice Institute Houston/Texas hat z. B. folgende Ursachen der Preisherabsetzungen in der Herren-Bekleidungsbranche festgestellt:

Von 239 Begründungen entfielen auf:

Modewechsel	47
Saisonwechsel	35
Verschmutzung	42
Sonderverkäufe	28
Aufgabe des Artikels	8
Preishöhe	10
unvollständiges Sortiment	28
Konkurrenz	7
übergroßes Lager	25
Ergänzung der Preislagen	9
	239

Wohl die größte Bedeutung des Moderisikos liegt aber darin, daß es die Saisonschwankungen, die an und für sich für den Betrieb nur ein organisatorisch-technisches Problem darstellen würden, zu einer Gefahr ersten Ranges macht. Der schnelle Modewechsel bewirkt in vielen Branchen, daß Waren, die während einer Saison nicht abgesetzt wurden, überhaupt nicht mehr oder nur mit schwersten Verlusten verkäuflich sind. Würde die Mode nicht in diesem Tempo wechseln, so wären die Saisonschwankungen ziemlich untergeordnete Erscheinungen im Betriebsleben, die nicht viel mehr Aufmerksamkeit verdienten als Wochen- und Tagesschwankungen.

Die Konjunkturschwankungen dagegen sind anderer Natur und haben einen viel stärkeren Risiko-Charakter als die Saisonschwankungen, weil sie zwar auch gewisse Zyklen bilden, aber hinsichtlich des Zeitpunktes ihres Eintritts, Dauer und Intensität der Schwankungen viel weniger bestimmt sind. Das Konjunkturrisiko ist kein Risiko an sich, sondern eine Summe von verschiedenen Risiken, die vom Konjunkturablauf hervorgerufen bzw. verstärkt werden: in erster Linie das Preisrisiko und das Risiko der ungenügenden Beschäftigung.

Das Nürnberger Institut für Konjunktur- und Marktforschung hat eine Untersuchung über die Konjunktur- und Saison-Empfindlichkeit der Fertigwarenindustrie angestellt, unter Benutzung des Umsatzes als Maßstab und Errechnung von Reagibilitätskoeffizienten. Aus dieser Untersuchung hat sich ergeben, daß die Konjunkturempfindlichkeit von der Produktion zum Einzelhandel stetig abnimmt, die Saisonschwankungen dagegen in der Richtung auf den Konsumenten stetig zunehmen.

Berücksichtigen wir ferner, daß auch die Reagibilität der Preise in der Richtung vom Rohmaterial zum Fertigfabrikat abnimmt, daß ferner die Urproduktion, Hütten, Walzwerke usw. zu den kapitalintensivsten, unelastischsten Betrieben gehören, so kommen wir zu dem Ergebnis, daß das Konjunkturrisiko mit zunehmender Konsumnähe der Betriebe abnimmt.

Als Ergebnis können wir feststellen, daß das Risiko in all seinen Erscheinungsformen einen relevanten betrieblichen Kostenfaktor darstellt, der kalkulatorisch und betriebspolitisch durchaus differenziert zu behandeln ist.

e) Steuern als Kostenfaktor.

aa) Höhe der Steuern.

In der Theorie der Kosten, ebenso aber in der Praxis der Kalkulation, haben die Steuern als Kostenelemente immer eine zum mindesten unklare Rolle gespielt. Die Theorie der Kosten hat nicht dazu Stellung genommen, ob und welche Steuerarten Kosten- oder Ertragselemente sind, sie hat auch nicht die Frage untersucht, wie die Steuern die Preisbildung beeinflussen. Die Praxis hat in ihrer Buchhaltung wohl einzelne Steuern kontenmäßig erfaßt, ohne sich aber über ihre kalkulatorische Behandlung Rechenschaft zu geben.

Dies war der Stand in der Vorkriegszeit. Die Nachkriegszeit hat hierin aus mehrfachen Gründen eine Wandlung gebracht. In dieser Zeit brach sich die Erkenntnis Bahn, daß die Kostenrechnung die Aufgabe der genauen Erfassung und Verrechnung aller Kosten habe. Grenzen gibt es hierfür nur ökonomische. Die Kostenrechnung nach dem „Ungefährprinzip" hat in gut organisierten Betrieben aufgehört, seitdem man in der Kostenrechnung eine exakte Wissenschaft erkannt und anerkannt hat. Die Technik der Kostenerfassung hat ihrerseits eine so große Entwicklung genommen, daß man heute die leicht hingeworfene Behauptung: es ist unmöglich, nicht mehr ernst nimmt. Es handelt sich hierbei immer um Zurechnungsprobleme, die zwar noch bei weitem nicht vollkommen gelöst sind, aber praktisch brauchbare Näherungslösungen heute überall ermöglichen.

Neben der Erkenntnis der Wichtigkeit und Möglichkeit einer genauen Kostenrechnung und Zurechnung kam noch ein zweites Moment hinzu, die Steuern aus ihrem betrieblichen Dornröschenschlaf zu wecken: die steigende Höhe der Steuern, ihr steigender Anteil an den Gesamtkosten und am Ertrage. Dies ist ein Grund für den Betriebswirt, sich mit den Steuern kalkulatorisch auseinanderzusetzen. Dies ist aber auch wenigstens ein Grund, der zur Entwicklung einer betriebswirtschaftlichen Steuerlehre geführt hat, die freilich noch in ihren Kinderschuhen steckt.

Wir haben bei der Betrachtung der Steuern als Kostenfaktor zu folgenden Fragen Stellung zu nehmen:

1. Wie hoch ist die betriebliche Steuerbelastung und der Anteil der Steuern an den Gesamtkosten und am Ertrage?
2. Sind Steuern Kosten- oder Ertragsfaktoren, und wie sind Steuern demnach kalkulatorisch zu behandeln?
3. Welche Chancen haben Steuern, ein Preiselement zu werden?

Die Frage nach dem Anteil der Steuern an den Gesamtkosten ist Aufgabe der Statistik. Doch besitzen die vorhandenen statistischen Zahlen, wie so viele Kostenziffern, nur bedingten Wert; schon wegen ihrer Eigenschaft als Durchschnittszahlen geben sie dem Einzelbetrieb nur bedingten Aufschluß. Im Einzelbetriebe vorgenommene Errechnungen verlieren wegen der komplizierten Struktur der Steuern, wegen der verschiedenen Struktur der einzelnen Steuerarten und dauernder Änderung der Steuern in Höhe, Art und Zahl an Exaktheit für den Zeitvergleich. Noch weniger vollkommen sind sie für den Betriebsvergleich wegen der verschiedenen Kostenstruktur der einzelnen Betriebe. Nur mit Einschränkungen sind darum Ziffern über die Belastungshöhe zu verwerten.

Hier sei zunächst auf die Untersuchungen des Reichsverbandes der Industrie aus den Jahren 1927 [1]) und 1929 [2]) und des Statistischen Reichs-

---

[1]) Die Steuerbelastung der deutschen Industrie 1913 und 1925. Berlin 1927.

[2]) Besteuerung, Ertrag und Arbeitslohn industrieller Unternehmungen im Jahre 1927. Berlin 1929.

amtes 1932[1]) zurückgegriffen. In der ersten Denkschrift wird die starke Belastung der deutschen Wirtschaft festgestellt und einleitend bemerkt: „Ob die steuerlichen Eingriffe des Fiskus in unsere Wirtschaft in der Form der Verbrauchs- und Aufwandssteuern die breite Kaufkraft unseres Marktes drücken, ob sie als Verkehrs- und Umsatzsteuern die Kostengüter des Produktionsprozesses von der Grundstoff- bis zur Fertigindustrie verteuern, ob sie direkt als Gewinn- und Vermögensteuern unmittelbar an den Wirtschaftserfolg und die Produktionssubstanz der einzelnen Unternehmung anknüpfen, immer werden sie sich in der privatwirtschaftlichen Kostengestaltung irgendwie auswirken und — da zur Ablösung der Steuerschuld an den festgesetzten Terminen oft fremde Kapitalien zu hohem Zins gewonnen werden müssen — die Liquidität beeinträchtigen".

Zahlenmäßig stellen die Denkschriften des Reichsverbandes der Industrie folgende Steuerbelastung fest (leider nicht als Kostenanteil, sondern als Ertragsanteil):

1925 betrug die steuerliche Belastung das 11.34-fache gegenüber 1913, bzw. das 8.67-fache ohne Umsatzsteuer. Bei den untersuchten 291 Unternehmungen — größtenteils Kapitalgesellschaften — wurden 63% des „besteuerungsfähigen Einkommens" durch Steuern aufgezehrt, von denen nur 18% erfolgsbedingt sind, also größtenteils fixen Charakter tragen. Es zeigte sich ferner, daß Fachgruppen mit niedrigen Gesamtsteuern relativ hohe Körperschaftsteuern, die mit hohen Steuern — vor allem Betriebe mit ausgedehnten Anlagen — relativ niedrige Körperschaft-, aber hohe Realsteuern zu tragen hatten.

Nach Rechtsformen gruppiert ergab sich für die Personalgesellschaften — nicht zuletzt wegen der Progressivität der Einkommen- und der Proportionalität der Körperschaftsteuer — eine hohe Belastung durch Ertrags-, bei den Kapitalgesellschaften umgekehrt eine relativ hohe Belastung mit Realsteuern.

1927 betrug der Anteil der Steuern am „besteuerungsfähigen Ertrag" „nur" 51.32%[2]), obgleich die Rentabilität 1927 gegenüber 1925 sich erhöht hatte. Die Körperschaftsteuer betrug gegenüber 1925 (13.35%) nur 11.57%, die Vermögensteuer 3.57% gegenüber 5.21% im Jahre 1925.

Nicht nur die sehr hohe Mehrbelastung gegenüber der Vorkriegszeit gibt zu denken, es kommt noch die steuerliche Mehrbelastung gegenüber dem Ausland hinzu, wie die folgende Untersuchung des Statistischen Reichsamtes zeigt:

---

[1]) Wirtschaft und Statistik 1932/12, Sonderbeilage.

[2]) Die Abnahme ergibt sich aus steuerlichen Änderungen: Erhöhung der abzugfähigen Posten: 1925 nur Steuern; 1927 auch Bilanzverluste des vergangenen Jahres, Abzüge aus dem Schachtelprivileg; Änderung der Industrieaufbringung und sonstige Änderungen.

Die Besteuerung der kaufmännischen oder gewerblichen Unternehmung nach Steuergruppen in % des Gewinns.

	Kapitalintensiver Betrieb			Arbeitsintensiver Betrieb			Umsatzintensiver Betrieb		
	Dtsch. Reich	Frankreich	Großbrit.	Dtsch. Reich	Frankreich	Großbrit.	Dtsch. Reich	Frankreich	Großbrit.
1. Einzelfirma.									
Steuern vom									
Betriebsvermögen	16.58	11.78	6.63	17.60	8.14	4.38	11.06	2.91	1.48
Betriebserfolg	8.05	4.62	—	2.68	4.40	0.35	4.46	5.68	3.09
Summe	24.63	16.40	6.63	20.28	12.54	4.73	15.52	8.59	4.57
Umsatz	13.60	13.61	—[1])	19.23	19.23	—[1])	38.47	29.47	—[1])
Summe	38.23	30.01	6.63	39.51	31.77	4.73	53.99	38.06	4.57
Sozialversicherungsbeiträge	15.21	7.53	6.44	36.23	18.12	15.58	11.44	5.56	4.43
Insgesamt	53.44	37.54	13.07	75.74	49.89	20.31	65.43	43.62	9.00
2. Aktiengesellschaft.									
Kosten der Gründung ...	1.62	2.07	0.71	1.44	1.85	0.62	1.10	1.46	0.47
Kosten der Liquidation ..	0.23	0.00	0.00	0.29	0.00	0.00	0.29	0.00	0.00
Steuern vom									
Betriebsvermögen	18.77	14.64	10.89	20.80	9.65	6.47	9.62	1.18	0.95
Betriebserfolg	21.11	5.66	5.25	12.25	5.15	6.06	16.73	7.69	12.11
Summe	41.73	22.37	16.85	34.78	16.65	13.15	27.74	10.33	13.53
Umsatz	11.63	11.71	0.08	18.81	18.84	0.09	35.13	35.39	0.33
Summe	53.36	34.08	16.93	53.59	35.49	13.24	62.87	45.72	13.86
Sozialversicherungsbeiträge	9.31	4.23	3.07	38.81	18.15	13.23	3.90	1.83	1.21
Insgesamt	62.67	38.31	20.00	92.40	53.64	26.47	66.77	47.55	15.07

Die Gesamtbesteuerung der kaufmännischen oder gewerblichen Unternehmung in % des Gewinns:

	Deutsches Reich	Frankreich	Großbrit.
I. Einzelfirma:			
a) kapitalintensiv	53.44	37.54	13.07
b) arbeitsintensiv	75.74	49.89	20.31
c) umsatzintensiv	65.43	43.62	9.00
II. Aktiengesellschaft:			
a) kapitalintensiv	62.67	38.31	20.00
b) arbeitsintensiv	92.40	53.64	26.47
c) umsatzintensiv	66.77	47.55	15.07

An einigen Zahlenbeispielen [2]) sei noch die Belastung des Verbrauchs, die im Steueranteil des Einzelhandelspreises ihren kumulativen Ausdruck findet, gezeigt.

[1]) in Großbritannien nicht erhoben.

[2]) Nach Charlotte Lorenz, Der Steuergehalt der Fertigware. Markt der Fertigware. 1932/4.

Schema zur Berechnung kombinierter Pauschalsätze für ein Herren-Oberhemd (Popeline)[1].

Warenbezeichnung	Umsatzstufe	Mengeneinheit	In der Ware verarbeitete Menge	Preis je Mengeneinheit RM.	Preis je verarbeitete Menge RM.	Umsatzsteuer je Mengeneinheit RPfg.	Umsatzsteuer je verarbeitete Menge RPfg.
Baumwolle	Importeur	—	—	—	—	—	—
Gewebe	Spinnweber	1 m	3.10 m	0.50	1.55	1.00	3.10
Gewebe	Lohnausrüster	1 m	3.10 m	0.06	0.186	0.12	0.372
1. Gewebe	Großhändler	1 m	3.10 m	0.60	1.86	1.20	3.72
Baumwolle	Importeur	—	—	—	—	—	—
Einlage	Spinnweber	1 m	12.5 cm	0.238	0.03	0.476	0.06
Einlage	Lohnausrüster	1 m	12.5 cm	0.029	0.004	0.058	0.007
2. Einlage	Großhändler	1 m	12.5 cm	0.29	0.036	0.58	0.072
3. Knöpfe	Hersteller	—	—	—	0.036	—	0.072
4. Garn	Hersteller	—	—	—	0.063	—	0.126
Fertigware	Wäschefabrik	—	1 Stück	—	5.50	—	11.0
Fertigware	Einzelhändler	—	1 Stück	—	8.25	—	16.50

Belastung des Fabrikats (ohne Vorprodukte) Steuerbetrag 27.50 RPf.
Anteil am Einzelhandelspreis 3.33 %
Belastung der Vorprodukte Steuerbetrag 7.53 RPf.
Anteil am Einzelhandelspreis 0.91 %
Gesamtbelastung des Fabrikats und der Vorprodukte Steuerbetrag 35.03 RPf.
Anteil am Einzelhandelspreis 4.24 %

Bei gleichen Absatzbedingungen ergeben sich doch Unterschiede in der Belastung für konsumreife Waren durch die verschiedene Belastung material- und arbeitswerthaltiger Waren:

Anteil der Materialvorbelastung in % des Gesamtpauschales.

Ware	%	Ware	%
Rauchtabak	3.6	Roggenbrot	65.9
Bier	8.2	Fleischware	65.1
Konserven	11.8	Haushaltmasch.	2.3
Käse	14.0	Glühbirne	3.7
Butter	18.4	Baumwollgewebe	14.5
Likör	21.7	Küchenmöbel	16.6
Zucker	28.2	Seidenkleid	18.2
Mehl	32.1	Strumpf	19.8
Fleisch	45.3	Herrenanzug	24.9
Weißbrot	54.9	Hauskleid	27.1
		Damenschuh	34.2

[1]) Zur Herstellung eines verkaufsfertigen Herrenoberhemdes sind 3.10 m Baumwollgewebe und 12.5 cm Baumwolleinlage, außerdem Knöpfe und Garn erforderlich.

Neben der Umsatzsteuer enthält der fiskalische Teil der Gestehungskosten noch weitere Beträge an Abgaben. Faßt man die Leistungen an Verbrauchsteuer, Umsatzsteuer und Zoll für Verbrauchswaren aus inländischer Herstellung zusammen, so ergeben sich für das Rechnungsjahr 1929/30, folgende %-Anteile am Einzelhandelspreis:

%-Anteile des Betrages an Verbrauchsteuer, Umsatzsteuer und Zoll (auf Vorprodukte) am Einzelhandelspreis 1929/30[1]).

Verbrauchsteuerpflichtige Waren	%	Waren mit verbrauchsteuerpflichtigen Bestandteilen	%
Glühbirne (25 Watt)	11.38	Schokolade	3.30
Vollbier	12.41	Marmelade	8.26
Schaumwein	16.23	Fruchtsaftlikör	26.27
Zucker	20.86	Trinkbranntwein	38.43
Spielkarten	22.00		
Zigarren	25.60		
Zündwaren	26.16		
Pfeifentabak	34.38		
Zigaretten	44.20		
Weingeist	67.64		

Zu den bisher angeführten Gründen kommen noch drei weitere, die eine genaue Erfassung und richtige kalkulatorische Behandlung der Steuern notwendig machen:

1. Die steuerliche Bevorzugung der öffentlichen Betriebe, die in den weitaus meisten Fällen — es sei denn, daß die öffentlichen Betriebe Aufgaben zu erfüllen haben, die besondere Kosten erzeugen und die Privatbetriebe nicht pflegen, z. B. das Kleinhypothekar-Geschäft der öffentlichen Boden-Kredit-Anstalten und Sparkassen — die natürlichen Konkurrenzverhältnisse verschieben und nicht offenbar werden lassen, ob öffentliche Betriebe gleichwirtschaftlich arbeiten wie private. Oft wird bei öffentlichen Betrieben noch Rentabilität vorgetäuscht, wo bei gleicher steuerlicher Belastung die nicht vorhandene Existenzberechtigung längst erwiesen wäre. Es geht bei den bestehenden Verhältnissen sehr leicht die Klarheit über die Leistungsfähigkeit öffentlicher Betriebe verloren, und es wird ebenso häufig unlautere Konkurrenz getrieben.

2. Die Vorbelastung der Beschaffungsgüter — es sind in allen gekauften Produktionsgütern bereits vom Vorerzeuger bezahlte und einkalkulierte Steuern enthalten — kumuliert die Steuerbelastung der Betriebe und macht den Anteil der Steuern an der Konsumentenmark außerordentlich hoch.

3. Die Steuerbelastung besteht nicht nur aus direkten und indirekten Steuern, es kommen noch die Steuer-Verwaltungskosten hinzu: die Bezahlung und Verbuchung der Steuern, die Innehaltung von Hunderten

[1]) Ch. Lorenz, a. a. O.

von Steuerterminen, die Feststellung der einzelnen Steuern mit ihren verschiedenen Bewertungsvorschriften und Abzugsmöglichkeiten, und nicht zuletzt, die Errechnung und Verwaltung der Steuern vom Arbeitslohn bereiten den Betrieben sehr hohe Steuer-Verwaltungskosten, die die Steuerbelastung stark erhöhen. Freilich werden die Steuer-Verwaltungskosten oft als allgemeine Gemeinkosten angesehen und nicht auf die Steuerkosten geschlagen, wodurch die richtige Höhe der Steuerbelastung verschleiert wird.

Neben der Kenntnis des Steueranteils am Ertrage ist für den kalkulierenden Betrieb das Wissen um den *Anteil der Steuern an den Gesamtkosten wichtig*. Nur zur Veranschaulichung — ohne die einzelnen Sätze zu analysieren — geben wir aus der Literatur einige Beispiele:

Maschinenbau [1] .... 3 %
Oberschlesische Industrie [2] .... 3 %
Erzbergwerk [3] .... 19.7 %
Handwerk [4] ....A = 4.8 B = 4.4 C = 2.9 %
Landwirtschaft [5] .... 4.8 % (1930) 5.6 % (1931)
Handel [6]:
Einzelhandel .... 9.5 % (1929) (vom Umsatz)
Großhandel .... 10.7 % (1929) (vom Umsatz)

Straßenbahnen [7]	A	B	C	D	E	F	G	Durchschnitt A—G 13.5%
	11	14	17	16	15	9	13 %	

Banken [8] :
Priv. Hypotheken-Banken .... 39.7 % der Unkosten
Filialen einer Großbank .... A B C

A	B	C	
10	10.2	12 %	der Unkosten.

bb) Die einzelnen Steuerarten als Kosten.

Die Höhe der Steuern gibt ihnen in der betrieblichen Kostenrechnung ihr Gewicht und zwingt dazu, sich über ihre *kalkulatorischen Eigenschaften und die Methoden ihrer Erfassung* Rechenschaft zu geben. Freilich fehlt den Steuern eine Eigenschaft, die den Betriebswirt sonst besonders veranlaßt, die einzelnen Kostenelemente rechnerisch genauest zu erfassen: sie können durch keine betriebliche Maßnahme *gesenkt* werden, wenigstens nicht durch den Einzelbetrieb. Doch sollte man die Möglichkeit der Steuerminderung durch Ausnutzung aller gesetzlichen Erleichterungen nicht zu gering achten. Das Fehlen der Senkungsmöglichkeit, auch die Schwierigkeit ihrer Behandlung dürfen nicht dazu führen, die Steuern kalku-

---

[1]) nach Peiseler, RKW-Veröffentlichung Nr. 80 — Kostenaufbau, Kostensenkung, Preisgestaltung. Leipzig 1932, S. 32.
[2]) Hempelmann, RKW-Veröffentlichung Nr. 80, S. 87.
[3]) Oberst, RKW-Veröffentlichung Nr. 80, S. 89.
[4]) Rößle, „ „ S. 45.
[5]) Ries, „ „ S. 49.
[6]) Hirsch, „ „ S. 56.
[7]) van Aubel, „ „ S. 81.
[8]) Mellerowicz, Das Unkostenproblem im Bankgewerbe, insbesondere bei öffentlich-rechtlichen Kreditanstalten. Berlin 1929, S. 14/15.

latorisch zu vernachlässigen, ferner nicht die empirisch noch ungelöste Frage der Preistheorie, wie weit Steuern im Preise rückvergütet werden, wie weit sie also tatsächlich überwälzt werden und darum auch mit Sinn einkalkuliert werden können. Aus der Fülle der den Betrieb belastenden Steuern sollen nur die wichtigsten behandelt werden:

I. Ertrags- und Besitzsteuern:
   1. Einkommen- und Körperschaftsteuer,
   2. Vermögensteuer und Industriebelastung,
   3. Grundvermögen-, Grund- und Hauszinssteuer,
   4. Gewerbesteuer.

II. Verkehrssteuern:
   5. Umsatz-,
   6. Grunderwerb-,
   7. Kraftfahrzeugsteuer u. a.

Die betrieblichen Steuern sind verschiedener Struktur: verschieden in den Bemessungsgrundlagen, verschieden in der Behandlung. Einzelne von ihnen sind Kosten-, andere dagegen Ertragselemente. Erstere sind darum wie andere Kosten einzukalkulieren, letztere dagegen nicht. Erfaßt werden müssen sie aber alle.

Die Auffassung über den betriebswirtschaftlichen Charakter der Steuern ist durchaus nicht einheitlich [1]). Teils wird der Kostencharakter der Steuern, vor allem soweit sie nicht mit Ausgaben zusammenfallen, ganz geleugnet, teils wird keine Differenzierung vorgenommen, und alle Steuern werden gleichmäßig als Kosten behandelt. Beide Auffassungen sind zu roh und betriebswirtschaftlich unhaltbar.

[1]) Gerstner führt in seiner „Kaufmännischen Kalkulation" aus, daß in der kaufmännischen Kalkulation die Tatsache der Steuerlast unberücksichtigt bleibt, oder daß zum mindesten nur die Steuern unter den Handlungs- bzw. Betriebsunkosten berücksichtigt werden, die effektiv im Laufe des Jahres bezahlt worden sind. Wesentlich aber sei es, daß von der Kaufmannschaft grundsätzlich die gesamte Steuerlast, also sowohl Abgaben der verschiedensten Art, als auch besonders die Einkommensteuer, in der Kalkulation berücksichtigt werde. Schmalenbach behandelt im Kontenrahmen Steuern als neutralen Aufwand, im Steinkohlen-Gutachten die Vermögensteuer als Kosten. Die Einheitsbuchführung für die Braunkohlen-Industrie behandelt Steuern grundsätzlich als Kosten, nur Einkommen- und Körperschaftsteuer als neutralen Aufwand. Die steuerliche Rechtsprechung betrachtet alle Steuern bei buchführenden Erwerbsgesellschaften als Geschäftsunkosten. Helpenstein (Annalen für Betriebswirtschaft, 1930/1, S. 229) weist darauf hin, daß der Reichsfinanzhof tatsächlich (Bd. I, S. 115) entschieden hat, daß alle Steuern bei Berechnung des Bilanzgewinnes nach § 16 des Kriegssteuergesetzes von 1916 als Geschäftsunkosten abzugsfähig sind. Er selbst ist auch der Ansicht, daß betriebswirtschaftlich alle Steuern, wenn man von einem Reingewinn sprechen will, in Abzug zu bringen sind, soweit sie mit dem Gewinn in ursächlichem Zusammenhang stehen. So führe auch der Reichsfinanzhof (Bd. XII, S. 3 und 108) aus, daß bei buchführenden Erwerbsgesellschaften sämtliche Steuern aus der allgemeinen Erwägung in Abzug zu bringen sind, daß Steuern aller Art, die die Gesellschaft entrichtet hat, nach den Grundsätzen ordnungsmäßiger Buchführung zu den Betriebskosten gehören. Analog, schließt Helpenstein, müsse für Personalgesellschaften und Einzelfirmen dasselbe gelten, es müsse also die Kosteneigenschaft aller Steuern bejaht werden.

Allgemein ergibt sich der Kostencharakter der Steuern aus ihrer Eigenschaft als Entgelt für Fremdleistungen, hier des Staates und anderer öffentlicher Körperschaften für Sicherheit und Ordnung. Diese staatlichen Fremdleistungen tragen durchaus keinen anderen Charakter als sonstige Fremdleistungen: Revisionen, Transport, Versicherung, die zweifellos Kosten darstellen. Und doch ist eine Differenzierung zwischen den einzelnen Steuerarten notwendig, weil sie in ihrer Struktur durchaus verschieden sind und auf verschiedenen Bemessungsgrundlagen beruhen. Es ist daher notwendig, individuell zu verfahren und die einzelnen Steuerarten auf ihren kalkulatorischen Charakter zu untersuchen.

Die Einkommensteuer trifft den betrieblichen Ertrag, also nicht die Produktion, nicht die wirtschaftliche Leistung, sondern ihr Ergebnis. Ist kein Reinertrag erzielt, ist auch keine Einkommensteuer zu zahlen. Es ist darum gar kein Zweifel, daß die Einkommensteuer kein Kostenelement ist, also nicht als Kostenteil einkalkuliert werden sollte. Für die kalkulatorische Nichtberücksichtigung sprechen noch folgende Erwägungen: Der Geschäftsgewinn ist nicht immer gleich dem Gewinn aus Umsatz, aus der Betriebsleistung. Spekulations- und sonstige gelegentliche Gewinne, die versteuert werden müssen, können nicht den Betriebsprodukten belastet werden. Anorganische „Gewinne“ dürfen die Produktion als solche nicht belasten. Dagegen würde gegen den Kostencharakter nicht sprechen, daß Aufwand und Zahlung bzw. Kosten und Ausgabe auseinanderfallen, ferner, daß bei der Kalkulation die Höhe der Einkommensteuer noch unbekannt ist. Das ist ein Zurechnungs- und zugleich ein Schätzungsproblem, die genau so wie andere betriebliche Zurechnungs- und Schätzungsprobleme zu behandeln sind. Bei der Schätzung ist daher durchaus — trotz aller Schwäche dieses Verfahrens — die Vergangenheit als Maßstab für die Zukunft zu nehmen. Es würde auch nicht gegen einen Kostencharakter der Einkommensteuer sprechen, daß sie progressiv und schwer zu entscheiden ist, welcher Teil dem Betriebe und welcher dem übrigen Einkommen zu belasten wäre. Auch das sind Fragen der Zurechnung und keine Steuerfragen. Die Schwierigkeit der Errechnung und Verrechnung, die gegen die Behandlung der Steuern als Kosten oft angeführt werden, wären gleichfalls kein Argument für die Ertragseigenschaft der Einkommensteuer. Diese wird deshalb als Ertragselement behandelt, weil sie ein solches ist, nicht, weil die Kostenbehandlung Schwierigkeiten macht. Auch der oft vorhandene Zustand, daß die Einkommensteuer aus der Kasse des Betriebes gezahlt wird, kann noch keine Kosteneigenschaft begründen, weil dann jede betriebliche Zahlung Kosten darstellen müßte, also auch Dividendenausschüttung. Wenn die Rechtsprechung die Einkommensteuer als Kosten betrachtet, warum läßt sie diese nicht abziehen wie andere Abzugskosten, z. B. Werbungskosten?

Ebensowenig wie die Einkommensteuer besitzt die Körperschaftsteuer Kostencharakter, wenngleich es bei ihr näher läge, sie als Kosten der Unternehmung zu behandeln, da ihr Verhältnis zum Betrieb ein viel engeres ist als das der Einkommensteuer. Auch bei ihr liegt derselbe Tatbestand vor wie bei der Einkommensteuer. Auch sie ist aus dem Ertrag zu zahlen und darum nicht einzukalkulieren. Daß sie häufig als Kostenteil in der Praxis behandelt wird, beweist und begründet nichts. Es kommt nicht darauf an, wie etwas getan wird, selbst wenn es schon heilige Tradition geworden ist, sondern wie etwas nach Abwägen aller Gründe dafür und dawider behandelt werden sollte. Die Körperschaftsteuer ist die Einkommensteuer der juristischen Person und genau so zu behandeln wie diese. Für den ausgeschütteten Gewinn ergibt sich, da er auch bei dem Bezieher des Gewinnes als Einkommen besteuert wird, eine Doppelbesteuerung. Aber auch dieser Grund kann für die Steuer auf den ausgeschütteten Gewinn keine Sonderbehandlung begründen. Zudem fällt bei der Körperschaftsteuer die Progression der Steuersätze fort.

Völlig anders liegt der Fall bei der Vermögensteuer und den ihr verwandten Steuern. Bei der Vermögensteuer kommen von den vier steuerlichen Vermögensarten nur das Betriebsvermögen in Betracht. Die Steuer, die auf dieses zu zahlen ist, ist naturgemäß Kostenteil, da dieses Vermögen zum Betrieb nötig ist. Die Produktion als solche wird hierdurch besteuert. Die auf den Produktionsmitteln ruhenden Steuern können gar nicht anders behandelt werden als die Produktionsmittel selbst. Aber nur das Betriebsvermögen, das wirklich zur Produktion benutzt wird, begründet diese Eigenschaft. Betriebsvermögen in Form von Beteiligungen — für Gesellschaften, für die das Schachtelprivileg nicht in Betracht kommt — und sonstiges, nicht zur Produktion bestimmtes Vermögen — z. B. Spekulationseffekten, ebensowenig spekulative Läger (das Steuerrecht erkennt die Eigenschaft des eisernen Bestandes bekanntlich nicht an) — begründet keine Kosteneigenschaft; solches Vermögen ist betriebliches Zusatzvermögen, und die diesem entsprechende Vermögensteuer ist darum nicht einzukalkulieren. Die noch bis 1936 zu zahlende Industriebelastung besitzt Vermögensteuercharakter, schon wegen der Bemessungsgrundlage, die das Vermögen darstellt.

Die Gewerbesteuer zeigt nach den drei verschiedenen Bemessungsgrundlagen: Gewerbekapital, Gewerbeertrag und Lohnsumme verschiedenen Charakter. Das Gewerbekapital ist dem Betriebsvermögen ähnlich, wenn auch seine Errechnung Unterschiede aufweist. Soweit betriebsgenutztes Gewerbekapital in Frage steht, ist diese Steuer Kostenteil, sonst nicht. Die Gewerbeertragsteuer ist der Einkommensteuer ähnlich, in der Errechnung wiederum unterschiedlich. Soweit sie reine Ertragsteuer ist, ist sie wie die Einkommensteuer Ertrags-, nicht Kostenteil. Bildet die Lohnsumme die Bemessungsgrundlage für die Gewerbesteuer, so ist die Gewerbesteuer zweifellos Kostenteil.

Im ganzen ist die Gewerbesteuer einkalkulierbar, die kleine Abweichung der Gewerbeertragsteuer ist aus Gründen der ökonomischen Begrenzung der Genauigkeit und der verschiedenen Bemessungsgrundlage in den einzelnen Landesteilen darum meist nicht zu berücksichtigen.

Die übrigen Besitzsteuern der Länder und der Gemeinden: Grund-, Grundvermögen-, Hauszinssteuer sind wie die Vermögensteuer, also als Kostenteil, zu behandeln.

Völlig außer Frage steht die Kosteneigenschaft der Verkehrssteuern: der Umsatz-, der Grunderwerb-, der Kraftfahrzeug- u. a. Steuern. Sie sind darum als Kosten einzukalkulieren. Bei jeder Steuer ist individuell vorzugehen, um auf diese Weise ihre richtige kalkulatorische Behandlung zu erreichen. Dies gilt insbesondere auch für jede neu eingeführte Steuer. Erst nach der Analyse ihres Charakters ist ihre richtige kalkulatorische Behandlung möglich. Wie weit dann der Preis die Steuern deckt, ist eine andere Frage. Aber hierin bilden Steuern keine Ausnahme. Wie weit Kosten vom Preis gedeckt werden, ist eine Frage der Preisbildung, nicht eine solche der Kostenrechnung. Die Kostenrechnung hat die Kosten genau zu errechnen, ob der Preis sie über- oder unterdeckt, ist eine Marktfrage. Es ergeben sich dann Gewinne oder Verluste, die eben erst durch die Kostenrechnung sichtbar werden. Niemals aber ist die Grenze zwischen Kosten und Ertrag flüssig, niemals dürfen Kosten als Ertragsteile und umgekehrt behandelt werden, nur deswegen, weil etwa der Preis die Kosten überdeckt oder nicht deckt. Das sind Fragen richtigen betriebswirtschaftlichen, d. h. kalkulatorischen Denkens und richtiger Zurechnung, nicht aber Fragen der Preisbildung und Preispolitik.

cc) Der Charakter der Steuerkosten.

Wie bei allen Kostenelementen ist der Charakter der Steuerkosten dynamisch zu betrachten, also ihr Verhalten bei verschiedengradig ausgenutzter Kapazität zu untersuchen. Entsprechend ihrer verschiedenen Struktur ist auch der dynamische Charakter der einzelnen Steuern verschieden. Einzelne Steuern, die von der Kapazitätsausnutzung unabhängig sind, die also bei jeder Beschäftigungslage gleich sind, tragen fixen, andere, die von der Beschäftigungslage abhängig sind, tragen variablen Charakter, und wenn sie sich genau so ändern wie die Beschäftigungslage, sogar proportionalen Charakter. Grabower [1]) urteilt hierüber folgendermaßen: „Zu den fixen Kosten werden alle diejenigen Steuern zu zählen sein, die auf dem Vermögen ruhen, also die Vermögensteuer, die Industriebelastung, die Grundsteuer, die Gewerbekapitalsteuer. Denn für diese fixen Kosten gilt, was die fixen Kosten kennzeichnet: sie entstehen selbst bei schwächstem Beschäftigungsgrade. Zu den proportionalen Kosten wird man die auf den Ertrag abgestellten Abgaben, die Einkommensteuer, Körperschaftsteuer und Gewerbeertragsteuer zu rechnen haben. Sind die Gesamtkosten degressiv, so

[1]) Die Steuerüberwälzungslehre. Verhandlungen des Vereins für Sozialpolitik. 1926, Nr. 172, S. 490.

haben die Ertragsabgaben einen progressiven Charakter, sind die Gesamtkosten progressiv, so haben die Ertragsabgaben einen degressiven Charakter. Diese Regel, die nur unter der Voraussetzung ceteris paribus gilt, wird bei den Abgaben mit steuerlich progressivem Charakter, also z. B. der Einkommensteuer, in ihrer Wirkung um diese steuerliche Progression nach der degressiven oder progressiven Seite verstärkt". Hierzu ist einiges zu sagen, ganz abgesehen davon, daß wir die an den Ertrag gebundenen und vom Ertrag, nicht der Produktion zu zahlenden Steuern nicht als Kosten anerkennen, ihnen also auch keinen proportionalen Kosten-Charakter zuerkennen können. Aber selbst wenn die Ertragssteuern Kosten und keine Gewinnverwendung darstellen würden, ist ihr proportionaler Charakter ebenso zweifelhaft wie ihr umgekehrt proportionales Verhalten zur Kostengestaltung. Das ceteris paribus ist eine praktisch ganz unmögliche Annahme, weil eben der Preis auf die Menge, die Menge auf die Kosten, also auch auf den Preis wirkt, demnach der Preis nichts Gleichbleibendes sein kann, aber auch aus preispolitischen Gründen nicht „um jeden Preis" gleich sein sollte. Es liegt hier ein irrationales Moment vor, das am allerwenigsten der elementar-mathematischen Formel der umgekehrten Proportion folgt. Auf die möglichen Gewinnzuschläge kommt es an, und die können eben nicht gleich bleiben, wenn Änderungen in der Kaufkraft und sonstige Änderungen entstehen. Die Ertragssteuern sind zwar variable Gewinnverwendungselemente, aber doch recht unregelmäßig variable. Sogar die Umsatzsteuer, die doch immer mit demselben Satz, und stets von derselben Bezugsgröße, dem Umsatz, berechnet wird, also völlig ohne progressiven Charakter ist, besitzt nicht die Eigenschaft der Proportionalität. Sie ist proportional dem Umsatz, aber doch nur dem Wertumsatz, nicht dem Mengen-, nicht dem „Kosten"-Umsatz. Die Kosten schwanken, es schwanken aber auch, und das ist in diesem Zusammenhange wichtiger, die Gewinnzuschläge, schon bei demselben Betriebe zu verschiedenen Zeiten, um wieviel mehr bei den verschiedenen Betrieben mit ihrem verschiedenen Kostencharakter, vom Grenzbetriebe bis zu dem Betriebe mit dem höchsten Gewinn. Der einzelne Betrieb schwankt in seiner Marktstellung. Der Grenzbetrieb bleibt nicht immer Grenzbetrieb, und ein Gewinnbetrieb kann Grenzbetrieb werden. Unter diesen Umständen schwanken aber auch die Gewinnzuschläge. Sogar die Umsatzsteuer ist also keine proportionale Steuer, sie ist aber regelmäßiger variabel als die als Kostenelement behandelte Körperschaft- oder gar die progressive Einkommensteuer. Die Umsatzsteuer wird darum auch mit einiger Berechtigung als Konjunkturmaßstab angesehen.

Die *Vermögensteuern* sollen fix sein, weil sie vom Vermögen, nicht von der Beschäftigungslage abhängen. Das trifft aber nur auf kurze Sicht zu, nicht auf lange, weil hier etwas Doppeltes eintreten muß: das Vermögen muß der Beschäftigungslage, wenigstens ihrem Trend angepaßt werden. Zweitens beeinflußt die Beschäftigungslage den Wert des Vermögens, wenn auch nicht seine Menge. *Das Vermögen ist eine Funktion des Er-*

trages. Da dieser von der Beschäftigungslage, wenn auch nicht nur von ihr abhängig ist, schwankt auch das Vermögen. Bei der Errechnung des Einheitswertes ist der als Grundlage dienende Teilwert unter Berücksichtigung aller den Preis beeinflussenden Umstände zu ermitteln. Eine schlechte Beschäftigungslage ist ein solcher Umstand; für stillgelegte Betriebe ist ein Stillegungsabschlag möglich. Der Steuerkurswert, *eine* Bemessungsgrundlage des Vermögens, ist sogar außerordentlich schwankend. Da kann die Vermögensteuer in ihrem Charakter nicht fix sein. Aber sie ist es in höherem Maße als andere Steuern. Die Industriebelastung mit ihren wechselnden Sätzen ist erst recht nicht fix. Immer bleibt aber festzustellen, daß die Besitzsteuern sich in ihrer Variabilität von den übrigen steuerlichen Elementen ganz wesentlich unterscheiden. Die Einheitswertsteuern mit ihren auf längere Zeit gleichbleibenden Bemessungsgrundlagen besitzen einen relativ festen Charakter. *Kurzfristige* Beschäftigungsschwankungen wirken sich darum überhaupt nicht aus. Sogar stärkere Änderungen im Vermögenswert des Betriebes wirken sich wegen der Feststellung der Einheitswerte für längere Zeiträume entweder gar nicht oder doch nur sehr langsam aus.

dd) Die Zurechenbarkeit der Steuerkosten.

Betrachten wir nun die Steuerkosten nach ihrer *Zurechenbarkeit*. Dies ist zur richtigen Verrechnung notwendig. Auch hierfür ist die Unterscheidung nach Zeit- und Mengenkosten wichtig.

Die *Einkommen- und Körperschaftsteuer* würden wir überhaupt nicht als Kosten verbuchen, sondern als neutralen Aufwand und diesen über Jahresgewinn und -Verlustkonto oder, noch besser, über Gewinnverteilungskonto abbuchen. Verbucht man sie aber — fälschlicherweise — als Grundkosten, dann bilden sie Gemeinkosten und sind wie diese zu behandeln. Diese Steuern wären dann in den Gewinnzuschlag einzukalkulieren, der auf die Gesamtselbstkosten aufzuschlagen wäre:

$$\text{Gesamtselbstkosten} + \text{Gesamtselbstkosten}\ \frac{(\text{Gew.-Zuschlag} + \text{Eink. St.}^{1})}{100}\quad \text{z. B.}$$

$$600 + 600 \,.\, \frac{7+3}{100} = 600 + 600.01 = 660 \text{ RM.}$$

Den einzukalkulierenden Prozentsatz erhält man aus den Steuerziffern des vergangenen Jahres — den Vorauszahlungen — unter Berücksichtigung der gegenwärtigen Entwicklung. Ist ein Budget vorhanden, so ist diese Erwägung schon bei Aufstellung des Budgets angestellt worden, und die Steuerziffer kann dann dem Budgetplan unmittelbar entnommen werden.

Die *Besitzsteuern* bilden zweifellos Zeitkosten und sind gleich diesen im Verrechnungsgang zu behandeln. Wichtig hierbei ist der Verteilungsschlüssel auf die einzelnen Kostenstellen, wenn eine differenzierende Zuschlags-

---

[1]) Beide in Prozentsätzen der Gesamtselbstkosten.

kalkulation in Übung ist. Das Prinzip ist, wie immer, das der Verursachung. Als natürlicher Verteilungsschlüssel ergibt sich der Grad der Inanspruchnahme der einzelnen Vermögensteile durch die einzelnen Abteilungen (Kostenstellen): jeder Kostenstelle die Steuerkosten der in ihr vorhandenen Produktionsmittel. Die steuerliche Bewertung der einzelnen Vermögensteile oder Wertgruppen, den einzelnen Abteilungen wertmäßig zugeteilt, bietet demnach den Schlüssel für die Verteilung der Vermögensteuer auf die einzelnen Kostenstellen. Nichtgenutzte Kapazität wäre richtigerweise über Monatsgewinn- und Verlustkonto abzubuchen.

Die Verteilung der einzelnen Steuern sei an einem Beispiel von Castenholz [1]) gezeigt: Die jährliche Steuer beträgt 6162.00 $, davon Vermögensteuer 3000.00 $, Gebäudesteuern 2400.00 $, Grundsteuer 762.00 $. Von dem Grund und Boden ist ein Drittel unbenutzt und soll der Erweiterung dienen. Die Grundsteuerkosten behandelt Castenholz folgendermaßen: Ein Drittel = 254.00 $ bucht er auf das Konto Steuern für unbenutztes Land ab, den Rest von 508.00 $ verteilt er auf folgende Weise:

Kostenstellen Gebäude	Flächenausdehnung in Fuß²	Verhältnis des Wertes	Steueranteil
Verwaltung	1800	18/254	36.00 $
Kraftanlage	2000	20/254	40.00 „
Lager	1600	16/254	32.00 „
Werkstatt	7500	75/254	150.00 „
Vorzusammensetzung	8500	85/254	170.00 „
Endzusammensetzung	4000	40/254	80.00 „
	25400	254/254	508.00 $

Gebäudesteuern

Gebäude	Werte	Wertanteile	Steueranteil
Verwaltung	12000	12/160	180.00 $
Kraftanlage	14000	14/160	210.00 „
Lager	4000	4/160	60.00 „
Werkstatt	40000	40/160	600.00 „
1. Vorzusammensetzung	60000	60/160	900.00 „
2. Endzusammensetzung	30000	30/160	450.00 „
	160000	160/160	2400.00 $

Bei der preußischen Grundvermögensteuer werden bei der Bewertung Unterschiede zwischen Boden- und Gebäudewert gemacht. Dann sind beide auch selbständig zu verteilen. Hierzu folgendes Beispiel:

Die Bodenfläche beträgt 5000 m², das Gebäude hat 2 Stockwerke. Der Steuerwert beträgt 500 000 RM., davon der Grund und Boden 100 000 RM., die Gebäude 400 000 RM. Die Verteilung kann folgendermaßen vor sich gehen (die Anteile sind infolge des Wertes der benutzten Teile der einzelnen Kostenstellen an den Steuerkosten des Bodens andere als bei denen des Gebäudes):

---

[1]) Cost accounting procedure. Chicago 1923.

Kostenstelle	Benutzte Fläche m²	Wertanteil	Steueranteil
1. Bodenwert:			
Verwaltung	1000	20000	20%
Hilfsbetriebe	1000	20000	20%
Hauptbetriebe	2000	40000	40%
Lager	1000	20000	20%
	5000	100000	100%
2. Gebäudewert:			
Verwaltung		40000	10%
Hilfsbetriebe		120000	30%
Hauptbetriebe		160000	40%
Lager		80000	20%
		400000	100%
3. Boden- und Gebäudewert:			
Verwaltung		60000	12%
Hilfsbetrieb		140000	28%
Hauptbetriebe		200000	40%
Lager		100000	20%
		500000	100%

Bei dieser Verteilung beträgt der Anteil der Verwaltung 12%, bei summarischer Behandlung nach der benutzten Bodenfläche 20%, der Hilfsbetriebe 28%, sonst 20%.

Neben Steuern als Gemeinkosten gibt es auch solche als Einzelkosten. Hierher gehören: die Umsatz-, die Lohnsummen-, die Grunderwerbsteuern, die Verbrauchsteuern. Die Umsatzsteuer wird dem einzelnen Kostenträger zugeschlagen, am besten auf den Preis als Zuschlag im Hundert: $\frac{P \cdot 100}{100 - p}$. Zur Kalkulation benutzt der Betrieb Tabellen, in denen der Satz der Umsatzsteuer in Zuschlagssätze i. H. umgerechnet ist:

Umsatzsteuer %	Zuschlagssatz %
0.75	0.756
0.85	0.856
1.00	1.01
2.00	2.04
5.00	5.26
10.00	11.11

Die übrigen als Einzelkosten zu behandelnden Steuern sind den einzelnen verursachenden Kostenträgern direkt zuzuschlagen.

Eine solche Behandlung der Steuern in der Selbstkostenrechnung erscheint notwendig, wobei immer die formale (Verfahrensweise) und die materielle Seite (Rechnungsinhalt, Werthöhe) zu unterscheiden sind. Die formale Seite, bei der es auf die Erfassung aller Teile und ihre richtige Zurechnung ankommt, bedingt ein Verfahren, das zwangsläufig alle Elemente erfaßt. Eine Garantie hierfür bietet nur die doppelte Buchhaltung, weshalb eine organische Verknüpfung von Buchhaltung und Kostenrechnung, Finanz- und Betriebsbuchhaltung, notwendig ist. Im anderen Falle könnten zahlreiche Kostenelemente und Kostenträger unberücksichtigt bleiben, was freilich nicht nur für Steuern gilt, sondern ebenso für Eigenverbrauch und Leistungen für den eigenen Betrieb. Die größten Schwierigkeiten macht freilich die richtige Zurechnung.

Die materielle Seite bietet aus vier Gründen besondere Schwierigkeiten: 1. wegen der Notwendigkeit der Vorausschätzung gewisser Steuern, 2. wegen der Anwendung des Kontinuitätsprinzips (Posten- und Wertgruppenkontinuität), 3. wegen der Nichtberücksichtigung von Geldwertschwankungen durch das Steuerrecht, 4. wegen der Uneinheitlichkeit betriebswirtschaftlicher und steuerlicher Auffassungen (Handels- und Steuerbilanz, handels- und steuerrechtliche Gewinnbegriffe, handels- und steuerrechtliche Wertungen u. v. a.).

Über die Notwendigkeit und Unvollkommenheit der Schätzung ist in diesem Zusammenhang schon gesprochen worden. Die Frage der Kontinuität ist in der Betriebswirtschaftslehre und im Steuerrecht verschieden beantwortet. Die Postenkontinuität bedingt die gleichen Posten — nach Namen und Zahl — in aufeinanderfolgenden Bilanzen. Die Wertgruppenkontinuität verlangt die Anwendung derselben Wertansätze in den Bilanzen. Die betriebswirtschaftliche Bilanzlehre erkennt den Grundsatz der Bilanzkontinuität nicht an, wohl aber, wenn auch mit gewissen Einschränkungen, das Steuerrecht.

Die Berücksichtigung der Geldwertschwankungen, von der Betriebswirtschaft gefordert, ist vom Steuerrecht nicht anerkannt; ebensowenig die Sonderwertung der eisernen Bestände, an denen die Betriebswirtschaftslehre festhält.

Die Uneinheitlichkeit der Auffassungen in Betriebswirtschaftslehre und Steuerrecht ist ein großes Hindernis für eine rationale Steuerbearbeitung im Betriebe. Im Laufe der Zeit wird wohl eine größere Angleichung erzielt werden, infolge der verschiedenen Standpunkte und Interessen ist aber eine Vereinheitlichung kaum erreichbar.

Alle diese Schwierigkeiten entbinden aber den Betrieb nicht davon, die Steuern möglichst genau zu erfassen. Ein genaues Wissen um die Steuerkosten ist immer notwendig, ein Einkalkulieren ist selbst dann vorzunehmen, wenn der erzielbare Preis die Steuer nicht deckt. Hier kommen wir zu der Frage nach dem Verhältnis der Steuerkosten zum Preis, ob im Preis die Steuern gedeckt werden, die Steuern also überwälzt werden können oder nicht.

ee) Steuern als Preiselement.

Steuerüberwälzung — eine ebenso wichtige betriebs- wie volkswirtschaftliche Frage — ist die Übertragung der Steuerkosten auf andere durch Preisänderungen. Sie ist eine Frage der Preisbildung und bildet nur einen Spezialfall.

Es kann nicht gesagt werden, daß die Steuern immer oder niemals überwälzt — fort- oder rückgewälzt — werden können, ebensowenig wie man sagen kann, daß Kosten immer im Preise rückvergütet werden, oder daß Kosten und Preise nichts miteinander zu tun haben. Es gibt freilich Steuern, die aus ihrer Struktur heraus leichter als andere, ferner solche, die gar nicht überwälzt werden können, z. B. Erbschaftsteuern. Diese haben aber mit betrieblichen Steuern nichts zu tun. Bei den einzelnen Arten der betrieblichen Steuern kann man nur eine geringere oder größere Neigung zur Überwälzbarkeit feststellen. Die Struktur der einzelnen Steuer ist hierbei wesentlich. Ertragssteuern (Einkommen- und Körperschaft-, Gewerbeertragsteuern) zu überwälzen ist schon deswegen schwierig, weil ein Hemmnis hierfür in der Natur dieser Steuern liegt. Dasselbe gilt für Steuern auf alle Nettorenten und Zufallsgewinne. Ganz anders ist die Lage bei den Verkehrssteuern (z. B. Beförderungsteuer, der Umsatzsteuer), deren Überwälzung vom Gesetzgeber geradezu beabsichtigt ist. Das gleiche gilt von der Hauszins-, der Gebäudesteuer, deren Überwälzung in der Wohnungszwangswirtschaft vom Gesetzgeber ermöglicht wird. Bei freier Wirtschaft ist die Überwälzung der Gebäudesteuer bei der geringen Elastizität von Angebot und Nachfrage auf dem Wohnungsmarkt verhältnismäßig leicht. Von den landwirtschaftlichen Grundsteuern sagt Röpke [1]), daß die Überwälzung nur dann gelingt, wenn sie nicht nach dem Rein-, sondern nur nach dem Rohertrag bemessen wird, d. h. ohne Abzug der für den einzelnen Betrieb verschiedenen Produktionskosten. Von der Gewerbesteuer behauptet Neißer [2]), daß sie nur für die verhältnismäßig kleine Menge der internationalen, nicht preisgebundenen Waren Bedeutung habe. Bei diesen müßte die Überwälzung gelingen, wenn sie nicht schon durch Rückwälzung auf den Produzenten erledigt sei. Durch Belastung aller Produzenten mit der Gewerbesteuer als Realsteuer bekomme sie schon an sich den Charakter des Kostenelementes und belaste auch den Grenzproduzenten, dem alle Kosten ersetzt werden. Gewerbesteuer als Kapital- und als Lohnsummensteuer werde darum immer überwälzt, die Gewerbeertragsteuer dagegen immer nur in geringerem Maße, da sie den Grenzproduzenten gar nicht oder nur in geringerem Maße belaste.

Neben der Natur der zu überwälzenden Steuer kommt es aber auf die Preisbildungssituation an, auf das Verhältnis von Angebot und Nachfrage im einzelnen Fall. Denn die Überwälzung ist nur durch eine Änderung von Angebot und Nachfrage möglich. Sonst müßte das bestehende Verhältnis von Angebot und Nachfrage unausgeglichen gewesen sein. Der elastische Teil ist bei der Überwälzung im Vorteil, so daß man als Tendenz formulieren kann: Das Verhältnis der Angebots- zur Nachfrage-

[1]) Finanzwissenschaft. Die Handelshochschule. 2. Bd. Berlin 1926/32.

[2]) Colm-Neißer, Kapitalbildung und Steuersysteme. Berlin 1930.

elastizität entscheidet über die Überwälzbarkeit einer Steuer. Starres Angebot — Betriebe mit Fixkapital- und Fixkostenstruktur — bei elastischer Nachfrage besitzt keine Überwälzungschance und umgekehrt. Darum sind lebensnotwendige Güter gute Objekte der Überwälzung, Luxusgüter schlechte. Monopolbetriebe dagegen müssen — abgesehen von völlig starrer Nachfrage, wo eine Preiserhöhung in einzelnen Fällen immer noch erzwungen werden kann — die Steuerbelastung selbst tragen, weil sie den Preis, der schon der günstigste Preis ist, nicht ohne Nachteil ändern können. Monopole jeglicher Art beschränken die Fortwälzung. Ist eine Steuer trotzdem abwälzbar, ist dies ein Beweis, daß das Monopol nicht voll ausgenützt war.

Wichtig ist ferner, in welcher Beschäftigungslage der Betrieb arbeitet, ob mit gleichbleibenden, ab- oder zunehmenden Kosten. Bei zunehmenden Kosten infolge Überbeschäftigung ist die Steuer abwälzbar, bei abnehmenden dagegen nicht, weil im ersten Falle die Nachfrage eine steigende ist, im zweiten dagegen die abgewälzte Steuer die Nachfrage vermindern würde.

Eine ebensogroße Rolle spielen ferner die Ersetzbarkeit der Güter und die Länge der Produktionsdauer. Die erstere vermindert, die letztere erhöht die Überwälzbarkeit. Darum hängt die Überwälzbarkeit ab (nach Seligman [1])):

1. von dem Elastizitätsgrad der Nachfrage nach dem besteuerten Artikel;
2. von der Beweglichkeit des Angebots, wobei für die Preisentwicklung von Bedeutung sind:
   a) der Umfang der für die einzelnen Produzenten verschiedenen Bedingungen,
   b) die Kostenentwicklung, das Sinken, Gleichbleiben oder Steigen der Kosten,
3. von der Progression oder Proportionalität der Steuer.

Trotzdem ist damit für den einzelnen Fall noch wenig gesagt; einmal gelingt die Überwälzung, ein andermal nicht. Der Betriebswirt wird sich aber durch die Unüberwälzbarkeit der Steuer nicht abhalten lassen, eine richtige Kostenrechnung aufzumachen. Ist eine Steuer Kostenteil, wird er sie einkalkulieren wie jedes übrige Kostenelement und die fehlende Rückvergütung als regulären Verlust betrachten. Bei der Analyse des Verlustes mag es ihm vielleicht dann eine Erleichterung bereiten, wenn er findet, daß die Nichtdeckung nur die Steuern betrifft, daß es ihm also nicht gelungen ist, die Steuer zu überwälzen.

2. Fertigungskosten [2]).

a) Allgemeines zur neuzeitlichen Fertigung.

Die Produktion ist zunächst eine Frage der Technik. Jede Verfahrensweise zur Erzeugung von Gütern steht unter dem ökonomischen Prinzip:

[1]) Die Lehre von der Steuerüberwälzung. Jena 1927.

[2]) Das Kapitel über die Fertigungskosten ist im Verhältnis zu den übrigen

mit einem gegebenen Aufwand die höchste Leistung, eine gegebene Leistung mit dem geringsten Aufwand zu erzielen. Dieses Prinzip des kleinsten Mittels ist nichts Absolutes, sondern etwas durchaus Relatives, von dem Stand der Technik Abhängiges. Die Geschichte der Technik zeigt die Wandlungen der Produktionsverfahren und die Zeitbedingtheit der Fertigungskosten. Die wirtschaftlichste Erzeugung ist zu jeder Zeit eine andere, gebunden zunächst an den Stand der Technik, dann aber auch an viele andere Bedingungen: Beschaffungsmöglichkeit des Kapitals, Zinsrate, Vorhandensein von Arbeitskräften, Höhe der Arbeitslöhne, Verhältnis von Kapital- und Arbeitskosten unter Berücksichtigung des Absatzvolumens, nicht zuletzt aber an die Erzeugungsmenge. Alle diese Momente bringen eine wirtschaftliche Note in das zunächst technische Problem der Gütererzeugung. Jede Verfahrensweise ist in ihrer größten Wirtschaftlichkeit an eine optimale Menge gebunden. Wird diese nicht erreicht, ist das Verfahren nicht das wirtschaftlichste. Die Erzeugungsmenge entscheidet über die Einheitskosten, die vergleichsweisen Einheitskosten wiederum entscheiden über die Wirtschaftlichkeit der Verfahrensweisen. Die Erzeugungsmenge ist vom Absatz abhängig, mag man vorübergehend auch den Absatz unberücksichtigt lassen und auf Lager arbeiten. So setzen wirtschaftliche Möglichkeiten der Ingenieurkunst eine Grenze. Entscheidend für die Anwendung eines Verfahrens sind die Einheitskosten bei gegebener Menge. Der rein technisch Denkende übersieht leicht diese für die Wirtschaftlichkeit und Rentabilität eines Betriebes entscheidende Tatsache.

So besitzt die Produktion ein technisches und ein wirtschaftliches Problem. Beide enthalten zugleich ein Organisationsproblem. Die Erzeugung unterliegt naturwissenschaftlichen, die Organisation der Fertigung organisatorischen Gesetzen.

Das Charakteristikum der modernen Fertigung ist die Maschinenproduktion, die ihren Gipfelpunkt in der Fließfertigung erreicht hat, einer Verfahrensweise, die besonders kapitalintensiv und an besonders hohe Mengen geknüpft ist. Bei den modernen Fertigungsweisen findet daher eine Kostensubstitution statt: von Arbeitskosten durch Kapitalkosten, wobei

---

Abschnitten viel kürzer gehalten. Hierfür waren folgende Gründe entscheidend: Eigentlich ist das ganze Buch eine Theorie der Produktion, so daß die meisten Probleme schon an anderer Stelle behandelt sind: unter Dynamik, Kapitalkosten, Kapazitätskosten, Kosten und Preis u. a. Ferner sind gerade die Fertigungskosten in der Literatur am ausführlichsten und besten behandelt. Als Literatur empfehlen wir zur Ergänzung insbesondere: Schmalenbach, Selbstkostenrechnung; Leitner, Selbstkostenberechnung industrieller Betriebe; Th. H. Sanders, Industrial Accounting, New York 1929; M. V. Hayes, Accounting for Executive Control, New York-London 1929; J. L. Dohr, Cost Accounting, New York 1924; L. C. Amidon and Th. Lang, Essentials of Cost Accounting, New York 1928; J. O. McKinsey, Managerial Accounting, Chicago 1925; A. H. Church, Overhead Expenses, New York-London 1930; C. L. Maze and J. G. Glover, How to analize Costs, New York 1929; E. A. Saliers (Herausgeber), Accountants Handbook, New York 1923; Recent Economic Changes in the United States, New York-London 1929.

es wiederum gilt, die wirtschaftlichen Grenzen zu erkennen. Diese Erkenntnis verschafft eine Kalkulation der Verfahrensweisen. Bei diesen Kalkulationen ist ein Faktor nicht zu vergessen: die sozialen Gemeinkosten.

Die modernsten Produktionsverfahren: mechanisierte und maschinisierte Verfahrensweisen, insbesondere die Fließfertigung, sind eine Mengenfrage. Sie führen zur Massenfertigung und sind nur bei Massenfertigung anwendbar.

Die Befolgung naturwissenschaftlicher und organisatorischer Gesetze ist Voraussetzung wirtschaftlichster Produktion: rationaler Betriebsführung. Die Rationalisierung ist vernunftgemäße Gestaltung des Betriebsprozesses: der Fertigung und des Absatzes, des Einkaufs, der Lagerung und des Innentransportes; der Finanzierung und der Verwaltung; der Verteilung und des Konsums. Sie ist vernunftgemäße Gestaltung des gesamten Wirtschaftsprozesses und geht darum über den Innenbetrieb hinaus, wenngleich sie im Innenprozeß beginnt und sich hier vor allem auswirkt. Rationalisierung ist nicht gleichbedeutend mit Mechanisierung und Maschinisierung, unter Berücksichtigung vorhandener Menschenkräfte und gegebener Absatzmengen oft das Gegenteil davon. Rationalisierung ist Organisation der Produktion unter dem Gesichtspunkt größter Wirtschaftlichkeit, ist Kapital-, Stoff-, Arbeits- und Zeitökonomie.

Rationalisierung ist ein Methodenproblem. Innerhalb dieses Problems, als Unterproblem erst, entsteht das Problem der Massenproduktion. Rationalisierung kann unter bestimmten Umständen zur Massenproduktion führen.

Ebenso wie Rationalisierung häufig mit Maschinisierung und Mechanisierung, wird Massenproduktion mit Produktion großer Mengen und Fließfertigung verwechselt. Auch die Massenproduktion ist zunächst ein Methodenproblem, ein Problem der Technik und nicht des Kapitals. Massenproduktion ist Herstellung standardisierter Artikel mit standardisierten Verfahrensweisen. Die Herstellung genormter Artikel, die Austauschbarkeit der Teile, ermöglicht in vielen Fällen Erzeugung großer Mengen. Die standardisierte Produktion führt daher zur Herstellung großer Mengen, aber erst als Folge. Henry Ford und Edward Filene betonen beide ausdrücklich, daß man im täglichen Sprachgebrauch zu sehr den Begriff der Massenproduktion als Mengenbegriff nimmt, während er an erster Stelle eine Methode bezeichnen soll. Massenproduktion wird in U. S. A., dem Ursprungsland dieser Produktionsweise, etwa wie folgt aufgefaßt: als Herstellung großer Mengen gleichförmiger Erzeugnisse durch standardisierte, in bestimmter Reihenfolge ablaufende Arbeitsprozesse mit maximalem Maschinen- und minimalem Arbeitskraftgebrauch zu geringsten Kosten.

Bis jetzt hat sich die Massenproduktion, zum mindesten in U. S. A., durchgesetzt in folgenden Erzeugungsprozessen: elektrischer Apparate, Automobilen, Radiogeräten, Petroleumerzeugnissen, Zucker, Zement, Glas, Gummireifen, z. T. Kleidungsstücken geringerer Art. Dagegen ist sie nicht denkbar in allen Erzeugnissen der Bestellungsindustrie: Schiffen, Lokomotiven, Werkzeugmaschinen, Kleidungsstücken hoher Qualität.

Die Erfindung der Massenproduktion schreiben die Amerikaner Eli Whitney und Simon North zu, die bereits um 1800 Flinten für die amerikanische Regierung mit auswechselbaren Teilen in großen Mengen hergestellt haben. Mit Erfolg wurden diese Methoden bald in der Nähmaschinen- und Uhrenfabrikation angewandt. Ihren höchsten Stand erreicht die Massenproduktion in Verbindung mit der fließenden Fertigung.

Die Fließfertigung ist nicht nur als Fertigung am laufenden Bande oder unter Benutzung sonstiger kostspieliger Transportgeräte aufzufassen. Das wesentliche an ihr ist die Beschleunigung des Materialumlaufs, die um so wirkungsvoller durchgeführt ist, je geringer die Zeitspanne zwischen Materialbereitstellung und Eingang des Fertigprodukts in das Sammellager ist. Zeitersparnis bis zu 90% wird von Betrieben berichtet. Bei der großen betrieblichen Bedeutung des Faktors Zeit ist die betriebliche Wirkung einer solchen Produktionsweise zum Greifen deutlich. Zweifellos wird die Höchstwirkung der fließenden Fertigung am laufenden Bande erreicht; doch setzt sie eine Mindesterzeugungsmenge voraus, weil die große Arbeitsteilung, die zur hochgesteigerten Fließfertigung nötig ist, immer eine Mehrzahl von Produkten am laufenden Band zur selben Zeit nötig macht, einen ununterbrochenen Arbeits- und Materialfluß und insbesondere eine kontinuierliche Ausnutzung des großen Anlageapparates bedingt. Wird die notwendige Mindestmenge zur Kapazitätsausnutzung nicht erreicht, ist die Fertigung am laufenden Bande unwirtschaftlich. Deswegen braucht man auf den durchaus gesunden Gedanken der Fließfertigung: den beschleunigten Material- und Erzeugungsfluß, nicht zu verzichten. Man wird eben ohne viel kostbare Transporteinrichtungen, und sei es durch Menschenhand, für einen stetigen, von einem Arbeitsplatz zum anderen gehenden Arbeitsfortgang sorgen. Notwendig ist hierzu nur eine genügende Arbeitsvorbereitung: Material-, Maschinen- und Arbeitskraftvorsorge.

Die Tendenz zur Massenproduktion, die unter den Problemen der Fertigung das größte Interesse beansprucht, ist infolge ihrer Voraussetzungen und Grenzen nicht für alle Länder gleichbedeutend, wenngleich sie zweifellos für alle Länder von steigender Bedeutung ist. Eine Erhöhung des Lebensstandards ist an sie gebunden.

Voraussetzungen der Massenproduktion sind:

1. Massenkonsumtion;
2. Kontinuierlichkeit der Nachfrage;
3. Standardisierung der Produkte und der Verfahrensweisen;
4. hoher Stand der Transportmittel und der Verkehrsorganisation;
5. großbetriebliche Produktion, darum betriebliche Konzentration. Sie führt häufig zur vertikalen Integration.

Besondere Eignung zur Massenproduktion besitzen:

1. Erzeugnisse, die zum guten Teil aus einheitlichem Rohmaterial bestehen, z. B. Stahl und Eisen;

2. die eine kontinuierliche Behandlung des Rohmaterials, und
3. eine kontinuierliche Reihe von Operationen zur Formung des Rohmaterials erfordern.

Die Verfahrensweise der Massenproduktion enthält ein technisches und ein organisatorisches Problem, zwar wie alle Probleme der Fertigung, aber doch in viel höherem Maße als jene:

1. Spezialisierung (auf einige Typen, einige Teilfabrikate).
2. Standardisierung der Produkte (Vereinheitlichung der Maße und Formen) und Arbeitsweisen (Art und Aufeinanderfolge der Bearbeitung und Zusammensetzung).
3. Genaue Planung und Kontrolle der Arbeit und der Produkte (genaueste Nachmessung, damit Austauschbarkeit gewährleistet ist).
4. Arbeitsteilung: Zerlegung in eine große Anzahl von möglichst einfachen Teilverrichtungen, die von nur angelernten Arbeitern leicht verrichtet werden können.
5. Arbeitsvorbereitung: genaue Konstruktionszeichnungen und Stücklisten; Material-, Maschinen- und Werkzeug-, Arbeiterbereitstellung; genaue Zeitfestsetzungen auf Grund von Zeitstudien oder wenigstens erfahrungsbegründeten Zeitschätzungen.

Grenzen der Massenproduktion ergeben:

1. Artikel, die sich, infolge des Geschmacks des Publikums, der Standardisierung widersetzen.
2. Waren, die infolge ihres Preises der Kaufkraft der Massen nicht entsprechen und dadurch den Massenkonsum verhindern.
3. Produktionsmethoden, die öfteren technologischen Änderungen unterworfen sind.
4. Komplizierte Methoden, die hochqualifizierte Arbeiter benötigen (z. B. medizinische Instrumente).
5. Produktionsmengen, die die Ausnutzung der Kapazität nicht ermöglichen.

Vorteile der Massenproduktion sind:

1. Größte Produktionsbeschleunigung, schnellster Materialfluß, Ersparnis vor allem von Innentransportzeiten.
2. Günstige Einkaufsmöglichkeiten zu niedrigen Preisen.
3. Geringe Läger infolge genormter Einzelteile.
4. Größte Übersichtlichkeit des Produktionsprozesses, genaue Kontrollen.
5. Geringste Herstellungskosten und darum niedrigste Preise.
6. Verminderung der Beschäftigungszeit der Arbeiter.
7. Erhöhung des Lebensstandards der Bevölkerung.

Nachteile sind folgende:

1. Höchstes Investitionsrisiko.
2. Steigende Kapazitätskosten.
3. Geringe Anpassungs- und Umstellungsmöglichkeiten, Nachteile, die unter Umständen so groß sein können, daß sie diese moderne Fertigungsweise unmöglich machen.

Die Massenproduktion enthält die Nachteile und Schwächen der Maschinenproduktion in höchstem Grade und zeigt alle Probleme der modernen Fertigung in höchstem Maße: insbesondere das Verhältnis zwischen Mensch und Maschine und die Erzeugung technologischer Arbeitslosigkeit. Trotz aller Nachteile, die durchaus sichtbar sind, scheinen uns die Vorteile der modernen Fertigungsweise und insbesondere auch der Massenproduktion größer als ihre Nachteile und betriebliche Rationalisierung ein ewiges Problem zu sein, dem sich kein Betrieb entziehen kann, nicht der einzelne Betrieb, und schon lange nicht die gesamte Volkswirtschaft gegenüber internationaler Konkurrenz. Es liegt am Menschen und an schlechter Organisation nationaler Wirtschaft, wenn die Maschine aus einem Helfer, der sie natürlicherweise ist, zu einer Geißel wird. Daß bei aller Überproduktion und Überkapazität überall ein ungeheurer Mangel herrscht, ist nur ein Mangel der Güterverteilung und ungenügender weltwirtschaftlicher Einsicht.

Der Betrieb muß rationalisieren, aber es muß eine richtige Rationalisierung sein: unter Berücksichtigung der betrieblichen und Marktgrenzen, der Kapital- und Arbeitsverhältnisse, der Löhne und der Zinsen und der sozialen Kosten der Arbeitslosigkeit. Es ist zweifellos falsch, Maschinen einzustellen und Menschen zu entlassen, wenn

1. die fixen Kosten der Maschinen höher sind als die Arbeitskosten für die gleiche Arbeit,
2. wenn die fixen Kosten der Arbeitslosigkeit (soziale Gemeinkosten) höher sind als die Ersparnisse durch Maschineneinsatz,
3. wenn die Verluste durch ungedeckte fixe Kosten in der Depression höher sind als die Gewinne bei guter Beschäftigungslage in der Hausse,
4. wenn die Gefahr ungenutzter Kapazität das Investitionsrisiko ungebührlich erhöht.

Die moderne Produktion spitzt sich zu einer Frage der Ausnutzung der Kapazität zu, und darum ist die erste Aufgabe des Betriebes, den Produktionsapparat immer innerhalb der Grenzen der Ausnutzungsmöglichkeit zu halten. Nicht die Maschine, sondern die nichtausgenützte Maschine ist die Geißel der Menschheit. Darum ist der oberste Grundsatz neuzeitlicher Produktion:

Kein Einsatz von Anlagen, die nicht genügend ausgenutzt werden können. Nicht die technische Leistungsfähigkeit entscheidet, sondern die wirtschaftliche, und nicht der Technik gehört der Primat, sondern der Wirtschaft.

b) Die einzelnen Kostenelemente.

aa) Die Materialkosten.

Die Herstellungskosten setzen sich aus folgenden Kostenelementen zusammen:

1. direkten Kosten:
   a) Material-,
   b) Arbeits-,
   c) Sondereinzelkosten.
2. indirekten Kosten:
   a) Material-,
   b) Arbeits-,
   c) sonstigen Gemeinkosten (Kapital- und Fremdleistungskosten).

Zunächst die Materialkosten.

In sehr vielen, vielleicht den meisten Fällen, stehen die Materialkosten an erster Stelle unter den betrieblichen Kostenarten. Eine Ausnahme machen

Betriebe a) mit sehr kostspieliger Verarbeitung, z. B. medizinische Geräte, b) mit Abbau von Bodenschätzen, wo diese an sich wenig oder gar keine Kosten verursachen und Materialaufwand eigentlich nur Hilfsmaterialien darstellt (Sprengstoffe, Grubenholz usw.) und endlich c) Betriebe mit Produktion von Transportleistungen, wo gleichfalls die Arbeits- bzw. die Kapitalkosten überwiegen.

Die Materialkosten bestehen aus:

1. direkten Materialkosten (erscheinen in der Substanz des Produktes),
2. Materialnebenkosten: a) Fracht, b) An- und Abfuhrkosten, c) Zölle, d) Versicherung, e) Provisionen,
3. indirekten Materialkosten (werden zur Fabrikation gebraucht, erscheinen aber nicht im Produkt),
4. Materialunkosten: a) Kosten der Einkaufsabteilung,
   b) Kosten der Lagerhaltung:
   - aa) Löhne, Gehälter und sonstige Unkosten der Lagerverwaltung,
   - bb) Innentransport,
   - cc) Versicherungskosten des Lagers,
   - dd) Verzinsung des Lagers,
   - ee) Abschreibung des Lagers (Schwund, sonstige Verluste),
   - ff) Verzinsung und Abschreibung der Magazine.

Zur Erfassung der Materialkosten müßten jedem Material seine Neben- und Unkosten zugerechnet werden, insbesondere die Nebenkosten, schon wegen der verschiedenen Preisstellungen: cif, fob u. a. Aus ökonomischen Gründen, vor allem bei den vielen kleinen Posten, geschieht es aber nicht. Sie werden schlüsselmäßig auf das gesamte Material verteilt. Bei der Errechnung der Materialkosten der Produkteinheit müßten ebenso alle Materialien direkt erfaßt werden. Gleichfalls aus ökonomischen Gründen werden sie schlüsselmäßig verteilt. Neben echtem Gemeinkostenmaterial gibt es auch unechtes, das wegen der kleinen Quanten eine direkte Verrechnung nicht lohnt, wenn es auch dem Wesen nach direktes Material ist und im Produkt erscheint.

Für den Betrieb ist es sehr wichtig, durch eine genaue Kostenanalyse den Anteil der einzelnen Kostenarten zu erkennen, weil die betriebliche Pflege und Kontrolle sich des überwiegenden Kostenfaktors besonders annehmen muß. Hier sind die meisten Ersparnisse zu erzielen, hier ist aber auch die größte Verschwendung möglich. Eine genaue Analyse der Kosten der einzelnen Betriebstypen ist in dem Abschnitt: Kostenzusammensetzung enthalten. Hier geben wir nur eine Tabelle von Schlesinger [1]) mit einigen wenigen Beispielen wieder:

---

[1]) Technische Vollendung und höchste Wirtschaftlichkeit im Fabrikbetrieb. Berlin 1932, S. 43.

	Werkzeugmaschinen					
	mittelschwer		schwer			
	A	B	C	D	E	F
Material	31.8	41.2	48.4	51	48.0	32.7
Lohn (produktiver)	20.7	18.3	16.1	12	13.5	15.8
Gemeinkosten	47.5	40.5	35.5	37	38.5	51.5
Herstellungskosten	100.0	100.0	100.0	100	100.0	100.0
$\frac{\text{Gemeinkosten} \cdot 100}{\text{Lohn}}$	230	220	220	308	285	325

	Metallwaren			Uhren	Eisenbahnwagenbau		Dieselmaschinen	Kraftwagen
	Armaturen	Reißzeuge	Messinggeräte		Pers.	Güt.		
Material	30	19	37	44.5	55	67	44	68
Lohn (produktiver)	25	28	21	21.5	18	10	14	10
Gemeinkosten	45	53	42	34.0	27	23	42	22
Herstellungskosten	100	100	100	100.0	100	100	100	100
$\frac{\text{Gemeinkosten} \cdot 100}{\text{Lohn}}$	180	190	200	158	150	230	300	220

Noch höhere Anteile des Materials ergeben sich bei Textilwaren (70 bis 74%), bei Schmuckgegenständen, in Glasschleifereien (Kristallglas bis zu 95%).

Das betriebliche Materialproblem ist ein doppeltes: ein Mengen- und Preisproblem. Und wiederum ist es ein Beschaffungs- und ein Verwendungsproblem.

Bei der Beschaffung ist die Mengen- und Preisfrage zu lösen: die optimale Menge und die Preisobergrenze. Die optimale Menge ergibt sich aus der für folgende Zeiten benötigten Menge: a) Produktionsdauer, b) Lieferungszeit, c) Sicherheitskoeffizient. Der letztere muß um so größer sein, je geringer die Menge ist. Eine Weiterentwicklung des Prinzips der optimalen Menge ist der Hand-Mund-Kauf, der nur minimale Bestände fordert.

Die optimale Menge erleidet aber Ausnahmen:

1. Es gibt Betriebe, die mit Hilfe spekulativer Bestände Gewinne zu erzielen versuchen, aber dies ist die Ausnahme; zumeist werden die Betriebe das Preisrisiko auszuschalten und sich gegen die Preisschwankungen durch Termingeschäfte zu sichern versuchen.
2. Die optimale Kaufmenge führt gleichfalls zum Abweichen von der optimalen Menge.

Der Bestand muß dauernd kontrolliert werden, insbesondere der veraltete und sich langsamer umsetzende Bestand. Ein brauchbares Mittel hierzu ist die permanente Inventur. Stichproben effektiver Inventur sind die notwendige Ergänzung. Dauernde Kontrolle ist um so notwendiger, je stärker die Preisschwankungen sind.

Sanders [1]) gibt einige empirische Zahlen für die Kosten der *Lagerbuchführung* und der permanenten Inventur an:

Betrieb Nr. 1	— 0,06%	vom Inventurwert	(Ein Produkt in wenigen Größen)
Nr. 2	— 0,35%	„ „	(Viele Produkte)
Nr. 3	— 0,68%	„ „	(„ „)
Nr. 4	— 0,15%	„ „	(„ „).

Von den 15 000 Materialkarten des 4. Betriebes waren 12 000 bewegt; die Karten wurden nach Menge und Wert geführt, alle 14 Tage wurde ein Bericht geliefert. 2 Materialarten machten beinahe 75% des Lagers aus; ohne diese Materialarten wären die Kosten auf 0,60% vom Inventurwert gestiegen.

Die benötigte Materialmenge ist von der Art der *Produktion* und der *Organisation des Innentransportes* beeinflußt. Schlesinger [2]) zeigt an einigen Zahlen, welche Minderung der Materialmenge sich aus dem Fließverfahren ergab: Eine Automobilfabrik ging von der gewöhnlichen Reihenfertigung zur beschränkten Fließfertigung über, ohne dabei die gewöhnliche Tageserzeugung von 10 Kurbelwellen zu überschreiten. Bei der alten Fertigungsweise ergaben sich infolge langer Fertigungsdauer, langer Warte- und Transportzeiten große Materialumläufe: Materialumlauf von rd. 160 Stück für eine Tagesproduktion von 10; beim *Übergang* zur Fließfertigung nur 50 Stück; bei weiterer Verbesserung 18 Stück; die theoretische Umlaufsmenge betrug 12 Stück, die jedoch praktisch nicht erreicht wurde.

Das *Preisproblem* bei der Beschaffung ist ein Kalkulationsproblem der Preisobergrenze, einem Preis, zu dem der Betrieb, der retrograd von dem erzielbaren Preis auf den noch möglichen Beschaffungspreis schließt, gerade noch einkaufen kann, ohne einen Verlust zu erleiden.

Das Preisproblem bei der Material*verwendung* ist ein Bewertungsproblem. Mit welcher Wertziffer ist der Stoffverbrauch zu bewerten? Es ergeben sich fünf Möglichkeiten:

1. zum jeweiligen Kostenwert (Einstandspreis),
2. zum Durchschnittspreis (durchschnittlicher Einstandspreis),
3. zum Tageswert,
4. zum festen Verrechnungspreis,
5. zum Standardpreis.

In Deutschland kommen meist der Kostenwert (in beiden Abarten [1 und 2]) und der Verrechnungspreis vor. Wird der letztere genommen, wird die Differenz zwischen ihm und dem Kosten- (oder auch Tageswert) auf einem Materialpreisdifferenzenkonto verrechnet, um die tatsächlichen Kosten neben den Verrechnungspreisen zu erfassen. Die Verrechnungspreise ermöglichen eine abteilungsweise Kontrolle der Materialwirtschaft

[1]) a. a. O. S. 74/75.
[2]) a. a. O. S. 50.

(Betriebsgewinn oder -verlust am Material). In Amerika spielt der Standardpreis die entscheidende Rolle. Er ist anderer Art als der deutsche Verrechnungspreis. Er ist ein vorher bestimmter Normpreis unter viel stärkerer Anlehnung an den Tagespreis. Auch er ermöglicht in vollem Maße eine Abteilungskontrolle. Die plus-minus-Differenzen zum Tageswert werden gleichfalls auf einem Differenzenkonto erfaßt. Andere Betriebe nehmen das Material zunächst zum Tageswert hinein und spalten erst bei der Entnahme in Standardkosten und plus-minus-Differenz. Uns scheint neben den Standardkosten der Tageswert das Problem der Materialbewertung am besten zu lösen.

Die Materialökonomie setzt eine genaue Erfassung nicht nur der Bestände, sondern auch der Verwendung mit Hilfe der Materialentnahmescheine voraus.

Die Abfälle der Fabrikation sind entweder wertlos oder bilden Rohstoffe weiterer Verarbeitung.

Die Fabrikation ergibt weiter Materialverluste, die sowohl natürliche Verluste (z. B. Schmelzverluste) oder Fehlarbeiten darstellen. Beide müssen durch einen Aufschlag in die Kosten einkalkuliert werden.

Mit der Materialbewirtschaftung hängt das Einkaufswesen zusammen. Geschickter Einkauf und vernünftige Einkaufspolitik beeinflussen in hohem Maße die Materialkosten. Gewinne im Einkauf — gemessen an einem durchschnittlichen Preis — müssen dem Einkauf erkannt und durch Tantièmen dem Einkäufer besonders erstrebenswert gemacht werden. Kontrolle des Einkaufs und Lenkung durch sachgemäße Zinsberechnung führen zu vernünftiger Einkaufspolitik. Vor allem das Einkaufsbudget ist hierzu ein hervorragendes Mittel.

bb) Die Arbeitskosten.

Die Arbeitskosten setzen sich zusammen aus:

1. direkten Löhnen,
2. Lohnnebenkosten (Sozialversicherung, Urlaub, Aus-, Fortbildung),
3. indirekten Löhnen,
4. Gehältern: a) der Betriebs-, b) der Verwaltungsangestellten (anteilig),
5. Hilfslohn- und Gehaltsnebenkosten (Versicherung, Urlaub, Tantième),
6. Lohnunkosten (Kosten des Lohnbüros, der Versicherungsabteilung usw.).

Die Arbeitskosten sind in den meisten Fällen der zweitwichtigste Kostenfaktor, wenngleich es auch Ausnahmen gibt. Da erst die größenhafte Vorstellung die richtige Behandlungsweise und zweckmäßige Betriebspolitik ergibt, ist eine genaue Erfassung und Analyse der Arbeitskosten unbedingt notwendig. Neben den übrigen zahlenmäßigen Angaben über den Anteil der Arbeitskosten als Kostenfaktor sei hier eine Tabelle [1]) angeführt, die englische Verhältnisse wiedergibt (in % der Gesamtkosten):

---

[1]) Europe-United States, Industrial Problems, S. 60/61.

	Material	Löhne	Gehälter	Arbeitskosten zusammen	Gemeinkosten	Davon Abschreibung u. Erhaltung	Löhne und Gehälter in % d. Ges.-Kosten ÷ Materialkosten
Kohlenbergwerk Mai/Juli 1925	10.3	70.7	3.6	74.3	15.4	[1]	82.8
Kokerei 1924/25, 3 Betriebe	82.4	8.7	[1]	—	8.9	4.8	49.4[4]
Gasanstalt 1924, 1 Betrieb	12.9	44.3	1.8	46.1	41.0	[1]	52.9
Eisengießerei 1924, 9 Betriebe	80.5	—	—	11.0	8.5	3.9[2]	56.4
Stahl 1924, repräsentat. Firmen	71.5	—	—	16.5	12.0	6.7[2]	57.9
Bleche 1924, repräsentat. Firmen	60.8	—	—	23.1	16.1	9.0[2]	58.9
Draht 1924	67.9	17.2	3.9	21.1	11.0	4.0[2]	65.7
Drahtgeflechte 1925	57.4	23.5	4.9	28.4	14.2	5.2[2]	66.7
Maschinenbau 1924, 1149 Firmen	46.1	33.9	1.5	35.4	18.0	[1]	65.7
Landwirtschaftliche Maschinen 1923, 29 Firmen	37.0	23.9	13.8	37.7	25.3	[1]	59.8[4]
Spinnrahmen 1924/25	41.8	41.3	1.7	43.0	15.2	4.9	73.9
Fahrradfabrik 1924	34.7	35.9	1.7	37.6	27.7	10.2	57.6
Schiffsbau 1925	60.5	33.0	[1]	—	6.2	[1]	84.3
Lokomotivbau 1925	46.0	36.0	[1]	—	18.0	[1]	66.7[4]
Kesselbau 1924	59.0	26.0	2.8	28.8	12.2	3.5	70.2
Elektrotechnische Maschinen 1923	42.5	28.5	[1]	—	29.0	[1]	49.6[4]
Baumwollspinnereien (Am. Baumw.) 1925	73.0	—	—	12.9	14.1	9.4[3]	47.8
Baumwollspinnereien (Ägypt. Baumw.) 1925	72.8	14.5	2.6	17.1	10.1	6.4[3]	62.9
Baumwollwebereien (Grobe Waren) 1924/25	78.5	18.0	0.7	18.7	2.8	0.8	87.0
Baumwollwebereien (Feine Waren) 1924	73.9	20.9	0.6	21.5	4.6	2.1	82.4
Herrenwäsche 1924	60.3	24.7	5.5	30.2	9.5	2.0	76.1
Schuhe 1924, 35 Firmen	62.1	30.2	[1]	—	7.7	[1]	79.7[4]

Die Arbeit ist Kostenfaktor in der Form der Löhne und Gehälter. Der Lohn ist entscheidend für das Verhältnis von Arbeiter zu Arbeitgeber, wodurch das betriebliche Lohnproblem zugleich psychologisches Gewicht bekommt. Nicht nur die Höhe, auch die Art des Lohnes und die Methode seiner Festsetzung ist psychologisch bedeutsam, darum für Berufs- und Arbeitsfreude, damit auch für die Leistung entscheidend.

In der Gegenwart ist der Leistungslohn vorherrschend. Leistungslohn bedeutet proportionale Lohnkosten, Überwälzung des Risikos der Leistung auf den Arbeiter, vorherbestimmbare Kostenhöhe und selbsttätige Arbeitskontrolle. Ein Moment der Starrheit in diese Lohnform bringt der Tariflohn hinein, der trotz vieler Vorzüge eine nur geringe Anpassungsfähigkeit gezeigt hat.

Dem Leistungslohn steht der Zeitlohn gegenüber. Er ist nur von der aufgewandten Zeit, nicht von der Leistung abhängig, drückt das ganze Risiko dem Unternehmer auf und macht die Arbeitskosten im voraus unbestimmbar. Der Zeitlohn ist betrieblich dem Leistungslohn zweifellos weit unterlegen. In gewissen Fällen aber kann er notwendig oder doch möglich werden:

---

[1] in Gemeinkosten.
[2] ohne Abschreibung.
[3] mit Zinsen.
[4] nur Löhne.

a) bei technischer Schwierigkeit der Festsetzung des Leistungslohnes,
b) bei Gefahr der Qualitätsverschlechterung durch Stücklohn und anderen Gefahren,
c) wenn andere Mittel die Proportionalität zwischen Lohn und Leistung herstellen, z. B. Fließarbeit, wo das Tempo der Arbeit und damit die Leistung durch die Bewegung des Transportbandes selber bestimmt wird.

Der Leistungslohn ist ein Stück- oder Stückzeitakkord. Der Zeitakkord ist in den meisten Fällen dem reinen Stückakkord überlegen, da die Zeit der einzig beständige Wertmaßstab der Arbeit ist und durch Multiplikation mit einem (elastischen) Geldfaktor (Stundenlohn) die wechselnden Arbeitsmarktverhältnisse erfaßt werden können.

Die Vorteile des Zeitakkords sind folgende:
1. genaue Ordnung und Festlegung des Arbeitsganges,
2. Kontrolle der Arbeitsleistung, insbesondere der Arbeitsintensität,
3. Auslese der Arbeiterschaft,
4. Kontrolle der Termine und ihrer Einhaltung,
5. Aufbau der Kalkulation auf Zeiteinheiten und Maschinenkostenstunden.

Eine dritte Form des Leistungslohnes sind die verschiedenen Prämienlohnsysteme, deren Zahl durch immer neue, sich im Kern doch nur wenig unterscheidende Systeme vermehrt wird. Die Prämienlöhne sind zweierlei Art. Sie werden gezahlt:

a) schon, wenn die Grundzeiten erreicht,
b) erst, wenn die Grundzeiten unterschritten werden,

mit oder ohne Gewähr eines Mindestlohnes, wenn die Grundzeit überschritten ist. Prämienlöhne sind auf geschätzten oder gemessenen Zeiten aufgebaut, wozu entweder Durchschnitts- oder Bestleistungen die Grundlage bilden.

Verfahren zur Bestimmung der Grundzeiten, ob es sich um reine Zeitakkorde oder um Prämiensysteme handelt, bilden die Zeitstudien, die immer noch am häufigsten mit der Stoppuhr, manchmal auch durch Film- oder andere Apparate durchgeführt werden. Sie kommen naturgemäß nur für Massen- oder Reihen-, niemals für Einzelfertigung vor. Aber auch bei Massenfertigung, selbst beim Fließverfahren, können nicht alle Zeiten durch Zeitstudien ermittelt werden, immer kommen für gewisse Teilleistungen auf Erfahrung gegründete Schätzungen hinzu. Von entscheidendem Wert sind die Zeitmessungen für die Fließfertigung. Hier kommt es auf die Feststellung der einzelnen Arbeitsakte für die Teilleistungen, auf die Zerlegung in solche Teilarbeiten an, daß die einzelnen Zeiten gleich sind. Darum finden wir auch die meisten Fließverfahren nicht in der Bearbeitung, sondern im Zusammenbau. Zu den ermittelten Zeiten kommen noch Verlustzeitzuschläge in den verschiedensten Formen und Grundlagen. Wiederum ist hier genaue Arbeitsvorbereitung Voraussetzung.

Die verschiedenen Formen der Prämiensysteme von Halsey, Rowan, Taylor, Gantt über Bedaux bis Bata seien nur berührt.

Zur genauen Erkenntnis der Arbeitskosten ist ihre Erfassung notwendig: keine Zahlung ohne Beleg für geleistete Arbeit, ebenso wie bei der Erfassung des Materialaufwandes.

cc) Gemeinkosten.

Die große Anzahl der Gemeinkostenarten der Fertigung ist nur durch Gruppierung und Verteilung auf Kostenstellen und Kostenträger in ihrer Größe und Entwicklung zu erfassen und sachgemäß zu behandeln. Gerade diese Kostenarten, die wegen ihrer Mannigfaltigkeit so schwer erfaßbar sind, die aber oft größer als die direkten Löhne sind und häufig ein Vielfaches von ihnen betragen, müssen besonders scharf gegliedert und kontrolliert werden. Das Verfahren, das ihnen am besten gerecht wird, ist das betriebliche Budget [1]), das wir zwar dauernd fordern, aber in Deutschland fast nirgends vorfinden.

Die Voraussetzung zur Aufstellung eines Kostenbudgets ist eine genaue Analyse und Planung der Betriebsprozesse, genaue Arbeitsvorbereitung und ein durchorganisiertes Rechnungswesen. Es ist einfach unbegreiflich, wie selbst Betriebe, die die nötigen Voraussetzungen besitzen, deren Arbeitsgang technisch auf das genaueste durchdacht, deren Rechnungswesen zur Kontrolle der technischen Leistungen völlig ausreichend ist, diese beste Methode zur betrieblichen Durchleuchtung nicht benutzen. Das Budget und die Standardkosten ermöglichen nicht nur eine genaue Planung und Erfassung der Kosten, sondern stellen zugleich die beste Methode zur Kontrolle der Kosten durch Erfassung der positiven und negativen Abweichungen vom Normalen dar. Damit ermöglichen sie aber auch die Errechnung der Betriebsgewinne und Betriebsverluste und der Marktgewinne und Marktverluste (durch Belastung des Verkaufs mit Standardherstellungskosten). Dadurch werden die Quellen der Gewinne und Verluste und auch die Fehler und Schwächen der Organisation offenbar. Damit sind aber auch die Grundlagen zur Feststellung der Betriebstantièmen (zur Erzielung einer innerbetrieblichen Konkurrenz [Schmalenbach], nachdem die marktwirtschaftliche Konkurrenz durch Bindung der Preise mehr und mehr ausgeschaltet wird) gegeben, die für die Höchstleistung der Abteilungen so sehr wichtig sind.

Die Fertigungsgemeinkosten setzen sich aus folgenden Kostenarten zusammen:

1. Instandhaltung und Instandsetzung von Gebäuden, Maschinen und Werkzeugen,
2. Verzinsung und Abschreibung der Anlagen,
3. Heizung, Beleuchtung, Lüftung, Reinigung,
4. Kraft und Wasser,
5. Transporte (Innen- und Außentransport, soweit nicht unter Materialkosten verrechnet),

---

[1]) Eine ausführliche Behandlung des Budgets und der Standardkosten wird der II. Band dieser Arbeit enthalten.

6. Patent- und Lizenzgebühren,
7. Versuche und Forschungsarbeiten,
8. Kosten der technischen Büros und der Betriebsleitung,
9. sonstige Kosten (Nachrichten-, Organisations-, Revisions-, Taxations- usw. Kosten),
10. Anteil der Generalunkosten.

Die Höhe der Fertigungsgemeinkosten schwankt bei den einzelnen Betriebstypen und Betrieben. Wie die bereits angeführten und weitere anzuführende Tabellen zeigen, schwanken sie im Werkzeugmaschinenbau[1]) zwischen 35.5 u. 51.5%, in englischen Industriebetrieben[2]) zwischen 6.2 u. 41 %, in verschiedenen Betrieben[3]) zwischen 6.2 u. 73.6 % der Gesamtkosten. Nur in den seltensten Fällen erreichen die Gemeinkosten einen überwiegenden Anteil an den Gesamtkosten. Wo dies der Fall ist, z. B. im Kalibergbau mit 41.4%, in der Petroleumgewinnung mit 73.6%, handelt es sich um besonders hohe Kapitalkosten. Doch lassen die vorhandenen Kostenstatistiken eine einwandfreie Feststellung kaum zu, da die Kostengliederung und Kostenverrechnung bei den einzelnen Betrieben zu verschieden ist. Die Material- und Arbeitsgemeinkosten werden z. B. teils unter Material- und Arbeitskosten, teils unter Betriebsgemeinkosten verrechnet; teils werden Zinsen verrechnet, teils nicht. Je genauer die Kostenrechnung ist, je mehr die einzelnen Kostenarten als direkte Kosten behandelt werden, desto geringer ist der Anteil der Gemeinkosten. Er schwankt außerdem mit dem Produktionsvolumen. Immerhin ist der verbleibende Anteil der echten Gemeinkosten hoch genug und zeigt zudem einen steigenden Trend. Wichtig ist insbesondere der Anteil der fixen Gemeinkosten (Zeitkosten), die darum bereits in der Verrechnung von den variablen Gemeinkosten (Mengenkosten) getrennt werden sollten. Das gesamte betriebliche Kostenproblem spitzt sich mehr und mehr zu einem Problem der fixen Kosten zu :

1. weil die Wirtschaft ein immer schnelleres Tempo der Änderung und Entwicklung zeigt und
2. die fixen Kosten absolut und relativ steigen.

Kalkulation und Betriebspolitik werden von den fixen Kosten entscheidend bestimmt. Das Problem der fixen Kosten ist darum das Kernproblem der Kosten- und Betriebstheorie, das wir aber nicht an dieser Stelle, sondern in einem besonderen Abschnitt behandeln.

Von den vielen betrieblichen Gemeinkosten der Fertigung sei nur eine Kostenart genauer behandelt, die besonders wichtig ist, weil sie die industrielle Produktion stark beeinflußt und auch größenhaft bedeutend ist: die Versuchskosten.

Die betrieblichen Versuche und ihre Auswertung haben die industrielle

---

[1]) Vergl. Tabelle S. 133.
[2]) Vergl. Tabelle S. 136.
[3]) Vergl. Tabelle S. 304.

Wettbewerbsfähigkeit und Überlegenheit aus der Sphäre des Rohmaterials und dessen Bearbeitung in die der Forschung und Erfindung gelenkt. Erfolgsreiche Konkurrenz ist heute in gewissen Industriezweigen zumeist nur mit Hilfe von Forschungs- und Konstruktionsbüros, Laboratorien und Versuchsabteilungen möglich, und die Ausnutzung von Patenten, Warenmustern, Lizenzen besitzt heute großen Einfluß auf die Entwicklung, ja Existenzmöglichkeit der Unternehmungen. Insbesondere gilt dies von der chemischen, der Elektro-, der Radio- und der Tonfilmindustrie.

Auch größenhaft sind die Patent- und Forschungskosten von Bedeutung. Einige Beispiele aus der Elektroindustrie mögen dies beweisen:

I. A. E. G.:

Die **Patentkosten** setzen sich zusammen: aus

I: Kosten für Schutzrechte aus **eigenen** Betrieben,
  1. Patentkosten im engeren Sinne ((Anmelde-, Tax-, Beglaubigungs-, Verlängerungsgebühren, Patentanwaltshonorare u. a.),
  2. Patentbürokosten.

II: Kosten für **erworbene** Schutzrechte:
  1. Auf dem Lizenzwege: a) eigene Angestellte, b) fremde Empfänger,
  2. durch Kauf.

Kostenart	1926/27	1927/28	1928/29	1929/30 (in 1000 RM.)
I. 1	404,3	435,9	501,8	696,0
2	453,3	600,3	731,6	788,7
	857,6	1036,2	1233,4	1484,7
II. 1	834,4	1123,2	1245,3	1477,3
2	54,3	99,9	4,6	264,1
	888,7	1223,1	1249,9	1741,4
Insgesamt I+II:	1746,3	2259,3	2483,3	3226,1
In % v. Umsatz:	0,437%	0,452%	0,428%	0,620%

III. **Forschungskosten** (in 1000 RM.):	1928/29	1929/30	
	9 114,3	8 227,8	= 1,6% v. Umsatz
Insgesamt I+II+III:	11 597,6	11 453,9	
In % v. Umsatz:	2,028%	2,220%	

II. **Siemenskonzern:**

Die Gesamtsumme des **Patentetats** beträgt $3^1/_2$—4 Mill. Davon kommt etwa $^1/_3$ auf Bürokosten, mehr als $^1/_2$ auf Patentgebühren (Anmeldungen und Verlängerungen), der Rest sind Prozeßkosten.

Die Forschungskosten betrugen für 1929 etwa 15 Mill. RM.

III. USA.: [1])

Zur Zeit besitzen mehr als 1000 Firmen in USA. eigene Versuchslaboratorien. Nach einer Schätzung von F. L. Eidmann werden in Amerika jährlich über 200 Mill. $ für Forschungszwecke ausgegeben: 70 Mill. vom Staat und 130 Mill. von Industrieunternehmungen. Einzelne Betriebe, wie die General Electric Comp., die United States Steel Corporation, General Motors, die Western Electric Comp. und die American Telephone and Tele-

[1]) Vergl. D. Graham, Harvard Business Review, 1931/Oct.

graph Comp. geben alljährlich mehr als eine Mill. $ für ihre Versuchseinrichtungen aus. Die American Telephone and Telegraph Comp. beschäftigt z. B. mehr als 4000 Personen in ihren Versuchslaboratorien und gibt jährlich 15 Mill. $ hierfür aus. Besonders die Elektroindustrie legt größten Wert auf Versuchsabteilungen. $^1/_5$ aller in USA. für diesen Zweck ausgegebenen Beträge entfällt auf die drei großen Elektrokonzerne: General Electric Comp., Westinghouse und American Telephone and Telegraph Comp.

Alle Ausgaben, die für ein bestimmtes Produkt aufgewendet werden, werden solange akkumuliert, bis das Produkt verkaufsreif ist. Die Kosten der noch nicht beendeten Versuche werden in der Bilanz aktiviert. Bei der Kostenverteilung werden drei Grundsätze verfolgt:

1. jeder Artikel hat die für seine Entwicklung notwendigen Kosten zu tragen;
2. die Preise sind so zu stellen, daß ein möglichst großes Umsatzvolumen erzielt wird und die Versuchskosten möglichst schnell wieder eingebracht werden,
3. die Kosten von erfolglosen Versuchen sind so schnell wie möglich abzuschreiben.

Zwei Fragen sind für die Patent- und Forschungskosten von besonderer Bedeutung: die Lizenz- und die Patentaustauschfrage. Durch Lizenzerwerb und Patentaustausch ist es möglich, wichtige Patente anderer Betriebe, von denen oft die gesamte Entwicklung abhängt, andererseits eigene Erfindungen, die nicht selbst technisch ausgebeutet werden können, wenigstens kaufmännisch zu verwerten. Die Versuchsabteilungen haben auf diese Weise einen zusätzlichen Wert erhalten.

Zu Verrechnungszwecken findet häufig eine andere als die von uns gebrachte Gruppierung der Kosten in natürliche Kostenarten statt. Die Gemeinkosten der Fertigung enthalten hier auch die indirekten Material- und Arbeitskosten und werden z. B. von Schlesinger [1]) (mit geringen Änderungen) folgendermaßen gruppiert:

1. Hilfsmaterial,
2. Hilfslohn,
3. innerbetriebliche Auftragsarbeiten (z. B. Instandhaltung, Instandsetzung, Forschungsarbeiten u. a., Werkzeugherstellung u. a.),
4. monatliche Sammelposten (z. B. Porto, Telefon, Wasser, Kraft, Heizung, Gehälter u. a.),
5. Jahresaufwände, die nach dem Prinzip der Zwölftelung oder anderen Maßstäben auf die Monate verteilt werden: Zinsen, Abschreibungen, Lizenzgebühren u. a.

Diese Kostenarten müssen sachgemäß auf die Kostenstellen (Abteilungen, Arbeitsplätze) und Kostenträger (Fertigprodukte) verteilt werden, um die Stückkosten zu erfassen. Fertigungsgemeinkosten und direkte Material- und Arbeitskosten ergeben die Herstellungs-, um die Vertriebskosten vermehrt, die Selbstkosten. Auf die Verteilung der Gemeinkosten kommt es an. Immer differenzierter werden die Zuschlagsgrundlagen, immer

[1]) a. a. O. S. 92.

genauer die Abteilungs- (Platz-) und Stückkosten. Die Methoden sind heute so fein ausgebildet, daß nur die Kostenökonomie Grenzen bietet.

Die Abrechnung folgt dem Fertigungsgang und muß gleichzeitig geschehen, um ein ständiges Wissen um die Höhe der Fertigungskosten, ihre Senkungsmöglichkeiten und ihr Verhältnis zu den erzielbaren Preisen zu erreichen.

c) Entwicklung und Abhängigkeit der Produktionskosten.

Mit der modernen Produktion, insbesondere der Massenerzeugung, sind besondere Kostenerscheinungen verbunden, die in ihrer Entwicklung vor allem in zwei Richtungen gehen: der Kostendegression und der — Progression[1]). Degression bedeutet verminderten Kostenzuwachs im Verhältnis zum Produktionszuwachs, Progression dagegen vergrößerten Kostenzuwachs im Verhältnis zum Produktionszuwachs.

Die Kostendegression, der eigentliche Vorteil der modernen Produktionsweise, ist auf drei Ursachen zurückzuführen:

1. Größendegression:
   a) Großmaschinen,
   b) Großbetriebe (Großanlagen),
   c) Großunternehmungen (z. B. Konzerne),
   d) Großaufträge: aa) Großauflagen (Losgrößen) der Produktion,
      bb) Großeinzelumsätze (Einzelverkaufssumme, Umsatz pro Kunde),
      cc) Großkonten.
2. Beschleunigungsdegression,
3. Ausnutzungsdegression.

Zu 1. Die Großmaschine arbeitet ergiebiger als die kleine; freilich muß sie voll oder wenigstens genügend ausgenutzt sein.

Der Großbetrieb, eine Zusammenfassung von Groß- und Spezialmaschinen zu einer Großanlage, ist viel wirtschaftlicher als ein Klein- oder Mittelbetrieb, wenngleich jeder Großbetrieb auch seine technischen Grenzen besitzt, mögen sie, vor allem bei Spezialmaschinen, auch noch so weit gesteckt sein. Die wirtschaftlichen Grenzen liegen noch viel näher. Bei Beachtung dieser natürlichen Grenzen aber besitzt der Großbetrieb eine natürliche Überlegenheit über Klein- und Mittelbetriebe. Beispiele für Grenzüberschreitungen, wo also mittlere Betriebe wirtschaftlicher arbeiten als Großbetriebe, werden die weiteren Ausführungen bringen. Ursachen für die Unterlegenheit der Klein- und manchmal auch der Riesenbetriebe liegen auf der Hand.

Die Großunternehmung — mit mehreren Einzelwerken und Filialen — besitzt eine größere Anpassungsfähigkeit an Wirtschaftsschwankungen, insofern als sie Betriebsstillegungen und Ausnutzungsverbesserungen der

---

[1]) Vergl. Schmalenbach, Selbstkostenrechnung, 5. Aufl., S. 64 bis 78, und Clark, Overhead Costs.

übrigen Betriebe ermöglicht, ferner besitzt sie — bei regionaler oder Artikelkompensation — größere Ausgleichsmöglichkeiten.

Die Auftragsdegression zeigt sich in der Produktion und im Vertrieb: je größer die Auftragsmenge (die Auflage) einer Einzelproduktion, desto billiger kann die Einheit hergestellt werden. Es fallen die Einrichtungs- und Umstellungskosten fort, es kommen noch andere, auf der Hand liegende Vorteile dazu. Jeder Maschine und jeder Anlage entspricht eine optimale Losgröße, bei Über- und Unterschreitung tritt eine Kostenerhöhung ein.

Ebenso ist im Vertrieb bei Großaufträgen: Einzelumsätzen, Umsätzen pro Kunde, Kontenbeträgen eine Kostendegression festzustellen. Das Problem der kleinen Konten, der Kleinumsätze hat erst in der jüngsten Zeit Beachtung gefunden, als erkannt wurde, daß erst bei einer Mindestumsatzgröße der Ertrag die Vertriebskosten deckt. Selbst große Konten, die von vornherein eine Rentabilität zu versprechen scheinen, können infolge kleiner Einzelaufträge Verlustkonten bilden, wie dies z. B. eine Gummiwarenfabrik bei dem Riesenkonto eines Warenhauses in Boston feststellen mußte. Für jeden Umsatz ist eine Mindesthöhe, die natürlich nach den Betriebsarten schwankt, nötig, um jeden einzelnen Verkaufsakt und das Gesamtkonto rentabel zu machen. Dasselbe gilt für die Konto-Korrent- und Effektenkonten der Banken. Es ist Aufgabe der Zins- und Provisionspolitik der Banken, hier einen Ausweg zu finden. Das Kleinhypothekargeschäft ist so natürliches Aufgabengebiet der öffentlichen Realkreditanstalten geworden.

Zu 2. Eine Kostendegression aus der Produktionsbeschleunigung ergibt sich aus dem schnelleren Kapitalumschlag, den geringeren Mindestlagern, den verkürzten Transport- und Wartezeiten, den geringeren Zinskosten, verringertem Schwund, verkleinertem Risiko, z. B. bei Modewandlungen usw. Die Schnellproduktion der Fließfertigung zeigt diese Vorteile deutlich.

Zu 3. Die Ausnutzungsdegression ist die Erscheinung der geringeren Einheitskosten bei besserer Kapazitätsausnutzung, der geringsten Einheitskosten bei Bestausnutzung. Mit dieser Erscheinung hängt freilich die moderne Wirtschaftskrankheit der ungenutzten Kapazität zusammen, die uns noch an anderer Stelle ausgiebig beschäftigen wird. Die Kostendegression kann in eine Kostenprogression umschlagen:

1. bei Überschreitung der natürlichen technischen Grenzen,
2. durch Entstehung von Sonderkosten der Großbetriebe:
   a) Kontrollkosten,
   b) Kosten der Rechnungsorganisation,
   c) Kosten der Reklame,
   d) größere Möglichkeit zur Verschwendung an Material, Zeit und zur Überbesetzung von Verwaltungsposten,
   e) vergrößertes Investitionsrisiko,
3. durch geringe Anpassungsmöglichkeiten an Marktschwankungen: Umsatzschwankungen und Modeänderungen,

4. bei rückläufiger Umsatzentwicklung.

Die Kostenvorteile der modernen Produktionn sind an eine optimale Kapazitätsausnutzung gebunden. Die optimale Kapazität ist das eigentlich zu lösende Kosten- und Betriebsproblem. Sie ist vor allem von drei Momenten abhängig:

1. von den verschiedenen Verfahrensweisen,
2. von der Maschinenkapazität, insbesondere der der Spezialmaschinen,
3. vom Absatz.

Entscheidend ist naturgemäß der Absatz. Aber gewisse Verfahrensweisen und auch Einzelmaschinen und Teilanlagen bedingen eine bestimmte Mindestausnutzung, eine Mindestbetriebskapazität, ehe sie Konkurrenzverfahren und -maschinen überlegen werden. So verlangen die Lochkartenmaschinen eine monatliche Mindestpostenzahl von 150—180000, ehe sie sich rentieren. Ohne Berücksichtigung dieser Wirtschaftlichkeitsvoraussetzungen und -grenzen ist das betriebliche Kostenminimum unerreichbar, und der moderne Produktionskostenvorteil kann leicht ins Gegenteil verkehrt werden.

Die Frage der Kapazitätskosten und der optimalen Kapazität wird in einem besonderen Abschnitt behandelt werden. Dagegen soll hier noch auf die Wirkung der Auftragshöhe (Losgröße) und der Fertigungsverfahren auf die Fertigungskosten eingegangen werden.

Jedes Verfahren und jede Betriebsgröße besitzen eine optimale Losgröße. Auf die Methoden zur Errechnung dieser optimalen Auftragshöhe sei hier nicht eingegangen, vielmehr auf das Werk von K. Andler [1]) verwiesen. Hier interessiert mehr die quantitative Feststellung der Wirkung verschiedener Auftragshöhen und Verfahren auf die Kostengestaltung. Hierzu seien einige Beispiele angeführt:

1. Die Produktionskosten der Brotherstellung in amerikanischen Brotfabriken [2]). Die Kosten setzen sich zusammen:

Pfund	Rohmaterial I	Fabrikations-kosten II	Verteilungs-kosten III	Gemein-kosten IV	Gesamt-ausgaben V
bis 5 Mill.	3.25	1.87	1.60	0.36	7.08
5—10 „	3.20	1.79	1.67	0.27	6.94
10—15 „	3.12	1.65	1.58	0.24	6.59
15—20 „	3.11	1.55	1.49	0.21	6.37
20—25 „	3.21	1.58	1.48	0.22	6.49
25—30 „	3.28	1.59	1.50	0.16	6.53
30—35 „	3.20	1.59	1.62	0.16	6.56
über 35 „	3.33	1.96	1.56	0.15	7.00

Wie die Tabelle zeigt, zerfallen die Betriebe in 8 Gruppen, entsprechend der Größe ihrer Produktion. Die Kosten unter I, II und III erreichen ihren

[1]) K. Andler, Rationalisierung der Fabrikation und optimale Losgröße. München 1929. [2]) P. Gounod, a. a. O. S. 119.

Tiefstand in der 4. Gruppe (bei III stimmt es nicht ganz genau). Im Gegensatz dazu fallen die Gemeinkosten stetig bis auf 0.15 cents. Im ganzen genommen spielen sie aber eine geringe Rolle. Bei einer Produktion über 35 Mill. fallen die Verteilungskosten wieder ein wenig, aber die Fabrikationskosten steigen plötzlich über die Anfangshöhe von 1.87 zu solcher Höhe an, daß die Gesamtkosten dieser Gruppe nahe bei denen der 1. Gruppe liegen.

Das 2. Beispiel zeigt die Kostenunterschiede in der Kraftwagenfabrikation bei Klein-, Mittel- und Massenfertigung[1]):

		Preis per kg in ffrs.	% der Erhöhung (Verteuerung)
a) Lastkraftwagen:	Massenproduktion	24.12	—
	Mittelproduktion	30.82	27%
	Kleinproduktion	38.86	61%
b) Personenwagen:	Massenproduktion	29.48	—
	Mittelproduktion	53.60	81%

Die Ziffern zeigen den durchschnittlichen Kilopreis der Produktion.

Interessant ist die nächste Tabelle des V. D. M. A. Es ist hier der Versuch unternommen, zu ermitteln, wie sich die einzelnen Kostenarten bei den verschiedenen Fabrikationsmethoden verhalten.

Herstellungskosten je Stück bei verschiedenen Fertigungsweisen.

Bedarf jährlich je 150 Stück von zwei verschiedenen Erzeugnissen

	Einzelneufertigung	Wiederholte Einzelfertigung	Übliche Reihenfertigung, Stück je 5	10	15	30	60	Stetige Fließfertigung	Wechselnde Fließfertigung
Fert. Mat.	400.0	400.0	400.0	400.0	400.0	400.0	400.0	370.0	380.0
Fert. Lohn ohne Einrichtg.	300.0	300.0	300.0	300.0	300.0	300.0	300.0[2])	190.0	210.0
Grundkosten	1350.0	4.5	4.5	4.5	4.5	4.5	4.5	4.5	4.5
Vorbereitungskosten	50.0	10.0	10.0	10.0	10.0	10.0	10.0	13.0	14.0
Auflegungskosten	900.0	900.0	400.0	120.0	80.0	40.0	20.0	5.0	8.0
Umstellungskosten	—	—	—	—	—	—	—	—	6.0
Transportkosten	18.0	15.0	15.0	12.0	12.0	12.0	12.0	3.0	3.0
Verzinsung	75.0	30.0	1.8	6.0	9.0	18.0	36.0	1.4	17.0
Versch. (proport.) Fertk.	100.0	100.0	100.0	100.0	100.0	100.0	100.0	100.0	100.0
Gesamtherstellkost. je Stück	3193.0	1759.5	1231.3	952.5	915.5	884.5	882.5	686.9	742.5

[1]) P. Gounod, Rationalization and mass production. Europe-United States. Industrial problems, S. 119.

[2]) Der Fertigungslohn dürfte bei einer Reihe von 60 Stück infolge Übung der Arbeiter kleiner ausfallen, sodaß die optimale Stückzahl höher wird. Da aber Reihen über 30 Stück praktisch kaum in Frage kommen für Gegenstände der angenommenen Art, so wurde von einer weiteren Verfeinerung abgesehen.

Ein Beispiel aus der **Möbelindustrie** zeigt gleichfalls sehr deutlich den kostenmäßigen Vorteil des Großbetriebes:

Unterschiedliche Kostengestaltung im Groß- und Kleinbetrieb in der Möbelindustrie[1]).

Kostenart	Kleinbetrieb Menge	Kleinbetrieb Wert	Großbetrieb Menge	Großbetrieb Wert
Holzverbrauch mit Verschnitt:				
Kiefer m. 20%	0.24 cbm à 120.— M.	28.80		25.90
Eiche m. 30%	0.04 „ à 280.— „	11.20		10.10
2 mm Gaboon m. 15%	12.00 qm à 0.55 „	6.60		6.—
8/10 mm Eiche m. 30%	20.00 „ à 0.75 „	15.00	wie bei	13.50
Materialien:			Klein-	
Leim kg à 1.30	5	6.50	be-	5.90
Beschläge		9.50	trieben	8.50
Nägel		1.—		0.90
Beize, Politur, Verschiedenes		4.—		3.60
Knöpfe		0.80		0.70
Arbeitslöhne:				
à 1.20 M. (Durchschn. Akkordsatz)				
Zuschneiden	6 Std.	7.20	3 Std.	3.60
Banktischler	90 „	108.—	25 „	30.—
Beizer, Polierer	6 „	7.20	5 „	6.—
Fertigmacher	2 „	2.40	2 „	2.40
Maschinen im Hause				
à Std. 3.— M. f. Kl.-B.	8 „	24.—		
à „ 2.35 M. f. Gr.-B.			9.5 „	22.30
Unkosten:				
rd. 60% v. Lohn		74.90		
rd. 110% v. Lohn				
(Für Maschinenreparatur 9.5 Std. à 0.90 RM)				55.60
		307.10		195.—
5% Zuschlag f. Risiko u. Nacharbeitung		—		9.75
		307.10		204.75

Die Produktionskosten eines Tisches betragen[2]):

	beim Kleinbetrieb	beim Großbetrieb
bei Einzelherstellung	RM. 25.—	RM. 34.—
bei gleichzeitiger Herstellung von 10 Stück	„ 22.—	„ 22.50
bei gleichzeitiger Herstellung von 100 Stück	„ 20.—	„ 15.—

Das nächste Beispiel bezieht sich auf die amerikanische **Schlachthausindustrie**[3]), und zwar auf zwei **Verkaufs**filialbetriebe. Hier sind besondere

[1]) Karl Ahleff, Das Risiko in der Möbelindustrie. Diss. Köln. Bergisch-Gladbach 1931, S. 46.

[2]) Ahleff, a. a. O. S. 82.

[3]) H. C. Greer, The Costs of Handling Small Orders and Accounts. Chicago, o. J.

Untersuchungen in zwei Betrieben (A und B) unternommen worden, um die Wirkung der kleinen Aufträge auf die Kostengestaltung zu erkennen. Zwei Fragen standen im Mittelpunkte:

1. Welches ist der Anteil der kleinen Aufträge, bezogen a) auf die Zahl der Aufträge, b) auf den Wert des Umsatzes,
2. welches sind die Kosten für die einzelnen Auftragsgrößen?

Zu Frage 1.

Auftragsgröße	in % der Aufträge	in % des Wertes	in % der Aufträge	in % des Wertes
	A		B	
weniger als 5 $	22.4	1.9	25.2	2.3
„ „ 10 „	39.1	5.5	43.7	6.6
„ „ 15 „	50.5	9.6	54.7	10.9
„ „ 20 „	80.7	34.8	82.9	35.6

Das letzte Fünftel des Absatzes (über 20 $) macht fast $^2/_3$ des Gesamtwertes aus. Die kleinen Aufträge sind also unverhältnismäßig hoch.

Zu Frage 2.

Funktionale Kostenanalyse.

Funktion	Je Zentner $	% der Gesamtkosten	Je Zentner $	% der Gesamtkosten
	A		B	
Auftragsannahme	0.24	29.1	0.25½	26.3
Verpacken, Verladen	0.06	7.4	0.07	6.9
Lieferung	0.14½	17.6	0.17½	18.1
Buchhaltung	0.08	9.3	0.08	8.0
Kreditierung, Inkasso	0.05	6.0	0.05	5.4
Lagerhaltung	0.20	24.8	0.24	24.9
Allgemeine Unkosten	0.05	5.8	0.10	10.4
Gesamtkosten	0.82½	100.0	0.97	100.0
Zinsen	0.04	—	0.11	—
	0.86½	—	1.08	—

Die Kosten betrugen in $^0/_0$ vom Umsatz:

	A	B
Bei Rechnungen über weniger als 50 $	22,5%	24,8%
Bei Rechnungen über mehr als 2000 $	1,9%	2,6%

Ein Auftrag über 25 $ verursacht (in $^0/_0$ vom Umsatz) etwa zweimal so viel Kosten wie ein Auftrag über 50 $, dreimal so viel wie bei 100 $, fünfmal so viel wie bei 200 $. Da die Durchschnittskosten etwa 4 $ für je 100 $ Umsatz betragen, ist offenbar, von welcher Auftragsgröße ab die einzelnen Verkäufe Verluste erbringen.

Kosten bei verschiedenen Auftragsgrößen.

Auftragshöhe	A Kosten je 100 $ Umsatz	B Kosten je 100 $ Umsatz
weniger als $ 25......	36.15	37.95
von $ 25— 50......	15.88	16.58
„ 50— 100......	10.57	10.72
„ 100— 200......	7.65	8.18
„ 200— 300......	5.17	6.19
„ 300— 400......	4.62	5.19
„ 400— 500......	3.30	4.67
„ 500—1000......	3.24	4.10
„ 1000—2000......	2.51	3.14
mehr als $ 2000......	1.94	2.58
Bargeschäfte	7.85	2.31
Durchschnitt	3.67	4.20

Es gibt für jeden Betrieb eine Mindestlosgröße, einen Mindesteinzelauftrag und Mindestumsatz je Kunde. Jede geringere Höhe muß dem Betrieb Verlust bringen. Nur genaue Kostenanalysen können dem Betriebe den Mindesteinzelauftrag zeigen. Eine vernünftige Betriebspolitik ist ohne diese Grundlagen nicht möglich.

3. Verteilungskosten.

a) Kosten der Güterverteilung im allgemeinen.

Die industrielle Produktion hat durch den technischen Fortschritt seit 1870 eine Kostensenkung um mindestens 20% erfahren. Die Verteilungskosten sind aber im gleichen Zeitraum auf das Dreifache gestiegen. In allen kapitalistischen Ländern beobachtet man diese gegenläufige Entwicklung der Herstellungs- und Vertriebskosten: der Tendenz sinkender Herstellungskosten steht die Tendenz steigender Vertriebskosten gegenüber. Das sich hieraus ergebende wirtschaftliche Problem ist sehr ernst, weil die Aufnahme der wachsenden Produktionsmengen durch den Konsum sinkende Preise voraussetzt. Absorbieren aber die steigenden Vertriebskosten die Kostenersparnisse der Produktionssphäre, so kann die Preissenkung nicht in notwendigem Maße erfolgen, was zu Absatzstockungen führen muß.

So allgemein bekannt auch die Tatsache des Steigens der Vertriebskosten ist, so wenig erforscht sind bisher:

1. die tatsächliche Höhe,
2. die Ursachen dieser Steigerung,
3. die Möglichkeit ihrer Senkung.

Verteilungskosten sind alle Aufwendungen für die Zuführung der Ware zum Verbraucher nach Beendigung des Herstellungsprozesses. Sie umfassen die Absatzkosten der Fabrikanten auf allen Produktionsstufen, des Groß- und Einzelhandels, einschließlich aller Transportkosten. Sie enthalten zwei verschiedene Kostengruppen: die Kosten der kommerziellen und physischen Verteilung, die Vertriebs- und die Transportkosten.

Die wachsende Bedeutung des Vertriebes geht hervor aus der zunehmenden Zahl der mit dem Vertrieb beschäftigten Personen, aus der Höhe des im Vertrieb investierten Kapitals, aus den Handelseinkommen und aus dem steigenden Anteil der Vertriebskosten an den Gesamtkosten der Waren.

Die Zahl der im Handel Tätigen wächst schneller als die Gesamtzahl der Erwerbstätigen: [1])

Land	Zeitspanne	Zunahme der Bevölkerung	Zunahme der im Handel Tätigen
Deutschland	1882—1907	40%	151.9%
Italien	1882—1901	15.6%	44.6%
„	1901—1911	6.8%	90.0%
Österreich	1890—1900	8.7%	23.2%
Belgien	1880—1900	21.5%	41.0%
Schweiz	1900—1920	17.0%	59.0%
England/Wales	1900—1921	40.3%	338.0%

In Deutschland stieg die Zahl der im Handel Tätigen von 1907—1925 von 14.9 auf 23.4% der Berufstätigen. Im Durchschnitt kann man in den industriellen Staaten mit einem Anteil von 20% rechnen [2]), in Agrarstaaten liegen die Zahlen etwas darunter, in den höchstentwickelten Industriestaaten, wie Großbritannien (27%), Deutschland (23.4%), Niederlande (25%), Norwegen (29%) und USA. (35%) etwas darüber.

Die Gesamtzahl der in einer Industrie Beschäftigten wächst langsamer als die Zahl der kaufmännischen Angestellten, wie die Entwicklung von 1907 bis 1923 zeigt: [3])

Industrie	Erwerbstätige	Kaufmännische Angestellte
Spielwaren	+ 162%	+ 308%
Lederwaren	+ 129%	+ 297%
Uhren	+ 191%	+ 261%
Schuhe	+ 143%	+ 243%
Eisen- und Stahlwaren	+ 134%	+ 237%

Die gleiche Entwicklungstendenz beweist folgende Analyse der Einkommensquellen in USA. (in Mill. $):

[1]) Hirsch, Der moderne Handel, S. 20—21.

[2]) Woytinsky, Die Welt in Zahlen, Bd. V, S. 7.

[3]) Nach Feststellungen des Enquète-Ausschusses und der Statistik des Deutschen Reiches, FfH-Mitteilungen 2. Jahrg. Heft 11/12.

Jahr	Einkommen aus			
	Industrie	Landwirtschaft	Handel	Transport
1910	6204	5218	3735	2795
1920	19530	11057	8276	7214
1925	16866	9089	11996	6736

Das Einkommen aus Handelstätigkeit hat sich seit 1910 fast vervierfacht, das aus der Industrie nur verzweieinhalbfacht, das aus der Landwirtschaft nicht einmal verdoppelt.

Die natürliche Folge dieser Entwicklung ist ein immer größerer Anteil der Vertriebskosten an den Gesamtkosten, wenngleich ein exakter Beweis nicht leicht zu führen ist.

Es fehlt an statistischen Unterlagen: Kostenanalysen aus früheren Zeiten sind überhaupt nicht vorhanden, die Zahlen der Gegenwart sind infolge des langen Weges vom Produzenten zum Konsumenten und vor allem wegen der ungenügenden Erfassung der industriellen Vertriebskosten mangelhaft. Die Zahlen, die vorliegen, sind Schätzungen und werden mit allem Vorbehalt wiedergeben. Borsodi [1]), der das Schlagwort vom „Distribution Age" geprägt hat, gibt folgende Analyse des nordamerikanischen Einzelhandelsumsatzes, den er mit 35 Mrd. $ veranschlagt:

Rohmaterialwert	6.65— 8.05	Mrd. $
Verarbeitungskosten	3.85— 5.00	„
Physische Verteilung (Transport)	11.30—13.79	„
Vertriebskosten der Industrie	5.67— 6.93	„
Vertriebskosten des Handels	3.99— 4.90	„

Vom Konsumentendollar entfällt demnach nur ein Drittel auf den eigentlichen Substanzwert der Ware: Material- und Herstellungskosten, während zwei Drittel Distributionskosten sind.

Der deutsche Enquête-Ausschuß [2]) hat für einige Wirtschaftszweige auch eine derartige Kostenanalyse versucht und kommt ebenfalls auf einen Vertriebskostenanteil von teilweise mehr als 50%:

Industriezweig	Vertriebskosten der Industrie in % der Gesamtselbstkosten	Aufschlag des Groß-handels	Aufschlag des Einzel-handels	Vom Endverkaufswert entfallen auf Vertriebsaufwand allermindestens
		in % des entsprechenden Einkaufspreises		
Eisen- und Stahlwaren	5—15	20	33—80	40%
Uhren	6—13	20—35	60—80	51%
Porzellan	7—12	30—50	50—70	52%
Spielwaren	10—20	28—33	50—70	53%

Zweifellos sind die Vertriebskosten relativ gestiegen, sie sind es aber mit zunehmender Industrialisierung auch absolut. Folgende Ursachen sind hierfür verantwortlich:

[1]) Borsodi, The Distribution Age. New York 1929.
[2]) Sammelbericht, S. 53.

1. Spezialisierung und Konzentration der Produktion, mit der Wirkung:
   a) vermehrter Transportkosten,
   b) verstärkter Vertriebsnotwendigkeit infolge Massenproduktion.
2. Konzentration der Bevölkerung, mit der Notwendigkeit der Sammlung zersplitterter Erzeugung, vor allem der Lebensmittel.
3. Verlängerung der Transportweiten durch Steigerung der Versendungsmöglichkeit infolge verbesserter Transportmittel.
4. Zurückbleiben der Vertriebstechnik hinter der Produktionstechnik.
5. Unterschiedlicher Verlauf der Produktions- und Vertriebskostenkurve.
6. Verstärkter Reklameaufwand.

Mit fortschreitender Mechanisierung der Produktion setzte eine Spezialisierung ein, die die alten Prinzipien der Güterherstellung: Fertigung möglichst komplementärer Gütergruppen im Rahmen einer handwerklichen Technik, immer mehr zurückdrängte und allein den technischen Vorteilen der Produktion folgte. Die Betriebe produzieren jetzt Güter, die aus gleichen oder ähnlichen Produktionsprozessen hervorgehen, ohne Rücksicht auf die Vertriebsnotwendigkeiten, die zu steigender Vermittlung durch den Handel führten. Neuzeitliche Produktionsverfahren, insbesondere die billigere Massenproduktion, ist eben nicht ohne Aufwandsopfer an anderen Stellen möglich. Auch hier mußten Vorteile des Standorts (arbeits-, materialorientiert) durch den vermehrten Aufwand an Vertriebs-, vor allem Transportkosten, erkauft werden.

Die Konzentration der Produktion in Großbetrieben wirkte in derselben Richtung. Wie stark der Konzentrationsprozeß bereits vorgeschritten ist, beweist die Tatsache, daß in USA. noch 1870 auf nur 153 Einwohner eine Fabrik kam, während 1927 trotz der industriellen Entwicklung im allgemeinen und des Fortschrittes der Industrialisierung Amerikas im besonderen bereits auf 364 Einwohner nur noch eine Fabrik entfiel. Eine genauere Darstellung der Konzentrationsbewegung in typischen Industrien während der letzten 50 Jahre in USA. zeigt die Tabelle auf S. 152 [1]).

Überall konzentriert sich die Produktion in Großbetrieben, die ihre Waren auf die entferntesten Märkte werfen. Es gibt in allen Industriestaaten eine Anzahl von Waren, die an und für sich nicht den Charakter von Monopolartikeln tragen, und die doch praktisch allein von einem oder ganz wenigen Großbetrieben hergestellt werden. So versorgt z. B. die Firma Kodak den Bedarf Amerikas an Photoapparaten und Photoartikeln zu 100%; 75% aller Zuckerwaren werden von der Mint Product Co. hergestellt, 70% des Kaugummis durch Wrigley & Co. und 90% aller Gummischuhe von der O'Sullivan Rubber Co. Natürlich müssen dann die Waren bei so konzentrierter Produk-

---

1) Starch, Principles of Advertising. Chicago-New York-London 1923, S. 109.

Industrie	Jahr	Zahl der Betriebe	Wert der Produktion in $
Herrenkleidung	1869	7853	148660000
	1914	4830	458211000
Teppiche	1869	215	21762000
	1914	97	69128000
Automobile	1904	121	26645000
	1914	300[1])	503230000
Landwirtschaftliche Maschinen	1869	2076	52067000
	1914	601	164087000
Schuhe	1879	1959	166050000
	1914	1355	501760000
Seife	1904	436	68275000
	1914	371	127942000
Tabak, Zigarren, Zigaretten	1869	4631	33374000
	1914	13515[2])	314884000
Blechwaren	1869	198	3257000
	1914	170	27978000
Uhren	1869	37	2819000
	1914	15	14275000

tion unter Aufwendung ganz erheblicher Transportkosten dem Verbrauch zugeführt werden.

In Deutschland, bei unseren räumlich nicht sehr weitläufigen Verhältnissen, unseren geringen Bodenschätzen und unserer Kapitalarmut, haben sich diese Tendenzen noch nicht so stark durchsetzen können. Stillegung von Betrieben als Rationalisierungsmaßnahme ist eigentlich erst eine Erscheinung des letzten Jahrhunderts und vor allem ein Mittel der konzernmäßigen Produktionsregelung. Aber in reichen Ländern, vor allem in USA., stößt man auf Schritt und Tritt auf stillgelegte Fabriken, Mühlen, Bergwerke und verwilderte Anpflanzungen, die früher der Deckung des örtlichen Bedarfs dienten. An ihrer Stelle haben Großbetriebe, oft Tausende von Kilometern entfernt, die ihre Waren als Markenartikel durch jahrelange Reklame dem Konsumenten systematisch einsuggeriert haben, die Versorgung übernommen.

Hierfür einige Beispiele: In der amerikanischen Fleischversorgung herrschte bis vor einem Jahrzehnt der örtliche Schlächter vor. Die Stadt war der natürliche Absatzmarkt der Viehzüchter der Umgebung, Transportkosten entstanden in sehr vielen Fällen nicht, da Produktions- und Konsumort ganz dicht beisammen lagen. Heute haben die großen Fleischpackerfirmen das Geschäft an sich gerissen. Unter Aufwand hoher Kosten bringt man das lebende Vieh nach den zentralen Schlachthöfen und befördert dann das Fleisch, als Konserven oder in ebenfalls sehr kostspieligen Kühlwagen, zurück zu den Konsumenten. Nach einer Untersuchung des Department of Commerce sollen die Transportkosten bei der Herstellung von Fleischkonserven 57%

[1]) Ein Anstieg, bei dem aber 12 Gesellschaften 87% des Umsatzes ausmachen.

[2]) Die Herstellung von Zigarren erfordert in so großem Umfange Handarbeit, daß viele kleine Betriebe augenscheinlich erfolgreich mit den großen Konzernen konkurrieren können.

der Gesamtkosten ausmachen, ein Prozentsatz, der nur noch von einer Industrie, der Gewinnung von Pottasche, bei der allerdings der Grundstoff so gut wie wertlos ist, mit 61% übertroffen wird. Zu ganz unsinnig erscheinenden Transportkosten führte teilweise die Konzentration der Mühlenindustrie. Die Farmer in Kansas, die früher das Getreide für den Eigen- und Lokalbedarf bei den ortsansässigen Mühlen mahlen ließen, senden heute ihre Ernte zu den Großmühlen in Minneapolis und erhalten von dort das Mehl zurück, wobei die niedrigen Mahllöhne von den Transportkosten vollkommen aufgehoben werden und höchstens eine kleine Qualitätsverbesserung, die die Großmühlen durch die Mischung der verschiedenen Getreidesorten erzielen können, als Gewinn bleibt. Die Beispiele, daß die Vorteile der Massenproduktion häufig nur unter Aufwand von Mehrkosten an anderer Stelle, vor allem durch Mehraufwand an Transportkosten, ausgenutzt werden können, ließen sich leicht vermehren.

Die Massenproduktion führt aber nicht nur zu höheren Transportkosten, sondern ebenso zu höheren Vertriebskosten. Infolge der ungenutzten Kapazität und der Kostendegression kommt der Betrieb natürlicherweise zur Überproduktion, die er um jeden Preis in den Markt pressen will.

Wirkt die Konzentration der Produktion an wenigen Industriezentren vertriebskostenerhöhend durch den Zwang zur Verteilung über große Räume, so erzeugte die Zusammenballung großer Menschenmassen in den Städten dieselbe Wirkung durch den Zwang zum Sammeln, Sortieren, Konservieren, Transportieren und Zusammenstellen der auch heute noch in Mittel- und Kleinbetrieben gewonnenen Waren, wie Milch, Gemüse, Butter, Eier. Die Vertriebskosten machen bei den landwirtschaftlichen Produkten einen besonders hohen Kostenteil aus, wie folgende Analysen der Konsumentenmark beweisen:

Analyse der Konsumentenmark bei Butter[1]).

Anteil des Produzenten	83.20%
Vertriebskosten des Produzenten	4.6%
Kosten im Großhandel	3.7%
Kosten im Einzelhandel	8.5%
Verkaufspreis	100.0%

Analyse der Konsumentenmark bei Milch[2]):

Anteil des Erzeugnisses	51.2%
Molkereimäßige Behandlung	6.4%
Großhandelskosten	11.4%
Einzelhandelskosten (inkl. Lieferung ins Haus)	31.0%
Verkaufspreis	100.0%

---

[1]) Nach Angaben des Reichsverbandes deutscher Kaufleute des Butter-, Fettwaren- und Käsehandels. (Jahresdurchschnitt 1930).

[2]) Deutsche Milchzeitung v. 22. Nov. 1930.

Analyse der Konsumentenmark bei Herrenkleidung und Herrenschuhen in U. S. A. 1921 [1]):

	Bekleidung	Schuhe
Rohmaterial und Zutaten	28.2%	38.5%
Herstellungskosten	23.3%	18.3%
Verkaufskosten und Gewinn	16.6%	14.9%
Einzelhandelskosten und Gewinn	31.9%	28.3%
Verkaufspreis	100.0%	100.0%

Die infolge der konzentrierten Produktion und Konsumtion notwendig gesteigerte Güterbeförderung wurde erst durch die verbesserte Verkehrstechnik möglich gemacht. Die Beweglichkeit aller Güter wurde erhöht, geringerwertige sogar erst auf größere Strecken transportabel gemacht. Die „weltwirtschaftliche Arbeitsteilung" erfolgt stärker als früher unter Berücksichtigung der komparativen Kosten, wodurch Produktions- und Konsumort wiederum auseinandergezogen werden.

Mit der verbesserten Produktions- und Transporttechnik hat aber die Vertriebstechnik nicht Schritt gehalten.

Im Gegensatz zur Produktion ist es dem Handel noch nicht gelungen, die Maschine in nennenswertem Umfange einzusetzen. Der Vertrieb erfolgt auch heute noch fast ausschließlich mit Hilfe menschlicher Arbeitskraft. Maschinen kann man nur zu Hilfsarbeiten verwenden (in der Buchhaltung: Schreib-, Rechen- und Buchungsmaschinen; Maschinen zum Wiegen, Messen, Packen, Beschriften). Beim Vertrieb handelt es sich überwiegend um geistige Tätigkeit, die von Maschinen nicht geleistet werden kann.

Den geringen Anteil maschineller Hilfsmittel im Handel ersieht man gut aus den Zahlen der in Industrie und Handel genützten PS, die nach der Statistik des Deutschen Reiches betrugen:

Jahr	Industrie	Handel
1895	335 791	11 979
1907	9 808 417	73 754
Neues Reichsgebiet	8 999 058	70 038
1925	18 617 855	224 210

Im Handel wurden demnach verwendet 1895 9%, 1907 nur noch 0.7% und 1925 1.2% aller PS, wobei noch zu berücksichtigen ist, daß ein ganz erheblicher Teil der Maschinen zum Antrieb von Transportmitteln (Fahrstühlen, Rolltreppen), zur eigenen Stromerzeugung, für Belüftungsanlagen u. ä., dem Vertrieb nur mittelbar dienenden Anlagen verwendet wird. Im eigentlichen Vertrieb spielt die Maschine auch heute noch keine Rolle.

Es fehlt allerdings nicht an Versuchen, sie auch hier, vor allem im Einzelhandel, einzusetzen, um menschliche Arbeitskraft zu sparen und so den Vertrieb zu verbilligen. Aber die Möglichkeiten sind gering und die Erfolge zweifelhaft. Bei den vorbereitenden Arbeiten hat man sie teilweise

[1]) Die Handelsspanne, F. f. H. Berlin 1931, S. 17.

mit Erfolg eingesetzt. Beim eigentlichen Verkauf kann man den Menschen aber doch nicht entbehren. Das beweist auch das beschränkte Gebiet, auf dem bisher der Automat, die einzige Form des wirklich maschinellen Vertriebes, mit Erfolg Anwendung gefunden hat. Nur dann, wenn die Ware ganz bestimmte Voraussetzungen erfüllt, ist ihr automatischer Vertrieb möglich:

1. Qualität und Menge müssen festliegen und allgemein bekannt sein,
2. die Preise dürfen nicht schwanken (wegen der Mechanik der Apparate),
3. die Ware darf keiner Wartung bedürfen,
4. sie muß von geringem Volumen sein und
5. von gewisser Haltbarkeit;
6. es muß ein Bedarf vorliegen, der keines besonderen Kaufanreizes mehr bedarf.

Von einer stärkeren Mechanisierung des Vertriebes ist eine Senkung der Vertriebskosten kaum zu erwarten, denn sie ist nur sehr beschränkt, und wenn überhaupt, dann nur auf der allerletzten Stufe des Absatzes, im Einzelhandel, durchführbar. Es müssen also andere Mittel und Wege gesucht werden, um zu einer Rationalisierung und Verbilligung des Vertriebes zu kommen. Vorbedingung hierzu ist die Beachtung der Vertriebskostenkurve, die der Produktionskostenkurve nicht parallel läuft.

In der Warenverteilung (vor allem im Handel) tritt das Gesetz der steigenden Kosten (bzw. des abnehmenden Ertrages) viel früher auf als in der Produktion. Die Erfassung der letzten 10—20% der Konsumenten ist viel teurer als die der entsprechenden Schichten der vorhergehenden 80—90%.

Der letzte und vielleicht stärkste Impuls zur Steigerung der Vertriebskosten ging aber, unter dem Druck der fixen Kosten, von dem Zwang zur Kundenwerbung aus, die wohl der schwächste Punkt in der Organisation der Warenverteilung der modernen Industriestaaten ist. Der erbitterte Kampf um den Kunden, besonders heftig wegen der allgemeinen Überkapazität, die schwere Kontrollierbarkeit der Wirksamkeit und der Wirtschaftlichkeit dieser Ausgaben einerseits und die offenkundige Unproduktivität dieser Ausgaben vom volkswirtschaftlichen Standpunkt aus andererseits, verlangen dringend, daß gerade bei den Werbekosten die Vertriebskostenkontrolle einsetzt und das Problem der Rationalisierung von diesem Punkte aus aufgerollt wird.

Um jeden Preis muß der Trend der Vertriebskosten nach Möglichkeit dem der Produktionskosten angepaßt werden. Voraussetzung hierfür ist die Kenntnis der Zusammenhänge und der Höhe der Kosten:

a) auf den einzelnen Stufen des Vertriebes,
b) bei den einzelnen Vertriebsfunktionen,
c) der einzelnen Vertriebskostenelemente.

b) Vertriebskosten in der Industrie.

aa) Kostendispersion und ihre Ursachen.

Die Industrie befand sich vor kurzem in der ersten Phase ihrer Entwicklung, in der es vor allem auf den Ausbau des technischen Produktionsapparates ankam. Verwaltung und Vertrieb sind erst in jüngster Zeit ins Blickfeld gerückt. Die meisten industriellen Betriebe kennen nicht die Höhe ihrer Vertriebskosten, obschon diese manchmal ebenso hoch und noch höher als die eigentlichen Herstellungskosten sind. Der Mangel an Wissen über die Vertriebskosten machte unmöglich:

1. die Kontrolle der Wirtschaftlichkeit der Vertriebsorganisation,
2. den Vergleich verschiedener Vertriebsformen,
3. die Messung der Tüchtigkeit der einzelnen Verkaufskräfte,
4. die Kenntnis des tatsächlichen Ertrages der einzelnen Artikel,
5. die Kenntnis des Wertes der einzelnen Absatzgebiete und einzelnen Kunden.

Man wirtschaftete eben in einem Teil des Betriebes noch nach Urväterart, nach Faustregeln und Fingerspitzengefühl, ohne lange Zeit auch nur auf den Gedanken zu kommen, daß man im Vertrieb durch genaue Kostenrechnung und zahlenfundierte Planung gleichgroße organisatorische Fortschritte erreichen und die Rentabilität der Betriebe erheblich bessern könnte, wie Jahre vorher in der Produktion. Es ist ja heute tatsächlich so, daß die Produktionsmethoden einen so hohen Stand erreicht haben, daß von der Produktionsseite her im allgemeinen große Ersparnisse nicht mehr erwartet werden können. Unausgeschöpfte Rationalisierungs- und Ersparnismöglichkeiten sind dagegen in der Verwaltung und im Vertrieb zweifellos noch vorhanden, und darum machte man in den letzten Jahren in allen Industriestaaten heftige Anstrengungen, um die Unterlagen hierfür herbeizuschaffen. Der deutsche Enquête-Ausschuß hat, wenn auch mit sehr geringem Erfolg, den Versuch gemacht, Tatsachenmaterial über die Höhe der industriellen Vertriebskosten zu sammeln; das englische Balfour Committee hat sich mit dieser Frage befaßt, das Department of Commerce hat für USA. Erhebungen angestellt, und daneben haben amerikanische Produzentenvereinigungen, unter wissenschaftlicher Leitung (z. T. unter Assistenz des Harvard Bureau of Business Research) die Betriebe ihrer Mitglieder zu durchleuchten versucht.

Der Effekt konnte vorläufig nur ein geringer sein, denn das notwendige Zahlenmaterial war beim besten Willen nicht zu beschaffen, weil im Rechnungswesen der meisten Betriebe die Vertriebskosten nicht gesondert und nicht in der notwendigen Vollständigkeit erfaßt wurden.

Neben der Unvollkommenheit der Unterlagen erschweren noch folgende Umstände die Vertriebskostenanalyse in der Industrie:

1. die Verschiedenheit der Funktionen der Betriebe beim Vertrieb. Während z. B. der eine Betrieb sich beim Absatz weitestgehend des Handels bedient, wendet sich der andere direkt an den Konsum und übernimmt selbst die Handelsfunktionen und die damit verbundenen Kosten. Lieferung verpackter oder unverpackter Ware, Länge der Lagerdauer u. ä. wirken auf die Kosten ein;
2. die Organisation des Vertriebes ist nicht einheitlich;
3. verschiedene Standorte, mit Rücksicht auf die Produktion gewählt, können verschiedene Kosten bedingen;

4. kleine Unterschiede in den Warenzusammensetzungen können zu ganz erheblichen Unterschieden und Verschiebungen zwischen den einzelnen Kostenelementen führen.

Es schwankt aber nicht nur die absolute Höhe der Vertriebskosten und ihr Anteil an den Gesamtkosten von Betrieb zu Betrieb, auch die Kostenzusammensetzung ist nicht einheitlich, jedenfalls viel uneinheitlicher, als man nach den Erfahrungen über die Kosten des Warenhandels erwartet hatte. Diese Verschiedenheiten ergeben sich vor allem aus der verschiedenen Organisation des Vertriebes bei den einzelnen Betrieben. Diese resultiert wiederum aus der engen Bindung an den Produktionsbetrieb und dem Hinüberspielen produktionspolitischer Momente in den Vertrieb (z. B. Lagerhaltung als Mittel der Stabilisierung des Erzeugungsvolumens). Es ist daher nicht verwunderlich, daß alle Vertriebskostenuntersuchungen, die sich auf einen größeren Kreis von Betrieben erstreckten, zu keinen einheitlichen Ergebnissen geführt haben. Die Kostendisperison war meist so groß, daß kaum die Errechnung von Durchschnittszahlen möglich war, ganz zu schweigen von der Aufstellung von Richtzahlen wie im Handel.

Hier nur einige Beispiele für die Kostendispersion. In amerikanischen Betrieben schwankten die Vertriebskosten 1928: [1])

bei Seifen und Reinigungsmitteln	zwischen	22	und	50%	v. Umsatz
bei Teigwaren	„	11	und	20%	„
bei Mehl	„	2.5	und	11%	„
bei Konserven (außer Fleischkonserven)..	„	8	und	20%	„
bei Fleischkonserven	„	2	und	15.5%	„
bei Pökelfleisch und Wurstwaren	„	10	und	21%	„
Handelsfertige Zurichtung von Kaffee, Tee, Gewürzen	„	10	und	33%	„

Die Ergebnisse des Enquête-Ausschusses sind ähnlicher Art:

Vertriebskosten in einzelnen deutschen Industriezweigen [2]) in den Jahren 1927 und 1928:

Industriezweig	Vertriebskosten in % der Gesamtselbstkosten
Margarine	17.76
Spielwaren	8—20
Harmonium	4.6—8.6
Pianoforte	8—15
Orgelbau	7—9
Piano-Bestandteile	4.1—7.1
Hochspannungsporzellan	15—20
Lederhandschuhe: Ziegenlederdamenhandschuhe	16
Nappalederhandschuhe	5
Edelmetall- und Schmuckwaren	3.4
Steingutgeschirr	4.46
Seifenindustrie: Haushaltseifen	20.7—24.7
Stapelfeinseife	28.1—28.6
Seifenpulver	36.1—36.9

[1]) FfH-Mitteilungen 1932, Heft 11/12.

[2]) FfH-Mitteilungen 1932, Heft 11/12.

Industriezweig		Vertriebskosten in % der Gesamtselbstkosten
Maschinenindustrie:	große und mittlere Maschinen	6—10
	Werkzeugspezialmaschinen	16.5
	Motore	10.5
	Spezialnähmaschinen	17.5
	Fahrradindustrie	19
Papier		13
Gummiwaren		17
Uhren		6.7
Fensterglas		5.0
Hohlglas		6.0
Porzellan:	Geschirrporzellan	7.0
	Zierporzellan	8.0
	technisches Porzellan	11.0

Der Vertrieb der Industriebetriebe stellt keinen so geschlossenen und abgegrenzten Funktionskreis dar wie der Vertrieb im Handel, wo jede Handelsstufe ihre bestimmten Aufgaben zu lösen hat, was überall annähernd gleiche Kosten verursacht. Doch gibt es eine ganze Anzahl von Industriezweigen mit relativ einheitlicher Absatzorganisation, wenigstens für den In- oder Auslandsmarkt. Dies gilt vor allem für kartellierte Industrien mit Syndikaten oder einheitlich geregelten Beziehungen zum Handel, aber auch für freie Produktionszweige, deren Produkte einheitlich und nur beschränkt verwendbar sind.

Ausschlaggebend für die Höhe der Vertriebskosten ist die Vertriebsform. Genau genommen sind „Vertriebskosten der Industrie" nur die Kosten des Absatzes an die nächste Marktstufe, die je nach Art der Organisation des Marktes ein weiterverarbeitender Industriebetrieb, Groß- oder Einzelhandel, in Ausnahmefällen auch der Konsument sein kann. Beim Betriebsvergleich ist daher stets zu prüfen, ob die Vertriebsorganisation der untersuchten Betriebe einheitlich ist. Sobald ein Betrieb eine Handelsstufe überspringt, übernimmt er Handelsfunktionen, und die Vertriebskosten können nur noch mit denen der entsprechenden Handelsstufe verglichen werden. Überspringt z. B. ein Betrieb beim Absatz den Großhandel und liefert direkt an den Einzelhandel, so werden seine Kosten die eigentlichen Industrievertriebs- und Großhandelskosten enthalten. Die sich aus verschiedener Vertriebsorganisation ergebenden Kostendifferenzen können ganz erheblich sein. In der amerikanischen Süßwarenindustrie [1]) wurde festgestellt, daß beim Absatz an den Großhandel durchschnittlich 21.96% vom Umsatz (von 17.0—26.1%), beim Absatz direkt an den Einzelhandel dagegen 28.6% (von 27.9—31.5%) Vertriebskosten entstehen.

Viel häufiger als Übernahme von Handelsfunktionen sind innerbetriebliche Unterschiede die Ursache von Kostenunterschieden:

---

[1]) S. L. Kedzierski, Distribution Cost Problems of Manufacturing Confectioners. Washington 1931.

1. Verteilungsfunktionen sind zwischen dem Industriebetriebe und dem Vertrieb nicht so genau abgegrenzt, wie es z. B. zwischen den einzelnen Handelsstufen der Fall ist,
2. ist die industrielle Vertriebstechnik eine sehr vielseitige: Agenten neben Provisionsvertretern und Reisenden mit festem Gehalt, Zustellung mit der Bahn und Anfuhr mit eigenen Kraftwagen, Reklame, die sich nur an den nächsten Abnehmer wendet und Konsumentenreklame,
3. hat die Verteilung des Umsatzes auf die verschiedenen Artikel einer Branche und die durchschnittliche Höhe des Einzelauftrages auf die Gesamthöhe und Zusammensetzung der Vertriebskosten großen Einfluß.

Als man die ersten Vertriebskostenanalysen in der Industrie vornahm, lagen bereits die Ergebnisse ähnlicher Untersuchungen für die verschiedensten Zweige des Handels vor, die ergeben hatten, daß hier die verschiedenen Stufen und Formen international eine ziemlich einheitliche Kostenstruktur aufweisen. Daher war man äußerst überrascht, daß sich im Industrie-Vertrieb, trotz der Ähnlichkeit der wirtschaftlichen Funktion, keine ähnliche Kostenzusammensetzung erkennen ließ. Die außerordentlich großen Kostendispersionen, die man feststellen mußte, hielt man anfangs für Untersuchungsfehler, und das Harvard Bureau of Business Research hat erst nach mehrjährigen Beobachtungen und Kontrolluntersuchungen die ersten Vertriebskostenziffern veröffentlicht. So berichtet z. B. Copeland [1]) von einer Vertriebskostenanalyse bei 10 Herstellern von Seifen- und Waschmitteln, die eine Streuung der Gesamtvertriebskosten zwischen 16.79 und 56.26% vom Umsatz ergab. Die einzelnen Kostenelemente schwankten bei:

Personal- und Provisionskosten	von 2.05—12.19%
Reklame und Werbung.............	von 1.04—36.85%
Lager- und Versandkosten	von 5.18—16.64%
Verwaltungskostenanteil	von 0.71—13.04%

Hierbei handelt es sich keineswegs um einen vereinzelt dastehenden, besonders krassen Fall der Kostendispersion, sondern um eine durchaus typische Erscheinung. Im Gegensatz zum Handel mit seinem relativ einheitlichen Betriebsaufbau, gleichen Funktionen, gleicher Zusammensetzung des Warenlagers, ziemlich gleichen Einzelumsatzmengen zeigt der Industrievertrieb die allergrößten Verschiedenheiten.

bb) Umsatzzusammensetzung als Kostenfaktor.

Der Vertrieb ist in der Industrie niemals Selbstzweck, sondern Mittel zum Zweck, darum erfolgt die Warenzusammensetzung nicht unter vertriebs-, sondern unter produktionstechnischen Gesichtspunkten. Der Handel zeigt hierin eine große Überlegenheit. Er kann nach Belieben neue

---

[1]) Harvard Business Review, 1931/April.

Artikel seinem Sortiment anfügen und unrentable weglassen und so zu einem Optimum der Ausnutzung seines Vertriebsapparates kommen. Hierin ist der Produktionsbetrieb viel unelastischer. Vertriebskosten sind bei ihm zumeist sekundäre Kosten, die bei der Ausarbeitung des Produktionsprogrammes wegen des Anlagekapitals nur eine ganz untergeordnete Rolle spielen, ja wohl heute in den allermeisten Fällen gar keine Berücksichtigung finden. Wie falsch dieses Verhalten ist, beweist die Tatsache, daß es fast in allen Betrieben und allen Branchen Artikel gibt, deren Vertriebskosten so hoch sind, daß sie nicht nur ihren eigenen, sondern auch den Produktionsgewinn anderer Artikel aufzehren. Häufig sind sie die Ursache der Unrentabilität von Betrieben, die produktionstechnisch und produktionskostenmäßig durchaus auf der Höhe sind.

Die eingehendste Untersuchung über die Höhe der Vertriebskosten der verschiedenen Produkte einer Branche stammt wiederum aus der amerikanischen Süßwarenindustrie: [1])

Warenart	Cents per Pfund					Handelsspanne	Vertriebskosten
	Verkaufspreis	Herstellungskosten	Vertriebskosten	Gesamtkosten	Reingewinn	in % v. Verkaufspreis	
Schokolade.........	21.6	16.0	4.0	20.0	1.6	26.0	18.5
Pralinen	15.9	12.3	3.5	15.8	0.1	22.6	22.0
Gummikonfekt	15.7	11.3	3.1	14.4	1.3	28.0	19.7
Zuckerwaren	14.6	11.3	4.3	15.6	—1.0	22.6	29.4
Plätzchen u. Waffeln .	14.7	10.9	3.4	14.3	0.4	25.9	23.1
Karamellen	17.3	12.2	4.0	16.2	1.1	29.4	23.2
Nougat	16.4	12.1	4.6	16.7	—0.3	26.2	28.1
Blockschokolade	10.9	8.8	2.3	11.1	—0.2	19.3	21.1
Windbeutel	17.4	12.1	4.2	16.3	1.1	30.5	24.2
Kokoskonfekt	14.3	11.3	2.8	14.1	0.2	21.0	19.6
Lederzucker	18.5	13.2	4.2	17.4	1.1	28.6	22.7
Zusatzartikel	21.2	19.4[2])	3.4	22.8	—1.6	8.5	16.1
Verschiedenes	18.4	14.3	4.0	18.3	0.1	22.3	21.8
Durchschnitt	18.2	13.5	3.8	17.3	0.9	25.8	20.9

Die Analyse zeigt deutlich, daß die Artikel mit der höchsten Handelsspanne, der größten Differenz zwischen Herstellungskosten und Preis, durchaus nicht die ertragreichsten sind.

Die Süßwarenindustrie hat ein relativ einheitliches Produkt hinsichtlich Verwendungszweck, Abnehmerkreis und Absatzmenge. Ihre Vertriebskosten sind daher ziemlich einheitlich, die Streuung ist nicht größer als 10%. Ganz anders in Industrien, die Produkte für die verschiedensten Zwecke herstellen, sich an die verschiedensten Abnehmerkreise wenden müssen, die oft gezwungen sind, für die einzelnen Abteilungen ihres Betriebes selbständige Vertriebsorganisationen aufzuziehen, weil die Verschiedenartigkeit

[1]) Kedzierski, a. a. O. S. 18.
[2]) Einkaufspreis.

ihrer Güter hierzu zwingt, oder die sich für die verschiedenen Abteilungen verschiedener Vertriebsformen bedienen. Bei ihnen ist die Vertriebskostenkontrolle besonders schwierig und notwendig. Es seien hier nur einige Beispiele aus der Eisen- und Stahlwarenindustrie gegeben, wo allein die drei Kostenelemente Provisionen, Fracht, Reklame zwischen 3.3 und 22.5% der Gesamtselbstkosten schwanken:

Vertriebskosten in der Eisen- und Stahlwarenindustrie.

Industrieprodukt	Versandfrachten	Reklamekosten	Provision	Gesamtkosten
Geschmiedete Pflugscharen	0.4	0.3	3.5	4.2
Waagen und Wiegevorrichtungen	2.0	1.3	4.0	7.3
Sensen	—	10.7	—	10.7
Gewindebohrer	0.5	0.6	2.6	3.7
Zangen	2.1	0.5	0.7	3.3
Feilen	3.0	2.0	7.0	12.0
Gewindeschneidewerkzeuge	1.5	0.6	9.5	11.6
Emailleschilder	4.2	0.7	14.5	19.4
Bürostahlmöbel	1.0	1.0	20.5	22.5
Schreibfedern	3.7	10.5	3.2	17.4

Interessant sind in diesem Zusammenhang auch die Feststellungen von Zippel[1]) über den Einfluß der Umsatzzusammensetzung auf die Vertriebskosten der Elektro-Industrie (für fünf Verkaufsbüros eines Elektrokonzerns):

Artikel	I	II	III	IV	V
Zentralen	13.1	46.3	31.1	29.6	30.8
Industriebedarf	61.8	18.5	28.3	24.1	25.1
Kleinfabrikate	20.7	27.5	29.2	38.7	39.4
Bahnen	2.7	6.9	8.1	4.7	3.9
Sonstiges	1.7	0.8	3.3	2.9	0.8

Handelsspanne, Gesamtkosten, einzelne Kostenarten und Vertriebsgewinne in 5 Verkaufsbüros eines Elektrokonzerns (in % vom Umsatz):

	I	II	III	IV	V
Umsätze (in 1000 RM. Verkaufswert)	16 767	11 157	10 481	9 062	5765
Handelsspanne	17.3	16.9	16.2	16.9	15.9
Gesamtkosten	9.1	10.1	11.6	12.7	10.8
davon Gehälter	5.2	5.1	6.4	7.1	5.6
Reisekosten	0.7	1.1	1.2	0.8	1.1
Miete	0.3	0.4	0.5	0.9	0.5
allg. Handlungsunk.	0.5	0.8	0.8	1.2	0.9
anteilige Unk. d. Stammhauses	2.0	2.0	2.0	2.0	2.0
Steuern	0.4	0.7	0.7	0.7	0.7
Vertriebsgewinn	8.2	6.8	4.6	4.2	5.1

[1]) Zippel, Absatz elektrotechnischer Erzeugnisse durch Industrie und Großhandel. Diss. Berlin 1932, S. 26.

Es zeigt sich, daß die Büros mit überwiegendem Kleinfabrikateumsatz (Büro IV und V) 1. die höchsten Unkosten und 2. den geringsten Gewinn aufzuweisen haben. Am stärksten beeinflußt sind folgende Kostenelemente: Gehälter, die 2% höher liegen als bei II, Miete (wegen der notwendigen Lagerräume) und allgemeine Handlungsunkosten, während die Reisekosten besonders bei Büro IV unter dem Durchschnitt liegen.

cc) Auftragshöhe als Kostenfaktor.

Neben der Umsatzzusammensetzung beeinflußt die durchschnittliche Auftragshöhe die Kostengestaltung. Das Problem der kleinen Aufträge wurde bisher überwiegend als ein Problem der Produktionstechnik und der Produktionskostengestaltung angesehen, es ist aber in gleich großem Maße ein Vertriebskostenproblem, und es ist hier besonders brennend, weil es nur wenige Möglichkeiten gibt, um seine nachteiligen Wirkungen zu kompensieren, was in der Sphäre der Produktion innerhalb gewisser Grenzen immerhin möglich ist (Produktion auf Lager). Über den Einfluß der Auftragshöhe auf die Gestaltung der Vertriebskosten sind nur wenige Untersuchungen bekannt, z. B. aus der amerikanischen Fleischkonserven-[1]) und der Süßwarenindustrie[2]).

Zur Analyse der Vertriebskosten in der Fleischkonservenindustrie[3]) zerlegte man den gesamten Vertriebsprozeß in 4 Phasen und stellte für jede Phase die Kosten fest. Nur wenige Kostenteile sind von der Höhe des Auftrages abhängig, z. B. Packmaterial und Frachtkosten, der überwiegende Teil ist fix. Die Umlegung der Kosten auf die einzelnen Teilarbeiten erfolgte nach Schlüsseln: Gewicht des Umsatzes, Zahl der Posten einer Rechnung, Anzahl der Besuche bzw. Anrufe usw. Auf diese Weise kam man zu folgenden Kostensätzen:

1. Hereinholen des Auftrages:	
a) persönlicher Besuch durch den Reisenden.	⌀ 97.5 cts. p. Besuch
b) telephonischer Anruf..................	⌀ 23.8 cts. p. Anruf
2. Verpackung und Versand:	
a) Verladen in Wagen	⌀ 4.3 cts. p. Ctr.
b) Kisten, Packmaterial, Fracht, Fuhrkosten	direkt berechnet.
3. Buchhaltung:	
a) Ausstellen der Rechnung	⌀ 3.0 cts. p. Posten
b) Porto	⌀ 12.0 cts. p. Rechnung
4. Kreditkontrolle und Inkasso:	
a) persönlicher Besuch....................	⌀ 10.8 cts. p. Besuch
b) Bürokosten	⌀ 17.7 cts. p. Konto
Debitorenverlust 2—0.1% v. Umsatz	
5. Allgemeine Unkosten	⌀ 8.7 cts. p. Ctr.

Bei dem Vorherrschen der fixen Kosten, die unabhängig von der Höhe

---

[1]) Distribution Cost Analysis. Methods and Examples. N. A. C. A. Bulletin XI/19.

[2]) Kedzierski, a. a. O.

[3]) Vertrieb durch Reisende, Lieferung durch eigene Kühlwagen direkt an den Kunden.

des Auftrages entstehen, müssen die Betriebe ein Interesse daran haben, die Höhe des Einzelumsatzes zu steigern; erst von einer bestimmten Umsatzhöhe an beginnen die Aufträge bzw. die Konten rentabel zu werden, wie aus folgenden Tabellen hervorgeht:

Vertriebskosten per Pfund bei steigender Auftragshöhe.

Auftragshöhe	Φ Ges.-Vertriebskosten $	Kosten p. lbs. Umsatz $
bis 25 lbs	2.11	0.14
25—50	2.31	0.06
51—100	2.72	0.03
101—200	3.51	0.02
201—500	5.41	0.01
501—1000	7.31	0.01

Wo die Rentabilitätsgrenze für den einzelnen Auftrag liegt, wurde leider nicht festgestellt, dagegen war dies bei der Kontenanalyse der Fall. Auch hier ergibt sich, daß erst von einem gewissen Monatsumsatz an (101 bis 200 $) die Vertriebskosten gedeckt werden und ein Gewinn entsteht:

Monatl. Umsatz per Konto ($)	Gewinnspanne (cts)	Kosten	+ Gewinn — Verlust
bis 25	10.91	43.36	— 32.45
26—50	10.70	21.14	— 10.44
51—100	9.85	14.02	— 4.17
101—200	10.40	10.21	+ 0.19
201—500	9.87	7.85	+ 2.02
501—1000	8.15	6.04	+ 2.11
über 1000	9.20	6.13	+ 3.07
Durchschnitt	9.64	8.76	0.88

Außer der Höhe des Einzelauftrages übt auch die Lage des Absatzgebietes in sehr vielen Fällen einen ausschlaggebenden Einfluß auf die Kosten aus. Im Durchschnitt rechnet man in der Fleischkonservenindustrie mit $ 2.46 Vertriebskosten per Zentner, in ländlichen Gebieten mit weiteren Entfernungen und bei den städtischen Großhändlern mit häufigeren Lieferungen steigen sie auf $ 3.50—4.00. Doch schaffen die erzielbaren Preise hier teilweise einen Ausgleich:

Gesamtumsatz	Rohgewinn	Vertriebskosten	Reingewinn
Gesamtumsatz	2.64	2.46	0.18
Städtische Großhändler	3.97	3.74	0.23
Städtische Einzelhändler	2.80	2.47	0.33
Landbezirk (Kraftwagenbedienung)	2.45	2.00	0.45
Landbezirk (Bahnfracht)	2.88	3.03	—0.15
Landbezirk (Vertrieb durch Agenten)	2.46	3.47	—1.01
Wagenladungsverkehr	1.60	0.72	0.88

Ganz besonders leiden natürlich solche Betriebe unter den kleinen Aufträgen, bei denen sie einen besonders hohen Bruchteil der Gesamtaufträge ausmachen. In der Fabrikation von Stempeln, Petschaften, Schablonen und ähnlichen Artikeln konnte man z. B. feststellen, daß mehr als 60% aller Aufträge die Kosten nicht deckten. Alle Aufträge unter 3 $ waren Verlustaufträge, wobei der Verlust manchmal größer war als der Erlös, wie nachstehende Tabelle zeigt. Die Verlustquelle waren ausnahmslos die Vertriebskosten, die eigentlichen Herstellungskosten zuzüglich der Fabrikationsgemeinkosten wurden von allen Aufträgen vollkommen gedeckt.

Auftragshöhe in $	Anzahl der Aufträge	Vertriebskosten	Material- u. Lohnkosten	Gesamtkosten	Erlös	Reingewinn oder Verlust Summe	Reingewinn oder Verlust in % d. Erlöses
bis 50 cts.	955	517.41	309.26	826.67	367.88	—458.79	—124.71
0.51—0.75	483	261.68	267.26	528.94	319.59	—209.35	—65.51
0.76—1.00	610	330.28	461.98	792.26	551.69	—240.57	—43.61
1.01—1.50	779	421.98	855.23	1277.21	1018.72	—258.49	—25.37
1.51—2.00	597	323.57	920.14	1243.71	1097.43	—146.28	—13.33
2.01—3.00	769	416.38	1649.38	2065.76	1965.35	—100.41	— 5.11
3.01—5.00	873	473.04	2901.69	3374.73	3455.72	80.99	2.34
5.01—10.00	784	424.59	4715.25	5139.84	5614.81	474.97	8.46
10.01—25.00	617	334.38	8162.92	8497.30	9724.70	1227.40	12.62
25.01—50.00	273	147.99	7991.11	8139.10	9518.48	1379.38	14.49
50.01—100.00	110	59.65	6349.36	6409.01	7564.91	1155.90	15.28
100.00 u. mehr	31	16.77	3596.57	3613.34	4282.68	669.34	15.63
Summe	6881	3727.72	38180.15	41907.87	45481.96	3574.09	7.86

Noch deutlicher zeigt nachstehende Tabelle die Bedeutung der Frage der Einzelauftragshöhe für die Betriebe. Hier sind die Kosten für 1 $ Umsatz für die verschiedenen Auftragshöhen ausgerechnet. In dieser abstrakten Form kommt die Wirkung dieses Faktors auf Wirtschaftlichkeit und Rentabilität der Betriebe ganz besonders klar zum Ausdruck.

Auftragshöhe in $	Kosten pro 1 $ des Umsatzes	Auftragshöhe in $	Kosten pro 1 $ des Umsatzes
bis zu 0.50	2.25	5.01— 10.00	0.92
0.51—0.75	1.66	10.01— 25.00	0.87
0.76—1.00	1.44	25.01— 50.00	0.86
1.01—1.50	1.26	50.01—100.00	0.85
1.51—2.00	1,14	über 100.00	0.92
2.01—3.00	1,05		
3.01—5.00	0.98	Durchschnitt	0.92

Die Wirkung der kleinen Aufträge auf die Rentabilität eines Betriebes wird verschieden sein nach der Art des Vertriebes. Je höher die fixen Kosten beim Hereinholen des Auftrages, desto ungünstiger die Wirkung von kleinen Aufträgen: z. B. durch die Post (variable Kosten) oder durch Vertreter (fixe Kosten). Dieser Umstand hat viele Betriebe gezwungen, für ihre verschiedenen Abnehmergruppen verschiedene Vertriebsorganisationen zu schaffen, die in der Höhe der Kosten dem Ertrag der Einzelaufträge besser entsprechen. Man findet z. B. sehr häufig, daß Großabnehmer durch eigene Reisende besucht werden, während man den restlichen Vertrieb Agenten bzw. dem Großhandel überläßt; oder man besucht die einzelnen Abnehmergruppen in verschiedenen Zeitabständen, die einen mehrmals, die anderen nur einmal in der Saison; viele schließt man vielleicht auch von der direkten Werbung ganz aus, und man arbeitet mit ihnen nur schriftlich. Wie notwendig die Kontrolle der Vertriebskosten gerade unter diesem Gesichtspunkt oft ist, zeigt das Ergebnis einer Vertriebskostenanalyse einer amerikanischen Landmaschinenfabrik[1]). Die Analyse sollte vor allem der Kontrolle der einzelnen Vertreter dienen und das Verhältnis von Vertreter- und Reisekosten zum Umsatz zeigen. Das Ergebnis war für die Gesellschaft eine große Überraschung. Die Kosten schwankten zwischen 2.76% und 11.44% vom Umsatz. Das schlechteste Ergebnis hatten aber nicht die Verkäufer mit der geringsten Zahl von Aufträgen, sondern die mit der durchschnittlich kleinsten Auftragshöhe. Die vier besten Verkäufer erreichten 81% des Gesamtumsatzes unter Aufwand von nur 62% der Kosten, während die restlichen 19% des Umsatzes 38% Kosten verursachten.

Vertreter	Gehälter und Reisekosten	Umsatz	Kosten in % v. Umsatz	Zahl der Aufträge	Durchschnittl. Auftragshöhe
A	5755	208519	2.76	167	1247
B	7426	241886	3.07	68	3557
C	5302	139897	3.79	53	2640
D	8723	195582	4.46	52	3761
E	5195	80204	6.48	136	590
F	5592	52291	10.69	75	697
G	5976	52252	11.44	70	746
Summe	43969	970631	4.53	621	1563

Auf Grund der Ergebnisse der Kostenanalyse schritt man zu einer Umorganisation des Vertriebes und ließ nur noch 2 Gruppen von Kunden besuchen:

1. Kunden mit einem Jahresumsatz von 3000 $ und mehr,
2. Kunden, bei denen man im Hinblick auf ihren Geschäftsumfang hoffen konnte, 3000 $ umzusetzen.

Alle anderen Kunden, und das waren mehr als ein Drittel, auf die aber nur 5% des Umsatzes entfielen, wurden nicht mehr oder nur noch selten besucht, mit dem Ergebnis, daß alle Vertreterbezirke bald rentabel arbeiteten.

Die folgende Tabelle zeigt, welchen Einfluß die Steigerung der Einzelumsatzgrößen um jeweils 5% auf die Vertriebskosten hat, und zwar

1. bei festen Vertretergehältern und
2. bei Umsatzprovisionen.

[1]) Frederick B. Heitkamp, Product and Market Research. American Management Association. New York 1931.

Im ersten Fall sinken die Vertriebskosten bei 50% Umsatzsteigerung um 34%, aber auch im zweiten Fall um 21%.

Steigen der Auftragshöhe	Bei Zahlung von festen Gehältern				Bei Zahlung von Provisionen			
	Durchschnittl. Auftragshöhe		Vertriebskosten per Pfd.		Durchschnittl. Auftragshöhe		Vertriebskosten per Pfd.	
	Pfund	Wert in $	in %	Kostensenkung in %	Pfund	Wert in $	in %	Kostensenkung in %
Jetzige Höhe	70.22	10.64	2.83	—	38.0	6.35	2.98	—
5%	73.73	10.64	2.69	4.95	39.9	6.67	2.89	3.0
10%	77.24	11.14	2.56	9.54	41.8	6.99	2.81	5.3
15%	80.75	11.65	2.45	13.43	43.7	7.30	2.73	8.4
20%	84.26	12.16	2.35	16.96	45.6	7.62	2.66	10.0
25%	87.78	12.66	2.26	20.14	47.5	7.94	2.60	12.8
30%	91.29	13.17	2.17	23.32	49.4	8.26	2.54	14.8
35%	94.80	13.68	2.09	26.15	51.3	8.57	2.49	16.4
40%	98.31	14.18	2.01	28.98	53.2	8.89	2.44	18.2
45%	101.82	14.69	1.94	31.45	55.1	9.21	2.39	19.8
50%	105.33	15.20	1.88	33.57	57.0	9.53	2.35	21.2

Für die durchschnittliche Auftragshöhe ist die Art der Abnehmer entscheidend: Großhändler, Einzelhändler, Einkaufszentralen von Warenhäusern, Kettenläden und Einkaufsgemeinschaften der Einzelhändler und Handwerker. In der amerikanischen Süßwarenindustrie [1]) erzielten die verschiedenen Abnehmergruppen folgenden durchschnittlichen Umsatz pro Konto:

	1927	1928	1929
Einkaufszentralen d. Kettenläden.	1379 $	1407 $	805 $ [2])
Großhandel	616	533	500
Einzelhandel	215	179	147

Für Produktionsbetriebe ist daher die zunehmende Konzentrationstendenz in der Wirtschaft günstig, da sie auch eine Konzentration des Einkaufswesens ergibt. Besonders in der Einkaufsorganisation des Einzelhandels hat sich durch Bildung neuer Einkaufsformen und Organisationen ein Wandel vollzogen. In USA. [3]) schätzt man, daß 200000 Kettenläden durch weniger als 8500 Einkaufszentralen mit Waren versorgt werden, im Kolonialwareneinzelhandel, wo die Kettenläden ganz besonders erfolgreich waren, entfallen auf 80000 Vertriebsstellen nur 1200 Einkaufszentralen. Auf eine Einkaufszentrale kommen durchschnittlich 66—67 Läden, auf eine Kolonial-

[1]) Kedzierski, a. a. O.

[2]) Das auffallende Sinken des Durchschnittsumsatzes ist offenbar auf das Neuhinzukommen kleiner Ketten als Kunden zurückzuführen, denn die Zahl der Konten dieser Gruppe stieg von 1928 bis 1929 von 105 auf 127.

[3]) Europe: U. S. A. Bd. 2. Int. Chamber of Commerce 1930. Distribution Problems.

warengroßhandlung nur 33.5. In England kaufen 32000 Kettenläden durch 2242 Zentralen ein. Hier ist der gemeinschaftliche Einkauf auf genossenschaftlicher Basis hoch entwickelt, 5000 Fleischer sind zu 2 Einkaufsgenossenschaften zusammengeschlossen, und für 6850 Kolonialwarenhändler besorgen 19 Genossenschaften den Einkauf. In Deutschland hat der genossenschaftliche Einkauf in den lezten Jahren ebenfalls große Fortschritte zu verzeichnen. Am 1. Januar 1932 bestanden 1726 Warengenossenschaften des Handwerks und 1296 des Handels. Im Kolonialwarenhandel ist die Edeka-Zentrale e. G. m. b. H. mit 426 örtlichen Genossenschaften die größte Einkaufszentrale. Ihr sind fast 50% aller Kolonialwareneinzelhändler angeschlossen. Im Handel mit Glas- und Haushaltwaren tätigen 2 Zentralen den Einkauf für 850 Einzelgeschäfte (Umsatz der Zentrale 1931 ca. 70 Mill. RM.) und in der „Reichszentrale Deutscher Bäckergenossenschaften e. G. m. b. H." sind 407 Bäckergenossenschaften zum gemeinsamen Einkauf zusammengeschlossen.

Es ist ohne weiteres klar, daß eine derartige Kumulation der Nachfrage, die in einzelnen Fällen den Charakter eines Nachfragemonopols annehmen kann, die Betriebe zu genauester Angebotskalkulation zwingt, daß aber die Vorteile der Großaufträge fabrikatorische und Vertriebskostenersparnisse in solcher Höhe mit sich bringen, daß derartige Großaufträge trotz der gedrückten Preise noch Gewinn abwerfen.

Neben der absoluten Höhe des Auftrages ist ferner die Auftragszusammensetzung für die Kostengestaltung von Bedeutung. Aufträge, die sich aus vielen kleinen Einzelmengen zusammensetzen, verursachen höhere Auslieferungskosten, da das Zusammenstellen der Sendungen, Verpacken, Verbuchen, Rechnungausschreiben und -kontrollieren mehr Arbeit erfordert als bei Aufträgen mit wenigen Posten. Es gibt ferner in jedem Betrieb Artikel, an denen bewußt nichts verdient, ja sogar verloren wird. Sie dienen der indirekten Werbung und erreichen ihren Zweck nur, wenn es gelingt, neben ihnen einen entsprechenden Umsatz an anderen Waren zu erreichen. Es ist daher für den Betrieb unerläßlich, die Zusammensetzung der Aufträge dauernd zu kontrollieren und auf die Verkäufer einzuwirken, daß sie für die notwendige Mischung der Aufträge sorgen. Ohne eine entsprechende Kontrolle besteht die Gefahr, daß jene „Lockartikel" im Auftragsbestand einen zu großen Raum einnehmen und die Rentabilität des Betriebes gefährden.

Häufig ist die Größe der Einzelpackung von entscheidendem Einfluß auf die Vertriebskosten. Die Nachfrage konzentriert sich z. B. in der amerikanischen Süßwarenindustrie auf ganz bestimmte Packungsgrößen: 1, 2 und 10 Pfund Inhalt. Auf sie ist der Betrieb mit seiner Apparatur vor allem eingestellt; er besitzt hierfür automatische Anlagen, Packmaschinen, kann das Packmaterial in großen Mengen einkaufen u. ä., so daß die Vertriebskosten trotz der kleinen Einzelmengen relativ gering sind. Größere, weniger gangbare Mengeneinheiten verursachen Sonderkosten, die z. T. so hoch sind, daß sie durch die Handelsspanne nicht gedeckt werden können, wie dies folgende Tabelle beweist:

Einfluß der abgesetzten Einzelmenge auf die Rentabilität[1]).
(Gewinn- und Verlustanalyse nach Verpackungstypen in der Süßwarenindustrie.)

Größe der Verpackung	% v. Umsatz	Handelsspanne	Verteilungskosten	Reingewinn
1 Pfund	65.42	34.74	31.84	2.90
2 „	17.10	39.45	35.92	3.53
3 „	0.32	33.36	30.58	2.78
4 „	0.60	32.34	44.33	— 11.99
5 „	5.08	35.90	39.81	— 3.91
6 „	0.01	31.43	41.31	— 9.88
7 „	0.11	39.23	44.08	— 4.85
8 „	0.06	45.20	52.72	— 7.52
10 „	0.07	44.97	35.96	9.01
Sonstiges	11.23	27.21	45.49	— 18.28
Insgesamt	100%	34.76	34.58	0.18

Auf alle diese Momente muß beim Vertrieb Rücksicht genommen werden, wenn ein Maximum an Rentabilität erreicht werden soll. Und hier hat auch die Verkäuferschulung einzusetzen.

dd) Die Absatzreichweite als Kostenfaktor.

Ein weiterer, die Vertriebskosten stark beeinflussender Faktor ist die Lage des Absatzgebietes. Jeder Betrieb besitzt eine durch die Höhe der Transportkosten bedingte Absatzreichweite, die er ohne Verlust in der Regel nicht zu überschreiten vermag. Die Absatzreichweite der einzelnen Betriebe einer Branche ist nicht einheitlich; die Höhe der Produktionskosten bzw. die hierdurch bedingte Gewinnspanne, die Art der zur Verfügung stehenden Transportmittel und die Höhe ihrer Tarife können sie im Einzelfall erweitern oder verkürzen. Besondere Umstände, z. B. die erzielbaren Preise und der Beschäftigungsgrad der Fabrik, können die Bearbeitung weiter entfernter Absatzgebiete wirtschaftlich erscheinen lassen, aber im allgemeinen hat jede Branche ihre typische Absatzreichweite, die nur beim Vorliegen besonderer Verhältnisse überschritten werden kann.

Leider sind die Untersuchungen gerade dieser Frage noch recht mangelhaft. Einzelne Betriebe mögen wohl Kalkulationen der Vertriebskosten einzelner Bezirke und ihrer Rentabilität angestellt haben, in der Literatur sind auch Vorschläge für ihre praktische Durchführung zu finden, die Ergebnisse derartiger Berechnungen sind aber leider nicht bekannt geworden. Nur die schon mehrmals erwähnte Untersuchung von Kedzierski über die amerikanische Süßwarenindustrie ist auch dieser Frage nachgegangen und hat die branchetypischen Entfernungen der Absatzgebiete festgestellt. 70%

[1]) Kedzierski, a. a. O. S. 20.

aller Umsätze entfallen in eine Zone von 500 Meilen, in dieser Entfernung arbeiten alle Firmen (mit einer Ausnahme, bei der andere Umstände zur Unrentabilität führten) mit Erfolg. Mit zunehmender Entfernung zeigt sich bei allen Betrieben eine steigende Tendenz der Vertriebskosten, die nur bei einigen Betrieben durch die Art der Frachtkostenberechnung gemildert wird. Beim Verkauf an den Großhandel gehen Frachtkosten über 50 cts per Zentner zu Lasten des Käufers, wodurch der Absatzradius natürlich ebenfalls verkleinert wird.

Folgende Tabelle zeigt Umsatz, Kosten und Gewinn der sieben untersuchten Betriebe in den Absatzzonen zwischen 500 und 1500 Meilen:

Schwanken der Vertriebskosten mit wachsender Entfernung in der Süßwarenindustrie (in % v. Bruttoumsatz)[1]):

Firma	Umsatz-anteil	Direkte Verkaufskosten	Fracht- oder Transportkosten	Sonstiges	Summe	Reingewinn
			Bis 499 Meilen:			
A	80.0	9.7	3.1	11.5	24.3	5.0
B	71.15	2.7	0.5	14.2	17.7	6.4
C	77.1	4.0	2.1	18.0	24.1	—1.9
D	73.0	13.1	1.0	12.9	27.0	6.6
E	100.0	7.0	4.1	11.0	22.1	—3.5
F	93.5	14.2	3.8	12.6	30.6	0.1
G	94.5	10.5	2.8	12.7	26.0	—1.0
			Von 500 bis 999 Meilen:			
A	16.3	9.1	7.4	10.6	27.1	—1.3
B	17.9	3.9	3.6	11.9	19.4	7.6
C	16.3	4.9	4.2	15.7	24.8	—2.6[2])
D	20.6	15.9	6.0	14.0	35.9	3.2
E	—	—	—	—	—	—
F	6.5	20.9	8.2	12.2	41.3	—10.7
G	5.5	7.7	10.9	10.4	29.0	1.0
			Von 1000 bis 1499 Meilen:			
A	1.2	5.6	12.3	11.2	29.1	1.1
B	3.7	5.8	3.3	11.1	20.2	7.4
C	1.8	11.0	4.2	16.8	32.0	—19.8
D	6.1	13.3	5.8	13.2	32.3	5.1
E	—	—	—	—	—	—
F	—	—	—	—	—	—
G	—	—	—	—	—	—
			Von 1500 Meilen ab:			
A	2.5	5.7	11.5	9.9	27.1	1.8
B	6.9	4.1	3.4	11.3	18.8	6.9
C	4.8	4.9	4.2	15.7	24.8	—2.6
D	0.3	19.2	18.0	12.8	50.0	—11.4
E	—	—	—	—	—	—
F	—	—	—	—	—	—
G	—	—	—	—	—	—

[1]) Kedzierski, a. a. O. [2]) Der Reingewinn der Firma C wurde geschätzt für die Vertriebszone über 500 Meilen.

Genau so, wie sich kleine Aufträge und kleine Konten häufig als unrentabel erweisen, genau so unrentabel ist es, über eine gewisse Absatzweite hinaus vorstoßen zu wollen. Meist ist damit ein Verlust verbunden, der nicht immer durch die Vorteile der besseren Betriebsausnutzung oder durch andere Ersparnisse kompensiert wird. Das Dunkel, das über den Vertriebskosten der Industrie liegt, zwingt die Betriebe vielfach, dem rein gefühlsmäßigen Vertrieb einen viel größeren Raum einzuräumen, als tunlich ist.

ee) Die funktionalen Vertriebskosten.

Neben der Höhe der Vertriebskosten und den sie beeinflussenden Faktoren interessiert die Betriebe vor allem die Kostenzusammensetzung, der Anteil der einzelnen Kostenelemente und ihr Verhalten bei steigendem und sinkendem Umsatz.

Hier ist es besonders schwierig, Allgemeines und Typisches für die Industrie-Vertriebskosten festzustellen, weil Organisation und Kostenaufbau jeglicher Einheitlichkeit entbehren.

Der Vertrieb zerfällt zumeist in 3 bzw. 4 Phasen:

1. Schaffung der Nachfrage,
2. Hereinholen der Aufträge,
3. Ausführen der Aufträge,
4. Buchhalterische Bearbeitung und Inkasso.

Aus diesen 4 Phasen, die sich mit den wesentlichsten Vertriebsfunktionen decken, ergeben sich die funktionalen Kostengruppen:

1. Werbekosten,
2. Verkaufskosten,
3. Lieferkosten,
4. Kosten der rechnungsmäßigen Erfassung und des Zahlungsverkehrs.

Je nach der Organisation des Vertriebes, bedingt durch die Eigenart der Branche bzw. des Einzelbetriebes, kommt den verschiedenen Funktionen eine unterschiedliche Bedeutung zu.

Dies gilt vor allem für die Werbekosten. Es gibt Branchen, bei denen die Werbung durch Reklame gar keine Bedeutung erlangt hat; ihre Produkte sind meist Massenprodukte, die nur schwer voneinander unterscheidbar sind, ihre Abnehmer Fachleute, die sich nur durch Preiswürdigkeit und Qualität zum Kauf bestimmen lassen. In Betrieben dieser Branchen fällt die erste Phase des Vertriebes, die Werbung, als selbständige Funktion oft vollkommen fort. In anderen Wirtschaftszweigen dagegen sind Reklamekosten einer der wesentlichsten Bestandteile der Vertriebskosten. Erinnert sei hier an die verschiedenen Industriezweige, in denen der Markenartikel heimisch geworden ist. Auch alle neuen Erfindungen, seien es technische Verbesserungen, Erfindungen neuer Bedarfsgegenstände oder gar Dinge, für deren Absatz sogar das Gefühl des Bedarfes erst im Publikum geweckt werden muß, können sich heute ohne Reklame nicht mehr durchsetzen. Es stiegen z. B. die Ausgaben für Reklame in der amerikanischen Radioindustrie 1928/1929 um 73%, in der Industrie für Motorradzubehör um 68%, während die Reklame der Musikinstrumentenindustrie um 25% abnahm.

Nachstehend geben wir drei Tabellen wieder, die die Höhe der Reklamekosten zeigen:

1. in Branchen, die sehr auf Reklame angewiesen sind,
2. in Branchen ohne erhebliche Reklamekosten,
3. in ausgesprochenen Markenartikelbranchen.

1. Die Reklamekosten einiger viel Reklame benötigender Industrien:[1])

Industrie	Reklamekosten in % von den Gesamtvertriebskosten
Chemische Präparate.....	11.9
Zigaretten...............	10.7
Nahrungsmittel	7.0
Toilettenartikel	6.9
Getränke................	5.6
Seifen	4.8
Motorfahrzeuge	3.9

2. Reklamekosten in anderen Geschäftszweigen:[1])

Art des Geschäftes	Reklamekosten in % vom Umsatz	Reklamekosten in 1000 $
Nahrungsmittel	1	35730
Bekleidungsartikel	2	42888
Haushaltartikel	2.5	15000
Luxuswaren und Geschenkartikel .	3	35730
Handwerker....................	0.1	3570
Großhandel	0.1	12387

Erhebliche Unterschiede zwischen verschiedenen Branchen sind leicht verständlich, es eignen sich nicht alle Waren zum Vertrieb mit Hilfe der Reklame. Erstaunlich sind aber die Unterschiede zwischen Betrieben der gleichen Branche, wo wir oft neben Betrieben, die vollkommen auf Reklame verzichten, solche finden, bei denen Reklamekosten mehrere Prozent vom Umsatz ausmachen. In der amerikanischen Süßwarenindustrie schwanken die Reklamekosten z. B. zwischen 0.3 und 6.41% vom Umsatz bei einem Branchendurchschnitt von 3.2%. Während hier im Branchendurchschnitt z. B. auf 1 $ Reklamekosten 31.28 $ Umsatz entfallen, erreichen manche Betriebe einen Umsatz von 337 $, andere nur einen solchen von 15.6 $. Es ist klar, daß ein Betrieb, der so überdurchschnittliche Reklamekosten hat, an anderen Stellen entsprechende Einsparungen machen muß. Reklame-

[1]) Europe: U. S. A. Bd. 5, 1931.

3. Kostenanalysen von 450 Markenartikel herstellenden Firmen, zu einzelnen Industrien geordnet.

Industrie und Jahr (Zahl der berichtenden Firmen)	Verhältnis der Kosten zum Umsatz		
	Produktionskosten	Reklame	Allgemeine Verkaufsunkosten
Automobile (8)			
1924	80.7	2.0	5.8
1925	79.4	1.8	4.7
1926	79.4	2.5	5.9
Durchschnitt	79.7	2.1	5.5
Automobilzubehör (13)			
1924	59.2	4.1	21.2
1925	66.5	3.3	17.3
1926	63.8	4.1	20.1
Durchschnitt	63.8	3.8	19.3
Schuhwaren (57)			
1924	79.1	2.3	8.1
1925	77.8	2.3	8.1
1926	79.2	2.4	8.2
Durchschnitt	78.7	2.4	8.1
Chemische Industrie (122)			
1924	70.1	5.4	9.0
1925	68.9	5.8	9.3
1926	67.2	5.7	9.9
Durchschnitt	68.7	5.6	9.5
Textilindustrie (25)			
1924	80.5	3.9	8.4
1925	74.9	3.5	8.9
1926	76.4	3.6	8.5
Durchschnitt	77.2	3.7	8.6
Nahrungsmittelind. (50)			
1924	85.4	1.4	5.9
1925	84.9	1.7	6.3
1926	84.3	1.5	6.4
Durchschnitt	84.9	1.6	6.1

Industrie und Jahr (Zahl der berichtenden Firmen)	Verhältnis der Kosten zum Umsatz		
	Produktionskosten	Reklame	Allgemeine Verkaufsunkosten
Eisen- u. Stahlindustrie (86)			
1924	73.5	2.4	8.1
1925	72.8	2.3	8.2
1926	72.7	2.6	8.4
Durchschnitt	73.0	2.4	8.3
Maschinenind. (17)			
1924	65.9	5.3	8.9
1925	64.4	5.2	10.0
1926	64.5	5.6	10.7
Durchschnitt	64.8	5.4	10.0
Metallwarenind. (3)			
1924	66.5	6.7	9.3
1925	64.7	7.5	9.1
1926	64.4	7.2	9.1
Durchschnitt	65.2	7.1	9.2
Papierwaren, Druckerei (23)			
1924	69.8	4.8	11.6
1925	76.2	5.1	11.5
1926	67.6	4.8	11.1
Durchschnitt	68.1	4.9	11.4
Gummiwaren (7)			
1924	76.5	1.6	6.0
1925	82.2	2.2	6.2
1926	85.0	2.0	5.4
Durchschnitt	81.6	1.9	5.9
Übrige Industrien (32)			
1924	72.2	3.5	11.2
1925	71.2	3.3	11.3
1926	72.0	3.3	11.1
Durchschnitt	71.8	3.4	11.2
Gesamt (450)			
1924	77.0	2.9	7.9
1925	76.0	2.9	7.5
1926	75.9	3.1	8.0
Gesamtdurchschnitt	76.2	3.0	7.8

kosten sind in hohem Maße geeignet, andere Kosten, vor allem Verkaufsgehälter zu substituieren. Ist ein Artikel durch Reklame gut eingeführt, so ist nur noch ein Minimum von Verkaufstätigkeit nötig. Der Verkäufer sinkt zum „Ordertaker“ herab, der einzelne Verkaufsakt erfordert wenig Zeit, es können im gleichen Zeitraum mehr Kunden besucht werden usw. [1]). Die nächste Stelle nehmen die Verkaufskosten ein.

Wo die indirekte Werbung durch Reklame nicht anwendbar oder üblich ist, tritt die persönliche Werbung an ihre Stelle: die Werbung durch den Verkäufer. Die Werbetätigkeit des Verkäufers ist im Industrievertriebe viel ausgedehnter, als man annimmt. Genaue Analysen der Arbeitszeit der Reisenden einer Kartonnagenfabrik haben z. B. ergeben, daß nur $^1/_5$ der Arbeitszeit der eigentlichen Verkaufstätigkeit gewidmet ist. Besuche, bei denen kein Auftrag erzielt wird, die also reine Werbetätigkeit bedeuten, nehmen einen erheblich größeren Teil der Zeit in Anspruch.

Die Kosten des Verkaufspersonals, gleichgültig, in welchem rechtlichen Verhältnis es zum Betrieb steht, machen daher auch den größten Teil der Vertriebskosten aus. Nach Feststellungen des Enquète-Ausschusses betrugen die Vertreterkosten in % vom Umsatz:

Uhren	1.7—3.3%
Fensterglas	1.9%
Hohlglas	3.4%
Geschirrporzellan	2.0—4.4%
Elektro- u. Niederspannungsporzellan	1.1—1.8%
Textilindustrie	1—5% (bei 2—6% Gesamtvertriebskosten).

Wie nachstehende Analyse der Vertriebskosten in verschiedenen Zweigen des amerikanischen Nahrungsmittelgewerbes zeigt, können die Kosten der Verkaufskräfte fast 50% der Gesamtverkaufskosten ausmachen. Mit steigenden Reklamekosten sinken auch hier die Kosten des Verkaufspersonals.

	I. Mehl	II. Fleisch-konserv.	III. Obst- u. Gemüse-konserven	IV. Gewürze, Kaffee, Tee, Schokolade	V. Feldfrüchte, Biskuits, Makkaroni, Salz	VI. Politur-, Desinfekt.-Mittel, Seifen
Verkaufskräfte u. Vermittler	46.0	35.8	32.5	42.9	31.6	24.2
Absatzförderung, Reklame	7.3	1.4	13.5	18.3	24.2	27.0
Versand, Transport, Ablieferung	20.0	47.2	35.3	17.1	31.6	29.4
Kredit-, Inkassospesen	4.0	1.4	1.1	1.7	0.7	0.7
Verkaufsverwaltung	22.7	14.2	17.6	20.0	11.9	18.7
Gesamtverkaufskosten	100%	100%	100%	100%	100%	100%

In der Margarineindustrie machen Gehälter und Soziallasten, Reklame und Provisionskosten ebenfalls fast 50% der Gesamtvertriebskosten aus:

[1]) Systematische Ausführungen über Reklamekosten s. „Werbekosten“, S. 242 ff.

Vertriebskosten in der Margarineindustrie.

Gehälter und Soziallasten	4.01%
Versandfrachten, soweit sie vom Hersteller getragen werden, also im Preise inbegriffen sind, inkl. Autobetrieb und zugehörige Unkosten	6.40%
Reklamekosten (kommen für mittlere Waren nicht in Frage), Provisions- und ähnliche Vertretervergünstigungen	5.72%
Sonstige Verkaufsunkosten	1.64%
Gesamtsumme der Absatzkosten	17.77%

Auch die Transportkosten bilden für viele Branchen einen Kostenfaktor von besonderem Gewicht, vor allem dann, wenn der Transport Spezialeinrichtungen erfordert wie Kühl- oder Tankwagen, besonders schnelle Beförderungsmittel, die das Umladen usw. erübrigen, oder wenn die Verpackung kostspielig und zeitraubend ist, wie bei vielen leicht zerbrechlichen Waren. Sehr leicht ist da der Materialwert der Verpackung ebenso hoch wie der des verpackten Gegenstandes. Es gibt eine ganze Reihe von Wirtschaftszweigen, wo die Transportkosten nicht nur die Hälfte der Vertriebskosten ausmachen, wie z. B. in obigem Beispiel aus der Fleischkonservenindustrie, sondern 50% und mehr der Herstellungskosten, z. B. bei der Gewinnung von Pottasche 61%, in Steinbrüchen bis 51%, bei der Ölgewinnung 45%, um nur einige Beispiele zu nennen. Vor allem für standortgebundene Industrien, also alle Gewinnungsindustrien, sind die Transportkosten von ausschlaggebender Bedeutung, da sie leicht andere standortmäßige Vorteile illusorisch machen können. Andererseits sind hohe Transportkosten noch kein Zeichen von schlechter Standortwahl. Über ihre Angemessenheit kann nur bei Kenntnis aller durch den Standort beeinflußten Kostenelemente ein Urteil gefällt werden.

Das Wissen um die funktionalen Kosten ist wichtiger als das um die absolute Höhe der Vertriebskosten. Erst wenn man weiß, welche Kosten durch die Werbung, den eigentlichen Vertrieb, das Ausführen der Aufträge, das Inkasso usw. entstehen, kann man organisatorische Maßnahmen treffen. Nur durch Rationalisierung der einzelnen Funktionen kann der Betrieb wirtschaftlich gestaltet werden. Erst wenn man die Kosten kennt, kann man entscheiden, was wirtschaftlicher ist: der Vertrieb durch Agenten oder eigene Reisende, an den Groß- oder an den Einzelhandel. Erst wenn man z. B. die ganze Höhe der Debitorenverluste weiß, ist es möglich, den Vorteil der Zahlung von Delkredere-Provisionen an die Agenten und einer Abwälzung des Kreditrisikos auf diese abzuschätzen.

Aber gerade die Ermittlung der funktionalen Vertriebskosten stößt auf außerordentliche Schwierigkeiten. In mittleren und kleineren Betrieben gehen gerade im Vertrieb die Funktionen ineinander über. Die Verkäufer sind während der stillen Zeiten mit anderen Arbeiten beschäftigt, die Transportmittel werden nicht ausschließlich zur Warenlieferung benutzt usw. Möglich wäre zwar eine Trennung der Kosten rein buchhaltungsmäßig, aber in den meisten Fällen dürfte sie sich als unwirtschaftlich erweisen. Derartige

Untersuchungen werden daher wohl oder übel den Großbetrieben überlassen werden müssen, und da die Übertragung der Erfahrungen eines Betriebes auf einen anderen gerade im Vertrieb außerordentlich gefährlich ist, bestehen tatsächlich für Mittel- und Kleinbetriebe ganz besondere Schwierigkeiten bei der Ermittlung der funktionalen Vertriebskosten.

In der amerikanischen Süßwarenindustrie hat man sie zu ermitteln versucht. Das Ergebnis zeigt nachstehende Tabelle. Es zeigt sich unter anderem, daß der Vertrieb an den Einzelhandel wesentlich mehr direkte Vertriebskosten verursacht als der Vertrieb an den Großhandel, dagegen

Zusammensetzung der Verteilungskosten in der Süßwarenindustrie[1]).

	Hersteller vertreibt an						
	Großhandel			Einzelhandel			
	Firma A	Firma B	Firma C	Firma D	Firma E	Firma F	Firma G
Kosten der Leitung	6.5	6.4	8.9	6.5	4.0	5.7	3.2
Allgemeine Bürounkosten:							
Gehälter	8.4	10.5	5.7	7.6	6.1	8.7	3.6
Sonstige Kosten	2.7	3.0	2.3	2.9	2.5	3.0	0.9
Summe	11.1	13.5	8.0	10.5	8.6	11.7	4.5
Abtlg. Kredit u. Inkasso:							
Nicht eingegangene Zahlungen	1.4	1.1	1.1	3.8	2.2	2.0	3.1
Gewährte Kassenskonti	4.8	9.8	7.8	8.3	7.2	4.6	2.9
Sonstige Kosten	1.1	3.2	1.6	3.1	2.6	5.6	2.8
Summe	7.3	14.1	10.5	15.2	12.0	12.2	8.8
Verpackungs- u. Versandkosten:							
Kosten f. Angestellte	1.1	2.6	4.1	2.1	4.9	0.4	1.3
Kosten f. Arbeiter	17.0	29.8[2])	18.1	7.4	6.6	3.6	10.0
Summe	18.1	32.4	22.2	9.5	11.5	4.0	11.3
Direkte Verteilungskosten:							
Gehälter u. Provision	22.0	10.8	9.1	20.9	30.9	38.4	30.2
Reisespesen	7.5	5.1	6.5	10.5	4.7	—	—
Reklame	—	—	2.3	—	—	3.3	15.0
Sonstige Kosten	—	—	0.9	—	3.9	5.1	1.6
Summe	29.5	15.9	18.8	31.4	30.5	40.8	46.8
Indirekte Verteilungskosten:							
Gehälter	1.2	1.9	4.4	4.6	8.2	4.8	7.4
Reklame	1.6	3.8	10.9	0.9	2.8	0.3	1.4
Sonstige Kosten	6.0	4.6	6.3	2.9	1.2	6.3	3.7
Summe	8.8	10.3	21.6	8.4	12.2	11.4	12.5
Fracht- oder Transportkosten	18.7	7.4	10.0	18.5	12.2	8.2	12.9
Summe	100%	100%	100%	100%	100%	100%	100%

[1]) Kedzierski, a. a. O. S. 8.

[2]) Eigener Zustelldienst und geringe Auftragshöhe.

sind die Verpackungs- und Versandkosten geringer. Die Transportkosten sind dann besonders hoch, wenn die Lieferung, wie bei der Firma B, durch eigene Kraftwagen erfolgt. Die auffallend niedrigen direkten Vertriebskosten bei dieser Firma lassen aber darauf schließen, daß hier die Lieferung mit der Entgegennahme neuer Aufträge verbunden ist. Hier liegt also wieder ein Fall von Kostensubstitution vor, die den Vergleich der Industrievertriebskosten so außerordentlich erschwert.

Zusammenfassend müssen wir nochmals feststellen, daß die Vertriebskosten der Industrie ein Kostenfaktor sind, der in seiner Höhe und Struktur noch lange nicht genügend erforscht ist. Die Schwierigkeiten, die sich der Forschung auf diesem Gebiete entgegenstellen, sind einmal rein technischer Natur — in der Unvollkommenheit des betrieblichen Rechnungswesens begründet, ferner organisatorischer Art — in dem uneinheitlichen Aufbau des industriellen Vertriebswesens liegend. Daher ist es bisher noch nicht möglich gewesen, für bestimmte Branchen oder Vertriebsformen typische Vertriebskosten zu ermitteln. Beim Betriebsvergleich ist man, mehr als in allen anderen Fällen, gezwungen, vorher die Übereinstimmung der Vertriebsorganisation genau zu prüfen.

Ihrem Charakter nach sind die Vertriebskosten in hohem Maße fix bzw. beschränkt variabel. Nur ein ganz geringer Teil verläuft proportional und ist den Einzelleistungen direkt zuzurechnen. Im allgemeinen sind Vertriebskosten Gemeinkosten, deren Verteilung auf die Kostenträger ganz besonderen Schwierigkeiten begegnet. Die Fixkostenstruktur ist aber nicht bedingt durch das Vorhandensein von Fixkapital, sondern durch die besonderen Aufgaben der Vertriebsabteilung im Betrieb. Während man in allen anderen Abteilungen bei sinkendem Beschäftigungsgrad zu Einschränkungen schreitet, wachsen mit Verschlechterung des Geschäftsganges Bedeutung und Arbeitslast der Vertriebsabteilung, deren erste Aufgabe es ist, dem Beschäftigungsrückgang Einhalt zu tun. Je geringer die Beschäftigung, desto stärker die Anstrengungen, den Absatz zu vergrößern. Das Hereinholen der Aufträge, Kontrolle der Kunden, Inkasso usw. sind in Depressionszeiten schwierig und verursachen mehr Kosten als in Zeiten normalen Geschäftsganges. Deshalb haben die Industrievertriebskosten die Tendenz, mit abnehmender Beschäftigung nicht nur nicht zu fallen, sondern zu steigen.

Die wichtigsten Kostenelemente sind Gehälter, Reklame und Transportkosten. Die besondere Bedeutung der Transportkosten, die meist proportional verlaufen, liegt darin, daß sie die Absatzreichweite des Betriebes bestimmen und dadurch einen direkten Einfluß auf die absetzbare Menge ausüben.

Die Reklame, die in den verschiedenen Branchen und Betrieben eine unterschiedliche Rolle spielt, aber eine steigende Tendenz zeigt, ist ihrem Charakter nach variabel, sogar willkürlich variabel; tatsächlich ist sie jedoch ziemlich fix. Da die Industriereklame vor allem Marken- bzw. Firmenreklame ist, also der Schaffung immaterieller Werte dient, würden diese gefährdet werden, wenn die Werbung an einem ungeeigneten Zeitpunkt eingestellt würde.

Die Personalkosten versucht man durch Anwendung von auf dem erzielten Umsatz basierenden Entlohnungsformen möglichst proportional zu gestalten. Doch sind die Grenzen hierfür oft eng gesteckt, wenn die Verkaufstätigkeit mit Werbetätigkeit verknüpft ist, und dies ist in sehr vielen Branchen der Fall, häufig ist sie sogar die einzige Form der Werbung.

Der Wert der persönlichen Beziehungen der Verkaufskräfte zu den Abnehmern macht die Personalkosten des Vertriebes, soweit es sich um die Verkaufspersonalkosten handelt, starrer, als sie ihrer Natur nach sind.

c) Kosten im Großhandel.

aa) Die absolute Kostenhöhe.

Die technischen Erfordernisse der Produktion stimmen mit den Bedürfnissen des Konsums nur selten so überein, daß ein direkter Absatz möglich ist. In der Regel schalten sich zwischen Erzeuger und Verbraucher zur Abstimmung ihrer Bedürfnisse mehrere Handelsstufen ein. Das Anwachsen des Handelsstandes und die Entwicklung so mannigfaltiger Formen sind eine Folge der fortschreitenden Arbeitsteilung in der Wirtschaft. Der Industriebetrieb beschränkt sich auf die reine Fertigung und überläßt die wirtschaftlichen Funktionen dem Handel: Lagerhaltung, Finanzierung, Transport, Verteilung. Ein leistungsfähiger Handelsstand ist geradezu Voraussetzung für die Anwendung vieler technischer Errungenschaften: Arbeitsteilung, Spezialisierung, Massenproduktion. Die technisch orientierte Spezialisierung der Produktion macht eine konsumorientierte Wiederzusammenfassung der Fertigwaren, die Massenproduktion dagegen eine Zerlegung der Produktionsmengen in konsumgerechte Einheiten notwendig.

Der Handel, vor allem der Großhandel in seiner heutigen Form, entwickelte und spezialisierte sich parallel den Industriebetrieben, und zwar im wesentlichen durch Ausgliederung von Funktionen aus den immer mehr technisierten Erzeugungsbetrieben. Der einst homogene Handelsstand, der ursprünglich gar keine, später lediglich die Zweiteilung Großhandel—Einzelhandel kannte, und in diesem Rahmen jahrhundertelang seine einheitliche Struktur behielt, begann sich immer mehr zu spalten: nach Branchen und Funktionen. Dieser Prozeß ist besonders im Großhandel sehr weit gediehen, während wir im Einzelhandel neben der branchemäßigen Gliederung nur noch einige Vertriebstypen mit organisatorischen, weniger dagegen mit funktionalen Unterschieden finden.

Diese strukturelle Übereinstimmung der Einzelhandelsbetriebe geht so weit, daß Organisationsformen und Kostengestaltung nicht nur national, sondern auch international weitgehende Übereinstimmung zeigen. Ganz anders im Großhandel. Hier ist die Spezialisierung — vor allem die funktionale — sehr weit gediehen, und die branchemäßige Gliederung ist viel weniger einheitlich als im Einzelhandel. Die Ursache hierfür liegt in der Funktion des Großhandels: Mittler zu sein zwischen dem rein technisch orientierten Erzeuger und dem konsumorientierten Einzelhändler. Der Konsument richtet und ändert seine Verbrauchs- und Einkaufsgewohnheiten nicht nach produktionstechnischen Notwendigkeiten. Der Einzelhandel ist gezwungen, an dem einmal bestehenden Sortiment, an der üblichen Branchengliederung festzuhalten, mögen sich in der Produktionssphäre noch so große Umwälzungen vollzogen haben. Den Ausgleich muß der Großhandel herbeiführen.

So ist im Großhandel zunächst die Tendenz zur Spezialisierung festzustellen, die außer auf die bereits erwähnte Ursache der wirtschaftlichen Arbeitsteilung noch auf folgende drei Ursachen zurückzuführen ist:

1. Die Zahl der Großhandelsfunktionen ist zu groß und unterschiedlich, als daß ihre Vereinigung in einem Betriebe möglich wäre.

2. Die Märkte sind sehr zahlreich und verschieden. Nur die Beschränkung auf ein Teilgebiet — sei es auf die Märkte einer Ware (Kaffee-, Tee-, Gewürzimport) oder auf die Produkte eines Gebietes (Großhandel mit Gablonzer Artikeln), sei es auf den Bedarf einzelner Abnehmergruppen (Garngroßhandel als Produktionszwischenhandel, spezialisiert nach dem Bedarf der Webereien) — gewährleistet die notwendigen Kenntnisse und den dauernden Überblick über Ware und Markt.

3. Die Abnehmer sind nach ihrer Stellung im Wirtschaftsprozeß und dementsprechend in ihren Bedürfnissen so unterschiedlich, daß ein Betrieb nicht alle Kreise wirtschaftlich versorgen kann.

Die Verlängerung der Handelskette durch die Spezialisierung ist nicht gleichbedeutend mit Unwirtschaftlichkeit. Auch im Handel ist der Spezialbetrieb meist der leistungsfähigere, und die Produktionsumwege, die in der Industrie so große Senkungen der Kosten erzielen, können auch im Handel mit Erfolg eingeschlagen werden. Man muß sich abgewöhnen, die Rationalität eines Handelsweges nach der Zahl seiner Glieder zu beurteilen. Die Summe der entstandenen Kosten ist allein ausschlaggebend.

Die Eigenart des Großhandels, der als Anbieter den Kunden aufsucht, während der Einzelhändler zumeist vom Kunden, als dem Nachfragenden, aufgesucht wird, ermöglicht eine individuellere Gestaltung des Betriebes. Die Grenzen des brancheüblichen Sortimentes können leichter überschritten oder eingeengt, die Zahl der zu übernehmenden Aufgaben erweitert oder vermindert, das Schwergewicht von einer auf eine andere Funktion verschoben werden. Das Werden des einzelnen Betriebes, zufällige Marktgegebenheiten, persönliche Neigungen der Inhaber und andere Imponderabilien üben einen großen Einfluß auf den Großhandelsbetrieb aus und geben ihm in viel höherem Maße, als es im Einzelhandel der Fall ist, ein eigenes Gesicht.

Trotz der Eigen- und Besonderheiten der einzelnen Großhandelsbetriebe lassen sich doch gewisse Grundtypen [1]) feststellen, die sich aus den Hauptfunktionen ergeben:

1. Der Aufkaufhandel mit dem Zweck des Sammelns und Sortierens, manchmal auch des Reinigens und Verpackens von Gütern, die in kleinen, meist uneinheitlichen Mengen gewonnen, aber in großen, homogenen Mengen verarbeitet oder konsumiert werden.
2. Der Produktionszwischenhandel, dessen Arbeitsgebiet sich aus der Arbeitsteilung der Industrie ergibt. Er hat die Spezialprodukte einer Produktionsstufe der nächsten zuzuleiten. Seinem Wesen nach ist er häufig nur ein Vermittler, der sich weder mit der Lagerhaltung, noch mit der Finanzierung befaßt, und doch ist gerade dieser Typ von Handelsbetrieben, der äußerlich so unproduktiv erscheint, für die Industrie von eminenter Wichtigkeit.
3. Der Absatzgroßhandel, an den man zuerst denkt, wenn man vom Großhandel spricht. Er vermittelt den Absatz landwirtschaftlicher und industrieller Produkte an den Einzelhandel, wobei er mehrere Funktionen gleichzeitig ausübt: das Verteilen großer, durch Massenproduktion gewonnener Mengen in konsumgerechte Einheiten (z. B. Kohlenplatzhandel), das Zusammenstellen komplementärer Gütergruppen aus den Spezialprodukten der verschiedenen Industrien (z. B. Kurzwarengroßhandel), Lagerhaltung, Finanzierung und in manchen Branchen auch Risikoübernahme (Moderisiko).

Im Rahmen dieser funktionalen Typen finden wir nun Handelsbetriebe der verschiedensten Art und mit verschiedensten Funktionsverbindungen. Selbst innerhalb einer Branche gleichen sich kaum zwei Betriebe hinsichtlich ihrer Betriebsstruktur so, daß ihr Vergleich ohne weiteres möglich wäre. Die Betriebsstruktur bestimmt aber die Kostenstruktur. Dieser Mangel an struktureller Einheitlichkeit wird durch weitere betriebliche Faktoren noch verstärkt: Warenzusammensetzung, durchschnittliche Auftragshöhe, Art des Warentransportes, Entlohnung des Verkaufspersonals u. a.

Die Größe des Einflusses allein der Warenzusammensetzung ist z. B. aus der Kostendispersion in den verschiedenen Zweigen des Lebensmittelgroßhandels [2]) mit seiner überaus verschiedenen Warenkombination ersichtlich:

Lebensmittel im Durchschnitt	14.02%	v. Umsatz
Backwaren	31.84%	„
Schokolade und Zuckerwaren	19.86%	„
Milch u. landwirtschaftliche Produkte	21.78%	„
Früchte und Obst	9.83%	„
Kolonialwaren	9.11%	„
Getreide und Futtermittel	7.16%	„
Fleisch	12.42%	„
Fische	17.78%	„
Reines Agenturgeschäft	1.76%	„

Auch die Höhe der Einzelumsätze und das Gewicht, das der Lagerhaltung und der Finanzierung zukommt, beeinflussen die Kostenhöhe.

[1]) Vgl. Julius Hirsch, Der moderne Handel, S. 46ff.
[2]) Louisville Grocery Survey, Washington 1928, S. 50.

So hatte z. B. im Kohlengroßhandel der reine Streckenhandel, dem vor allem die Versorgung der Industrie und sonstiger Großverbraucher obliegt, nach den Feststellungen des Enquête-Ausschusses[1]) 1926 2.82% Kosten (vom Umsatz), der Platzhandel dagegen mit eigenen Lager- und Umschlagseinrichtungen, der Lieferant der Kohleneinzelhändler, 8.03%. Bei gleicher Ware verursacht hier allein die Verschiedenheit der Funktionen ein Anwachsen der Kosten auf ein Mehrfaches.

Jede Phase der Produktion und der Verteilung verursacht ihre spezifischen Kosten. Eine Verschiebung der Funktionen von einer Wirtschaftsstufe auf eine andere bewirkt eine entsprechende Kostenverschiebung. Unterschiede in der Kostenhöhe der einzelnen Handelsstufen brauchen daher noch keine Unterschiede in den Kosten der Güterverteilung zu bedeuten. Häufig erweisen sie sich nur als Kostenverschiebungen. Weitgehende Spezialisierung, unscharfe Abgrenzung der Branchen, Unterschiede in der Warenzusammensetzung, verschiedene Abnehmerkreise, die Möglichkeit der unterschiedlichen Behandlung einzelner Kunden (z. B. in den Zahlungszielen), das alles sind Faktoren, die die Kostengestaltung beeinflussen und die Vergleichsmöglichkeit stören. Die Errechnung von Richtzahlen oder Kennziffern für den Großhandel hat sich deshalb bisher in den meisten Fällen als unmöglich erwiesen. Selbst branchenmäßige Durchschnittsgesamtkosten werden stets nur bedingt richtig sein. Deshalb beschränken wir uns darauf, einige vom Enquête-Ausschuß für den deutschen Großhandel ermittelte Durchschnittskosten wiederzugeben, die lediglich zeigen sollen, welche Unterschiede zwischen den einzelnen Branchen bestehen:

Durchschnittliche Kosten in den verschiedenen Zweigen des deutschen Großhandels (in % vom Umsatz):

Branche	1925	1926
Herrenstoffe	13,1	12.3
Tuchgroßversand	15.8	17.6
Baumwollwaren	10.7	12.1
Schuhwaren	12.4	13.4
Wollgarne	4.2	5.4
Import von Baumwolle	0.4	0.4
„ „ Rohwolle	0.8	1.2
Leder	7.8	7.9
Kohlen: reiner Streckenhandel	2.75	2.63
Kombinierter Kohlenhandel	9.41	8.03
Eisen	8.8	8.8
Lebensmittel	8.6	8.6
Zucker	1.5	1.7
Mehl	2.2	2.3
Gemüse und Südfrüchte	5.6	5.4
Tabakwaren	7.8	7.8
Fische	10.3	10.6
Vieh	8.6	7.6
Getreide	2.0	2.3

[1]) Grundlage der Handelsenquête, Bd. I, S. 454f.

Mit der Zahl der betrieblichen Funktionen, ihrer Kompliziertheit und ihrem Risiko steigen auch die Kosten. Sie bewegen sich zwischen Bruchteilen von Prozenten (Import von Baumwolle und Rohbaumwolle) und fast einem Fünftel des Warenwertes.

Es sei hingewiesen auf den großen Unterschied zwischen den Kosten der drei verwandten Branchen: Baumwollwaren, Herrenstoffe, Tuchgroßversand (Auftragshöhe und Moderisiko wirken sich hier aus) oder auf den Kostenunterschied im Handel mit Rohwolle und Wollgarnen, der auch auf Funktionsunterschiede zurückzuführen ist.

bb) Die einzelnen Kostenelemente.

α) Personalkosten.

Betriebswirtschaftlich wichtiger als die absolute Höhe der Kosten ist ihre Zusammensetzung aus den einzelnen Kostenelementen, weil bei ihnen alle kostenpolitischen Maßnahmen einsetzen müssen.

Im Handel finden wir vor allem vier Kostenelemente: Personal-, Miet-, Finanzierungs- und Lagerhaltungskosten. Der wichtigste Kostenfaktor in allen Handelsbetrieben, im Groß- und im Einzelhandel, sind die Personalkosten. Gehälter und Löhne machen meist mehr als die Hälfte aller Kosten aus. Das Übergewicht dieses Kostenfaktors ist die natürliche Folge der geringen Mechanisierung und Maschinisierung des Vertriebsprozesses.

Die Veränderungen, die an der Ware vorgenommen werden, sind sehr gering. Es gibt zwar auch hier branchenmäßige und betriebstypische Unterschiede, aber Einkauf und Verkauf, Zusammenstellen der Waren entsprechend den Bestellungen, Korrespondenz und Buchhaltung bleiben die Hauptarbeitsgebiete. Sie alle verlangen aber fast ausschließlich menschliche Arbeitskraft.

Die Höhe der Personalkosten ist abhängig von der Branche und damit von Art und Zahl der Funktionen. Am Umsatz gemessen haben die Branchen, die am meisten mit der effektiven Ware in Berührung kommen, die höchsten Personalkosten. Der Anteil an den Gesamtkosten ist dagegen in den Branchen am höchsten, die wenig oder keine effektive Ware besitzen. Im Produktionszwischenhandel, der vor allem eine Vermittlertätigkeit ausübt, im Import- und Massengutexportgeschäft, wo die Lagerung der Ware oft in öffentlichen Lagerhäusern, die Verfrachtung in sehr großen Mengen erfolgt, sind Personalkosten fast die einzigen Kosten. Beim Import von Rohwolle z. B. betrugen die Personalkosten nach Feststellungen des Enquête-Ausschusses 1926 bis 75% der Gesamtkosten, im Lederexporthandel bis $66^2/_3$%. Je mehr der Großhandel zum eigentlichen Händler wird, je mehr die reine Vermittlertätigkeit in den Hintergrund tritt, desto mehr wachsen die Personalkosten absolut und im Verhältnis zum Umsatz. Am höchsten sind sie im Verteilungsgroßhandel. Je umfangreicher und vielfältiger das Lager, je kleiner der Einzelumsatz und der Anteil der einzelnen Ware daran, desto höher sind die Personalkosten. Das typische Beispiel hierfür ist der Kurzwarengroßhandel mit seinen Tausenden von Artikeln, Tausenden von Einzelkunden, seiner geringen Einzelauftragshöhe und der Vielzahl der durch einen Auftrag bestellten Einheiten; bei ihm betrugen die Personalkosten 1925 9.3%, 1920 10% vom Umsatz. Der Anteil an den Gesamtkosten betrug 1913 62%, für 1925/26 konnten Gesamtkosten nicht festgestellt werden. Ein ähnliches Bild zeigt der betriebsstrukturell ähnliche Großhandel mit Damenstoffen mit durchschnittlich 5.4% vom Umsatz Personalkosten, der Großhandel mit Herrenstoffen mit 5.7%, der Schuhgroßhandel mit 6.1%. Auch der Drogengroßhandel ist ein typischer Engros-Sortimenter. Er hat 7.6% Personalkosten.

Von größter Bedeutung für die Vertriebskosten im allgemeinen, für die Höhe der Personalkosten aber im besonderen, ist die Höhe des Einzelauftrages. Hieraus ergeben sich die wichtigsten branchen- und betriebstypischen Unterschiede, und Verschiebungen in der durchschnittlichen Auftragshöhe haben zwangsläufig Veränderungen der Personalkosten zur Folge. Charakteristisch hierfür ist z. B. die Personalkostengestaltung in den drei Betriebstypen des Kohlengroßhandels. Im reinen Streckengroßhandel betrugen sie 1925 nur 1.54%, 1926 1.37% vom Umsatz, im Streckenhandel mit Lager- und Umschlagseinrichtungen 1.62 bzw. 1.13%, im kombinierten Kohlenhandel mit seiner viel geringeren Einzelumsatzhöhe aber 4.76 bzw. 4.19%. Entsprechend unterschiedlich ist natürlich auch der Umsatz je Kopf der Beschäftigten. Dieser betrug 1913 im reinen Streckenhandel 485 200 M; im Streckenhandel mit Umschlag 723 000 M[1]) und im kombinierten Kohlenhandel nur 71 600 M.

Dieselbe Entwicklung findet sich im Getreidegroßhandel. Betriebe, die mehr als 50% des Umsatzes auf eigene Rechnung tätigen, die also in gewissem Umfang Läger unterhalten und die Ware pflegen müssen, hatten 1926 2.3% vom Umsatz Lohnkosten; Betriebe mit überwiegendem Kommissionsgeschäft dagegen nur etwa die Hälfte, nämlich 1.2%.

Interessant ist in diesem Zusammenhang auch der Bericht eines Buttergroßhändlers vor dem Enquete-Ausschuß über den Einfluß der rückgängigen Auftragshöhe auf die Personalkosten. Er gab an, daß der Umsatz seines Betriebes von 1913 bis 1926 um ca. 100% gestiegen sei, die Zahl der beschäftigten Personen wuchs aber von 58 auf 205. Löhne und Gehälter machten 1913 0.6 von 1.7% Gesamtkosten, 1926 2.1 von 4.3% aus. Die Zahl der Personen ist auf das Vierfache gestiegen, die Personalkosten im Verhältnis zu den Gesamtkosten von 28.3% auf fast 50%. Die Ursache hierfür ist allein im Rückgang der durchschnittlichen Auftragshöhe und dem damit ver-

---

[1]) Diese Zahl wird sehr stark beeinflußt durch die hohen Umsätze in Betrieben mit über 100 Mill. RM. Umsatz, bei denen durch die hervorragenden technischen Einrichtungen Umsätze von 911 000 RM. pro Kopf erreicht wurden. Bei kleineren Betrieben schwanken sie zwischen 95 000 u. 338 000 M. (Handels-Enquête Bd. I. S. 456).

bundenen Zwang zur häufigeren Belieferung der Kunden zu sehen. 1913 wurde Butter ausschließlich in Zentnertonnen gehandelt, bei wöchentlich einmaliger, höchstens zweimaliger Lieferung. 1926 schwankten die Aufträge zwischen 10 und 50 Pfd., z. T. war es Stückbutter, die Lieferung erfolgt täglich.

Das Problem der Wirtschaftlichkeit und Rentabilität im Großhandel spitzt sich zu einem Problem der Einzelumsätze zu.

In einer Untersuchung der F. f. H. wurden folgende typischen Schwankungen des Umsatzes je beschäftigte Person festgestellt[1]):

	Unter-Grenze	Ober-Grenze
Kurz-, Galanterie- und Spielwaren	14 700	22 300
Tuche	25 500	36 700
Eisenwaren	17 300	26 400
Süßwaren	15 900	33 100

Eine entsprechend große Streuung zeigten auch die Zahl der Aufträge je Beschäftigten und die Einzelumsatzhöhe. Aufträge entfielen z. B. bei Eisenwaren 380—620 Stck. auf eine Person, die Umsatzhöhe je Auftrag schwankt zwischen 42.50 und 59.50 RM.

Auch die Eigenart der Ware spricht bei der Höhe der Vertriebs- und Personalkosten mit. Waren, die nicht für längere Zeit im voraus disponiert werden können, bei denen sich die Notwendigkeit häufiger Kundenbesuche und häufiger Lieferung, verbunden mit niedrigen Einzelbestellungen, ergibt, verursachen hohe Kosten und drücken den Umsatz je Beschäftigten herab. Eine Untersuchung über den amerikanischen Lebensmitteleinzelhandel hat z. B. folgende Umsätze und Kostensätze für die verschiedenen Zweige des Lebensmittelgroßhandels ergeben[2]):

	Durchschn. Umsatz je Kopf des Beschäftigten in $.	Lohnkosten in % vom Umsatz
Lebensmittelgroßhandel (Durchschnitt)	68 344	7.9
Backwaren	28 789	18.56
Schokolade, Süßwaren	47 337	11.96
Milch und landwirtschaftl. Produkte	38 097	11.16
Obst und Gemüse	181 871	6.20
Kolonialwaren	87 876	5.27
Getreide und Futtermittel	167 390	3.34
Fleisch	951 260	7.13
Agenturbetrieb	1 109 566	9.84

Wichtig ist für die Kostengestaltung ferner die Form der Entlohnung: ob feste Gehälter oder Provisionen. Für Angestellte im Büro und im Lager, in Versand- und Transportabteilungen sind feste Gehälter allgemein üblich. Im Verkauf dagegen findet man sowohl das Gehalts-

[1]) FfH-Mitteilungen, 3. Jahrgang Heft 10.

[2]) Louisville, Grocery Survey, S. 54.

als auch das Provisionssystem, sowie Kombinationen von beiden: ein kleines Fixgehalt und Umsatzprovisionen. Reisespesen und Tagegelder gehen immer zu Lasten des Betriebes. Lediglich Agenten und Kommissionäre, mit denen der Großhandel auch oft zusammenarbeitet, vor allem in Gebieten, die eine Bearbeitung durch eigene Reisende nicht lohnen, müssen aus den entsprechend höheren Provisionssätzen alle Unkosten bestreiten.

Wenngleich empirische Unterlagen über die verschiedenen Lohnformen und ihre Wirkung auf die Kostengestaltung fehlen, nehmen wir wohl mit Recht an, daß das Verkaufspersonal überwiegend, entweder ausschließlich oder teilweise, nach dem erzielten Umsatz entlohnt wird. Die Lohnkosten werden auf diese Weise proportionale Kosten, was im Hinblick auf das im Großhandel sehr stark schwankende Absatzvolumen sehr wichtig ist.

Die Erfahrung hat aber gezeigt, daß dieser Lohnform absatzpolitisch manche Mängel anhaften, die diesen Vorteil leicht aufwiegen können: Umsatz um jeden Preis, ohne Rücksicht auf Kreditwürdigkeit des Kunden, Hereinnehmen aller, auch der kleinsten Aufträge, Forcieren der leicht verkäuflichen, meist wenig rentablen und Vernachlässigung der für den Betrieb rentablen Artikel, mangelndes Interesse am Unterbringen von Restbeständen und sonstigen etwas schwierigeren Geschäften u. a. Eine amerikanische Süßwarengroßhandlung, bei der in verschiedenen Distrikten verschiedene Systeme nebeneinander bestanden, hat mit dem System der festen Gehälter auch beim Verkaufspersonal bessere Erfahrungen gemacht als mit Provisionen. Die Umsätze der fest besoldeten Reisenden, die allerdings durch Umsatzstatistiken und weitgehende Rentabilitätsanalysen kontrolliert wurden, waren nicht geringer als die der Provisionsreisenden, sie waren aber hinsichtlich Auftragshöhe und Auftragszusammensetzung für den Betrieb vorteilhafter.

Es läßt sich generell nicht entscheiden, welche Lohnform für den Großhandel die vorteilhaftere ist. Ausschlaggebend sind

1. die Stärke der Umsatzschwankungen,
2. die Möglichkeit anderweitiger Beschäftigung festbesoldeter Angestellter in umsatzstillen Zeiten,
3. die vorhandenen Kontrollmöglichkeiten.

Bei ausschließlicher Verwendung im Verkauf, geringer Kontrollmöglichkeit und starken Umsatzschwankungen wird die Umsatzprovision stets die wirtschaftlichere Lohnform sein. Wünscht man dagegen eine individuelle Behandlung des Geschäftes zu erreichen, legt man mehr Wert auf die qualitative als auf die quantitative Umsatzleistung, dann ist das feste Gehalt vorzuziehen.

Die Personalkosten im Großhandel, vor allem aber die Kosten des Verkaufspersonals sind auch deshalb so unverhältnismäßig hoch, weil die Zeitausnutzung eine sehr geringe ist. Der Verkauf erfolgt in den meisten Branchen überwiegend durch Kundenbesuche. Lange Reisewege, geringe Kundenzahl an einem Ort, Warten beim Kunden und vergebliche Besuche erhöhen die Vertriebskosten ungemein. Eine amerikanische Großhandlung für Papier- und Pappwaren hat z. B. festgestellt, daß sich die Zeit der Reisenden durchschnittlich wie folgt verteilt:

Reise und Wege zu den Kunden	40%
Warten bei den Kunden	15—20%
Verkaufstätigkeit	15—20%
Berichte an das Mutterhaus, Arbeit an der Kollektion u. ä.	20—30%.

Nur 15—20% der Zeit werden tatsächlich dem Verkauf gewidmet, die restlichen 80% sind mehr oder weniger verloren. Eine gewisse Verminderung dieser Verlustzeiten hat sich zwar durch bessere Organisation erreichen lassen: Orte mit schlechter Verbindung und geringem Absatz wurden nicht mehr besucht, in Gebieten mit schlechtem Verkehrsnetz setzte man Kraftwagen ein, durch vorherige Benachrichtigung der Kunden über Tag und Stunde des Besuches konnte man die Wartezeiten etwas abkürzen, durch formularmäßige Erledigung und gute Vorbereitung im Betrieb konnte auch die Arbeitszeit für Berichte u. ä. gesenkt werden. Aber auch dann blieb noch immer ein sehr niedriger Leistungskoeffizient übrig. Je größer die territoriale Zersplitterung der Nachfrage, je geringer der Einzelbedarf und je schwieriger der einzelne Verkaufsakt, desto höher sind die Personalkosten im Großhandel.

Die durchschnittliche Höhe der Personalkosten zeigt die nachstehende Tabelle [1]) (in % vom Umsatz):

Branche	Durchschnittliche Höhe	
	1925	1926
Lebensmittelimport	3.5	3.7
Lebensmittelbinnenhandel	4.4	4.5
Lebensmitteleinkaufsgenossenschaften	3.2	3.2
Mehl	1.5	1.6
Kaffee — Tee	3.1	3.4
Drogen	7.6	7.4
Fische	4.4	4.6
Vieh	1.7	1.6
Obst und Gemüse	2.7	2.8
Tabak	3.8	3.8
Schuhwaren	6.1	6.3
Herrenstoffe	5.7	6.5
Tuchgroßversand	5.5	5.7
Baumwollwaren	4.1	5.3
Damenstoffe	5.4	6.4
Kurzwaren	9.3	10.0
Wollgarne	2.2	2.9
Import für Rohbaumwolle	0.1	0.1
Import für Rohwolle	0.5	0.6
Leder	3.2	3.8
Kohlen: Reiner Streckenhandel	1.54	1.37
kombinierter Handel	4.76	4.19
Streckenhandel mit Lager	1.62	1.13
Eisen	6.0	6.6

[1]) Die Grundlagen der Handels-Enquête, Bd. I. Berlin 1929, den einzelnen Branchenuntersuchungen entnommen.

β) Miete.

Im Gegensatz zum Einzelhandel ist die Miete im Großhandel von geringerer Bedeutung, weil hier eine gewisse Substitution zwischen Personal- und Mietkosten stattfindet. Die Vertriebstechnik durch Kundenbesuche verursacht zwar sehr hohe Personalkosten, gestattet aber die Benutzung billigerer Räumlichkeiten, billige Straßen, Etagenräume, einfache Ausstattung. Bei Massen- und Stapelwaren sind die Lagerräume häufig von den sonstigen Geschäftsräumen getrennt, ihr Standort wird vor allem mit Rücksicht auf die Transportlage gewählt: Gleis- oder Wasseranschluß. In manchen Großhandelszweigen, besonders im Importhandel, verzichtet man ganz auf eigene Lagerräume und benutzt öffentliche Lagerhäuser. Es gibt eigentlich nur ganz wenige Großhandelszweige, bei denen man eine gewisse Standortsbindung und damit ein Standorts- und Mietkostenproblem findet: in den Branchen, in denen der Kundenverkehr am Lager eine Rolle spielt, z. B. bei den Demi-Grossisten, bei denen kleinere Händler und Wiederverkäufer ans Lager kommen, um dort ihre Wahl zu treffen; dem Exportgroßhandel in Glas-, Porzellan-, Metallwaren, der ebenfalls von den ausländischen Einkäufern häufig aufgesucht wird (der z. B. in Berlin in der Ritterstraße sein Domizil hat) und in ähnlichen Fällen.

Eine gewisse Standortsgebundenheit kann sich andererseits aus dem Zwang zum direkten Verkehr mit den Lieferanten ergeben. Der Standort der Industrie wird dann auch der Standort des Handels: z. B. hat der Garngroßhandel seinen Sitz in den Zentren der Spinnerei-Industrie, der Spielwarengroßhandel in einem der größeren Orte der Gebiete dieser Heimindustrie. Für den Standort des Großhandels gibt es meist nur eine Bindung: den natürlichen Transportweg. Aus den angeführten Gründen ist es natürlich, daß die Mietkosten nur eine untergeordnete Rolle spielen. In der Mehrzahl der Branchen liegen die Mietkosten unter 1% vom Umsatz. Faktoren, die die Mietkosten beeinflussen, sind:

1. Notwendigkeit der Berücksichtigung von Kundenverkehr,
2. Größe des notwendigen Lagers und Raumbedarfs des einzelnen Gutes,
3. Umschlagsgeschwindigkeit des Lagers,
4. qualitative Ansprüche der Ware an den Lagerraum,
5. Raumbedarf bei der Durchführung der Handelsfunktionen (z. B. Wiege-, Packräume, Musterzimmer, Mustermacherei u. ä.).

Hieraus ergeben sich gewisse branchetypische Unterschiede in der Höhe der Mietkosten, doch ist die Streuung nicht so groß wie bei anderen Kostenelementen. Am stärksten werden die Mietkosten offenbar durch das Vorhandensein des Kundenverkehrs beeinflußt. Die Branchen, in denen Lagerbesuche häufig vorkommen, haben die höchsten Mietkosten, z. B. Kurzwaren 1926 1.1%, Tuchgroßversand 1.2%, Großhandel mit Herrenstoffen 1.3%, Großhandel mit Damenstoffen 0.9%, Drogengroßhandel ebenfalls 0.9%. Relativ hoch sind auch die Mietkosten im Vieh- (Ställe und Weiden) und

Fischgroßhandel (Kühlräume für Fischkonserven und Wasserbehälter für lebende Fische).

Sehr gering sind sie dagegen in Branchen, wo Lagerräume gar nicht oder nur wenig benötigt werden, z. B. im Kohlenstreckenhandel oder beim Import von Rohwolle und Baumwolle (öffentliche Lagerhäuser). Auch schneller Lagerumschlag wirkt günstig auf die Mietkosten, wie die niedrigen Kosten im Obst- und Gemüsehandel beweisen (1925 0.2%, 1926 0.3%).

Die Höhe der Mietkosten (in % vom Umsatz) zeigt folgende Tabelle [1]):

Branche	1925	1926
Lebensmittelimport	0.4	0.4
Lebensmittelbinnenhandel	0.5	0.5
Lebensmitteleinkaufsgenossenschaften	0.4	0.4
Mehl	0.2	0.2
Kaffee, Tee	0.4	0.4
Drogen	0.8	0.8
Fische	0.7	0.9
Vieh	0.7	0.7
Obst und Gemüse	0.2	0.3
Tabak	0.9	0.9
Schuhwaren	0.9	1.2
Herrenstoffe	1.0	1.3
Tuchgroßversand	0.9	1.2
Baumwollwaren	0.5	0.7
Damenstoffe	0.6	0.9
Kurzwaren	0.8	1.1
Wollgarne	0.2	0.3
Import von Rohbaumwolle	0.1	0.1
„ „ Rohwolle	0.2	0.2
Leder	0.6	0.8
Kohle: Reiner Streckenhandel	0.06	0.06
Kombinierter Handel	0.37	0.34
Streckenhandel mit Lager	0.23	0.14
Eisen	0.6	0.6

γ) Kapitalkosten.

Kapitalbedarf entsteht im Großhandel insbesondere durch zwei Teilfunktionen: Finanzierung des Absatzes und Lagerhaltung. Es wird überwiegend kurz- und mittelfristiges, nur in geringem Umfange langfristiges Anlagekapital benötigt. Anlagen sind, im Gegensatz zum Einzelhandel, kaum vorhanden: meist kein eigener Hausbesitz (außer zu Anlagezwecken), keine kostspieligen Ladeneinrichtungen, keine maschinellen Anlagen, höchstens eigene Kraftwagen. (In Amerika hat die Angliederung eigener Transportbetriebe zu erheblichen organisatorischen und strukturellen Veränderungen der Großhandelsbetriebe geführt.)

Der geringe Bedarf an langfristigem Kapital wird durch Eigenkapital voll befriedigt. Groß ist dagegen der Bedarf an mittelfristigen Geldern zur Finanzierung der Kreditgewährung und der Lagerhaltung. Doch sind hierin

[1]) Berichte des Enquète-Ausschusses.

die sich aus den verschiedenartigen Funktionen ergebenden branchenmäßigen Unterschiede sehr groß.

Infolge der geringen Publizität der Großhandelsbetriebe — die Personalgesellschaften überwiegen als Unternehmungsform, Aktiengesellschaften kommen kaum vor, und Genossenschaften können zum Vergleich wegen der Besonderheit ihrer Kapitalbeschaffung nicht herangezogen werden — fehlen Untersuchungen über die Kapitalstruktur der Großhandelsbetriebe fast ganz. Demuth [1]) gibt an, daß das Verhältnis von Eigen- : Fremdkapital vor dem Kriege im Durchschnitt $^2/_3 : ^1/_3$ betrug. Kriegsfolgen und Inflation haben aber zu einer sehr ungünstigen Verschiebung geführt. Die hohen Handelsspannen in der ersten Zeit nach der Inflation haben zwar zeitweise eine sehr starke Kapitalbildung und Selbstfinanzierung der Handelsbetriebe ermöglicht, aber die Krisenjahre seit 1930 haben dem Großhandel erneut schwere Kapitalverluste zugefügt. Jedenfalls ist die Eigenkapitaldecke heute wesentlich knapper als früher. Zeitweise bestand sogar in manchen Branchen die Gefahr, daß der Großhandel aus Mangel an Mitteln den Ausschaltungstendenzen der Industrie zum Opfer fallen würde. Für den Textil- und Lebensmittelgroßhandel wurde vom Enquète-Ausschuß folgende Kapitalstruktur ermittelt (in Mill. RM) [2]):

	Jahr	Eigen-kapital	Bank-kredit	Waren-lager	Außen-stände
20 Textilgroßhandlungen	1929	16	8	14	25
8 Lebensmittelgroßhandlungen ...	1928	2,3	0.5	2	2.7

Da aber Warenlager und Außenstände nicht den gesamten Kapitalbedarf der Betriebe ausmachen, kann man für diese beiden Branchen annehmen, daß 40—45% des Betriebskapitals durch Eigenkapital finanziert sind. Der Rest wird durch Bank- und Lieferantenkredite und auch durch Aufnahme von Darlehen am unorganisierten Markt beschafft. Ob dabei die letztere Finanzierungsform, besonders der Kredit von Verwandten und Bekannten, im Großhandel eine ebenso erhebliche Rolle spielt wie im Einzelhandel, ist schwer festzustellen.

Auf jeden Fall ist der Bankkredit, der dem Großhandel zur Verfügung steht, relativ gering. Nach Feststellungen des Enquète-Ausschusses betrugen die Ausleihungen der deutschen Banken an den Großhandel 1928 nur 647 Mill. RM, bei einem Großhandelsumsatz von etwa 50—60 Mrd. RM. Hinzu kommt, daß der Personalkredit von dem gedeckten Kredit immer mehr verdrängt worden ist. War vor dem Kriege das Verhältnis von gedecktem zu ungedecktem Kredit 1 : 5.65, so stellte es sich 1926 wie 1 : 2.61. Finanzierung des Großhandels durch Bankkredit ist vor allem in den Zweigen

[1]) Zinsspanne und Großhandel. In: Diehl, Ursachen und Wirkungen des hohen Zinsfußes..., Jena 1932.

[2]) Demuth, a. a. O.

zu finden, die über lombardfähige Waren, Dokumente oder auch diskontfähige Wechsel in größeren Abschnitten verfügen, also vor allem im Rohstoff-, Import- und Exporthandel.

Sparkassen und Genossenschaften spielen bei der Finanzierung des Großhandels nur eine untergeordnete Rolle.

Die finanzielle Unterstützung des Großhandels durch die Industrie ist sehr verschieden. Es gibt Branchen, in denen eine Kreditgewährung an den Großhandel überhaupt nicht üblich ist, z. B. Vieh-, Häute- und Fellhandel [1]). In den meisten Großhandelszweigen ist eine Kreditierung von 30—40% des Einkaufs auf 1—2 Monate üblich, in anderen Branchen wieder kommt eine Stundung des gesamten Kaufpreises für mehrere Monate vor. So zeichnet sich der Tabakgroßhandel durch sehr lange und hohe Kreditnahme aus. Unterstützt eine Industrie oder eine sonstige Erzeugergruppe den Handel finanziell sehr stark, so besteht für den Handel leicht die Gefahr, daß er ausgeschaltet wird; es sei denn, daß seine Mitarbeit auf anderem Gebiet für die Erzeuger unentbehrlich ist. Auf jeden Fall ist die Stellung des Großhandels um so fester, je stärker er selbst an der Finanzierung des Einzelhandels beteiligt ist.

Zweifellos ist die Kreditgewährung der Industrie an den Großhandel in der Nachkriegszeit geringer geworden. Während früher Kreditfristen von 2—3 Monaten allgemein üblich waren, finden sich heute vorwiegend Ziele von 1 und 2 Monaten, wenngleich sie häufig genug nicht eingehalten werden.

Die Ermittlung des absoluten Kapitalbedarfs des Großhandels ist sehr schwierig, weil vor allem die Unterlagen über die durch Kreditgewährung und Lagerhaltung gebundenen Kapitalbeträge sehr mangelhaft sind. Ruberg [2]) schätzt die Kreditgewährung an den Einzelhandel 1931 auf 1.5 Mrd. RM.

Hinzu kommt noch der geringe Kredit des Produktionszwischen- und der besonders gelagerte des Außenhandels. Die Finanzierung des letzteren erfolgt weitgehend durch Bankkredite.

Nach Feststellungen von Schück [3]) arbeiteten im Außenhandel am 1. 3. 1932 mindestens 3.1—3.4 Mrd. RM. Bankgelder. Der dem Handel dann noch verbleibende Finanzierungsrest kann dann nicht mehr allzu groß sein.

Wichtiger als die Höhe der Finanzierungsbeträge ist für uns die Höhe der Finanzierungskosten. Auch die Erfassung dieser Ziffer ist unbefriedigend. Die Betriebe selbst sind über die tatsächliche Höhe der durch Kreditgewährung verursachten Kosten nicht informiert. Die Kreditkosten

---

[1]) Hier herrscht als Vertriebsform die Auktion vor, deren Technik eine Kreditgewährung nicht erlaubt.

[2]) Bankkredit für den mittelständischen Einzelhandel. Bankwissenschaft 1932/15.

[3]) Die deutsche Außenhandelsfinanzierung in der Kreditkrise 1931/32 F. f. H.-Mitteilungen 1932/5/6.

umfassen nicht nur den Zins für genommene Kredite und die Verzinsung des eigenen, zur Kreditgewährung benötigten Kapitals, sondern auch Risiko, Kreditbearbeitungs-, Überwachungs- und Inkassokosten.

Die reinen absoluten Zinskosten des deutschen Großhandels schätzt die F. f. H. für 1929 auf 0.45 Mrd. RM bei einem Umsatz von 50—60 Mrd. Wir geben diese Zahl wieder, obschon uns die Unterlagen für jede Schätzung der absoluten Höhe der Zinskosten bei dem heutigen Stand der Großhandelsforschung als zu mangelhaft erscheinen. Die Höhe der gewährten Skonti: 2% pro Monat = 24% pro Jahr, bei einem Banksatz von 8—10%, gewährt einen Einblick in die Kreditlage, vor allem die Kreditnebenkosten, von denen das Risiko, besonders das der Überschreitung der Kreditfristen, am wichtigsten ist.

Überschreitung der Kreditfristen durch die Abnehmer gefährdet die Liquidität des Betriebes, hemmt ihn in seinen Dispositionen, hindert ihn an der Ausnutzung günstiger Zahlungsbedingungen und zwingt ihn womöglich zur Aufnahme von Kredit um jeden Preis; außerdem kann eine dauernde Inkongruenz zwischen einkalkulierten und tatsächlich in Anspruch genommenen Kreditfristen die Rentabilität des Betriebes schwer schädigen. Das Verhältnis zwischen den gewährten und tatsächlichen Zahlungsfristen im Textilgroßhandel 1928 zeigt folgende Tabelle [1]):

Jahr	Zahlungsziel	tatsächliche Zahlungsfrist
1913	6 Mon.	6 Mon.
1925	30 Tage	60 Tage
1926	60 Tage	90 Tage
1927	90 Tage	120 Tage
1928	90 Tage	150 Tage

Jede Verlängerung des Zahlungszieles bedeutet Erhöhung des Verlustrisikos. Die ungenügende finanzielle Unterbauung vieler Einzelhandelsbetriebe ist zum guten Teil die Schuld der freigebigen Kreditgewährung durch den Großhandel. Vor allem den speziellen Finanzierungsgroßhandel — den Kredit- und Einrichtungsgrossisten — trifft der Vorwurf, durch Kreditgewährung an Personen mit ungenügendem Eigenkapital und zu geringer Sachkenntnis, der Errichtung nicht lebensfähiger Einzelhandelsbetriebe Vorschub geleistet zu haben.

Von 1000 Handelsbetrieben gerieten in Konkurs:

1926	1927	1928	1929	1930
7.57	3.17	4.36	5.26	6.19

Folgende durchschnittlichen Kreditverluste wurden im Textilgroßhandel festgestellt (in % vom Umsatz):

Großhandel mit Herrenstoffen 1928 .... 2 —4% (1913 0,5%)
Tuchversandgeschäfte .... 1,5—2%
Schneiderbedarfsartikel .... 1 —3%.

---

1) Bericht des Enquête-Ausschusses.

Die Streuung der Sätze ist aber sehr groß; z. B. gab ein Tuchversandgeschäft seine Ausfälle 1928 mit 10% vom Umsatz an, ein Satz, der das Kreditrisiko als einen der wichtigsten Kostenfaktoren der Branche erscheinen läßt.

Im Elektrogroßhandel machten Abschreibungen auf zweifelhafte Forderungen 1930 1.3% vom Umsatz bzw. 7.1% der Gesamtkosten aus.

δ) Kosten der Lagerhaltung.

Erheblicher als die auch schon bedeutenden Kapitalbeträge für die Absatzfinanzierung sind die in den Lägern des Großhandels investierten Kapitalien, die freilich bei den einzelnen Branchen verschieden sind.

In einigen Branchen ist die Lagerhaltung Haupt-, in anderen Nebenfunktion, in manchen fällt sie ganz fort.

Die Lagerhaltung ist Hauptfunktion bei all den Waren mit natürlichem Auseinanderfallen von Gewinnung und Verbrauch. Der Lagerprozeß wird hier in der Regel nicht beim Erzeuger, sondern auf einer Handelsstufe durchgeführt. Dies betrifft fast ausschließlich geerntete, abgebaute oder auf ähnlich natürliche Weise erzeugte Waren: Getreide, Hülsenfrüchte, einzelne Sorten von Südfrüchten, Holz, Felle, Häute, Leder, Rohbaumwolle und Wolle. In diesen Handelszweigen bilden die Kosten der Finanzierung und Behandlung des Lagers, verstärkt durch das Lagerrisiko, den größten Kostenfaktor, der aber in der Kalkulation so stark vernachlässigt wird, daß über seine Höhe und seinen Anteil an den Gesamtkosten in den Branchen jede Unterlage fehlt.

Der Grund für diesen kalkulatorischen Mangel liegt darin, daß die Handelsgüter dieser Branchen meist einen Börsen- oder Marktpreis haben, den der Einzelbetrieb durch seine Kalkulationen nicht beeinflussen kann. Diese Handelsgeschäfte sind stark spekulativ: der Ausfall der Ernte oder auch nur ihre voraussichtliche Höhe, die Entwicklung des Konsums, Krieg oder Frieden irgendwo auf dem Erdball, Überschwemmung oder Dürre, ein Wechsel in der Wirtschaftspolitik beeinflussen den Preis dieser Welthandelsgüter in vorher nicht bestimmbarer Weise. Demgegenüber ist die eigene Kostengestaltung völlig belanglos. Bei normaler Preisbildung wird im Marktpreis immer eine dem augenblicklichen Zinsniveau entsprechende Vergütung für die Kosten der Lagerhaltung enthalten sein.

Kalkuliert werden Finanzierungs- und Lagerkosten meist nur bei Arbitragegeschäften, der vergleichsweisen Errechnung von Einstandspreisen. Hierbei kalkuliert man Zinsen und sonstige Finanzierungskosten für die Verschiffungs- und Transportzeit, auch die Kosten der Lagerung in öffentlichen Lagerhäusern ein. Hinzu müssen noch kommen: die Kosten der Warenpflege, des Warenschwundes und des Risikos. Man schlägt aber meist einen Erfahrungssatz zu, den man kaum je nachkalkuliert. Die tatsächliche Höhe der Lagerhaltungskosten ist darum den meisten Großhandelsbetrieben dieses Typs nicht bekannt. Sie haben auch wenig Interesse daran, weil bei ihnen Gewinn oder Verlust fast ausschließlich von der Preisentwicklung abhängen.

Liegt bei geernteten Waren die Hauptfunktion des Handels in der Lagerhaltung, so ist bei Fertigfabrikaten die Lagerhaltung nur eine Nebenfunktion. Sie hat vor allem den Zweck, dem Abnehmer schnelle Lieferungsmöglichkeiten zu garantieren und die Inaugenscheinnahme und den Vergleich der Waren zu ermöglichen. Das Großhandelslager ähnelt dem Lager des Einzelhandels, das ebenfalls vor allem Wahl- und Vergleichsmöglichkeiten bieten soll. Der Handel betätigt sich als Lagerhalter stets nur dort, wo sich die Lagerhaltung als natur- und absatznotwendig erweist. Dient die Lagerhaltung dagegen betrieblichen Zwecken der Industrie, z. B. als Mittel der Regulierung von Absatzschwankungen oder zur Kostensenkung, so fällt ihre Finanzierung der Industrie zu. Alle Bemühungen der Industrie, durch Preisnachlässe, lange Zahlungsziele und sonstige Vergünstigungen den Handel in die Finanzierung dieser produktionspolitischen Lagerhaltung einzuschalten, sind fehlgeschlagen.

Im Großhandel mit Fertigwaren gibt es Branchen, die kein eigenes Lager besitzen, die die Ware nach Mustern und Proben verkaufen (Kohlengroßhandel, Garngroßhandel — wie überhaupt viele Zweige des Produktionszwischenhandels) und die Versendung oft direkt vom Hersteller vornehmen lassen, während andere Branchen ein Lager von Tausenden von Artikeln unterhalten (Kurzwaren-, Drogen-, Kolonialwarengroßhandel).

Der Produktionszwischenhandel, der mehr ein Vermittler ist, benutzt Muster und Proben als Unterlagen des Geschäftsabschlusses, und die Waren gehen häufig ohne Berührung des Händlerlagers vom Erzeuger an den Weiterverarbeiter. Gering sind die Lagerhaltungskosten auch in den Branchen, in denen der Vorverkauf der Waren nach Mustern üblich ist: der Großhandel verkauft die Ware auf Grund der vom Erzeuger gelieferten Muster, erteilt die Aufträge entsprechend den Verkäufen und verschickt die Ware nach Eingang möglichst schnell an seine Abnehmer weiter. Diese Form war vor dem Kriege in sehr vielen Branchen üblich: Textilstapelwaren, Haushaltungsgegenstände, Porzellan- und Glaswaren, Konserven u. a. Die Dispositionen des Einzelhandels erfolgten so frühzeitig, daß es dem Großhandel möglich war, seine Bestellungen erst dann aufzugeben, wenn die „Stammorders" bereits vorlagen. Hierin hat sich in der Nachkriegszeit ein grundlegender Wandel vollzogen. Vordispositionen größeren Umfanges finden nicht mehr so frühzeitig statt, daß der Großhandel erst nach deren Eingang seine eigenen Einkäufe tätigen könnte. Er ist gezwungen, viel mehr als früher, auf eigenes Risiko zu kaufen und größere Läger zu halten. Dies bedeutet Steigerung von Kosten und Risiko, anderseits aber auch Festigung seiner Stellung gegenüber den Ausschaltungstendenzen der Industrie.

Die größte Bedeutung gewinnt die Lagerhaltung beim Engros-Sortimenter, der aus den Erzeugnissen der verschiedensten Industrien zusammengestellte brancheübliche Sortimente am Lager führt. Betriebe dieser Art besitzen eine Vielzahl von Artikeln am Lager, deren Herbeischaffung und ständige Kontrolle ein Organisationsproblem besonderer Art ist. Großhandelszweige mit besonders reichem Lager sind z. B. Textil-, Kurzwaren-, Drogen-, Lebensmittelgroßhandel. Der Inhaber einer Textilgroßhandlung z. B. gab vor dem Enquète-Ausschuß an, daß sein Lager in 16 Abteilungen mehr als 30 000 Artikel umfasse. Das Preisbuch enthielt 500—600 Seiten, und das Problem der Fakturierung und des Verkaufs ab Lager hatte sich nur dadurch lösen lassen, daß alle Waren, genau wie im Einzelhandel, ausgezeichnet wurden.

Stark kompliziert und verteuert wurde die Lagerhaltung vieler Großhandelszweige durch die steigende Verbreitung der Markenartikel. Für den Händler ist die Wirkung der Markenartikel die, daß bisher einheitliche Gütermengen, die höchstens gewisse qualitative und damit preismäßige Unterschiede zeigten, plötzlich zu einer Vielzahl von Artikeln werden, die alle eine gewisse Vorrathaltung erzwingen. Die Folge ist ein Anschwellen der Läger und der Lagerhaltungskosten, denen keine entsprechende Umsatzsteigerung gegenübersteht. Im Gegenteil, auch der Einzelhandel ist genötigt, statt einer Ware die verschiedensten Marken zu führen, mit der Wirkung des Rückganges der durchschnittlichen Auftragshöhe pro Artikel und damit erhöhter Kosten. Außerdem birgt der Markenartikel Risiken in sich, die der früheren Ware nicht anhafteten: Verderb und Beschädigung infolge langsameren Umschlags, Vermehrung des Moderisikos bei Waren, denen es natürlicherweise nicht anhaftet, Steigerung des Absatzrisikos, weil viele Marken nach kurzer Zeit wieder vom Markt verschwinden und von anderen verdrängt werden. Ferner hemmen die gebundenen Preise der Markenartikel den Händler in seiner Preispolitik. Gefährdete Bestände kann er nicht durch Preisnachlaß schnell abstoßen. Dies alles bedeutet eine gewisse Degradierung des Großhandels, der seiner vornehmsten Aufgabe, Treuhänder des Einzelhandels zu sein, nicht mehr voll nachkommen kann. Die Unbeeinflußbarkeit der Markenartikelpreise bewirkt, daß sein Denken nicht mehr vom günstigsten Preis, der angemessenen Verdienst und leichten Absatz verspricht, sondern von der größten Rabattspanne beherrscht wird.

Die Rabattspannen sind bei konkurrierenden Marken oft recht unterschiedlich. Gut eingeführte Marken gewähren meist geringere Rabatte als solche, die im Markt noch nicht rechten Fuß fassen konnten und daher auf die tätige Mitarbeit des Handels bei der Einführung angewiesen sind. Die Unterschiedlichkeit der Rabatte zeigt die Tabelle auf S. 194 oben, die einer Untersuchung der Federal Trade Commission entnommen ist.

Nicht immer ist der den höheren Rabatt gewährende Markenartikel auch der wirklich ertragreichere. Erschwerter Absatz, langsamerer Umschlag und das Risiko, daß sich der Artikel nicht einführt, heben den preismäßigen Vorteil oft wieder auf.

Die immer weitere Verbreitung der Markenartikel fördert zweifellos die Möglichkeit der Ausschaltung des Großhandels, so daß auch von dieser Seite durch den Markenartikel Gefahr droht.

Großhandelsmargen bei Markenartikeln des Drogengroßhandels [1]).

Artikel	Spezial-markenartikel	konkurrierende Markenartikel
	Margen in % der Verkaufspreise	
Mittel gegen Erkältung	10.9	21.8
Seifen	12.9	19.3
„	11.4	16.5
Sanitäre Binden	15.2	17.0
Antiseptische Artikel	10.5	16.4
„ „	9.8	17.1
Mineral-Öle	11.0	20.9
„	15.5	21.9
„	16.6	15.6
Salben	10.4	14.6
Antiseptische Augentropfen	11.6	15.7

Die Höhe der Lagerhaltung ist in den einzelnen Zweigen des Großhandels demnach vor allem von der Natur der gehandelten Ware und der Funktion der Handelsstufe im Absatzprozeß abhängig. Die Gesamthöhe der Großhandelsläger am 31. XII. 1925 zeigt folgende Tabelle [2]):

Lagerbestand im Großhandel am 31. 12. 1925.

	Mill. RM.
Bergwerk- und Hüttenprodukte, Maschinen	250
Steine, Erden, Baumaterialien	60
Spinnstoffe	250
Leder, Häute, Kautschuk, Linoleum	270
Holz	340
Landwirtschaftliche Produkte und Bedarfsgegenstände	400
Kraftfahrzeuge nebst Zubehör	55
Bekleidung	1010
Nahrungs- und Genußmittel	825
Sonstige Bedarfsgegenstände des Einzelhandels und Handwerks (Eisenwaren, Hausrat, Luxus- und Kulturbedarfsartikel, Seifen, Drogen, Apothekerwaren)	580
Verschiedener Industriebedarf und allgemeine Ein- und Ausfuhr	200
	4240

Die Vorräte des Großhandels 1931 werden (nach derselben Quelle) auf 4,6—4,7 Mrd. RM. geschätzt.

Die wirkliche Bedeutung der Lagerhaltung für die einzelnen Branchen ergibt sich aber erst aus der Gegenüberstellung von **Lagerhaltung** und **Umschlagsgeschwindigkeit** der Großhandelsläger. Je nach dem Charakter des Lagers: ob es zur Überbrückung zeitlicher Unterschiede zwischen Erzeugung und Verbrauch dient oder lediglich zur Durchführung reiner Handelsaufgaben, ob nur die betriebsnotwendigen oder spekulative Läger gehalten

[1]) Federal Trade Commission, Retail Price Maintenance, S. 46.
[2]) Kapitalbildung und Investionen in der deutschen Volkswirtschaft 1924/28. Vierteljahrshefte zur Konjunkturforschung, Sonderheft 22. Berlin 1932.

werden, zeigen sich Unterschiede von Branche zu Branche und von Betrieb zu Betrieb. Wesentlich ist auch der Einfluß der Betriebsgröße auf die Lagerhöhe bzw. Umschlagsgeschwindigkeit. Im allgemeinen hat der größere Betrieb höhere Umschlagsgeschwindigkeiten aufzuweisen, weil der Zwang, ein vollständiges Sortiment zu haben, zu einer Mindestlagergröße führt, die bei geringem Umsatz nur mangelhaft ausgenutzt wird. Die Kapazität eines Handelsbetriebes ist in hohem Maße abhängig von der Größe seines Lagers. Aber die Umsatzkapazität einer bestimmten Lagermenge ist ziemlich elastisch, was dazu führt, daß Betriebe mit hohem Umsatz mit relativ kleinen Lägern auskommen.

Diese Tendenz zum rascheren Lagerumschlag im Großbetrieb wird in vielen Branchen allerdings durchkreuzt durch das Vorhandensein größerer spekulativer Läger. Der Zusammenhang zwischen Lagerhöhe und Umsatz ist aus diesem Grunde im Großhandel weniger klar erkennbar als im Einzelhandel.

Je niedriger die Umschlagsgeschwindigkeit, desto ausgeprägter ist die Lagerhaltungsfunktion des Großhandelszweiges und desto gewichtiger sind die Lagerhaltungskosten als Kostenfaktor.

Zahlenmäßige Angaben über die Umschlagsgeschwindigkeit im Großhandel gibt die folgende Tabelle:

Die Umschlagsgeschwindigkeit in einzelnen Handelszweigen 1925 und 1926 [1]).

Handelszweig und Jahr	Umsatz in Mill.				
	bis 0.1	0.1—0.5	0.5—1	1—2	über 2
Allgem. Lebensmittelgroßhandel:					
1925	7.7	9.1	10.5	11.5	11.0
1926	7.7	9.5	10.4	11.6	11.2
Tuchgroßversand: 1925	3.0	4.5	4.0	5.8	5.8
	2.9	4.4	3.7	6.5	5.9
Samt- und Seidenwarengroßhandel:					
1925	4.8		5.8	5.2	3.8
1926	4.1		4.8	4.9	3.9
Kurzwarengroßhandel: 1925....	6.2		6.8	4.6	4.6
1926....	4.5		5.7	4.2	5.2
Ledergroßhandel: 1925....	7.8		8.7	7.6	7.3
1926....	8.3		7.1	6.6	7.4
Schuhwarengroßhandel: 1925....	5.1	5.0	4.7	4.6	3.4
1926....	5.2	5.2	4.7	4.7	3.8
	bis 0.5	0.5—1	1—5	über 5	
Binnengroßhandel m. Getreide 1925	10.5	13.3	18.9	21.7	
1926	9.8	13.8	17.1	21.9	

ε) Sonstige Kosten.

Neben diesen Hauptkostenarten entstehen in einzelnen Handelszweigen noch andere Kosten, die durch die Eigenart der Ware oder die Besonderheiten der Vertriebstechnik hervorgerufen werden: Reklame- und

[1]) Nach Berichten des Enquête-Ausschusses.

Musterkosten, Aufwand für besondere Gefrier-, Kühl-, Wärmehäuser (Bananen), Spezialeisenbahnwagen, besonders hohe Transportkosten u. a. Zumeist handelt es sich aber um Kostensubstitutionen. So ersetzen z. B. im Tuchgroßhandel die Kosten der an Abnehmer zu versendenden Musterkollektionen die Kosten für Reisende und Verkäufer. Bei einem Betrieb mit größerem Sortiment kostet eine einzelne Musterkollektion 40—50 RM; die Musterkosten, die im Tuchgroßhandel allgemein nicht einmal 1% der Gesamtkosten ausmachen, belaufen sich bei Betrieben dieses Typs auf 8% und mehr. Kostensubstitution kommt auch häufig vor zwischen Reklame- und Reisekosten, Reisekosten und Miete. Von den Möglichkeiten der Reklame wird in Deutschland vom Großhandel noch sehr wenig Gebrauch gemacht, ganz im Gegensatz zu dem werbefreudigeren Amerika. Hier hat der Großhandel die Möglichkeiten der Markenreklame sehr frühzeitig erfaßt und sich Handelsmarken geschaffen. Im Kolonialwarengroßhandel, der ureigensten Domäne der Handelsmarken, sollen in amerikanischen Betrieben oft bis 95% aller Waren unter der Hausmarke abgesetzt werden. In Deutschland ist die Einführung der Handelsmarken z. T. am Widerstand des Einzelhandels gescheitert, der den gegenseitigen Preisdruck dieser Waren befürchtete, da deren Preis im Gegensatz zu den eigentlichen Markenartikeln nicht gebunden ist. Die Vergleichbarkeit der Ware wird durch die Marke zweifellos erhöht, und daran hat der Handel nicht immer ein Interesse.

cc) Kosten, schwankendes Absatzvolumen und Auftragshöhe.

Trotz der geringen Anlagekapitalintensität sind die Kosten des Großhandels gegenüber Absatzschwankungen unelastisch. Dies ist weniger im starren Charakter der einzelnen Kostenarten begründet als in den Besonderheiten der Großhandelstätigkeit, die fast ausschließlich Gemeinkosten verursacht. Außerdem nimmt im Handel mit sinkendem Umsatz die Arbeitsmenge meist nicht ab, sondern zu. Die Absatztätigkeit muß dann um so intensiver betrieben werden: die Werbung muß verstärkt, die Kundenbesuche, der Versand von Musterkollektionen, Katalogen, Preislisten u. ä. können ohne Verlust der Kunden nicht verringert werden. Ebenso können Geschäftsräume nicht verlegt werden. Selbst eine Einschränkung der Lagerhaltung wird in vielen Betrieben nicht zweckmäßig sein, weil mit der Verschlechterung der Geschäftslage der Einzelhandel immer weniger langfristige Aufträge erteilt und den Kauf sofort greifbarer, lagernder Ware vorzieht.

Hinzu kommt, daß sich der Umsatzrückgang im Großhandel meist nicht in einem absoluten Rückgang der Zahl der Aufträge, sondern vor allem in einer Verringerung der durchschnittlichen Auftragshöhe auswirkt. Da die Kosten aber besonders durch die Zahl der Aufträge, nicht aber durch ihre Höhe bedingt sind, tritt ein entsprechender Rückgang der Kosten nicht ein. Gewisse Kosten zeigen bei rückläufigem Geschäftsgang sogar eine steigende Tendenz: schleppender Zahlungseingang verursacht mehr Büroarbeit; die Mahn- und Klagekosten, die Kreditverluste steigen, Rücksendungen der

Kunden, Rückgängigmachen von Aufträgen, Mängelrügen u. ä. nehmen zu; der Leerlauf im eigentlichen Vertriebsapparat wächst mit der Zahl der vergeblichen Kundenbesuche. Eine Anpassung der Kosten an das Handelsvolumen ist höchstens durch das Provisionssystem bei den im Verkauf tätigen Angestellten möglich.

Untersuchungen der F. f. H. [1]) über die Kostenentwicklung verschiedener Großhandelszweige 1930 und 1931 haben ergeben, daß die Kostensenkung hinter dem Umsatzrückgang weit zurückbleibt, meist kaum die Hälfte des Umsatzrückganges ausmacht.

Umsätze und Kosten in einzelnen Großhandelszweigen.
Freier Großhandel und Genossenschaften. 1931 im Verhältnis zu 1930.

Handelszweig	Umsätze	Kosten
	in % der entsprechenden Vorjahrszahlen	
Großhandel mit Textilwaren	77.8	84.2
Tuchgroßhandel	69.7	92.3
Tuchgroßversand	rd. 70	rd. 80
Großhandel mit Futterstoffen und Schneiderartikeln	76.3	90.4
Großhandel mit Kurz-, Galanterie- und Spielwaren	79.0	84.6
Einkaufsgemeinschaften der Schuheinzelhändler	80—85 [2])	75—80
Lederhandel	90.4	101.6
Eisenwarengroßhandel	79.6	88.4
Einkaufsgenossenschaften der Hausratsgeschäfte	72.2	87.6
Großhandel mit Fahrradteilen	85.0	86.6
Großhandel mit Kraftfahrzeugbedarf	83.0	94.0
Handel mit Werkzeugen und Werkzeugmaschinen	56.0	71.0
Röhrengroßhandel	63.0	78.0
Lebensmittel und Kolonialwaren (Edeka-Zentrale)	108.7	101.1
Fischgroßhandel	84.0	98.0
Tabakwarengroßhandel	79.0	91.0
Süßwarengroßhandel	85.0	92.6
Drogen- und Chemikaliengroßhandel	rd. 88	rd. 93
Großhandel mit chirurgischen Gummiwaren	75—85	92—94

Am deutlichsten erkennt man die Wirkung des Umsatzrückganges auf die Kostengestaltung bei einem Vergleich des prozentualen Anteils der Kosten am Umsatz bei verschiedenem Absatzvolumen:

Steigerung der prozentualen Kostenbelastung einiger Großhandelszweige durch den Umsatzrückgang im Jahre 1931 [3]).

Handelszweig	Kosten in % vom Umsatz 1930	Kosten in % vom Umsatz 1931	Umsatzrückgang in % v. Umsatz 1930
Tuchgroßhandel	18.7	24.8	30.3
Großhandel mit Kurz-, Galanterie- und Spielwaren	25.5	27.0	21.0
Lederhandel	18.5	21.0	9.6
Süßwarenhandel	17.3	18.5	15.0

[1]) FfH.-Mitteilungen, 3. Jahrgang, Heft 1/2.
[2]) Mit Ausschluß der Lagerumsätze und der reinen Empfehlungsgeschäfte.
[3]) FfH.-Mitteilungen, 3. Jahrgang, Heft 1/2.

Als besonders starr erweisen sich die Mietkosten, die z. B. 1930/31 im Handel mit Werkzeugen und Werkzeugmaschinen bei einem Umsatzrückgang auf fast die Hälfte nur um durchschnittlich 5% reduziert werden konnten, im Tuchgroßhandel blieben sie trotz 30%igem Umsatzrückgang unverändert hoch, im Großhandel mit Futterstoffen und Schneiderbedarfsartikeln war bei einem um 24% kleineren Umsatz die Miete nur um 1.6% gesunken. Eine Veränderung bzw. Verkleinerung der Räumlichkeiten scheint in der Regel demnach nicht vorgenommen zu werden, weil mit dem Wechsel der Geschäftsräume zu viele Nachteile verbunden sind.

Die Anpassungsfähigkeit der Personalkosten wechselt je nach dem Anteil der festen Gehälter an den Gesamtkosten. Am günstigsten liegen die Verhältnisse in den Branchen, in denen die Provision als Entlohnungsform überwiegt. Hier entwickeln sich die Gehaltskosten — wenigstens des Verkaufspersonals — proportional dem Umsatz. Je höher dagegen der Anteil der festen Gehälter, desto geringer ist die Anpassung. So konnten z. B. im Werkzeugmaschinenhandel die Gehaltskosten 1930/31 auf 63% gesenkt werden (Umsatz 50%), während im Großhandel mit Futterstoffen und Schneiderartikeln, also in einer Branche, in der viel Personal mit festen Gehältern beschäftigt wird, bei einem 24%igem Umsatzrückgang nur eine 10%ige Personalkostensenkung erreicht wurde.

Das Problem der Anpassung der Kosten an die kurzfristigen Absatzschwankungen — vor allem an die Saisonschwankungen — ist im Großhandel besonders gelagert. Saisonschwankungen finden wir in allen Branchen, doch von ganz verschiedener Intensität, je nachdem, ob Waren des täglichen oder periodischen Bedarfs vertrieben werden. Bei den ersteren sind die Schwankungen verhältnismäßig gering und mit den normalen Mitteln betrieblicher Organisation durchaus zu meistern, bei den letzteren dagegen nicht. Beim Absatz z. B. elektrotechnischer Erzeugnisse [1]) zeigte sich folgende Kostenänderung durch saisonale Umsatzschwankungen: der Anteil der Kosten schwankt zwischen 13.3% im Monat bester Beschäftigung (Oktober) und 19.9% im umsatzstillsten Monat (Februar); die Umsätze schwanken in dieser nicht saisonbetonten Branche um mehr als 50%. In reinen Saisonbranchen sind die Differenzen noch viel größer. Hier konzentriert sich das eigentliche Verkaufsgeschäft auf wenige Monate, die von fast umsatzlosen Perioden unterbrochen werden. Die Tätigkeit der Betriebe vollzieht sich in mehreren, zeitlich aufeinanderfolgenden Phasen — z. B. Einkauf, Zusammenstellen der Kollektionen, Reise- und Hauptverkaufszeit, Nachmusterung, eventuell zweite Reiseperiode und Lagerverkäufe. Der Absatz vollzieht sich stoßweise, und das von derartigen Saisonbetrieben zu lösende Organisationsproblem besteht darin, mit dem gleichen Apparat die sehr verschiedenen, aufeinanderfolgenden Arbeiten zu erledigen. Dies bedingt, daß vor allem in mittleren und kleineren Betrieben das Personal vielseitig beschäftigt werden muß,

---

[1]) Zippel, a. a. O. S. 53.

und daß Spezialisten — vor allem die Verkäufer und Reisenden — nur entsprechend ihren Leistungen, durch Provisionen, entlohnt werden können. Ausschlaggebend für die Rentabilität solcher Betriebe ist daher niemals das Monatsergebnis, sondern nur der Gesamterfolg einer Saison, weil sich produktive und unproduktive Arbeit nicht gleichmäßig mischt, sondern periodenweise aufeinanderfolgt.

Die eigenartige Starrheit der Kosten des Großhandels, die wegen der geringen Anlagekapitalintensität so überraschend ist, wird besonders klar durch funktionale Kostenanalysen, wie sie z. B. das Harvard Business Institute vorgenommen hat.

Vergleichende Kostenanalysen in vier Handelszweigen[1]):

	Elektroartikel	Eisenwaren	Automobilbedarf	Drogen
Durchschnittlicher Jahresumsatz	660 000	1 390 000	759 000	1 240 000
Durchschnittliche jährliche Unkosten in % des Umsatzes	15.89	16.68	20.67	14.55
	in % der Gesamtkosten			
Gehälter d. Verkaufspersonals, Provisionen u. ä.	27.51	31,32	32.69	28.10
Reklame, sonstige Vertriebsunkosten	4.25	3.64	4.39	1.72
Summe der reinen Vertriebskosten	31.76	34.96	37.08	29.82
Löhne für Transportarbeiter	8.59	13.54	11.54	19.00
Frachten usw.	2.17	0.83	1.91	1.24
Eigene Transportmittel	2.12	2.92	1.21	3.59
Packmaterial, verschiedene Lagerkosten	0.71	0.96	0.58	1.27
Summe der Lagerkosten	13.59	18.25	15.24	25.10
Gehälter der leitenden Angestellten	15.37	8.68	12.01	9.55
Gehälter der sonstigen Büroangestellten und Prämien	13.05	12.98	10.79	11.70
Bürobedarf, Porto, Telephon, Telegraph, sonst. Verwaltungskosten	9.35	6.67	8.29	5.79
Summe der Verwaltungskosten	37.77	28.33	31.09	27.04
Miete	4.75	3.10	5.23	3.59
Heizung, Licht, Kraft, Wasser	1.19	0.87	0.69	0.93
Steuern	1.83	3.61	2.29	2.35
Versicherung	1.01	1.39	1.10	1.07
Einrichtungsreparaturen, -abschreibungen	1.64	1.88	2.15	2.56
Zinsen	1.73	2.17	1.37	3.14
Summe der starren Kosten	12.15	13.02	12.83	13.64
Debitorenverluste und verschiedene Kosten	4.73	5.44	3.76	4.40
Gesamtvertriebskosten	100.00	100.00	100.00	100.00

Aus dieser Analyse ergibt sich, daß Verwaltungs-, reine Vertriebs- und „starre“ Kosten zusammen 70—80% der Gesamtkosten ausmachen. Aber

[1]) Thomas M. Mc. Niece, Analysis of Wholesalers' Operating Costs. Harvard Business Review, Okt. 1928.

gerade für die beiden Abteilungen Verwaltung und Vertrieb bedeutet ein Umsatzrückgang keine wesentliche Verringerung der Arbeitsmenge, so daß eine erhebliche Kosteneinsparung an diesen beiden Stellen nicht in Frage kommt. Auch die Lagerkosten, die $13^1/_2$—25% der Gesamtkosten ausmachen, werden wegen der wachsenden Bedeutung sofort greifbarer Ware in Zeiten rückläufiger Konjunktur nicht wesentlich verringert werden können.

Demnach kommt man auch auf Grund funktionaler Kostenanalysen zu dem Ergebnis, daß die Kostenstruktur im Großhandel sehr unelastisch ist. Im Einzelhandel rechnet man mit einem durchschnittlichen Anteil der fixen Kosten an den Gesamtkosten von 60—70%. Im Großhandel ist der Fixkostenanteil nicht wesentlich geringer. Allerdings läßt sich wegen der großen strukturellen Unterschiede zwischen den Betrieben verschiedener Branchen und den verschiedenen Betriebstypen einer Branche für den Großhandel nur sehr schwer ein Normalverhältnis ermitteln.

Eine besondere Eigenart der Kostengestaltung im Großhandel ist es ferner, daß zwischen Kostenhöhe, Auftragshöhe und Warenwert kein direkter Zusammenhang besteht. Der überwiegende Teil aller Kosten entsteht durch Vorgänge, die in keinerlei Beziehung zur Umsatzhöhe und zum Warenwert stehen. Sie werden durch den einzelnen Verkaufsakt ausgelöst und können daher als fixe Kosten des Einzelumsatzes bezeichnet werden. Derartige Kosten, die in fast unveränderter Höhe durch jeden Einzelumsatz hervorgerufen werden, sind z. B.: Reisespesen des Vertreters, Kosten der Auftragsannahme, des versandfertigen Zusammenstellens der bestellten Ware, Verpacken, Fakturieren und Verbuchen u. ä. Kosten.

Genau wie im Gesamtbetrieb die fixen Kosten nach Sättigung durch einen Mindestumsatz drängen, so verlangen die fixen Kosten des Einzelumsatzes eine Mindesthöhe des Einzelauftrages.

Der Zusammenhang zwischen Einzelumsatzhöhe und Rentabilität findet im Großhandel noch keine genügende Berücksichtigung. Und doch liegt hierin eine Existenzfrage des Großhandels, besonders in den jetzigen Krisenzeiten. Unter dem Drucke des Kapitalmangels, der hohen Kapitalkosten und der allgemeinen Absatzstockung, gefördert durch die wachsende Konkurrenz zwischen den Großhändlern, sinkt die Auftragshöhe in fast allen Großhandelszweigen schon seit Jahren stetig. Zum Teil ist der Handel selbst schuld an dieser Entwicklung, der durch zu häufige Kundenbesuche, Überlaufen des Einzelhandels durch Vertreter zu vieler Firmen, durch bedenkenloses Ausführen noch so kleiner Aufträge und durch eine verfehlte Preispolitik diese Entwicklung nicht nur nicht gehemmt, sondern sogar begünstigt hat. Vor dem Kriege wurde z. B. Sauerkraut nur in Zentnerfässern abgegeben, heute entfällt 85% des Umsatzes auf 20 Pfd.-Dosen; Heringe wurden vor dem Kriege zu 80% in 100 kg-Tonnen abgesetzt, heute sind es nur noch 5%. Im Textilgroßhandel sollen Aufträge von 30 und 40 RM., die Reisende von Kundenbesuchen heimbringen, keine Seltenheit sein.

Der Wert des Kunden für den Händler bemißt sich nicht nach der Höhe seines Gesamtumsatzes, sondern nach der Höhe der einzelnen Aufträge. In Amerika hat man eingehende Untersuchungen über den Anteil und den Einfluß der Kleinaufträge auf die Kostengestaltung durchgeführt. Die Rentabilitätsgrenze für den Einzelauftrag schwankt von Branche zu Branche, aber auch zwischen den einzelnen Warenarten, je nach der durchschnittlichen Höhe der Handelsspanne. Auch sind Betriebe verschiedener Typen verschieden empfindlich gegen kleine Aufträge, je nachdem, auf welche Einzelumsatzhöhe der Betrieb eingestellt ist.

Die National Wholesale Druggists' Association stellte z. B. fest, daß bei den untersuchten Firmen 45.5% aller Aufträge unter 2 $ lagen. Die Kosten dieser Kleinaufträge, die 22% vom Umsatz ausmachten, beliefen sich auf ca. 20% vom Umsatz bei durchschnittlich 18.5% Bruttogewinn. 71% der Aufträge erwiesen sich als reine Verlustgeschäfte [1]. Ähnlich liegen die Verhältnisse im Textilgroßhandel. Nach Feststellung der National Dry Goods Association entfielen auch hier 46% des Umsatzes auf unrentable Kleinaufträge unter 10 $. Obgleich diese Aufträge nur 4.5% des Gesamtumsatzes ausmachten, verursachten sie doch fast die Hälfte aller Betriebskosten, während z. B. auf die Aufträge über 50 $, die 77% des Umsatzes erbrachten, kaum 20% aller Kosten entfielen. Im Drogen- und Farbenhandel konnte man feststellen, daß die Kosten je Warendollar für Aufträge unter 1 $ 49 mal so groß waren als diejenigen für 1000 $-Orders. In dieser Branche erwiesen sich erst Aufträge über 25 $ als rentabel. Die Mehrzahl lag auch hier unter der Rentabilitätsgrenze [2].

Die Western Electric Company [3] konnte nachstehende zahlenmäßigen Feststellungen über den Einfluß der Auftragshöhe auf Rohgewinn und Ertrag der einzelnen Auftragsgruppen machen:

Aufträge	über 25 $	10—25 $	5—10 $	unter 5 $
Anzahl der Aufträge in %	40	21	14	25
Anteil am Umsatz in %	91.3	6	1.7	1
Durchschn. Auftragshöhe $	137.80	17.18	7.25	2.40
Durchschn. Rohgewinn je Auftrag $	24.70	4.48	2.07	0.71
Durchschn. Kosten je Auftrag $	14.58	5.00	3.74	3.25
Durchschn. Reingewinn bzw. -verlust $	10.12	÷ 0.52	÷ 1.67	÷ 2.54

Auch bei ihr erwiesen sich 60% aller Aufträge und 8.7% des Gesamtumsatzes als verlustbringend.

Der Einfluß der durchschnittlichen Auftragshöhe auf die Kostengestaltung ist so groß, daß sich bei Branchenuntersuchungen oft Betriebstypen nach der Höhe des durchschnittlichen Einzelumsatzes bilden lassen,

[1] N. A. C. A. Bulletin XII/7.

[2] Oil, Paint and Drug Reporter v. 2. Mai 1932.

[3] Errechnet nach Angaben von J. W. Millard, Analyzing Wholesale Distribution Costs. Washington 1928.

die eine ganz charakteristische, einheitliche Kostenstruktur aufweisen. So wurden z. B. im deutschen Nahrungsmittelgroßhandel im November 1932 folgende Durchschnittskosten in % vom Umsatz ermittelt (nach Verbandserhebungen):

Durchschnittlicher Umsatz je Kundenrechnung	Kosten in % vom Umsatz
unter 40 RM.	10.20
40—50 RM.	9.65
51—75 RM.	8.60
über 75 RM.	7.35

Eine Kostenanalyse hat auch hier gezeigt, daß die Personalkosten am unelastischsten sind. Sie entstehen bei großen und kleinen Aufträgen in fast unveränderlicher Höhe und bilden daher die stärkste Belastung der Kleinaufträge. Im Nahrungsmittelgroßhandel z. B. machen die Personalkosten bei den Aufträgen unter 40 RM. 40%, bei Aufträgen über 75 RM. dagegen nur noch 30% der Gesamtkosten aus. Fast die ganze Kostendifferenz erweist sich als eine Differenz der Personalkosten.

In ähnlicher Weise wie durch die Höhe des Auftrages, werden die Kosten durch die Zahl und die Höhe der einzelnen Posten, aus denen er sich zusammensetzt, beeinflußt. Je mehr Einzelposten der Auftrag enthält, desto mehr Arbeit verursacht seine Ausführung, je kleiner die einzelnen Posten, desto höher sind die direkten und indirekten Kosten.

Sobald die bestellten Mengen handelsübliche Quantitäten unterschreiten, entstehen dem Betrieb Mehrkosten und Risiken, die das Geschäft zwangsläufig verlustreich gestalten. Deutlich zeigt dies die folgende Tabelle:

Einfluß der Auftragshöhe auf Vertriebskosten im Großhandel[1]).
(Kosten in % vom Umsatz.)

Funktion	volle Packung	1 Dtz.	1/2 Dtz.	1/6 Dtz.	1/12 Dtz.
Einkauf, Eingang, Lagerung, Versand	3.24	3.24	3.24	3.24	3.24
Abzählen	—	2.48	4.96	14.88	29.76
Verkauf	0.71	2.14	4.28	12.84	25.68
Auslieferung	0.14	0.42	0.84	2.52	5.04
Auszeichnen, Rechnung ausstellen	0.21	0.62	1.24	3.72	7.44
Aufsicht und sonstige Kosten	3.63	3.63	3.63	3.63	3.63
	7.93	12.53	18.19	40.83	74.79

Die Kosten steigen demnach von 8% vom Umsatz bei Verkauf einer vollen Packung auf 75% bei einem Stück (1/36 der vollen Packung). Die

[1]) Nach einem Bulletin des National Wholesale Druggists' Association, zitiert nach N. A. C. A. Bulletin XI./19.

Gewinnspanne der ganzen Packung beträgt 1.20 $, die des Einzelstückes nur noch 0.03 $, also den vierzigsten Teil, während die Kosten nur von 0.48 $ auf 0.12 $, also auf ein Viertel, sinken.

Die Erscheinung, daß die gleiche Ware bei Abgabe in größeren Mengen einen durchaus angemessenen Gewinn erbringt, bei der Unterschreitung gewisser Mindestmengen aber Verluste verursacht, ist nicht selten und im Handel wohlbekannt. Wie groß die Unterschiede oft sind, zeigt z. B. die Tatsache, daß im amerikanischen Farbengroßhandel Firnis beim Verkauf in Gallons durchschnittlich 14% Gewinn, in Pinten dagegen 55% Verlust bringt. Hierzu kommt, daß durch das Abgeben sehr kleiner Mengen leicht Restposten entstehen: angebrochene Packungen, unvollständige Farben- oder Größensortimente, ungünstige Maße, die dann nur mit Verlust abgestoßen werden können. Das sind zusätzliche Kosten, die in obigen Zahlen noch nicht einkalkuliert sind. Die Beispiele ließen sich noch beliebig vermehren.

Der große Einfluß, den die Auftragshöhe auf die Vertriebskosten ausübt, zwingt die Betriebe, sich auf Abnehmerkreise mit annähernd gleicher Auftragshöhe zu spezialisieren. In gewisser Weise ergibt sich schon aus dem Aufbau des Handelsgewerbes eine derartige Arbeitsteilung, sie müßte aber im Interesse der Rentabilität der Betriebe noch viel konsequenter durchgeführt werden, und die Absatzpolitik der Betriebe müßte viel stärker auf eine Ausschaltung der verlustbringenden Kleinaufträge hinarbeiten.

Das natürliche Mittel hierzu ist eine Preisstellung, die der tatsächlichen Kostengestaltung gerecht wird, also eine Preisstaffelung nach Absatzmengen. Voraussetzung hierfür ist Kenntnis der tatsächlichen Kostenentwicklung und eine genaue Kostenstellen- und Stückkalkulation, wie wir sie im Warenhandel, vor allem im Großhandel, noch nicht finden. Die amerikanischen Großhandelsverbände und die National Association of Cost Accountants haben hier wertvolle Vorarbeiten geleistet und Wege zu genauen Kalkulationen[1]) gewiesen.

Preisstaffelung nach Absatzmengen sind in manchen Großhandelsbranchen durchaus üblich, z. B. im Textilgroßhandel. Vor dem Enquète-Ausschuß wurden folgende unterschiedlichen Kalkulationssätze angegeben:

für ganze Stücke	11%
für halbe Stücke	17,6—25%
für Kupons	42,8%.

Im Durchschnitt ergab sich ein Kalkulationssatz von 20%. Eine andere Firma erhob bei Kleinabnehmern auf den Grundpreis, der durchschnittlich mit 13% kalkuliert wurde, einen Zuschlag von 6%. Ein großes Modewarenhaus kalkuliert für seine Waren stets drei Preise[2]): 1. einen Grundpreis, der nur für Großkonzerne gilt, 2. einen für Kaufhäuser, der 5% und 3. einen Kleinabnehmerpreis, der 10% höher ist als der Grundpreis. Auch die Listenpreise der Markenartikel sehen zumeist eine mengenmäßige Preisstaffelung vor.

[1]) Auf die Technik der Kalkulation kann hier nicht eingegangen werden.
[2]) Enquète-Band 13, S. 46.

Vom mittleren und kleineren Einzelhandel wird eine derartige Preispolitik des Großhandels wahrscheinlich bekämpft werden, da sie den Großbetrieben weitere preismäßige Vorteile gewährt. Das wird den Großhandel aber nicht abhalten, eine als richtig erkannte Preispolitik durchzuführen. Das Kostenprinzip ist in der gegenwärtigen Wirtschaft das alles regelnde Prinzip, und nur seine konsequente Anwendung auf allen Gebieten garantiert eine rationale Wirtschaftsorganisation.

Durch genaue Kalkulation und kostenorientierte Preisstellung wird ferner ein Vertrieb von Waren vermieden, die vertriebstechnisch dem Betrieb wesensfremd sind und daher notwendigerweise Verluste erbringen müssen. Die Warengruppierung des Einzelhandels erfolgt unter ganz anderen Gesichtspunkten als im Großhandel, und es ist falsch, wenn der Großhandel versucht, sein Sortiment dem des Einzelhandels unbedingt anzupassen. So kommt es sehr häufig vor, daß die gleiche Ware von den verschiedensten Großhandelszweigen zugleich und in gegenseitiger Konkurrenz vertrieben wird, von dem einen mit Gewinn, weil sie sich seinem Warenkreis hinsichtlich Umsatzschnelligkeit, Warenwert, Behandlung usw. organisch eingliedert, von dem andern mit Verlust, weil diese Voraussetzungen bei ihm nicht erfüllt sind.

Mc. Niece hat über dieses Problem eine sehr interessante Studie veröffentlicht. Er hat die Vertriebskosten von vier Produkten, die sowohl durch den Elektro-, Eisenwaren-, Autozubehör- und Drogengroßhandel (der in Amerika einen anderen Warenkreis als in Deutschland umfaßt) vertrieben werden, in den verschiedenen Branchen ermittelt und ist zu folgendem Ergebnis gekommen:

Kosten des Absatzes derselben Ware durch verschiedene Großhandelszweige. (In % vom Umsatz) [1]).

Verkauf im Großhandel mit	Produkt Nr. 1	Produkt Nr. 2	Produkt Nr. 3	Produkt Nr. 4
Elektrischen Artikeln	26.91	35.14	13.09	13.37
Eisenwaren	12.41	19.89	7.84	7.64
Autozubehör	24.52	32.00	10.96	11.07
Drogen	9.75	11.26	8.92	5.15

Aus den Kostenzahlen ist klar zu erkennen, daß die Produkte 1, 2 und 4 wirtschaftlich nur durch den Drogenhandel vertrieben werden können, während Produkt 3 dem Eisenwarenhandel zukommt.

Die Tatsache, daß das gleiche Produkt zur gleichen Zeit von einem Betrieb unter Aufwand von 9.75%, von einem anderen mit 26.91% Kosten vertrieben wird, zeigt, daß die im Großhandel üblichenKalkulationsmethoden und die von ihm geübte Preispolitik nicht zu höchster Wirtschaftlichkeit des gesamten Verteilungsapparates führen.

[1]) Th. M. Mc.Niece, Analysis of Wholesalers' Operating Costs, Harvard Business Review, Okt. 1928.

Ein weiteres Mittel, um möglichst große Umsatzeinzelmengen zu erzielen, ist die Gewährung von Rabatten bei Erreichung gewisser Umsatzmengen. Doch soll man hiermit nur geringe Erfolge erzielt haben. Erstens schließt die Erreichung dieses Mindestumsatzes nicht aus, daß er sich aus vielen unwirtschaftlichen Kleinaufträgen zusammensetzt. Zweitens ist die Wirkung eines in der Zukunft liegenden Vorteils niemals so stark, wie der eines gegenwärtigen Nachteils.

Wenn auch die Preisdifferenzierung das wirksamste Mittel im Kampf gegen die unrentablen Kleinaufträge ist, so ist es doch nicht das einzige. Die Festsetzung von Mindestumsatzmengen, die grundsätzlich nicht unterschritten werden dürfen, ist zwar sehr radikal, aber die Betriebe sollten nicht davor zurückschrecken, auch einmal einen Kunden zu verlieren, wenn damit eine Kostenersparnis ermöglicht wird. Auch der Wert sachlicher Aufklärung des Einzelhandels sollte nicht unterschätzt werden, vor allem dann, wenn die Interessen von Groß- und Einzelhandel parallel laufen. In manchen Betrieben hat man auch versucht, durch Staffelung der Umsatzprovisionen nach der Höhe der Einzelumsatzmengen die Verkäufer an einer Vermeidung von Kleinaufträgen zu interessieren. Aber die Methode der Provisionsstaffelung ist sehr gefährlich, weil der Verkäufer leicht den Kunden zum Kauf über den Bedarf hinaus veranlassen kann, was oft verstimmt, aber auch leicht Insolvenz des Kunden und Kreditverluste zur Folge haben kann.

Wo eine Erhöhung der durchschnittlichen Auftragshöhe nicht erreicht werden kann — in all den Fällen, wo die Umsatzmengen des Einzel- und des Großhandels zu weit auseinanderfallen — dort muß versucht werden, durch Organisationsmaßnahmen die Kosten zu senken und ihre Elastizität zu erhöhen.

d) Kosten im Einzelhandel.

aa) Die absolute Kostenhöhe.

Der weitaus größte Teil aller Vertriebskosten entsteht auf der letzten Stufe der Güterverteilung — beim Einzelhandel. Diese oft kritisierte und mit wachsender Besorgnis verfolgte Erscheinung ist die natürliche Folge der modernen Produktion. In den 18 Jahren zwischen den beiden letzten Betriebszählungen 1907 und 1925 stieg die Zahl der Handelsbetriebe in Deutschland um 40%; die Zahl der in ihnen beschäftigten Personen um 55%, während die Industrie nur einen Zuwachs von 26% aufzuweisen hatte.

Das überdurchschnittliche Anwachsen der Handelsbetriebe während der letzten 50 Jahre gilt für alle industriellen Länder, ein Beweis dafür, daß der Prozeß durchaus normal ist. Die Ursachen dieser Disproportionalität sind vor allem zwei: 1. die geringere Verwendbarkeit der Maschine für den Vertrieb, 2. Erkaufen produktionstechnischer Vorteile durch Nachteile in der Warenverteilung. Die Einzelhandelsumsätze machten folgende Anteile am Inlandsumsatz Deutschlands aus [1]):

[1]) Markt der Fertigware, 1932, Heft 2, S. 38.

Jahr	Inlandsumsatz Mrd. RM.	Einzelhandelsumsatz Mrd. RM.	Anteil des Einzelhandelsumsatzes in %
1926	155.7	30.7	19.7
1927	177.5	33.9	19.1
1928	190.6	35.8	18.8
1929	190.6	35.5	18.6
1930	169.4	32.5	19.2
1931	144.7	28.0	19.4

Der Inlandsumsatz besteht zu einem sehr erheblichen Teil aus Rohmaterialien, Halbfabrikaten und Produktionsmitteln. Der Umsatz konsumreifer Waren — hierfür fehlen die statistischen Unterlagen — macht einen noch größeren Anteil aus.

Die Branchengliederung des Warenhandels erfolgt nach der Art der zu vertreibenden Waren, wenngleich Überschneidungen vorkommen. Die vier Hauptgruppen sind: Nahrungs- und Genußmittel, Bekleidung, Hausrat und Wohnbedarf, Kultur- und Luxusbedarf. Auf sie verteilt sich der Einzelhandelsumsatz wie folgt [1]):

Verteilung der Umsätze im Einzelhandel (in Mrd. RM.).

	1925	1926	1927	1928	1929	1930	1931
Nahrungs-, Genußmittel	12.3	13.1	14.3	15.2	15.5	14.6	12.5
Bekleidung	9.3	8.9	9.6	10.1	10.0	8.8	7.6
Hausrat, Wohnbedarf	3.4	3.3	4.1	4.5	4.6	4.1	3.5
Kultur-, Luxusbedarf	4.2	4.0	4.5	4.9	4.8	4.4	3.6
Kohlen	1.0	1.2	1.3	1.6	1.7	1.2	1.3
Insgesamt	30.2	30.5	33.8	36.3	36.6	33.1	28.5
in % der Gesamtumsätze:							
Nahrungs-, Genußmittel	40.7	43.0	42.3	41.9	42.3	44.1	43.9
Bekleidung	30.8	29.2	28.4	27.8	27.3	26.6	26.7
Hausrat, Wohnbedarf	11.3	10.8	12.1	12.4	12.6	12.4	12.3
Kultur-, Luxusbedarf	13.9	13.1	13.3	13.5	13.1	13.3	12.6
Kohlen	3.3	3.9	3.9	4.4	4.7	3.6	4.5
	100	100	100	100	100	100	100

Innerhalb dieser Hauptgruppen findet die eigentliche Branchenbildung statt, unter vorwiegend zwei Gesichtspunkten für die Zusammenfassung der Waren:

1. nach ihrer Zusammengehörigkeit durch Rohmaterial, Produktionsprozeß und Ursprungsort,
2. nach dem Verwendungszweck.

Beide Prinzipien der Branchenbildung lassen hinsichtlich der Warenzusammensetzung weiten Spielraum, was geringe Einheitlichkeit der Betriebe einer Branche zur Folge hat. Die Unterschiede sind aber nicht so groß wie

[1]) I. f. K., Sonderheft 32, S. 14.

beim Großhandel, wo vergleichende Kostenanalysen fast unmöglich sind. Wichtig ist vor allem, daß die Funktionen in allen Einzelhandelsbetrieben, gleich welcher Branche, ziemlich einheitlich sind: Einkauf, Lagerung und Zurschaustellung der Ware, Verkauf und Zustellung.

Größer sind die Unterschiede in den Funktionen dagegen bei den verschiedenen Betriebstypen, die sich darum voneinander durch ihre Organisation unterscheiden. Den Anteil der Betriebstypen an den Einzelhandelsumsätzen zeigt folgende Statistik [1]) (Kettenläden sind den Spezialgeschäften zugerechnet; die nicht besonders erfaßten Umsätze der Abzahlungsgeschäfte beliefen sich nach Feststellungen der F. f. H. 1930 auf 800—900 Mill. RM.):

	1925	1928	1929	1930	1931
Gemischtwarengeschäft	4.6	4.9	4.9	5.2	5.2
Fachhandel	82.2	80.6	79.7	78.1	77.3
Warenhäuser	3.8	4.0	3.9	4.1	4.0
Einheitspreisgeschäfte	—	0.4	0.7	0.9	1.1
Konsumvereine, Werkskonsumanstalten	2.6	3.6	4.0	4.6	5.0
Markt-, Straßen-, Hausier-, Trödelhandel [2])	6.8	6.5	6.8	7.1	7.4
	100.0%	100.0%	100.0%	100.0%	100.0%

Die Gesamtkosten des deutschen Einzelhandels schätzt die F. f. H. für 1929 auf 8.3, für 1930 auf 7.75 Mrd. RM. bei einem Gesamtumsatz von 35 bzw. 32 Mrd. RM. Im Durchschnitt aller Branchen entstehen also im Einzelhandel 23—25% vom Umsatz Kosten. Ein Viertel des Warenwertes machen allein die Verteilungskosten des Einzelhandels aus. Schon diese Zahl allein beweist, wie unendlich wichtig die Kostengestaltung des Einzelhandels für die Preisbildung der Güter ist, und welche Bedeutung einer Kostenminderung durch Organisationsbesserungen im Handel zukommt. Eine Aufgliederung der Kosten zeigt folgende Tabelle:

---

[1]) I. f. K., Sonderheft 32, S. 10.

[2]) So gering auch die wirtschaftliche Bedeutung des einzelnen Hausierbetriebes sein mag, so ist die volkswirtschaftliche Bedeutung dieser Betriebe doch recht erheblich. Für einzelne Wirtschaftszweige ist der Hausierhandel als Ergänzung des seßhaften Handels unentbehrlich, z. B. als Aufkaufhandel im Lumpen-, Altmetallhandel u. a. Sammeltätigkeit ausübenden Handelszweigen, ferner in der Versorgung der großstädtischen Bevölkerung mit leichtverderblichen Waren, wie z. B. Obst. Der Gesamtumsatz des Hausierhandels ist recht beträchtlich und war in den letzten Jahren im Steigen begriffen. 1925 trug sein Anteil am Gesamtumsatz 6,8%, 1931 bereits 7,4%. Trotz Sinken des Gesamtumsatzvolumens konnte der Hausierhandel eine absolute Steigerung des Umsatzes von 1,8 auf 2,1 Mrd. RM. erreichen. Besonderes Interesse erfordert der Hausierhandel augenblicklich auch deshalb, weil — angeblich mit gutem Erfolg — Versuche gemacht werden, den Hausierhandel großbetrieblich zu organisieren. So berichtet z. B. Gerloff (Handel und Binnenhandelspolitik in „Die Beamten-Hochschule") von einer amerikanischen Seidenstrumpffirma, die 2000 Hausierer beschäftigt und einen täglichen Umsatz von 60 000 Paar erreicht.

Kosten und Reingewinne im deutschen Einzelhandel 1929/30 [1]).

Kostengruppe	1929 Mrd. RM.	1929 % v. Ums.	1930 Mrd. RM.	1930 % v. Ums.
Arbeitskosten und Soziallasten inkl. Unternehmerlohn	4.00	11.43	3.60	11.25
Raumkosten (Miete, Beleuchtung, Heizung, Reinigung)	1.25	3.57	1.20	3.75
Werbekosten	0.50	1.43	0.50	1.56
Steuern	0.85	2.43	0.70	2.19
Zinsen	0.75	2.14	0.80	2.50
Sonstige Kosten, darunter Waren- und Kreditverluste	0.95	2.71	0.95	2.97
Gesamtkosten	8.30	23.71	7.75	24.22
Reingewinn	0.70	2.00	—	—
Umsatz	35.00		32.00	

Die Gesamtkosten der wichtigsten Einzelhandelszweige in den Jahren 1929—31 betrugen in % vom Umsatz [2]):

Handelszweig	1929	1930	1931
Kolonialwaren, Feinkost:			
reine Kolonialwarengeschäfte ohne Edekageschäfte	13.9	15.2	16.6
Edekageschäfte	—	11.7	12.8
Kolonialwaren- und Feinkostgeschäfte	15.2	16.8	18.9
Lebensmittelfilialgeschäfte	22.7	23.5	26.3
Feinkostspezialgeschäfte	15.5	16.4	18.0
Kaffee, Tee:			
Spezialgeschäfte	14.2	14.9	16.3
Filialunternehmungen	30.5	30.6	30.3
Tabakwaren	12.2	12.1	13.2
Filialgeschäfte	12.0	11.9	13.4
Schokoladen und Süßwaren	20.8	22.6	25.1
Textilwaren	23.2	24.2	25.1
Damen-, Mädchenkleidung	31.5	30.7	30.9
Wäsche, Weißwaren	21.0	25.1	31.5
Herrenartikel	24.4	28.3	29.9
Herrenhüte	26.5	29.3	31.7
Unterzeug, Strümpfe	24.8	27.1	30.8
Schuhwaren (Ketten)	23.8	24.2	25.0
Möbel	—	23.2	23.4
Teppiche, Gardinen	26.4	29.8	33.3
Tapeten, Linoleum	30.8	34.8	37.0
Haus-, Küchengeräte	28.8	31.5	34.7
Eisen-, Stahl-, Metallwaren	21.1	22.9	25.5
Beleuchtungs-, Elektrowaren	32.0	36.2	37.6
Uhren, Gold-, Silberwaren	37.0	41.9	45.1
Klaviere, Flügel	37.2	44.0	40.9
Nähmaschinen, Fahrräder	35.4	38.9	30.6
Photographische, optische Artikel	31.8	33.7	37.6
Bücher, Kunstgegenstände, Musikalien	30.4	30.6	36.5
Papier-, Schreibwaren	—	25.8	35.2
Sportartikel	22.8	26.1	26.0
Warenhäuser	23.6	24.9	26.7
Konsumvereine (Reichsverband)	—	18.9	21.2

[1]) FfH.-Mitteilungen 1931, Doppelheft 11/12.

[2]) Zusammengestellt nach J. f. K., Sonderheft 32.

Trotz gleicher Struktur, die die Einzelhandelsbetriebe im wesentlichen aufweisen, zeigen ihre Kosten eine große Streuung: von 12.8 bei den Edekalebensmittelgeschäften, bis zu 45.1% bei Uhren, Gold- und Silberwaren. Diese Verschiedenheit hat vor allem drei Ursachen: Lagerumschlagsgeschwindigkeit, Risiko und Sonderdienste.

Alle Branchen mit besonders niedrigen Lagerumschlagsziffern zeigen auch besonders hohe Kosten. Das Lager schlug sich z. B. um: Uhren, Gold- und Silberwaren 1.1 mal, optische Artikel 3.1 mal, Klaviere 3 mal, Teppiche, Gardinen 2.8 mal, Haus- und Küchengeräte, Eisenwaren 2.6 mal. Dahingegen weisen die Branchen mit niedrigen Gesamtkosten auffallend schnellen Lagerumschlag auf, z. B. Molkereiprodukte, Eier bis zu 49 mal, Lebensmittel bei Konsumvereinen 27.6 mal, Kaffee und Tee in Filialbetrieben bis 20 mal, Kolonialwarengeschäfte 8.1 mal, sogar Textilwaren noch 3—4 mal.

Wesentlichen Einfluß auf die branchentypische Kostenhöhe hat auch das Risiko, wenn es auch oft nur Gewinnentgang darstellt, der rechnerisch nicht erfaßt wird. In USA. ergaben statistische Analysen z. B. bei den Warenhäusern verschiedener Größenklassen 1930 einen Gewinnentgang von 7.1 — 9.2% vom Umsatz.

Anhaltspunkte für die Höhe des Risikos eines Handelszweiges sind:

1. die Differenz zwischen branchentypischer Kostenhöhe und Handelsspanne,
2. der Unterschied im Reingewinn verschiedener Branchen,
3. die Geschäftssterblichkeit einer Branche.

In Deutschland haben 1928/31 40000 Einzelhandelsbetriebe ihre Zahlungen eingestellt, woraus den Gläubigern annähernd 1.2 Mrd. RM. Verluste erwuchsen. In der Stadt Nîmes in Frankreich [1]) bestanden nur $^1/_{11}$ aller Einzelhandelsbetriebe länger als 20 Jahre; in USA. [1]) gingen innerhalb von 5 Jahren ein: 50% der Drug-Stores, 85% der Kolonialwarenläden, 70% der Schuhgeschäfte und 62% der Eisenwarenläden. — Sonderdienste sind vor allem: Warenvorführung und -zustellung, Kundenberatung, Einrichtung von Erfrischungsräumen u. ä. Sie können branchen- oder betriebstypisch sein. In ersterem Falle beeinflussen sie die Kostenhöhe der ganzen Branche, im zweiten Fall nur die eines bestimmten Betriebstyps innerhalb der Branche, woraus sich oft große Kostenunterschiede innerhalb einer Branche ergeben, z. B. in der Damenkonfektion des Stapel- und Modellgenres.

bb) Die einzelnen Kostenelemente.

α) Die Personalkosten.

Die Personalkosten sind mit einer durchschnittlichen Höhe von über 11% vom Umsatz und von einem fast 50%igen Anteil an den Gesamtkosten (1929 43.3%, 1930 46.7%) das weitaus wichtigste Kostenelement.

Die Eigenart der Arbeiten im Einzelhandel bedingt fast ausschließliche Verwendung menschlicher Arbeitskraft, in noch höherem Maße als beim

[1]) Economist v. 14. Nov. 1931, S. 897.

Großhandel. Die Maschine findet im Einzelhandel keine Verwendung. Nach der schweizerischen Betriebszählung von 1931 entfielen auf den Handel, der 61.1% aller Berufstätigen beschäftigte, nur 0,61% der gewerblich verwendeten Maschinen - PS. Während im Durchschnitt aller Gewerbe auf eine Arbeitskraft ungefähr 1 Kraftmaschinen-PS. entfällt — in einigen Gewerben, wie z. B. Elektrizitäts-, Gas-, Wasserversorgung sogar 7.2 PS. — kommt im Handel nur auf 10 Menschen 1 PS, und diese nicht einmal für den Vertrieb, sondern für Beleuchtung, Lüftung usw. Nur in Bankbetrieben ist der Anteil noch geringer. Im Einzelhandel ist, im Gegensatz zum Großhandel, der reine Vertrieb die fast einzige Funktion, zu erfüllen eigentlich nur durch Menschenkraft. Daraus ergeben sich die hohen Personalkosten. Die Höhe der Personalkosten (daneben die der Mietekosten) zeigt (in % vom Umsatz) folgende Tabelle[1]):

	Personalkosten			Mietekosten		
	1929	1930	1931	1929	1930	1931
Kolonialwaren	6.4	6.8	7.6	3.3	4.0	4.1
Edeka-Geschäfte	—	5.0	5.4	—	2.0	2.2
Lebensmittelfilialgeschäfte	10.6	12.0	13.0	1.6	1.9	2.3
Molkereiprodukte	2.6	2.7	2.9	0.4	0.5	0.7
Kaffee- und Teespezialgeschäfte	6.0	6.2	6.9	1.0	1.1	1.3
„ „ „ -filialbetriebe	10.9	11.0	10.6	4.3	4.6	4.7
Tabakwaren	7.0	6.7	6.5	3.7	3.6	4.1
Textilwaren	10.3	11.6	12.3	2.9	3.1	5.1
Damen- und Mädchenkleidung	16.8	15.2	17.2	4.8	5.4	6.1
Herrenartikel	10.4	13.1	13.2	5.7	6.6	—
Schuhwarenfilialbetriebe	15.7	16.7	17.8	3.4	3.9	4.4
Schuheinzelhandel	8.1	8.5	—	3.7	4.1	—
Möbel	—	10.1	9.7	—	3.9	4.2
Eisen- und Stahlwaren	9.2	9.9	11.1	3.2	3.6	4.3
Beleuchtungskörper, elektrischer Bedarf	13.5	15.6	17.0	5.0	6.0	6.8
Uhren, Gold- und Silberwaren	16.2	17.5	19.5	9.0	10.5	12.1
Bücher, Kunstgegenstände, Musikalien	12.7	12.5	14.5	5.1	5.6	6.3
Büro- und Schreibwaren	—	—	19.1	—	—	6.6
Sportartikel	10.1	10.2	10.7	6.0	6.9	6.9
Waren- und Kaufhäuser	11.7	12.2	13.5	2.9	4.0	3.48
Konsumvereine:						
nach Ermittlung des Zentralverbandes	—	—	7.6	—	—	1.3
„ „ „ Reichsverbandes	—	9.0	9.5	—	1.7	1.7

In USA. ist der Anteil der Arbeitskosten infolge der höheren Löhne noch größer[2]):

Kolonialwaren	10,7%	v. Umsatz
Fleischereien	13,2%	„
Schuhe	14,7%	„
Eisenwaren	13,6%	„
Drogen	17,4%	„
Juwelen	17,8%	„

[1]) Zusammengestellt nach Angaben des I. f. K. im Sonderheft 32.

[2]) Nystrom, Economics of Retailing, S. 103.

Möbel	ca. 14,0%	v. Umsatz
Herrenkleidung	13,0%	,,
Damenkleidung	15,5%	,,
Putzwaren	18,7%	,,
Warenhäuser:		
Umsätze über 1 Mill. $	16,4%	
,, unter 1 ,, $	15,9%	

Neben der Unmöglichkeit der Maschinenverwendung wirkt noch eine Eigenart des Handels erhöhend auf die Arbeitskosten: der Händler kann seinen Arbeitsrhythmus nicht selbst bestimmen. Er muß warten, bis der Kunde kommt. In der Zwischenzeit ist das Verkaufspersonal nicht oder nur mit nebensächlichen Arbeiten beschäftigt, die dauerndes Unterbrochenwerden zulassen. Aber selbst das Tempo des einzelnen Verkaufsaktes bestimmt nicht der Verkäufer, sondern der Kunde. Die Arbeitskraft des Verkaufspersonals ist daher nur sehr schlecht ausgenutzt, es entstehen Leerlaufzeiten ($^1/_3$ der Gesamtarbeitszeit), die in anderen Wirtschaftszweigen undenkbar sind. Zeitstudien im amerikanischen Papierwarenhandel [1]) haben z. B. folgende Ausnutzung der Arbeitszeit festgestellt:

Tätigkeit	in % der Gesamtarbeitszeit
Verkäufe	25%
Verkaufsversuche	9%
Kassieren, Warenlieferung, Buchhaltung	15%
Lagerarbeiten	20%
Wartezeit	31%
	100%

Das Department of Commerce [2]) kam bei einer Studie über Verkaufskosten zu einem ganz ähnlichen Ergebnis:

Lagerarbeiten	17%
Verkehr mit der Kundschaft ohne Verkaufsabschluß	8%
Verkaufstätigkeit	42%
Ungenutzte Zeit	33%
	100%

Diesen Leerlauf zu vermeiden bzw. auf ein Mindestmaß zu beschränken, hat man die verschiedensten Versuche und größten Anstrengungen gemacht, denen allerdings nur beschränkter Erfolg beschieden war. Man hat z. B. das Personal in verkehrsstillen Stunden mit anderen Arbeiten beschäftigt: Statistiken, Rechen-, Lagerarbeiten, ja sogar mit Näherei, Handarbeiten und ähnlichen gewerblichen Verrichtungen. Durch Verteilung der Arbeitszeit gemäß dem Rhythmus des täglichen Geschäftsablaufs hat man versucht, den Personalbedarf zu vermindern, auch die Beschäftigung von Aushilfs-

[1]) The Manufacturer's Marketing Costs. N. A. C. A. Bulletin XI/6.

[2]) G. E. Bittner, Analyzing Retail Selling Time, Washington 1928.

kräften am Wochenende und während der Hochsaison hat in den letzten Jahren, mit ihrem Überangebot an Arbeitskräften, immer weitere Verbreitung gefunden.

Die Höhe der Personalkosten ist abhängig:

1. vom Umsatz je Beschäftigten (bzw. je Verkäufer),
2. vom Betriebstyp,
3. von der Preislage der Waren.

Am wichtigsten ist der Umsatz je Beschäftigten, der eine der wichtigsten Kennziffern des Einzelhandels darstellt. Die Personalkosten sind um so niedriger, je höher der Umsatz je beschäftigte Person ist:

Umsatz je beschäftigte Person[1]) (in 1000 RM.):

	1929	1930	1931
I. Bei niedrigen Personalkosten			
Kolonialwaren	20.6	18.3	15.9
Edeka-Geschäfte	20.7	19.6	17.4
Molkereiprodukte	30.8	43.7	36.1
Kaffee und Tee, Spezialgeschäfte	21.4	21.0	19.1
II. Bei hohen Personalkosten			
Tapeten und Linoleum	20.5	18.2	15.5
Beleuchtungskörper	10.6	—	7.3
Uhren, Gold- und Silberwaren	10.7	10.3	9.1
Papier- und Schreibwaren	11.3	11.3	9.2

Eine zweite Tabelle zeigt den Umsatz je beschäftigte Person in den wichtigsten Branchen des Einzelhandels[1]) (in 1000 RM.):

	1925	1927	1929	1930	1931
Nahrungs- und Genußmittel	16.1	17.7	18.6	17.1	15.4
Bekleidung	19.4	18.7	18.5	17.0	15.7
Hausrat und Wohnbedarf	17.8	18.3	19.0	17.2	15.9
Kultur- und Luxusbedarf	14.2	15.2	15.6	14.5	12.6
Apothekerwaren, Drogen, Seifen und andere sanitäre Artikel	13.4	14.5	15.2	14.6	13.3
Warenhäuser	17.5	16.6	17.0	15.7	14.4
Gemischtwarengeschäfte	19.0	19.4	20.3	19.0	18.0
Konsum-Vereine und Werkskonsumanst.[2])	20.0	24.4	26.4	27.4	27.5
Einzelhandel, ohne Trödel-, Markt-, Straßen-, Hausierhandel	14.9	15.1	15.6	14.2	12.6

[1]) I. f. K., Sonderheft 32.
[2]) Umsatz je in der Warenverteilung beschäftigte Person.

Mit zunehmendem Umsatz nehmen die Personalkosten ab:

a) Personalkosten im Wäscheeinzelhandel[1]):

bei einem Umsatz je Kopf des Beschäftigten	in % v. Umsatz
bis 11 000 RM	8,85
von 11 000 bis 15 000 RM	8,75
von 15 000 bis 18 000 RM	6,44
18 000 und mehr	4,20

b) Im amerikanischen Eisenwarenhandel[2]):

Umsatz je Kopf des Beschäftigten	in % vom Umsatz
bis 14 000 $	8,0
14—18 000 $	6,1
über 18 000 $	4,0

Auffallend niedrige Umsatzquoten erreichen Warenhäuser und Filialbetriebe. Die wichtigste Ursache hierfür ist der große Verwaltungsapparat (Nichtverkäufer machen 50—60% des Gesamtpersonals aus). Die Personalkosten verteilten sich in amerikanischen Warenhäusern auf die verschiedenen Angestelltengruppen 1930 wie folgt[3]):

Geschäftsleitung und allgemeine Verwaltung	3,7% v. Umsatz
Hausverwaltung	0,9%
Werbeabteilung	0,75%
Einkaufsabteilung	3,35%
Verkaufsabteilung	8,30%
Transportabteilung	0,4%
	17,40%

Für 1927 gibt ein deutsches Warenhaus für seine Personalkosten folgende Analyse[4]):

Reine Verkaufsgehälter[5])	8,36% v. Umsatz
Kassengehälter	0,50%
Kontrollen	0,66%
Betriebsangestellte	0,50%
Hausangestellte	0,82%
Verwaltungsgehälter	1,12%
	11,96%

Hiernach machen die Verwaltungsgehälter nur ungefähr $^1/_7$ der Gesamtpersonalkosten aus, gegenüber amerikanischen Verhältnissen sehr wenig.

---

[1]) Richtzahlen für den Wäsche-Einzelhandel. RKW.-Veröffentlichung Nr. 55. Berlin 1930.

[2]) Richtzahlen für den Eisenwaren-Einzelhandel. RKW.-Veröffentlichung Nr. 28. Berlin o. J.

[3]) C. N. Schmalz, Operating Results of Department and Speciality Stores 1930, Harvard University Bulletin Nr. 85.

[4]) Die Unkosten des Textileinzelhandels. Die Textilwoche 1928/29, S. 6.

[5]) Alle Gehälter einschließlich sozialer Beiträge.

Die jährlichen Umsatzzahlen je Kopf im Einzelhandel sind gegenüber anderen Wirtschaftszweigen sehr niedrig, ganz besonders gegenüber dem Großhandel, wo in der gleichen Branche oft das Fünffache und mehr erzielt wird [1]) (1925):

	Großhandel	Einzelhandel
Schmalz und Butter	106 300	35 600
Kaffee und Tee	115 000	38 600
Obst und Gemüse	133 000	24 000
Herrenkleidung	45 700	17 200
Schuhwaren	62 700	14 200
Eisen, Eisenwaren	78 300	16 400

Die geringen Umsatzzahlen sind durch die Eigenart des Einzelhandelsbetriebes, den Stand der Handelstechnik und die Ansprüche des Kunden an Bequemlichkeit, Fürsorge und Beratung bedingt. Eine Steigerung des Umsatzes der einzelnen Verkaufskraft könnte wohl durch Ausgliederung aller nicht mit dem reinen Verkaufsakt in direktem Zusammenhang stehenden Verrichtungen erreicht werden. Das bedeutet aber nur Arbeitsteilung und keine Arbeitsverringerung. Oft wird dadurch die Arbeitszeit der Verkäufer noch schlechter genutzt, da der Verkauf sich auf wenige Tagesstunden konzentriert. Das Ergebnis ist oft sogar negativ. Das beste Beispiel hierfür sind Warenhäuser und Filialbetriebe. Hier sind die Umsatzleistungen je Verkäufer meist recht hoch, je Kopf der beschäftigten Personen aber liegen sie unter dem Durchschnitt.

Umsatz je beschäftigte Person und je Verkaufskraft in Warenhäusern und Filialgeschäften [2]).

	je Kopf der Verkaufskraft		je Kopf der besch. Person	
	1930	1931	1930	1931
Warenhäuser: Umsatz bis 6 Mill.	22 500	20 750	14 200	13 300
6—15 Mill.	28 900	24 600	17 800	15 800
über 15 Mill.	28 300	25 200	17 800	16 600
Durchschnitt	25 070	22 700	15 650	14 350
Kaffee- und Teefilialbetriebe	23 700	23 800	15 900	16 500
Molkereiprodukte	36 300	32 700	29 600	26 700

Die Umsatzleistung je Beschäftigter ist abhängig:

a) von der Art der Ware und der Schwierigkeit ihres Verkaufs,

b) von der Dauer eines Verkaufsaktes,

c) vom durchschnittlichen Umsatz je Kunde.

---

[1]) Nach Kosiol, Kalkulation und Preisbildung, Bd. II, S. 200.

[2]) I. f. K., Sonderheft 32.

Nicht jede Ware erfordert beim Vertrieb die gleiche Sorgfalt, die gleichen Fachkenntnisse, die gleiche Zeit. Bei Waren des täglichen Bedarfs erfordert der Kauf wenig Überlegung, der Verkauf wenig Zeit, im Gegensatz zu Waren des periodischen und seltenen Bedarfs. Nach Feststellungen der F. f. H. [1]) belief sich der Umsatz je Kunde im Wäscheeinzelhandel auf durchschnittlich 5.70 RM. Er schwankte zwischen 3.50 und 7.60 RM., in Betrieben des einfachen und Stapelgenres lag er niedriger als in Spezialgeschäften des besseren und Luxusgenres. Die Kundenzahl je Verkaufskraft betrug im Durchschnitt 4450 (von 3610—6270), je beschäftigte Person 2700 (von 1940 bis 3820). Für andere Branchen wurden folgende typischen Umsätze je Kunde ermittelt [2]): Textileinzelhandel: 6.25 RM., Schuheinzelhandel 8.10 RM., Hausrat 4.10 RM., Uhren 8.40 RM., Sportartikel 1.09 RM. Diese Zahlen sind außerordentlich wichtig für die Rentabilität des Betriebes, denn die Kosten im Handel sind unabhängig vom Wert des Einzelumsatzes, allein durch den Verkaufsakt hervorgerufen: z. B., ob die Ware sofort vom Kunden mitgenommen wird oder zugesandt werden muß, ob der Verkauf durch nur angelernte oder durch qualifizierte Verkäufer erfolgen kann, ob Barzahlung oder Kreditkäufe üblich sind usw. Deshalb ist es notwendig, daß im Durchschnitt aller Verkäufe ein Mindestumsatz je Kunde erreicht wird, der einen Ausgleich zwischen den verlustbringenden Kleinaufträgen und den überdurchschnittlichen Umsätzen garantiert.

Der Unterschied in den Verkaufskosten verschiedener Waren ist sehr groß. Mit 1 $ Verkaufskosten wurden in einer Abteilung bei verschiedenen Artikeln folgende Umsätze erzielt [3]):

Artikel I	19,76 $
II	15,93 $
III	8,58 $
IV	6,71 $
V	11,11 $
VI	15,55 $
VII	8,85 $
VIII	2,86 $
IX	24,62 $
X	22,56 $
alle anderen Artikel	16,95 $

Die Warenzusammensetzung eines Betriebes muß sich daher im Umsatz je Beschäftigten und in der Personalkostenhöhe auswirken. In amerikanischen Lebensmittelgeschäften wurden z. B. folgende Umsätze je Beschäftigten erzielt [4]):

[1]) Richtzahlen für den Wäscheeinzelhandel, RWK.-Veröffentlichung Nr. 38.

[2]) Hirsch, Die Kosten im Handel, in: Kostenaufbau, Kostensenkung, Preisgestaltung. R. K. W.-Veröffentlichung Nr. 80, S. 71.

[3]) G. E. Bittner, Analyzing Retail Selling Time. Washington 1928.

[4]) Louisville Grocery Survey. Census of Food Distribution. Washington.

Kolonialwaren, Obst, Gemüse und Fleisch....	32 700 $
Kolonialwaren, Obst, Gemüse (kein Fleisch) ...	11 680 $
Kolonialwaren und Fleisch	15 916 $
nur Kolonialwaren	11 651 $
branchetypischer Durchschnitt	24 468 $

Die verderblichen Waren mit ihrer rascheren Umschlagsgeschwindigkeit erhöhen den durchschnittlichen Umsatz. Da Fleisch meist 25—30% des Umsatzes ausmacht, Obst hingegen höchstens 10%, ist sein Einfluß auf den Umsatz natürlich viel stärker.

Eine ähnliche Beobachtung konnte z. B. auch im deutschen Eisenwarenhandel[1]) gemacht werden, wo die verschiedene Warenzusammensetzung verschiedene Umsatzhöhen je Beschäftigten zur Folge hatte.

Auch der Betriebstyp und die Preislage der Waren beeinflussen die Höhe der Personalkosten. In Geschäften mit Stapelware sind sie niedriger als in den Betrieben mit vorwiegend besseren Qualitäten, z. B. in amerikanischen Schuhkettenläden[2]):

	Personalkosten	
Frauenschuhe, untere Preislagen	13,7%	v. Umsatz
Frauenschuhe, obere Preislagen	16,3%	„
alle Arten von Schuhen, obere Preislagen	15,6%	„
alle Arten von Schuhen, untere Preislagen .	13,3%	„

Die Höhe der Personalkosten zwingt zu genauer Beobachtung und zu Senkungsmaßnahmen. Nur bei ganz genauer Kenntnis aller betrieblichen Einzelheiten ist eine Entscheidung über die Angemessenheit ihrer Höhe möglich, und auch die Errechnung und Verwendung branchetypischer Richtzahlen muß mit allen Vorbehalten geschehen.

Senkungsmaßnahmen gehen vor allem in zwei Richtungen: Vereinfachung und Mechanisierung des Vertriebes. Im Rahmen der alten Vertriebsformen hat man versucht, durch vorheriges Wiegen, Abpacken, Auszeichnen, durch Bildung ganz kleiner Abteilungen (bis herab zum Sondertisch), den Vertrieb möglichst zu vereinfachen, den Umsatz pro Kopf zu steigern und die Verwendung billiger Arbeitskräfte zu ermöglichen. Dieses Prinzip verfolgen z. B. Warenhäuser, Filialbetriebe, vor allem aber Einheitspreisgeschäfte, die fast ausschließlich junge, weibliche und ungelernte Verkaufskräfte beschäftigen. Nach Mutz[3]) betrugen die Personalkosten in einem der untersuchten Betriebe nur 31%, im anderen 40% der Gesamtkosten, in den amerikanischen Woolworth-Betrieben 1930 34.5%[4]). In diesem

[1]) Richtzahlen f. d. Eisenwareneinzelhandel. RKW.-Veröffentlichung Nr. 28.

[2]) C. N. Schmalz, Operating Results of Shoe Chains in 1929. Harvard Institute Bulletin No. 86.

[3]) Mutz, Das Einheitspreisgeschäft. Diss. Berlin 1932.

[4]) FfH.-Mitteilungen 1930/3.

Zusammenhang sind auch die Versuche zu nennen, die man in Amerika mit der Selbstbedienung in verschiedenen Branchen, vor allem im Lebensmittelhandel und in Speisehäusern, gemacht hat. Die Selbstbedienung im Restaurant mit Hilfe von Automaten ist uns in Deutschland nicht fremd. In Amerika hat sich auch die Selbstbedienung ohne Automaten gut bewährt, und man findet Betriebe, die vollkommen auf Selbstbedienung eingestellt sind. Zweifellos bedeutet die Selbstbedienung Kostenersparnis. Es fallen nicht nur die Verkäufergehälter fort; bei den vorbereitenden Arbeiten: zum Abwiegen und Verpacken standardisierter Mengen, Drucken der Preisschilder u. ä. können auch Maschinen verwendet werden. Mc. Nair [1]) gibt für die sich aus der Selbstbedienung ergebenden Kostenunterschiede folgendes Beispiel:

Lebensmitteleinzelhandel	mit Selbstbedienung	ohne Selbstbedienung
Gehälter	8.3	10.85
Miete	2.3	2.20
Reklame	1.0	0.70
Verschiedenes	4.4	5.15
Gesamtkosten inkl. Zinsen	16.0	18.90

Die Kosten, vor allem die Personalkosten, waren also bei Betrieben mit Selbstbedienung niedriger. Wenn sie trotzdem mit 0.9% eine geringere Rentabilität aufwiesen (Betriebe ohne Selbstbedienung 2.3%), so spricht dies nicht gegen die Richtigkeit des Prinzips der Selbstbedienung, sondern sie beruht wahrscheinlich auf der Überlegenheit der ganz großen Ketten im Einkauf.

Die extremste Form der Minderung der Personalkosten ist der vollständig mechanisierte Vertrieb durch Automaten. Seine Anwendung ist mit Rücksicht auf die Ware und auch aus psychologischen Gründen sehr begrenzt. Der Automat hätte aber sicher heute schon eine viel weitere Verbreitung gefunden, wenn nicht auch die Kostengestaltung sich als ungünstig erwiesen hätte. Die Kosten sind z. T. höher als in den entsprechenden Fachgeschäften, weil der durchschnittliche Umsatz je Automat sehr niedrig, die Abschreibungsquoten ziemlich hoch und vor allem die Wartung der verstreut stehenden Automaten (das Nachfüllen, Geldeinziehen, Säubern und Instandhalten der Mechanik) sehr kostspielig sind. Sehr oft müssen für die Überlassung des Platzes zum Aufstellen, das nur an verkehrsreichen Orten Sinn hat, hohe Mieten gezahlt werden. Bei den auf Reichsbahngebiet aufgestellten Schokoladenautomaten betrug der durchschnittliche Jahresumsatz:

1929........ 812 RM
1930........ 633 RM
1931........ 424 RM. Bei den Zündholzautomaten sogar nur 366 RM.

---

[1]) Mc. Nair, Expenses and Profits in the Chain Grocery Business in 1929. Harvard University Bulletin No. 84.

Der Umsatz schwankte 1931 je nach der Verkehrsfrequenz des Aufstellungsortes zwischen 1074 und 86 RM. Die Kosten zeigten bei den beiden führenden Firmen 1931 folgende Zusammensetzung (in % v. Umsatz):

	Firma X	Firma Y
Wert der Füllung	60%	46,2%
Wartung und Bedienung der Apparate	9,9%	8,8%
Abschreibungen an Automaten	11,8%	11,8%
Miete für Standplätze	9,4%	9,4%
Verschiedenes	16,7%	20,6%
	107,8%	96,8%
	(Verlust 7,8%)	

Die Betriebskosten der Fa. X belaufen sich demnach auf 48%, die von Y auf 50.6%. Die durchschnittlichen Vertriebskosten im Süßwarenhandel beliefen sich dagegen 1931 auf 25.1%, (davon Löhne und Gehälter 11.2% und Miete 7.3%). Hieraus ergibt sich klar, daß der Automatenvertrieb dem Ladenhandel, wenigstens bei seiner heutigen Organisation, unterlegen ist. Sein Vorteil besteht darin, daß er ein sehr kleines Betriebsaggregat darstellt und daher auch weniger dichten Verkehr zu erfassen vermag.

Trotz aller Versuche ist es im Einzelhandel bisher nicht gelungen, Vertriebs- oder Organisationsformen zu finden, die eine wesentliche Senkung der Personalkosten zur Folge haben. Jeder Versuch, die reinen Verkaufskosten durch Steigerung der Einzelumsatzleistung herabzudrücken, zeigte sich zum Schluß lediglich als eine Verschiebung der Kosten. Selbst der rein mechanische Vertrieb hat sich bisher nicht als billiger und wirtschaftlicher erwiesen.

β) Raumkosten.

Sie sind die zweithöchste Kostenart und dazu fixen Charakters. Im Jahre 1930 wurden vom deutschen Einzelhandel etwa 1.2 Mrd., 1931 1.15 Mrd. RM. für Miete und sonstige Raumkosten ausgegeben [1]).

Im Gegensatz zum Großhandel findet man im Einzelhandel sehr viel eigenen Hausbesitz. Oft sind auch die benachbarten Häuser im Eigenbesitz, um die Konkurrenz fernzuhalten und durch Heranziehung gutgehender Geschäfte die eigene Verkehrslage zu verbessern. 1931 befanden sich im eigenen Hause [2]):

im Drogenhandel	etwa 34%	aller Betriebe
Uhren, Gold-, Silberwarenhandel	41%	„ „
Glas-, Porzellanwaren, Hausrat	61%	„ „
Eisenwarenhandel	52%	„ „
Textilwarenhandel	60%	„ „

[1]) Ermittlungen der F. f. H. Zitiert nach Berl. Tgbl. v. 21. 6. 32. Abdausg.
[2]) Hirsch, Zinshöhe und Einzelhandel, in Ursachen und Wirkungen der Zinshöhe auf die deutsche Volkswirtschaft. Berlin 1932.

Dieses Streben nach eigenem Hausbesitz beweist die Bedeutung des Standortes im Einzelhandel. Er ist vielleicht derjenige Wirtschaftszweig, der in seiner Rentabilität vom Standort am meisten abhängig ist. Waren des täglichen Bedarfs werden vor allem in unmittelbarer Nähe der Wohnungen feilgehalten: Lebensmittel, Molkereiprodukte, Fleisch-, Backwaren. Der tägliche Bedarf selbst eines kleinen Kundenkreises reicht aus, um kleinere Betriebe rentabel zu gestalten. Das ist auch eine der Ursachen für die großen Erfolge der Kettenläden im Lebensmittelhandel. 1929 betrieben in USA. 82 Firmen 33171 Läden und erreichten damit einen Jahresumsatz von 2 Mrd. Dollar. Auch in Deutschland haben wir im Lebensmittelhandel die bedeutendsten Filialbetriebe.

Der Einzelhandel mit Gütern des periodischen Bedarfs konzentriert sich in verkehrsreichen Gegenden, in den ausgesprochenen Geschäftsstraßen. Wegen der Seltenheit des Bedarfs an solchen Waren beim Einzelnen muß der Handel danach streben, recht viele Kunden zu bedienen. In Berlin entfielen 1928 auf eine Vertriebsstelle in den verschiedenen Branchen folgende Einwohnerzahlen [1]):

Schuhwaren	4403	Damenkleidung ..	5885
Eisenwaren......	4696	Herrenkleidung ..	8220
Porzellan, Glas...	4647		

Entsprechend der Bedeutung, die dem Standort im Einzelhandel zukommt, sind auch die Mietkosten recht beträchtlich. Sie betrugen 1931 zwischen 1.3 (Konsumvereine) und 12.1% v. Umsatz (Uhren, Gold- und Silberwaren). Genauere Angaben enthält die Tabelle S. 210.

Aus dieser Zusammenstellung ersieht man zunächst die außerordentlich starken Unterschiede in der Mietkostenbelastung der einzelnen Branchen, ferner die steigende Tendenz, die vor allem eine Folge der dauernden Umsatzrückgänge seit 1929 ist.

Der Einzelhandel kann seine Geschäftsräume bei rückläufiger Konjunktur nicht oder nur sehr schwer verkleinern oder verlegen, da im Standort hohe immaterielle Werte liegen. Daher sind die Mietkosten bei sinkenden Umsätzen die schwerste Last.

Die Höhe der Mietkosten ist vor allem abhängig:

1. von den durchschnittlichen Mietkosten je qm Raum,
2. von der Höhe des je qm erzielten Umsatzes.

Je größer der Umsatz, der je qm erzielt werden kann, desto höhere Mieten können für einen qm bewilligt werden. Und je höher der Umsatz bei gegebener Miethöhe, desto niedriger der Mietkostenanteil am Umsatz.

Nach Feststellungen der F. f. H. wurden im Durchschnitt folgende Mieten je qm gezahlt und Umsätze erzielt [2]):

---

[1]) Wirtschaftliche Geschäftsführung im Einzelhandel, 1929, Heft 30.

[2]) Hirsch, Die Kosten im Handel, in: Kostenaufbau, Kostensenkung, Preisgestaltung, RKW.-Veröffentlichung Nr. 80.

	Miete	Umsatz
Textileinzelhandel 1930	28.— RM	1 110.— RM
Damen- und Mädchenkleidung 1931 .	23.— „	806.— „
Schuhe 1930	35.— „	1 500.— „
Hausrat	11.— „	640.— „
Drogen	19.— „	333.— „

Umsatz und Kundenzahl je qm Raum beeinflussen aber nicht nur die Mietkosten, sondern auch die gesamte Kostenhöhe, so z. B. im Schuheinzelhandel [1]):

Umsatz je qm Geschäftsraum bzw. jährliche Kundenzahl je qm	Gesamtkosten in % v. Umsatz
Umsatz bis zu 600 RM.	31.0%
„ von 600—1000 RM.	24.5%
„ über 1000 RM.	19.0
jährliche Kundenzahl bis 80	30.6
„ „ über 80	21.4

Der per qm erzielte Umsatz ist besonders bei den Waren des periodischen Bedarfs in hohem Maße abhängig von der Größe des Niederlassungsortes. In größeren Städten sind die Mieten, besonders in Geschäftsstraßen, höher als in Kleinstädten. Ohne erhöhte Umsätze wären diese Mieten nicht tragbar. Aber nicht nur in Deutschland klagt der Handel über überteuerte Mieten in Geschäftsgegenden, auch in USA. ist das der Fall.

Die Mietkosten in USA. betrugen (in % vom Umsatz [2]):

Städte	im Lebensmittelhandel 1924	im Schuhwarenhandel 1923
bis 25 000 Einwohner ..	1.3	2.6
25— 50 000 „ ..	1.3	2.9
50—100 000 „ ..	1.6	3.4
100—400 000 „ ..	1.2	3.9
400 000 und mehr „ ..	1.7	4.4

Die Differenzen sind also im Lebensmittelhandel nicht groß, ganz anders im Schuhwareneinzelhandel, einer Branche des periodischen Bedarfs, wo der Unterschied fast 2% ausmachte.

In Deutschland zeigen die großstädtischen Betriebe viel höhere Mietunkosten als Betriebe in Mittel- und Kleinstädten, was beweist, daß die Mieten in Großstädten im Verhältnis zum erzielbaren Umsatz zu hoch sind.

Den Einfluß der Größe des Niederlassungsortes auf die Mietkosten veranschaulicht folgende Tabelle [3]):

---

[1]) Richtzahlen für den Schuheinzelhandel. Schriftenreihe der F. f. H. Nr. 10, Berlin 1932.

[2]) Retailers Expenses. Department of Commerce, Washington 1929.

[3]) FfH.-Mitteilungen 1932/3.

	Mietkosten in % vom Umsatz
Drogeneinzelhandel:	
bis 10 000 Einwohner	2.83
10— 30 000 "	3.75
30— 50 000 "	5.43
50— 100 000 "	5.59
100— 250 000 "	5.44
250— 500 000 "	5.94
500—1000 000 "	6.27
über 1 Mill. "	6.56
Textileinzelhandel:	
bis 30 000 Einwohner	3.2
30— 100 000 "	4.4
über 100 000 "	4.7
Lebensmittelhandel (Edeka 1927)	
bis 20 000 Einwohner	1.8
20— 100 000 "	3.1
über 100 000 "	3.3

Da der erzielbare Umsatz eng mit der Höhe des durchschnittlichen Umsatzes je Kunde verknüpft ist, kommt auch dieser Kennziffer für die Miethöhe einige Bedeutung zu.

Einfluß des durchschnittlichen Umsatzes je Kunden auf die Mietkosten[1]).

	durchschn. Umsatz je Kunde	Miete in % vom Umsatz
Damen- und Mädchenkleidung	3— 8 RM.	2.4
	8—12 RM.	2.5
	über 12 RM.	4.2
Schuhe	3— 8 RM.	3.4
	über 8 RM.	4.1
Schnittwaren	bis 4 RM.	3.1
	über 4 RM.	5.3
Glas- und Porzellanwaren	bis 5 RM.	5.0
	über 5 RM.	6.2

Die Möglichkeit zur Senkung der Mietkosten ist nur gering. Die vorteilhafte Lage und die repräsentable Aufmachung der Geschäftsräume, ferner die große Bedeutung, die dem Schaufenster in den meisten Branchen des Einzelhandels zukommt, lassen meist keine Einsparung an Mietkosten zu. Billige Mieten in weniger gesuchten Bezirken führen zu anderen Ausgaben, vor allem zu Reklame, um eine Kompensation dieses Nachteils zu erreichen, und im Endeffekt sind die Kosten nicht geringer.

Vorteilhaft ist oft das Miteinbeziehen von Etagenräumen in die Ver-

[1]) FfH.-Mitteilungen 1932/3.

kaufsräume, da diese zumeist viel billiger sind als Läden zu ebener Erde. Aus der Ausbreitung über 4—5 Stockwerke resultieren die verhältnismäßig niedrigen Mietkosten der Warenhäuser.

γ) Kosten der Lagerhaltung.

Das Lager ist im Einzelhandel für Erfolg oder Mißerfolg ausschlaggebend. Die Lagerhaltungskosten sind zweifellos recht hoch, wenn sie auch aus den üblichen Ausweisen nicht zu ersehen sind. Dies geht bereits aus der Höhe der Lagerhaltung und den hierin investierten Kapitalien hervor. Von der Gesamtlagerhaltung der deutschen Volkswirtschaft entfällt auf den Einzelhandel ungefähr ein Drittel: 1929 von 27 Mrd. 8.1 Mrd; 1930 von 23.5 Mrd. 7.2 und 1931 von 18.8 Mrd. 5.7. Die Verzinsung dieser Kapitalbeträge verursacht beträchtliche Kosten. Von den Gesamtkosten entfallen nach Hirsch [1]) etwa 8% auf die Verzinsung des eigenen und fremden Kapitals, was ungefähr 2% vom Umsatz entspricht. Im einzelnen konnte folgende Zinsbelastung des Einzelhandels festgestellt werden:

Handelszweig	Kreditkosten in % vom Umsatz	Jahr
Textilwaren	1.3	1930
Wäsche	1.2	1930
Schnittwaren	1.7	1930
Textilkaufhäuser	0.8	1930
Herren- und Knabenkleidung	1.6	1929
Damen- und Mädchenkleidung	1.6	1930
Schuhwaren	1.6	1930
Versandgeschäfte für Bekleidung	2.0	1927
Etagengeschäfte für Bekleidung	0.4	1927
Kreditgebender Einzelhandel	2.1	1929
Sportgeschäfte	0.4	1930
Eisenwaren, Hausrat	1.5	1930
Konsumvereine (Reichsverband)	1.53	1930
Lebensmittel	— (1.0 in USA)	(1923)
Juwelen, Gold-, Silberwaren	7.2	1928

Die Zinsbelastung resultiert allerdings nicht allein aus der Finanzierung der Lagerhaltung, sondern auch aus der Anlagen- und Kundenfinanzierung. Im allgemeinen kann man aber feststellen, daß der Kapitalbedarf um so höher ist, je höher der Eigenwert der Ware (Juwelen, Herren-, Damenkleidung, Schuhwaren) und je geringer die Umschlagsgeschwindigkeit des Warenlagers sind. Die hohe Zinskostenbelastung des kreditgebenden Einzelhandels ist aus seiner besonderen Finanzierungsfunktion, die der Konsumvereine daraus zu erklären, daß das Gesamtkapital aus Spareinlagen der Mitglieder besteht, deren möglichst hohe Verzinsung zu den Aufgaben der Konsumvereine gehört.

Trotzdem ist in der Nachkriegszeit die Frage der Zinskostenhöhe von

[1]) Hirsch, Einzelhandel und Zinshöhe, a. a. O.

untergeordneter Bedeutung gewesen, gegenüber dem Problem der Finanzierung dieser Warenvorräte. Die Kreditversorgung des Einzelhandels war infolge des Überwiegens von Mittel- und Kleinbetrieben und wegen des Fehlens von zur Kreditsicherung geeigneten Vermögenswerten immer sehr mangelhaft. Der Einzelhandel arbeitete darum stets mit verhältnismäßig viel Eigenkapital. Die wichtigste Kreditquelle waren die Lieferanten. Die Banken waren immer sehr zurückhaltend. Nach Feststellungen des Enquète-Ausschusses entfielen 1928 bei 32 Bankinstituten nur 1% der ausgeliehenen Gelder auf den Handel (86.5 Mill. RM.), $^{2}/_{3}$ davon auf Warenhäuser. Bei Sparkassen und Kreditgenossenschaften ist der Anteil der Kredite an den Handel an den gesamten kurzfristigen Ausleihungen zwar größer (Sparkassen 29.3%, Kreditgenossenschaften 33.8%), aber die absoluten Beträge sind so gering, daß auch sie keine ausreichende Hilfe bedeuten. Der durchschnittliche Einzelkreditbetrag bei den Genossenschaften lag 1929 bei 3900 RM. [1]).

Finanzierung des Lagers und Lagerhaltungskosten hängen von der Umschlagsgeschwindigkeit ab. Je größer die Umschlagsgeschwindigkeit, desto kleiner ist das Lager, und desto geringer sind Lagerhaltungskosten und Lagerrisiko.

Das Lager wurde jährlich .... mal umgeschlagen [2]):

	1925	1926	1927	1928	1929	1930	1931
Nahrungsmittel	8.5	8.8	9.2	9.5	9.6	10.2	10.8
Genußmittel	7.0	7.0	6.9	7.0	7.1	7.0	8.2
Bekleidung	2.8	2.9	2.6	2.6	2.6	2.7	2.8
Hausrat, Wohnbedarf	2.7	2.5	2.8	3.0	3.1	3.0	3.1
Kultur- und Luxusbedarf	3.0	2.8	2.9	2.9	2.9	2.8	2.8
Apothekerwaren, Drogen, Seifen, sanitäre Artikel	4.1	4.2	4.0	4.0	3.9	4.1	4.3
Fachhandel	4.1	4.3	4.1	4.1	4.2	4.2	4.5
Gemischtwarenhandel	4.0	4.2	4.0	4.3	4.3	4.7	5.5
Einzelhandel insgesamt	4.4	4.5	4.4	4.4	4.5	4.6	5.0
Ohne Markt-, Straßen-, Hausierhandel	4.2	4.4	4.2	4.3	4.4	4.4	4.8

Praktisch sind die Unterschiede in der Umschlagsgeschwindigkeit aber noch viel größer. In Molkereibetrieben und ähnlichen Kettenläden schlägt sich z. B. das Gesamtlager 32 mal, das Zentrallager sogar 49 mal im Jahre um. Im Handel mit Eisen- und Metallwaren erreicht der Kleinbetrieb (1—3 Personen) nur einen 2 maligen Umschlag, der Juwelen- und Uhrenhandel sogar nur einen einmaligen. Infolge der unterschiedlichen Umschlagsgeschwindigkeit des Warenlagers läuft der Anteil einer Branche am Gesamtlager und am Gesamtumsatz nicht parallel. Dies zeigt deutlich folgende Tabelle:

[1]) Einzelhandel und Kreditgenossenschaften. Berlin 1930.
[2]) I. f. K.-Sonderheft 32.

Lagerhaltung im Einzelhandel[1]). (Am Jahresende.)

	Lager in Mill. RM.			Lager in % des Gesamtlagers			Umsatz in % des Gesamtumsatzes		
	1929	1930	1931	1929	1930	1931	1929	1930	1931
Nahrungsmittel	1047.6	896.7	722.5	13.3	12.9	13.1	27.4	27.8	27.4
Genußmittel	328.7	309.5	218.5	4.2	4.5	4.0	6.4	6.6	6.3
Bekleidung	2933.1	2536.9	2009.7	37.2	36.5	36.4	21.2	20.5	20.0
Hausrat, Wohnbedarf	1046.5	923.4	762.3	13.3	13.3	13.8	8.8	8.3	8.2
Kultur-, Luxusbedarf	996.4	908.6	731.1	12.6	13.1	13.2	7.9	7.7	7.2
Apothekerwaren, Drogen, Seifen, san. Artikel	320.8	290.5	241.7	4.1	4.2	4.4	3.4	3.6	3.6
Kohlen	47.4	42.7	29.9	0.6	0.6	0.5	4.6	3.6	4.6
Warenhäuser	358.0	312.0	233.0	4.5	4.5	4.2	3.9	4.1	4.0
Gemischtwarengeschäfte	446.8	397.7	300.0	5.7	5.7	5.4	5.6	6.1	6.3
Markt-, Straßen-, Hausierhandel	263.6	237.2	201.7	3.3	3.4	3.7	6.8	7.1	7.4
Konsumvereine, Werkskonsumanstalten	91.9	90.0	70.0	1.2	1.3	1.3	4.0	4.6	5.0
Neugründungen	190.0	210.0	220.0	—	—	—	—	—	—
Einzelhandel insges.	8070.8	7155.2	5740.4	100	100	100	100	100	100

Man sieht, daß z. B. der Anteil des Bekleidungshandels am Gesamtlager wesentlich über seinen Umsatzanteil hinausgeht, desgleichen der des Handels mit Kultur- und Luxusbedarf. Dagegen ist der Lageranteil der Nahrungs- und Genußmittel geringer, als es dem Umsatz entspräche.

Auch hier zeigen die Zahlen der weiter unterteilten Branchen die Zusammenhänge noch viel klarer. Ein besonders kleines Lager haben im Verhältnis zum Umsatz folgende Branchen:

Branche	Lager 1931 in % des Gesamteinzelhandelslagers	Umsatzanteil 1931 in % d. Ges. Einz. Hdl.-Umsatzes
Obst und Gemüse	0.6	5.6
Fische, Wild, Geflügel	0.1	0.8
Milch, Milchprodukte	0.6	2.4
Straßen-, Hausierhandel	3.7	7.4
Kohlen	0.5	4.6
Konsumvereine, Werkskonsumanstalten	1.3	5.0
ein sehr hohes dagegen:		
Herren- und Knabenkleidung	2.6	1.6
Web-, Strick- und Wirkwaren	18.0	9.9
Schuhe und Schuhbedarfsartikel	9.3	3.1
Uhren, Gold- u. Silberwaren	3.2	0.7

Dasselbe Verhältnis wie zwischen Branchen herrscht auch im Einzelbetrieb. Auch hier entspricht der Anteil der einzelnen Waren am Lager

[1]) I. f. K. Sonderheft 32.

nicht immer dem Anteil am Umsatz. Für den Betrieb ist die Kenntnis dieser Zusammenhänge für die Kapitaldisposition (Bereitstellung der Mittel für die einzelnen Teillager) und die Kalkulation sehr wichtig. Waren mit hohem Eigenwert und langsamem Umschlag verursachen hohe Finanzierungskosten. Sie müssen daher einen hohen Bruttoertrag bringen, um rentabel zu sein. Wo dies bei einzelnen Waren nicht der Fall ist, muß die Lagerhaltungspolitik geändert oder der Vertrieb dieser Ware aufgegeben werden. Das Mißverhältnis, das häufig zwischen Lager und Umsatz besteht, zeigt deutlich eine Betriebsanalyse aus dem amerikanischen Kolonialwarenhandel, aus der hervorgeht, daß 49% des Umsatzes mit 17% des Lagerkapitals erreicht werden, während mit weiteren 42% des Lagers nur 14% des Umsatzes erzielt werden [1]).

Warenart	Umsatz		Lager	
	Wert	Gewicht	Wert	Raumbedarf
	in % vom Umsatz		in % vom Lager	
Tabak	20.30	0.85	11.75	1.04
Zucker	15.70	21.97	3.66	3.76
Schmalz, Käse, Fleisch	10.12	3.26	2.09	0.85
Mehl	9.22	17.47	4.18	7.08
Gemüsekonserven	7.06	9.44	22.47	29.37
Kaffee, Tee	5.98	1.43	5.22	1.58
Bohnen	4.51	5.41	4.70	4.91
Zucker, Schokoladenwaren	4.40	1.48	2.35	1.00
Seife	4.05	5.31	4.44	4.04
Fruchtkonserven	3.43	3.12	15.40	14.12
Frische Früchte	3.28	11.79	0.78	2.42
Fleischkonserven	2.43	1.66	6.00	3.82
Gewürze	2.04	1.42	7.30	6.45
Getreide	1.74	0.80	1.31	4.49
Kondensierte Milch	1.54	1.66	1.57	1.53
Evaporierte Früchte	1.50	1.05	4.18	2.46
Salz	1.08	10.07	1.04	8.36
Sirup	1.08	1.32	1.04	1.86
Reis	0.54	0.49	0.52	0.86
	100.00	100.00	100.00	100.00

Lagerumschlagsgeschwindigkeit und Lagerhaltungs**kosten** stehen in engstem Zusammenhang. Dies gilt vor allem für die Zinskosten, bei denen die **Zeit** der ausschlaggebende Faktor ist. Mit wachsender Umschlagsgeschwindigkeit (sinkender Lagerdauer) sinken auch die Zinskosten [2]):

[1]) Millard, The Wholesale Grocer's Problems, Washington 1928, S. 7.
[2]) Hirsch, Deutscher Einzelhandel und Zinshöhe; a. a. O.

Lagerumschlag und Zinsbelastung in % vom Umsatz in gutgeleiteten Betrieben.

Handelszweig	Gesamtbranche typisch	A	B	C	D
Textilien					
Lagerumschlag	2.3	2.4	3.0	3.6	4.3
Zinsen	1.3	1.2	0.6	0.5	0.1
Schuhe					
Lagerumschlag	1.9	2.0	2.5	2.9	3.5
Zinsen	1.2	1.2	1.0	0.8	0.4
Hausrat					
Lagerumschlag	2.6	3.5	4.0	4.5	5.7
Zinsen	1.5	0.8	0.7	0.4	0.1
Drogen					
Lagerumschlag	4.0	4.3	5.5	6.5	7.0
Zinsen	1.1	1.0	0.7	0.3	0.1

Aber nicht nur die Zinskosten sinken mit schnellem Lagerumschlag, sondern auch die Gesamtkosten, denn der Raumbedarf für Lagerzwecke wird geringer, die Abschreibungen auf das Lager sinken (weniger beschädigte, verschmutzte oder veraltete Ware).

Gerade auf diesen letzten Faktor, das Lagerrisiko, hat die Umschlagsgeschwindigkeit einen entscheidenden Einfluß. Je länger die Lagerdauer, desto höher das Lagerrisiko. Dieser Zusammenhang geht klar aus der Lagerumschlagsgeschwindigkeit und den Preisherabsetzungen hervor, wie sie in amerikanischen Warenhäusern ermittelt wurden[1]):

Betriebe mit einem Umsatz	1927		1928		1929		1930	
	L. U.	P. H.	L. H.	P. H.	L. U.	P. H.	L. U.	P. H.
bis 500 000 $	2.3	7,2%	2.4	6.9%	2.4	7.2%	2.4	9.2%
500 000—2 000 000 $	3.3	6.8%	3.3	6.5%	3.3	7.2%	3.4	8.4%
über 2 000 000 $	3.9	6.3%	4.1	6.6%	4.2	6.6%	4.4	7.4%

L. U. = Lagerumschlag, P. H. = Preisherabsetzungen in % vom Umsatz.

Preisherabsetzungen sind zwar meist keine tatsächlichen Verluste, sondern nur entgangene Gewinne, aber von ihnen hängt das Erreichen des durchschnittlichen Kalkulationssatzes, der Grundlage der Betriebsrentabilität, ab.

Tatsächlichen Verlust bedeuten dagegen die Lagerverringerungen, die durch Diebstahl, beschädigte Ware und ähnliche Verluste entstehen. Auch sie nehmen mit sinkender Umschlagsgeschwindigkeit zu. 1930 beliefen sich diese Verluste bei den amerikanischen Warenhäusern wie folgt[1]):

[1]) C. N. Schmalz, Operating Results of Department Stores in 1929, Dass. 1930.

Umsatz bis 500 000 $	Lagerumschlag	2,4 mal,	Lagerverluste	1,7%	v. Ums.
„ 500 000—2 000 000 $	„	3,4 mal,	„	1,5%	„
„ über 2 000 000 $	„	4,4 mal	„	1,6%	„

Allerdings sind Lagerverluste nicht allein bedingt durch die Lagerdauer, sondern sie werden von der Güte der ganzen Betriebsorganisation stark beeinflußt. Je größer z. B. die Verkaufsräume und je lebhafter der Kundenverkehr, desto größer ist die Gefahr von Diebstählen. Daher wahrscheinlich auch das Ansteigen der Verluste in Warenhausbetrieben.

Was für die Finanzierungskosten und das Lagerrisiko gilt: je schneller der Lagerumschlag, desto geringer die Kosten, gilt auch für die gesamten Lagerhaltungskosten. Durch das Ineinanderübergehen von Lagerhaltung und Verkauf im Einzelhandelsbetrieb ist es freilich fast unmöglich, die gesamten Kosten der Lagerhaltung zu ermitteln, denn wichtige Kostenteile, wie z. B. Kosten des Lagerraumes (mit dem Verkaufsraum oft identisch), der Lagerverwaltung und -pflege (die meist durch das Verkaufspersonal geschieht) u. a. lassen sich nicht aus ihrer Verbindung lösen. Das Ziel aller Lagerhaltungspolitik muß darauf gerichtet sein, ein möglichst kleines Lager zu halten. Das betriebswirtschaftliche Lagerhaltungsproblem ist die Lagerbalance, das Abstimmen auf den je nach der Konjunktur wechselnden Bedarf.

δ) Verschiedene Kosten.

Hierher gehören z. B. Porto- und Telegramm-, Büromaterial-, Eingangsfracht- und Abschreibungskosten, Steuern, Versicherungsprämien, Reklame u. a. Sie sind für den Einzelhandel zwar nicht typisch, aber für die Unrentabilität vieler Betriebe verantwortlich. Mit dem Wachstum der Betriebe ist im Einzelhandel vor allem das Anwachsen von vier Arten von Sonderkosten zu beobachten:

1. Kosten des Warenumtausches,
2. Preisnachlässe,
3. Kosten der Warenzustellung,
4. Kreditkosten.

Warenumtausch- und Zustellungskosten bilden vor allem für Warenhäuser und große Spezialgeschäfte eine besonders schwere Belastung. Filialbetriebe dagegen versuchen den Kundendienst auf ein Minimum zu beschränken und sind deshalb kostenmäßig im Vorteil.

In Amerika haben die Warenhäuser den Kundendienst weit stärker ausgebaut als in Deutschland. Da hier der Konkurrenzkampf zwischen Ketten und Warenhäusern heftiger ist, ist die Senkung der Sonderkosten zu einer Existenzfrage der Warenhäuser geworden. Umtausch und Preisnachlaß schwanken zwischen 2.2% und 20% vom Umsatz [1]).

[1]) Department of Commerce, Retail Credit Survey.

Umtausch und Preisnachlaß in % vom Bruttoumsatz bei amerikanischen Warenhäusern 1930.

Umsatz	Kassakäufe	Kreditkäufe	Abzahlung
bis 1 000 000 $	2.2	9.6	10.3
1 bis 5 Mill. $	6.3	15.0	10.7
5 bis 10 Mill. $	5.5	15.0	14.7
10 bis 20 Mill. $	5.4	17.9	15.3
über 20 Mill. $	8.7	20.5	16.0
Durchschnitt	5.8	15.8	13.6

Die angegebenen Prozentzahlen sind nicht etwa tatsächliche Verluste. Der Umtausch bedeutet, abgesehen von den Kosten der Schreibarbeit usw., die damit verbunden ist, oft keine Kosten, da die Ware zum alten Preis wieder an das Lager zurückgeht. Sehr häufig tritt allerdings eine Teilentwertung ein (abgeschnittene Stücke, Einzelpaare), die eine Preisherabsetzung bedingen. Preisnachlässe sind aber meist keine Kosten, sondern entgangener Gewinn. Die in der Tabelle angegebenen Zahlen bedeuten also nur zu einem Bruchteil tatsächliche Kosten. Aber trotz ihres heterogenen Inhalts sind sie aufschlußreich, weil sie zeigen, wieviel unproduktive Arbeit im Einzelhandel oft unter dem Motto „Kundendienst" geleistet werden muß. Neben den Warenhäusern leiden vor allem Schuh- und Damenkleidungs-, sowie der kreditgebende Juwelenhandel stark unter der großen Zahl der Umtauschgeschäfte [1]):

	Verluste bei Kasseverkauf		Verluste bei Kreditverkauf		Verluste bei Abzahlung	
	1929	1930	1929	1930	1929	1930
Warenhäuser	5.5	5.8	14.9	15.8	14.2	13.6
Möbel	2.0	1.9	8.6	9.9	14.4	14.7
Juwelen	1.8	2.2	8.0	7.7	16.6	19.1
Herrenkleidung	1.8	1.8	5.7	5.5	4.2	6.5
Schuhe	5.3	5.4	17.5	17.2	—	—
Damenspezialgeschäfte	6.1	6.4	13.2	13.9	8.7	13.9
Elektrobedarf	1.9	1.2	7.3	6.5	12.8	16.0

Höhe der Preisnachlässe und Umtauschhäufigkeit werden durch die Branche beeinflußt. Durch Anwendung größter Sorgfalt beim Verkauf muß versucht werden, sie auf ein Minimum zu reduzieren.

Preisnachlässe dürfen nicht verwechselt werden mit regelmäßig gewährten Rabatten. Während erstere unvorhergesehene Mindererlöse, also irreguläre Kürzungen der Bruttoeinnahmen darstellen, sind letztere in ihrer Höhe im voraus bekannt und können daher einkalkuliert werden. Rabatte als Mittel der Werbung sollen beim Käufer den Eindruck erwecken, daß er die Ware um den gewährten Rabatt billiger erhält. Preisvergleiche zwischen

[1]) Department of Commerce. Retail Credit Survey.

Betrieben mit und ohne Rabattgewährung haben aber ergeben, daß der Rabatt zumeist in seiner vollen Höhe vorher einkalkuliert wird.

Rabatte können auch eine Form der Preisherabsetzung sein. Auch dann sind sie keine Kosten, sondern nur entgangener Gewinn. Die Rabattgewährung verursacht trotzdem Kosten. Da die Rabatte in der Regel erst später errechnet und zurückvergütet werden (nach Erreichung eines bestimmten Betrages, am Jahresende), müssen Sparbons, Sparmarken, Klebebücher u. a. ausgegeben und später verrechnet werden. Diese Unkosten, die Werbekosten darstellen, sind aber nur von untergeordneter Bedeutung und enthalten kein besonderes Kostenproblem.

Auch die Versandkosten sind einer jener Faktoren, die trotz ihres geringen Anteils an den Gesamtkosten besondere Beachtung verdienen, weil sie nicht bei allen Betriebstypen und in sehr verschiedener Höhe auftreten und dadurch die Wettbewerbsfähigkeit stark beeinflussen. In manchen Branchen ist die Lieferung frei Haus allgemein üblich, z. B. bei Möbeln, Teppichen, Koffern, Bildern und Kunstgegenständen. In anderen kommt sie dagegen nur bei bestimmten Betriebstypen und bei Waren in höheren Preislagen vor. In feineren Mode- und Wäschespezialgeschäften erfolgt Zusendung in 60—75, sogar in 100% aller Fälle [1]), in Buchhandlungen und Spezialgeschäften für Herrenhüte in 40—50%, bei Geschenk- und Luxusartikeln 5—30%, bei Schirmen und bei Radioartikeln 10%.

Die Höhe der Zustellungskosten ist vor allem von der Art der Zustellung, von der zuzustellenden Ware und von den zurückzulegenden Entfernungen abhängig. Die Transportkosten sind daher besonders in Großstädten sehr hoch. Hier sind die einzelnen Entfernungen oft so bedeutend, daß sich das Automobil wegen seines großen Aktionsradius als das vorteilhafteste Transportmittel erwiesen hat.

Zustellungskosten je Paket in einigen Berliner Spezialgeschäften [1]).

Handelszweig	Durchschn. Kosten in RM.	Zustellmittel
Kunstgewerbe, Bronzen, Geschenkartikel	2.74	Boten
Damenkleidung (Modellhaus)	2.61	Auto [2])
Koffer, Lederwaren	2.34	Auto
Delikatessen, Feinkost	1.52	„
Herrenkleidung (Konfektion)	1.19	„
Glas, Porzellan, Haus-, Küchengeräte	1.12	„
Herrenhüte, einschl. Herrenartikel	0.89	Boten
Schuhe	0.63	Auto [2])
Bücher	0.62	„
Geschenkartikel, Luxus-, Lederwaren	0.61	Auto
Wäsche, Leinen, Modewaren	0.61	„

[1]) FfH.-Mitteilungen 1932, Nr. 10, S. 52/53.

[2]) In Ausnahmefällen auch Zustellung durch Boten.

Hohe Transportkosten sind natürlich nur tragbar, wenn die Ware einen entsprechend hohen Wert hat. Deshalb ist die Zusendung von Waren mit besonders geringer Verdienstspanne meist an einen Mindestbetrag (in Warenhäusern z. B. Lebensmittel nicht unter 5 RM) gebunden, oder sie sind von der Zusendung ausgeschlossen (z. B. Artikel aus Sonderangeboten).

Über die Höhe der Versandkosten im Verhältnis zum Umsatz liegen nur ganz wenige Angaben vor. Für den Schuheinzelhandel gibt Thesinger 1919 bis 1923 0.1—0.3% an, für den Kolonialwarenhandel 1—1.7%. Diese Zahlen aus der Inflationszeit sind aber kaum maßstäblich. Im amerikanischen Möbeleinzelhandel schwanken die Transportkosten von 1.5—2.5% vom Umsatz, das sind 5—6% der Gesamtkosten [1]), in Warenhäusern beliefen sie sich 1930 bei den kleineren Betrieben auf 0.50, bei den Großbetrieben auf 1.8% vom Umsatz. Je größer der Betrieb, auf desto größere Entfernungen muß er die Kunden heranholen. In ungefähr gleichem Verhältnis hierzu steigen die Transportkosten.

Versandkosten in amerikanischen Warenhäusern 1930 [2]).

Umsatz	Versandkosten in % vom Umsatz
500—750 000 $	0.55
750 000—1 Mill. $	0.80
1—2 Mill. $	1.00
2—4 Mill. $	1.05
4—10 Mill. $	1.40
10 Mill. $ und mehr	1.80

Kreditgewährung ist ebenfalls eine Form des Kundendienstes. Kreditkosten treten branchenweise und bei den verschiedenen Betriebstypen in unterschiedlicher Höhe auf.

Hauptfunktion ist die Kreditgewährung im „kreditgebenden Einzelhandel", dem Abzahlungsgeschäft. Dieser Betriebstyp hat in der Nachkriegszeit einen lebhaften Aufschwung zu verzeichnen. Seine Umsätze, die 1913 höchstens 250—300 Mill. betrugen, stiegen 1930 auf 800—900 Mill. RM. Seitdem ist allerdings unter dem Einfluß der unsicheren Wirtschaftslage ein Rückschlag eingetreten.

Finanzierungskosten und Kreditrisiko bilden in diesem Betriebstyp einen wichtigen Kostenbestandteil, der bei der Kalkulation voll berücksichtigt wird. Entsprechend der Zinshöhe und der durchschnittlichen Laufzeit der Kredite wird ein Zuschlag auf den nach den Grundsätzen der Einzelhandelskalkulation ermittelten Preis erhoben. Die Kreditgewährung stellt für die Abzahlungsgeschäfte kaum ein Kostenproblem dar, sie ist vor allem ein Finanzierungs- und Liquiditätsproblem.

[1]) Nystrom, Economics of Retailing, New York 1930.
[2]) C. N. Schmalz, Operating Results of Department Stores, 1930.

Anders im übrigen Einzelhandel, der in seiner Organisation, vor allem aber in seiner Preisstellung nicht auf Kreditgewährung eingestellt ist. Im Handel ist es allgemein nicht üblich, daß bei Kreditkäufen Zuschläge oder Zinsen erhoben werden. Die gesamten Kreditkosten, einschließlich des nicht geringen Risikos, fallen auf den Betrieb zurück.

Die Kreditgewährung durch den Einzelhandel ist nicht nur ein kalkulatorisches, sondern auch ein Finanzierungsproblem, das in Zeiten der Kapitalknappheit, wie wir sie eben erlebt haben, nur schwer zu lösen ist. Da der Einzelhandel nicht in der Lage war, die Absatzfinanzierung selbst durchzuführen, hat man versucht, sie besonderen Finanzierungsinstituten zu übertragen. Bei einer solchen indirekten Finanzierung mußte der Kunde die Kreditkosten ganz oder zum größten Teil selbst tragen, vielleicht einer der Gründe für den geringen Erfolg dieser Einrichtungen. So mußte z. B. die Diskontvereinigung des kreditgebenden Berliner Einzelhandels 1932 unter erheblichen Verlusten liquidiert werden, nachdem die Umsätze von 20.4 Mill. RM. 1930 auf 15.9 Mill. RM. 1931 gesunken waren.

Über die Höhe der vom Einzelhandel gewährten Konsumentenkredite und über die Bedeutung des Kreditumsatzes in den einzelnen Branchen fehlen für den deutschen Handel Angaben. In Amerika hat das Department of Commerce hierüber Feststellungen getroffen [1]):

1. Auf Kredit werden vor allem Gebrauchsgüter gekauft, die einer längeren Abnutzungsdauer unterliegen, während bei Verbrauchsgütern der Barumsatz überwiegt;
2. mit wachsender Betriebsgröße nimmt in allen Branchen der Kreditumsatz zu.

Die Verteilung des Gesamtumsatzes auf Kassaverkäufe, offenen Buchkredit und Abzahlungskredit (bei dem im Gegensatz zum Buchkredit eine Ratentilgung im voraus vereinbart wird) zeigt folgende Tabelle:

Branche (Zahl der Firmen)	in % vom Gesamtumsatz					
	Barumsatz		Buchkredit		Abzahlungskredit	
	1929	1930	1929	1930	1929	1930
Möbeleinzelhdl. ....(90)	9.2	8.9	32.4	32.2	58.4	58.9
Elektrobedarf .....(43)	12.6	13.2	32.9	31.0	54.5	55.8
Juwelen ....(68)	27.4	28.0	55.8	54.3	16.8	17.7
Damenkleidung ...(86)	34.7	33.9	64.4	65.1	0.9	1.0
Herrenkleidung ...(99)	47.2	45.4	47.4	49.5	5.4	5.1
Schuhe ....(—)	54.0	52.6	46.0	47.4	—	—

Wie sehr die Großbetriebe darauf angewiesen sind, ihre Kunden durch Leistung von Sonderdiensten anzuziehen, beweist das Steigen des Kreditumsatzes mit wachsender Betriebsgröße. Der Anteil des Barumsatzes sank z. B. 1930 im amerikanischen Möbeleinzelhandel von 21.4% im Kleinbetrieb (bis 100000 $ Umsatz) auf 9.6% bei einem Umsatz von über 1 Mill. $, im

[1]) Department of Commerce. Retail Credit Survey.

Juwelenhandel von 32.5% auf 26.4%, bei Schuhen von 72.3% auf 53.4% und bei Herrenkleidung von 46.7% auf 38.0%.

Im Schuhhandel ergab sich z. B. folgende Entwicklung [1]):

Umsatz	Barumsatz		Kreditumsatz	
	1929	1930	1929	1930
bis 100 000 $	73.9	72.3	26.1	27.7
100 000—250 000 $	62.1	61.9	37.1	38.1
250 000—500 000 $	55.1	56.0	44.9	44.0
500 000—1 000 000 $	47.8	45.0	52.2	55.0
1 Mill. $ und mehr [2])	54.7	53.4	45.3	46.6
Branchendurchschnitt	54.0	52.6	46.0	47.4

Alle Sonderkosten bedeuten, trotz ihres geringen Anteils an den Gesamtkosten, eine schwere Belastung für die Betriebe. Da sie, selbst innerhalb einer Branche, nicht gleichmäßig bei allen Betriebstypen auftreten, können sie nicht immer in voller Höhe kalkulatorisch berücksichtigt werden, was eine Minderung des Reingewinnes zur Folge hat. Wegen der hohen Sonderkosten sind z. B. die Warenhäuser in U. S. A. der am wenigsten rentable Einzelhandelszweig.

cc) Funktionale Kostengliederung.

Der funktionalen Kostengliederung kommt im Einzelhandel eine geringere Bedeutung zu als im Großhandel, bei dem die verschiedensten Funktionen in einem Betrieb vereinigt sein können. Die Tätigkeit des Einzelhandels zerfällt im allgemeinen in drei Phasen, denen drei funktionale Kostengruppen entsprechen: Wareneinkauf, Verkauf und allgemeine Verwaltung. Aber nur selten lassen sich bei den vorhandenen Kostenanalysen diese drei Gruppen klar erkennen, meist weisen sie nur die Trennung Verkaufskosten und Verwaltungskosten auf, wobei die Einkaufskosten entweder dem Verkauf oder der Verwaltung zugerechnet werden. Trotz dieser Mängel läßt sich aber in allen Branchen ganz eindeutig das Überwiegen der Verkaufskosten erkennen.

In Deutschland ist die Methode der funktionalen Kostengliederung noch wenig bekannt und nicht in Übung. Wir müssen uns daher an die Ergebnisse amerikanischer Untersuchungen halten, was um so leichter möglich ist, als die Einheitlichkeit in der Kostengestaltung im Einzelhandel sogar international sehr groß ist. Wir geben zunächst die Kosten in amerikanischen Warenhäusern (Umsatz $ 500000—2 Mill.) im Jahr 1930 [3]) wieder:

---

[1]) Department of Commerce, Retail Credit Survey.

[2]) In dieser Betriebsgröße sind Kettenläden enthalten, die grundsätzlich keinen Kredit geben.

[3]) C. N. Schmalz, Operating Results of Department Stores in 1930.

		In % vom Umsatz
1. Allgemeine Verwaltung:		8.1%
davon Buchhaltung und Kreditabteilung	2.5%	
Geschäftsleitung	5.6%	
2. Raumkosten:		7.3%
davon Hausverwaltung, Instandhaltung	1.35%	
Grundstückskosten	3.8%	
Kosten der Geschäftseinrichtung	1.3%	
Heizung, Licht, Kraft	0.85%	
3. Werbung:		4.2%
davon allgemeine Reklame	3.7%	
Schaufensterreklame	0.5%	
4. Einkauf und Warenverwaltung		4.1%
5. Verkaufskosten		8.9%
6. Versandkosten		0.8%
		33.4%

Der Hauptanteil der Kosten entfällt auf den Verkauf, aber die Kosten der allgemeinen Verwaltung sind nicht viel niedriger. Hierin liegt die größte Schwäche der Warenhausorganisation, und nur ganz radikale Maßnahmen können diesen Betriebstyp davor bewahren, von den neu aufkommenden Vertriebsformen, die bewußt auf den billigen Massenvertrieb eingestellt sind (Kettenläden, Einheitspreisgeschäfte), niederkonkurriert zu werden. Bei keinem anderen Betriebstyp sind die Verwaltungskosten so hoch wie bei den Warenhäusern, wo sie fast ein Viertel der Gesamtkosten ausmachen.

Einen ähnlich hohen Anteil der Verwaltungskosten finden wir auch im Möbeleinzelhandel, wobei aber zu bemerken ist, daß in dieser Branche viele Kosten entstehen, die indirekt dem Verkauf dienen und doch keine reinen Verkaufskosten darstellen. So wird z. B. die Kreditabteilung der allgemeinen Verwaltung zugerechnet, ferner die Kosten des fachmännischen Einkaufspersonals, der beratenden Innenarchitekten u. a. Die Kosten im Möbeleinzelhandel verteilen sich wie folgt[1]):

	in % v. Umsatz
Geschäftsleitung	8.71
Raumkosten	6.94
Werbung	6.26
Verkauf	4.41
Warenpflege, (Reparaturen, Aufarbeiten d. Möbel)	3.12
Versand	2.40
	31.84

Die Kosten im Möbeleinzelhandel sind dadurch charakterisiert, daß die eigentlichen Verkaufskosten nur den siebenten Teil der Gesamtkosten ausmachen. Die Ausstellungsräume, die Werbung und die allgemeine Verwaltung verursachen mehr als die Hälfte der Kosten. In dieser Branche kommt der Verkaufsvorbereitung größere Bedeutung zu als dem eigentlichen

[1]) Retailers' Expenses, Washington 1930.

Verkauf. Die Absatzpolitik ist eine Politik auf lange Sicht, die entsprechend viel indirekte Kosten verursacht.

Im Schuheinzelhandel dagegen entfallen 70,5% der Gesamtkosten auf den Verkauf, auf allgemeine Verwaltung, Einkauf und Reklame zusammen nur 29.5%, und zwar [1]):

	in % vom Umsatz	
1. Allgemeine Verwaltung:		
Gehälter	3.8	
Miete, Abschreibung, Reparaturen	0.25	
Reisekosten	0.30	
Frachten und Transportkosten	0.35	
Reklame	3.20	
Sonstige Kosten	1.40	
	9.30	= 29.5% d. Gesamtkosten
2. Verkaufskosten:		
Gehälter	10.6	
Miete und Reparaturen	8.2	
Licht, Heizung, Kraft	1.15	
Abschreibungen auf Einrichtung	1.0	
Versandkosten	0.1	
Verschiedenes	0.95	
	22.00	= 70.5% d. Gesamtkosten

Interessant ist folgende Personalkostenanalyse aus dem Herrenbekleidungseinzelhandel, die den großen Einfluß der Betriebsgröße auf die funktionalen Kosten zeigt [2]):

Funktionale Gliederung der Personalkosten im Herrenkleidungseinzelhandel (in % vom Umsatz):

	Umsatz	
	über 1 Mill. $	500 000—1 Mill. $
Verwaltung	2.06	3.79
Verkauf	5.65	3.99
Verkaufsprämien	2.62	1.64
Aushilfspersonal	1.22	0.67
Einkauf	2.58	0.45
Lagerpersonal	0.95	—
Büro	1.61	1.51
Pförtner	0.26	0.79
Packtisch-, Kassenpersonal	0.82	0.35
Versch. Gehälter	5.31	2.75
	23.08	15.94

Nicht nur, daß im Großbetrieb die Personalkosten im Verhältnis zum Umsatz hoch sind, 23.08% : 15.94%, auch ihre Verteilung auf die einzelnen Personalgruppen ist eine ganz andere. Die Verkaufsgehälter sind mit 9.49%

[1]) Operating Results of Shoe Chains in 1929, S. 6.

[2]) Nach Ermittlungen der National Association of Retail Clothiers and Furnishers 1928, veröffentlicht in Retailers' Expenses, Department of Commerce, Washington 1930.

um über 3% höher als im kleinen Betrieb, während andererseits die Kosten der Verwaltung wegen der besseren Ausnutzung fast 2% niedriger liegen. Besonderes Lagerpersonal fehlt im kleinen Betrieb, und auch der Einkauf verursacht keine hohen Eigenkosten, da er z. T. durch die Geschäftsleitung miterledigt wird. Hierin liegt wahrscheinlich auch einer der Gründe für die große Differenz in den Verwaltungskosten, sie entsprechen sich inhaltlich nicht ganz.

Zum Schluß geben wir noch zwei funktionale Kostenanalysen aus Kettengeschäften. Die Betriebskosten in Drug Chain Stores [1]) setzen sich wie folgt zusammen [2]):

Verkaufskosten	74.8% v. Umsatz
Lagerhauskosten	3.4%
Transportkosten	1,3%
Sonstige Kosten	20,5%
	100.0%

In Kolonialwarenketten, die ihrer betrieblichen Struktur nach den Drug Stores sehr ähneln, finden wir auch ähnliche Kostenverhältnisse. Die Kosten betrugen 1929 [3]) (ohne Zinsen auf das Eigenkapital) 17.45% vom Umsatz und verteilten sich wie folgt:

		in % v. Umsatz	in % d. Gesamtkosten
Verkaufskosten:			
Gehälter	7.4		
Miete	2.1		
Abschreibungen, Reparaturen	0.55		
Licht, Heizung, Wasser	0.40		
Verschiedenes	1.55		
		12.00	69.0
Lagerhauskosten		0.85	4.3
Transport v. Zentrale zur Verkaufsstelle		0.90	5.2
Einkauf und Verwaltung:			
Gehälter	2.00		
Miete	0.03		
Reklame	0.75		
Verschiedenes	0.92		
		3.70	
		17.45	21.5
			100.0

dd) Der Einfluß der Umsatzhöhe auf die Kostengestaltung.

Die Frage der Wirkung der Umsatzhöhe auf die Kostengestaltung ist eine noch durchaus offene. In der Literatur findet man häufig die Meinung

[1]) Die amerikanischen Drug Stores entsprechen in der Warenzusammensetzung nicht unseren Drogenhandlungen. Ihr Umsatz setzt sich zusammen aus: Drogen und Essenzen: 45—65%, Soda-Fontainen: 15—30%, Tabak: 15—20%, Schokoladen und Süßwaren: 3—6%.

[2]) C. N. Schmalz, Operating Results of Drug Chain Stores in 1929.

[3]) Mc. Nair, Operating Results of Grocery Chain Stores in 1929.

vertreten, daß der Betrieb mit dem höheren Umsatz auch mit niedrigeren Kosten arbeite. Diese Annahme ist aber durchaus unrichtig, denn entscheidend ist nicht die absolute Umsatzhöhe, sondern das Verhältnis von Betriebskapazität und Umsatz. Je größer der Umsatz bei gegebener Kapazität, desto geringer die Kosten. Dies gilt nicht nur für den Handel, sondern für alle Wirtschaftszweige, für den Handel aber darum besonders, weil seine überaus hohen fixen Kosten zur Sättigung durch einen möglichst hohen Umsatz drängen.

Das Problem des Einflusses der Umsatzhöhe auf die Kostengestaltung wird zum Problem der optimalen Betriebsgröße. Diese Frage muß jeder Betrieb für sich lösen, entsprechend der Höhe des erreichbaren Umsatzes, der wiederum von den verschiedensten Faktoren beeinflußt wird, vor allem durch die Größe des Niederlassungsortes, die Höhe des Einkommens der Bevölkerung und die vorhandene Konkurrenz. Erfahrungsgemäß verteilt sich das Einkommen in einem ganz bestimmten Verhältnis auf die verschiedenen Bedürfnisse, wie es z. B. die Ergebnisse einer größeren Anzahl von Städtestatistiken zeigen [1]), wenngleich individuelle Verhältnisse zu berückischtigen sind:

Lebensmittel	30.8%
Miete, Steuern	19.5%
Wäsche und Kleidung	15.4%
notwendiger Lebensbedarf	15.4%
Licht und Heizung	6.7%
Luxusausgaben	6.7%
Möbel	5.5%
	100 %

Das Ziel aller Betriebe ist, ein optimales Verhältnis zwischen Umsatz und Kapazität zu erreichen, die optimale Betriebsgröße zu finden.

Da im Handel viele Kosten auftreten, die in ihrer Höhe vor allem durch die Erfordernisse der Branche bedingt sind (z. B. Höhe des Mindestlagerbestandes, Lagerumschlag, Umsatz je Verkäufer), nahm man an, daß jede Branche auch ihre typische optimale Betriebsgröße hätte. Durch Betriebsuntersuchungen versuchte man sie zu ermitteln, aber mit negativem Erfolg. Es ließ sich in keiner Branche eine Betriebsgröße eindeutig als die wirtschaftlichste feststellen, auch aus der Kostenentwicklung bei wachsender Betriebsgröße kein eindeutiges Ergebnis gewinnen. Eine Tendenz zur Kostenminderung bei wachsender Betriebsgröße konnte in keiner Branche zweifelsfrei erwiesen werden.

Die absolute Umsatzhöhe scheint für die Wirtschaftlichkeit demnach irrelevant zu sein, allein maßgebend ist das Verhältnis von Kapazität und Umsatz. Dieses kann bei richtiger vorheriger Berechnung der Kapazität bei jeder Umsatzhöhe optimal gestaltet werden. Mit einer Einschränkung! Aus der Branchegebundenheit wesentlicher Kostenelemente ergibt sich eine

---

[1]) H. Stoker, Viel bessere Ladengeschäfte, Zürich 1928.

Mindestkapazität, die wiederum einen Mindestumsatz erfordert, so daß man von einer branchetypischen Betriebsmindestgröße sprechen kann. Alle Betriebe, die den Mindestumsatz nicht erreichen können — sei es, daß der Niederlassungsort zu klein, die Konkurrenz zu heftig ist — werden dauernd mit Verlust arbeiten. Das Problem der Mindestumsatzhöhe ist vor allem ein Problem für Fachgeschäfte. In kleinen Städten fehlen sie daher häufig ganz oder sind weniger spezialisiert als in Großstädten, weil nur so der Mindestumsatz erreicht werden kann. Aufgabe der Forschung ist es, die branchetypischen Mindestgrößen zu ermitteln, um die Wirtschaft vor Gründung notwendigerweise unrentabler Geschäfte zu bewahren. Ferner ist das Kosten-Umsatzverhältnis so weit zu klären, daß für alle maßgeblichen Faktoren Richtzahlen aufgestellt werden können, die das Finden der optimalen Betriebsgröße bei jedem praktisch erreichbaren Umsatz ermöglichen.

Was für die Branche nicht möglich ist, die Feststellung einer allgemeingültigen optimalen Betriebsgröße, ist innerhalb eines enger gesteckten Rahmens durchführbar. Es läßt sich z. B. die optimale Größe der Einzelfilialen eines Massenfilialunternehmens feststellen. Hier sind Voraussetzungen gegeben, die der Branche fehlen. Die Lage der einzelnen Läden wird in der Regel so gewählt, daß sie den gleichen Umsatz erreichen können.

Bei der Untersuchung von Schuhkettenläden hat man in U. S. A. z. B. feststellen können, daß die Kosten je Filiale dann am geringsten sind, wenn mindestens 75000 $ Jahresumsatz erreicht wird. Beim Einzelpreis von unter 5 $ per Paar beliefen sich die Kosten bei einem Umsatz unter 75000 $ auf 32,8 %, bei mehr als 75000 $ dagegen auf nur 30.4%. Bei Ketten mit höheren Preislagen war der Unterschied noch größer. Die Kosten schwankten hier zwischen 40 und 32.8% [1]).

Hinsichtlich der Zahl der durch eine Kette optimal zu betreibenden Läden ist man bisher nur zu dem Ergebnis gekommen, daß die Kosten mit zunehmender Zahl der Filialen sinken, ein Beweis dafür, daß die Kapazität der vorhandenen Zentralorganisation noch nicht optimal ausgenutzt ist. Hieraus aber den Schluß zu ziehen, daß noch größere Ketten noch wirtschaftlicher arbeiten würden, ist falsch, denn es besteht durchaus die Möglichkeit, daß kleinere Ketten mit entsprechend kleinerer Zentralorganisation das optimale Kosten-Umsatzverhältnis leichter erreichen können.

ee) Kostencharakter und Kostenverlauf.

Die Frage nach der optimalen Betriebsgröße ist eng verknüpft mit der Frage der Kapazitätskosten. Trotz des Fehlens kapitalintensiver Anlagen ist die Belastung des Einzelhandels mit fixen Kosten außerordentlich hoch. Als fix erweisen sich vor allem Miete, ein großer Teil der Gehälter, Lagerhaltung, Steuern, Versicherung, Licht, Heizung, Kraft, ferner auch die

---

[1]) C. N. Schmalz, Operating Results of Shoe Chain Stores in 1929.

Reklamekosten, wenn nicht eine falsche Werbepolitik getrieben und mit rückläufigem Umsatz die Reklame eingestellt wird.

Der fixe Charakter der beiden Hauptkostenarten: Personalkosten und Miete drückt der ganzen Kostengestaltung des Einzelhandels seinen Stempel auf. Der Anteil von Löhnen und Gehältern ist daher auch ausschlaggebend für den Grad der Kostenstarrheit in den verschiedenen Branchen. Die fixen Kosten liegen im Einzelhandel meist über 60% der Gesamtkosten, schwanken aber etwas, sowohl zwischen den Branchen als auch zwischen den Betriebstypen, entsprechend dem unterschiedlichen Kostenaufbau.

Die fixen Kosten im Einzelhandel[1]).

	Fixe Kosten
Schuheinzelhandel:	78.5% der Gesamtkosten
	100.0% der Miete
	89.5% der Personalkosten
Eisenwareneinzelhandel:	51.4% der Gesamtkosten
Amerikanischer Einzelhandel:	
Warenhäuser	68—72% der Gesamtkosten
Drogen	74% der Gesamtkosten
Möbel	66% „ „
Kolonialwaren	61% „ „
Posamenten	68% „ „
Metallwaren	69% „ „
Juwelen	72% „ „
Herrenkleidung	64% „ „
Schuhe	72% „ „
Spezialkaufhäuser	70% „ „

Diese Kostenstarrheit belastet den Einzelhandel um so mehr, als er sehr starken Umsatzschwankungen ausgesetzt ist, die durch betriebspolitische Maßnahmen kaum zu beeinflussen sind. Der Einzelhandel ist, wie z. B. auch der Verkehrsbetrieb, in der unangenehmen Lage, daß er seine Leistungen nicht im voraus erstellen und lagern kann, um so eine Nivellierung der Beschäftigungsschwankungen zu erreichen. Durch den direkten Verkehr mit dem Kunden ist er auch stark daran gehindert, seine Organisation den Bedürfnissen der wechselnden Beschäftigung anzupassen: er ist an die üblichen Geschäftsstunden gebunden; auch ist gerade in Zeiten schlechten Geschäftsganges der Kunde sehr anspruchsvoll hinsichtlich Warenauswahl, Preisstellung, Kundendienst.

Bei den Umsatzschwankungen müssen zwei große Gruppen unterschieden werden, die in ihrer Wirkung auf die Kostengestaltung und in ihrer betriebspolitischen Bedeutung durchaus verschieden sind: Tages-, Wochen-, Monats- und Saisonrhythmus als kurzfristige und Konjunktur-

[1]) Hirsch, Kostenaufbau und Preisgestaltung im Handel. RKW.-Veröffentlichungen Nr. 80, S. 57.

schwankungen und der Trend der allgemeinen Entwicklung als langfristige Umsatzschwankungen.

Um ihre Intensität zu zeigen, geben wir zunächst einige Beispiele für kurzfristige Umsatzschwankungen:

1. Schwankungen der Kundenzahl in den einzelnen Tagesstunden in fünf Einzelhandelsgeschäften in erster Verkaufsgegend Stuttgarts

(in % der Gesamtkundenzahl des Tages) [1]).

Tageszeit	Warenhaus [2])	Damenkleidung besten Genres	Kunstgegenstände, Glas, Porzellan	Aussteuern u. dergl. [3])	Fertige Damenkonfektion, Damenstoffe, Maßanfertigung
8— 9	2.57	0	3.50	1.7	3.2
9—10	5.99	3	7.50	6.7	8.0
10—11	8.45	5	9.50	10.6	9.8
11—12	8.58	16	11.50	14.9	9.9
12—13	6.90	15	8.00	8.7	5.1
13—14	5.79	geschlossen			2.5
14—15	6.66	6	6.50	5.3	8.5
15—16	10.99	10	9.50	9.8	12.7
16—17	14.10	16	13.00	12.5	15.1
17—18	16.24	16	17.50	17.6	15.7
18—19	13.73	13	13.50	12.2	9.5

2. Wöchentliche Umsatzschwankungen eines Kaffeegroßfilialbetriebes [1]).

Woche vom 29. 8. bis 4. 9. 1926 (in % vom Gesamtwochenumsatz):

Tag	Filiale in einer rheinischen Industriestadt	Filiale in einer ländlichen Gegend (Rheinland)
Montag	6.8	10.3
Dienstag	9.0	14.5
Mittwoch	15.1	16.1
Donnerstag	13.9	14.5
Freitag	21.2	17.0
Sonnabend	34.0	27.6
	100%	100%

Diese ganz kurzfristigen Schwankungen bewirken, daß die Kapazität des Betriebes, die auf die Spitzenleistung abgestellt ist, wesentlich größer sein muß, als sie dem durchschnittlichen Umsatz entspricht. Nur innerhalb weniger Stunden des Tages oder nur an einigen Wochentagen ist die Kapazität des Betriebes wirklich voll genutzt, zu jeder anderen Zeit

[1]) FfH.-Mitteilungen 1931/4—5.
[2]) Das Warenhaus öffnet um $8^1/_2$ Uhr.
[3]) Das Geschäft öffnet um $8^1/_2$ Uhr und schließt um $18^3/_4$ Uhr.

bedeutet die Überkapazität Leerlauf und unproduktive Kosten. Organisatorisch ist dieses Problem nur schwer und mangelhaft zu lösen, weil die Umsatzspitzen schnell aufeinanderfolgen und daher eine anderweitige Nutzung der unbeschäftigten Arbeitskräfte kaum möglich ist. In den kurzfristigen Umsatzschwankungen sehen wir eine der wesentlichsten Ursachen für die unverhältnismäßig hohen Kosten des Einzelhandels. Eine Änderung kann der Einzelhandel von sich aus nicht erreichen.

Hinzu kommen noch Saisonschwankungen. Sie sind kurzfristige, zu bestimmten Zeiten des Jahres regelmäßig auftretende Umsatzschwankungen, die vor allem durch Witterungseinflüsse und die Lage der Festtage bestimmt werden. Saisonschwankungen treten in allen Branchen auf, doch mit unterschiedlicher Intensität. Stark saisonbedingt ist der Absatz im Textil- und Bekleidungs-, Schuh- und Putzeinzelhandel, wo monatliche Umsatzschwankungen von 200% und mehr vorkommen. Verhältnismäßig wenig saisonempfindlich sind dagegen der Lebensmittelhandel und ein Betriebstyp: das Einheitspreisgeschäft. Der gemeinsame Vertrieb verschiedener Waren in einem Betrieb ist zwar geeignet, die Saisonschwankungen zu mildern, zu einem vollen Ausgleich führt diese Methode aber nicht, da einzelne Saisonspitzen — vor allem Weihnachten — sich in allen Branchen stark bemerkbar machen. Selbst das Warenhaus, der Betrieb mit der vielseitigsten Warenmischung, kennt ausgesprochene Saisonschwankungen. Es setzt sich vor allem — gemäß dem Anteil am Gesamtumsatz — der Saisonrhythmus der Textil- und Bekleidungsabteilungen klar erkennbar im Gesamtrhythmus durch.

Saisonschwankungen im ostpreußischen Textileinzelhandel [1])
(1927 in Prozent des Monatsdurchschnitts 1926).

Januar	93.4	Juli	104.5
Februar	81.6	August	84.3
März	97.8	September ...	93.0
April	107.2	Oktober.	121.0
Mai	109.9	November	118.1
Juni	96.8	Dezember	191.2

Die Saisonschwankungen verlaufen in längeren Wellen als die sonstigen kurzfristigen Schwankungen. Darum ist es dem Betrieb leichter, sich ihnen anzupassen, und zwar trifft das besonders für die Betriebe mit ganz ausgesprochenem Saisoncharakter zu. Alle kurzfristigen Schwankungen treten in ganz bestimmten Zeitabständen auf und sind in ihrer Regelmäßigkeit den Betrieben genau bekannt.

Ganz anders bei den Konjunkturschwankungen. Zwar haftet auch diesen ein gewisser Rhythmus an, vor allem im Aufeinanderfolgen der einzelnen Konjunkturphasen, aber Zeitdauer und Intensität sind durchaus

[1]) Umsatzschwankungen des Einzelhandels als Problem der Betriebspolitik. I. f. K. Sonderheft 10.

nicht gleichmäßig. Die Bedeutung der Konjunkturschwankungen für die Betriebe liegt vor allem in dem erheblichen Rückgang des Umsatzes in Krise und Depression. Die steigenden Umsätze in Aufstieg und Hausse bilden keine Gefahr. Sie sind mit der stets vorhandenen ungenutzten Kapazität leicht zu meistern. Das eigentliche Konjunkturproblem liegt in der betrieblichen Umstellung auf den rückläufigen Umsatz, eine Aufgabe, die wegen des Überwiegens der fixen Kosten nur sehr schwer lösbar ist.

Die Erfahrungen der letzten Krisenjahre haben gezeigt, in wie unvollkommenem Maße es den Betrieben gelingt, ihre Kosten dem verringerten Absatz anzupassen. Allerdings waren die Umsatzrückgänge auch größer, als sie jemals vorher in einer Krise zu beobachten waren. Der Einzelhandelsumsatz sank vom Höhepunkt 1928 (36.5 Mrd.) bis 1931 um über 8 Mrd. auf 28.4 Mrd. RM. Bei einem derartigen Umsatzrückgang genügte es nicht, die Kosten innerhalb der vorhandenen Kapazität auf ein Minimum zu reduzieren, die meisten Betriebe sahen sich sogar genötigt, ihre Kapazität einschneidend zu verringern. Trotz allem ist es in keiner Branche gelungen, die Kosten entsprechend dem Umsatzrückgang zu senken. Der Handel ist wegen seiner Fixkostenstruktur und dem Überwiegen indirekter Kosten in einer schwierigeren Lage als die meisten Industrien. So bauten z. B. die Warenhäuser 1930/31 ihr Personal um $7^1/_2$% ab, die Industrie, bei der der Umsatzrückgang in dieser Periode nicht mehr so stark war, entließ 15% ihrer Angestellten. In welchem Maße die Anpassung der Kosten an den Umsatzrückgang erreicht wurde, zeigt folgende Zusammenstellung:

Einfluß der Wirtschaftslage auf die Kosten im Einzelhandel[1]).

	Umsatz	Kosten	Umsatz	Kosten
	1931 in % von 1930		Rückgang 1931 in % von 1930	
Textilwaren	85.1	93.0	— 14.9	+ 7.0
Schuhe	88.7	92.4	— 11.3	+ 7.6
Kreditgeb. Einz. Hdl.	60.7	79.8	— 39.3	+ 20.2
Teppiche, Möbelstoffe	82.3	88.6	— 17.7	+ 11.4
Eisenwaren	83.3	94.1	— 16.7	+ 5.9
Glas u. Porzellan	81.7	92.0	— 18.3	+ 8.0
Nähmaschinen	88.0	93.0	— 12.0	+ 7.0
Uhren, Gold-, Silberwaren	80.9	94.5	— 19.1	+ 5.5
Kolonialwaren, Feinkost	83.1	92.0	— 16.9	+ 8.0
Drogen	85.5	93.8	— 14.5	+ 6.2
Warenhäuser	83.7	89.1	— 16.3	+ 10.9
Einh.-Preis-Unternehm.[2])	104.3	111.2	+ 4.3	+ 11.2

Am wenigsten ist die Kostensenkung in den Branchen gelungen, in denen Klein- und Mittelbetriebe in großer Zahl vorhanden sind. Sie bewegen sich oft an der Grenze der Mindestkapazität und können daher wesentliche

[1]) Nach FfH.-Mitteilungen 1931/1—2.
[2]) Einschließlich Neugründungen.

Betriebseinschränkungen nicht mehr vornehmen. Dies ist offenbar der Grund für den geringen Kostenrückgang bei Uhren, Gold- und Silberwaren, im Eisenwaren- und Drogenhandel.

Die Betriebsgröße ist von größtem Einfluß auf die Anpassungsfähigkeit der Kosten an den Umsatz. Klein- und Großbetriebe sind dabei im Nachteil, der Kleinbetrieb wegen der Mindestgröße der einzelnen Betriebsaggregate, vor allem der menschlichen Arbeitskraft und der notwendigen Mindestkapazität, die Großbetriebe wegen der Belastung mit einem schon in normalen Zeiten nicht voll genutzten Verwaltungsapparat, der aber unter ein bestimmtes Ausmaß nicht reduziert werden kann. Dies gilt vor allem für die Warenhauskonzerne, wie die folgende Tabelle zeigt:

Kostengestaltung in deutschen Waren- und Kaufhäusern[1]).
(Kosten in % vom Umsatz)

	1927	1928	1929	1930	1931
Gesamtumsatz in Mill. RM.	1290	1440	1430	1340	1150
Veränderung gegenüber d. Vorjahr	+11%	+ 12%	— 1%	— 6%	— 14%
Gehälter und Löhne [2])	10.7	11.4	11.7	12.2	13.51 [3])
Miete oder Mietwert	2.3	2.9	2.9	4.0	3.48
Heizung, Beleuchtung, Kraft	0.7	0.7	0.9	0.8	0.87
Reklame	2.1	2.3	2.3	2.4	2.15
Steuern, Versicherung [4])	2.4	2.1	2.0	2.2	2.96
Reisespesen	0.3	0.3	0.4	0.3	0.35
Verschiedenes	3.0	3.8	3.4	3.0	3.39 [5])
Gesamtkosten	21.5	23.5	23.6	24.9	26.71 [4]) [5])

Die drei Kostenelemente: Gehälter, Miete und Steuern lassen sich nicht dem Umsatz entsprechend senken, ihr Anteil steigt. Die übrigen bleiben ziemlich gleich, ein Zeichen dafür, daß sie parallel dem Umsatz zurückgehen. Auch die Lagerhaltung hat eine entsprechende Einschränkung erfahren. Die Anpassungsfähigkeit der Einzelhandelsbetriebe an Umsatzschwankungen ist demnach wegen der Fixkostenstruktur nur gering. Fixkosten sind überwiegend Kapazitätskosten — darum ist die Wahl der richtigen Betriebskapazität einer der wichtigsten Rentabilitätsfaktoren im Einzelhandel.

c) Einzelne Vertriebskosten.

aa) Werbekosten.

α) in der Industrie.

Ungenutzte Kapazität, unausgeschöpfte Kostendegression erzeugen eine verstärkte Absatzintensität. Die Folge ist eine Steigerung des Wett-

1) Viertelj. f. K., Sonderheft 32, S. 68.
2) Einschließlich Sozialversicherung.
3) Für 1931 einschließlich Unternehmerlohn.
4) Ohne Einkommen-, Körperschaft- und Grundsteuer.
5) Für 1931 einschließlich der Zinsen für das fremde Kapital.

bewerbs, der sich zur destruktiven Konkurrenz auswachsen kann. Sechs Arten der Konkurrenz sind besonders hervorzuheben:

1. Die horizontale Konkurrenz: Branchenbetriebe gegeneinander, z. B. in der Schreibmaschinen-, in der Lokomotivindustrie.
2. Die vertikale Konkurrenz: Betriebe mit vertikaler Konzentration gegen einfache Betriebe, z. B. Werksreedereien gegen freie Schiffahrt.
3. Konkurrenz durch Substitutionsgüter: Seide gegen Wolle und Baumwolle, synthetischer Stickstoff gegen Chilesalpeter, Margarine gegen Butter.
4. Konkurrenz der einzelnen Industrien um den Anteil am Nationaleinkommen: Bestreben, den eigenen Anteil zu erhöhen, z. B. Unterhaltungsindustrie gegen alle übrigen.
5. Regionale Konkurrenz: Oberschlesien gegen Ruhrgebiet und England, Florida gegen Kalifornien.
6. Internationale Konkurrenz: z. B. russisches, amerikanisches, anglopersisches und rumänisches Petroleum gegeneinander, Konkurrenz der Getreideländer, der Zuckerproduzenten; Konkurrenz am Frachten- und Passagemarkt.

Die Ausdehnung des Absatzes kann der Betrieb nur auf dreifache Weise erreichen:

1. Durch Erhöhung seines Anteils auf Kosten des Konkurrenten,
2. durch Substituierung eines Artikels durch seinen eigenen,
3. durch Wirksammachen latenter Nachfrage.

Neben der Qualität des Produktes und Höhe des Preises ist die Reklame hierfür das wirksamste Mittel. Wie verschieden die Mittel der Reklame auch sein mögen: ihr Zweck ist immer die Lenkung der Nachfrage zum eigenen Produkt.

Wegen der großen Zahl der Reklamemittel und der buchtechnischen Vermengung der Werbekosten mit anderen Vertriebsaufwendungen ist jede umfassendere Analyse der Werbekosten gezwungen, sich auf die Kosten der indirekten Werbung: Inserat-, Schaufensterwerbung und einige verwandte Werbemittel zu beschränken. Für alle anderen Formen der Werbung fehlt es an zahlenmäßigen Unterlagen. Für die deutsche Wirtschaft hat das Institut für Konjunkturforschung folgende Reklamekostenschätzung aufgestellt [1]):

Gewerbezweige	Umsätze in Mrd. RM.		Reklamekosten in % v. Umsatz	Reklamekosten in Mill. RM.	
Einzelhandel:					
Nahrungsmittel	15		1	150	
Bekleidung	9		2	180	
Hausrat u. Möbel	2.5		2.5	63	
Luxuswaren u. Sonstiges	5	31.5	3	150	543
Handwerk		15	0.1		15
Großhandel		52	0.1		52
Industrie		70	0.5		350
		168.5			960

[1]) Berl. Tgbl., Handelsteil, 7. 8. 29, Abendausgabe.

Die angenommenen Sätze scheinen uns, besonders für die Industrie, zu niedrig zu sein. In USA. z. B., mit allerdings intensiverer Produzentenreklame, rechnet man mit 1% vom Umsatz, bei den typischen Markenartikel-Industrien (national advertised articles) sogar mit 5%. Seyffert („Allgemeine Werbelehre") bringt für den Handel 2%, für die Industrie 1% vom Umsatz in Ansatz und kommt auf Grund der umsatzsteuerpflichtigen Umsätze von 1924 zu dem Betrag von RM. 1.026 Mrd. Reklamekosten der deutschen Wirtschaft. Für USA., dem eigentlichen Land der Reklame, haben Copeland und N. H. Borden für 1927 folgende Schätzung der Reklameausgaben aufgestellt [1]):

Zeitungen	690 000 000
Magazine	210 000 000
Wirtschaftszeitungen	75 000 000
Direkte Reklame	400 000 000
Reklame in Eisenbahnen, Straßenbahnen, U-Bahnen und anderen Verkehrsmitteln	20 000 000
Außenreklame	75 000 000
Radio	7 000 000
Wettbewerbe, Programme, Gebrauchsanweisungen usw.	25 000 000
	$ 1 502 000 000.

Nach dem Trend der bisherigen Entwicklung erwartet Borsodi [2]) eine Steigerung der Reklameausgaben nur der Markenartikelfirmen auf $ 2 Mrd. 1930, $ 4 Mrd. 1935 und $ 8 Mrd. 1940. Wenn dieses auch nur eine vage Schätzung eines Reklamegegners ist, so zeigt sie doch, welchen Weg die Dinge nehmen würden, wenn die Bewegung in gleichem Tempo fortschritte.

Die Entwicklung der Reklame zeigen sehr gut Daten aus der Geschichte des Zeitungsinserates [3]). Noch im Jahre 1837 gab es in England nur 460 Zeitungen, die im Jahre zusammen 769000 private Anzeigen enthielten. Amerika hatte zur gleichen Zeit (1830) bei einer Bevölkerung von 23.5 Mill. ungefähr 800 Zeitungen und Zeitschriften, von denen aber nur 50 mit einer Gesamtauflage von 950000 Stück täglich erschienen. 1922 erschienen in USA. 22353 Zeitungen und Zeitschriften.

Während die Bevölkerung nur auf das $4^1/_2$fache gestiegen ist, haben die Zeitungen und Zeitschriften die 30fache Auflagenzahl von 1830 erreicht. Außerdem ist der Inseratenteil der einzelnen Zeitung wesentlich gewachsen. Die New York Tribune weist z. B. 1918 einen fünfmal so großen Inseratenraum auf wie 1860, Boston Transcript sogar einen 13 mal so großen.

Die Zeit stärkster Entwicklung des Reklamewesens fällt in allen Industriestaaten erst in die Nachkriegszeit, vor allem in die nach 1921, die Zeit stärkster Überkapazität.

Zur Erkenntnis der Bedeutung der Werbekosten als Kostenfaktor

---

1) Recent Ec. Changes, S. 402.

2) A. a. O. S. 155.

3) Nach Starch, Principles of Advertising, Chicago-New York 1923.

geben wir nachstehend eine Zusammenstellung von Werbekostensätzen, die Seyffert [1]) ermittelt hat:

	vom Umsatz
Stahlhandelsgesellschaft	1%
Maschinenfabrik	1%
Schokoladenfabrik	2%
Kleine Likörfabrik	2%
Waschmittelfabrik	2—3%
Bierbrauereien	2—5%
Zigarettenfabrik I	3%
Schuhputzmittelfabrik	3%
Herde- und Öfenfabrik	3%
Zigarettenfabrik II	4%
Weinbrennerei	5—10%
Radiogesellschaft	10%
Nährmittelfabrik	12—16%

Zur weiteren Erkenntnis der Werbekosten als Kostenfaktor ist ihre Analyse nach: Werbemitteln, Werbezwecken und dem Rhythmus der Werbemaßnahmen notwendig.

Bei der Gemeinschaftsreklame der National Raisin Growers of California [2]) verteilten sich die Reklameausgaben 1922 wie folgt:

Zeitschriften	28.9%
Zeitungen	28.3%
Anschläge und Plakate	20.2%
Reklamematerial	2.4%
Schaufensterreklame	0.5%
Kundendienst	0.5%
Rezeptbücher	1.1%
Handelspresse	0.7%
Kinoreklame	0.5%
Reklame im Ausland	12.4%
Unterstützungen des Handels	1.0%
Vorführungen	3.5%
	100 %

Das Schwergewicht der Reklame lag mit 57.2% aller Reklameausgaben beim Inserat in Zeitungen und Zeitschriften, denen erst in weitem Abstand Plakate und Anschläge mit 20.2% folgen. Die Reklame im Ausland ist leider nicht weiter aufgegliedert, wahrscheinlich würde man dann zu ebenso interessanten Ergebnissen kommen wie eine Schweizer Schokoladenfirma, die bei einer Reklameanalyse feststellen konnte, daß in jedem Land ganz andere Reklamemittel für die gleiche Werbung eingesetzt werden müssen. Z. B. spielte in Deutschland und in der Schweiz die Anzeigenreklame eine viel größere Rolle als z. B. in Italien und in den Balkanländern; in Frankreich und in der Schweiz wurde die Tramreklame besonders gepflegt. Anschläge

[1]) Seyffert, Allgemeine Werbelehre, S. 462.
[2]) White, Advertising Research. New York 1927.

an Litfaßsäulen kommen in Deutschland viel seltener vor als in anderen Ländern. Seyffert konnte feststellen, daß z. B. in Brauereien 56% aller Werbekosten auf persönliche Werbung durch Vertreter und Reisende entfallen, bei einer Wollwarenfabrik 40%, während die Zeitungsreklame bei der Brauerei nur 4%, bei der Wollwarenfabrik 15% beanspruchte. Bei einer Seifenfabrik (Markenartikel) dagegen entfallen auf Zeitungsinserate und Plakate 85% aller Reklamekosten, bei einer Schuhputzmittel-Markenfirma 60%, in Zigarettenfabriken setzt sich der Reklameetat oft zu 100% aus indirekten Werbemitteln: Inserat, Außen- und Innenreklame, Reklame in Verkehrsmitteln u. ä. zusammen.

Die Markenartikelreklame wendet sich direkt an den Konsumenten, die übrige Industriereklame dagegen an die nächsten Abnehmer, und das ist oft ein so kleiner Kreis, daß vor allem andere Werbemittel: der Vertreterbesuch, das persönliche Schreiben, Kataloge u. ä. Verwendung finden können.

Die Werbetechnik ist in hohem Maße bedingt:

1. durch die zu erfassende Zahl der zu Beeinflussenden,
2. durch ihre räumliche,
3. durch ihre sachliche Verbundenheit.

Die Reklamekosten der Industrie schwanken daher nicht nur von Branche zu Branche, sondern innerhalb der einzelnen Branche je nach der Absatzorganisation. Ein Betrieb, der an Großhändler absetzt, wird einen wesentlich niedrigeren Reklame-Etat aufweisen als ein anderer, der direkt mit dem Einzelhandel oder gar mit den Konsumenten verkehrt. Darum sind alle branchemäßigen Durchschnittszahlen nur sehr bedingt richtig.

Die Eignung eines Reklamemittels ist nicht für alle Wirtschaftszweige die gleiche. Tageszeitungen sind das bevorzugte Sprachrohr für die Werbung für alle Güter des täglichen Bedarfs. Magazine, illustrierte Wochenschriften und ähnliche Organe eignen sich besser für Waren des periodischen Bedarfs und für Inserate, die eines intensiveren Studiums bedürfen, Fachzeitschriften wenden sich meist an einen begrenzten Kreis von Sachverständigen und sind daher nur für Spezialinserate geeignet.

Die Zeitungsreklame verteilte sich auf die verschiedenen Industriezweige 1927 in USA. folgendermaßen (Ergebnis aus 49 führenden Städten) [1]:

	% der Gesamtreklamekosten
Automobile	19.3
Toilettenartikel, Medikamente	17.9
Nahrungs- und Genußmittel	13.1
Zigarren, Zigaretten, Tabak	10.2
Eisenbahn, Dampfschiffahrt	6.4
Automobilbedarf	5.7
Radio und elektrische Artikel	5.4
Übertrag	78.0%

[1]) Copeland: In: Recent Ec. Changes. New York 1929, S. 414.

	% der Gesamtreklamekosten
	Übertrag 78.0%
Finanzinstitute	3.2
Haushaltartikel	2.0
Hotels, Restaurants	1.7
Herrenkleidung	1.1
Musikinstrumente	0.6
Schuhe	0.6
Damenkleidung	0.5
Verschiedenes	12.3
	100%

Reklame der Industrie in Magazinen[1]).
(1922 und 1927)

Warengruppen	1922	1927
Nahrungs- und Genußmittel	13.30	15.33
Toilettenartikel	8.80	9.90
Autoindustrie	7.04	8.88
Haushaltungsgegenstände	7.90	8.70
Autobedarf	7.11	8.49
Seifen- und Reinigungsmittel	7.00	4.93
Elektrischer Bedarf und Radio	2.06	3.84
Juwelen, Silberwaren	2.54	2.37
Farben und Reinigungsmittel	1.95	2.27
Schmierstoffe und Öle	1.68	2.08
Büro-Bedarf	2.80	1.96
Damenkleidung	4.13	1.93
Schuhwaren	2.30	1.87
Heizung	2.73	1.81
Zucker und Kaugummi	0.88	1.40
Getränke	1.22	1.36
Musikinstrumente	2.46	1.35
Textilien	1.31	1.14
Zigarren, Zigaretten, Tabak	1.04	1.14
Herrenkleidung	1.82	0.96
Andere Waren und Dienste	19.93	18.29
	100%	100%

Aus der Aufstellung ist zu ersehen:

1. Welche Wirtschaftszweige besonders intensive Inseratwerbung treiben,
2. welches der beiden Reklamemittel für bestimmte Wirtschaftszweige vor allem in Frage kommt.

Vier Industrien ragen mit ihrem Reklameanteil weit über den Durchschnitt aller Wirtschaftszweige hinaus: Nahrungs- und Genußmittel, Toilettenartikel — also die kosmetische Branche —, Zigarren und Zigaretten und die Automobilindustrie. Auf diese vier entfallen allein 60.5% der Zeitungs- und 35.25% der Magazinreklame.

In USA., wie auch bei uns, entfällt das Hauptkontingent an Reklame auf die Markenartikelindustrien: Nahrungs- und Genußmittel, Zigarren und Zigaretten, Toiletten-Artikel, Reinigungs- und Putzmittel und Automobil-

[1]) Copeland: In: Recent Ec. Changes, S. 415.

industrie. Der relativ große Anteil der Herren- und Knabenkleidung und der Schuhwaren an der Magazinreklame ist ebenfalls auf die Häufigkeit des Markenartikels in diesen Branchen in USA. zurückzuführen.

Welch außerordentlich hohen und dauernd steigenden Beträge diese typisch reklameintensiven Branchen jährlich ausgeben, dafür folgende Zahlen:

Reklameaufwand verschiedener Nahrungsmittelindustrien[1]).

(in Mill. $):

Jahr	Konserven	Getreide, Mehl, Brot und Keks	Dessert, Konfitüren, Saucen	Tee, Kaffee und Ersatzstoffe	Zuckerwaren und Kaugummi
1921	3.4	2.5	1.2	0.4	0.6
1922	4.1	2.2	1.0	0.4	0.7
1923	4.4	2.9	1.3	0.6	0.7
1924	5.6	3.6	1.6	0.8	0.7
1925	6.1	4.1	1.8	1.1	1.1
1926	6.6	5.2	2.1	1.3	1.5
1927	8.1	5.5	2.5	1.3	2.1

Die Einführung des Markenartikels war für die Inseratreklame der stärkste Impuls. Wo die Produkte der einzelnen Hersteller oft sogar vom Fachmann nicht ohne weiteres von denen der Konkurrenz unterschieden werden können, mußte den Gütern aus werblichen Gründen künstlich ein unterschiedliches Merkmal gegeben werden. Das höchste Ziel ist, den Markennamen zum Namen für den Gebrauchsgegenstand selbst zu machen, z. B. koffeinfreier Kaffee = Hag; Feuerlöscher = Minimax, Seifensand = Vim, in USA. ist ein Photoapparat ein Kodak.

Die Kosten der Markenartikel-Reklame in USA. betragen durchschnittlich 3% vom Umsatz, mit einer Streuung von 10% bis zu weniger als 1%. Sie setzen sich aus den Kosten a) der Einführungs-, b) der laufenden Reklame zusammen. Selbst bei einer gelungenen Markenartikelreklame müssen erfahrungsgemäß die Kosten der Einführungsreklame im ersten Jahre à fonds perdu geschrieben werden. Im 2. Jahre wird etwa die Hälfte der Kosten bereits wieder eingebracht, und das 3. Jahr erbringt seine Kosten und auch den Verlust des Vorjahres. Vom 4. Jahre an kann dann mit einem Reinertrag gerechnet werden.

Ein gut eingeführter Markenartikel kann einen sehr hohen immateriellen Wert besitzen, der in USA., wo das Ertragsprinzip als Wertungsprinzip in der Bilanz eine große Rolle spielt, auch bilanziert wird. Dies zeigt die folgende Tabelle:

Wert der geschützten Handelsmarken in Bilanzen amerikanischer Betriebe[2]):

Hart, Schaffner & Marx	1921	$ 10 000 000
B. F. Goodrich Co.	1915	„ 57 798 000

[1]) Copeland: In: Recent Economic Changes, S. 417.
[2]) Starch, a. a. O. S. 676.

American Tobacco Co.	1918	$ 54 099 430
Ligget & Myers Tobacco Co.	1918	„ 40 709 711
Republic Motor Truck Co.............	1920	„ 4 805 936
Pyrene Manufacturing Co.............	1918	„ 1 002 450
United States Light & Heat Co.	1919	„ 4 608 256
Hoover Steel Ball Co.	1920	„ 25 457
General Motors Co.		„ 7 934 198
Shredded Wheat Co.	1923	„ 4 500 000

Kostenpolitisch ist es eine außerordentlich wichtige Frage, wie lange Markenartikelreklame fortgesetzt werden muß. Die Praxis glaubt, daß 12 Jahre intensiver Reklametätigkeit für immer genügen. Diese Annahme hat sich aber in vielen Fällen als falsch erwiesen, da jedes Jahr eine neue Käufergeneration am Markt erscheint, um die immer neu geworben werden muß. Nur die Reklame, die den Markt ständig in einer bestimmten Dichte, mit einer Mindestintensität erfaßt, ist wirkungsvoll. Diese Tatsache drückt dem Charakter der Werbekosten ihren Stempel auf: sie gehören, zumindest bei den Markenartikelbetrieben, zu den nur beschränkt variablen Kosten.

Ihr besonderer Charakter zeigt sich ferner darin, daß sie zum guten Teil Substitutionskosten für andere Vertriebskosten sind und durch Erhöhung des Absatzes den fixen Kostenteil der Produkteinheit vermindern.

Wenig beachtet ist in Deutschland die Produzentenreklame für den Händler, obschon mit dem selbständigen Handel — im Kampf mit Massenfilialgeschäften — das Vertriebsmittel der mittleren und kleineren Industrie verschwindet.

Verwendung des Reklameaufwandes für allgemeine Reklame und zur Unterstützung des Handels in USA.[1])

	in % der gesamten Reklamekosten	
	Anzeigenreklame	Unterstützung der Händler
Schmuckwarenindustrie	73	27
Automobilindustrie	90	10
Nahrungsmittelindustrie	85	15
Büromöbelindustrie	75	25
Stetson Hut Company	40	60
Glidden Scheuerpulver	40	60
Bradley Strickwaren	50	50
Ingersoll Uhrenindustrie	57	43
Damenkleidung	95	5

Zur Entwicklung der Werbungskosten im Konjunktur- und Saisonrhythmus ist folgendes zu sagen: die Industrie- und besonders die Handelsreklame bewegt sich ziemlich parallel dem Wirtschaftsrhythmus. Der Index für Zeitungsreklame folgt dem der allgemeinen Geschäftstätigkeit sowohl

[1]) Hall, Theory and Practice of Advertising. New York-London 1926, S. 64.

im Ausmaß der Schwankungen als auch in ihrer Periodizität ziemlich genau. Die Zeitschriftenreklame allein weist heftigere Bewegungen auf und ist in ihrem Ablauf weniger fest mit der allgemeinen Geschäftstätigkeit verknüpft. In ganz ähnlicher Weise schwanken auch die Reklameaufwendungen mit dem Ablauf der Saison. Der Saisonrhythmus der Reklame deckt sich mit dem saisonalen Umsatzrhythmus der Branche: in den umsatzstärksten Zeiten wird die meiste Reklame getrieben, in den toten Zeiten wird sie auf ein Minimum beschränkt.

Dies zeigt folgende Tabelle:

Saisonschwankungen der Reklame verschiedener amerikanischer Wirtschaftszweige.

	Jan.	Febr.	März	April	Mai	Juni	Juli	Aug.	Sept.	Okt.	Nov.	Dez.
I. Index der Inseratseitenzahlen der wichtigsten New Yorker Tageszeitungen												
An Wochentagen	102	93	103	109	107	103	77	73	101	117	111	104
II. Automobilreklame												
An Wochentagen	207	67	91	110	117	107	90	89	106	89	77	50
III. Schuhwaren												
An Wochentagen	73	59	92	128	124	120	75	52	105	139	135	98
IV. Damenkleidung (Ostern liegt früh im Jahr)												
An Wochentagen	132	95	106	108	116	94	52	46	84	125	129	113
V. Herrenkleidung (Ostern liegt früh im Jahr)												
An Wochentagen	87	77	106	110	125	102	72	57	116	118	122	108

Saisonindices für die Reklame des amerikanischen Verkehrs-, Hotel- und Vergnügungsgewerbes.

	Jan.	Febr.	März	April	Mai	Juni	Juli	Aug.	Sept.	Okt.	Nov.	Dez.
I. Theater, Kinos, Restaurants und Kaffees, Konzerte usw.												
An Wochentagen	117	124	109	105	92	60	44	62	111	136	132	108
II. Kur- und Badeorte												
An Wochentagen	72	52	39	58	270	296	194	91	53	46	52	77
III. Allgemeine Verkehrswerbung von Eisenbahn- und Schiffahrtsgesellschaften												
An Wochentagen	87	82	82	92	111	132	125	119	107	94	85	84

Die Reklameausgaben sind absolut oft sehr hoch (in $):[1]

	In Zeitungen (in Mill.)	In Zeitschriften	Insgesamt
Victor Talking Machine Co.	1.900	1 184 310.—	3 084 310.—
Ford Motor Comp.	2.000	651 250.—	2 651 250.—

[1]) Borsodi, a. a. O.

	In Zeitungen (in Mill.)	In Zeitschriften	Insgesamt
Chevrolet Motor Car Comp.	1.650	552 065.—	2 202 065.—
American Tobacco Comp.	1.6	298 691.—	1 898 691.—
Colgate & Co.	0.45	1 158 455.—	1 608 455.—
Standard Oil Comp. of Indiana	1.5	—	1 500 000.—
Pepsodent Co.	0.8	561 303.—	1 361 303.—
Wm. Wrigley Jr., Co.	1.25	—	1 250 000.—
Palmolive Comp.	0.3	785 270.—	1 085 270.—
United States Rubber Co.	0.75	309 410.—	1 059 410.—

Trotzdem sind die Reklamekosten per Stück sehr gering.

Die Raisin Growers of California [1]) konnten ihren Absatz von 1920 bis 1924 stark erhöhen und gaben dabei pro to Rosinen für Reklame aus:

Jahr	Reklamekosten	Umsatz
1922	18.13 $	128 037 to
1923	12.39 $	121 144 to
1924	9.56 $	215 109 to

Bei Steigerung des Umsatze um 68% fallen die Reklamekosten auf die Hälfte. White berichtet ferner von einer Spielzeugfabrik, die ihre Reklamekosten trotz Verzehnfachung der aufgewendeten Beträge im Verhältnis zum gestiegenen Umsatz in 7 Jahren von 13.2 auf 7.6% senken konnte.

Für den Anteil der Reklame an den Stückkosten noch folgende Beispiele [2]):

Artikel	Verkaufspreis $	Reklamekosten $
Old Dutch Cleaner (Putzmittel)	0.10	0.01
Ivory Soap (Seife)	0.07	0.002
Hart, Schaffner, Marx Suit (Konfektion)	50.00	1.—
Arrow Collars (Herrenkragen)	0.25	0.0087
Overland Automobile	895.00	13.43
Stredded Wheat (Haferpräparat)	0.15	0.003
Wrigley's Spearmint Gum (Kaugummi)	0.05	0.005
Gold Medal Flour (Mehl)	15.00	0.45
Victrola (Grammophon)	100.00	4.00
Eastman Kodak	15.00	0.45

Die Zigarettenfabrik „Haus Neuerburg" konnte von 1924—1926 ihren Umsatz vervierfachen. Sie gab an Reklame für eine 25 Stück-Packung (Verkaufspreis 1.25 RM.) aus [3]):

[1]) White, Advertising Research, S. 438.
[2]) Starch, a. a. O. S. 44/45.
[3]) Seyffert, Allgemeine Werbelehre.

1924 1.8% = 2.2 Pfg.
1925 1.5% = 1.8 Pfg.
1926 0.8% = 1.0 Pfg.

Bei einer Flasche Henckell Sekt betragen die Reklamekosten nur 3 Pfg., bei einem dz Kali 60 Pfg., bei einem Fordwagen 1924 $ 4.—. Trotz des geringen Anteils der Reklamekosten an den Stückkosten führen sie infolge des langen Handelsweges praktisch zu einer erheblichen Verteuerung der Produkte für den Konsumenten, wie nachstehende Kalkulation einer Lieferung Seife zeigt [1]):

Während der Einzelhandelspreis bei der Seife ohne Reklame 55.5% über den Fabrikationskosten (42.50 RM.) liegt, verteuert sich die Markenseife trotz gleicher Kalkulation auf dem Wege zum Konsumenten um 64.5%:

	ohne Reklame	mit Reklame
Preis ab Fabrik	42.50 RM	45.— RM
+ 16⅔% Großhandelsaufschlag	7.08	7.45
Verkaufspreis des Großhändlers	49.58	52.45
+ 33⅓% Einzelhandelsaufschlag	16.52	17.48
	66.10 RM	69.93 RM

Um diese durchaus unerwünschte preissteigernde Wirkung der Produzentenreklame, die den Reklameeffekt sehr leicht in sein Gegenteil verkehren kann, zu beseitigen, sind viele reklametreibenden Hersteller, besonders die Markenartikelfabrikanten, dazu übergegangen, durch Festlegung von Listenpreisen die Verkaufspreise von sich aus zu bestimmen. In diesen Listenpreisen werden für die verschiedenen Handelsstufen meist Gewinnspannen berechnet, die unter dem brancheüblichen Kalkulationssatz liegen, wertmäßig aber dem Händler die gleiche Einnahme erbringen wie beim freikalkulierbaren Artikel. Die Verringerung der Handelsspanne wird damit begründet, daß die Kosten des Handels durchaus nicht vom Wert der Ware abhängig sind, sondern durch die einzelne Umsatzhandlung entstehen. Es sei darum durchaus gerechtfertigt, beim Vertrieb einer Ware, bei der er noch die Unterstützung des Herstellers genießt, nicht auch noch einen höheren Gewinn zu erzielen als bei freikalkulierbarer Ware. Durch den langen Handelsweg wirken sich die kostenmäßigen Vorteile der Produzentenreklame — Verbilligung der Produktion durch Massenabsatz; des Vertriebes durch Vereinfachung — im Preis der letzten Stufe nur unvollkommen oder gar nicht aus. In vielen Fällen, in denen die Reklame einem Produkt eine monopolartige Stellung im Markt verleiht, oder dort, wo die Hersteller den Handel nicht in seiner Kalkulationstätigkeit kontrollieren und beeinflussen können, führt die Produzentenreklame nicht selten zu einer wesentlichen Verteuerung der Ware.

[1]) Borsodi, a. a. O.

Die Reklame führt aber weiter auch leicht zu einer Täuschung des Publikums über den wahren Wert des Produktes und endlich oft zu einer Mißleitung der Kaufkraft.

Für den Groß- und Einzelhandel besitzt die Industriereklame, vor allem bei Markenartikeln, noch weitere Nachteile:

1. Sie macht den Großhandel mehr und mehr überflüssig.
2. Sie degradiert die Groß- und Einzelhändler zu Leitern eines Auslieferungslagers von Markenartikelfabrikaten.
3. Sie vermindert ihren Gewinn häufig durch Senkung der Rabattsätze.
4. Sie vergrößert das Lager und vermindert den Lagerumschlag (das Lager eines amerikanischen Kolonialwarengroßhändlers enthielt 2356 verschiedene Markenartikel).
5. Das Risiko unverkäuflicher Markenartikel ist höher als bei freien Waren.

β) Im Warenhandel.

Hier findet die Reklame am häufigsten, und hier fand sie auch zuerst ihre Anwendung. Ihre Bedeutung steigt mit der Tendenz zum Großbetrieb. Industriereklame ist Warenreklame; Handelsreklame dagegen ist in viel stärkerem Maße Betriebs-, weniger reine Firmenreklame. Sie ist weniger auf lange Sicht, wie die Industriereklame, viel mehr auf sofortige Wirkung abgestellt. Die Reklamekosten im Handel werden von folgenden vier Faktoren bestimmt:

1. der Branche,
2. dem Betriebstyp,
3. der Betriebsgröße,
4. der Größe des Niederlassungsortes.

Die Branche ist für die meisten Kostenfaktoren im Warenhandel der ausschlaggebende Faktor, so auch bei der Reklame. Der Absatz von Gütern des täglichen Bedarfs benötigt weniger der Reklame als der von Waren des periodischen Bedarfs. Der Lebensmittelhandel als Branche treibt nur wenig Reklame, wenn nicht Betriebstyp bzw. Betriebsgröße ihn hierzu veranlassen. Das gilt auch für den mit einem Handwerk verbundenen Lebensmittelhandel, z. B. Fleischerei, Bäckerei, es sei denn, daß sie zum Großbetrieb übergehen, zur Brotfabrik mit ausgedehntem Filialsystem, zur Großschlächterei. Aber gerade bei diesen Betrieben ist es zweifelhaft, ob es sich um Handels- oder Herstellerreklame handelt. Der Enquète-Ausschuß gibt für verschiedene Zweige des Lebensmittelhandels folgenden Anteil der Reklamekosten am Umsatz an:

Kolonialwarenketten:	1913	0.3—0.9 %
	1925	0.4—0.75%
	1926	0.4—1.1 %
Konsumvereine: (Umsatz 2—5 Mill. RM)	1912/13	0.09%
	1913/14	0.04%
	1924/25	0.09%
	1925/26	0.12%
	1926/27	0.12%

Kaffee-Filial-Geschäfte	1913	0.7%
(Angaben nur von einem Betrieb):	1926	1.4%
Feinkostspezialgeschäfte:	1925	0.22—1.87%
	1926	0.36—2.19%

Den höchsten Satz weist der Feinkosthandel mit 2.19% auf; viele Waren dieser Branche liegen an der Grenze zwischen Gütern des täglichen und periodischen Bedarfs, daher das stärkere Werbebedürfnis. Zur gleichen Feststellung kommt Wheeler Sammons [1]) in seiner großen, mehr als 1000 Einzelhandelsunternehmungen umfassenden Untersuchung. Während z. B. amerikanische Warenhäuser 1915 durchschnittlich 4.01%, Versandgeschäfte sogar 7.21% Reklamekosten aufweisen, betragen sie bei Kolonialwaren nur 0.83%, bei Kleineisenwaren 1.12%, bei Drogen 1.76%.

Anders in den Branchen, die mit Gütern des periodischen Bedarfs handeln. Für sie ist die Reklame ein unentbehrliches Hilfsmittel der Absatzorganisation: 1. weil dem Käufer bei Anschaffungen, die nur in größeren Zeitabständen erfolgen, die Quellen der Bedarfsdeckung nicht ohne weiteres bekannt sind; 2. weil er bei solchen Käufen mehr Sorgfalt auf die Auswahl der Ware und des Lieferanten aufwendet, so daß die Kundenwerbung notwendiger und erfolgversprechender ist; 3. weil Handelsbetriebe mit Gütern periodischen Bedarfs nur selten in Wohngegenden liegen, wo sie den Käufern ohne weiteres bekannt sind, sondern in den Verkehrs- bzw. Geschäftsstraßen, wohin die Kunden erst hingezogen werden müssen. Wegen der Periodizität des Bedarfs könnte ein solcher Betrieb niemals von der Nachfrage in seiner näheren Umgebung existieren, er muß mittels der Reklame Kunden auf weitere Entfernung werben. Die Reklamekosten all dieser Betriebe sind darum wesentlich höher als im Handel mit Gütern des täglichen Bedarfs:

Amerikanische Spezialgeschäfte 1929 [2]) für

Lederwaren und Koffer	5.40%	vom Umsatz
Sportartikel	4.60%	„
Spielzeug	5.30%	„
Radio	6.00%	„
Glas und Porzellan	5.50%	„
Möbel	5.36%	„
Lampen	3.90%	„
Silberwaren	4.70%	„
Juwelen	4.00%	„
Kunstgewerbe	4.02%	„

Neben der Periodizität der Nachfrage erzeugen noch andere Ursachen das Reklamebedürfnis einer Branche, insbesondere das Moderisiko, das die Betriebe zwingt, die Ware innerhalb bestimmter Perioden abzusetzen. Deshalb bildet die Reklame im Handel mit Gütern des kurzfristigen periodischen Bedarfs einen wichtigen Kostenfaktor. Im deutschen Wäsche-

---

[1]) Zitiert nach Seyffert, a. a. O. S. 463.

[2]) National Retail Dry Goods Association.

einzelhandel wurden von der F. f. H.[1]) Reklamekosten in Höhe von 1.93 bis 3.65% vom Umsatz festgestellt, im Schuheinzelhandel rechnet man in Deutschland mit 3.5—4% vom Umsatz, in Warenhäusern mit 4—4.5%, im Eisenwareneinzelhandel dagegen mit 0.23—0.60%[2]).

Viel reichhaltiger ist das amerikanische Material. Hier hat man bereits viel früher erkannt, daß die Reklame ein wichtiger Kostenfaktor ist, der wegen seines dauernden Steigens intensivster Kontrolle bedarf. Die Reklamekosten werden überall genau erfaßt und in sich scharf gegliedert, um die Unterlagen zu gewinnen für einen werbewissenschaftlich und kostenpolitisch richtigen Einsatz der vorhandenen Mittel, mit dem Effekt, daß trotz verstärkter Reklameintensität in den meisten Branchen die Reklamekosten von 1924 bis 1929 zurückgegangen sind:

Reklamekosten in amerikanischen Warenhäusern (1924—29)[3]).

Umsatzgruppen	1924 in % vom Umsatz		1929 in % vom Umsatz	
	Zeitungen	Gesamtkosten	Zeitungen	Gesamtkosten
Unter 1 Million $	2.87	4.385	2.3	4.1
1—2 Millionen $	2.6	5.57	2.65	4.12
2—5 Millionen $	3.28	5.51	3.05	4.52
Alle über 5 Millionen $	2.67	4.28	3.21	4.66
5—10 Millionen $			3.3	4.86
Über 10 Millionen $			3.12	4.46
Spezialgeschäfte			3.27	5.56

Bessere Wahl der Werbemittel (z. B. Abkehr von der Briefwerbung und der Verteilung von Hauszeitschriften in Warenhäusern), Systematisierung und Planung der Werbung, Einstellung von fachmännisch vorgebildetem Personal, Benutzung von Werbebüros, fertigen Klischees und Dekorationsmitteln durch kleinere Betriebe u. a. haben zu diesem günstigen Ergebnis geführt. Trotzdem sind die Reklamekosten gerade in Branchen mit Moderisiko noch recht hoch:

Reklamekosten im amerikanischen Einzelhandel mit modeempfindlichen Waren[3]).

	% vom Umsatz
Seide und Samt	4.12
Wollstoffe	4.20
Waschstoffe	4.36
Leinen, Bett-, Tischzeug	4.90
Bänder	3.20
Kurzwaren, Knöpfe	3.00
Krawatten, Halstücher	4.60

[1]) Richtzahlen für den Wäscheeinzelhandel, R. K. W.-Veröffentlichungen Nr. 38.

[2]) Richtzahlen für den Eisenwareneinzelhandel, R. K. W.-Veröffentlichungen Nr. 3.

[3]) Analysis of Publicity Expense 1929. Nat. Retail Dry Goods Association.

	% vom Umsatz
Taschentücher	3.90
Putz	5.64
Handschuhe	3.50
Damen-, Kinderstrümpfe	3.45
Kinderkleidung	4.72
Damenschuhe	4.80
Kinderschuhe	4.10
Damenmäntel	5.33
Damenkleider	6.45
Mädchenkleider	6.04
Pelze	4.33
Herrenartikel	4.60
Herrenhüte	5.60
Knabenkonfektion	5.36
Herrenschuhe	4.50

Bei Kurzwaren, Bändern, Handschuhen und Strümpfen, bei denen das Moderisiko nicht ganz so hoch ist, liegen die Reklamekosten 1—2% niedriger als bei den übrigen Waren.

Zur selben Erkenntnis führt eine Analyse der Reklamekosten amerikanischer Warenhäuser [1]).

Reklamekosten der einzelnen Abteilungen in amerikanischen Warenhäusern. (Umsatzgröße 1/2—1 Mill. und 1—2 Mill. $).

Abteilungen	in % vom Umsatz			
	Zeitungen $		Sonstige Reklamekosten $	
	1/2—1 Mill.	1—2 Mill.	1/2—1 Mill.	1—2 Mill.
Seide und Samt	1.94	2.20	2.20	1.90
Wollstoffe	2.12	1.70	1.54	2.20
Waschstoffe	2.31	1.80	1.80	2.40
Leinen, Bett-, Tischzeug	2.14	2.30	2.20	2.60
Bänder	0.96	1.00	1.38	1.58
Kurzwaren, Knöpfe	0.88	1.45	1.80	1.63
Toilettenartikel	2.02	1.80	1.68	1.60
Silberwaren	4.27	1.90	1.91	2.80
Juwelen	2.80	2.46	1.74	1.99
Schirme	1.91	1.70	1.50	1.80
Kunstgewerbe	1.53	2.05	1.80	1.66
Papierwaren	1.39	1.50	1.75	1.50
Bücher	—	1.50	—	1.30
Krawatten, Halstücher usw.	2.10	1.84	1.48	1.75
Taschentücher	1.10	2.00	2.05	1.90
Putz	3.34	2.30	1.26	2.55
Handschuhe	2.10	1.90	1.25	1.70
Damen- und Kinderstrümpfe	2.03	1.90	2.00	1.80
Kinderkleidung	2.90	2.40	1.90	2.20
Damenschuhe	2.90	2.14	0.70	2.20
Kinderschuhe	2.39	1.70	1.27	2.40
Damenmäntel	3.80	3.30	1.20	2.68

[1]) Analysis of Publicity Expense 1929. National Retail Dry Goods Association, New York.

Abteilungen	in % vom Umsatz			
	Zeitungen		Sonstige Reklamekosten	
	½—1 Mill.	1—2 Mill.	½—1 Mill.	1—2 Mill.
Damenkleider	3.07	3.83	1.87	2.40
Mädchenkleider	2.60	3.10	2.20	2.62
Pelze	4.90	2.70	2.38	2.10
Herrenartikel	2.40	2.50	1.80	2.10
Herrenschuhe	—	1.81	—	1.82
Knabenkonfektion	3.43	2.65	1.05	2.30
Möbel	—	3.50	—	2.50
Lampen	1.84	2.40	1.66	3.50
Glas und Porzellan	—	3.90	—	2.14
Radio	—	4.80	—	1.50
Spielzeug	4.30	2.40	1.80	2.30
Koffer	4.58	2.72	3.22	1.60
Sprechmaschinen	—	—	—	—
Sportartikel	—	—	—	—
Herrenhüte	—	—	—	—

Neben den äußeren, vom Markt, von der Nachfrage herkommenden Einflüssen wirken auch innerbetriebliche Momente auf die Reklameintensität des Betriebes. In erster Linie kommen hier in Frage Betriebstyp und Betriebsgröße.

Der Betriebstyp, die verschiedenen Einzelhandelsformen, sind in ihrer Vertriebstechnik in ganz verschiedenem Ausmaß auf die Hilfe der Reklame angewiesen. Der ambulante Handel, in seinen primitiven Formen, bedarf ihrer überhaupt nicht[1]). Auch die Massenfilialgeschäfte (Kettenläden), die durch ihre einheitliche äußere Aufmachung, durch die Vielzahl ihrer Niederlassungen und ihre Preisvorteile für sich werben, verzichten zumeist auf eine besondere Reklame. Ihr wichtigstes und oft einziges Reklamemittel ist das Schaufenster. In Deutschland hat sich im Lebensmittelkettenhandel in letzter Zeit das Rabatt-, Spar- und Wert-Reklamesystem weit entwickelt. Zeitungsreklame wird aber von diesen Betrieben so gut wie nicht benutzt. Baxter[2]) gibt z. B. folgende Zahlen für die Reklame von Kettenläden, die zumeist wesentlich unter denen unabhängiger Spezialgeschäfte liegen:

	vom Umsatz
Kolonialwaren	¼—1%
Drogen	1½—3½%
Bekleidung (nur Zeitungsreklame)	3%
Einheitspreisgeschäfte	1½%
Schuhe	5%
Optik	10%

[1]) Die modernste Form des Wanderhandels allerdings, der Lebensmittelhandel vom Kraftwagen aus, der fahrplanmäßig gebundene Touren fährt, bedient sich wohl der Reklame. Offenbar handelt es sich aber, soweit deutsche Verhältnisse in Frage kommen, um Einführungsreklame.

[2]) Baxter, Chain Store Distribution and Management, New York-London 1928.

Die Reklamekosten der Kette für optische Artikel sind ganz außerordentlich hoch. Vergleichszahlen von unabhängigen Geschäften liegen leider nicht vor. Es ist aber anzunehmen, daß diese Kette, die die erste ihrer Branche ist, als Experiment zu werten ist. Deshalb bedarf sie einer ganz besonders intensiven Einführungsreklame, die in dem Kostensatz von 10% mitenthalten ist.

Die Einheitspreisgeschäfte in Deutschland und auch die des Woolworth-Konzerns in USA. treiben, soweit uns bekannt ist, keine Zeitungsreklame, mit Ausnahme von jeweils einer Anzeige in den Lokalblättern bei Eröffnung einer neuen Filiale. Auch ihre sonstigen Reklamekosten halten sie so niedrig wie möglich, da sie auf dem Standpunkt stehen, daß ihr Betriebstyp als solcher werbend wirkt und besonderer Reklame nicht bedarf.

Ganz anders liegen die Verhältnisse bei anderen Betriebsformen. Den Gegensatz zum ambulanten Handel, der die Ware dem Verkäufer ins Haus bringt, bildet das Versandgeschäft, das mit dem Kunden persönlich überhaupt nicht verkehrt. Die werbende Wirkung des Betriebes als solchem — des Ladenlokals —, der Schaufenster, der Ware, der Verkäufer, entfällt hier und wird vollkommen durch die Reklame ersetzt, die 7—8% vom Umsatz ausmacht. Die höchsten Kosten entstehen in den Versandgeschäften durch die Herstellung und Versendung der Kataloge, die meist mehrere 100 Seiten starke, mit zahlreichen, oft farbigen Abbildungen versehene Bücher darstellen. Versandgeschäfte, die ja eine typisch amerikanische Einzelhandelsform sind, inserieren auch häufig in teuren periodischen Fachzeitschriften, da sie hierdurch bei entlegen wohnenden, durch die Tageszeitungen der großen Städte nicht erreichbaren Bevölkerungskreisen zu werben versuchen. Derartige Reklame ist sehr kostspielig, sie wird aber aufgewogen durch die Ersparnisse, die an anderen Vertriebskosten gemacht werden können.

Der Betriebstyp, der durch seine Struktur zu intensivster Reklame gezwungen ist, ist das Warenhaus. Es wird stets aus seinem inneren Wesen heraus durch die Zusammenballung einer großen Anzahl von Spezialabteilungen einen Betriebsumfang haben, der über den Bedarf der näheren Umgebung hinausgeht. Der Umfang dieser strukturbedingten Kapazität zwingt zu intensivster Reklame, um die zu ihrer vollen Ausnutzung notwendigen Käufer anzulocken. Die Reklamekosten bestehen aber gerade bei den Warenhäusern nicht nur in jenen Aufwendungen, die man gemeinhin als Reklamekosten bezeichnet und die in der Statistik als solche erscheinen, sondern zu einem erheblichen Teil in anderen Kosten, deren Reklamekostencharakter oft übersehen wird, z. B. Kosten für Fahrstühle und Rolltreppen, die Einrichtung von Erfrischungs- und Teeräumen, die Weiterführung unrentabler Abteilungen aus Prestigegründen, das außerordentlich entgegenkommende Umtauschwesen und, last not least, die Warenzustellung. Die Kosten des Fuhrparkes sollen bei manchen Warenhäusern höher sein als die Ausgaben für die gesamte Zeitungsreklame. Da all diese Kosten des „Kundendienstes“, die zweifellos Werbekosten sind, nicht über das Reklamekostenkonto gebucht werden, ist es nicht verwunderlich, daß die tatsächlich ausgewiesenen Reklamekosten der einzelnen Abteilungen nicht wesentlich von denen entsprechender Spezialgeschäfte abweichen, und doch sieht McNair die augenblickliche Lage der Warenhäuser zweifellos richtig, wenn er behauptet, daß die Ursache ihrer sinkenden Rentabilität trotz gleichbleibender Umsätze und gleicher Handelsspanne in der Übersteigerung des Kundendienstes zu suchen ist [1]). Die überfeinerte Organisation und der ausgedehnte Kundendienst führen zu einem dauernden Anwachsen des nicht im Verkauf tätigen Personals, das teilweise schon 50—60% des Gesamtpersonals ausmacht und die Umsatzquote pro Kopf des Beschäftigten bereits auf 8500 $ gedrückt hat. Der Umtausch macht in manchen Betrieben bis 14% des Umsatzes aus. Die früher sehr geschätzte Gewohnheit des „shopping" hat sehr an Werbewirkung verloren, belastet aber die Warenhäuser stark durch zu geringe Ausnutzung des Raumes. Der Umsatz von 29—30 $ per Fuß² (bei Warenhäusern mit einem Umsatz bis 100 Mill. $) ist außerordentlich niedrig. In all diesen Kostenfaktoren sind Reklamekosten enthalten, die als solche nicht in Erscheinung treten und die Warenhäuser über ihre tatsächliche Stellung in der Reklamekostenskala täuschen. Wenn es sich auch zahlenmäßig nicht beweisen läßt, so gehen wir doch in der Behauptung kaum fehl, daß das Warenhaus der Betriebstyp mit den höchsten Reklamekosten ist.

Eine gewisse Typenbildung innerhalb einer Branche bewirkt auch die Qualität der von den einzelnen Betrieben geführten Ware. Stapel- und Luxusgeschäfte unterscheiden sich in ihrer innerbetrieblichen Struktur und in ihrer Kostenzusammensetzung. Betriebe mit Stapelcharakter haben in der Regel auch niedrigere Reklamekosten als Luxusbetriebe, doch gibt es auch Ausnahmen.

Die F. f. H. nimmt — mit Recht — den Umsatz pro Kunden als Anhaltspunkt für den Betriebstyp und kommt z. B. im Handel mit Damen- und Mädchenkleidung zur Feststellung folgender Reklamekosten [2]):

Umsatz je Kunde	Reklamekosten in % vom Umsatz
3—7 RM	2,2%
8—12 RM	1,7%
über 12 RM	2,5%

Am günstigsten liegen die Verhältnisse bei den Betrieben des Mittelgenres. Die ganz billige Konfektion schlägt wegen ihrer niedrigen Preise so wenig zu Buche, daß trotz mengenmäßig hoher, wertmäßig nur geringe

[1]) Malcom P. McNair, Trend in Large Scale Retailing, Harvard Business Review, Oct. 1931.

[2]) Richtzahlen für die Damen- und Mädchenkleidung, Schriftenreihe der Forschungsstelle für den Handel Nr. 6, Berlin 1930.

Umsätze erzielt werden, so daß das Verhältnis Umsatz : Reklamekosten kein günstiges ist.

Auch Kahn [1]) weist darauf hin, daß für die Reklamekosten im Schuheinzelhandel der Betriebstyp ein ausschlaggebender Faktor ist. Er gibt z. B. an, daß in Orten mit über 100000 Einwohnern Mittelbetriebe des Stapelgenres 1.95—2.10% vom Umsatz, Luxusbetriebe dagegen 3.15—4.10% Reklameunkosten haben, wobei die Mehrkosten vor allem durch Zeitungs- (Mittelbetriebe des Stapelgenres inserieren meist gar nicht, die Luxusbetriebe haben bis 1.4% Inseratkosten) und Schaufensterreklame entstehen.

Der zweite innerbetriebliche Faktor, der das Reklamebedürfnis einer Unternehmung bestimmt, ist die Betriebsgröße. Ganz allgemein kann behauptet werden: je größer ein Betrieb, desto größer sein Reklamebedürfnis und desto höher seine Reklamekosten, und zwar sowohl absolut als auch im Verhältnis zum Umsatz. Diese Tendenz setzt sich in gleicher Weise in allen Branchen und bei allen Betriebstypen durch. Sogar der ambulante Lebensmittelhandel, der durch Branche und Vertriebsform eigentlich für das Fehlen aller Reklamekosten prädestiniert zu sein scheint, beginnt mit der Reklame, und zwar mit ziemlich intensiver Reklame, sobald er zum Großbetrieb wird (Meierei Bolle; Finow-Farm-Gesellschaft).

In Deutschland ist allerdings zu beobachten, daß auch kleine Einzelhandelsbetriebe unter dem Druck der Konkurrenz der Groß-, vor allem aber der Filialbetriebe immer mehr zur Reklame übergehen, z. B. die den Edeka-Genossenschaften angeschlossenen Kolonialwarenhändler, die durch gemeinsam hergestellte Hausfrauen- und Kinderzeitschriften Reklame treiben, ferner durch Sparmarken, die die Mitglieder der Rabattsparvereine ausgeben und durch sonstige Wertreklame.

Oft ist die Reklame bei Kleinbetrieben nicht eine eigene, sondern eine Fabrikantenreklame. Die Hersteller, besonders von Markenartikeln, wenden sich über den Händler direkt an den Konsumenten und fördern damit nicht nur ihren eigenen, sondern auch den Händlerumsatz. Hersteller und Großhändler kommen immer mehr zu der Überzeugung, daß der kleine Einzelhandel als unabhängiger Abnehmer eine notwendige Voraussetzung für ihre fernere Existenz ist, daß sie den freien Handel im Kampf gegen die Kettenbetriebe unterstützen müssen, da mit wachsender Zahl der Großbetriebe die Tendenz zur Ausschaltung des Großhandels und zur Angliederung der Produktion an den Einzelhandel immer neue Impulse erhält. Da der kleine Einzelhandel von sich aus zu intensiver Werbung nicht in der Lage ist, können Produzenten und Händler ihm hierbei gute Dienste leisten. In U. S. A., wo in einigen Branchen der Kampf um die Ausschaltung des Großhandels viel heißer entbrannt ist als bei uns, haben die Kolonialwarengroßhändler einen Plan aufgestellt zur systematischen Unterstützung des unabhängigen Lebensmitteleinzelhandels. Dieser sogenannte „Chicago-Plan"

[1]) Kahn, Die Werbung des Schuheinzelhändlers. Stuttgart 1930, S. 150.

sieht als eine der wichtigsten Maßnahmen die Förderung und Überwachung der Werbung dieser kleinen Betriebe vor: Beratung bei der Inneneinrichtung der Läden, bei der Aufmachung der Ware, Zurverfügungstellen von Reklamemitteln, evtl. sogar Dekoration der Schaufenster durch eigene Dekorateure der Großhändler.

Die größte Schwierigkeit, die sich dem kleinen und auch häufig noch dem mittleren Betrieb bei seinen Versuchen, Reklame zu treiben, entgegenstellt, ist die geringe absolute Höhe der ihm zur Verfügung stehenden Mittel. So wurde z. B. von Vertretern der Feinkostbranche vor dem Enquête-Ausschuß ausgesagt, daß ein mittlerer Betrieb mit einem Umsatz von 50—60000 RM für Reklame ausgab: 1925 800 RM ($1^1/_4$%), 1926 700 RM (1.2%). Ein größerer Betrieb mit einem Umsatz von 520000 RM wendete nur $^1/_4$% auf, trotzdem standen ihm 1300 RM zur Verfügung. Da ein Inserat von $^1/_4$ Seite Umfang in einer Tageszeitung mittlerer Auflagenhöhe aber mindestens 150—200 RM kostet, wäre der Reklame-Etat eines solch kleinen Betriebes bereits mit zwei oder drei Inseraten im Jahre erschöpft. Eine so kleine Anzahl von Inseraten wäre aber voraussichtlich ohne jede Wirkung.

Dem Betrieb bieten sich aber Kostensubstitutionsmöglichkeiten: durch Einsparung an anderen Stellen wird der Reklame-Etat erhöht, oder die Steigerung anderer Ausgaben ermöglicht den Verzicht auf Reklame. Am häufigsten findet man die Substitution von Miete und Reklamekosten. Acht Betriebe des Feinkosthandels machten über ihre Miet- und Reklamekosten für 1925 und 1926 vor dem Enquête-Ausschuß folgende Angaben[1]):

Betrieb	Mietkosten in % vom Umsatz		Reklamekosten in % vom Umsatz	
	1925	1926	1925	1926
I	2.5	3.6	0.38	0.45
II	1.9	1.56	0.73	0.76
III	5.0	6.0	1.0	1.0
IV	3.0	3.5	0.75	1.20
V	2.6	4.3	0.22	1.0
VI	3.0	3.0	1.0	1.0
VII	1.33	2.65	1.87	2.19
VIII	8.60	9.40	1.40	1.20

Die Tendenz zur Substitution von Miet- und Reklamekosten ist ganz klar ersichtlich: Betrieb VII mit den weitaus höchsten Reklamekosten hat zwar nicht die allerniedrigsten Mietkosten, steht aber an zweiter Stelle. Umgekehrt haben Betrieb VIII und III die höchsten Miet-, aber unter-

[1]) Enquête-Ausschuß III. Unterausschuß, 9. Arbeitsgruppe: Grundlagen der Handelsenquête, 4. Band.

durchschnittliche Reklamekosten. Dieselbe Tendenz ergibt sich aus folgenden Kostenangaben aus dem Kolonialwarenhandel (1926)[1]):

Betrieb	Miete in % vom Umsatz	Reklame in % vom Umsatz
I	1.78	1.04
II	1.80	1.10
III	3.00	0.40
IV	2.00	0.65

Auch hier entfallen auf den Betrieb mit den höchsten Miet- die niedrigsten Reklamekosten und umgekehrt.

Die amerikanischen Versandgeschäfte können die hohen Reklamekosten von 7.21%[2]) nur aufwenden, weil ihre Mietkosten sehr niedrig sind. Da sie zumeist keinen direkten Kundenverkehr haben, liegen sie in billigen, verkehrsarmen Stadtteilen und verfügen nur über Lager-, Pack- und Verwaltungs-, nicht aber über eigentliche Verkaufsräume. Es muß daher sehr skeptisch beurteilt werden, wenn Versandgeschäfte sich neuerdings offene Ladengeschäfte angliedern.

Durch intensive Reklame spart man auch sonstige Verkaufskosten ein, vor allem Gehälter des Verkaufspersonals. Bei der Markenartikelreklame ist dieser Effekt tatsächlich erzielt worden. Im Einzelhandel scheint aber eine derartige Kostensubstitution nur in sehr beschränktem Umfang möglich zu sein. Zwar liegen nur wenige Untersuchungen hierüber vor, aber die Feststellungen, die z. B. über den deutschen Wäscheeinzelhandel gemacht werden konnten, berechtigen nicht zu großen Hoffnungen, wie nachstehende Kostenanalyse zeigt[3]) (die Betriebe sind hier nach der Höhe ihrer Reklamekosten gruppiert):

	Reklamekosten in % vom Umsatz			
	bis 0.99%	1—1.99%	2—2.99%	3% u. darüb.
Gehälter und Löhne	6.82%	8.09%	8.75%	9.40%
Miete	3.67%	2.81%	2.65%	3.19%
Gesamtkosten	18.18%	22.48%	23.77%	26.54%
Umschlagsgeschwindigkeit	2 mal	2 mal	1.67 mal	2.5 mal
Umsatz je beschäftigte Person	16 700.—	14 400.—	12 900.—	11 300.—
„ Verkaufskraft	20 000.—	28 500.—	29 000.—	30 600.—
Umsatz je Kunde	7.60 RM.		4.70 RM.	

Eine **Kostensubstitution** liegt z. B. auch dann vor, wenn ein Betrieb auf Inseratenreklame verzichtet und dafür besondere Sorgfalt auf

[1]) Enquête-Ausschuß, a. a. O., Band 2.

[2]) Wheeler Sammons, zitiert nach Seyffert, S. 463.

[3]) Richtzahlen für den Wäscheeinzelhandel. RKW.-Veröffentl. Nr. 38, S. 18.

Schaufensterdekoration und Inneneinrichtung legt und durch diese wirbt, oder wenn Betriebe mit ungünstiger Lage, z. B. Etagengeschäfte, besonders niedrige Preise verlangen u. ä. Aber die Möglichkeit, Reklamekosten durch andere Kosten zu substituieren, ist doch sehr beschränkt.

Die Reklamekosten wachsen mit der Betriebsgröße:

1. Mit wachsender Betriebsgröße entsteht die Notwendigkeit, die Kunden auf immer weitere Entfernungen heranzuziehen.

2. Die Wirksamkeit der Werbung steigt nicht proportional zu den aufgewendeten Mitteln, sondern nur mit abnehmendem Erfolgszuwachs.

Für die steigenden Reklamekosten bei wachsender Betriebsgröße einige Beispiele aus verschiedenen Branchen und Ländern:

Die F. f. H. macht in den Richtzahlen für den Wäscheeinzelhandel und den Eisenwareneinzelhandel folgende Angaben über die Reklamekosten:

Reklamekosten im Wäscheeinzelhandel[1]).

Betriebsgröße (Umsatz)	Zahl der Firmen	Durchschn. Reklamekosten in % v. Ums.	Reklamekosten Niedrigst % v. Ums.	Reklamekosten Höchst % v. Ums.
10 000— 99 999 RM.	18	1.69	0.68	2.07
100 000—199 999 „	18	1.50	0.64	2.56
500 000—499 999 „	17	1.63	1.03	1.93
200 000 RM. und darüber	15	2.37	1.33	3.31

Druckreklamekosten im Eisenwarenhandel in Städten mit 20000—100000 Einwohnern[2]).

Größe der Städte (Einwohner)	Gesamtvertriebskosten in % vom Umsatz	davon Kosten der Druckreklame in % vom Umsatz
bis 19 999 RM.	16.09	0.16
20 000—99 999 RM.	20.83	0.58
100 000 RM. und mehr	24.52	0.60

Reklamekosten im Schuheinzelhandel (U. S. A.)[3]).

Umsatz	Zahl der Firmen	Reklamekosten im Durchschnitt
Unter 30 000 $	77	1.1% vom Umsatz
30 000— 49 999 $	89	1.8
50 000— 99 999 $	106	2.0
100 000—249 999 $	91	2.9
250 000 und mehr	44	3.7

[1]) Richtzahlen für den Wäscheeinzelhandel. RKW.-Veröffentl. Nr. 38.

[2]) Richtzahlen für den Eisenwareneinzelhandel. RKW.-Veröffentl. Nr. 28, Berlin o. J.

[3]) Operating expenses in Retail Shoe-Stores 1921, zitiert nach Kahn, a. a. O. S. 33.

In Deutschland sollen die Reklamekosten im Schuheinzelhandel (nach Kahn) bei den verschiedenen Betriebsgrößen durchschnittlich zwischen 2 und 4% vom Umsatz schwanken, doch geben manche Betriebe nicht einmal 1%, andere dagegen mehr als 7% vom Umsatz für Werbung aus.

Ganz klar kommt dagegen die Tendenz bei den amerikanischen Warenhäusern zum Ausdruck, bei denen die Reklamekosten 1922 nach einer Untersuchung des Harvard-Institutes betrugen:

Umsatz	Reklamekosten im Durchschnitt
weniger als 150 000 $	2.0% vom Umsatz
150 000— 299 999 $	2.4
300 000— 499 999 $	2.65
500 000— 749 999 $	2.6
750 000— 999 999 $	3.2
1 000 000—1 999 999 $	3.2
2 000 000—3 999 999 $	3.4
4 000 000—9 999 999 $	3.6
10 000 000 oder mehr $	3.3

Die Kosten wären noch höher, wenn im Großbetrieb nicht andere Vorteile entstehen würden. Großbetriebe, die regelmäßig inserieren, können mit Zeitungen langfristige Verträge abschließen und erhalten dafür Preisnachlässe. Entwurf- und Klischeekosten verteilen sich auf mehrere Betriebe bzw. eine größere Anzahl von Inseraten. Im Hinblick auf die Kosten der Zeitungsreklame sind die Betriebe am günstigsten gestellt, bei denen das gleiche Inserat für viele Filialen bzw. Abteilungen wirbt. Massenfilialbetriebe können daher auch Inserate in großen und teuren Zeitungen und Zeitschriften veröffentlichen und für das einzelne Inserat hohe Aufwendungen machen. Der Schuhkonzern Tack z. B. besitzt mehr als 130 ganz gleichartige Filialen. Er ist daher auch einer der wenigen Einzelhandelskonzerne, der Inserate in der wohl teuersten „Berliner Illustrirten" bringt, wo eine Seite z. Zt. 13376 RM kostet. Aber die größten Zeitungen sind durchaus nicht immer die teuersten. Die Inseratpreise steigen wohl mit wachsender Auflagehöhe, aber nicht proportional mit dieser.

Ein weiterer Faktor, der die Höhe der Reklamekosten im Handel stark beeinflußt, ist die Größe des Niederlassungsortes. Daß diesem Faktor ein wesentlicher Einfluß zukommt, ist durchaus verständlich, denn 1. ist in größeren Orten die Konkurrenz stärker, 2. sind dort wegen der weiteren räumlichen Verteilung den Käufern die einzelnen Betriebe nicht ohne weiteres bekannt, 3. sind in größeren Orten größere Betriebe existenzfähig; diese sind aus Gründen des größeren Absatzes zu stärkerer Werbung gezwungen. Die Beobachtung, die man ganz allgemein über die Kostengestaltung im Handel machen kann, daß mit wachsender Größe des Niederlassungsortes die Vertriebskosten steigen, gilt ganz besonders auch für die Reklame.

Die F. f. H. konnte feststellen, daß im Wäscheeinzelhandel die Reklamekosten unter dem Einfluß des Niederlassungsortes (und der damit verbundenen Faktoren) von durchschnittlich 1.48 auf 1.99% vom Umsatz stiegen. Betrachtet man die festgestellten niedrigsten und höchsten Kosten, so ist die Differenz noch wesentlich größer: fast 3% vom Umsatz (0.94 : 3.65%), ein bei einem doch immerhin untergeordneten Kostenteil ganz gewaltiger Unterschied.

Im amerikanischen Eisenwarenhandel[1]) wurden unter dem Gesichtspunkt der Größe des Niederlassungsortes folgende Sätze für Reklamekosten festgestellt:

Umsatz	Städte unter 10 000 Einw.	Städte von 10 000 bis 50 000 Einw.	Städte über 50 000 Einw.
	Durchschnittlicher Kostenanteil		
Weniger als 25 000 $	0.59%	1.46%	0.80%
25 000— 40 000 $	0.55%	1.53%	0.91%
40 000— 60 000 $	0.57%	1.30%	1.18%
60 000—100 000 $	0.55%	1.40%	1.00%
100 000 oder mehr	0.36%	1.11%	1.16%

Die gleiche Tendenz ist demnach auch im amerikanischen Eisenwareneinzelhandel zu beobachten, wenngleich sie hier nicht so rein zum Ausdruck kommt. Es kreuzen sich hier Einflüsse der Größe des Niederlassungsortes mit denen der Betriebsgröße.

Die steigende Tendenz gilt aber nicht einheitlich für alle Kostenelemente der Reklame. Kahn[2]) hat z. B. festgestellt, daß die Kosten im Schuheinzelhandel für Zeitungsreklame in mittleren Städten mit 30000—100000 Einwohnern höher liegen als in Großstädten mit über 100000 Einwohnern (durchschnittlich 1.56% bzw. 1.10% vom Umsatz).

Nachdem untersucht ist, welche Faktoren die Gesamthöhe der Reklamekosten eines Handelsbetriebes bestimmen, soll noch kurz eine Kostenanalyse nach Reklamemitteln vorgenommen werden. Hierbei kann zwar nichts für alle Handelszweige und Betriebstypen in gleicher Weise Gültiges ausgesagt werden, aber einige Grundtendenzen in der Reklamekostenzusammensetzung lassen sich doch feststellen.

Zunächst gilt wohl für alle Branchen, daß, soweit die Betriebsgröße Zeitungsreklame überhaupt erlaubt, diese den wichtigsten Reklamekostenfaktor darstellt. Von den Reklamekosten der amerikanischen Warenhäuser entfallen z. B. in der Größenklasse 2—5 Mill. $ Umsatz von 4.14% Gesamtreklamekosten allein 3.05% auf Zeitungsinserate. Das gleiche gilt von den Spezialgeschäften: von 4.95% entfallen auf Zeitungsreklame

[1]) Nat. Retail Hardware Association, 1929.
[2]) A. a. O. S. 150.

3.27%. Skatikat[1]) berichtet von einem deutschen Warenhaus, von dessen Reklameetat in Höhe von 56092 RM 24000 RM auf Zeitungsreklame entfielen. Kahn schätzt diesen Unkostenposten im Schuhwareneinzelhandel auf $1^1/_2$—2% vom Umsatz. Diese wenigen Beispiele genügen, um zu zeigen, welche überragende Bedeutung der Zeitungsreklame im Werbekostenetat der Handelsbetriebe zukommt. Und gerade deshalb empfinden es die Betriebe als einen großen Mangel, daß es noch nicht gelungen ist, auch nur einigermaßen befriedigende Methoden für die Messung der Wirkung der Zeitungsreklame zu finden. Hat ein Betrieb sich einmal entschlossen, Zeitungsreklame zu treiben, so zwingen die der Reklame innewohnenden psychologisch bedingten Gesetze, dies in einem Mindestumfang zu tun, der wiederum durch die Größe des Niederlassungsortes, durch Art und Anzahl der zu berücksichtigenden Zeitungen, die Reklamegewohnheiten der Konkurrenz (z. B. ob diese halb- oder viertelseitige Inserate bringt) u. ä. bestimmt wird.

Der nächstwichtige Kostenfaktor ist die Schaufensterreklame. In der Höhe der Kostenzahlen kommt dies zwar nicht immer zum Ausdruck, weil einer der wichtigsten Faktoren, der Mietwert der Schaufenster, nicht als Reklamekosten in Erscheinung tritt. Die Miethöhe von Ladenlokalen richtet sich in erster Linie nach ihrer Lage und hierbei wiederum nach der Zahl und Werbewirksamkeit der Schaufenster. Es soll in bestimmten Gegenden Deutschlands sogar üblich sein, die Miete von Ladenräumen normaler Größe nur nach der Zahl der Schaufenster zu berechnen, in jeder Straße gemäß der verschiedenen Verkehrsdichte und ihrer Eignung für den Einzelhandel mit einem orts- (straßen-) üblichen Satz. Diese Sätze sollen sich auf 12 bis 15000 RM pro Fenster belaufen. Obgleich also das Schaufenster den Mietwert des Lokals wesentlich mitbestimmt, tritt die Miete nicht als Reklamefaktor auf, und die Schaufensterreklamekosten erscheinen daher wesentlich niedriger, als sie es tatsächlich sind.

Die Höhe der Schaufensterreklamekosten schwankt stark nach Branchen und Betriebstypen. Branchen, deren Waren als solche nur wenig werbewirksam sind, bedürfen mehr und teureren Dekorationsmaterials als solche, deren Waren an sich die Aufmerksamkeit der Käufer anzieht. Hinzukommt, daß in einer Branche die Ware mehr, in anderen weniger durch das Schaustellen leidet. In der Textilbranche, insbesondere im Seiden- und Konfektionseinzelhandel, wird die ausgestellte Ware oft bis zu 50% und mehr entwertet. Diese Preisherabsetzungen gehen zu Lasten des Reklamekontos.

Im allgemeinen kann gesagt werden, daß der Großbetrieb mit geringeren Schaufensterreklamekosten arbeitet als der Mittelbetrieb. (Der Kleinbetrieb kann hier wegen der minderen Qualität seiner Schaufensterdekoration zum Vergleich nicht mit herangezogen werden.) Die unten wiedergegebene Kostenanalyse in amerikanischen Warenhäusern zeigt z. B. einen Rückgang von 0.70 auf 0.38% vom Umsatz bei den verschiedenen Größen-

[1]) Z. f. Hw. u. Hpr. 1921, H. 22.

klassen. Auch bei den Spezialgeschäften konnte die gleiche Entwicklung beobachtet werden.

Die starke Degression ist vor allem auf die bessere Ausnutzung der fixen Kostenbestandteile zurückzuführen: insbesondere auf die bessere Ausnutzung der Arbeitskraft der Dekorateure und des sonstigen Hilfspersonals. Die Gehaltskosten sinken in unserer Analyse z. B. von 0.42 auf 0.22%, also fast auf die Hälfte. Auch das Dekorationsmaterial findet eine bessere Ausnutzung und wird in Großbetrieben häufig weiterverwertet — wieder verwendet oder weiterverkauft —, was die Kosten erheblich vermindert. Neben diesen beiden Hauptkostenfaktoren spielen alle anderen eine untergeordnete Rolle.

Analyse der Werbekosten in amerikanischen Warenhäusern und Spezialgeschäften 1929 [1]) (in % vom Umsatz):

	Warenhäuser Umsatz			Spezialgeschäfte
	½—1 Mill. $	1—2 Mill. $	2—5 Mill. $	
Allgemeine Werbung:				
Löhne u. Gehälter der Reklameabteilung	0.41	0.38	0.34	0.58
Kosten der Zeitungsreklame	2.30	2.65	3.05	3.27
„ „ Briefreklame	0.27	0.21	0.26	0.50
„ „ sonst. Reklame	0.26	0.13	0.23	0.15
Reklamematerial	0.09	0.07	0.14	0.06
Verschiedenes	0.05	0.04	0.04	0.10
Reisespesen	0.01	0.02	0.01	0.02
Porti, Frachten etc.	0.06	0.04	0.04	0.19
Dienste außenstehender Fachleute	0.03	0.06	0.03	0.10
Gesamtkosten	3.48	3.60	4.14	4.97
Schaufensterreklame:				
Löhne u. Gehälter	0.42	0.26	0.22	0.32
Dekorationsmaterial	0.12	0.14	0.12	0.27
Sonst. Dekorationskosten	0.08	0.04	0.03	0.01
Reisen	0.02	0.01	0.01	0.01
Kosten der Schaufensterreklame	0.64	0.45	0.38	0.61
Gesamtwerbekosten	4.12	4.05	4.52	5.58

In deutschen Warenhäusern liegen die Kostenverhältnisse ganz ähnlich. Skatikat [2]) bringt eine Kostenanalyse aus einem deutschen Warenhaus, nach der sich die Reklameunkosten, die zusammen 3.74% vom Umsatz bzw. 11.22% der Gesamtkosten ausmachen, wie folgt zusammensetzen:

Schaufensterreklame	23 202 RM
Firmenschilder, 5% Abschreibung	250 „
Zeitungsreklame	24 000 „
Reklameleistungen des Büropersonals	5 640 „
Anteiliges Gehalt des Geschäftsführers	3 000 „
	56 092 RM

[1]) Nat. Retail Dry Goods Association. Analysis of Publicity Expense 1929.

[2]) Skatikat a. a. O.

Der außerordentlich hohe Anteil der Schaufensterreklamekosten ist wahrscheinlich darauf zurückzuführen, daß in diesem Falle die anteiligen Mietunkosten der Schaufenster dem Reklamekonto belastet wurden.

Wesentliche Unterschiede zwischen den Reklameaufwendungen von Spezialgeschäften und Warenhäusern hinsichtlich der Kostenzusammensetzung und der Verwendung der verschiedenen Reklamemittel bestehen nicht. Die höheren Kosten für Kundendienst, die den Warenhäusern erwachsen, kommen ja in den Reklamekosten nicht zum Ausdruck. Auch Betriebstyp und Größe des Niederlassungsortes üben einen gewissen Einfluß auf die Verwendung der verschiedenen Reklamemittel aus. Kahn [1]) hat eine derartige Analyse für den Schuheinzelhandel durchgeführt, die wir nachstehend wiedergeben.

Überblick über die Kostenverhältnisse der einzelnen Werbemittel im Schuheinzelhandel (in % vom Umsatz):

Geschäfte in Großstädten von über 100000 Einwohnern	Geschäftstyp	Schaufenster %	Inserat %	Drucksachen %	Zugaben %	Gehälter f. Werbepersonal %	Verschiedenes (Kino-, Dauer-, Fassadenreklame) %	Rückstellungen	Total
A. Großbetriebe									
1.	Stapel	0.42	1.23	0.26	0.14	0.28	0.15	0.27	2.75
2.	„	0.66	2.30	0.34		0.40		0.19	3.89
3.	„	0.84	1.62		0.23		0.18	0.28	3.15
4.	„	1.04	0.98	0.94	0.21				3.17
B. Mittelbetriebe									
1.	„	0.72		0.63	0.42			0.18	1.95
2.	„	0.52		0.74	0.37	0.35	0.13		2.11
3.	Luxus	1.14	0.72	0.42	0.18	0.41		0.28	3.15
4.	„	1.01	1.94	0.18	0.26	0.27	0.07	0.37	4.10
Durchschnitt		0.79	1.10	0.44	0.23	0.21	0.07	0.20	3.04
Geschäfte in Städten von 30-100 000 Einwohnern									
A. Großbetriebe									
1.	Stapel	0.80				0.50			1.30
2.	„	0.75	0.50	0.30		0.50			2.05
3.	„	0.68	2.65	0.47	0.45				4.25
B. Mittelbetriebe									
1.	„	0.90	2.30			0.45		0.35	4.00
2.	„	0.26	1.84	0.37	0.35		0.28		3.10
3.	Luxus	0.97	2.04	0.27		0.47			3.75
Durchschnitt		0.73	1.56	0.24	0.13	0.31	0.05	0.06	3.08
Gesamtdurchschnitt für 14 Geschäfte		0.76	1.33	0.34	0.18	0.26	0.06	0.13	3.06

[1]) Kahn, a. a. O. S. 150.

Im Großhandel gehen, wie wohl in keinem anderen Wirtschaftszweig, Vertrieb und Werbung ineinander über. Die Psyche der Kunden des Großhandels ist eine völlig andere als die des Konsumenten, an den sich die Werbung des Einzelhandels wendet.

Der Kunde des Großhandels — der Weiterverarbeiter oder Wiederverkäufer — kalkuliert seinen Einkauf und ist schwer durch irgendwelche psychologischen oder Gefühlsmomente zu beeinflussen. Reklame hat daher viel weniger Aussicht auf Erfolg und wird auch viel weniger angewendet. Die gesamte Verkaufstechnik — Vertreterbesuche, unaufgefordertes Zusenden von Mustern, Preislisten und Katalogen usw. — vermischt das Werbemit dem reinen Verkaufsmoment so stark, daß eine erfolgreiche Trennung der Reklamekosten kaum möglich und auch wenig zweckvoll wäre.

Für die Kostentheorie entsteht im Zusammenhang mit der Handelsreklame noch folgende Frage: Wie wirkt die Reklame der Einzelhandelsbetriebe auf den Preis? Bei der Industriereklame hatten wir festgestellt, daß sie durch die Art der Kalkulation der nachfolgenden Wirtschaftsstufen und durch die relativ große Freiheit in der Preisstellung, über die die Produzenten in vielen Branchen verfügen, preiserhöhend wirkt.

Zweifellos ist auch die Reklame des Handels Kostenfaktor, aber der Preis enthält höchstens die tatsächlichen Reklamekosten, da eine folgende Kalkulationsstufe nicht mehr vorhanden ist. Wegen der Einheitlichkeit des Verkaufspreises und der Kosten innerhalb der Branche und der Bindung an eine brancheübliche Handelsspanne wird übermäßige Reklame, soweit sie nicht kostensubstituierend wirkt, im Preis nicht vergütet. Der Umsatz auch der größten Einzelhandelsbetriebe ist, am Gesamtumsatz der Branche gemessen, so klein, daß kein Einzelhandelsbetrieb bestimmend auf den Preis wirken kann.

bb) Transportkosten.

Der erste Anstoß zur Steigerung der Distributionskosten kam vom Transport. Die verbesserte Transporttechnik ermöglichte eine schnellere, regelmäßigere und billigere Beförderung auf weite Strecken und schuf die Voraussetzungen für eine weltwirtschaftliche Arbeitsteilung, wie sie noch vor 100 Jahren überhaupt nicht denkbar gewesen wäre. Die Rohmaterialien werden an den Orten der günstigsten geographischen, klimatischen und geologischen Bedingungen gewonnen, kommen zu den Plätzen der günstigsten Arbeitsbedingungen bzw. günstigsten Hilfsstoffe, z. B. zur Kohle, und gehen als Fertigfabrikate häufig zurück ins Ursprungsland, z. B. die ägyptische Baumwolle vom Ursprungsland zu den Spinnereien und Webereien Englands und zurück nach Ägypten. Eine große Anzahl von Produkten ist am Gewinnungsort so gut wie wertlos, durch die Transportmöglichkeiten sind sie zu wichtigen Welthandelsartikeln geworden, z. B. das Petroleum, das, könnte man es heute nicht Hunderte und Tausende von Kilometern transportieren, noch immer die wertlose Indianermedizin wäre wie vor 100 Jahren.

Die Steigerung des Transportbedarfs findet ihren Niederschlag einmal in den wachsenden Kapitalinvestitionen der Verkehrsbetriebe und den damit verbundenen steigenden Zins- und Amortisationskosten. Bereits 1913 schätzte man den Wert der Verkehrsmittel der Welt auf 95—106 Mrd. [1]) M, die sich wie folgt verteilen:

Eisenbahnen	55 Mrd. M.
Handelsseeflotte	6— 7 „
Häfen, Binnenwasserstraßen	14—19 „
Post und Telegraphennetz	5 „
Land- und städtische Straßen, Fahrzeuge usw.	15—20 „
	95—106 Mrd. M.

Zweifellos sind selbst diese riesigen Zahlen zu niedrig. Sax schätzt allein die Verkehrsinvestitionen Deutschlands 1914 auf 34 Mrd. M., U. S. A. 1922 auf 35.3 Mrd. $. In U. S. A. betrug das Verkehrskapital 1900 etwa 13.4%, 1922 etwa 11% des Volksvermögens. Weit stärker als die investierten Kapitalien sind die Verkehrsleistungen des Verkehrswesens gestiegen. Sombart [2]) hat einmal berechnet, daß die Jahresleistung aller im Gebiete des deutschen Zollvereins vorhandenen Pferde höchstens 500 Mill. tkm betrug, während die deutschen Eisenbahnen 1913 67 Mrd., die Deutsche Reichsbahn-Gesellschaft

	1925	1926	1927	1928	1929	1930	1931
Mrd.	59.6	64.8	72.6	73.2	76.4	61.0	51.2

tkm Gütertransporte ausführten.

Die Verkehrsleistungen der wichtigsten Eisenbahnsysteme zeigen eine ähnliche Entwicklungskurve. Die U. S. A.-Bahnen vollbrachten bereits 1924 eine Leistung von 565 Mrd. tkm.

Mit den Verkehrsleistungen stieg auch die durchschnittliche **Beförderungsweite** der einzelnen Sendungen. Es werden nicht nur **mehr** Güter, sie werden auch **weiter** befördert. Leider gibt es keine Untersuchung darüber, wie groß die durchschnittliche Transportlänge wichtiger Welthandelsartikel ist. Bedenkt man aber den Umfang des internationalen Handels, vor allem mit Getreide, Baumwolle, Früchten usw., und ermißt man die riesigen Entfernungen, die z. B. die Wolle Australiens bis zu den englischen Spinnereien und dann das Fabrikat selbst zu den Konsumenten, vielleicht in China oder Japan, zurückzulegen hat, dann erhält man eine Vorstellung, welchen kostenmäßigen Anteil der Transport an den Gesamtkosten eines Produktes haben muß.

---

[1]) Woytinsky, Die Welt in Zahlen, Bd. V. S. 19.
[2]) Sombart, Der moderne Kapitalismus, Bd. 2, S. 341.

Die Höhe der Kosten der Transportleistungen kann man an den Einnahmen der Verkehrsbetriebe messen. Die Reichsbahn erzielte 1929 eine durchschnittliche Tageseinnahme von 17.6, 1930 von 15.0 Mill. RM. Mehr als 15 Mill. RM erwuchsen der deutschen Wirtschaft täglich an Eisenbahntransportkosten, zu denen See- und Binnenschiffahrts-, Post-, Straßenbahntransport- und andere Beförderungskosten kamen. 4.6 Mrd. RM betrugen die Einnahmen der Reichsbahn 1930, 5.4 Mrd. 1929.

Und trotzdem hat die Wirtschaft diese ungeheuren Transportkosten bisher nicht als eine allzu schwere Last empfunden. Die stetige Verlängerung der Transportwege wurde durch ein kontinuierliches Steigen der Transportgeschwindigkeit kompensiert [1]), und die Transportkosten, auf die Leistungseinheit bezogen, zeigten bis zum Kriege eine dauernd sinkende Tendenz. Seit dem 18. Jahrhundert sind die Kosten des Wassertransportes um 50—80%, die des Landtransportes um viel mehr gesunken. Allein die Einführung der Eisenbahnen, die zur Zeit ihrer Entstehung noch relativ hohe Tarife hatten, führte in wenigen Jahrzehnten zu einer Verringerung der Landtransportkosten um 86%. Hierzu kommt ein Rückgang der Transportversicherungsprämien von 8—10% auf ½% des versicherten Wertes.

Sax [2]) berichtet, daß Anfang des 19. Jahrhunderts die Tarife der Postkutschen in England pro km in der 1. Klasse 20—25.6 Pfg., in der 2. Klasse 12.8—16 Pfg. betrugen. An der Wende des neuen Jahrhunderts betrug der Eisenbahnfahrpreis für 1 km auf der Strecke London-Manchester nur noch 8 Pfg. in der 1. Klasse, 6.3 Pfg. in der 2. und 5 Pfg. in der 3. Klasse.

Eine ähnliche Entwicklung zeigen die Frachtsätze für Gütertransporte. Während früher in England der Transport eines tkm auf der Landstraße 44—56 Pfg., auf den Kanälen 11.2—17.6 Pfg. kostete, befördern die Eisenbahnen heute die Güter, soweit bei den Wert- und Staffeltarifen eine Durchschnittsrechnung möglich ist, zu Frachten, die ungefähr bei 40% der alten Kanalfrachten liegen.

In Deutschland kostete früher der Landstraßentransport von 1 t Kohle über 1 km annähernd 40 Pfg., dagegen betrug bei den preußischen Staatsbahnen der Rohstofftarif zeitweise nur 1.23 Pfg. Im Durchschnitt vereinnahmte die Deutsche Reichsbahn-Gesellschaft

für 1 tkm	1924	6.00 Pfg.
	1925	5.11 „
	1926	4.76 „

Zu dieser absoluten Senkung der Frachtkosten tritt als weiteres verbilligendes Moment die Zeitersparnis. Wenn man bedenkt, daß die fran-

[1]) Die Postkutschen fuhren in England mit einer Stundengeschwindgikeit von 15—16 km, in Frankreich sogar nur mit 8—10 km. 1914 betrug die durchschnittliche Fahrgeschwindigkeit eines Güterzuges 30—40 km, eines Schnellzuges 62.3 km. Die D-Züge erreichen heute streckenweise mehr als 100 km Stundengeschwindigkeit. Noch größer ist der Zeitgewinn des Dampfers gegenüber dem Segelschiff.

[2]) Verkehrsmittel in der Volkswirtschaft, Bd. III, S. 537.

zösischen Handelsschiffe zum Zurücklegen von 250 km manchmal 3—4 Monate benötigten, und daß das Risiko eine Funktion der Zeit ist, wird man verstehen, welche Umwälzungen die Verbesserung der Transporttechnik für die Wirtschaft mit sich bringen mußte. Der Produktionsapparat wurde vollkommen umgestaltet, mit allen Folgen für Wandlungen in der Kostenzusammensetzung.

Trotz der Verbilligung der Frachtkosten an sich ist in der Gegenwart im Verhältnis zu früher der Anteil der Transportkosten an den Gesamtkosten höher. Die Tendenz ist steigend. Die Ursache für diese Erscheinung ist die Umgestaltung der Produktion: die Umwegproduktion und die betriebliche und weltwirtschaftliche Arbeitsteilung.

In der Periode der handwerklichen und in der Frühzeit der industriellen Produktion war der Konsumort der natürliche Standort der verarbeitenden Industrien. Die Absatzweite der Urproduktion war beschränkt und von nahegelegenen Verbrauchsorten abhängig, der Transport war teuer und zeitraubend. Arbeitsorientierte Standorte einzelner Gewerbe waren selten. Man fand sie nur dann, wenn eine Herstellungstechnik das sorgfältig gehütete Geheimnis war, oder eine von Generation zu Generation weitergebildete Handfertigkeit bestimmte Bevölkerungsgruppen auszeichnete, wie z. B. die Teppichweberei des Orients, die Diamantschleiferei Amsterdams, die Purpurfärberei Afrikas.

Man kann heute wohl ohne Übertreibung behaupten, daß nur noch diejenigen Gewerbe einen konsumorientierten Standort haben, deren Erzeugnisse aus technischen Gründen nur begrenzt transportabel sind, z. B. Bäckereien, Milchwirtschaften, Fleischversorgung u. ä., ferner diejenigen, deren Funktion darin besteht, die Ware dem Konsumenten möglichst nahe zu bringen, wie der Einzelhandel und solche Gewerbe, die ebenfalls die direkte Verbindung mit dem Konsum nicht entbehren können, wie z. B. alle Dienstleistungs-, Darstellungs- und Reparaturbetriebe. Bei allen anderen Industrien kommt der Ort des Konsums erst als letztes Wahlprinzip für die Standortswahl in Frage, was notwendigerweise zu einer Erhöhung der Verteilungskosten führen muß.

Verstärkt wird die Tendenz durch das Konzentrationsstreben der anlageintensiven Industrie, die, zur Ausnutzung ihrer Kapazität, gezwungen ist, den Absatz möglichst zu steigern, zumeist auf Kosten der weniger konkurrenzfähigen, auf die Versorgung der lokalen Märkte eingestellten Kleinbetriebe. Nicht immer ist mit solcher „Rationalisierung" der Produktion eine entsprechende Preissenkung verbunden, da die bei der Herstellung ersparten Kosten ganz oder zu einem erheblichen Teil für die nun komplizierter gewordene Verteilung aufgewendet werden müssen: Werbung, Zwischenschaltung von Handelsstufen und nicht zuletzt für Transport.

Transportkosten sind ja nicht nur gezahlte Frachten. Die Frachtkosten sind lediglich derjenige Transportfaktor, der als Kostenart buchmäßig getrennt erfaßt wird. Zu den Frachtkosten treten folgende Kostenelemente hinzu:

1. die Kosten der eigenen Transportmittel, wie Automobile, Wagen, Traktoren, Eisenbahnspezialwagen, eigene Gleisanlagen, Laderampen u. a.
2. die Kosten der Lagerung außerhalb der Betriebe (Lagerhauskosten),
3. die Kosten der Transportvorbereitung: (Wiegen, Verpacken, Ausstellen der Versanddokumente), die sich als Personal-, Material- und Raumkosten auswirken.
4. Versandverluste.
5. Kosten des Transportes zwischen den Betrieben.
6. die Kosten der Transportabteilung.

In bezug auf die Transportkosten muß der Betrieb wissen:

1. den Anteil der Transportkosten am Produktpreis,
2. die Wirkung der Transportkostenänderungen auf den Preis des Produktes,
3. die Bedeutung der Transportkosten für die Konkurrenzfähigkeit (Absatzreichweite).

Der Anteil der Transportkosten am Preis ist nur sehr schwer festzustellen. Er ist bei den einzelnen Handelswaren verschieden, bei hochwertigen Waren fällt er weniger ins Gewicht als bei geringwertigen. Ferner ist auch die Art des Transportes von größter Bedeutung. Die Frachten für Stückgutsendungen sind höher als für Wagenladungen; Waren, die leichter geladen und entladen werden können, deren Lagerung im Transportmittel (vor allem im Schiff) keine Schwierigkeiten bereitet, sind billiger zu transportieren als andere, für deren Unterbringung besondere Vorrichtungen notwendig sind (z. B. Erz und Getreide billiger als Bananen oder Gefrierfleisch). Auch das Transportmittel und die Höhe seiner Frachtraten spricht hier mit. Es wird der Anteil der Transportkosten am Preis der Blumen, die von Holland mit dem Flugzeug nach Berlin gebracht werden, höher sein als bei jenen, die mit der Bahn aus Frankfurt (Oder) kommen. Etwas Allgemeingültiges läßt sich über den Frachtanteil am Preis nicht sagen. Da Transportlänge, Transportmittel, Warenart und Versandmenge mitsprechen, können Untersuchungen stets nur für die Preise eng begrenzter Bezirke angestellt werden. Bei Welthandelsartikeln sind z. B. alle Abweichungen vom Weltmarktpreis vor allem transportkostenbedingt. Wie verschieden die Verhältnisse liegen können, zeigen folgende drei Beispiele:

Bei der Versendung von Puppen von Thüringen nach Schanghai beträgt der Transportkostenanteil am Exportpreis 60%, bei Lampenglocken aus Porzellan sogar 84%, während er z. B. beim Transport von Baumwolle von Galvestone nach Langen-Bielau nur 7.3% des Wertes ausmacht.

Das Department of Commerce in Washington hat einmal eine Enquète über den durchschnittlichen Anteil der Transportkosten (Transportkosten im weiteren Sinne, nicht als Frachtkosten) an den Gesamtkosten des Produktes veranstaltet. Das Ergebnis zeigt folgende Tabelle:

Transportkosten in % der Gesamtkosten in Großbetrieben.

Pottasche (Prod.)	61%
Fleischkonserven (Prod.)	57%
Steinbruch (Prod.)	51%
Öl (Prod.)	45%
Milchprodukte (Prod.)	42%
Bauholz (Prod.)	38%
Salz (Gewinnung und Verarbeitung)	34%
Einrichtung für elektrische Aufzüge (Prod.)	34%
Koks (Prod.)	34%
Fischprodukte	32%
Kornprodukte	24%
Ölprodukte	10—17%
Pappe, Papier, Schreibwaren (Prod.)	16%
Chemikalien (Prod.)	16%
Süßwaren (Prod.)	14%
Konservenindustrie (Prod.)	13%
Möbel (Prod.)	13%
Baumwollsamenprodukte	12%
Drogen (Prod.)	12%
Maschinenindustrie	11%
Schuhindustrie	10%
Farbenindustrie	10%
Gas, Licht, Kraft	10%
Lampen (Prod.)	9%
Eisen-, Stahl- und sonstige Metallwaren (Ind.)	9%
Elektrische Artikel (Prod.)	5%
Textilwaren (Prod.)	4%

Ganz eindeutig ist zu erkennen: je höher der Wert des Produktes, desto geringer der Anteil der Transportkosten an den Gesamtkosten. Die hochwertigen Textilwaren und die feinmechanischen elektrischen Artikel weisen nur einen Anteil von 4—5% auf, während Steine, Pottasche und Öle ihren Wert überhaupt erst durch den Transport an den Ort des Bedarfs erhalten. Jede Güterverteilung schafft einen ort- und zeitbedingten über den Substanzwert hinausgehenden Mehrwert.

Der Wert der Güter und der prozentuale Anteil der Transportkosten an den Gesamtkosten ist ferner ausschlaggebend für die Reagibilität der Preise auf Transportkostenänderungen. Ein Produkt, bei dem die Transportkosten 61% ausmachen, wie bei Pottasche, muß seinen Preis genauer und schneller einer Transportkostenänderung anpassen als etwa Textilwaren mit einem nur 4%-igen Anteil. Eine 5%-ige Frachterhöhung bedeutet für Pottasche eine Verteuerung der Produktionskosten um 3%, bei Textilwaren dagegen um nur 0.02%. Zum Beweis diene folgende Tabelle, die zeigt, welche Wirkung die letzte 8%-ige Frachterhöhung der Deutschen Reichsbahn-Gesellschaft auf den Frachtanteil der Großhandelspreise verschiedener Artikel gehabt hat:

Steinkohlen	Essen/Berlin	km	502	4.18%
Grubenholz..............	Kreuz/Gelsenkirchen	„	690	3.75%
Kali	Staßfurt/Allenstein	„	702	1.72%
Eisenerz	Siegen/Gelsenkirchen	„	140	1.22%
Textilmaschinen	Chemnitz/Breslau	„	354	0.47%
Werkzeugmaschinen	Essen/Berlin	„	502	0.25%

Ein besonderes Gewicht und vielleicht ungerechtfertigt großen Einfluß gewinnen die Transportkosten durch ihre Behandlung in der Kalkulation. In allen Betrieben werden die Transportkosten in die Selbstkosten eingerechnet. Da man nun bei verschiedenen Methoden der industriellen Kalkulation und vor allem im Handel den Preis durch Zuschlag eines brancheüblichen, prozentualen Kalkulationssatzes auf die Selbstkosten errechnet, wachsen die Transportkosten von Produktionsstufe zu Produktionsstufe lawinenartig an. Hierfür folgendes Beispiel[1]): Bei der Verteilung einer bestimmten Menge Haferflocken entstehen zweimal Frachtkosten: 5.9 cts. beim Transport des Hafers vom Landwirt zum Getreidegroßhändler und 9.1 cts. vom Großhändler zum Verarbeiter. Diese 15 cts. wachsen durch die Einbeziehung in die Kalkulationsaufschläge der vier nachfolgenden Handelsstufen auf 34.8 cts., mehr als das Zweifache, an:

	Kalkulationsaufschlag %	Anwachsen der Fracht: Landwirt: Getreidehändler	Verarbeiter: Lebensmittelgroßhändler	Preis der Waren auf jeder Stufe: $
Transportkosten	—	5.9	—	0.269
Getreidegroßhändler	6	6.245	—	0.285
Haferflockenfabrikant ..	155	15.947	9.1	0.728
Lebensmittelgroßhändler	10.8	17.669	10.08	0.807
Lebensmitteleinzelhändler	23.9	21.891	12.49	1.000
		34.38 cts.		

Durch diese Kalkulationsmethode gewinnen alle Tarifänderungen ein ungewöhnliches Gewicht. Transportkostensenkungen können bei einzelnen Waren zu einer wesentlichen Verbilligung, Transportkostenerhöhungen zu außergewöhnlichen Preiserhöhungen führen. Auch hierfür ein Beispiel: Die Fracht für 1 Ztr. Weißkohl von Wesselburen (Holstein) nach Berlin = 406 km beträgt bei einer 10-to-Ladung 0.66 RM. Aus einer Frachtsenkung von 0.22 RM je Zentner erwächst eine Senkung des Einzelhandelspreises um 1.20 RM, wie folgende Kalkulation zeigt[2]):

[1]) Borsodi, The Distribution Age. New York/London 1929. S. 67.
[2]) Ein Tarif-Exempel, Berliner Tageblatt, Abendausgabe v. 11. 11. 1930.

	jetziger Frachttarif (1 Zentner holsteinischer Weißkohl)	Tarifsenkung um ein Drittel
Preis beim Bauern	0.70	0.70
Fracht	0.66	0.44
zusammen	1.36	1.14
Großhandelsaufschlag 85%	1.15	0.97
also Großhandelspreis	2.51	2.11
dazu Kleinhandelsaufschlag 200%	5.02	4.22
ergibt Detailpreis	7.53	6.33

Vom Betrieb aus gesehen haben die Transportkosten vor allem die wichtige Eigenschaft, daß sie den natürlichen Beschaffungs- und Absatzmarkt abgrenzen. Bei marktgegebenen Preisen und betriebsbzw. technikgegebenen Herstellungskosten bleibt für jeden Betrieb nur eine gewisse Spanne als Transportkostenanteil übrig. Je größer diese Spanne und je billiger die Tarife der Transportmittel, desto größer die Absatzreichweite des Betriebes. Theoretisch liegt jeder Betrieb im Mittelpunkt eines kreisförmigen Absatzgebietes, weshalb man auch von einem Absatzradius spricht. Praktisch ist dagegen dieser Absatzbereich durchaus nicht kreisförmig, sondern durch die verschiedensten wirtschaftlichen Momente bald eingeengt, bald ausgeweitet, weshalb wir lieber nicht von Absatzradius, sondern von Absatzreichweite sprechen wollen. Eingeengt werden kann das Absatzgebiet eines Betriebes z. B. dadurch, daß in einer durchaus erreichbaren Zone keine Nachfrage nach seinem Produkt herrscht, wenn z. B. ein ausgesprochenes Industriegebiet innerhalb des Absatzbereiches einer Landmaschinenfabrik liegt; ferner dadurch, daß sich das eigene Absatzgebiet mit dem eines frachtgünstiger gelegenen Konkurrenten schneidet, der billiger zu liefern vermag. Auch politische und Zollgrenzen können das Absatzgebiet künstlich einschnüren. Andererseits kann aber auch die Absatzreichweite eines Betriebes in einer Richtung ganz besonders groß sein, wenn z. B. die Möglichkeit billiger Wassertransporte besteht, in Zusammenarbeit mit einem anderen Betrieb Hin- und Rückfrachten eines gemeinsamen Fuhrparkes ausgenützt werden können, so daß auf jeden Transport nur die Hälfte der Kosten entfällt. Hierfür zwei Beispiele: Ein Warenhausfilialbetrieb arbeitet mit einer Seifengroßhandlung Hand in Hand. Die Seifengroßhandlung, die die Ware bei ihrem Hauptlieferanten im eigenen Lastwagen holt, nimmt die Waren für die am gleichen und an einem zweiten an der Strecke liegenden Ort befindlichen Warenhausfilialen mit. — Im zweiten Fall arbeitet eine Ziegelei mit einem Steinbruch zusammen. Die Steine werden auf ziemliche Entfernung aus dem Gebirge herbeitransportiert, als Rückfracht werden Ziegel mitgenommen, wodurch der Ziegelei ein sonst unerreichbares Absatzgebiet erschlossen wird. — Die Benutzung verschiedener Transportmittel kann gleichfalls zu wichtigen Verschiebungen der Absatzreichweite führen.

Die Transportkosten als Bestimmungsgrund für die Absatzreichweite eines Betriebes sind um so wichtiger, je geringer der Eigenwert des Produktes ist. Hochwertige Erzeugnisse sind unter transportkostenpolitischen Gesichtspunkten fast unbegrenzt transportabel, bei geringwertigen dagegen ist die Frachtlage häufig eine Frage des Seins oder Nichtseins. Folgendes Beispiel zeigt, welche Verteuerung sechs verschiedene Güter durch die Versendung nach einem 500 km entfernten Ort erfahren. Die Berechnung erfolgte für eine Tonne und die Versendung als 10 t-Wagenladung [1]):

	Preis für 10 to 1913	Fracht für die Wagenladung 10 t. 500 km Weg	Prozentuale Verteuerung durch den Transport
Baumwolle (Middling), Bremen	12.950.— M	237.— M	1.830%
Kupfer, Berlin, ausländ.	14.570.—	312.—	2.141
Weizen, Durchschnittspreis des deutschen Hauptplatzes	2.147.—	237.—	11.04
Roggen	1.677.—	237.—	14.13
Kartoffeln, Breslau	438.—	122.—	28.85
Steinkohle, Fettkohle, Essen	122.—	122.— [2])	100.00
		105.— [3])	86.06

Die Verteuerung schwankt zwischen 1.83% bei Baumwolle und 100% bei Steinkohle.

Wie stark sich die Konkurrenzfähigkeit eines Betriebes durch die Entfernung vom Absatzmarkt verringern kann, zeigt auch folgende Kalkulation, bei der errechnet wurde, welcher Erlös dem Obstzüchter in den verschiedenen Gegenden Deutschlands vom Berliner Großhandelspreis übrigbleibt, wenn die Frachtkosten in Abzug gebracht werden [4]). Es ergibt sich, daß der Züchter in Torgau für dieselbe Leistung RM. 1.66 erhält, für die der Züchter in Lindau nur RM. 0.06 erhalten würde. Die Absatzreichweite der süd- und südwestdeutschen Obstzüchter erstreckt sich demnach nicht bis Berlin.

Konkurrenzfähigkeit der Äpfelzüchter auf dem Berliner Markt.

	Wagenladungsfracht für einen Zentner, RM.	Großhandelspreis Berlin pro Zentner RM.	Erlös des Produzenten RM.
Torgau	0.69	2.35	1.66
Hamburg	1.21	2.35	1.14
Breslau	1.31	2.35	1.04
Cochem (Mosel)	2.09	2.35	0.26
Friedrichshafen	2.25	2.35	0.10
Lindau	2.29	2.35	0.06

[1]) Sax, Die Verkehrsmittel in Volks- und Staatswirtschaft, Bd. III. S. 544.
[2]) Spezialtarif III. [3]) Rohstofftarif.
[4]) Errechnet nach Angaben der Deutschen Reichsbahn-Gesellschaft in: Frachten und Preise bei Gütern der Lebenshaltung, November 1930.

Das betriebspolitische Mittel, um die Ungleichheit der Frachten preismäßig unwirksam zu machen, ist:

1. die Lieferung frei Empfangsstation oder frei Haus,
2. die Berechnung der Fracht auf Grund einer einheitlichen Frachtbasis.

Letzere Methode ist allerdings nur auf monopolistisch beherrschten Märkten anwendbar, und vor allem in Kartellen und Syndikaten in Übung. Bei der Frachtberechnung auf Grund einer fiktiven Frachtbasis wird dem Käufer nicht die Fracht in Rechnung gestellt, die tatsächlich beim Transport vom Lieferwerk zum Abnahmeort entstanden ist, sondern die Fracht von dem als Frachtbasis gewählten Ort aus. Für die Frachtkosten ist es vollkommen gleichgültig, in welcher Entfernung sich das Lieferwerk tatsächlich vom Abnehmer befindet. Als Frachtbasis wählt man entweder einen Ort, der möglichst am Rande des Produktionsgebietes liegt, also der Frachtlage des am ungünstigsten gelegenen Herstellungsortes entspricht, oder man sucht einen Ort mit mittlerer Entfernung und entschädigt die ungünstiger gelegenen Betriebe für die zu wenig veranschlagten Frachtkosten aus einer gemeinsamen Kasse. Diese „Luftfrachten" bedeuten oft eine außerordentliche Belastung des Konsumenten. Hirsch berichtet z. B. von einer Chicagoer Werft, der durch die Berechnung aller Lieferungen des Stahltrusts Frachtbasis Pittsburg jährlich 140000 $ Frachtkosten entstehen, obgleich die Stahllieferungen durch Chicagoer Werke erfolgen. Eine Fabrik landwirtschaftlicher Maschinen veranschlagt die von ihr gezahlten Luftfrachten sogar mit jährlich 480000 $. Für die Mitglieder eines Kartells bedeutet die Berechnung der Fracht auf einheitlicher Frachtbasis eine künstliche Eliminierung natürlicher Ungleichheiten in den Konkurrenzverhältnissen. Für die Abnehmer des Kartells bedeutet sie ebenfalls eine Verschiebung der natürlichen Gegebenheiten, die oft zu ganz absurden, volkswirtschaftlich durchaus unerwünschten Ergebnissen führt. Hierfür ein Beispiel: Die deutsche Eisenindustrie liefert Frachtbasis Oberhausen. Hierdurch verteuert sich das Eisen für die norddeutschen Werften gegenüber den holländischen um ca. 10%, obgleich die Lieferung tatsächlich meist ab Brandenburg/Havel oder Riesa erfolgt. Diese Kostendifferenz bei einem der wichtigsten Grundstoffe verschlechtert die Konkurrenzlage der deutschen Werftindustrie derartig, daß sie 1928, als in Schweden mehr Schiffe gebaut wurden als in den letzten 10 Vorkriegsjahren zusammen, und eine einzige schwedische Werft über mehr Aufträge verfügte als die ganze deutsche Schiffbauindustrie, entweder still lag oder nur ganz ungenügend beschäftigt war. Gegenüber Holland, Schweden und der Schweiz konnte die deutsche Werftindustrie hauptsächlich wegen der überhöhten Eisenpreise nicht konkurrieren, und diese Konkurrenzunfähigkeit war durchaus keine natürliche, sondern durch die Frachtbasisberechnung künstlich geschaffen.

Zur Ökonomisierung der Transportkosten eines Betriebes eignet sich in hohem Maße die Einrichtung einer besonderen Transportabteilung.

In den wenigsten Fällen gibt es aber eine besondere Transportabteilung, weil man, besonders in Europa, den Transportkosten noch immer nicht das Gewicht beimißt, das ihnen tatsächlich zukommt. Zumeist liegt die Leitung des betrieblichen Transportwesens bei einer noch mit anderen Aufgaben betrauten Abteilung. Der Transport wird nicht als besondere Kostenstelle, die Transportkosten werden, mit Ausnahme von gezahlten Frachten, nicht gesondert behandelt. Die selbständige Transportabteilung verursacht nur geringe Mehrkosten, da es sich meist um die Einstellung nur einer neuen Kraft, des Transportleiters handelt (die sonstigen Hilfskräfte sind ja bereits vorhanden, werden nur organisatorisch nicht als besondere Abteilung geführt). Nach Feststellung des Department of Commerce betrugen die Kosten der Transportabteilung in den verschiedenen Industrien höchstens 1%, im Durchschnitt aber nur 0.0013% vom Umsatz. Rentabilitätsberechnungen sind freilich für eine derartige Abteilung, deren Wirken in erster Linie in Verhütung von Verlusten und in der Schaffung immaterieller Werte (Gewinnung von Kunden durch schnelle und exakte Bedienung, Erhöhung des Firmenwertes durch Ausgestaltung der Transportmittel zum Werbemittel u. a.) liegt, sehr schwer durchzuführen. Eine einmal durchgeführte Berechnung ergab eine Rentabilität von über 300%.

Zu den Aufgaben der Transportabteilung gehören:

1. Sorge für eine sachgemäße Lagerung und Behandlung der Ware bis zum Augenblick der Verschickung.
2. Ordnungsgemäße und gleichzeitig werbend wirkende Verpackung.
3. Kalkulation des billigsten Transportweges (die Art der Frachtberechnung: durchgerechnete und angestoßene Tarife, Zonentarife lassen häufig mehrere Transportwege zu).
4. Kalkulation des billigsten Transportmittels.
5. Ausnutzung aller sich aus dem Wert- und dem Güterklassensystem ergebenden Vorteile.
6. Abschluß von Versicherungs- und Speditionsverträgen.
7. Organisation und Überwachung des eigenen Fuhrparkes.
8. Kontrolle der Frachtberechnung der eingehenden Sendungen.

Für die Ersparnisse, die der Betrieb allein durch die Ausnutzung der gegebenen Transportmöglichkeiten erzielen kann, einige Beispiele:

Der Transport der Erze aus Lothringen nach dem Ruhrrevier kann sowohl auf dem Wasserweg (mit Umladen) als auch auf dem Schienenweg erfolgen. Die Kosten des Wassertransportes betragen 50%, die des Landtransportes 60% vom Preis.

Wichtig ist insbesondere eine genaue Kalkulation der Transportkosten, um zu entscheiden, welche Transportmittel im Einzelfall billiger sind. Sehr stark ist innerhalb bestimmter Entfernungen die Konkurrenz zwischen Eisenbahn und Kraftwagen. Einzukalkulieren sind nicht nur die reinen Frachtbeträge, sondern auch die zusätzlichen Vorteile des Haus-Haus-Verkehrs ohne Umladen. Bei schwer zu verladenden oder sehr bruchempfindlichen Gütern, bei Waren, für die die Eisenbahn aus Gründen der Betriebssicherheit besondere Verpackung vorschreibt, und in ähnlichen Fällen können neben der Höhe der reinen Frachtkosten diese besonderen Begleitumstände ausschlaggebend werden. Aber auch die reinen Frachtdifferenzen können sehr erheblich sein, wie folgende Kalkulation der Versendungskosten von 100 kg Stückgut der Klassen A und B mit Eisenbahn und Kraftwagen zeigt: (Tarifstand von 1930. Unterdes ist durch Notverordnung eine Bindung der Kraftwagentarife an die drei obersten Klassen der Reichsbahntarife [+ 5% Deckwagenzuschlag] erfolgt):

	Kraftwagen		Eisenbahn		Differenz in %	
Güterklasse	A	B	A	B	A	B
Berlin-Dortmund	6.10	5.50	6.83	6.—	+11%	+ 9%
Berlin-Köln	6.90	6.30	7.44	6.51	+ 8%	+ 3%
Berlin-Hannover	4.—	3.80	5.10	4.56	+28%	+20%

Sehr wichtig ist ferner die richtige Ausnutzung der Eigenarten des Tarifaufbaus. So kostet z. B. die Versendung einer Ware im Gewicht von 9.5 kg und auf eine Entfernung von 500 km in einem Paket 95 Pfg. mehr als in zwei Paketen. Eine ähnliche Ersparnismöglichkeit zeigt folgender kalkulatorischer Vergleich der verschiedenen Verladungsmöglichkeiten von 25 t Gütern der Wagenladungsklasse D:

1. 2 mal 12.5 t (Berechnung nach D 10) .... 322.— RM
2. 17.5 t + 7.5 t (Hauptklasse D, Nebenklasse D 5) ... 314.— RM
3. 20 t + 5 t (Hauptklasse D, Nebenklasse D 5) ...... 303.— RM
4. 15 t + 10 t (Hauptklasse D, Nebenklasse D 10) .... 297.— RM

Ohne besondere Sachkunde ist die wirtschaftlichste Behandlung der Aufwendungen für Transport nicht zu erreichen. In mittleren und Großbetrieben sind Spezialisten hierfür nicht zu entbehren. Naturgemäß ist auch hier nach der Gewichtigkeit der Transportkosten als Kostenfaktor im einzelnen Betrieb zu differenzieren.

V. Kostenzusammensetzung.

1. Versuch einer Betriebstypologie.

a) Allgemeines.

Die gesamte Wirtschaft geht in Betrieben vor sich. So mannigfaltig die menschlichen Bedürfnisse und die Tätigkeiten zu ihrer Deckungsbeschaffung sind, so mannigfaltig sind auch die Betriebe, die Wirtschaftsorganisationen zur Herstellung von Sachgütern, welcher Art diese Organisationen auch in den einzelnen Wirtschaftssystemen sein mögen.

Zur Erkenntnis der wirtschaftlichen Struktur dieser Organisationen, insbesondere ihrer betrieblichen Struktur, ist es nötig, zu einer Ordnung der einzelnen Betriebe zu kommen: ihre Gemeinsamkeiten und Unterschiede, das Wesentliche und Unwesentliche ihrer Organisation, ihre Lebens- und

Bewegungsgesetze zu erkennen, um daraus die Prinzipien zu ihrer rationalen Führung abzuleiten. Gewiß hat jeder einzelne Betrieb seine Eigenheiten: seine Markt- und Kostenlage, seine Organisation und Entwicklungsmöglichkeit. Doch ist es vom wissenschaftlichen Standpunkte aus unmöglich und falsch, jeden Betrieb gesondert zu behandeln. Es wäre ebenso unrichtig, alle gleichzustellen und ihre Unterschiedlichkeiten nicht zu beachten. Es ist nur möglich und darauf kommt es an, verwandte Betriebe zu Gruppen zusammenzuschließen. Die zu einer Gruppe gehörenden Betriebe müssen innerlich verwandt sein: gleichen oder ähnlichen Aufbau haben, denselben Gesetzen: Kosten- und Ertragsgesetzen und gleichen Organisationsprinzipien unterliegen. Die Erfassung des inneren Baues und der Zusammengehörigkeit der einzelnen Gruppenbetriebe hat folgenden Wert:

1. Tiefere Erkenntnis des Betriebes, seines Wesens, seiner Struktur und seiner Bewegungsgesetze;
2. seines Verhältnisses zu den anderen Betrieben gleicher und verschiedener Art;
3. ihre Eingliederung in ein Gesamtsystem (Erkenntnis des Allzusammenhanges).

Die Gruppierung der Betriebe bringt Ordnung in das Vielerlei und ermöglicht Vereinheitlichung betrieblicher Methoden: der Organisation, des Rechnungswesens, der Finanzierung. Erst in der genauen Erfassung der einzelnen Branchen und in den einzelnen Branchenbetriebslehren liegt die eigentliche Aufgabe der Betriebswirtschaftslehre als angewandter Wissenschaft. Erst auf den Branchenerkenntnissen beruht eine wirklichkeitswahre Betriebswirtschaftslehre. Die Erkenntnis der einzelnen Branchen und ihrer betrieblichen Grundlagen gegenüber dem einzelnen Betrieb bedeutet ungefähr einen solchen Fortschritt, wie es der Begriff gegenüber der konkreten Vorstellung ist. Erst durch den Begriff wird das Seiende zum Gewußten, erst durch die Betriebstypung (Betriebsgruppierung) wird der individuelle Betrieb in seinem Wesen und seinem Allgemeingültigen erfaßt.

Eine solche Ordnung von Erscheinungen führt zur Typenbildung. Der vorliegende Versuch will eine Betriebstypologie anbahnen.

Ein Typus ist nach Wundt „die Form, in welcher die Eigenschaften einer Reihe verwandter Formen am vollkommensten repräsentiert sind".

Die Bildung von Typen erfolgt entweder induktiv, indem durch einseitige Steigerung der Unterscheidungsmerkmale die Idee der den Typus repräsentierenden Formen in Reinkultur abstrahiert wird: Idealtypen, die sich von der Wirklichkeit dadurch unterscheiden, daß die aufgewiesenen Merkmale in der dargebotenen Vollständigkeit dem Wirklichkeitstypus unbekannt sind. Zwischen Idealtyp und Wirklichkeitstyp ergibt sich demnach immer eine Diskrepanz, die aufzuklären und zu begründen Sache des Wissenschafters ist, der solche Typenbildungen verwendet. Der Idealtypus ist eine Form, die von der Geisteswissenschaft ausgebildet wurde und fast ausschließlich in ihr verwendet wird.

Die zweite Form der Typenbildung, die viel älter ist als die erste und dem Bereich der Naturwissenschaften entstammt, können wir die deduktive oder biologische nennen. Der Typus wird gefunden durch Ordnung der Wirklichkeitsformen, d. h. Verknüpfung, Gruppierung, Anreihung von Elementen in der Weise, daß jedes Glied eine bestimmte eindeutige Stelle in der Gruppe oder Reihe einnimmt, oder daß das von einem bestimmten Gesichtspunkte aus Zusammengehörige die ihm entsprechende Stelle zugewiesen bekommt.

Die Ordnung der Betriebe kann nach den verschiedensten Ordnungsprinzipien erfolgen, und dementsprechend wird die Gruppierung eine durchaus verschiedene sein:

1. Die Betriebsgröße: Groß-, Mittel-, Kleinbetriebe, einfache oder kombinierte Betriebe. Die Betriebsgröße ist für die Struktur des Betriebes und seine Organisation sehr wichtig. Betriebswirtschaftlich kann ein Handelsgroßbetrieb einem Industriegroßbetrieb näher stehen als einem kleinen Handelsbetrieb, ein Bankgroßbetrieb einem Warenhaus näher als einer kleinen Sparkasse. Trotzdem ist die Betriebsgröße nicht das wichtigste Ordnungsprinzip.
2. Der Standort: der einen Betrieb rohstoff-, arbeits-, absatzorientiert machen kann. Sicherlich ist der Standort betriebswichtig, aber nicht betriebsentscheidend.
3. Die Stellung des Betriebes zum Erwerbsprinzip (Verhältnis von Kapital und Arbeit): seine Zugehörigkeit zur Erwerbs-, Gemein- oder Genossenschaftswirtschaft. Die Wirtschaftsgesinnung vermag auf das gesamte Leben des Betriebes einen starken Einfluß auszuüben und ihm ein bestimmtes Verhalten vorzuschreiben. Trotzdem ist dieses Ordnungsprinzip von betriebstheoretischen Gesichtspunkten aus nicht das überragende Prinzip.

Es gibt noch eine Fülle von Ordnungsprinzipien: die Rechtsform, das Betätigungsfeld (lokal, interurban, national, international), keines erfaßt aber das ganze Sein des Betriebes so wie der Produktionsprozeß. Der Betrieb findet seine Existenzberechtigung in seiner Leistung: Güterherstellung, Transport, Konsumbereitstellung, Kreditgewährung, Risikoübernahme. Der Betriebsleistung entspricht die Organisation zu ihrer Erstellung, der Produktionsprozeß, der Betriebsaufwand in Größe, Zusammensetzung, Aufeinanderfolge. Um die Gestaltung der Leistung und des Aufwandes, um die hierfür nötige Organisation geht es bei dem Betrieb vor allem; sie entscheiden über seine Struktur und seine Bewegungsgesetze: seine Stellung im Markt und seine Kostengestaltung. Wir wollen daher die Betriebe nach ihrer Leistung und nach ihrem Produktionsprozeß gruppieren, um zu Betriebsgruppen und einheitlichen Grundlagen für die betriebliche Gestaltung zu kommen. Nach dem Ordnungsprinzip der Leistung und des Aufwandes ergeben sich zwei große betriebliche Sphären: die industrielle und die finanzielle, und zwei große Betriebsgruppen: Produktions- und Finanzbetriebe. Die industrielle Sphäre umfaßt alle Tätigkeiten zur Bereitstellung von Gütern zum Konsum, welche Tätigkeiten und welche Umwege (entsprechend den einzelnen Wirtschaftsorganisationen) hierzu auch nötig sind. Sie umfaßt demnach die ganze betriebliche Betätigung von der Gewinnung bis zur Konsum-Bereitstellung der Güter: die Gewinnung, Veredelung, Verarbeitung, den Transport und die Verteilung der Güter.

In der Produktionssphäre gibt es vier Arten von Betrieben: Industrie-, Verkehrs-, Handels- und Dienstleistungsbetriebe, mit vier grundsätzlich verschiedenen Funktionen: Erzeugung, Transport, Verteilung und Dienstleistung. Diese Funktionen sind alle Produktionsfunktionen. Produktion im engeren Sinne umfaßt freilich nur die Stoffverarbeitung, im weiteren Sinne gehört aber auch die Rohstoffgewinnung, die Herstellung von Transport- und Verteilungsleistungen hinzu. Sie alle sind darum auch produktive Tätigkeiten. Ihre Ausübung in verschiedenen Betrieben ist nur die Folge einer wirtschaftlichen Arbeitsteilung. Sie sind aber in ihrer Gesamtheit notwendig, um den Zweck der Wirtschaft zu erfüllen: Sachgüter zur Befriedigung der Bedürfnisse zu beschaffen.

Die finanzielle Sphäre umfaßt die gesamte betriebliche Tätigkeit, die sich auf die Kreditbereitstellung, den Zahlungsausgleich und die Unterbringung von Vermögenstiteln bezieht. Hierher gehören alle Banken im weitesten Sinne. In die finanzielle Sphäre gehören aber auch diejenigen Betriebe, deren Funktion die Risikoübernahme ist: Versicherung und Spekulation. Beide Gruppen der finanziellen Sphäre üben Ergänzungsfunktionen zur Produktionssphäre aus, Funktionen, die eine Ausgliederung aus der früher vorhandenen Vereinigung aller Funktionen in einem Betriebe darstellen. Sie bedeuten eine Arbeitsteilung in der Richtung der Ausgliederung bestimmter Funktionen. Sind sie auch Ergänzungsfunktionen, so besitzen sie doch so wichtige Funktionen, stellen sie ferner so unterschiedliche Tätigkeiten und Organisationen dar, daß sie als selbständige Betriebsgruppen angesehen werden müssen.

So ergeben sich sechs Wirtschaftszweige:

A. Industrielle Sphäre:
- I. Industrie,
- II. Transport,
- III. Handel,
- IV. Dienstleistungsbetriebe.

B. Finanzielle Sphäre:
- I. Banken,
- II. Versicherungsbetriebe.

b) Typen der Produktionssphäre.

aa) Industrietypen.

Industriebetriebe sind Wirtschaftsorganisationen zur Gewinnung und Umgestaltung (Veredelung und Verarbeitung) von Rohstoffen. Der gesamte Weg von der Rohstoffgewinnung bis zum Fertigfabrikat ist von der Industrie zurückzulegen. Er ist ein Weg, der meist in drei Schritten erfolgt:

1. Rohstoffgewinnung,
2. Veredelung (Aufbereitung) zum Halbfabrikat (Zwischenprodukt),
3. Verarbeitung zum Fertigfabrikat (Endprodukt).

Das Endprodukt kann ein doppeltes sein: ein Produktionsmittel (Herstellgut) oder ein Konsumgut (Genußgut). Als Endprodukt muß es die letzte Formung erfahren haben, so daß neue Veränderungen nicht mehr vorgenommen werden. Manchmal wird das Endprodukt schon in zwei Stufen erreicht: das Halbfabrikat scheidet aus, z. B. bei Mehl, Koks, Spirituosen.

Die Industriebetriebe gliedern sich in drei Gruppen:

a) Gewinnungs-,
b) Veredelungs-,
c) Verarbeitungsbetriebe.

Allen drei Gruppen liegen gleiche oder ähnliche Produktionsprozesse zugrunde. Die Produktion kann sein:

I. Nach der Fertigungsmethode:

1. Massenproduktion:
   a) stetige oder wechselnde:
      α) mittel-,
      β) langfristig wechselnde.
   b) einfach maschinell oder im Fließverfahren gefertigt:
      α) stetige,
      β) wechselnde Fließfertigung.
2. Reihen- (Wechsel-)fertigung:
   a) einmalige oder wiederholte,
   b) kurz-, mittel- oder langfristige,
   c) manuelle oder maschinelle Fertigung (wie bei Massenfertigung).
3. Einzelproduktion (Wechselfertigung).:
   a) einmalige oder wiederholte,
   b) kurz-, mittel- oder langfristige Wechselfertigung.

Die Massenfertigung ist an besondere Voraussetzungen geknüpft:

a) an standardisierten Bedarf (Geschmack oder industrielle Normung),
b) Großbedarf (daher besonders in großen Ländern und bei internationalem Bedarf).

Sie ist immer eine Produktion für den Markt.

Die Reihenfertigung ist für die meisten Länder und die meisten Erzeugnisse das Übliche. Fortschritte der Technik, Wandel des Geschmacks und geringe Bedarfsmengen sind Gründe für die Reihenfertigung. Sie besitzt Vorteile — vor allem in der Höhe der Kosten — vor der Einzelfertigung. Auch sie ist eine Produktion für den Markt.

Die Einzelfertigung geschieht auf Grund einer Bestellung. Sie ist eine Auftrags-, keine Marktproduktion.

Die Vorteile der Massen- und Reihenfertigung vor der Einzelfertigung liegen vor allem in der größeren Billigkeit.

II. Nach dem Produktionsvorgang:
1. mechanisch oder chemisch,
2. analytisch (mechanisch oder chemisch analytisch) oder synthetisch (mechanisch oder chemisch synthetisch),
3. mit oder ohne Nebenprodukte.

III. Nach der Anzahl der Produkte: Einprodukt- oder Mehrproduktbetriebe.

IV. Nach der Zahl der Prozesse, Produktionsphasen (Kostenstellentypen)[1]:

I. Einprozeßbetriebe:
1. einfache Einprozeßbetriebe,
2. Parallel-Prozeßbetriebe,
3. Parallel-Prozeßbetriebe mit Vorschaltung eines Prozesses als Zubringer.

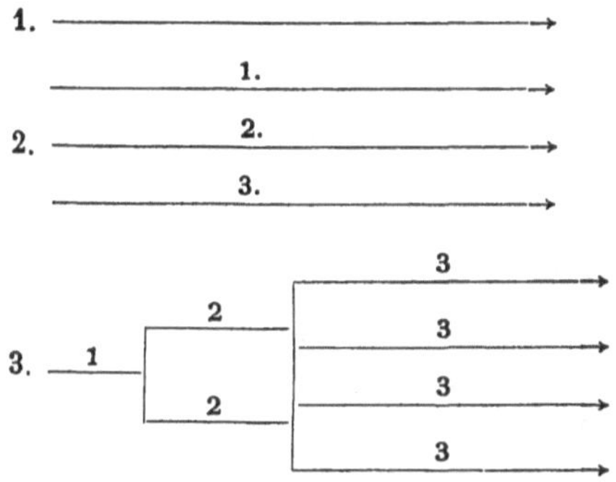

II. Mehrprozeßbetriebe:
4. Gruppenmehrprozeßbetriebe (Maschinen können zu Gruppen zusammengefaßt werden),
5. Mehrprozeßbetriebe mit völlig unabhängigen Prozessen.

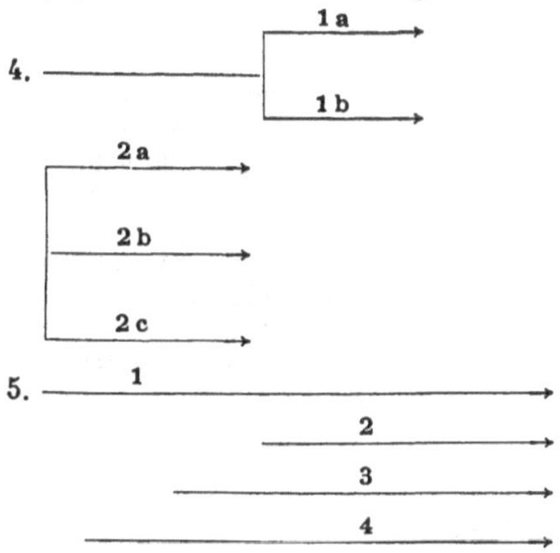

[1]) Church, Overhead Expense. S. 208 ff.

Diese Kostenstellentypen zeigen die natürliche Zuschlagsgrundlage:

1. Eine oder mehrere Abteilungen gleicher Art: Zuschlagsgrundlage summarisch.
2. Mehrere Abteilungen: mehrere Zuschläge: summarisch oder einfach differenzierend.
3. Mehrere Abteilungen: mehrere Zuschläge : einfach differenzierend.
4. Viele Abteilungen : Gruppenkostenstellenrechnung : differenzierend.
5. Viele völlig unabhängige Abteilungen und Maschinen : Kostenstellen-, Platzkostenrechnung.

V. Nach der Betriebsgröße: Groß-, Mittel-, Kleinbetrieb, einfacher oder kombinierter Betrieb.

Dem Produktionsprozeß und den nach ihm gruppierten Betriebstypen entsprechen Kalkulations- und Preisbildungstypen.

Nach dem Produktionsprozeß unterscheiden wir also:

1. Gewinnungs-,
2. Veredelungs-,
3. Verarbeitungsbetriebe, die nach den verschiedenen Produktionsverfahren ihre Produkte herstellen. Innerhalb der drei Haupttypen der Industrie kommt es also darauf an, festzustellen;
   a) zu welcher Fertigungsmethode,
   b) welcher Kostenstruktur,
   c) Kalkulations- und
   d) Preisbildungsart die einzelnen Typen gehören,
   e) welche Größe und
   f) welcher Standort überwiegt.

I. Die Gewinnungsindustrie:
   1. Bergbau (Kohle, Erz, Kali).
   2. Petroleumgewinnung.

II. Die Veredelungsindustrie:
   1. Chemisches Verfahren:
      a) Mineralische Stoffe:
         α) Hütten,
         β) Kokereien,
         γ) Raffinerien,
      b) Agrarische Stoffe:
         α) Zuckerindustrie,
         β) Bierbrauereien,
         γ) Weinkeltereien,
         δ) Stärkegew nnung.
   2. Mechanisches Verfahren:
      a) mineralische Stoffe:
         α) Walzwerke
      b) agrarische Stoffe:
         α) Mühlen,
         β) Konserven-,
         γ) Bauholzindustrie.

III. Verarbeitungsindustrie:
   1. Textil-,
   2. Holz-,
   3. Leder- und Linoleum,
   4. Papier- und Papiererzeugnisindustrie,
   5. Druckerei- und verwandte Betriebe,
   6. Chemische,

7. Keramische,
8. Eisen-, Stahl- und Metallwaren-,
9. Elektro-,
10. Maschinen- und Apparatebau-,
11. Bauindustrie.

Die nähere Charakteristik ergibt folgende Merkmale der einzelnen industriellen Betriebstypen:

I. Gewinnungsindustrien: Urproduktion, Abbau im Gegensatz zum Anbau.

1. Bergbau:
   a) Massenproduktion (lange Vorbereitungszeiten vor Beginn der eigentlichen Produktion),
   b) arbeitsbetont, kapitalintensiv (Lohnkosten über 60% der Gesamtkosten),
   c) Divisionskalkulation,
   d) Großbetrieb (A. G., Gewerkschaft, Kartell, Syndikat),
   e) Marktpreise, z. T. gebunden, aber immer von internationaler Konkurrenz bedroht,
   f) Standort gebunden (Kosten von Güte der Vorkommen abhängig).
2. Erdöl:
   a) Massenproduktion (Gewinnung, verbunden mit Veredelung — Raffinerie),
   b) kapitalintensiv,
   c) Divisionskalkulation (Kostenrechnung zu Kontrollzwecken),
   d) Großbetrieb (A. G., Trust -- 50% der Produktion in 6 Trusts),
   e) Marktpreise, teilweise gebunden (Direktvertrieb),
   f) Standort gebunden.

II. Aufbereitungs- (Veredelungs-)Industrien.

Die Produkte sind zumeist gleichartig und vergleichbar, werden in Massen- oder Reihenfertigung gewonnen, nach der Divisions- oder Zuschlagskalkulation kalkuliert und haben zum überwiegenden Teil Markt-, manchmal auch gebundene Preise. Der Produktionsprozeß ist ziemlich einfach und weitestgehend mechanisiert (mahlen, kochen, pressen). Charakteristisch ist die Stoffintensität all dieser Betriebe. Die Selbstkostenrechnung dient vor allem der Kontrolle. Der Produktionsprozeß kann ein mechanischer oder ein chemischer sein. Die verarbeiteten Rohstoffe sind mineralischen oder agrarischen Ursprungs. Die Produktion vollzieht sich mit oder ohne Nebenprodukte.

III. Verarbeitungsindustrien.

1. Textilindustrie (Spinnereien, Webereien, Wirkereien, Posamentierereien, Schneiderei (Konfektion und Maß)).
   a) Massen- (Spinnereien, Leinenwebereien, Webereien für einfarbige Stoffe), Serienfabrikation (gemusterte Web- und Wirkwaren,

Konfektion) und Einzelfertigung (Maßkleidung und z. T. Posamentierereien).
b) materialintensiv,
c) Zuschlags- und Äquivalenzkalkulation (Spinnereien),
d) Klein-, Mittel- und Großbetriebe (z. T. noch handwerksmäßig),
e) Marktpreise (nur Lieferungs- und Zahlungsbedingungen gebunden),
f) Standort frei wählbar.

2. Holzverarbeitungsindustrie (Tischlereien, Möbelfabriken, Haushaltungsgegenstände):
a) Serien- (Möbelindustrie), seltener Massen- (Quirle, Bretter, Klammern), auch Einzelfertigung (Qualitätsmöbel);
b) die drei Kostenfaktoren Material, Lohn, Gemeinkosten halten sich das Gleichgewicht,
c) Zuschlagskalkulation (Material oder Lohn als Zuschlagsbasis),
d) Klein- und Mittelbetriebe (z. T. handwerkliche Produktion und Heimindustrie),
e) Kosten-, zumeist Listenpreise,
f) Standort absatz- und arbeitsorientiert.

3. Leder- und Linoleumindustrie:
a) Reihen- und Massenerzeugung,
b) materialbetont,
c) Äquivalenz- und Zuschlagskalkulation,
d) Mittel- und Kleinbetriebe,
e) Kostenpreise,
f) rohstofforientierter Standort (früher hilfsstofforientiert-Lohe).

4. Papier- und Papiererzeugnisindustrie:
a) Reihen- und Massenerzeugung,
b) materialbetont,
c) Äquivalenz- und Zuschlagskalkulation,
d) (Klein-), Mittel- und Großbetriebe,
e) Kosten-, z. T. gebundene Preise,
f) Rohstoff- und konsumorientierter Standort.

5. Druckerei und verwandte Betriebe:
a) Reihen- und Massenerzeugung,
b) arbeitsbetont,
c) Zuschlagskalkulation,
d) Kostenpreise,
e) Klein-, Mittel- und Großbetriebe,
f) konsumorientiert.

6. Chemische Industrie:
a) Massenproduktion mit teils chemischem, teils mechanischem, stark maschinisiertem Produktionsprozeß (Apparate),
b) material- oder kapitalintensiv (verschieden bei den einzelnen Zweigen der chemischen Industrie),

c) in Einproduktbetrieben Divisions-, in Mehrproduktbetrieben Äquivalenz- oder Zuschlagskalkulation,
d) Marktpreise, z. T. gebunden (Markenartikel),
e) Klein-, Mittel- und Großbetriebe (Trusts),
f) Standort material- oder konsumorientiert.

7. Keramische Industrie (Porzellan-, Steingut-, Ziegel- und Chamotteindustrie):
a) Massen- (Gebrauchs- und technisches Porzellan, Ziegel), Serien- (feinere Porzellanwaren) und Einzelfertigung (kunstgewerbliche und technische Porzellane, auch Chamottewaren),
b) arbeits- und materialbetont (besonders Hilfsmaterial),
c) Divisions- und Zuschlagskalkulation,
d) Mittelbetriebe,
e) Kosten-, meist Listenpreise, z. T. gebunden (Ziegel, technisches und Gebrauchsporzellan),
f) Standort rohstoff-, arbeits- und konsumorientiert.

8. Eisen-, Stahl- und Metallwarenindustrie:
a) Serienfabrikation (sehr weit automatisiert),
b) materialintensiv (mit graduellen Unterschieden),
c) einfache oder differenzierende Zuschlagskalkulation,
d) Klein-, Mittel- und Großbetriebe,
e) Kostenpreise,
f) material- und arbeitsorientierter Standort.

9. Elektroindustrie (Stark- und Schwachstrom):
a) Massen-(Glühbirnen, Kabel, Schalter, Sicherungen), Serien- (Apparatebau, Meßinstrumente) und Einzelfertigung (Großmaschinen),
b) material- und arbeitsbetont,
c) einfache und differenzierende Zuschlagskalkulation,
d) Mittel- und Großbetriebe (Konzerne),
e) Kostenpreise, z. T. gebunden (Glühlampen),
f) absatz- und arbeitsorientierter Standort.

10. Maschinen- und Apparatebau:
a) Serien-, doch zuweilen auch Massen- und Einzelfabrikation (Produktionsprozeß zerfällt in viele Teile: Bearbeitung und Zusammenbau),
b) material- und kapitalintensiv,
c) differenzierende Zuschlagskalkulation,
d) Mittel- und Großbetriebe,
e) Kostenpreise, bei Großmaschinen auch Monopolpreise,
f) arbeits-, materialorientiert.

11. Bauindustrie:
a) Einzelfertigung (Bestellungsindustrie); neuerdings auch Serienfabrikation (Siedlungen, transportable Häuser),

b) materialintensiv,
c) vor allem Vorkalkulation (differenzierende Zuschlagskalkulation),
d) Mittel- und Kleinbetriebe,
e) reine Kostenpreise,
f) Standort konsumorientiert, ohne feste Produktionsstätte.

bb) Typen der Verkehrsbetriebe.

Verkehrsbetriebe sind Produktionsbetriebe. Ihr Produkt ist die Beförderungsleistung: Beförderung von Gütern, Personen, Nachrichten. Ihre Funktion ist physische Verteilung. Hierzu brauchen sie einen Produktionsapparat, der dem der Industriebetriebe in nichts nachsteht, ja ihn noch bei weitem übertrifft. Was die Industriebetriebe auszeichnet: ihr Anlagekapital und der Anteil der fixen Kosten, ist bei den Verkehrsbetrieben im höchsten Maße vorhanden. Sie besitzen eine Fixkapital- und Fixkostenstruktur, durch die der Typus Verkehrsbetrieb sich gradweise vom Typus Industriebetrieb unterscheidet. Die Betriebsstarrheit der Verkehrsbetriebe wird weiter durch Sondereigenschaften gesteigert, die zwar nicht auf alle Verkehrsbetriebe in gleichem Maße und nicht in allen Fällen zutreffen, aber doch in hohem Maße zur Charakteristik des Betriebstypus beitragen:

1. die Weg-(Schienen-, Kanal-)Gebundenheit,
2. die Liniengebundenheit,
3. die Tarifgebundenheit,
4. die Beförderungspflicht,
5. die Betriebspflicht,
6. die nicht aufspeicherbare Betriebsleistung,
7. die hohen Sicherheitserfordernisse.

Diese Eigenschaften und der Allbedarf ihrer Leistungen drängen die Verkehrsbetriebe, insbesondere Eisenbahnen, in die Richtung der Monopolbetriebe und geben ihnen den Charakter von Public Utilities. Die Diskriminierungsmöglichkeit und die Allnotwendigkeit zur Benutzung der Transportmittel haben überall öffentliche Kontrolle oder sogar öffentliche Bewirtschaftung zur Folge gehabt, wenigstens des wichtigsten Transportmittels, der Eisenbahn.

Wesentliche Eigenschaften der Verkehrsbetriebe, insbesondere der Eisenbahnen, sind daher:

1. ihr Monopolcharakter,
2. ihre hohen Bereitschaftskosten (Fixkostenstruktur),
3. ihre verbundenen Produkte und verbundenen Kosten.

Wir benutzen zur Typenbildung wiederum die Betriebsleistung und den hierzu notwendigen Produktionsprozeß. Die Leistung kann viererlei sein:

1. Abfertigungs- und Umschlagsleistung,
2. Wegleistung (Wegbereitstellung),

3. Beförderungsleistung,
   a) bei vereinigtem,
   b) bei getrenntem Antriebsfahrzeug und Transportgefäß,
4. Hilfsleistungen: Vermittlung, Teilleistungen (Lagern, Stauen, Leichtern, Schleppen, Bunkern).

Scheiden wir die Hauptbetriebe von den Hilfsbetrieben, so ergeben sich für die ersteren nur drei Leistungen, von denen bei den einzelnen Betrieben alle oder nur zwei oder nur eine vollbracht werden:

A. Verkehrsbetriebe:
1. Abfertigungs- bzw. Umschlagsleistung:
   a) Eisenbahnen,
   b) Hafenbetriebe (See-, Binnen-, Lufthäfen).
2. Wegbereitstellung:
   a) Eisenbahnen,
   b) Strom- und Kanalverwaltungen,
   c) Straßenbetriebe,
   d) Telephon- und Telegraphenbetriebe.
3. Beförderungsleistungen:
   a) getrenntes Fahrzeug und Transportgefäß:
      aa) Eisenbahn,
      bb) Schleppschiffahrt,
      cc) Lastkraftwagen mit Anhänger.
   b) Einheit von Antrieb und Laderaum:
      aa) Seeschiffahrt,
      bb) Binnenschiffahrt z. T.,
      cc) Luftverkehr,
      dd) Kraftverkehr,
      ee) Post,
      ff) Telephon- und Telegraphenverkehr.

Es vollbringen also:
I. dreifache Leistung: Abfertigung und Umschlag, Weg- und Beförderungsleistung:
   a) Eisenbahnen (jede Eisenbahn: auch Straßen- und Untergrundbahnen),
   b) Luftfahrt (Bodenorganisation),
   c) Telephon, Telegraph.
II. zweifache Leistung: Abfertigung und Umschlag, Beförderung:
   a) Schiffahrt,
   b) Post.
III. einfache Leistung:
   a) Wegleistung:
      aa) Straßen-, bb) Strom- und Kanalbetriebe.
   b) Umschlag:
      aa) Hafenbetriebe.

B. Hilfsbetriebe:
1. Spedition,
2. Maklerei,
3. Lagerhausbetrieb,
4. Stauerei,
5. Leichterei,
6. Bunkerei.

Noch anderer Art sind C. Nachrichtenbetriebe (Korrespondenzbüros), die infolge der Eigenart der Leistung (Nachrichten) und des Vertriebes (Telephon, Brief) zu den Verkehrsbetrieben zu rechnen sind.

Wir rechnen endlich auch D. Versorgungsbetriebe: Elektrizitäts-, Gas- und Wasserwerke zu den Verkehrsbetrieben. Sie könnten ebensogut zu den Industriebetrieben gerechnet werden (zur Gruppe II (Veredelungsbetriebe)), weil sie ein besonderes Produkt aus Rohstoffen oder mit Hilfe von Rohstoffen und Naturkräften hervorbringen. Wesentlicher als das Betriebsprodukt scheint uns die eigentümliche Art der Verteilung (durch ein weit ausgebreitetes, kostspieliges Leitungsnetz aus Kabeln, Draht, Röhren). Es ist dies auch ein Akt physischer Verteilung, der durchaus der Betriebsleistung der Verkehrsbetriebe entspricht. Die Kosten der Verteilung übersteigen häufig die der Erzeugung. Zwei andere Gründe sprechen ebenfalls für die Zuteilung der Versorgungsbetriebe zu den Verkehrsbetrieben:

a) Die Ähnlichkeit der Kapital- und Kostenstruktur, also die hohen Bereitschaftskosten und die Betriebsstarrheit, und daraus hervorgehend die Kostengestaltung und Preisbildung,
b) ihre allgemeine Notwendigkeit und allgemeine Nützlichkeit. Aus beiden Gründen ergibt sich die Notwendigkeit einer öffentlichen Kontrolle oder Bewirtschaftung.

Die größere Ähnlichkeit liegt also offenbar zu den Verkehrsbetrieben vor. Somit ergeben sich, unter dem Gesichtspunkt der Leistung gruppiert, folgende Verkehrsbetriebe:

A. Güter- und Personenverkehr:
1. Eisenbahnen (Haupt- und Nebenbahnen, Straßen- und Untergrundbahnen),
2. Schiffahrt (See- und Binnenschiffahrt),
3. Kraftwagenverkehr,
4. Luftverkehr,
5. Strom- und Kanalverwaltung,
6. Wegegesellschaften.

B. Hilfsbetriebe des Verkehrs:
7. Spedition,
8. Sonstige Hilfsbetriebe des Verkehrs (Lagerhaus, Makler-, Bunker-, Stauer- und Leichtereibetriebe).

C. Nachrichtenerzeugung und -übermittlung:
9. Post (Nachrichten-, Kleingüter- und Zahlungsverkehr).
10. Telephon, Telegraph, Rundfunk,
11. Nachrichtenbüros.

D. Versorgungsbetriebe:
12. Elektrizitäts-,
13. Gas-,
14. Wasserwerke.

cc) Typen des Warenhandels.

Die Warenhandelsbetriebe unterscheiden sich in ihren Funktionen, Leistungen und in der Technik von den bisher behandelten Betriebstypen grundsätzlich: 1. gibt es bei ihnen keinen eigentlichen Erzeugungsprozeß; 2. bringen sie selbst keine Ortsveränderungen hervor, noch erstellen sie 3. überhaupt eine konkret meßbare Betriebsleistung, was zu der Auffassung der „Unproduktivität" des Handels geführt hat. Ihr Betriebsprodukt ist eine Verteilungsleistung.

Die Aufgabe des Handels ist „Konsumbereitstellung". Hierzu sind je nach Art der Ware, der Technik ihrer Gewinnung, Ort und Zeit der Herstellung die verschiedensten Maßnahmen notwendig: Sammeln, Sortieren, Lagern, Verschiffen und Verfrachten, Verteilen und Zusammenstellen mit anderen Waren, zur Ansicht Feilbieten, Finanzieren u. a. m.

Die Typenbildung knüpft an diese verschiedenen Leistungen, die nicht immer durch einen Betrieb allein erstellt werden, an und benutzt sowohl Leistung (Funktion) als auch Technik zur Typologie.

Der wichtigste Unterschied zwischen den Handelsbetrieben ergibt sich aus der Stellung des Lagers, ob sie sich mit der Verteilung der effektiv in ihrem Besitz befindlichen (lagernden) Ware befassen oder nur mit der Vermittlung von Handelsgeschäften, ohne selbst Besitzer der Ware zu sein. Danach unterscheiden wir:

I. Warenhandel mit,
II. Warenhandel ohne Lagerhaltung.

Warenhandel ohne Lagerhaltung ist stets Großhandel. Er betätigt sich sowohl auf organisierten (Börsenhandel) als auch auf unorganisierten Märkten (z. B. Grundstücksmakler). Der Börsenhandel kann wiederum ein reiner Spekulationshandel oder börsenmäßiger Effektivhandel sein.

An Bedeutung steht der Handel ohne Lagerhaltung hinter dem mit Lagerhaltung weit zurück. In der überwiegenden Zahl von Fällen ist das Vorhandensein eines effektiven Lagers Voraussetzung für die Durchführung aller anderen Handelsfunktionen. Für eine weitere Typenbildung kommt zunächst in Frage, ob der Handel sammelnde oder verteilende Aufgaben erfüllt. Betriebsstruktur und Technik werden hierdurch weitestgehend beeinflußt. Sammelhandel ist notwendig bei Erzeugung in geringen Mengen, durch kleine Betriebe. Die Aufgabe des Handels besteht in der Zusammenfassung dieses zersplitterten Angebots und der Zuführung an die Orte des Konsums. Sammelhandel finden wir daher vor allem bei landwirtschaftlichen Produkten, Fellen, Kolonialwaren und für die Erzeugnisse spezifischer Haus- und Kleinbetriebsindustrien wie Spielwaren, Spitzenklöppelei, Posamentenindustrie, soweit hier nicht der Verleger diese Handelsfunktionen bereits miterledigt.

Verteilungshandel dagegen findet sich überall dort, wo einer Massenproduktion ein zersplitterter Bedarf gegenübersteht. Es ist ein Charakteristikum moderner Produktionsweise, daß für die Art der von einem Betrieb hergestellten Güter nur noch die technische, nicht aber die wirtschaftliche Zusammengehörigkeit maßgebend ist.

Ohne die Hilfe eines leistungsfähigen Verteilungshandels, der sowohl die Konsumenten als auch die wirtschaftlichsten Hersteller ermittelt, wären die modernen Produktionsweisen undenkbar.

Sammel- und Verteilungshandel können wiederum Groß- oder Einzelhandel sein, je nachdem, ob der Abnehmer Produzent bzw. Händler (Großhandel) oder letzter Konsument (Einzelhandel) ist. Einzelhandel ist zumeist Verteilungs-, nur in wenigen Fällen Sammelhandel (Altpapier-, Lumpenaufkauf), der Großhandel ist in gleichem Maße beides.

Sein endgültiges Gesicht gewinnt aber der Betrieb erst durch die Art der von ihm gehandelten Waren, so daß erst innerhalb einer Branche Betriebe eines wirklich einheitlichen Typus festgestellt werden können. Das gilt für alle Formen des Handels.

Der Sammelhandel, sowohl der Groß- als auch der Einzelhandel, kann sich wiederum auf die reine Sammeltätigkeit beschränken, oder, was häufiger ist, zugleich Nebenleistungen vollbringen: Sortieren, Reinigen, Verpacken. Diese Nebenleistungen sind geeignet, die Technik des Betriebes und damit seine Struktur stark zu beeinflussen.

Beim Verteilungshandel unterscheiden wir gleichfalls Groß- und Einzelhandel.

Der Großhandel kann spezialisiert sein 1. auf Waren und Warengruppen (Fachhandel), 2. auf Gebiete. Die Gebietsspezialisierung als typisches Merkmal findet sich ausschließlich im internationalen (Export- oder Import-) Handel, weil im nationalen Handel die Unterschiede der einzelnen Gebiete in den Handelsbräuchen nicht groß genug sind, um einen besonderen Betriebstypus zu rechtfertigen. Die letzte Stufe der Typung bildet auch hier wieder die Branche.

Besonders groß ist die Mannigfaltigkeit im Verteilungseinzelhandel. Hier ist zunächst der seßhafte vom Wanderhandel zu unterscheiden, weil das Fehlen oder Vorhandensein eines festen Verkaufslokales und der dadurch bedingte Umfang des Warenlagers die Betriebsstruktur und die Kostenzusammensetzung wesentlich beeinflussen.

Ferner ist wichtig, ob der Betrieb lediglich die Verteilung durchführt oder daneben Zusatzleistungen in solchem Umfang vollbringt, daß sie den Betriebstyp ändern (Abzahlungs-, Postversandgeschäfte).

Nach der Art und Zahl der geführten Waren unterscheidet man weiter Fach- und Gemischtwarenhandel. Während der Gemischtwarenhandel ohne branchenmäßige Bindung Waren aller Art führt, ist der Fachhandel spezialisiert. Er führt Waren nur einer bestimmten Art, wobei sich die Spezialisierung erstrecken kann auf:

1. Waren gleichen Rohmaterials (Eisen-, Porzellan-, Gold- und Silberwaren),

2. *gleichen Verwendungszweckes* (Lebensmittel, Schuhwaren, Schirme),
3. *komplementäre Bedürfnisse* (Bekleidung, Wohnungseinrichtungen),
4. *gleiche Preislagen* (Einheitspreisgeschäfte)

und anderes mehr.

Der moderne Typ des Gemischtwarengeschäftes ist das *Warenhaus*. Es steht auf der Grenze von Fach- und Gemischtwarenhandel und vereinigt in einem Betrieb Waren aller Branchen, hält aber innerbetrieblich an der Branchengliederung durch Aufteilung des Gesamtbetriebes in Fachabteilungen fest.

Ferner ist für die Betriebsstruktur und Kostengestaltung wichtig, ob der Betrieb als *Einzel-* oder *Filialbetrieb* (Kette) geführt wird. Für den Handel ergeben sich demnach folgende Typen:

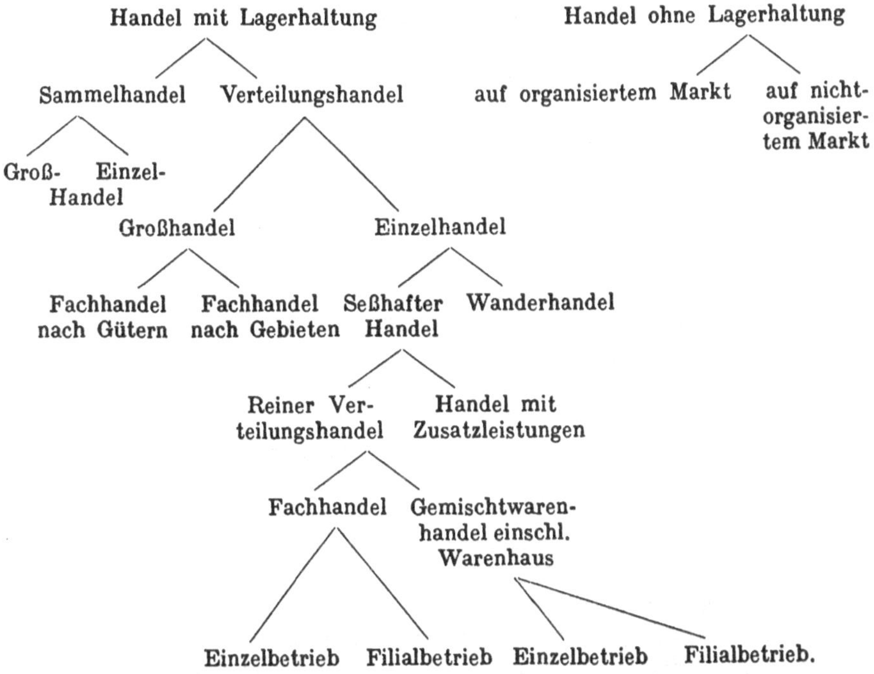

dd) Typen der Dienstleistungsbetriebe.

Ihre besondere Funktion ist, Dienste irgendwelcher Art zu leisten, die als Ergänzungsleistung zur Bedürfnisbefriedigung anzusehen sind. Betriebe dieser Art sind außerordentlich wandelbar in ihrer Struktur, aber ebenso beweglich in der Gründung und im Abbau. Hierher gehören insbesondere folgende vier:

a) Unterbringungsbetriebe (Hotel- und Gaststättenwesen),
b) Unterhaltungsbetriebe (Theater-, Konzert-, Sport-, Vortragsveranstaltungen),
c) Wirtschaftsprüfungs- und Beratungsbetriebe (Organisation, Revision, Vermögensverwaltung),
d) sonstige Dienstleistungsbetriebe (freie Berufe): z. B. Rechtsberatung und -vertretung (Anwaltsbetriebe), Krankenbehandlung usw.

c) Typen der finanziellen Sphäre.

aa) Banktypen.

Banken sind Wirtschaftsorganisationen zur Kreditbereitstellung. Das ist ihr, freilich erst in jüngster Zeit entstandener, Hauptzweck, der ihr Wesen, ihre Wirtschaftsfunktion und ihren Innenbetrieb bestimmt. Alle sonstigen Zwecke: Zahlungs- und Überweisungsverkehr, Kommissions- und Aufbewahrungs-, Emissions- und Spekulationsgeschäfte sind sekundäre Hilfsgeschäfte, oft sehr unerwünschter Art. Eine Abspaltung der Hilfsgeschäfte: Giroorganisationen (Postscheck, Reichsbankgiro, Kommunalgiro), Aufbewahrungsgeschäfte (Sammeldepot), Emissions- und Spekulationsgeschäfte (spezielle Emissionshäuser) ist eine deutlich wahrnehmbare Tendenz im deutschen und internationalen Bankgeschäft. Die Hilfsgeschäfte sind für den Bankbetrieb nicht entscheidend.

Die Bank ist eine „manufactory of credit" (Mc. Leod). Aus fremden und eigenen Mitteln und aus eigener Schöpfung erhält sie die Möglichkeit, Kredit bereitzustellen und die Nachfrage nach Kredit zu befriedigen. Entscheidend ist hierbei der Kredit, den sie selbst nimmt (Kredit niederer Stufe) und auf Grund dessen sie Kredit gibt (Kredit höherer Stufe). Diese Tätigkeit ist ein Umwandlungsprozeß (weshalb man die Bank ein Kredittransformierungsinstitut genannt hat), der an den industriellen Umwandlungsprozeß erinnert. Hierzu tritt eine Vermittlungstätigkeit, eine Funktion, die dem Handel entspricht (weshalb man die Tätigkeit der Banken als Geld- und Kredithandel ansieht). Für die Betriebsstruktur ist das Vorherrschen des Fremdkapitals besonders wichtig; Eigenkapital ist unter Umständen gar nicht nötig.

Der bankbetriebliche Produktionsprozeß, aus der Umwandlungs- und Vermittlungstätigkeit hervorgehend, umfaßt zwei Stufen:

1. Die Krediteinräumung (und alle davorliegenden Tätigkeiten),
2. die technische Kreditabwicklung.

Die erste Stufe ist die primäre (Bankpolitik), während die technische Abwicklung die sekundäre ist (Banktechnik); die erste ist die leitende, die zweite die ausführende Tätigkeit.

Für die Krediteinräumung sind die Grundsätze betriebswirtschaftlicher Bankpolitik entscheidend: Liquidität, Sicherheit, Rentabilität (nur sehr selten die Produktivität des Kredits). Die Grenze für die Kreditgewährung ist nicht durch die konkreten Mittel der Bank (eigene und fremde) gegeben. Sie wird durch die Kreditschöpfung erweitert. Diese findet ihre Grenzen:

1. in den Zahlungsgewohnheiten des Landes: Kreditschöpfung ist an bargeldlosen Zahlungsverkehr geknüpft. Da nirgends der gesamte Zahlungsverkehr bargeldlos erfolgt, ist in der Zahlung durch effektives Geld eine Kreditbremse angelegt, wie ferner auch die Notenbank bei vorgeschriebener Golddeckung eine „goldene Bremse“ (Schumpeter) für ihre Notenschöpfung besitzt. Nehmen wir in Deutschland ein Verhältnis der baren zur bargeldlosen Zahlung wie 1 : 5 an, so sehen wir daraus die Grenzen der Kreditschöpfung schon von dieser einen Seite;
2. in den Kreditgewährungsmethoden der einzelnen Banken, da eine Kreditschöpfung nur dann und nur soweit möglich ist, als die Übung allgemein und im Clearing ein bargeldloser Ausgleich vorhanden ist;
3. in der Güterproduktion und Rentabilität der kreditierten Betriebe. Wo rentable Investitionen fehlen, verliert Kreditgewährung ihren Sinn.

Der Typus Bank ist also wie alle übrigen Betriebe bestimmt:

1. durch die ihm eigentümliche Leistung (Kreditbereitstellung), und
2. durch den für diese Funktion nötigen Produktionsprozeß.

Für den Kredit ist das entscheidende Merkmal die Zeit seiner Dauer. Aus der Zeit ergeben sich die übrigen Faktoren: Risiko, Deckung, Abwicklung. Die Fristigkeit des Kredits bestimmt den Charakter der Bank. Der langfristige Kredit kann nur ein Realkredit sein. Der Banktypus ist daher einwandfrei bestimmt durch die Art und die Fristigkeit des Kredits. Belanglos ist demnach die Stellung der einzelnen Banken zum Gewinnprinzip, nach dem man die Banken einteilen könnte:

a) in erwerbswirtschaftliche,
b) gemeinwirtschaftliche,
c) genossenschaftliche Banken.

Überholt wäre auch folgende Typenbildung nach der geschichtlichen Entwicklung:

a) Geldbanken,
b) Kreditbanken,

weil es reine Geldbanken nicht mehr gibt und sogar die Notenbanken Kreditbanken sind.

Unwesentlich ist auch eine Teilung nach dem Betätigungsgebiet: lokale, nationale, internationale Banken. Unbeachtlich wäre auch eine Typenbildung nach der Rechtsform:

1. Privatrechtliche Banken:
   a) Privatbankiers,
   b) Gesellschaftsbanken: Personal- und Kapitalgesellschaften.
2. Öffentlich-rechtliche Banken:
   Staats-, Landes-, Kommunalbanken; Landschaften, Stadtschaften, Industrieschaften, Sparkassen, staatliche Hypothekenbanken.

Auch die Scheidung nach dem Geschäftskreis erscheint nicht so wichtig wie nach der Kreditfristigkeit, weil mit der Zeitdauer zugleich der Geschäftskreis bestimmt wird. Nach dem Geschäftskreis ergeben sich folgende Typen:

a) Universal-,
b) Spezialbanken,

die beide nach den Geschäften weiter unterteilt werden könnten.

So erscheint als das entscheidende Ordnungsprinzip die Kreditfristigkeit, die als Ordnungsprinzip weit genug ist, um auch die übrigen Eigentümlichkeiten der Banken einzuschließen. Danach ergeben sich folgende Banktypen:

I. Banken für kurzfristige Kredite:
  1. Notenbanken,
  2.a) Private Kreditbanken im engeren Sinne: Universalbanken (Industrie- und Handelsbanken),
    b) Spezialbanken
      aa) spezialisiert auf Gewerbezweige (Branchebanken),
      bb) spezialisiert auf einzelne Unternehmungen (Konzern-, Hausbanken),
      cc) spezialisiert auf soziale Schichten (z. B. Arbeitnehmerbanken),
      dd) spezialisiert auf einzelne Geschäftsarten (Finanzierungs-, Zahlungsvermittlungsbanken),
    c) Kreditbanken der öffentlich-rechtlichen Körperschaften (Staatsbanken, Landesbanken, Girozentralen, Kommunalbanken),
    d) Kreditgenossenschaften.

II. Banken für lang- und kurzfristige Kredite:
  1. gemischte Hypothekenbanken,
  2. gewisse Landes- und Staatsbanken,
  3. Sparkassen.

III. Banken für langfristige Kredite (Bodenkreditinstitute):
  1. Hypothekenbanken,
    a) private Hypothekenbanken,
    b) öffentlich-rechtliche Pfandbriefbanken:
      aa) Landschaften,
      bb) Stadtschaften,
      cc) Industrieschaften,
      dd) Landeskulturrenten- und Rentenbanken,
      ee) Spezial-Einzelbanken, z. B. Rentenbank-Kreditanstalt.
  2. Finanzbanken:
    a) Emissionsbanken,
    b) Finanzierungsbanken, Holding Companies, Investment Trusts.

bb) Typen der Versicherungsbetriebe.

Versicherungsbetriebe gehören der finanziellen Sphäre an. Ihre Funktion ist Risikoübernahme und Geldbeschaffung für eintretende Schadensfälle. Dadurch werden sie zu Finanzierungsbetrieben und den Banken verwandt. Von diesen unterscheiden sie sich aber durch ihre passive Finanzierung und ihre Betriebsleistung. Letztere wird durch folgende Eigenschaften besonders gekennzeichnet:

1. Der Bedarfsfall liegt im voraus fest und ist an bestimmte Voraussetzungen gebunden.
2. Zwischen Leistung und Gegenleistung ist eine Gleichheit nicht notwendigerweise vorhanden.
3. Die Finanzierungspflicht beruht auf einem festen Vertrag.
4. Die Finanzierung des Bedarfsfalles geschieht nicht durch Hingabe von Leihkapital an den Versicherten, sondern durch Übergabe von Geld als Eigentum.

Der Typus Versicherungsbetrieb umschließt eine Reihe von Untertypen, die man gliedern kann:

1. nach den in Versicherung genommenen Objekten,
2. nach den versicherten Schadensursachen.

I. Kapitalversicherungen:

a) Sachkapitalversicherungen:
   1. Feuer-,
   2. Transport-,
   3. Hagel-,
   4. Wasser-,
   5. Sturm-,
   6. Vieh-,
   7. Sachlebens-,
   8. Glas-, Maschinen- u. ä.,
   9. Deliktversicherung.

b) Geldkapitalversicherung:
   1. gegen Vermögensverlust (Kreditversicherung),
   2. gegen Vermögensentzug (Haftpflichtversicherung),
   3. gegen Gewinnentgang (Regen-, Auslosungsversicherung).

II. Personenversicherung:

a) Lebens-,
b) Kranken-,
c) Arbeitsunfähigkeits-,
d) Arbeitslosenversicherung.

Ob die Versicherungen als erwerbswirtschaftliche Unternehmungen, als

Gegenseitigkeitsvereine oder als öffentlich-rechtliche Institute mit sozialem Charakter betrieben werden, ist für den Betriebstypus belanglos.

2. Die Kostenzusammensetzung in den einzelnen Betriebstypen.

Die einzelnen Betriebstypen werden insbesondere durch die Kapital- und Kostenstruktur charakterisiert. Die Kapitalstruktur ist in anderem Zusammenhange (Kapitalkosten und Analyse der funktionalen Kosten) bereits dargelegt worden. Die folgenden Kostenanalysen sollen die Kostenzusammensetzung der Betriebstypen zeigen, um eine größenhafte Vorstellung von den einzelnen Kostenarten zu vermitteln. Eine Vertiefung erfährt diese Darlegung der Kostenstruktur durch die Untersuchung über den Kostencharakter und Kostenverlauf und die Betriebselastizität in dem Abschnitt über die Kapazitätskosten.

Die im folgenden angegebenen Zahlen können nur der Veranschaulichung dienen. Sie besitzen nicht den Charakter von Richtzahlen. Der betriebliche Ausnutzungsgrad, der eine weit bessere Auswertung der Kostenzahlen gestatten würde, kann infolge Unzulänglichkeit des Materials nicht angegeben werden, obwohl er besonders wichtig wäre, weil der Ausnutzungsgrad der Betriebe die Kostenzusammensetzung stark beeinflußt.

a) Industrie.

aa) Gewinnungsindustrie: Kohlenbergbau.

Die Eigenart des Kohlenbergbaus ist seine Abhängigkeit von natürlichen Gegebenheiten: Ort des Vorkommens, abbaufähige Menge, Güte des Produktes und Wirtschaftlichkeit des Produktionsprozesses (Flöze von 30 cm—11 m Mächtigkeit, Tagebau und Tiefbau bis 800 m, Förderleistung pro Kopf der Belegschaft, z. B. im Dezember 1928: Ruhrrevier 12.2 t, Westoberschlesien 13.10 t, Ostoberschlesien 14 t) sind naturbedingt. Daher entstehen große Unterschiede in den Selbstkosten je t Nutzförderung (Bruttoförderung — Deputatkohlen und Selbstverbrauch), z. B. Gruben mit 8 bis 16 RM Kosten je t.

Kohlenbergwerke sind ausgesprochen arbeitsintensive Betriebe, solange und soweit die Mechanisierung nicht sehr weit getrieben ist, was im Tagebau leichter möglich ist als im Tiefbau. Daher die stärkere Mechanisierung im Braukohlenbergbau. Die Lohnkosten betragen nach E. Jüngst [1]) 50.93% der Gesamtselbstkosten (einschließlich Abschreibungen) und 57.10% der Betriebsselbstkosten. Der Enquête-Ausschuß gibt für den Ruhrbergbau 53.85% und für Oberschlesien 51.57% an (Januar 1929). Von 1913 bis 1928 stiegen die Lohnkosten je t Nutzförderung von 5.94 auf 7.46 RM. Besondere Aufmerksamkeit gebührt den Abschreibungen a) auf Anlagen (nach

---

[1]) Jüngst, a. a. O. S. 84.

Schmalenbach: Förderungseinrichtungen 20%, Lokomotiven 12%, Schachtanlagen 5%); b) auf Abbau. Die Abschreibungen betragen nach dem Schmalenbach-Gutachten je t: bei einer Förderung bis 500000 t 1.91 RM, bei 1000000 t 1.58 RM. Von der Kommission wurde ein mittlerer Satz von 1.74 RM angenommen, was 10.81% der Gesamtselbstkosten ausmacht.

Eine dem Bergbau eigentümliche Kostenart sind die Bergschäden. Schmalenbach gibt 0.30 RM (1.87% der Gesamtselbstkosten) je absatzfähige t als Mindestrückstellung für diesen Zweck an.

Dem Kohlenbergbau sind häufig Nebenbetriebe angeschlossen: Kokereien, Brikettfabriken. Diese sind nicht arbeitsintensiv, da Stoff- und Kapitalkosten sehr hoch sind. Der Lohnanteil betrug 1927 in Kokereien nur 7%, in Brikettfabriken 3%.

Die Kostenzusammensetzung im Kohlenbergbau ist folgende (Dezember 1928):

Kostenart	Durchschnittskosten je t Nutzförderung	Anteil der einzelnen Selbstkostenbestandteile an den: Gesamtselbstkosten	Betriebsselbstkosten
Löhne (Gesamteinkommen ohne Deputatkohle)	8.20 RM.	50.93%	57.10%
Sozialversicherung	1.19 „	7.39%	8.29%
Gehälter (12% d. Löhne)	0.98 „	6.09%	6.82%
	10.37 RM.	64.41%	72.21%
Holz	0.97 RM.	6.03%	6.76%
Eisen und Metalle	0.89 „	5.53%	6.20%
Brennstoffe	0.16 „	0.99%	1.11%
Baustoffe	0.11 „	0.68%	0.77%
Öle und Fette	0.07 „	0.43%	0.49%
sonstige Materialien	0.27 „	1.68%	1.88%
Dampf, Gas, Strom	0.20 „	1.24%	1.39%
	2.67 RM.	16.58%	18.60%
Bergschäden	0.30 RM.	1.87%	2.09%
Frachten	0.06 „	0.37%	0.42%
Steuern	0.63 „	3.91%	4.39%
Unkosten	0.37 „	2.30%	2.57%
	1.36 RM.	8.45%	9.47%
Insgesamt	14.40 RM.	89.44%	100.28%
abzgl. Betriebseinnahmen	0.04 „	0.25%	0.28%
Betriebsselbstkosten	14.36 RM.	89.19%	100.00%
zuzügl. Abschreibg.	1.74 „	10.81%	—
Gesamtselbstkosten	16.10 RM.	100.00%	

bb) Veredelungsindustrie: Eisengießerei.

In Deutschland gibt es etwa 1450 Eisengießereien mit durchschnittlich je 100 Arbeitern. Hauptverbraucher der Gießereierzeugnisse ist der deutsche Maschinenbau. Der Export ist nur gering. In der Eisengießerei finden sich vor allem drei Arten von Betrieben:

1. selbständige Betriebe als reine Bestellungsindustrie,
2. unselbständige Betriebe, die nur für ihr Unternehmen produzieren,
3. unselbständige Betriebe, die für ihr Unternehmen und auf Bestellung produzieren.

Die Produktion erfolgt in drei Formen: a) Handguß, b) Maschinenguß und c) Verbindung beider Formen. Für einen Betrieb, der mit 75% der Kapazität arbeitete, ergab sich folgende Kostenanalyse:

	Gesamtkosten RM.	in % der Gesamtkosten
1. Einsatzkosten (flüssiges Eisen, Roheisen, Großbruch)	7.95	22.11
2. Schmelzkosten (Transportarbeiterkosten, Bedienung der Kupolöfen, Hilfsstoffe für Einheizen und Beheizen der Öfen, Koks, Kohle usw.)	1.85	5.11
3. Fertigungslöhne (Former, Kernmacher, Putzer)	6.70	18.61
4. Löhne und Gehälter im Betrieb	7.00	19.45
5. Hilfsstoffe	4.30	11.95
6. Verzinsung und Abschreibung der Betriebsanlagen	2.20	6.11
7. Gehälter für kaufm. Angestellte	2.20	6.11
8. Steuern, soziale Abgaben	1.40	3.88
9. Vertriebskosten, Risikozuschlag, Restkapitalverzinsung, sonstige Geschäftsunkosten	2.40	6.67
	36.—	100%
+ 11.11% Gewinn	4.—	
Verkaufspreis	40.— RM.	

Für die drei Hauptkostengruppen ergibt sich demnach ein Anteil an den Gesamtkosten:

Material	36.06%
Löhne und Gehälter	45.84%
Kapital- u. Fremdleistungskosten......	18.10%
	100.00%

Für die verschiedenen Beschäftigungsgrade von 30—100% ergeben sich unter Einrechnung eines gleichbleibenden Gewinnzuschlages von 11.11% folgende Preise:

Betriebsausnutzung	Verkaufspreise RM.
100	36.02
75	40.00
40	47.82
30	63.93

cc) Verarbeitungsindustrie: Maschinenbau.

Beim Maschinenbau finden sich, entsprechend der Vielgestaltigkeit der Produkte, große Unterschiede in Fertigungsweise und Betriebsgröße. Neben Serienanfertigung in kurz- und langfristiger Wechselfertigung tritt Einzelfertigung auf. Die wichtigsten Kostenbestandteile sind Material- und Gemeinkosten. Im Branchendurchschnitt ergibt sich folgende Kostenzusammensetzung:

	Streuung
Material 40%	von 16—50%
Fertigungslöhne 17%	von 9—33%
Gemeinkosten 44%	von 40—50%

Folgende Analyse zeigt die Kostenzusammensetzung für einen Turbogenerator (Großmaschinenbau), in Einzelfertigung hergestellt von einem Betrieb mit 600 Mann Belegschaft.

Fertigungsmaterial			47%
Fertigungslöhne			15%
Sonderkosten:			
Steuern a/Umsatz	0.57%		
Lizenzen	0.38%		
Provisionen	2.05%		3%
Gemeinkosten:			
Gehälter im ganzen		14.5%	
„ f. Konstruktion	3%		
„ f. Projekte	1%		
„ f. Betrieb	4%		
„ f. Einkauf	1%		
„ f. Verkauf	3%		
„ f. allg. Verwaltung	2.5%		
Hilfslöhne im ganzen		4.9%	
Hilfslöhne f. Werkzeuge	1.0%		
„ f. Transport	1.1%		
„ f. Kontrolle	0.1%		
„ f. Lager	0.3%		
„ f. Sonstiges	2.4%		
Hilfsmaterial im ganzen		4.5%	
Kleine Werkzeuge	1.3%		
Brennstoffe, Gas, Elektrizität	2.3%		
Schmieröl, Fett	0.2%		
Wasserstoff, Sauerstoff	0.2%		
Büromaterial	0.5%		
Steuern und Abgaben		3.0%	
Soziale Aufwendungen		2.3%	
Postkosten		0.6%	
Reisen		1.2%	
Werbekosten (Inserate, Ausstellungen)		2.0%	
Abschreibungen		2.0%	35%
			100%

Da es aus Raumgründen nicht möglich ist, für alle Industriezweige eingehende Kostenanalysen wiederzugeben, beschränken wir uns auf einen Überblick über die Kostenstruktur der wichtigsten Industrien.

Die Kostenstruktur der Industriebetriebe.

Betriebstyp	Lohn	Material	Gemeinkosten	Kostenstruktur[1])
Bergbau	64.4	16.6	19	l
Kali	31.6	21.0	47.4	k
Petroleum	27.35		72.65	k
Zucker	6.5	58.4	35.1	st
Tabak	20.6	49.3	30	st
Eisengießerei	45.84	36.06	18.10	l
Maschinen	18.00	47.00	35.00	st
Textil (Weberei)		Φ 52.39		st
		(Jute 77%)		st
Seide	25.4	68.4	6.2	st
Baumwollstrümpfe (USA.)	32.4	48.1	19.5	st
„ (Deutschland)	31.3	47.7	21.0	st
Porzellan	45.2	27.2	27.6	l
Schuhe (Je teurer, desto teurer das Material)				
1—1.50 $	21.8	52.4	25.8	st
6—7 $	12.1	63.5	24.4	st
Leder: Oberleder	8.8	82.1	9.1	st
Unterleder	9.2	81.2	9.6	st
Druckerei	31.4	36.6	32.0	l + st + k
Möbelindustrie 1913	38	39	23	l + st
1927	33	34	33	l + st + k
Wohnungsbau:				
Maurer	44	46.7	9.3	l + st
Zimmerer	28.6	62	9.4	st
Insgesamt (Haus)	38.6	47.8	13.6	st

b) Verkehrsbetriebe.

In allen Verkehrsbetrieben finden wir einen hohen Grad von Anlagekapitalintensität, am höchsten bei den Eisenbahnen. Das Verhältnis von Anlagekapital zu Gesamtkapital beläuft sich im Durchschnitt auf:

Eisenbahnen	90.1%
Kraftverkehr	75—86%
Binnenschiffahrt	78%
im Luftverkehr (Luft Hansa 1930)	41.5%

Auch die Kostenstruktur ist eine ausgesprochene Fixkostenstruktur.

[1]) l = lohn-, st = stoff-, k = kapitalkostenintensiv.

Die einzelnen Verkehrszweige unterscheiden sich hierin nur graduell, wenngleich das benutzte Transportmittel, die Ausnutzung der Kapazität und die Organisation das Verhältnis von variablen und fixen Kosten beeinflussen. Neben die Fixkosten- und Fixkapitalstruktur treten noch die sieben übrigen, die Starrheit erhöhenden Faktoren. Eine Analyse der Kosten der Verkehrsbetriebe zeigt folgende Kostenzusammensetzung:

aa) Eisenbahnen:

α) Deutsche Reichsbahn.

Kostenart	Prozent	davon fest	veränderlich
Personenzüge			
a. Zugabfertigung	10	10	—
b. Zugbildung	14.46	10	4.46
c. Zugförderung			
1. Zugbegleiter			
D-Zug 1.42			
Eilzug 0.59			
Pers.-Zug 6.64			
	8.65	7	1.65
2. Lokomotivbegleiter			
D-Zug 0.83			
Eilzug 0.49			
Pers.-Zug 6.74			
	8.06	8.06	—
3. Lokomotivinstandhltg. u. Betriebsstoffe			
D-Zug 3.59			
Eilzug 1.56			
Pers.-Zug 13.49			
	18.64	10	8.64
4. Instandhaltung der Personenwagen	14.59	10	4.59
5. Stationsapparat	11.56	10	1.56
6. Bahnanlagen	14.04	10	4.04
	100%	ca. 75%	ca. 25%
Güterzüge			
a. Zugabfertigung			
1. Stückgut 11.61			
2. Wagenladung 16.83			
3. Umladung 3.84			
	32.28	25	7.28
b. Zugbildung	24.95	15	9.95
c. Zugförderung	42.77	32	10.77
	100%	72%	28%

Güterzüge haben also einen größeren Fixkostenkoeffizienten.

β) Amerikanische Eisenbahnen (nach Ripley):

	Betriebskosten		Gesamtkosten	
	fix	variabel	fix	variabel
Gleisanlagen	13.4	6.6	10.0	5.0
rollendes Material	10.0	10.0	7.5	7.5
Zugförderung	28,0	28.0	20.0	20.0
Zinsen für Kapital	—	—	27.0	—
allgemeine Kosten	4,0	—	3.0	—
	55.4	44.6	67.5	32.5

bb) Die Selbstkosten des Kraftverkehrs.

Betriebskostenberechnung für verschiedene Typen (N. A. G. Motor-Lastwagen).

	2,5 t	5 t	10 t mit Anhänger	15 t mit Anhänger
	RM.	RM.	RM.	RM.
I. Anschaffungskosten				
Preis für einen Wagen bzw. einen Motorwagen und Anhänger	7 000.—	17 500.—	22 400.—	29 900.—
II. Verbrauchskosten je 100 km				
1. Brennstoff	6.80	14.40	19.20	20.—
2. Schmiermaterial	0.50	1.80	2.00	2.20
3. Unterhaltungskosten	3.25	5.40	7.35	8.80
4. Gummiverschleiß	2.40	9.60	17.20	17.15
	12.95	31.20	45.75	48.15
III. Feste Betriebskosten im Jahr				
5. Personal	3 000.—	3 500.—	6 500.—	6 500.—
6. Kraftwagensteuer	396.—	970.—	1 070.—	1 400.—
7. Versicherung	540.—	540.—	720.—	720.—
8. Abschreibung (10%)	672.50	1 640.—	1 640.—	2 690.—
9. Verzinsung des Anlagekapitals (7%)	490.—	1 225.—	2 050.—	2 093.—
10. Unvorhergesehenes	51.50	125.—	120.—	97.—
	5 150.—	8 000.—	12 100.—	13 500.—
Gesamtkosten für 1 km bei 25 000 km Jahresleistung:				
Verbrauchskosten	12.9 Pfg.	31.2 Pfg.	45.7 Pfg.	48.1 Pfg.
Feste Betriebskosten	20.6 „	30.2 „	48.4 „	54.0 „
	33.5 „	61.4 „	94.1 „	102.1 „
1 tkm	13.4 Pfg.	12.2 Pfg.	9.4 Pfg.	6.8 Pfg.

cc) Die Selbstkosten in der Binnenschiffahrt.

Der Anteil der fixen Kosten beträgt: beim Dampferbetrieb etwa 62.6%, beim Kahnbetrieb etwa 72.9%, wie die nachfolgenden Kostenanalysen zeigen:

a) Kostenberechnung für einen Rad-Dampfer (Rheinschiffahrt).
(1000 PS, 280 Arbeitstage, 6720 Arbeitsstunden p. a.)

Bereitschaftskosten		
1. Versicherung	20 000.— RM	
2. Verzinsung	30 000.— „	
3. Abschreibungen	25 000.— „	
4. Instandhaltung	13 000.— „	
	88 000.— „	
5. Verwaltungskosten	12 250.— „	
	100 250.— RM	
Kosten pro Std.		14.92 RM
Fahrtkosten		
1. Kohlenkosten	57 500.— RM	
2. Löhne und soz. Abgaben	41 500.— „	
3. Material (Öl, Teer usw.)	6 000.— „	
4. Reisekosten	4 500.— „	
	109 500.— RM	
Talschlepplöhne	—10 000.— „	
	99 500.— RM	
Kosten pro Stunde		14.81 RM
Gesamtkosten pro Stunde		29.73 RM
Kosten für 1 PS		0,0297 RM

Fixe Kosten (Bereitschaftskosten + 25% der Fahrtkosten)	125 125.— RM	= 62.6%
Variable Kosten (75% der Fahrtkosten)	74 625.— RM	= 37.4%
	199 750.— RM	= 100 %

Anzahl der Reisen im Jahr	30
Jahresschleppleistung	105 000 t
Zurückgelegte Strecke bergwärts	10 500 km
Zurückgelegte Strecke talwärts	10 500 km
Jahresleistung	73 500 000 tkm
Kosten für 1 tkm	0.0271 RM

b) Kostenrechnung für einen 1500-t-Kahn (Rheinschiffahrt).

Bereitschaftskosten	
1. Versicherung (2% v. 125 000 RM)	2 500.— RM
2. Verzinsung (6% v. 125 000 RM)	7 500.— RM
3. Abschreibungen (3½% v. 125 000 RM)	4 375.— RM
4. Instandhaltung	1 700.— RM
5. Verwaltungskosten	2 100.— RM
	18 175.— RM
Fahrtkosten	
Löhne u. soz. Abgaben	10 300.— RM
	28 475.— RM

Fixe Kosten (Bereitschaftskosten + 25% der Fahrtkosten)	20 750.— RM	= 72.9%
Variable Kosten (75% der Fahrtkosten)	7 725.— RM	= 27.1%
	28 475.— RM	= 100 %

1 tkm (Auslastung 75%) = 0.0571.RM

dd) Die Selbstkosten im Luftverkehr[1]).

Kostenberechnung	%	RM. Angebotenes Nutz-tkm.	
Betriebsstoffe	11.1	0.50	
Flugzeugunterhaltung	15.3	0.69	
Motorenabschreibung	5.1	0.23	
Zubringerdienst	2.2	0.10	
Start- und Landegebühren	0.9	0.04	
Fluggelder	3.5	0.16	
Monteurlöhne	3.8	0.17	
Provisionen	2.5	0.11	
Veränderliche Kosten	44.4		2.00
Abschreibungen der Flugzeuge	11.3	0.51	
Zinsen	6.4	0.29	
Versicherung	5.6	0.25	
Funkdienst	1.4	0.06	
Flugleitung	12.0	0.54	
Gehälter für Piloten und technische Angestellte	6.7	0.30	
Zentralverwaltung	12.2	0.55	2.50
Feste Kosten	55.6		4.50

ee) **Versorgungsbetriebe** sind dadurch charakterisiert, daß sie sowohl Produktions- als auch Verkehrsleistungen vollbringen. Sie haben alle eine Fixkapitalstruktur, ihre Kostenstruktur dagegen ändert sich mit der Art des Erzeugnisses und des Produktionsprozesses (Wasser, Gas, Elektrizität, Dampf- oder Wasserkraftwerke). Am einheitlichsten sind Produktionsprozeß und Kostengestaltung bei **Gaswerken**.

Aufteilung der Gaskosten bei drei typischen größeren örtlichen Gaswerken in Pfennigen je cbm[2]).

	Gaswerk 1	%	Gaswerk 2	%	Gaswerk 3	%
Erzeugungskosten	5.5	34.3	8.2	50.5	6.8	36.1
Verteilungskosten	2.1	13.1			2.5	13.3
Verwaltungskosten	2.0	12.5	2.0	12.4	3.4	18.1
Kapitaldienst	3.0	18.8	3.3	20.4	2.4	12.8
Steuern	0.8	5.0	0.4	2.5	1.6	8.5
Überschuß	2.6	16.3	2.1	14.2	2.3	11.2
Gasverkaufspreis	16.0	100	16.0	100	19.0	100

c) Warenhandel.

Auf die Kostenstruktur des Warenhandels einzugehen erübrigt sich, da sie an anderer Stelle ausführlich behandelt wurde. Wir verweisen auf die Ausführungen über die Kosten im Großhandel S. 177 ff. und im Einzelhandel S. 205 ff.

[1]) Pirath, Forschungsergebnisse des Verkehrswissenschaftlichen Instituts für Luftfahrt an der Technischen Hochschule Stuttgart, Heft 3. Berlin/München 1930.

[2]) Aus „Deutsche Großgasversorgung". Druckschrift der A.-G. für Kohleverwertung.

d) Dienstleistungsbetriebe.

Diese sind wegen der Verschiedenartigkeit der hervorgebrachten Leistungen und der unterschiedlichen Betriebsgröße sehr uneinheitlich in Organisation und Kostengestaltung. In Betracht kommen vor allem die unternehmungsweise betriebenen Dienstleistungsbetriebe, wie sie sich in den Hilfsgewerben des Handels und Verkehrs und im Beherbergungsgewerbe finden.

Nachstehende Kostenanalyse eines Hotelbetriebes[1]) zeigt die Selbstkosten für ein Einzelzimmer bei wechselndem Ausnutzungsgrad. Die Kostenstruktur ist eine ausgesprochen fixe.

Kostenarten	Besetzung 100%	70%	50%
Licht und Strom	10.10	14.50	20.35
Wäschereinigung	9.70	12.00	15.00
Allgemeine Unkosten	34.70	45.00	22.50
Warmwasser und Heizung	6.70	9.00	12.50
Gehälter und Löhne	46.70	65.00	93.45
Zeitung und Reklame	7.25	10.15	14.50
Straßenreinigung	1.50	2.25	3.15
Wasser	—.30	—.50	0.65
Steuern	88.15	125.95	176.35
Reparaturen elektrischer Anlagen	26.50	37.95	53.10
Eigene und fremde Versicherung	4.25	6.10	8.55
Invalidenversicherung, Krankenkasse	12.05	17.25	24.15
Gebäude- und Maschineninstandhaltung	18.45	26.10	36.90
Mobilien	34.40	49.35	68.80
Musik	4.10	5.90	8.25
Personalverpflegung und Getränke	33.30	47.60	66.60
	338.15	474.60	624.80
Abschreibungen auf Gebäude	6.10	8.70	12.20
Abschreibungen auf Mobilien	24.40	34.90	48.80
	368.65	518.20	685.80
Verzinsung des Mobilienkapitals	18.60	26.15	36.60
Versinsung des Gebäudekapitals	14.60	40.95	29.30
Selbstkosten pro Zimmer	401.85	585.30	751.70

e) Banken.

Am schlechtesten ist es um Kostenanalysen in den Banken bestellt, so daß sich niemand recht eine Vorstellung von der Kostenstruktur der Banken machen kann. Fixkosten, die aus Anlagen entstehen, sind nur gering; die Hauptkostenanteile sind Gehälter und Steuern. Ebensowenig wie im Einzelhandel die Einkaufspreise Kosten darstellen, sind in Banken Passivzinsen Kosten, wenngleich z. B. in amerikanischen Banken etwa 40% der Zinseinnahmen auf Zinsausgaben verwendet werden. Die Gehälter sind freilich zum guten Teil fix, doch zeigt ein großer Teil der Bankgehälter einen recht elastischen Charakter, wie der Abbau der letzten Jahre es gezeigt hat.

[1]) Stehle, Der Hotel-, Restaurant- und Kaffeehausbetrieb. Nordhausen o. J.

Wir geben einige Kostenanalysen aus öffentlichen Banken, so kärglich sie auch sind:

Kostenarten	Bank I	Bank II	Bank III	Bank IV	Bank V
Gehälter	66.7	66.0	65.8	83.7	84.0
Material	6.9	2.0	2.8	1.2	3.6
Betriebsunkosten	26.4	32.0	31.4	15.1	12.4

Eine private Hypothekenbank zeigte folgende Kostengliederung:

Gehälter	50.9%
Material	1.8%
Betriebsunkosten	7.6%
Steuern	39.7%
	= 100.0%

Amerikanische Verhältnisse beleuchtet folgende Analyse, die auf den Erhebungen des Comptroller of the Currency für die Jahre 1918—1926 beruht [1]).

Auf 1000 $ durch eine Nationalbank gewährten Kredit entfielen als Kosten:

16.6 $ Zinsen für Depositen,
10.0 $ an Gehältern und Löhnen,
6.0 $ auf verschiedene Ausgaben,
5.7 $ auf Verluste,
3.8 $ auf Steuern,
2.8 $ auf Zinsen für sonstiges geborgtes Geld (Akzepte usw.).

Zusammen 44.9 $, somit $4\frac{1}{2}$% Kosten; an Reingewinn 11.9 $, somit rund 1.2%.

VI. Gemeinsame und verbundene Kosten.

1. Begriff.

Betriebe, die ein einziges Produkt erzeugen — **Einproduktbetriebe** — gibt es selten, z. B. Wasserwerke, Straßenbahnen, Thomasmehlfabriken. Aber selbst in diesen Fällen ist die Einheitlichkeit des Produktes nicht vollkommen. Entweder ist die Nachfrage nach diesen Produkten nicht einheitlich: Wasser für gewerbliche und Haushaltszwecke, oder es ist nur scheinbar Einheitlichkeit vorhanden: Straßenbahnen für Personen- und Gepäck-, Paket-, Postbeförderung; Thomasmehl verschiedenster Gütegrade — ganz abgesehen von den Abfällen. Viel häufiger als **Einprodukt-** sind **Mehrproduktbetriebe**, die aus **technischen** oder **wirtschaftlichen** Gründen mehrere Produkte hervorbringen: **gleichartige Güter** (Autos verschiedenster Typen; Papier verschiedenster Arten; Schreibmaschinen verschiedener

[1]) Aus: F. Somary, Bankpolitik. Tübingen 1930, S. 52.

Größen und Ausstattung), Komplementärartikel (Bleistifte und Federhalter; gewöhnliche und Füllfederhalter; Schreibmaschinen und Konzepthalter, Büroartikel aller Arten: Locher, Federschalen, Lineale, Dauerkalender), Kompensationsartikel: Nähmaschinen, Fahrräder, Schreibmaschinen; Güter- und Personenbeförderung; reguläres und irreguläres Bankgeschäft; Lebens- und Schadensversicherung, endlich Artikel mit zwangsläufiger Verbundenheit (Koks und Gas, Mehl und Kleie, Schaffleisch und Wolle).

In allen Mehrproduktbetrieben liegt das kostentheoretische Problem in der Zurechnung der Kosten zu den einzelnen Produkten. Eine richtige Preisbildung ist darauf angewiesen, die Kosten richtig zurechnen zu können, selbst dort, wo zunächst eine Zurechnung unmöglich erscheint. Es gibt gewiß Kostenarten, die der Produkteinheit direkt zugerechnet werden können, immer und in jedem Falle. Ihre Zahl ist freilich nach dem Grade der Verbundenheit verschieden. Die moderne Produktion zeigt in hohem Maße eine Tendenz, die nicht zurechenbaren Kosten zu vermehren (Tendenz zur Steigerung der Gemeinkosten). Auf der anderen Seite entwickelt die Lehre von der Kostenrechnung immer neue Methoden, um die Zurechnung der Gemeinkosten zu verbessern, so daß in der Kostenentstehung und Kostenrechnung zwei entgegenstehende Tendenzen wirksam sind. Der Weg der Lösung der Kostenzurechnung geht über die Abteilungs- und Platzkosten: Kostenstellenrechnung (Departmentalization). Mit dem Problem der Zurechnung hat sich jeder Mehrproduktbetrieb auseinanderzusetzen. Jede Zuschlagskalkulation beruht auf ihr.

Nach dem Grade der Verbundenheit ist das Zurechnungsproblem verschieden geartet, verschieden schwierig und methodisch mit verschiedenen Mitteln zu lösen. Die Verbundenheit der Produkte zeigt einen dreifachen Grad:

1. Gemeinschaftlichkeit der Produktion,
2. Notwendige Gemeinsamkeit,
3. Naturgesetzliche Verbundenheit.

Die Gemeinschaftlichkeit der Produktion, die bei gleichartigen und ungleichartigen Produkten vorkommt, stellt das gewöhnliche Problem der Zurechnung dar. Sie ist reicher als die übrigen zwei Gruppen an direkt verrechenbaren Kostenarten und trägt auch für die Gemeinschaftskosten in der Abteilungs- und Platzkostengliederung die Lösung — und ist es auch immer nur eine Näherungslösung — in sich. Ihre Behandlung geschieht an anderer Stelle.

Im folgenden wollen wir unter Verbundenheit nur die beiden letzten Gruppen verstehen. Diese Einengung ergibt sich aus der besonderen Problematik und Artverschiedenheit dieser Produktion.

Zunächst ist es notwendig, die Verbundenheit zu analysieren, weil die Ansichten über die verbundenen Kosten sehr verschieden und zudem meist sehr einseitig sind. Einseitig sind sie besonders aus drei Gründen: man faßt den Begriff zu eng, indem man nur die naturgesetzliche Verbundenheit (Getreide und Stroh) zu diesem Kostenproblemkreis gehörend ansieht [1]), man denkt zweitens hier wiederum, wie eigentlich überall, nur an die Industrie [2]), und endlich drittens zieht man nur Rohstoffaufbereitung [3]) in Betracht. Daneben gibt es auch Auffassungen, die zu weit gehen, weil sie auch die gemeinschaftliche Produktion zum Sonderproblem der Verbundenheit rechnen [4]). In diesem Falle gäbe es außer in Einproduktbetrieben nur verbundene Produktion.

Die Verbundenheit ist verschiedenartig. Die verschiedene Art verursacht zugleich einen verschiedenen Grad der Verbundenheit. Die eine Art stellt eine naturgesetzliche Verbundenheit dar (Kuppelprodukte). In einem Produktionsgang entstehen mit naturgesetzlicher Notwendigkeit zwei oder mehrere Produkte, stets in einem bestimmten Verhältnis. Der Betrieb kann nichts dagegen tun, um das Anfallen des einen Produktes zu verhindern, das unter Umständen einen negativen Wert (nuisance value) haben kann, wie z. B. in früheren Zeiten Baumwollsamen bei der Baumwollerzeugung. Beispiele solcher Verbundenheit sind: bei der Koksherstellung: Gas, Ammoniak, Benzol, Teer; bei der Produktion von Mehl: Mehl verschiedener Gütegrade, Grand, Kleie.

Neben dieser naturgesetzlichen Verbundenheit ist aber die zweite Gruppe der Verbundenheit zu unterscheiden. Sie ist zwar keine Verbundenheit naturgesetzlicher Art, aber sie ist doch eine notwendige, wenigstens wirtschaftlich notwendige Verbundenheit. Um eine Klarheit in der Terminologie zu erzielen, erscheint es gerechtfertigt, diese Arten der Verbundenheit auch begrifflich zu scheiden. Wir wollen mit Marshall von „verbundenen" und „gemeinsamen" Gütern sprechen, allerdings die gemeinschaftlich produzierten Güter (z. B. Lokomotiven und stationäre Maschinen), die Marshall auch zu den gemeinsamen Gütern rechnet, ausscheiden. Haney [5])

---

[1]) Z. B. Marshall: „Wenn zwei Dinge, sagen wir Lokomotiven und stationäre Maschinen, in der gleichen Fabrik und in großem Maße durch die gleiche Arbeit und Betriebsanlage hergestellt werden, so wird oft gesagt, daß ihre Kosten verbunden seien; aber dieser Ausdruck steht in historischer Verbindung mit Gruppen von Dingen, wie Weizen und Stroh, die nicht getrennt produziert werden können, und es scheint besser, zu sagen, daß solche Gruppen „gemeinsame" oder „alliierte" Kosten haben.

[2]) So z. B. die gesamte deutsche Betriebswirtschaftstheorie, wenn sie nicht eine kleine Konzession an die Land- und Forstwirtschaft macht.

[3]) Z. B. Dohr, der nur dann von verbundenen Produkten spricht, „wenn zwei oder mehr Produkte aus einem einzigen Rohmaterial hergestellt werden, daß kein Produkt von größerer Bedeutung ist". (Cost accounting, S. 414.) Vollends unannehmbar ist die Einschränkung im letzten Teil des Satzes, der zur Verbundenheit nicht nur eine Rohstoffaufbereitung verlangt, sondern sogar eine gleiche Bedeutung der Teilprodukte.

[4]) So z. B. Taussig: „Wenn irgendeine Betriebsanlage zur Erzeugung verschiedener Produkte benutzt wird, so ist dies ein Fall einer Produktion mit verbundenen Kosten". (Principles of Economics, Bd. II. S. 395.)

[5]) Joint Costs. Q. J. Ec. 1916.

nennt die verbundenen Güter auch „primär" verbundene, und die in unserem Sinne gemeinsamen Güter „sekundär" verbundene Güter.

Gehen wir auf das Wesen der verbundenen und gemeinsamen, oder primär und sekundär verbundenen Güter näher ein. Verbundene Güter sind zwangsläufig in einem Produktionsprozeß entstandene Güter verschiedener Art. Sie sind nicht nur verschieden, sie sind verschiedener Art. Verschiedene Güter sind z. B. auch Kraftstrom und Leuchtstrom. Sie stiften verschiedenen Nutzen, treffen auf einen verschiedenen Konsumentenkreis. Sie sind wirtschaftlich durchaus verschieden. Sie sind aber nicht verschiedenartig, weil sie physikalisch und technisch gleicher Art sind. Verbundene Güter entstehen bei der Produktion stets in einem bestimmten Mengenverhältnis. Entstehen also in einem Produktionsgang 2, 3 oder 5 oder mehr Güter, so ist ihr Mengenverhältnis stets gleich, wenigstens dann gleich, wenn das Verfahren und die Rohstoffe gleich sind. Ändert man eines von beiden, ändern sich die Mengenverhältnisse. Aus wirtschaftlichen Gründen, zur Vermehrung des wertvolleren Gutes, wird man die Grundstoffe oder das Verfahren ändern, um das Mengenverhältnis zugunsten des wertvolleren Gutes zu verändern. So z. B. kann man in der Schafzucht besondere Fleisch- und Wollschafe züchten, um den Wertanteil des Fleisches oder der Wolle zu erhöhen. Das ist freilich wiederum nur bis zu bestimmten Grenzen möglich. In der Beeinflussung der Mehrerzeugung des wertvolleren Gutes kann ein Grad erreicht werden, der einen besonderen Zustand herbeiführt, nämlich den der rivalisierenden Güter. Es gibt hier eine Zone der Produktion, wo durch verschiedene Verfahren die Mengenverhältnisse geändert werden können, so daß die Vermehrung des einen Produktes nicht eine entsprechende Vermehrung des zweiten Produktes erzielt. Es besteht also eine veränderliche Verbundenheit in der Menge, trotzdem ist das Verhältnis nicht beliebig veränderlich. Rivalisierende Güter sind auch verbundene Güter, aber die verschiedenartigen Teilgüter kämpfen um die „Vorherrschaft", welches nämlich von beiden das Hauptprodukt ist. Entstehen in der Produktion mehrere Güter, so muß zweifellos ein Rangverhältnis zwischen ihnen vorhanden sein: die Spaltprodukte stehen im Verhältnis des Haupt- und Nebenproduktes zueinander. Hauptprodukt sollte das wertvollere sein, das in größeren Mengen vorkommt, immer als Anteil in einer Produktionseinheit gesehen. Das ist aber nicht der Fall. Hierüber entscheidet allein der betriebsindividuelle Gesichtspunkt. Hauptprodukt ist das, was vom produzierenden Betrieb als Hauptprodukt beabsichtigt ist. In der Kokerei ist die Erzeugung von Koks beabsichtigt; also ist Koks Hauptprodukt, Gas Nebenprodukt. In der Gasanstalt ist Gaserzeugung Hauptzweck; Gas ist Hauptprodukt, mögen die Rohstoffe und Verfahrensweisen auch in beiden Fällen gleich sein. Meist gibt es dann ein Hauptprodukt und mehrere Nebenprodukte (by-products). Manchmal ist das Ergebnis aber auch mehrere Hauptprodukte (co-products). Keines von ihnen ist weder dem Werte noch der Produktionsabsicht nach alleiniges Hauptprodukt. Ein Fall aus der Konserven- und der

Schlachthausindustrie möge dies deutlicher machen. Bei der Rindschlächterei werden neben Rindfleisch noch Häute, Talg, Fette, Zungen, Knochen und Hörner gewonnen. Das Rindfleisch beträgt aber 45—60% des Ganzen. Rindfleisch ist beabsichtigtes und alleiniges Hauptprodukt. Die übrigen Produkte sind Nebenprodukte, die man hinnehmen muß, die freilich auch verwertbar sind. Bei der Schweineschlächterei ist es völlig anders. Das Rohmaterial ist das lebende Schwein; das Ergebnis des Ausschlachtens ist nicht Schweinefleisch, sondern: Schinken, Schultern, Bauch, Rücken, Lenden, Speck. Kein Teil beträgt mehr als 15% des Ganzen, keine Art ist beabsichtigtes Hauptprodukt; sie sind alle oder keines ist Hauptprodukt. Ebenso ist es z. B. bei Erdnüssen. Bei der Scheidung der Produkte entstehen, insbesondere nach der Größe, verschiedene Sorten, die auch verschiedene Verwendungszwecke haben. Alle sind Hauptprodukte, und keine ist nur Nebenprodukt.

Nun gibt es zwischen den beiden Möglichkeiten: Haupt- und Nebenprodukte oder mehrere Hauptprodukte noch den bereits erwähnten dritten Fall, wo — in einem Betrieb — das Hauptprodukt zum Nebenprodukt und umgekehrt gemacht werden kann. Der Betrieb wird dann die Produktion bzw. das Verfahren bevorzugen, das rentabler ist. Je nach der Marktlage wird dann das eine oder andere Produkt zum Hauptprodukt gemacht. In der Petroleumraffinerie z. B. kämpfen Leicht- und Schweröle um die Vorherrschaft. Durch eine höhere Destillation (Cracking) kann der Mengenanteil des Leichtöles erhöht werden. Die hier aus einem Rohstoff entstandenen Produkte sind „rivalisierende" Produkte.

Rivalisierende Produktion ergibt sich auch aus der Frage, ob nur ein oder mehrere, oder zwei oder mehrere Produkte hergestellt werden sollen, z. B. nur Güterverkehr oder Güter- und Personenverkehr; oder Güter-, Gepäck-, Personenverkehr und Hotelbetrieb, in jeder beliebigen Variation. In diesem Sinne ist rivalisierende Produktion eine Frage sekundär verbundener Güter. Eine Vermehrung des einen Gutes bringt nicht zugleich eine Vermehrung des zweiten, im Gegenteil, häufig eine Verminderung hervor. Entscheidend für das Verhalten ist stets der erzielbare Reinertrag.

Neben Haupt- und Nebenprodukten entstehen bei der Produktion noch Abfälle. Aber Abfälle sind keine Art der verbundenen Produktion; sie entstehen bei jeder Produktion, sogar in Einproduktbetrieben, wo Probleme der Verbundenheit überhaupt nicht vorhanden sind. Es ist darum verfehlt, Abfälle neben Haupt- und Nebenprodukte zu stellen, also drei Produktarten zu unterscheiden, weil Abfälle zu verbundener Produktion keine Beziehung haben. Durch Entstehung von Abfällen kann daher eine Produktion (etwa in Einproduktbetrieben) nicht zu verbundener Produktion werden. Abfälle sind Teile des Roh-, des Grundstoffes, sind Reste, aber nicht Spaltprodukte. Sie sind daher wie Reste zu behandeln: marktmäßig zu verwerten, zur Neuproduktion wie jeder andere Rohstoff zu benutzen oder fortzuwerfen. In den Problemkreis der verbundenen Produkte gehören sie nicht.

Das Mengenverhältnis der Hauptprodukte zueinander steht unter gleichen Umständen fest. Es bleibt auch dasselbe bei Vermehrung oder Verminderung der Produktion. Infolge verbesserter Technik ist es heute freilich möglich, die Zahl der verbunden entstehenden Produkte zu erhöhen.Es wird dies in der Praxis tatsächlich getan, weil die Verwertungsmöglichkeit sehr stark gestiegen ist Es besteht aus diesen Gründen die Tendenz, die Spaltung immer weiter zu treiben. Diese Tendenz wird noch durch die Tendenz zur Massenfabrikation verstärkt, weil die Massenproduktion zugleich meist der Boden für verbundene Produktion ist.

Das Problem der verbundenen Produktion endet mit dem Moment der Spaltung, wo also die Spaltprodukte fertig vorliegen. Die Verarbeitung der Nebenprodukte ist kein Problem verbundener Produktion, sondern einfach ein Problem betrieblicher Wertung, einer Wahl der eigenen Verwertung: Weiterverarbeitung des durch die Spaltung entstandenen Rohstoffes zum Endprodukt oder Verkauf des Spaltproduktes als Rohstoff auf dem Markt. Wird Eigenverwertung gewählt, beginnt hier eine neue Produktion, die freilich wiederum eine verbundene Produktion sein kann (z. B. verschiedener Teerprodukte), aber es nicht sein muß und meist auch nicht ist. Bei der Eigenverwertung steht im Zusammenhang mit dem ursprünglichen Problem verbundener Produktion nur die Frage der Bewertung des durch Spaltung entstandenen neuen Rohstoffes beim Einsatz in die zweite Produktion.

Begrifflich komplizierter liegt der Fall gemeinsamer Produktion oder sekundärer Verbundenheit. Es fehlt hier das Merkmal der naturgesetzlichen Verkoppelung, so daß die Versuchung sehr nahe liegt, jeglichen Grad der Verbundenheit zu leugnen und keinen Unterschied zur gemeinschaftlichen Produktion zuzugeben, vielmehr alle „nicht-naturgesetzlich-verbundene“ Produktion gleichzubehandeln, wie es z. B. Marshall tut. Die sekundär verbundene Produktion ist aber von der gemeinschaftlichen Produktion mindestens ebenso weit entfernt wie von der primär verbundenen, weswegen sie getrennt und besonders zu behandeln ist. Fehlt zwar die naturgesetzliche Verbundenheit, so besteht doch eine wirtschaftliche Notwendigkeit zu ständiger Verbindung. Die Produktion nur einer Art von Produkten würde niemals die Ausnutzung der Kapazität und damit eine Rentabilität des Betriebes erreichen. Da mit der vorhandenen Anlage stets die Erzeugung von zwei oder mehreren Produkten möglich ist, wird zur besseren Ausnutzung notwendigerweise ein weiteres Produkt hinzugenommen. Bei dieser Produktion ist immer mit einer Anlage die Produktionsmöglichkeit für verschiedene Produkte gegeben. Verbunden sind also zwar nicht die Produkte, aber die Produktionsmöglichkeiten.

Die Produktionsmöglichkeit entsteht also zwangsläufig und führt aus wirtschaftlichen Gründen zu tatsächlich verbundener Produktion. Es kommt noch hinzu, daß bei Veränderung der Produktionskapazität — Vermehrung oder Verminderung — zugleich in demselben Maße die Produktionsmöglichkeit für beide Produkte verändert wird. Die gemeinsame Produktion zeigt also einen hohen Grad innerer Verbundenheit; sie unterliegt einem inneren Zwang, sie ist daher nicht etwa auf einen Betrieb beschränkt, sondern findet sich überall, wo erst Anlagen dieser Art vorhanden sind. Der Grad innerer Verwandtschaft der Produkte, die wirtschaftlich notwendig verbunden sind, muß daher ein sehr hoher sein. Technisch ist die Verbundenheit eine mögliche, wirtschaftlich eine notwendige. Die Voraussetzung des zweiten Produktes ist immer das erste. Die Produktion selbst, die erzeugten Güter sind wandelbar, nicht aber die Produktionsmöglichkeit. Erst dort, wo sich beide Produkte unabhängig voneinander verändern können, da liegt „gemeinschaftliche" Produktion vor. Kreps [1]) drückt dieses Verhältnis folgendermaßen aus: „Artikel sollen nur dann als verbundene Produkte angesehen werden, wenn eine Änderung der Möglichkeit der Erzeugung eines Produktes oder einer Produktionsreihe notwendigerweise eine gleichgerichtete Änderung der Möglichkeiten der Hervorbringung einer anderen Produktionsreihe mit sich bringt. Die zwei Produkte dürfen, wenn sie technisch gleichartig sind, nicht zu den gleichen Konsumenten gelangen; wenn sie technisch verschieden sind, so dürfen sie nicht Ersatzartikel sein." Damit gibt Kreps sowohl die Scheidung von den gemeinschaftlichen Produkten als auch die Anerkennung der sekundär verbundenen Produkte als verbundene Produkte zu.

Manchmal wird, insbesondere in der englischen Literatur, die Höhe der entstehenden Kosten, also ein rein wirtschaftliches Moment, zum Wesensmerkmal der verbundenen und gemeinsamen Produktion gemacht, so daß verbundene Produktion dann vorhanden ist, wenn die Kosten der verbunden hergestellten Güter insgesamt nicht höher sind als die Kosten, die zur alleinigen Herstellung der Teilprodukte nötig wären. Auch J.M. Clark [2]) betont an verschiedenen Stellen dieses rein wirtschaftliche Moment. Er verlangt größere Billigkeit der Einheitsprodukte verbundener Produktion, aber nicht aus Gründen der vergrößerten Produktion, sondern der Produktionsergänzung durch die Nebenprodukte. Damit ist es klar, daß Clark auch die gemeinsame Produktion zur verbundenen Produktion rechnet, obgleich er gerade für Verkehrsbetriebe einen engeren Standpunkt einnimmt. Nach ihm wirkt die zweite Transportleistung (Güter- oder Personenverkehr) nur infolge der Produktionsvergrößerung verbilligend, nicht wegen der Produktionsergänzung, während vielmehr die zweite Transportleistung sogar die Kosten erhöht, z. B. infolge der Geschwindigkeitsbehinderung durch

[1]) Joint Costs in the Chemical Industry. Q. J. E. 1930.
[2]) The Economics of Overhead Costs.

Verkehr verschieden gearteter Züge auf denselben Geleisen. Uns erscheint diese Unterscheidung Clarks gesucht und die Verhältnisse unnötig komplizierend, ebenso wie die Vernachlässigung des technischen Momentes einseitig ist.

Beispiele sekundär verbundener Produkte gibt vor allem das Verkehrswesen, wo eine naturgesetzliche Verbundenheit nicht besteht, aber doch ein so hoher Grad innerer Zusammengehörigkeit, daß man durchaus von verbundenen, mindestens aber gemeinsamen Produkten sprechen muß. Das Produkt der Verkehrsbetriebe ist die Transportleistung, die natürlich eine einheitliche durchaus sein kann, z. B. nur Güterverkehr (häufig Schmalspurbahnen in Industriegebieten) oder nur Personenverkehr, (z. B. Stadtbahnen, Straßenbahnen), sogar eine einheitliche sein wird, wenn die Ausnutzung der Kapazität eine volle ist. Aber da eine Vollausnutzung eigentlich nie erreicht wird, z.B. in den Zeiten und Stunden geringer Benutzung, da eine genügende Kapazität zur Befriedigung der Spitzenbelastung vorhanden sein muß, zieht das erste Produkt — der Gütertransport oder der Personentransport — sofort das zweite — den Personen- oder Güterverkehr — nach sich, weil mit der Produktionsmöglichkeit des ersten Produktes zugleich — und in demselben Maße — die Möglichkeit zur Produktion des zweiten immer geschaffen wird. Der Personenverkehr benutzt dieselben Schienen, Signaleinrichtungen, Bahnhöfe, dasselbe Personal, dieselbe Leitung wie der Güterverkehr. Dieselben Anlagen und Voraussetzungen sind für beide vorhanden. Sie stellen gemeinsame Produktion dar.

Neben dem Fehlen der Naturgesetzlichkeit fehlen noch der gemeinsamen Produktion manche Eigenschaften der primär verbundenen Produktion: 1. das Mengenverhältnis der Produkte ist durchaus wandelbar — freilich niemals das Mengenverhältnis der Produktionsmöglichkeit —; 2. es entstehen neben den verbundenen Kosten zugleich in höherem oder geringerem Maße direkte Kosten, während die direkten Kosten bei primär verbundener Produktion die seltene Ausnahme sind, etwa bei besonderer Pflege oder Vorbearbeitung des Rohstoffes, um ein Spaltprodukt besonders zu steigern.

Weitere Beispiele gemeinsamer Produktion sind im Handel, im Bank- und Versicherungswesen, aber auch in der Industrie vorhanden, wenngleich sie für den Verkehr besonders typisch sind.

In den Problemkreis der Verbundenheit der Produktion gehört neben der primär und sekundär verbundenen Produktion das „verbundene Angebot" und die „zusammengesetzte Nachfrage", und zwar deswegen, weil die Probleme der Wertung und Preisbildung dieselben sind. Verbundenes Angebot und zusammengesetzte Nachfrage ergeben sich bei technisch einheitlichen Produkten, die wirtschaftlich verschieden sind. Dies trifft z. B. zu bei Gas-, Elektrizitäts- und Wassererzeugung. Das verbundene Angebot bietet mit einem Produkt immer ein zweites an: Leucht- und Kraftstrom, Güter- und Gepäck-, Personen- und Gepäck-, Brief- und Kleingüterbeförderung, Torf zum Brennen, Streuen und Düngen. Zusammengesetzte oder konkurrierende Nachfrage fragt nach einem einheitlichen Gut durch verschiedene Konsumentenkreise nach: meist gewerbliche Betriebe und Haushalt. Dadurch werden physikalisch gleiche zu wirtschaftlich verschiedenen Gütern, die alle Probleme der Wertung und Preisbildung verbundener Güter aufwerfen.

Es ist aus den bisherigen Ausführungen ersichtlich, daß das Problem der verbundenen Güter nicht an die Industrie gebunden ist, daß es sich nicht nur um Spaltung eines Rohstoffes handelt, wenngleich zugegeben sei, daß Industrie, und hier vor allem Rohstoffspaltung, Hauptgebiete verbundener Güter sind. In diesem Zusammenhang könnte man eine neue Betriebseinteilung der Industrie vornehmen:

1. zusammensetzende Industrien, die Produktteile zum Endprodukt zusammensetzen, z. B. Maschinen-, Bekleidungs-, Schuhindustrie.
2. zerlegende Industrien:
   a) wo Haupt- und Nebenprodukte durch Spaltung entstehen, z. B. Koksherstellung, Mühlen, Pflanzenölraffinerien, Rind- und Hammelschlächtereien,
   b) wo mehrere Hauptprodukte oder rivalisierende Produkte entstehen, z. B. Tabakindustrie, Petroleumraffinerien, chemische Industrien und Schweineschlächtereien.

Verbundene und gemeinsame Güter verursachen verbundene und gemeinsame Kosten. Ihr Hauptmerkmal ist, daß sie zugleich für alle Spaltprodukte einer Erzeugung entstehen, so als ob nur ein Produkt erzeugt worden wäre. Kosten, die nur eines der Produkte verursacht, sind bei dieser Produktion gering, um so geringer, je fester die Verbundenheit ist, um so höher, je weiter unten eine Produktion in der Skala der Verbundenheit steht, also höher bei gemeinsamen als verbundenen Produkten, am höchsten bei gemeinschaftlicher Produktion. Direkt zurechenbare Kosten sind also selten und anteilsmäßig gering. Echte verbundene und echte gemeinsame Kosten sind solche, die tatsächlich nicht getrennt ausgewiesen werden können, unechte solche, die nur wegen der für die Erfassung entstehenden Kosten nicht getrennt werden.

Neben der Zurechenbarkeit der Kosten ist ihre materielle Bewertung ein wichtiges Problem verbundener Kosten. Sie ist die Grundlage für den Wahlvorgang der Weiterverarbeitung oder des Verkaufs der Nebenprodukte, aber auch der Produktions- und Konkurrenzfähigkeit des Hauptproduktes. So bekommt der Kalkulationswert verbundener Produkte sein besonderes Gepräge. Der gestiftete Nutzen bei verbundener und gemeinsamer Produktion ist häufig Wertungsgrundlage.

Verbundene Kosten entstehen dagegen — nach Kreps — nicht bei rivalisierenden Produkten, sondern nur Gemeinkosten. So sagt er z. B., daß verbundene Kosten bei der Erzeugung von Ätzkalk und Chlor entstehen, dagegen nicht bei der rivalisierenden Produktion von freiem Chlor und der aus ihm hergestellten Bleichmittel, bei denen nur Gemeinkosten vorliegen.

Die verbundene und gemeinsame Produktion wirft das Problem der Kapazitätskosten in gesteigertem Maße auf. Jede Produktionserhöhung (innerhalb der Nutzenzone) bringt nicht nur eine Kostendegression in gewöhnlichem Sinne hervor, sondern eine vervielfachte infolge des Anfalls mehrerer Produkte, von denen jedes für sich dem Gesetz der Kostenminderung unterliegt. Freilich wirkt von einem bestimmten Punkte ab die Kostenprogression auch erhöhend, so daß hierbei erst recht Vorsicht und kostenrechnerische Analyse geboten sind. Infolge der Verschiedenheit der Güter: verschiedener Marktlage, verschiedener Distanz vom Sättigungspunkt, verschiedener Elastizität, fallen die Nutzenpunkte der einzelnen Produkte nicht zusammen. Es ergibt sich darum für die Kostendegression und -progression nicht eine bloße Verschiebung der Nutzenpunkte, eine Verlegung der optimalen Zone, der Degressions- und Progressionsschwelle, sondern eine überaus starke Variierung, so daß eine variable Nutzenkurve, eine progressiv bzw. degressiv steigende Ertragskurve entsteht. Bei rivalisierender Produktion tritt dagegen diese gesteigerte Wirkung nicht ein, weil eben mit der Vermehrung des einen Produktes nicht eine Vermehrung des zweiten Produktes erreicht wird.

Die Wirkung verbundener Produktion ist darum eine gesteigerte Verbilligung der Produktion, die zu den sonstigen verbilligenden Tatsachen moderner Produktion (Rationalität, Massenproduktion) noch hinzutritt. Der Ertrag der Nebenproduktion vermindert die Kosten des Hauptproduktes, die in (annähernd) demselben Ausmaß auch zur alleinigen Herstellung des Hauptproduktes aufgewandt werden müssten.

2. Kostenverbundenheit in den einzelnen Wirtschaftszweigen.

Immer wieder müssen wir darauf hinweisen, daß Kosten nicht eine Frage der Industrie allein sind. Kosten sind der Zentralpunkt aller Wirtschaftszweige und Betriebstypen, und zwar in einem solchen Maße, daß wir fast betriebswirtschaftliche und kostenmäßige Betrachtung identifizieren können. Kosten freilich nicht im alten Sinne starrer Kosten, allein abhängig von den einstigen Ausgaben, sondern im neuzeitlichen Sinne elastischer Kosten, erfüllt mit der Gesamtproblematik „gewerteten" Gutsverbrauchs. Dasselbe gilt auch für verbundene Kosten, die durchaus kein „Alleinproblem" der Industrie sind. Vielmehr kommen verbundene und gemeinsame Kosten in allen Wirtschaftszweigen vor: in der Land- und Forstwirtschaft, der Industrie, in Versorgungs-, Verkehrs-, Handels-, Bank- und Versicherungsbetrieben. Freilich nimmt die gemeinsame Produktion ab im Grade der Abnahme der Anlageintensität der einzelnen Wirtschaftszweige.

Da aber die Anlageintensität in allen Wirtschaftszweigen zunimmt, steigt auch das Vorkommen gemeinsamer Kosten in der neuzeitlichen Wirtschaft. Verbundene Produktion nimmt im Grade der technischen Entwicklung der Verwertung der Abfall- und Nebenprodukte zu. Heute ist in vielen Fällen längst Nebenprodukt geworden, was früher unverwertbar war und häufig sogar betriebliche Wegschaffungskosten verursachte, also einen negativen Wert darstellte. Das Schulbeispiel hierfür sind die Baumwollsamen, die früher mit großen Kosten weggeschafft werden mußten, in die Flüsse geworfen wurden, bis die Regierung dagegen einschritt. Heute sind oft Baumwollsamen (zur Ölkuchenherstellung) sogar Hauptprodukt des Baumwollanbaues geworden. Die Zunahme der Verwertung früherer Abfälle sehen wir auch in der Teeraufbereitung, der Vermahlung von Thomasschlacke zu Thomasmehl, der Verarbeitung des Sägemehls zu Schalldämpfungsplatten, des Strohes zu Papier und vielen anderen Stoffen.

In der Land- und Forstwirtschaft wurde das Problem der verbundenen Kosten zuerst offenbar. Die geläufigsten Beispiele sind: die Schafzucht (Fleisch, Wolle, Häute), Baumwollanbau, Rinderzucht (Fleisch, Häute, Horn), Molkerei und Schweinezucht, Getreideanbau (Körner und Stroh). Doch ist auch gemeinsame Produktion häufig: Kartoffelbau und Brennerei (für viele Gegenden wirtschaftliche Notwendigkeit); der Fruchtwechsel — Blatt- auf Halmpflanze — ist technische Notwendigkeit; er schafft die Vorbedingung zum Anbau der Wechselfrucht.

Die stärkste Auswirkung ist aber in der Industrie festzustellen. Vor allem die Industrien der Grundstoffe und die chemische Industrie stellen die wichtigsten Vertreter verbundener Produktion. Neben dem Schulbeispiel der Koks- und Gasherstellung seien noch genannt: die Erzeugung von Silber und Blei im Kupferbergbau, der verschiedensten Kohlensorten (von Stück- zu Staub- und Schlammkohle) im Kohlenbergbau, die Gewinnung von Zink, Blei und Silber aus Galmei, Erzeugung von Gichtgas und Schlacke neben Gußeisen im Hochofenprozeß. Die chemische Industrie ist besonders reich an Beispielen für die Erzeugung von Spaltprodukten: Steinkohlendestillation; Erzeugung der verschiedenen Zuckersorten und Melasse bei der Zuckerproduktion, von Bier und Hefe in der Brauerei.

In der verarbeitenden Industrie finden sich weitere Beispiele verbundener und gemeinsamer Produktion: Bettfedernerzeugung, Mehlherstellung; in Flachsfabriken, Spinnereien, Sägewerken, Konservenfabriken, Schlachthäusern. Als gemeinsame Produktion sind z. B. die Ereugnisse von Ziegeleien, Walzwerken, Drahtfabriken anzusehen, Produkte, bei denen mit Vorliebe die Äquivalenzkalkulation angewandt wird.

Im Verkehrsbetriebe kommt fast ausschließlich die gemeinsame Produktion vor. Doch könnte man z. B. die Gepäckbeförderung im Personenverkehr der Eisenbahnen und der Seeschiffahrt, die Rückfracht bei der Güterbeförderung fast als verbundene Produktion ansehen. Die stets vorhandene beiderseitige Leistungsmöglichkeit macht Güter- und Personenverkehr, der über dieselbe Schiene rollt, dieselben Signaleinrichtungen und sonstigen Anlagen benutzt, zu gemeinsamer Produktion und läßt das so schwierige Problem der Zurechnung bei verbundener Produktion in voller Schwere entstehen. Kommen noch Hotelbetriebe, Gepäckaufbewahrung, Telephon- und Telegraphenbetrieb hinzu, so ist für diese Betriebszweige die Sonderung der Kosten schon bedeutend leichter als die Trennung der Kosten für Personen- und Güterverkehr, und innerhalb der beiden Hauptverkehrsarten der Eisenbahnen die Scheidung der Kosten der verschiedenen Personenklassen und Zugarten, der verschiedenen Güterarten, Ladungsmengen und Entfernungen. Die mit Macht eingreifende Konkurrenz des Kraftwagens wird die Eisenbahnen zwingen, mehr Anstrengungen zur Lösung dieses Zurechnungsproblems zu machen. Ähnliche Verhältnisse liegen bei der Post vor, wo Briefe, Drucksachen, Kleingüter, Zeitungen mit dem gleichen Produktionsapparat befördert werden; im Telegrammverkehr, wo alle Arten von Telegrammen über dieselbe Apparatur gehen; im Rundfunk, wo Unterhaltungs-, Wirtschafts- und Reklamefunk dieselbe Organisation und Apparatur benutzen. Auch die übrigen Teile des Verkehrs zeigen — durch die Anlagekapitalintensität und Massenproduktion begünstigt — ein hohes Maß gemeinsamer Produktion.

Versorgungsbetriebe (Elektrizitäts-, Gas- und Wassererzeugung) sind die Schulbeispiele für verbundenes Angebot und zusammengesetzte Nachfrage. Ihre Tarifgebarung zeigt darum die Gesamtproblematik der Preisbildung verbundener Güter, freilich mit individueller Note infolge der Notwendigkeit der Bedarfsweckung zur Ausnutzung der Kapazität.

Wenig beachtet sind — mit Ausnahme in Amerika — die gemeinsamen Kosten im Handel. Auf den ersten Blick scheint es auch fast, als ob hier nur gemeinschaftliche Produktion vorhanden wäre, weil hier beliebige Veränderlichkeit der Artikel vorhanden ist. Zu bedenken ist aber die wirtschaftliche Notwendigkeit, der innere Zwang zur Assortierung und Kompensierung der Artikel, um Rentabilität und beste Ausnutzung der Kapazität zu erzielen. Das Angebot eines Artikels zwingt, um die Räume und das Personal auszunutzen, die Saisonschwankungen auszufüllen, zur Mitnahme eines neuen, komplementären oder kompensierenden Artikels. Erst wenn ein neuer Artikel hinzukommt, ist die Rentabilität gesichert. Die Angebotsmöglichkeit ist also mit der Herstellung der Organisation für mehrere Artikel gegeben, und mit jeder Organisationsänderung eine gleichfalls geänderte Möglichkeit. Die Auswahl des gemeinsamen Angebots unterliegt einem inneren Zwang. Das gilt sowohl für das Warenhaus, das Spezialgeschäft, als auch für sonstige Handelstypen. Haney[1]) meint freilich, daß nicht so die unausgenutzte Kapazität als die unausgenutzte Gelegenheit die gemeinsame Produktion herbeiführt. Uns scheint beides wirksam zu sein.

Auch für die Bank gilt in weitem Maße das für den Handel Ausgeführte.

---

[1]) a. a. O. S. 240.

Aktiv- und Passivgeschäft sind verbundene Produkte; innerhalb beider Geschäfte kommen gemeinsame Produkte vor: die Verbindung des Effekten- und Devisengeschäftes mit dem Kontokorrentverkehr, des Depositen- und Scheck-, Giro- und Clearingverkehrs, des Hypothekengeschäfts und der Hausverwaltung und zahlreicher anderer Fälle.

Die Versicherung ist auch nicht frei von gemeinsamen Leistungen und gemeinsamen Kosten. Lebens- und Schadensversicherung, Todesfall- und gemischte Lebensversicherung — mit durchaus verschiedenen Risiken — gehören notwendig zusammen, ebenso viele andere Versicherungsleistungen, und schaffen die kalkulatorisch so bedeutsame Leistungsverbundenheit [1]).

VII. Die Kapazitätskosten.

1. Kostenarten unter dynamischen und Kapazitätsgesichtspunkten.

a) Fixe und variable Kosten.

Die hervorstechendsten Merkmale der modernen Wirtschaft sind zwei:

1. die kapitalintensive Produktion,
2. die wirtschaftliche Bewegung: Entwicklung, Änderung, Schwankung.

Beide Merkmale zeigen die gleiche Tendenz: zur Steigerung. Die Produktion wird immer kapitalintensiver, die Bewegungen werden heftiger: schneller in der Entwicklung, rascher und tiefergreifend in den Änderungen, stärker in den Schwankungen. Ist die Tendenz der Entwicklung der beiden typischen Eigenschaften der modernen Produktion auch gleichlaufend, nämlich steigend, so ist die Richtung der Entwicklung eine entgegengesetzte: zu immer größerer Starrheit beim produzierenden Betrieb und zu stärkerer Beweglichkeit in der Wirtschaft. Das Ergebnis dieser Entwicklung ist von ungeheurer Tragweite für den wirtschaftenden Betrieb: der steigenden Starrheit und sinkenden Anpassungsfähigkeit der Betriebe steht die zunehmende Dynamik der Wirtschaft gegenüber, die größte Elastizität des Betriebes verlangt, eine größere als jede andere Wirtschaftsepoche vorher. Die Entwicklung selbst ist in hohem Maße zwangsläufig, wenngleich Beeinflussungen möglich sind. Erfolgreiche Maßnahmen und eine unter dynamischen Bedingungen betriebliche Bestgestaltung der Produktion sind nur dann möglich, wenn die Ursachen, Kräfte und Wirkungen dieser Entwicklung klar erkannt werden. Für den Betrieb entscheidend ist ihre Wirkung auf die Kosten. Darum sind die Kosten besonders unter dynamischen und Kapazitätsgesichtspunkten zu betrachten.

Die betriebliche Kapazität ist die Fassungs-, die Produktionskraft des Betriebes. Sie ergibt sich aus der Betriebsgröße, die bestimmt wird durch die Zahl und Leistungsfähigkeit der Anlagen und der tätigen Menschen. Die Anlagen sind im Produktionsbetrieb vor allem Maschinen: Kraft- und Arbeits-, Universal- und Spezialmaschinen; im Handel

[1]) Die Kalkulation verbundener Güter enthält Bd. II.

Verkaufs- und Lagerräume; in Verkehrsbetrieben: Unter- und Oberbau, der stationäre Apparat, die Lokomotiven und Wagen und sonstigen Transportmittel; in der Bank die Räume und Büroeinrichtungen. Die Anlageintensität wird durch den Kapitalintensitätskoeffizienten ausgedrückt.

Der zweite Faktor für die Betriebskapazität sind die für den Betrieb tätigen Menschen: die leitenden und ausführenden Angestellten, die am Werkstück und für die Abteilung oder den Gesamtbetrieb tätigen Arbeiter. Auch in jedem Menschen steckt eine bestimmte Leistungsfähigkeit, die voll oder nur zum Teil ausgenutzt werden kann. Die Arbeitskraft der leitenden Angestellten ist bei weitem nicht so schnell voll ausgenutzt wie die der ausführenden, vor allem mechanische Leistungen vollbringenden Angestellten.

Auch die Kapitalkraft trägt zur Kapazität bei, am meisten bei den Banken, wo sie z. B. bei den Privatbankiers die Geschäftstätigkeit sehr stark einengen kann, aber auch in den übrigen Geschäftszweigen, z. B. im Einzelhandel, dessen Kreditkapazität recht klein ist, oder in den Industriebetrieben in der Form der Nicht-Aktiengesellschaften, deren Finanzierungsmöglichkeit sehr beschränkt ist.

Tragen auch alle drei Faktoren: Anlagen, Arbeit und erhältliches umlaufendes Kapital, vor allem die beiden ersten, zur Kapazität eines Betriebes bei, so verhalten sich beide nicht gleichartig. Der Faktor Arbeit ist elastischer als der Faktor Anlagekapital, der an sich fast 100%ig starr ist. Menschen kann man immer abbauen, mit oder ohne Verlust, jedenfalls innerhalb einer längeren Frist, die immer kürzer ist als die Lebensfähigkeit der Anlagen. Der Faktor Arbeit ist starr nur innerhalb der Dauer der Anstellungsverträge, die, von Beamten abgesehen, relativ kurz sind; das Anlagekapital ist starr während der gesamten betrieblichen Lebensdauer. Ein Abbau ist hier — wirtschaftlich — kaum möglich. Freilich liegen auch hier wieder die Verhältnisse nicht gleichartig: im Einzelhandel, vor allem im Kleinbetrieb, wo die persönlichen Kosten die entscheidenden starren Kosten sind, während die Anlagekapitalkosten vernachlässigt werden können, liegen die Verhältnisse anders als im industriellen Großbetrieb oder gar in Eisenbahnbetrieben, wo die Anlagen alles, die Menschen viel weniger bedeuten. Je länger die Sicht, innerhalb der die einzelnen Faktoren betrachtet werden, desto mehr hört die Unterscheidung nach starren und elastischen Faktoren auf. Bei Anlagen ist aber die hierzu nötige Frist eine sehr lange, so daß sich die Anlagestarrheit praktisch immer auswirkt. Doch haben gerade die letzten Depressionsjahre die Relativität all dieser Fragen zur Genüge erwiesen und eine Virtuosität im Abbau starrer Kostenfaktoren entwickelt. Sie haben vor allem die grundlegende Erkenntnis von der entscheidenden Bedeutung der optimalen Betriebskapazität hervorgebracht. Nur die Tendenz zur größeren Starrheit hat sich nicht geändert.

Die Messung der Kapazität und ihrer Ausnutzung ist ein ebenso wichtiges wie umstrittenes und nur unbefriedigend gelöstes Problem. Die Kapazität des Betriebes ist schon deswegen nicht einheitlich zu messen, weil die verschiedene Betriebs- und Kostenstruktur verschiedene Maßstäbe verlangt: Industrie-, Verkehrs-, Handels- und Bankbetriebe sind nicht in der gleichen Weise zu messen. Auch innerhalb der Industriebetriebe ist entsprechend der verschiedenen Struktur eine Verschiedenheit der Maßstäbe notwendig. Überwiegt die Arbeit als Kostenfaktor, scheint die Zahl der Betriebsstunden der gegebene Maßstab zu sein. In Einproduktbetrieben und solchen Betrieben mit vergleichbaren Artikeln ist es die Stückzahl (Stck, to, Kwh); in kapitalintensiven Betrieben könnte es die Zahl der Maschinenstunden sein. Im Handel ist der Umsatz der gegebene Maßstab, wobei freilich die Preisschwankungen störend wirken. Maßstäbe, die von veränderlichen Faktoren, vor allem Preisen, unabhängig sind, eignen sich als Maßstäbe besser. Auch in Bankbetrieben kommt nur der Umsatz in Frage, freilich nicht der Umsatz als Summe der Umsätze auf einer Hauptbuchseite, eine Zahl, die überhaupt nichts sagt, vielmehr ein nach Abteilungen getrennt erfaßter Umsatz, wert- und nicht zuletzt mengenmäßig gemessen. Die Zahl der beschäftigten Personen ist nur ein Behelfsmaßstab. Im Verkehr ist das Netto-tkm bzw. Personenkm als Maßstab am brauchbarsten.

Zu unterscheiden sind die vorhandene und die genutzte Kapazität: das Produktionsvolumen (Erzeugungsvolumen in der Industrie; Verkehrsvolumen in Verkehrsbetrieben; Umsatzvolumen im Handel; Kreditvolumen in Banken [bzw. Umsatz- und Dienstleistungsvolumen für die übrigen Sparten des Bankbetriebes]).

Das Produktionsvolumen ist die in einem Zeitraum erzeugte Produktmenge. Es wird zu der Leistungsfähigkeit bei voller Ausnutzung in Beziehung gebracht. Diese Maßzahl hat natürlich nur einen Sinn, wenn eine Kapazität von Belang überhaupt vorhanden ist, also nur in Betrieben mit einer gewissen Kapitalintensität. Sonst kann man nur von einem Umsatzrückgang bzw. einer Umsatzzunahme sprechen. Das Verhältnis der genutzten zur vorhandenen Kapazität ist der Ausnutzungsgrad, z. B. Kraftwerk Klingenberg: $\frac{100000 \text{ Kw} \cdot 100}{250000 \text{ Kw}} = 40\%$ Ausnutzung.

Die betriebliche Kapazität und ihre Ausnutzung ist deswegen von so großer Bedeutung, weil ein Kostenminimum nur bei voller Ausnutzung erreichbar ist und unausgenutzte Kapazität erhöhte Kosten für die Einheit zur Folge hat, mit der Wirkung der Minderung der Rentabilität, falls die Preise nicht erhöht werden können, was meist der Fall ist. Diese Folgen der unausgenutzten Kapazität ergeben sich aus dem Wesen einzelner Kostenarten und ihrem Verhalten bei schwankendem Produktionsvolumen. Wir sprechen vom Kostencharakter und von der Kostenentwicklung, eine Unterscheidung, die nicht scharf genug vorgenommen werden kann, weil sonst eine klare Erkenntnis der Zusammenhänge nicht erreichbar ist.

Dem Charakter nach gibt es zwei Kostenarten:

1. fixe (feste):

a) absolut fixe (eiserne),
b) relativ fixe;

2. variable (veränderliche):
   a) proportionale,
   b) unregelmäßig bzw. sprunghaft veränderliche.

Fixe Kosten sind starr. Sie entstehen mit der Eröffnung des Betriebes und lassen sich im allgemeinen nicht verändern, ganz gleichgültig, wie weit die Anlagen ausgenutzt sind. Freilich muß man hier zwei Grade fixer Kosten unterscheiden: völlig starre, gleichsam eiserne Kosten, die überhaupt nicht beeinflußt werden können, auch wenn der Betrieb vorübergehend stillgelegt wird (Stillstandskosten), und solche, die bei der Betriebsführung entstehen. Diese sind fix nur auf kurze Sicht, während es auf lange Sicht durchaus möglich ist, sie abzubauen. Auf genügend lange Sicht gibt es überhaupt keine fixen Kosten. Der Betrieb hat aber in den hier wesentlichen Fällen die kurze Sicht in Betracht zu ziehen. Dann sind beide Arten fixer Kosten fast als gleichartig anzusehen. Bei nicht voll ausgenutzter Kapazität, vor allem bei rückläufiger Beschäftigung, treten diese Kosten, die im Grunde Bereitschaftskosten sind, mit voller Wucht auf.

Variable Kosten sind elastisch, an die Produktion anpassungsfähig. Aber auch die veränderlichen Kosten sind nicht alle gleicherweise veränderlich: es gibt veränderliche Kosten, die sich fast 100%ig dem Produktionsvolumen anpassen: proportionale Kosten, und solche, die sich nur unregelmäßig verändern, nicht auf jede neue Produktionseinheit reagieren, sondern nur auf größere Produktionsveränderungen: sprunghaft veränderliche Kosten. Proportionale Kosten sind auch nicht vollkommen proportional, sondern nur innerhalb gewisser Grenzen, wie aus den später angeführten Beispielen klar zu ersehen ist.

Die variablen Kosten können regelmäßig oder unregelmäßig variabel sein. Die regelmäßig variablen Kosten können neben den rein proportionalen auch unter- und überproportional sein: unterproportional, wenn sie zwar regelmäßig, aber in geringem Grade, überproportional, wenn sie gleichfalls regelmäßig, aber in stärkerem Grade steigen als die proportionalen Kosten. Doch spielen sie neben den proportionalen kaum eine Rolle. Viel wichtiger sind die sprunghaft variablen, die erst nach einer größeren Produktionsänderung sich ändern.

Die fixen und variablen Kosten sind im Verhältnis zur Gesamtproduktion und zur Produkteinheit zu betrachten. Gegenüber der Gesamtproduktion sind die fixen Kosten gleichbleibend, von ihr unabhängig; gegenüber der Produkteinheit dagegen veränderlich, von der Produktion abhängig. Umgekehrt ist das Verhältnis der proportionalen Kosten. Als Einheitskosten bleiben sie gleich, unabhängig von der Produktion; als Gesamtkosten sind sie veränderlich, von der Produktion abhängig. Beide sind in ihrem Verhalten aber regelmäßig: die proportionalen, direkt proportional zur Produktionsmenge, die fixen Kosten umgekehrt proportional zur Zahl der Produkteinheiten.

Die einzelnen Kostenarten, die fixen und auch die variablen, setzen sich aus vielen Kosten*elementen* (Gliedkosten) zusammen, die durchaus nicht von stets gleicher Struktur sind. Alle fixen Kostenelemente zusammen ergeben fixe *Gruppenkosten*, die variablen Gliedkosten variable Gruppenkosten. Die Gesamtkosten setzen sich aus fixen und variablen Gruppenkosten zusammen, desgleichen die Einheitskosten. Die fixen Kosten entstehen aus der Bereitschaft zur Produktion, aus der vorhandenen Kapazität. Sie sind darum *Kapazitätskosten*. Der Begriff der Kapazitätskosten ist umfassender als der der fixen Kosten, der zudem zu falschen Auffassungen verführt. Mit fixen Kosten ist gesagt, daß sie als Gesamtkosten starr bleiben, aber das ist

1. *falsch*, da die Gesamtkosten bei Produktionssteigerung fast *nie* gleich bleiben. Nur als fixe Kostengruppe bleiben sie gleich, und auch nur innerhalb der einfachen Kapazität.
2. Fixe Kosten sind a) nicht *absolut* fix, da sie sich aus vielen Kostenelementen zusammensetzen, die verschiedene Elastizitätskoeffizienten besitzen; sie sind b) *abbaufähig* und in variable Kosten *umwandelbar*.
3. *Auf lange Sicht* hören fixe Kosten überhaupt auf. Die Zeitspanne ist die Lebensdauer der Anlagen, bis zur Notwendigkeit der Erneuerung.

Darum ist es besser, diese Kosten Kapazitätskosten zu nennen: Kosten, die aus der einem Betriebe eigenen Anlage- und Arbeitskapazität entstehen und deren wichtigste Eigenschaft ihr (relativ) fixer Charakter ist.

Die Kostenarten sind zweitens in ihrer *Entwicklung* bei verschiedenem Produktionsvolumen zu betrachten, in ihrem Verhalten bei Beschäftigungsschwankungen. Die Entwicklung kann vorwärts- oder rückwärtsschreitend sein.

Der *Entwicklung* nach können die Kosten sein

I. Als *Gesamtkosten*:

1. degressiv, 2. proportional, 3. progressiv, oder besser: der Betrieb kann sich in Degression, Proportionalität oder Progression befinden.

Einen Zustand der Fixität gibt es nicht, nicht einmal bei einem Wasserkraftwerk, das vielleicht das beste Beispiel wäre. Er wäre möglich, wenn ein Betrieb nur fixe Kosten hätte. Ein solcher Betrieb ist aber nicht denkbar, so daß bei Zunahme der Produktion zwar ein Gleichbleiben der fixen Kosten, dazu aber eine Vermehrung der variablen Kosten eintreten muß. Fixe Gesamtkosten gibt es nur als Summe aller fixen Kosten, also als fixe Gruppenkosten innerhalb der Gesamtkosten, z. B.:

	fixe Kosten (als Gruppenkosten)	variable Kosten	Gesamtkosten
Produktionsvolumen I ..	100 000	100 000	200 000
Produktionsvolumen II ..	100 000	200 000	300 000

Im Entwicklungsstadium der Degression steigen die proportionalen Kosten mit der Produktionsvermehrung, die fixen Gruppenkosten bleiben gleich, so daß die Gesamtkosten zwar steigen, der Gesamtkostenzuwachs aber nicht so groß ist wie der Produktionszuwachs. Die Einheitskosten dagegen werden geringer, weil die fixen Kosten jetzt von mehr Einheiten getragen werden. Die Kosten verlaufen degressiv, wenn der Kostenzuwachs geringer ist als der Produktionszuwachs. Bei weiterer Vermehrung der Produktion kommt der Betrieb in ein Entwicklungsstadium, bei dem die fixen Kosten in der Einheit die geringsten sind, die Kapazität am besten ausgenutzt ist. Die einzelnen Produktionsfaktoren sind am besten aufeinander abgestimmt, die Einheitskosten sind minimal; eine weitere Vermehrung würde dieses günstigste Verhältnis verschlechtern, sei es durch Verursachung neuer fixer Kosten, die zunächst nur schlecht ausgenutzt werden könnten, oder durch überproportionale Vermehrung proportionaler Kosten. Dieser Zustand der besten Kapazitätsausnutzung entsteht in der Zone der Proportionalität, dem betrieblichen Idealzustand. In der Entwicklung des Betriebes ist die Proportionalitäts- oder Optimalitätszone nur sehr schmal, oft nur ein Punkt.

Eine Vermehrung der Produktion über die Proportionalitätszone hinaus steigert die Kosten mehr als die Produktionsmenge. Der Kostenzuwachs ist größer als der Produktionszuwachs: der Betrieb tritt in das Stadium der Progression. Die Kosten verlaufen progressiv, wenn der Kostenzuwachs größer ist als der Produktionszuwachs. Die Ursachen sind neue Anlagen, die noch nicht voll ausgenutzt sind, oder Vermehrung der proportionalen Kosten, z. B. höher bezahlte Überstunden, Übermüdung und verringerte Leistung, mehr Ausschuß usw. Sind die Anlagen erweitert worden, befindet sich der Betrieb wieder in einem Zustand der Degression; am Punkte der Erweiterung sind die fixen Kosten sprunghaft erhöht worden (Stufenkosten). Soweit ist die Entwicklung vorwärtsschreitend betrachtet. Sie bereitet den Betrieben keine Schwierigkeiten, da sie durch geeignete Mittel (z. B. Preisstellung) aufgehalten oder (durch Erweiterung) in Degression bzw. Proportionalität umgewandelt werden kann. Die rückläufige Entwicklung ist bei weitem bedenklicher, weil dem Betrieb nur wenig Mittel zur Bekämpfung zur Verfügung stehen. Eine rückläufige Entwicklung in der Degressionszone zeigt einen progressiven Kostenverlauf: fallende Gesamt-, steigende Einheitskosten, z. B.:

1000 Einheiten	= 1000 RM Kosten,	Einheitskosten	1 RM
800 „	= 900 RM „	„	1,125 RM.

Aus der Progressionszone heraus verlaufen bei Verminderung der Produktion die Kosten degressiv (fallende Gesamt- und fallende Einheitskosten).

Schmalenbach [1]) nennt noch regressive Kosten, Kosten, die bei steigendem Produktionsvolumen in ihrer absoluten Höhe fallen. Als Beispiel

[1]) Selbstkostenrechnung, S. 40.

nennt er „hochhitzige Öfen, mit sehr hitzebeständigen, aber gegen Schwankungen höchst empfindlichen feuerfesten Steinen. Eine Produktionsreduktion oder eine Stillegung einzelner Öfen oder Batterien bringt sofort erhebliche Verluste an solchen Steinen". Uns scheint, daß es solche Kosten kaum gibt. Zahlenmäßig müßten sich regressive Kosten etwa folgendermaßen darstellen:

Menge	Gesamtkosten	Einheitskosten
1000	1000 RM.	1 RM.
1100	900 „	0.818 RM.

Vielleicht könnte folgender Ausnahmefall gedacht werden: In der Binnenschiffahrt betragen die Kosten für 100 to Ladung, zu der noch Ballast geladen werden muß, 250 RM, bei 500 t, wozu man keinen Ballast braucht, die 400 t aber keine Kosten verursachen, nur 220 RM. Doch ist auch dieses Beispiel kein solches, daß es der Wirklichkeit entsprechen würde.

II. Als Einheitskosten. Als Einheitskosten können die Kosten verlaufen:

1. degressiv, 2. konstant, 3. progressiv.

Es gibt hier keinen proportionalen Verlauf. Fehlt bei Gesamtkosten die Zone der Fixität, so bei den Einheitskosten die der Proportionalität. Auch diese Einteilung sagt, ebenso wie bei den Gesamtkosten, nur etwas über die Kostenentwicklung aus, nichts über den Charakter der Kosten. Es ist eine unzulässige Vermischung, wenn man beides: Charakter und Entwicklung vereinigt. Das Ergebnis kann nur Verwirrung sein. Es ist ebenso unzulässig, Gesamt- und Einheitskosten zu vermengen und die Charakterisierung der Kosten nur etwa auf die Gesamtkosten abzustellen. Es ist darum auch ein Irrtum, die Kosten in fixe, proportionale, degressive und progressive einzuteilen. Diese Einteilung trifft weder auf die Gesamtkosten noch auf die Einheitskosten zu. Bei den ersteren fehlt der fixe, bei den zweiten der proportionale Verlauf. Nur wenn III. die Gruppenkosten betrachtet werden, gibt es im Verlauf:

1. fixe, 2. proportionale, 3. degressive, 4. progressive Gruppenkosten.

Die Kostenentwicklung sei an einem Zahlenbeispiel veranschaulicht:

Menge	Gesamtkosten	Verlauf	Einheitskosten	Verlauf
600	660		1.10	
800	720	degressiv	0.90	degressiv
1000	900	proportional	0.90	konstant
1200	1080	„	0.90	„
1400	1540	progressiv	1.10	progessiv

Proportionalen Gesamtkosten entsprechen konstante Einheitskosten,
degressiven „ „ degressive „
progressiven „ „ progressive „

Fixen Gesamtkosten müßten degressive oder konstante Einheitskosten entsprechen. Konstante Einheitskosten wären hierbei nur möglich, wenn die notwendigen proportionalen Kosten gerade so groß wären, wie die abnehmenden Fixkosten, degressive Einheitskosten, wenn die Fixkosten sogar mehr abnähmen als die Mehraufwendung an proportionalen Kosten. Beides wäre schon denkbar, nicht aber gleichbleibende Gesamtkosten bei zunehmender Produktion, zu der doch auch proportionale Kosten notwendig sind. Es müßten dann die fixen Kosten um so viel abnehmen, als die proportionalen Kosten zunehmen. Das aber ist nicht denkbar. Es gibt eben keine fixen Gesamtkosten.

Graphisch dargestellt, wäre der Kostenverlauf folgendermaßen:

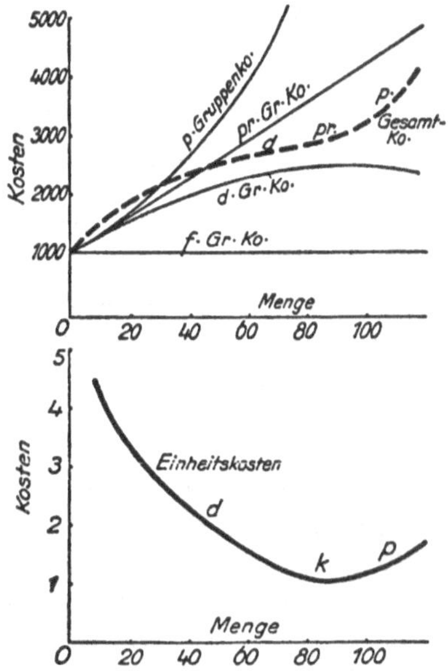

Fixe und proportionale Glied- bzw. Gruppenkosten verlaufen immer regelmäßig: die fixen umgekehrt proportional, die proportionalen direkt proportional der Menge. Degression und Progression können regelmäßig oder unregelmäßig verlaufen: regelmäßig, wenn ihre Entwicklung einem bestimmten Gesetz folgt, unregelmäßig, wenn ihnen kein Gesetz zugrunde liegt. Die Entwicklung ist dann sprunghaft, und das ist sie meistens. Progressiv und degressiv verlaufende Gliedkosten können sich in der Wirkung aufheben und zusammen einen proportionalen Verlauf haben. In bezug auf die Regelmäßigkeit kann die Entwicklung daher sein:

fix, proportional regelmäßig in der Entwicklung	degressiv progressiv regelmäßig oder unregelmäßig in der Entwicklung (Unregelmäßigkeit wiegt vor).

Im folgenden geben wir nun einige praktische Beispiele zu den einzelnen Kostenarten, nach ihrem Charakter gegliedert:

I. Fixe Kosten:

1. Absolut fix sind (immer mit einer gewissen Einschränkung):
   a) Zinsen, die für längere Zeit abgemacht sind, insbesondere Obligationenzinsen, auch Eigenkapitalszinsen.
   b) Abschreibungen nach Zeit,
   c) Miete,
   d) gewisse Steuern, z. B. Vermögensteuern,
   e) Grundgebühren für Telephon, Gas, Wasser, Elektrizität.

2. Zu den relativ fixen Kosten gehören:
   a) Gehälter,
   b) Beheizung, Beleuchtung, Lüftung, Reinigung.

II. Variable Kosten:
   1. Proportionale Kosten sind:
      a) direktes Material,
      b) direkte Löhne,
      c) Umsatzsteuern,
      d) Provisionen.
   2. Sprunghaft veränderliche Kosten sind:
      a) Hilfslöhne,
      b) Hilfsmaterial,
      c) Bürokosten,
      d) Überstunden, Feiertagsschichten, Nachtarbeit,
      e) Reklamekosten (wenn nicht auf den Umsatz bezogen),
      f) Sonderkosten der Forschung.

Empirische Beispiele für die Kostenentwicklung enthalten die nächsten Abschnitte.

Die praktische Scheidung von relativ fixen und sprunghaft variablen Kosten ist außerordentlich schwierig. Ihre Verwandtschaft ist sehr groß. In der praktischen Kostenrechnung scheidet man daher die Kosten nur in Zeit- (fixe) und Mengen- (variable) Kosten und rechnet die relativ fixen zu den fixen, die sprunghaft variablen zu den variablen Kosten, eine Scheidung, die freilich theoretisch wenig befriedigt.

b) Die Theorie der Grenzkosten (Schichtenkostentheorie).

Die Scheidung der Kosten in fixe und variable ist deshalb so wichtig, weil sich beide Kostenarten bei schwankendem Leistungsvolumen verschieden verhalten. Die fixen Kosten sind als Gesamtkosten von der Produktion völlig unabhängig. Die Einheitskosten hängen darum vom Grade der Ausnutzung der Kapazität ab. Die moderne Produktion ist aus diesem Grunde ein ständiger Kampf um die Ausnutzung der Kapazität, die gesamte Betriebs- und Preispolitik ist auf optimale Ausnutzung der vorhandenen Kapazität gerichtet.

Unter diesen Umständen hat sich eine Wandlung im betrieblichen Kostendenken vollzogen. Bisher stand das gesamte Kostendenken unter der Herrschaft der Gesamt- bzw. der Durchschnittskosten (Einheitskosten). Das Denken in Gesamt- und Durchschnittskosten hat natürlich auch heute seine Bedeutung nicht verloren, weil ein Betrieb immer versuchen muß, seine vollen Kosten zu decken, wenn es ihm auch in Depressionszeiten nicht immer gelingen wird. Das Wissen um Gesamt- und Durchschnittskosten und das Streben nach ihrer vollen Deckung ist betriebswirtschaftliche Selbstverständlichkeit. Auf lange Sicht muß unter allen Umständen eine volle Deckung erzielt werden.

Aber unter den modernen Wirtschaftsverhältnissen haben die Durchschnittskosten in der Kalkulation ihre Alleinherrschaft verloren. Neben sie tritt eine neue Kategorie von Kosten, die von ganz anderen Gesichtspunkten ausgeht und die die moderne Kostenrechnung beherrscht: die Kategorie der Schichtkosten: die neu entstehenden (oder wegfallenden) Kosten der neuen Produktionsschicht. Der Blickpunkt ist hier ein anderer: die Durchschnitts- oder Gesamtkosten beziehen sich auf die gesamte Erzeugung, die Schichtkosten nur auf die neu entstehenden (bei Mehrproduktion) oder wegfallenden Kosten (bei Minderproduktion). Die Schichtkosten beziehen sich immer auf die einzelnen Produktionsschichten, naturgemäß am meisten auf die letzte Schicht, die neu entstehende oder wegfallende. Die letzte Schicht verursacht Grenzschichtkosten, Grenzkosten. Das Denken in Grenzkosten ist ein Denken in Produktionsschichten, da die Grenzkosten Schichtkosten sind und die Theorie der Grenzkosten eine Schichtenkostentheorie ist. Sie ist der Kern der modernen Kostentheorie, damit auch der Preistheorie, und bildet die Grundlage für die Verfeinerung der betrieblichen Kostenrechnung und des kalkulatorischen Denkens. Aber es sei gleich hier betont, daß sich auch die Schichtenkostentheorie der Durchschnittskosten bedient, sich an ihnen ausrichtet. Die Grenzkostentheorie stellt nicht das Postulat der Alleinherrschaft der Grenzkosten auf, und die Kalkulationstheorie, so stark sie auch von der Grenzkostentheorie beeinflußt ist, nicht die Forderung der Alleinherrschaft der Grenzkostenkalkulation.

Die Grenzkosten sind deswegen so wichtig, weil sie die Kosten darstellen, die bei Erweiterung oder Verminderung der Produktion um eine Schicht entstehen oder wegfallen, die also nicht entstehen (oder nicht wegfallen), wenn die neue Schicht nicht produziert wird. Die übrigen Kosten, die bereits bei der bisherigen Produktion vorhanden sind, sind schon vorher entstanden, sind also da, ob der neue Auftrag angenommen wird oder nicht. Der neue Auftrag (analog gilt auch alles für wegfallende Aufträge) trägt also zur Ausnutzung der Kapazität und Deckung der fixen Kosten bei. Jeder Preis also, der etwas mehr als die neu entstehenden Kosten (Grenzkosten) deckt, erbringt einen Gewinn, im Sinne der Durchschnittskosten natürlich keinen absoluten, aber doch einen relativen Gewinn, weil er zunächst die Kosten deckt, die er selbst verursacht und daneben noch einen Teil der schon bestehenden fixen Kosten. Unter solchen Gesichtspunkten: Grenzkosten und relativem Gewinn muß die Kalkulation umgestaltet werden. Unter der Herrschaft der fixen Kosten und der ungenutzten Kapazität wäre jedes kalkulatorische Denken anderer Art falsch.

Das Denken in Durchschnittskosten geschieht im Hinblick auf die gesamte Produktion, das in Grenzkosten im Hinblick nur auf die neu entstehende oder wegfallende Schicht, aber immer im Bewußtsein der Wirkung der Kosten der neuen Schicht auf die gesamten bisherigen Kosten. Dieses Denken hat nur bei hohen fixen Kosten einen Sinn, nicht beim Produzieren mit vorwiegend proportionalen Kosten, nicht in Zeiten des Handwerks und der Handarbeit. Das Denken in Schicht- und Grenzkosten ist das kalkulatorische Denken der Maschinenproduktion.

Kalkulatorisch stehen sich gegenüber: Vollkosten — Teilkosten, Durchschnittskosten — Grenzkosten.

Während in den Vollkosten alle Kosten, fixe und variable, enthalten sind, umfassen die Teilkosten nicht alle, sondern nur einen Teil der Kosten: immer wenigstens die Grenzkosten und je nach der Marktlage einen größeren oder kleineren Teil der fixen Kosten. Die Durchschnittskosten haben eine andere Blickrichtung als die Grenzkosten; jene sehen die Gesamt-, diese nur die zusätzlichen Kosten einer Produktionsschicht.

Die Grenzkosten sind zu ihrer klaren Erkenntnis weiter zu analysieren. Grenzkosten sind Schichtkosten, also differentiale Kosten, und zwar die Differentialkosten der letzten (neu entstehenden bzw. wegfallenden) Schicht. Von diesen innerbetrieblichen Grenzkosten sind die zwischenbetrieblichen Grenzkosten zu unterscheiden, die einer ganz andern Kostensphäre angehören. Zwischenbetriebliche Grenzkosten sind die Durchnittskosten des Grenzbetriebes, des letzten, zur Deckung der Nachfrage noch nötigen Betriebes.

Grenzkosten sind also eine Unterart der Differentialkosten, sie sind aber deren wichtigste Art. Der umfassendste Begriff dieser Kostenarten ist der der Schichtkosten. Er umfaßt Differenz-, Differential- und Grenzkosten.

Differenzkosten sind der Gesamtkostenunterschied zweier Beschäftigungsschichten. Sie entstehen bei vorwärts- und auch bei rückwärtsschreitender Produktion, sind also sowohl die Kosten der Mehr- als auch der Minderproduktion, sind Zuwachs- und Wegfallkosten. Wir können demnach von progressiven und retrograden Differenzkosten sprechen. Immer aber sind Gesamtkosten gemeint.

Differenzkosten, auf die Einheit der zusätzlichen (oder wegfallenden) Produktion umgerechnet, ergeben Differentialkosten. Differentialkosten sind die auf die Einheit bezogenen Differenzkosten (der Quotient aus Differenzkosten und Zusatzproduktion). Sie sind immer Einheitskosten, weshalb man sie gern als Einheitsdifferentialkosten bezeichnet. Sie können gleichfalls progressiver oder retrograder Art sein. Einheitsdifferentialkosten, multipliziert mit der bisherigen Gesamterzeugung, ergeben Gesamtdifferentialkosten. Diese sind nicht mit den Differenzkosten zu verwechseln, die nur die Zuwachskosten einer Beschäftigungsschicht darstellen. Grenzkosten sind Einheitsdifferentialkosten der letzten Schicht. Meist werden Grenzkosten und Einheitsdifferentialkosten nicht unterschieden, was eine ungenaue Ausdrucksweise ist. Die Grenzkostenkurve muß richtigerweise Differentialkostenkurve genannt werden.

Differenzkosten (DK) = neue Gesamtkosten (K') minus bisherige Gesamtkosten (K).

$$DK = K' - K.$$

$$\text{Einheitsdifferentialkosten } (dk) = \frac{DK}{\text{zusätzl. Menge } (M' - M)}$$

$$= \frac{DK}{M' - M} \qquad dk = \frac{DK}{M' - M}$$

$$\text{Gesamtdifferentialkosten } (Gdk) = dk \,.\, x$$

(x = gesamte bisherige Produktionsmenge.)

Ein Beispiel möge zur Veranschaulichung des eben Ausgeführten dienen. Eine Gießerei zeigt folgende Kostenverhältnisse:

Menge t	Gesamt-kosten	Ein-heits-kosten	Diffe-renz-kosten	Differen-tial-kosten	Gesamt-differential-kosten	Monopolpreise		Konkurrenzpreise	
						Gesamt-preise	Einzel-preise	Gesamt-preise	Einzel-preise
30	19 573	652	—	—	—	25 000	833	15 000	500
40	23 657	591	4084	408.4	16 336	30 000	750	20 000	500
50	26 873	537	3216	321.6	16 080	35 000	700	25 000	500
60	29 556	492	2683	268.3	16 098	39 500	660	30 000	500
70	31 990	457	2434	243.4	17 038	44 000	628	35 000	500
80	34 640	433	2650	265.0	21 200	47 500	593	40 000	500
90	37 710	419	3070	307.0	27 630	51 000	566	45 000	500
100	41 600	416	3890	389.0	38 900	51 500	515	50 000	500
110	46 738	424	5138	513.8	56 518	52 000	473	55 000	500
120	53 281	444	6543	654.3	78 516	49 000	408	60 000	500
130	61 645	474	8364	836.4	108 732	46 000	362	65 000	500

Der Betrieb habe z. B. ein bisheriges Produktionsvolumen von 80 t. Ein neuer Auftrag von 10 t würde die Gesamtkosten von RM 34 640 auf RM 37 710 steigern. Die bisherigen Durchschnittskosten von 433 würden auf 419 RM fallen. Die Differenzkosten zwischen den beiden Beschäftigungsschichten von 80—90 = 10 t betragen 37 710 — 34 640 = 3 070 RM; auf eine t kommen demnach 307 RM. 307 RM sind die Differentialkosten dieser Beschäftigungsschicht. Die Gesamtdifferentialkosten sind 307 mal 90 (die gesamte Produktionsmenge) = 27 630 RM.

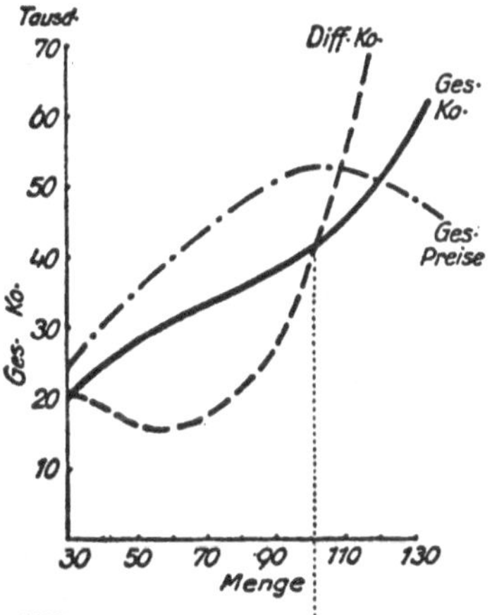

Neben der Kostenentwicklung ist die gleichzeitige Preisentwicklung zu betrachten. Angenommen, dieser Betrieb besäße ein relatives Monopol, seine Preise wären Monopolpreise. Eine Vermehrung der Erzeugungsmengen muß den erzielbaren Preis beeinflussen, in welchem Grade, hängt von der Elastizität der Nachfrage ab. Die Preisentwicklung stellt daher eine Kurve dar (als Gesamterlöse und als Einzelpreise). Der Gesamterlös bei Steigerung des Verkaufs von 80 auf 90 t steigt von 47 500 RM auf 51 000 RM, der Einzelpreis fällt von 593 auf 566 RM. Die Preisentwicklung ist aus der graphischen Darstellung deutlich zu ersehen.

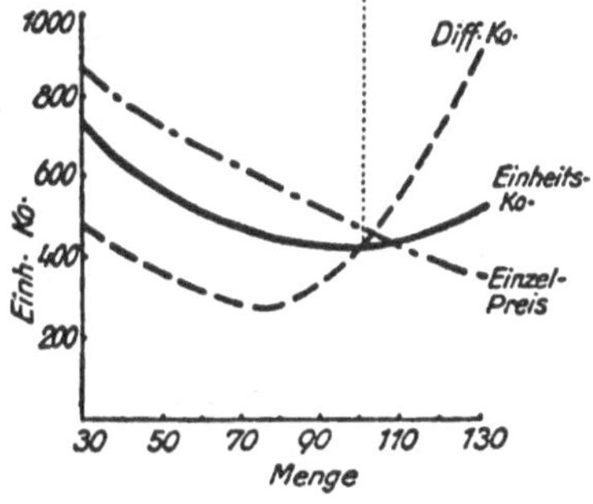

Dagegen ist die Konkurrenzpreisbildung, um die Darstellung nicht unübersichtlich zu machen, nicht graphisch dargestellt, aber leicht zu verstehen und darzustellen. Unter Konkurrenzverhältnissen beeinflußt die Produktionserhöhung eines Betriebes die Preisbildung nicht. Der Einzelpreis bleibt 500 RM, der Gesamterlös steigt bei Erhöhung des Verkaufs von 80 auf 90 t von 40 000 auf 45 000 RM. Die Gesamtpreiskurve ist eine schräg aufsteigende Gerade, die Einzelpreiskurve eine Horizontale (in der Höhe von 500 RM).

Da die differentialen Kosten der letzten Schicht die Grenzkosten sind, sind im vorliegenden Falle, wo der Betrieb die Produktion von 80 auf 90 t erweitert, die Einheitsdifferentialkosten von 307 RM zugleich die Grenzkosten. Grenzkosten entstehen nur bei der jeweilig letzten Produktionsschicht, Differentialkosten bei allen Beschäftigungsschichten. Im Wesen sind sie aber vollkommen gleich, nur nicht in ihrem wirtschaftlichen Gewicht, da eben die letzte Schicht die entscheidende Schicht ist. Die Grenzkosten sind darum die entscheidenden Kosten, ebenso, wie es der Grenznutzen ist, der Grenzproduzent, Grenzkonsument, der Grenzertrag, der Grenzzins, die Grenzkapitalschicht, der Grenzlohn usw. Es kommt hierin die überragende Bedeutung der Grenzidee zum Ausdruck, auf die noch an anderer Stelle einzugehen sein wird.

Die Grenzkosten sind Einheitsdifferentialkosten, also nicht die Kosten des letzten Stückes, sondern die Durchschnittskosten der letzten Schicht. Eine stückweise Schichtung der Produktion wäre ohne Bedeutung, weil sie in den meisten Fällen keine genügende Kostenänderung ergeben würde. Sie ergäbe zwar eine bessere mathematische Lösung, die aber praktisch bedeutungslos wäre. Grenzkosten sind als Durchschnittskosten der letzten Schicht aufzufassen, mag die Schicht auch noch so breit sein.

Zur weiteren Erkenntnis der Grenzkosten sind die einzelnen Schichten und ihre Kostenentwicklung zu analysieren. Aus was für Kosten setzen sich die Schichtenkosten zusammen? Bei der Beantwortung dieser Frage kommen wir in Gegensatz zu Schmalenbach, und zwar in einer doppelten Hinsicht: wegen seiner Art der Auflösung der Schichtkosten und zweitens wegen seiner Auffassung der Grenzkosten als rein proportionale Kosten.

Die rechnerische Auflösung, wie sie Schmalenbach vornimmt, führt nicht zu befriedigenden Ergebnissen. Schmalenbach will die degressiven und progressiven Kosten in einen fixen und einen proportionalen Bestandteil auflösen, und zwar auf rein rechnerischem Wege: z. B. im Steinbruchbeispiel[1]):

Menge	Gesamtkosten	Einheitskosten	Gesamtkosten proportional	Gesamtkosten fix
200 t	800 RM.	4.	1100	— 300
250 t	1075 RM.	4.30	1375	— 300
50 t	275 RM.	= 5.50	Grenzkosten (früher von Schmalenbach proportionaler Satz genannt).	

Schmalenbach glaubt, die Schichtkosten auf diesem einfachen Wege,

[1]) a. a. O. S. 52.

der Verteilung der Differenzkosten auf die Zusatzeinheiten, in einen proportionalen und fixen Kostenteil auflösen zu können. Er nimmt einfach die Mehrkosten, die Differenz- bzw. Differentialkosten als proportionale Kosten an, multipliziert die bisherigen Einheiten mit den gefundenen Differentialkosten (Grenzkosten) und erhält die Gesamtproportionalkosten. Zieht er diese Gesamtproportionalkosten von den Gesamtkosten ab, erhält er den fixen Kostenanteil, bei Kostendegression positive, bei Progression negative Kosten, die er als fixe Erträge auffaßt. Ein solches Vorgehen ist heute nicht mehr vertretbar. Das Richtige und Wichtige ist die Errechnung der Grenzkosten, das Falsche und Unnötige die Auflösung der Gesamtkosten in fixe und proportionale. Der Betrieb ist nicht so sehr an der Kenntnis der fixen und proportionalen Kosten interessiert, als an der Kenntnis der Grenzkosten. Eine Kenntnis der fixen und variablen Kosten kann der Betrieb nur auf buchtechnisch-statistische Weise erhalten, indem in der Kostengliederung die Zeit- von den Mengenkosten getrennt und in ihrer Entwicklung bei verändertem Produktionsvolumen und in einer Periode festgestellt werden. Dann ergeben sich auch nicht negative fixe Kosten. Sie ergäben sich selbst bei der rechnerischen Methode nicht, wenn Schmalenbach die Grenzkosten auffassen würde als das, was sie sind: ein Gemisch von proportionalen, sprunghaft variablen und fixen Kosten, bei jeder Schicht in einer durchaus verschiedenen Zusammensetzung, aber niemals als rein proportionale Kosten. Die Auffassung der Grenzkosten als rein proportionale Kosten gibt ein völlig falsches Bild. Schmalenbach geht von einer einfachen Kapazität aus, darum interessiert ihn auch die rückläufige Bewegung nicht, die uns besonders wichtig erscheint.

Die einfache Kapazität ist in der Praxis selten, wenn nicht völlig fehlend. Vielmehr ist die allmählich erweiterte (und ebenso allmählich abgebaute) Kapazität das Regelmäßige. Sie allein interessiert die Kostentheorie. Ferner ist zu bedenken, daß degressive und progressive Kosten doch keine Kostenarten darstellen, sondern eine Kostenentwicklung. Kosten sind nicht degressiv bzw. progressiv, sondern sie verlaufen degressiv und progressiv infolge besserer oder übermäßiger Ausnutzung der Kapazität. Es handelt sich doch immer um Kapazitätsfragen. Wer dieser Ansicht ist, wird nicht erst versuchen, „degressive" und „progressive" Kosten aufzulösen, wenngleich es wichtig sein kann, die Zusammensetzung der Kosten (Gesamt- und Einheitskosten) an den verschiedenen Punkten der Kostenkurve zu wissen. Das ist aber nur buchtechnisch-statistisch möglich. Außerdem kennt die Kostentheorie noch ein anderes Mittel, um dem Betrieb seine Stellung in der Kostenentwicklung zu zeigen: den Vergleich der Gesamt- bzw. Einheitskostenkurve mit der Gesamtdifferential- bzw. der Einheitsdifferentialkostenkurve. Wer den regulären Verlauf dieser Kurven und ihr gegenseitiges Verhältnis kennt, kann über die betriebliche Kostenlage und Kapazitätsausnutzung niemals im unklaren sein. (Näheres darüber ist im Abschnitt „Kostengesetze" enthalten).

Im allgemeinen ist aber die Erkenntnis der Zusammensetzung der Grenzkosten aus den verschiedenen Kostenelementen kostentheoretisch unwichtig. Zweifellos ist, auch ohne jede Analyse, daß die Grenzkosten nicht nur proportionale Kosten sind, sondern zugleich sprunghaft variable und fixe Kostenelemente enthalten. Darum ist eine Unterscheidung der Grenzkosten in einfache und zusammengesetzte (additive) Grenzkosten zu machen. Einfache Grenzkosten entstehen bei nur einfacher Kapazität, wenn also die Kapazität vollkommen konstant gehalten wird, die Anlagen nicht erweitert werden, überhaupt nichts vorgenommen wird, was auch nur relativ fixe und beschränkt variable Kosten verursacht. Die Produktionserweiterung kann dann nur durch vermehrte Aufwendung rein proportionaler Kosten (z. B. vermehrte direkte Arbeit durch Überstunden usw.) vorgenommen werden. Das optimale Beschäftigungsvolumen ist dann überschritten, die Kosten steigen, der Betrieb kommt in Progression. Bei verminderter Beschäftigung fallen einfach die übermäßigen proportionalen Kosten weg, und der Betrieb ist wieder in der Optimalitätszone. Die Kostenkurve nähme denselben Verlauf, würde sich also auf der alten Kostenkurve bewegen. Grundsätzlich ist aber zu sagen, daß die Kostenkurve nicht reversibel ist, eine rückläufige Produktionsbewegung sich also nicht auf der alten Kostenkurve bewegt. Vielmehr nimmt die Kostenkurve einen ganz anderen Verlauf. Der Grund für dieses Verhalten der Kostenkurve ist die allmählich erweiterte (zusammengesetzte oder additive) Betriebskapazität, die nur durch Aufwendung neuer fixer und beschränkt variabler Kosten erreicht werden kann. Ein automatischer Wegfall dieser Kosten ist bei rückläufiger Kapazität nicht mehr möglich. Darum entstehen auch bei Produktionserweiterung mit jeder (größeren) neuen Schicht nicht einfache, sondern additive Grenzkosten [1]: jenes Gemisch von proportionalen, beschränkt variablen und fixen Kosten. Auch die additiven Grenzkosten sind die Differentialkosten der letzten Schicht. Sie entstehen durch allmähliche Kapazitätserweiterung und verschulden die Irreversibilität der Kostenkurve.

Die allmähliche Anpassung der Kapazität an den Bedarf geschieht zu dem Zwecke, den Betrieb dauernd in der proportionalen Zone zu erhalten. Bei größeren Produktionserweiterungen ist natürlich eine sprunghafte Erweiterung der Anlagen notwendig, mit der Wirkung der nicht genügenden Ausnutzung, so daß der Betrieb in Degression kommt und erst durch weitere Produktionsschichten in die Proportionalitätszone gebracht werden kann. Die Grenzkosten steigen in diesem Falle sprunghaft (Stufenkosten). Die Gefahr beginnt bei rückläufiger Bewegung. Sie muß durch die Expansion in der Hausse noch verstärkt werden. Darum sind die steigenden Einheitskosten bei fallenden Gesamtkosten so wichtig, und tatsächlich das praktisch bedeutsamste Problem der Kostentheorie.

---

[1]) Der Begriff der additiven Grenzkosten geht auf Pigou zurück und hat sich sehr schnell durchgesetzt.

Die Kostenprogression bei steigender Beschäftigung ist kein Problem. Eine allmähliche Anpassung ist immer möglich. Eine wirkliche Progression kann, außer bei rückläufiger Bewegung, bei der gegenwärtigen Produktionsweise nur zeitweise und kurzfristig eintreten, z. B. bei plötzlich auftretendem Bedarf nach neuen oder zeitweise vernachlässigten Artikeln (Straußfedern im Jahre 1929, nachdem sie völlig aus der Mode gekommen waren; Reißverschlüsse, zu denen besonders starke Bänder nötig sind, die nur einige Betriebe anfertigen konnten; Fahnen und Fackeln nach dem Wahlausfall am 5. März 1933; besonders eilige Druckaufträge). Die Progression bei Aufwärtsentwicklung ist nie eine Dauererscheinung, nicht einmal eine solche auf längere Frist, sie ist fast ein nur theoretisches Problem, dem bisher viel zuviel Gewicht beigelegt wurde, wohl meistens dem System zuliebe. Um so wichtiger ist die Kostenprogression bei fallendem Produktionsvolumen.

Für die Erkenntnis der betrieblichen Kostenlage ist der Verlauf der Durchschnitts- und Grenzkostenkurve, das Verhältnis der Durchschnitts- und Grenzkosten wichtig. Wie die graphische Darstellung[1]) und die Wertetabelle, die auf typischen Verhältnissen beruhen, zeigen, fällt die Durchschnittskostenkurve (infolge besserer Kapazitätsausnutzung und Verteilung der fixen Kosten auf mehr Einheiten), bis sie ein Minimum erreicht, wonach der Fortgang zunächst konstant und dann progressiv ist. Von dem niedrigsten Punkte der Durchschnittskostenkurve (optimaler Kostenpunkt) ab produziert der Betrieb teurer. Er muß sich also hüten, den Punkt niedrigster Durchschnittskosten zu verlassen; auf der anderen Seite muß er alles tun, um diesen Punkt des optimalen Produktionsvolumens zu erreichen. Er liegt theoretisch am Punkt 100%iger Ausnutzung der Kapazität.

In praxi wird aber diese optimale Ausnutzung nie erreicht. Das praktische Betriebsoptimum liegt bei den einzelnen Branchen verschieden, etwa bei 85—90%, denn einen völlig reibungslosen Betrieb, ohne ungelöste Reste und idealer Organisation, gibt es nicht. Reibungen kommen überall vor, ebenso unvorhergesehene Zwischenfälle: Maschinenbruch, Streik, Versagen der Lieferanten und dadurch entstandener Materialmangel usw.

Die Wirkung erhöhter Durchschnittskosten beim Verlassen des optimalen Produktionsvolumens ist auf die Entwicklung der Grenzkosten zurückzuführen. Diese fallen vom Ausgangspunkt bis zu einem Minimum, das vor dem Minimum der Durchschnittskosten liegt, steigen von hier aus, schneiden die Durchschnittskostenkurve an ihrem tiefsten Punkte (also von unten) und steigen jetzt über sie hinaus. Die vom minimalen Durchschnittskostenpunkt steigenden Grenzkosten erhöhen jetzt die Durchschnittskosten. Die Punkte günstigster Gesamt- und tiefster Durchschnittskosten liegen auf derselben Vertikalen, was kein Zufall, sondern durchaus gesetzmäßig ist. Der Betrieb ist dann in seiner besten Beschäftigungs- und Kostenlage, wenn seine Durchschnittskosten den Grenzkosten gleich

[1]) S. 333.

oder möglichst nahe sind. Darum ist das Verhältnis und die Bewegungsrichtung der Durchschnitts- und Grenzkosten so entscheidend wichtig.

Im Zusammenhang mit den differentialen Kosten stehen die residualen Kosten, die es nun zu klären gilt. Bei der differentialen Kostenbetrachtung ist der Gesichtspunkt der der Mehrproduktion (oder Minderproduktion) gegenüber der bisherigen. Die Kosten dagegen der bisherigen Produktion bilden die residualen Kosten, und zwar als Gesamt- und als Einheitskosten, aber nicht ihre Voll-, sondern nur ihre fixen Teilkosten. Die residualen Kosten sind also die fixen Kosten der bisherigen Produktion. Sie sind deswegen bedeutsam, weil sie als Bereitschaftskosten schon vorher bestanden haben, durch die neue Schicht nicht verursacht werden, also unter gewissen Umständen (Depressionszeiten) negiert werden können. Die residualen (fixen) Kosten sind darum das elastische Glied der betrieblichen Kalkulation, die angenehme Mitgift der modernen Betriebsstarrheit. Die fixen Kosten bekommen so einen besonderen Charakter, vor allem in Bezug auf die Preisbildung. Auf kurze Sicht sind die Nachfrage und die Grenzkosten entscheidend, die fixen Kosten besitzen keinen Preisbildungscharakter. Sie sind also im Grunde in diesem Zusammenhange überhaupt keine Kosten mehr. Die proportionalen Kosten der bisherigen Produktion sind kostentheoretisch ohne Bedeutung, da sie stets durch die Produktion selbst verursacht und durch den Preis immer gedeckt werden.

Ein Beispiel möge die residualen Kosten klarer machen:

Einheiten	Gesamtkosten	Durchschnittskosten	Differentialkosten	residuale Einheitskosten	residuale Gesamtkosten
1000	1000	1			
1200	1140	0.95			
200	140		0.70	0.25	250

140 = Differenzkosten, 0.25 = residuale Einheitskosten, 0.25 mal 1000 = residuale Gesamtkosten.

Die residualen Kosten, die den bisherigen fixen Kosten den Kostencharakter nehmen, ihnen jedenfalls einen besonderen Charakter verleihen (Kosten zweiten Grades — secondary costs), sind ein wichtiger Teil der Schichtenkostentheorie, die das Entscheidende nicht im bisher Vorhandenen, sondern im Neuentstehenden sieht. Durch die neue Beschäftigungsschicht, ob sie nun das Produktionsvolumen vermehrt oder vermindert, kommt die Veränderung in die Betriebs- und Kostenlage. Auf das, was die Veränderung bringt, kommt es aber an. Die Schichtenkosten sind das dynamische Kostenelement und entsprechen darum dem dynamischen Charakter der modernen Wirtschaft. Die moderne Kostentheorie ist eine Schichtenkostentheorie.

Die Schichtentheorie basiert neben dem Differentialprinzip auf dem Grenzprinzip. Den Grenzkosten, den Differentialkosten der letzten Schicht, kommt bei der Preisbildung eine besondere Stellung zu. Die Betriebstheorie und ihr Kern, die Kostentheorie, haben das Angebot zu klären: sein Entstehen, Erweitern, Vermindern, Aufhören, das, was den Betriebswert veranlaßt, Kostenaufwendungen zu machen, insbesondere, was ihn bewegt, von dem üblichen Aufwand abzuweichen und eine Veränderung darin eintreten zu lassen. Es interessieren natürlich die Kostenaufwendungen an sich, am meisten aber die Grenzen der Aufwendungen, insgesamt und auf die einzelnen Produkte: die letzte Schicht der Kosten, weil sie die Veränderung hervorbringen. Der Großteil der Aufwendungen bleibt ohnehin bestehen. Die Veränderungen treffen immer nur die Grenzschichten. Die Entstehung und Wirkung der neu zu disponierenden Grenzschichten, das ist das Problem!

Hinter all diesen Entscheidungen stehen Wahlvorgänge des Betriebswirts. Die vorhandenen Güter können zu verschiedenen Zwecken verwendet werden, freilich nicht in gleichem Maße, weshalb man feste und flüssige Kapitalgüter unterscheidet, und die Wahl ist nur bei flüssigen möglich. Nur wo wirklich noch Wahlvorgänge möglich sind, da entstehen Kosten; was fest liegt und in bestehender Weise genutzt werden muß — es besteht höchstens die Wahl der Nichtbenutzung, und zwar des Gesamtkapitals, was meist keine Wahl mehr ist — das sind entweder gar keine Kosten oder doch Kosten besonderer Art (Kosten entfernteren Grades). Darum spricht man auch in diesem Sinne von Kosten differentialen und residualen Charakters. Wahlvorgänge erstrecken sich nur auf die ersteren. Die Wahlvorgänge, die für die Größe des Angebots entscheidend sind, werden durch ein Kostendenken geleitet, das auf dem Differential- und dem Grenzprinzip beruht.

Das betriebliche Grundgesetz ist das des Grenzertrages, dieser eine Funktion der Grenzkosten. Die wichtigste Produktionsschicht ist die Grenzschicht, der für den Preis entscheidende Anbieter der Grenzproduzent, sein Gegenpart der Grenzkäufer; die Güter werden zu ihren relativen Kosten, in ihrer Grenzverwendung gewertet. Der Wert des Gutsverbrauches ist bei relativen Kosten der Grenznutzen, der Nutzen der letzten nicht mehr wirklich werdenden Verwendungsart. Relative Kosten werden zum Grenznutzen gewertet, oder anders ausgedrückt, der Kalkulationswert der relativen Kosten ist der Grenznutzen. So ist das gesamte Betriebsleben vom Grenzgedanken erfüllt, das Grenzprinzip leitet die Entscheidung bei Verwendungskonkurrenz.

Diese Entscheidung ist relativ leicht bei Einproduktbetrieben, weil hier die einzelnen Schichten klar erkennbar sind. Schwierig, aber besonders wichtig, ist die Entscheidung in Mehrproduktbetrieben, wo zwei oder mehrere Hauptprodukte und einige oder viele Kompensationsartikel erzeugt oder (in Handelsbetrieben) vertrieben werden. Hierbei ist die Wirkung der in der Betriebsskala, geordnet nach ihrem Anteil an der Produktion und am Ertrag, nachfolgenden Artikel auf Kosten und Ertrag zu erwägen, die einzelnen Artikel als Produktionsschichten gesehen, und innerhalb eines Artikels, vor allem des Hauptartikels, wiederum die einzelnen Schichten.

Zur Unterscheidung und treffsicheren Entscheidung ist von den Grenzkosten und dem relativen Nutzen auszugehen. Entsteht durch eine neu hinzukommende Schicht auch kein absoluter Reinertrag, so können doch die einzelnen Schichten einen Beitrag zur Deckung der bereits vorhandenen Kosten leisten, was von den einzelnen Artikeln und Artikelschichten in verschieden hohem Maße erfolgen kann. Die Betrachtung der Durchschnittskosten allein bringt keine genügende Einsicht und rationale Entscheidungsmöglichkeit [1]).

Die Schichtkosten sind — auf kurze Sicht — das entscheidende Wert- und Preisbildungselement; auf lange Sicht gelten dagegen die Durchschnittskosten. Es ist darum natürlich, daß die Schichtenkostentheorie die Grundlage der Kalkulationstheorie geworden ist: die Grenzkosten sind der natürliche Kalkulationswert [2]) auf kurze Sicht.

Die Schichtkosten (Grenzkosten) als Wert- und Preisbildungselement haben in der Sozialökonomik schon frühzeitig Beachtung gefunden, während sie in der praktischen Betriebsführung eigentlich erst kürzlich, dank der Schmalenbachschen Arbeiten, Eingang gefunden haben, wenn auch vorerst nur zögernd und nur selten mit vollem Verständnis. Das so häufig anzutreffende Mißverständnis in der Praxis, das der Anwendung der Schichtentheorie die größten Hemmnisse bereitet, ist die Ansicht von dem absoluten Prinzip der Schichtkosten, während es nur ein relatives Prinzip ist. Die Schichtenkostentheorie ist nicht immer, sondern nur unter bestimmten Umständen anwendbar: in Depressions- und Haussezeiten, also bei ungenügend oder zu stark ausgenutzter Kapazität. Die Grenzkosten sind die natürliche Preisuntergrenze. Niemals darf aber die Elastizität der Nachfrage außer acht gelassen werden, wie es die bestehenden Kalkulationstheorien tun.

Die Kalkulation zu Grenzkosten ist eine Möglichkeit, die Ausnutzung der Kapazität zu verbessern, den Betrieb zur optmialen Beschäftigung zu führen, aber wiederum nur ein Mittel, wenngleich das beste und wirkungsvollste. Dienst am Kunden und insbesondere wirkungsvolle Werbung sind andere, ergänzende Mittel.

---

[1]) Ebenso wichtig wie in der Kostentheorie ist der Grenzgedanke in der Ertragstheorie: die Wirkung der einzelnen Schichten auf den Ertrag, insbesondere der letzten Schicht, der Grenzschicht. Auch hier gibt der Durchschnittsertrag nicht den letzten und entscheidenden Aufschluß, erst der Grenzertrag, bezogen auf die einzelnen Haupt- und Kompensationsartikel.

Vollkommen vernachlässigt ist die Grenzidee in der Finanzierung, weil hier immer und überall (vom Aktionär, vom Gläubiger, aber ebenso vom Unternehmer) nur die Durchschnittsrentabilität in Betracht gezogen wird. Die Wirkung des Kapitals ist aber eine verschiedene: die des bereits vorhandenen und des neu hinzutretenden Kapitals. Oft ist eine Kapitalergänzung, also die Wirkung einer neu hinzutretenden Schicht, außerordentlich groß. Die Entscheidung über neue Kapitalzuführung von seiten des Unternehmers und der Kreditgeber würde oft eine andere sein, wenn die Grenzrentabilität, also die der neu hinzuzufügenden Schicht, in Betracht gezogen würde.

[2]) Vgl. insbesondere Schmalenbach, Selbstkostenrechnung S. 12, 20, 28. Eine ausführliche Darstellung der Theorie des Kalkulationswertes geben wir im II. Band dieser Arbeit.

Im Gegensatz zur Schichtenkostentheorie, die unter besonderen Umständen nur die Grenzkosten in der Kalkulation berücksichtigt, die aber immer die Grenzkosten und ihre Entwicklung bei ihren betriebs- und preispolitischen Maßnahmen (bei der Preisdifferenzierung, der Betriebserweiterung, der Organisation, der Rationalisierung) in Erwägung zieht, die also immer an die Zukunft denkt, und die Wirkung aller Maßnahmen auf die Zukunft in Betracht zieht, war die alte Kalkulationstheorie lediglich an Vergangenheit und Gegenwart orientiert: alle Kosten sollten im Preise eingebracht werden, ohne Rücksicht auf Nachfrage und Wirkung auf die Beschäftigung. Die alte Kalkulationstheorie war statisch. Die Schichtentheorie ist dynamisch. Sie berücksichtigt vor allem die Kosten, die die Veränderung hervorbringen und in der Lage sind, die Ausnutzung der Kapazität günstig zu beeinflussen und damit auch die Durchschnittskosten zu senken, sie auf ein Minimum zu bringen. Die Schichtentheorie ist also nicht einseitig an Grenzkosten orientiert, sondern ebenso an Durchschnittskosten ausgerichtet, nur, daß sie in der Lage ist, und den Betrieb instand setzt, zwischen den Grenz- und Durchschnittskosten zu differenzieren und beide am richtigen Platz anzuwenden. Wie die Schichtentheorie die Entwicklung (beider) Kostenarten verfolgt, verfolgt sie auch den Entwicklungsgang des Betriebes und zielt darauf ab, ihn im günstigen Sinne zu beeinflussen [1]).

---

[1]) In der Sozialökonomik, die der betrieblichen Kosten- und Kalkulationstheorie die Grundlagen geliefert hat, ist insbesondere Bücher (Gesetz der Massenproduktion, Z. f. d. ges. Staatswissenschaften 1910) zu nennen, der zur Klärung des Problems der fixen Kosten einen guten Teil beigetragen hat. Bei der Untersuchung über das Vordringen des Großbetriebes fand er die Erklärung für diese Erscheinung in der Produktionsverbilligung durch die Massenproduktion. Hierbei kommt er auch zur Scheidung der Kosten in fixe und variable. „Im Handwerk kostet den Meister jedes Stück, gleichgültig, ob er im Alleinbetriebe oder mit Gesellen und Lehrlingen arbeitet, dasselbe. Denn jedes Stück wird nach demselben Produktionsverfahren von Anfang bis zu Ende von einem Arbeiter hergestellt. Das einzelne Stück hat nur variable Kosten, oder wenigstens die konstanten Kosten für das Betriebskapital fallen bei der begrenzten Ausdehnungsfähigkeit des Betriebes nicht ins Gewicht."

Bücher hat neben den verschiedenen Kostenarten noch folgende kostentheoretisch wichtige Feststellungen gemacht:

1. den Zusammenhang der Kostenentwicklung und der Kapazitätsausnutzung;
2. die Bedeutung der verschiedenen Produktionsverfahren auf die Kostenentwicklung;
3. das Vorhandensein einer Nutzschwelle, die erst erreicht sein muß, ehe Rentabilität eintreten kann;
4. daß die Degression der Kosten je Einheit mit steigender Produktionshöhe abnimmt, weil sich das Verhältnis von fixen und variablen Kosten verschiebt.

Bei der Fixkapital- und Kostenstruktur der Verkehrsbetriebe war es natürlich, daß hier die Kapazitätskosten sehr bald und besonders tief erfaßt wurden. Insbesondere Sax erkannte den Zusammenhang zwischen Kapazitätsausnutzung und Einheitskosten: „Die Kosten des Verkehrs stehen mit der Intensität des Verkehrs in umgekehrter Proportionalität". Nördling versucht sogar, auf der Grund-

Kapazitäts- und Grenzkosten bilden den Kern der modernen Kostentheorie, die vor allem die Kosten- und Ertragsgesetze zu entwickeln hat.

2. Kosten- und Ertragsgesetze.

Der Betrieb ist eine Ertrag-Kosten-Organisation. Sie unterliegt bestimmten Gesetzen, die in der Sozialökonomik formuliert wurden und z. T. heute noch formuliert werden als das Gesetz vom abnehmenden Ertrage (für die Landwirtschaft) und vom zunehmenden Ertrage (für die Industrie). Das Gesetz vom abnehmenden Ertrage sagt, daß von einem bestimmten Punkte ab zusätzliche Aufwendungen nur noch einen degressiven Ertragszuwachs erbringen, das Gesetz vom zunehmenden Ertrage dagegen, daß jeder folgende Aufwand einen steigenden Ertragszuwachs erzielt. Die neuere Forschung [1]) hat diese Gesetze und die Unterscheidung der beiden Wirtschaftszweige korrigiert und das „einheitliche Gesetz", das „Proportionalitäts- oder Optimalitätsgesetz" festgestellt, das gleicherweise für alle Wirtschaftszweige gilt und etwa folgendermaßen formuliert werden müßte: Der Ertrag ist optimal, wenn die Produktionsfaktoren in optimalem Verhältnis zueinander stehen (das einheitliche Gesetz von der Proportionalität der Produktionsfaktoren). Dieses Optimalitätsgesetz hindert nicht, daß das Verhalten der einzelnen Wirtschaftszweige unterschiedlich ist, insofern, als die Proportionalitätszone der Produktion, die die Zone optimalen Ertrages ist, bei den verschiedenen Wirtschaftszweigen (aber ähnlich bei den einzelnen Branchen und sogar Betrieben) verschieden liegt und sich entsprechend schneller oder langsamer ändert. Es kommt immer darauf an, wie leicht sich infolge veränderter Konstellationen eine neue Proportionalitätszone schaffen läßt. Dies

lage der Kostenentwicklung eine Theorie der Tarifbildung unter Konkurrenzgesichtspunkten zu entwickeln (eine Aufgabe, die bekanntlich bis heute nicht gelöst ist): Quasi-Differentialkosten als Quotienten der variablen Kosten und der Tonnenkilometer als Grundlage der Tarifbildung.

Als besonders erfolgreich auf diesem Gebiete der Kostentheorie seien noch genannt Marshall (die primary costs haben bei ihm ungefähr den Inhalt unserer Differentialkosten: „die primary costs sind die besonderen Kosten, die ein Fabrikant im Auge hat, wenn er überlegt, zu welchem niedrigsten Preise er einen Auftrag noch akzeptieren kann"), ferner Pareto, Pigou (er stellt sogar die These auf, daß eine volkswirtschaftlich optimale Produktion nur erreicht werden kann, wenn die Betriebe mit sinkenden Erträgen besteuert, die mit steigenden Erträgen subventioniert werden) und J. M. Clark (er schätzt die overhead costs in ihrer Wirkung so hoch ein, daß er glaubt, die gesamte zukünftige Nationalökonomie werde auf der Erscheinung der overhead costs basieren). Seine Ausführungen über dieses Problem sind zweifellos die weitestgehenden und tiefsten.

Von neuesten Arbeiten seien insbesondere angeführt: v. Stackelberg, Grundlagen einer reinen Kostentheorie, Z. f. N. 1932 III. Bd. S. 333—67 und 552—90; O. Morgenstern, Ungelöste Probleme der Kostentheorie, Z. f. N. 1931, II. Band S. 489 ff., E. Schneider, Kostentheoretisches zum Monopolproblem, Z. f. N. 1932 Band III, S. 185 ff.

[1]) Clark, J. B., The Distribution of Wealth, New York 1899; Carver, T. N., The Distribution of Wealth, New York 1904.

ist offenbar um so eher möglich, je elastischer die einzelnen Produktionsfaktoren sind. Nun ist der Boden der starrste Produktionsfaktor und bei einem gegebenen Stand technischer Entwicklung sehr schnell bis zur Proportionalität ausgenutzt, so daß bei gesteigerten Anforderungen nur noch schwer ein neues Proportionalitätsstadium erreicht werden kann. In der Industrie gibt es einen derart starren Produktionsfaktor nicht. Es ist nicht der Boden, der nur minimale Bedeutung hat (außer bei Abbaubetrieben und vereinzelten, räumlich gebundenen Betrieben in Großstädten) und dessen Fassungskraft sehr groß ist; nicht das Kapital, das in jeder Form verhältnismäßig elastisch ist, außer bei rückläufiger Bewegung; am allerwenigsten aber die Arbeit; vielleicht in gewissem Sinn die Unternehmerpersönlichkeit, soweit der Großbetrieb die Bedeutung der Unternehmerpersönlichkeit nicht etwa geschwächt hat. Nicht einmal vom Absatz kann man dies auf die Dauer behaupten, wenngleich „die Disproportionalität von der Absatzseite her“ [1]) tatsächlich kommen und das Proportionalitätsverhältnis durch eine rückläufige Bewegung der Produktion in der Tat in Disproportionalität verwandeln kann. Das ist das Problem der Ertragsgestaltung in der Krise und bei absoluter Überkapazität. In diesen Fällen erhält das Anlagekapital tatsächlich einen starren Charakter, nur daß dieser Zustand nicht ein solcher auf die Dauer sein kann; sei es, daß der Absatz steigt oder die übermäßige Kapazität abgebaut wird.

Jeder neue Zustand, der von der Proportionalitätslage entfernt, bedeutet sinkenden Ertrag, sowohl in der Landwirtschaft als auch in der Industrie. Nur daß in der Landwirtschaft dieser Zustand eher erreicht wird und die Industrie anpassungsfähiger ist, weniger bei rückläufiger, wohl aber bei vorwärtsschreitender Bewegung. Hier ist immer eine schrittweise Annäherung an zunehmende Produktion gegeben. Es ergeben sich in diesem Falle relativ leicht neue Proportionalitätslagen. Befindet sich ein Betrieb nicht in der Proportionalitätslage, so kann er sich entweder diesem Zustande nähern oder sich von ihm entfernen. Im ersten Fall arbeitet er mit zunehmenden, im zweiten mit abnehmenden Erträgen, gleichgültig, ob es ein landwirtschaftlicher oder ein industrieller Betrieb ist.

Die betriebliche Ertragsgestaltung, die zweifellos dem einheitlichen Gesetz des optimalen Ertrages bei Proportionalität der Produktionsfaktoren unterliegt, ist von der Kostengestaltung abhängig, wenigstens in all den Fällen, wo die Preise freie Marktpreise sind; und auch bei geregelten Preisen, gebundenen und Monopolpreisen, ist die Kostengestaltung von großer Bedeutung, wenn auch nicht von so hoher wie bei freien Marktpreisen, wo die Kostengestaltung allein entscheidend ist. Die Ertragsgesetze sind demnach Kostengesetze. Der Ertragsverlauf folgt dem Kostenverlauf, und der Ertragsverlauf bestimmt den Angebotsverlauf.

---

[1]) C. Silbe, Die Ertragsgestaltung in der Industrie und ihre Bedeutung für Wirtschaft und Bevölkerung. Karlsruhe 1926.

Statt vom zunehmenden Ertrage müssen wir von abnehmenden Kosten, statt vom abnehmenden Ertrage von zunehmenden Kosten sprechen. Ist das Ertragsverhältnis der letzten Schicht (Aufwand (A_n) zu Ertrag (E_n)) kleiner als das der vorletzten ($A_{n-1} : E_{n-1}$), so ist der Betrieb noch in der Zone zunehmenden Ertrages bzw. abnehmender Kosten und ist daher noch nicht in der optimalen Zone:

$$\frac{A_n}{E_n} < \frac{A_{n-1}}{E_{n-1}} = \text{zunehmender Ertrag, sinkende Kosten;}$$

$$\frac{A_n}{E_n} > \frac{A_{n-1}}{E_{n-1}} = \text{abnehmender Ertrag, zunehmende Kosten;}$$

$$\frac{A_n}{E_n} = \frac{A_{n-1}}{E_{n-1}} = \text{konstanter Ertrag, konstante Kosten.}$$

Es handelt sich hierbei immer um Durchschnittskosten und -erträge und immer um lange Sicht. Vorausgesetzt wird ferner immer regulärer Verlauf der Kostenkurve. Die Preisbildung selbst kann eine freie, bedingt freie und monopolistische sein. Bei freier Preisbildung, um diese Frage vorweg zu nehmen, ist eine Vielheit von Produzenten vorhanden, so daß der Anteil des Einzelbetriebes im Verhältnis zum Gesamtangebot nur gering ist. Eine Vermehrung des Angebots des Einzelbetriebes wird auf das Gesamtangebot gar keinen Einfluß ausüben, der Einzelbetrieb wird seine Produktion bis zum Optimum ausdehnen, ohne den Preis zu beeinflussen. Die Preiskurve ist eine gerade Linie. Bei bedingt freier Konkurrenz ist auch eine Vielheit von Betrieben vorhanden, aber der Markt ist gesättigt, oder nur beschränkt aufnahmefähig, so daß der Einzelbetrieb seine Produktion nicht weiter ausdehnen kann, wenn er nicht den Preis nach unten beeinflussen will, es sei denn, daß ihm die Vergrößerung des Anteils auf Kosten der Konkurrenten gelingt, was er nur durch vermehrte Reklame oder sonstige erhöhte Vertriebskosten erreichen kann. Der Verlauf der Preiskurve ist infolge vermehrten Angebots ein fallender (und nähert sich dem Verlauf der Monopolpreiskurve).

Bei Monopolpreisbildung besitzt ein Betrieb einen beherrschenden Anteil des Angebots und durch Manipulierung die Möglichkeit, den Preis stabil zu halten; erweitert er die Produktion und erhöht das Angebot, so beeinflußt er den Preis, der bei wachsendem Angebot fallen wird, und zwar um so mehr, je elastischer die Nachfrage nach diesem Gut ist.

Die Kostenkurve verläuft nun bei regulärem Verlauf so, daß sie drei Zonen durchläuft: eine Degressionszone (durch Aufteilung der fixen Kosten auf mehr Einheiten, bei gleichbleibenden variablen Kosten, nehmen die Einheitskosten ab, die Gesamtkosten steigen nur mit abnehmendem Kostenzuwachs von Produktionsschicht zu Produktionsschicht); eine Proportionalitätszone (die Kosten nehmen in dieser Zone, die nur sehr schmal oder gar nur ein Punkt ist, bei Produktionsvermehrung um eine Schicht nicht zu, sondern bleiben gleich; die Produktionsfaktoren sind optimal ausgenutzt); eine Progressionszone (die Kosten nehmen zu, und zwar mit steigendem Kostenzuwachs). Der Kostenwendepunkt liegt in der Proportionalitätszone. Er ist der Punkt optimaler Kosten. Vor dem Erreichen dieses Punktes herrscht im Betrieb Kostendegression: die Zone sinkender Einheitskosten, zunehmenden Ertrages. Nach dem Überschreiten der Proportionalitätszone kommt der Betrieb in die Zone steigender Einheitskosten und sinkender Erträge.

Zur weiteren Bestimmung der Kostengesetze ist der Verlauf der Grenzkostenkurve notwendig. Wichtig sind hier besonders zwei Punkte: der Punkt des Grenzkostenminimums und der der Gleichheit der Grenzkosten mit den Durchschnittskosten: der optimale Kostenpunkt. Das Grenzkostenminimum wird dort erreicht, wo die eisernen Kosten am besten ausgenutzt sind, so daß die Grenzkosten nur noch proportionale Kosten sind. Dieser Punkt liegt stets vor dem Minimum der Einheitskosten. Der Punkt minimaler Grenzkosten stellt zugleich das Betriebsminimum dar, das ist das Produktionsvolumen, bei dem die Grenzkosten ihr Minimum erreichen, nämlich die Größe der durchschnittlichen variablen Kosten. Jede noch geringere Produktion bringt größere Verluste als das Betriebsminimum. Bis dahin muß der Betrieb seine Produktion auf alle Fälle ausdehnen, wenn er nicht etwa das Stillegen vorzieht, wo er nur die Stillstandskosten verliert. Da er aber bei Wiederingangbringen des Betriebes Ankurbelungskosten aufwenden muß, ist das Betriebsminimum (auf kurze Zeit) dem Stillegen vorzuziehen, es sei denn, daß von vornherein eine Rentabilität nicht mehr zu erwarten ist. Das Stillegen ist immer dann angebracht, wenn (auf kurze Zeit) bei Produktion die Verluste größer sind als die Stillstandskosten (+ einmalige Ankurbelungskosten) und auf lange Sicht eine Rentabilität nicht zu erzielen ist. Der Betrieb darf nie mehr als seine Stillstandskosten verlieren. Er wird also immer dann produzieren, wenn der Preis seine variablen Kosten deckt. Dieser Zustand ist dann erreicht und eine Produktion daher möglich, wenn die durchschnittlichen variablen Kosten den Grenzkosten gleich sind, das ist am Punkt des Grenzkostenminimums. Wenn die Produktion aber nicht einmal so weit ausgedehnt werden kann, ohne die Preise noch tiefer als die variablen Kosten zu senken, hilft nur Stillegung. Auf längere Sicht kann der Betrieb auch nicht das Betriebsminimum aufrecht erhalten, sondern muß stillegen.

Über das Grenzkostenminimum hinaus wachsen die Grenzkosten wieder (während die Einheitskosten immer noch fallen), bis sie den Einheitskosten gleichwerden. In diesem Schnittpunkte der Grenz- und Durchschnittskostenkurve, wo also Grenz- und Durchschnittskosten gleich sind, liegt der optimale Kostenpunkt, das Betriebsoptimum und der Kostenwendepunkt. Über den optimalen Kostenpunkt hinaus wachsen die Grenzkosten schneller als die Durchschnittskosten. Solange die Grenzkosten kleiner sind als die Durchschnittskosten, befindet sich der Betrieb in Kostendegression (und Ertragsprogression), werden sie größer, ist der Betrieb in Kostenprogression (und Ertragsdegression).

Der Ertrag ist eine Funktion des Umsatzes (der abgesetzten Menge mal Preis). Der Ertragszuwachs bei steigendem Absatz ist der Differentialertrag bzw. der Grenzertrag bei der jeweilig letzten Umsatzschicht. Der Grenzertrag ist demnach der Ertragszuwachs bei steigender Absatzmenge. So lange der Ertrag höher ist als die Kosten bzw. der Grenzertrag höher als die Grenzkosten, steigt der Gesamtertrag. In der Nutzhöhe sind Grenzkosten und Grenzertrag gleich. Über die Nutzhöhe hinaus werden die Grenzkosten höher als der Grenzertrag. Wären die Grenzkosten stets höher als der Grenzertrag, dann wäre eine Produktion unmöglich.

Im optimalen Kostenpunkt schneiden sich Durchschnittskosten und Grenzkosten. Durch diese Schnittpunkte geht aber auch die Preiskurve, wenigstens für den Grenzbetrieb. Hier fallen daher optimaler Kostenpunkt und maximaler Nutzenpunkt zusammen. Mit diesem sind sowohl das Produktionsvolumen als auch der Ertrag gegeben. Dann sind nämlich die Durchschnittskosten durch den Ertrag gedeckt, der Betrieb erzielt einen ± 0-Erfolg. Diese Erscheinung, daß der Preis sich am Schnittpunkt der Durchschnitts- und Grenzkosten bildet, nennt man das Tangentenphänomen. Es trifft für den Grenzproduzenten, der keinen Gewinn, nur Deckung aller seiner Kosten, auch der Eigenkapitalzinsen erzielt, tatsächlich zu. Es trifft aber nicht zu für alle übrigen Betriebe, also die, deren Marktposition besser oder schlechter ist als die der Grenzbetriebe. Bei den ersteren schneidet die Preiskurve die Durchschnittskurve schon früher, bei den letzteren garnicht. Erstere erzielen Differentialgewinne, letztere Verluste. Es ist unrichtig, wenn in der Sozialökonomik die Behauptung aufgestellt wird, daß das Tangentenphänomen auf alle Betriebe zu einer Zeit zutrifft. Dies ist schon unmöglich wegen der praktisch stets vorhandenen Kostendispersion. Deswegen liegt der optimale Kostenpunkt, der Schnittpunkt der Durchschnitts- und Grenzkostenkurve, bei den einzelnen Betrieben durchaus verschieden. Es arbeiten eben nicht alle Betriebe mit denselben Kosten. Dieses müßte aber der Fall sein, wenn das Tangentenphänomen bei allen Betrieben gleichzeitig zutreffen sollte.

Für das Tangentenphänomen im Sinne der Sozialökonomik ließe sich allerdings noch eine andere Lösung finden, dann nämlich, wenn man als Kosten nur den Nutzentgang (auf kurze Sicht), also nur die relativen Kosten, die opportunity-costs, als Kosten auffaßt. Dann sind nur die variablen Kosten wirkliche Kosten; die variablen Kosten aber sind für alle Betriebe in einem bestimmten Zeitpunkt gleich, da sie nach der wahlweisen Verwendungsmöglichkeit gewertet werden. Diese aber ist für alle Betriebe zur selben Zeit gleich, so daß tatsächlich in diesem Sinne die Kosten für alle Betriebe gleich sind. Dann fallen aber Durchschnittskosten- und Grenzkostenkurve zusammen, so daß ein Schnittpunkt nicht entstehen kann. Nur wenn ein Schnittpunkt der Durchschnitts- und der Grenzkosten im Sinne der opportunity-costs entstehen könnte, dann wäre der Tangentenpunkt der Preiskurve gegeben; der Preis wäre für alle Betriebe gleich ihren optimalen Kosten

(Durchschnittskosten gleich Grenzkosten). Dann wäre das Tangentenphänomen in diesem Sinne gelöst, und zwar für alle Betriebe, während es sonst nur für die Grenzbetriebe zutrifft.

Der zweiten Lösung des Tangentenphänomens (Kosten im Sinne der opportunity-costs) können wir nicht beistimmen, da ein Schnittpunkt der beiden Kostenkurven nicht vorhanden ist. Ein Tangentenphänomen besteht nur für die Grenzbetriebe und ist nur für sie lösbar. Es besitzt hier aber überragende Bedeutung, da es die Preisbildung darstellt.

Für alle Betriebe außer den Grenzbetrieben sind die Grenzkosten nur Preisuntergrenze, auch am optimalen Kostenpunkt, wo die Grenzkosten den gesamten Einheitskosten gleich sind. Wie weit der Betrieb darüber hinausgehen kann, hängt vom Markt ab, an den der Betrieb sich durch den durchaus elastischen Zuschlag heranfühlen muß, um auf diese Weise den effektiven Angebotspreis zu erfassen. Dieser effektive Preis ist für den Ertrag entscheidend. Nur für den Grenzbetrieb fällt er mit den Grenzkosten zusammen, während diese für die übrigen Betriebe, von den Verlustbetrieben abgesehen, nur die Preisuntergrenze bilden.

Die optimale Kostengestaltung, die betriebliche Bestausnutzung, ist nur bei optimaler Kombination der Produktionsfaktoren möglich. In einer statischen Wirtschaft wäre diese Kombination verhältnismäßig leicht zu schaffen und zu erhalten. Zwar könnte sie nicht allgemein größenhaft angegeben werden, da sie für alle Branchen, sogar für alle Betriebe eine verschiedene wäre. Für den Einzelbetrieb wäre sie dagegen leicht festzustellen. Die Wirtschaftsdynamik ändert aber die Verhältnisse ständig, so daß sich auch die optimale Kombination ständig ändert. Es kommt nur darauf an, die optimale Kombination ständig wiederherzustellen. Hierzu ist von dem Produktionsfaktor auszugehen, der am ehesten konstant, dessen Kapazitätsausnutzung am ehesten erreicht wird.

Während in der Landwirtschaft der Boden der starrste Produktionsfaktor ist, ist er in der Industrie in den meisten Fällen hochelastisch, weil er hier dreidimensional genutzt werden kann. Vorübergehend kann in Ausnahmefällen eine Erweiterungsfähigkeit in Großstädten unmöglich sein, aber nicht auf die Dauer, so daß der Boden in Industrie-, Handels- und Bankbetrieben niemals der Grund zur Störung der optimalen Kombination zu sein braucht. Eher ist dies schon beim Kapital möglich, falls ein Betrieb in der Erlangung entsprechenden Anlage- und Betriebskapitals beschränkt ist. Es ist dann kein optimales Verhältnis zwischen den einzelnen Kapitalgütern vorhanden: Mangel an Material, an Arbeitslöhnen. Doch ist auch dieser Zustand nur ein vorübergehender und nicht typischer. Jeder Betrieb ist bei entsprechender Rentabilität und sogar Rentabilitätschance in der Lage — oft allerdings nur durch Umorganisation der Unternehmungsform: in eine A. G. — sich hinreichend Kapital zu beschaffen. Der Zins kann oft freilich eine Konstanz des Kapitals und damit Disproportionalität der Produktionsfaktoren hervorbringen. Im allgemeinen ist aber bei vorwärtsschreitender

Wirtschaft das Kapital nicht der konstante Faktor. Viel starrer und für die Optimalität viel störender ist das Kapital bei rückläufiger Entwicklung: der Anlageapparat wird infolge sinkenden Absatzes übergroß und kann zunächst nicht abgebaut werden, so daß von hier fast immer und die wirkliche Disproportionalität der Produktionsfaktoren kommt. Es ist dies das bekannte Problem der Überkapazität, hier infolge Absatzrückganges, nicht wegen falscher Gründungsplanung.

Arbeit kann unter modernen Verhältnissen, abgesehen von vorübergehendem Mangel an Spezialarbeitern, niemals Grund zur Disproportionalität der Produktionsfaktoren sein. Es ist fraglich, ob dies auch für die *Unternehmerpersönlichkeit* gilt. Robbins [1] z. B. behauptet, daß die besten Männer ebenso begrenzt seien wie bester Boden. Im Zeitalter des Großbetriebes wird man dieser Ansicht schwerlich zustimmen können.

Es bleibt als Ergebnis, daß die Disproportionalität der Produktionsfaktoren in der Überkapazität zum Ausdruck kommt, die infolge der festen Anlagen dem schwankenden Bedarf nicht ständig angepaßt werden kann. Ursache hierfür ist neben der Überdimensionierung bei der Gründung der Rückgang des Absatzes. Der Absatz als Ursache der Disproportionalität der Produktionsfaktoren läßt daher eine absolut optimale Kombination nicht zu. Es ist höchste Aufgabe der Betriebspolitik, trotz wirtschaftlicher Dynamik, zum Betriebsoptimum zu kommen. Die Feststellung dieser Tatsache vermindert nicht den Erkenntniswert der Kosten- und Ertragsgesetze. Sie zeigt nur die realen Grenzen ihrer Verwirklichung.

Zusammenfassend lassen sich aus dem Kosten- und Ertragsverlauf folgende Kostengesetze ableiten:

1. Die *optimalen Kosten* ergeben sich bei Proportionalität der Produktionsfaktoren. Sie entstehen am Schnittpunkte der Grenz- und der Durchschnittskostenkurve, wo also Grenzkosten und Durchschnittskosten einander gleich sind (oder einander wenigstens möglichst nahe kommen, optimaler Kostenpunkt). Das ist das einheitliche Gesetz von der Proportionalität oder Optimalität der Produktionsfaktoren (Proportionalitätszone). In dieser Zone herrschen konstante Kosten und konstanter Ertrag.
2. Vor dem optimalen Kostenpunkte herrscht das Gesetz *sinkenden Kosten- und steigenden Ertragszuwachses*. (Degressionszone).
3. Bei einer Produktionsentwicklung über den optimalen Kostenpunkt hinaus herrscht das Gesetz *steigenden Kosten- und sinkenden Ertragszuwachses* (Progressionszone).
4. Im *Grenzkostenminimum* sind Grenzkosten und *variable* Einheitskosten gleich (Betriebsminimum).

[1] The representative Firm, Ec. Journal, 1928.

5. Im Nutzenmaximum sind Grenzertrag und Grenzkosten einander gleich.
6. Kosten- und Ertragsgesetze sind korrespondierende Gesetze. Dem Kostengesetz gebührt aber der Vorrang. Es ist umfassender und enthält das Optimalitätsgesetz und die Gesetze des abnehmenden und zunehmenden Kostenzuwachses.
7. Für den Grenzbetrieb bildet sich der Preis am Schnittpunkte der beiden Kostenkurven (der Durchschnitts- und Grenzkostenkurve) (Tangentenphänomen). Für die übrigen Betriebe bilden die Kosten an diesem Punkte nur die Preisuntergrenze.

3. Die Kostenentwicklung in empirischen Beispielen.

Zur Veranschaulichung der Kostenentwicklung seien einige empirische Beispiele angeführt.

1. Kostenentwicklung einer Gießerei in U. S. A.:
Wertetafel für die Kostenfunktionen.

Gesamtkostenfunktion: $K = F(x) = 0.011754273543\, x^3 - 3.78061772724\, x^2 + 469.571368684\, x - 1913.2156565$
(Kurve III)
(Mit der Methode der Summe der kleinsten Quadrate errechnet.)

Einheitskostenfunktion: $k = f(x) = \frac{K}{x}$
(Kurve I)

Differentialkostenfunktion: $dk = F'(x) = 0.035262820629\, x^2 - 7.56123545448\, x + 469{,}571368684$
(Kurve V)

Gesamtdifferentialkostenfunktion: $dk \,.\, x$ (Kurve VI).

(1)	(2)	(3)	(4)	(5)	(6)	(7)	(8)	(9)	(10)
		Empirische Werte				Auf Grund der obigen Funktionen ermittelte Werte			
x = Produktion von 22 Mon. (Jan. 29 bis Okt. 30) im Verhältnis zum Monatsdurchschn. von 63 t = 100 %	Entsprechende Tonnenausbringung	Einheits-kosten per Tonne (Kurve I)	davon Arbeits-kosten per Tonne (Kurve II)	Gesamtkosten (2) · (3) (Kurve III)	davon Arbeits-kosten (insgesamt (2) . (4)) (Kurve IV)	Gesamtkosten auf Grund der Funktion K=F (x) (Kurve III)	Einheits-kosten auf Grund der Funktion K (Kurve I)	Differential-kosten dk= F'(x) bezogen auf die Einheit (Kurve V)	Differential-kosten mal Menge (Kurve VI)
50	31.5	435	208	13702.5	6052.0	13583.09	431.21	179.67	8983.33
60	37.75	400	202	15100.0	7625.5	15189.77	402.38	142.84	8570.60
70	44.00	370	196	16280.0	8624.0	16463.47	374.17	113.07	7915.09
80	50.50	345	190	17422.5	9595.0	17474.73	346.03	90.35	7228.37
90	56.75	325	186	18443.75	10555.5	18294.07	322.36	74.69	6722.01
100	63.00	305	182	19215.0	11466.0	18992.02	301.46	66,08	6607.60
110	69.25	285	180	19736.25	12465.0	19639.10	283.60	64.52	7096.72
120	75.5	265	178	20007.50	13439.0	20305.84	268.95	70.01	8400.93
130	82.00	256	176	20992.0	14432.0	21062.76	256.86	82.55	10731.82
140	88.25	250	174	22062.50	15355.5	21980.40	249.07	102.15	14300.96
150	94.5	245	172	23152.50	16254.0	23129.26	244.25	128.80	19319.93

Die angegebenen Werte beruhen auf Kostenaufzeichnungen über 22 Monate hindurch. Sie zeigen die Entwicklung der Durchschnitts-

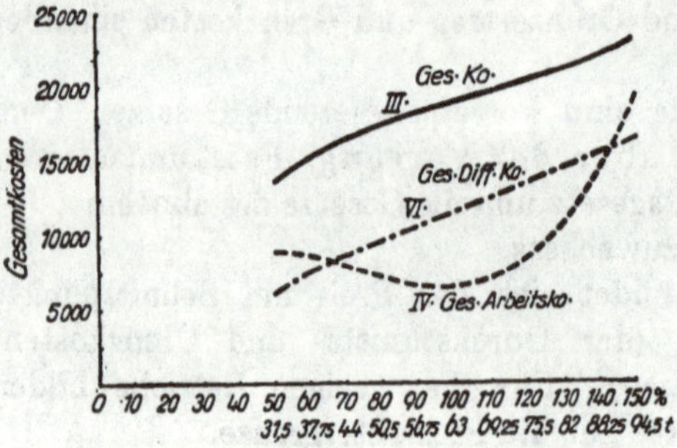

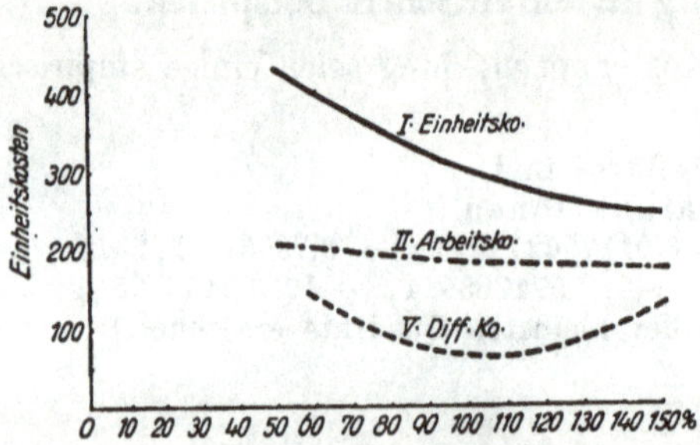

(Berichtigung: Die Beschriftung der Kurven IV und VI ist vertauscht.)

kosten von 431 \$ bis auf 245 \$, der Differentialkosten von 179 \$ über das Minimum von 64 \$ auf 128 \$. Der Betrieb hat seine optimale Beschäftigung nie erreicht. Sie liegt noch über 94.5 t hinaus, aber nicht weit davon.

2. Dieses Beispiel bezieht sich auch auf einen Industriebetrieb.

Kurve I. Gesamtkosten:

$$K = F(x) = 0.0648\,x^3 - 12.5\,x^2 + 1045\,x - 2300$$

II. Einheitskosten:

$$k = \frac{F(x)}{x} = 0.0648\,x^2 - 12.5\,x + 1045 - \frac{2300}{x}$$

III. Differentialkosten:

$$dk = F'(x) = 0.195\,x^2 - 25\,x + 1045$$

IV. Gesamtdifferentialkosten:

$$Dk = x\,.\,F'(x) = 0.195\,x^3 - 25\,x^2 + 1045\,x.$$

Mengeneinheiten	Gesamtkostenkurve I	Differenzkosten	Differentialkostenkurve III	Einheitskostenkurve II	Gesamtkosten Formel 1, Kurve I	Einheitskosten-Kurve II	Differentialkosten (Formel 2) Kurve III	Differentialkosten mal Menge Kurve IV
	Empirische Werte				Formelwerte			
20	14200			710	14120	706	714	10710
30	19500	5300	530	650	19530	652	542	13500
40	23600	4100	410	590	23620	590	409	14315
50	27000	3400	340	540	26850	538	315	14175
60	29400	2400	240	490	29400	490	260	14300
70	32200	2800	280	460	31900	456	244	15860
80	34880	2680	268	436	34600	432	267	20025
90	37800	2920	292	420	37800	420	329	27965
100	41500	3700	370	415	42000	420	430	40850
110	46420	4920	492	422	47100	428	570	59850
20	55200	8780	878	460	55200	460	749	86135
30	70200	15000	1500	540	(65200)	502	967	120875

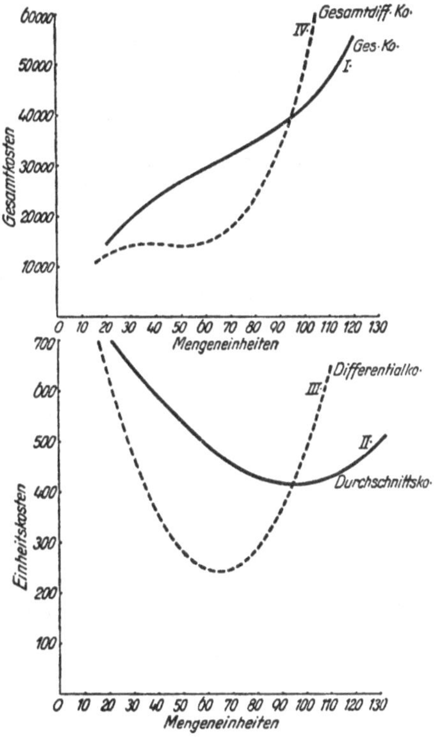

Dieses Beispiel zeigt die Kostenentwicklung in aller wünschenswerten Deutlichkeit. Das Betriebsoptimum, Schnittpunkt der Differential- und Durchschnittskostenkurve, liegt bei 94 Einheiten und 420 Durchschnitts- und Differentialkosten. Vor dieser Optimalitätszone liegt die Degressionszone (die Durchschnittskosten fallen von 706 auf 420, die Differentialkosten von 714 auf 244 und steigen bis 420 am optimalen Kostenpunkt), dahinter die Progressionszone (die Durchschnittskosten steigen bis 502, die Differentialkosten bis 967). Das Minimum der Differentialkosten liegt vor dem Durchschnittskostenminimum.

3. Kostenentwicklung im Steinkohlenbergbau.

Die United States Coal Commission [1]) hat die Kostengestaltung und Preisbildung im Steinkohlenbergbau einer genauen Analyse unterzogen und das Ergebnis in fünf Bänden von je etwa 1000 Seiten veröffentlicht. Die Wirkung des schwankenden Produktionsvolumens auf die Kosten, die die Kommission besonders untersucht hat, ist aus der folgenden (zusammengezogenen) Tabelle zu ersehen.

Die Kommission gliederte die Kosten in vier Gruppen: A, B, C, D.

Gruppe A sind die proportionalen Kosten, die bei jedem Beschäftigungsgrad per to gleich hoch sind. Hierher gehören vor allem Arbeitslöhne, Abbauabgaben (Royalties) und Förderkosten.

Gruppe B sind fixe Kosten, die bei steigendem Produktionsvolumen je to fallen, bei sinkendem dagegen steigen. Sie umfassen die Kosten der kaufmännischen und technischen Leitung, Abschreibungen, Abbauabgaben, sofern sie einen festen Betrag ausmachen, Versicherungen, Steuern, Bürogehälter und sonstige Bürokosten, gesetzliche Abgaben u. ä.

Die Kosten der Gruppe C sind relativ fixe Kosten. Sie steigen und fallen auch mit wechselndem Volumen, aber unregelmäßig. Zu dieser Gruppe gehören: Stollenbau und Unterhaltung, Pumpkosten, Kosten der

[1]) Report of the United States Coal Commission, Washington 1925. 5 Bände, insbes. Band III. S. 1981—1994.

Arbeitstage im Monat	Produktion to	Beschäftigungsgrad	Kosten per to $ [1])	Davon: proportionale Kosten (A)			fixe Kosten (B)			relativ fixe Kosten (C)			fixe Sonderkosten (D)		
				Gesamtsumme $	per to $	in % der Kosten der Vollbeschäftigg.	Gesamtsumme $	per to $	in %	Gesamtsumme $	per to $	in %	Gesamtsumme $	per to $	in %
25	3 038 050	100	1.88	2 611 740	0.86	104	517 930	0.17	81	1 779 482	0.59	100	675 439	0.22	100
24	4 258 822	96	1.90	3 426 658	0.80	97	911 694	0.21	100	2 660 909	0.62	105	1 029 279	0.23	105
23	3 948 488	92	1.92	3 138 003	0.79	96	861 299	0.22	105	2 450 916	0.62	105	845 468	0.21	95
22	4 461 156	88	1.94	3 594 592	0.81	98	991 762	0.22	105	3 860 382	0.86	146	944 956	0.22	100
21	3 554 813	84	1.96	2 806 835	0.79	96	806 796	0.23	110	2 272 484	0.64	108	833 456	0.23	105
20	944 163	80	1.99	808 184	0.86	104	188 171	0.20	95	652 036	0.69	117	224 723	0.24	109
19	1 609 346	76	2.02	1 310 369	0.81	98	450 128	0.28	133	1 125 679	0.70	119	394 745	0.25	114
18	1 943 897	72	2.05	1 567 399	0.81	98	473 459	0.24	114	1 000 149	0.52	88	638 694	0.33	150
17	739 716	68	2.08	633 938	0.86	104	155 893	0.21	100	493 341	0.67	114	215 074	0.29	132
16	1 638 954	64	2.12	1 322 589	0.81	98	451 373	0.28	133	992 491	0.61	103	544 472	0.33	150
15	1 574 455	60	2.17	1 270 857	0.81	98	446 027	0.28	133	926 636	0.59	100	544 714	0.35	159
14	411 052	56	2.22	351 607	0.85	103	93 902	0.23	110	277 497	0.68	115	82 192	0.20	91
13	346 684	52	2.28	289 200	0.83	101	88 253	0.25	119	263 723	0.76	129	74 119	0.21	95
12	139 992	48	2.35	118 103	0.84	102	35 113	0.25	119	130 611	0.93	158	31 176	0.22	100
11	81 929	44	2.43	67 841	0.83	101	24 001	0.29	138	66 824	0.82	139	19 735	0.24	109
10	67 690	40	2.53	59 507	0.88	107	25 130	0.37	176	58 258	0.86	146	25 225	0.37	168
9	22 038	36	2.64	16 663	0.76	92	10 017	0.45	214	26 210	1.19	202	7 989	0.36	164
8	29 717	32	2.79	23 033	0.78	95	6 768	0.23	110	20 022	0.67	114	6 111	0.21	95
7	6 733	28	2.99	6 583	0.98	119	9 696	1.44	686	22 738	3.38	573	1 189	0.18	82
6	4 842	24	3.24	4 129	0.85	103	3 240	0.67	319	8 293	1.71	290	1 611	0.33	150
3	7 952	12	5.03	7 014	0.88	107	10 316	1.30	619	23 205	2.91	493	13 146	1.65	750

[1]) Diese Kosten sind kalkulierte, berichtigte Kosten, anstelle der tatsächlich berichteten, die noch unregelmäßiger verlaufen. Die Methode der Berichtigung wird im Bericht ausführlich (S. 1987 ff.) angegeben. In der obigen Tabelle gibt daher die Summe der Teilkosten A—D nicht genau die Gesamtkosten.

Wäscherei und der Kraftanlagen, verschiedene Unkostenmaterialien, Arbeiterversicherung u. a. Die Höhe der Kosten in Gruppe C ist vor allem abhängig von der Güte der Organisation und der Betriebspolitik. Wenn z. B. in Zeiten minderer Beschäftigung neue Stollen getrieben werden, um die Kapazität vorbereitend zu erhöhen, so werden die Kosten bei sinkendem Beschäftigungsgrad stark steigen, schränkt man dagegen bei schlechtem Beschäftigungsgrad alle Kosten auf ein Minimum ein, so können die Kosten der Gruppe C auch eine rückläufige Entwicklung zeigen. Die Kosten des Stollenbaus u. ä., wie z. B. die Anschaffung von Grubenholz, werden kalkulatorisch sehr verschieden behandelt. Der größte Teil der untersuchten Betriebe belastete den Monat der Entstehung der Ausgabe voll mit ihnen, anstatt sie dem Verbrauch entsprechend zu verteilen.

Kostengruppe D enthält gleichfalls fixe Kosten, die sich aber in ihrem Aufwand und in der Entwicklung von den übrigen unterscheiden. Hierher gehören vor allem die großen Reparaturen an den Pump-, Entlüftungs- und Förderanlagen, die nur bei Stillstand oder eingeschränktem Betrieb vorgenommen werden können. Die Höhe dieser Aufwendungen ist auch abhängig von den Kohlenpreisen, denn nur bei ertragreichen Preisen werden derartige große Arbeiten ausgeführt. Daher läßt sich bei diesen Kosten keine einheitliche Tendenz der Entwicklung feststellen.

In nachstehenden Tabellen ist gezeigt, wie sich die Gesamtkosten, die vier Kostengruppen und die Einheitskosten bei verschiedenem Produktionsvolumen verhalten, wobei 25 Arbeitstage im Monat als Vollbeschäftigung (100%) angesehen wurden (S. 352).

4. Kostenfunktionen zwischen Tonnenmeilen und Wagenladungskosten amerikanischer Eisenbahnen.

Netto Tonnenmeilen	Wagenladungskosten für 300 Meilen. Berechnung: $y = 58.28555 + 21844444.44 \cdot \frac{1}{x}$	Wagenladungskosten insgesamt: $Y = 0.194285185x + 72814.8148$
50000	495.11	82529.07
100000	276.73	92243.33
150000	203.91	101957.59
200000	167.46	111671.85
300000	131.09	131100.37
400000	112.87	150528.88
500000	101.99	169957.40
600000	94.72	189385.92
700000	89.50	208814.44
800000	85.60	228242.96
900000	82.52	247671.48
1000000	80.10	267099.99
1100000	78.11	286528.51
1200000	76.49	305957.03
1300000	75.10	325385.55
1400000	73.92	344814.07

Netto Tonnenmeilen	Wagenladungskosten für 300 Meilen. Berechnung: $y = 58.28555 + 21844444.44 \cdot \frac{1}{x}$	Wagenladungskosten insgesamt: $Y = 0.194285185x + 72814.8148$
1500000	72.82	364242.59
1600000	71.95	383671.11
1700000	71.13	403099.62
1800000	70.39	422528.14
1900000	69.81	441956.66
2000000	69.22	461385.18
2500000	67.01	558527.77
3000000	65.54	655670.36
3500000	64.51	752812.96
4000000	63.71	849955.55
5000000	62.68	1044240.73
6000000	91.94	1238525.92
7000000	61.43	1432811.10
8000000	60.99	1627096.29
9000000	60.69	1821381.47
10000000	60.47	2015666.66

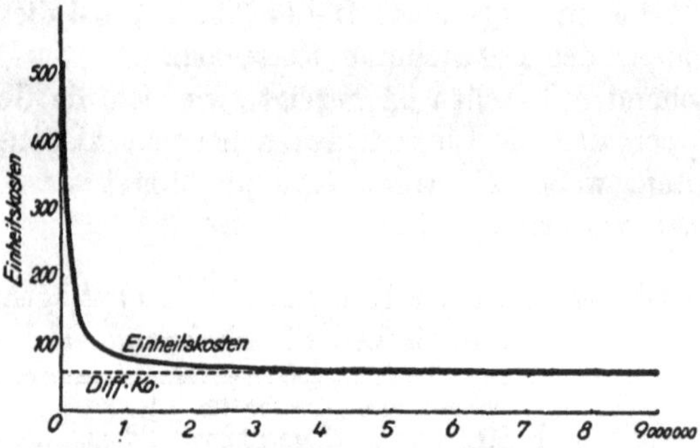

Eisenbahnen sind Betriebe mit sehr geringen Grenzkosten. Die Erhöhung der Versandmenge erhöht die Kosten kaum. Die Durchschnittskosten fallen von 495 auf 60 $. Zu Beginn fallen sie sehr steil, dann nur sehr wenig. Eine Steigung findet weder bei Grenz- noch bei Einheitskosten statt. Die Kapazität ist noch bei weitem nicht ausgenutzt und wird nie ausgenutzt werden. Die Grenzkosten sind fast nur proportionale Kosten. Die Gesamtkosten bilden eine schwach ansteigende gerade Linie, die Gesamtdifferentialkosten eine etwas darunterliegende Parallele.

5. Kostenentwicklung bei der Deutschen Reichsbahn.

Eine ganz ähnliche Entwicklung wie bei den amerikanischen Eisenbahnen zeigen die Kosten der Deutschen Reichsbahn. Bei Wagenladungen fallen sie von 19.2 auf 1.74 RPfg. für das Tariftonnenkm.

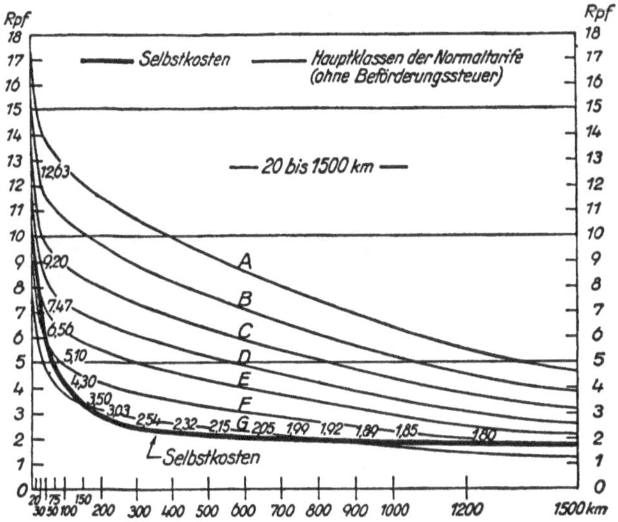

Ferner sei in einer Tabelle die Entwicklung der Kosten bei Stückgut gezeigt:

Stückgut aller Art in Abhängigkeit von der Versandweite.

bei einer Versandweite bis	Selbstkosten für einen Tarif-to/km in Rpfg.	Grenzkosten für die Einheit	Mitte der Entfernungsstufen km	Gesamteinnahmen in Rpfg. per to/km
10 km	203.33	—	5	99.33
20	106.20	9.07	15	40.78
30	73.80	9.00	25	33.66
40	57.65	9.20	35	29.38
50	49.31	15.95	45	26.84
70	38.12*)	10.145	70	24.24
70	41.14	10.57	90	23.02
100	33.01	14.04	110	22.11
150	26.49	13.45	150	20.95
200	22.92	12.21	190	20.23
300	19.35	12.21	225	19.75
400	17.09	10.31	375	17.31
500	15.59	9.59	550	15.72
600	14.59	9.59	650	14.65
700	13.89	9.69	750	13.63
800	13.36	9.65	850	12.57
900	12.91	9.31	950	11.34
1000	12.57	9.51	1050	11.13
1200	12.07	9.57	1150	10.98
1500	11.57	9.57	1250	9.35

4. Betriebs- und Angebotselastizität.

Das moderne Kostenproblem ist in der starren betrieblichen Kapazität: Anlagen- und Arbeitskapazität begründet. Zwischen den einzelnen Betriebs-

*) Ohne Umladung.

typen ist in dieser Hinsicht kein Unterschied vorhanden, wenigstens nicht der Art nach. Dem Grade nach aber ist der Unterschied erheblich. Es gibt Betriebe mit 30% und solche mit 80% fixer Kosten, sogar bei Großbetrieben, die organisatorisch eine starke Ähnlichkeit aufweisen. Die Kostenstruktur der einzelnen Betriebstypen zeigt einen verschiedenen Starrheitsgrad. Je höher der Anteil der fixen Kosten, desto starrer ist der Betrieb; je niedriger die fixen und je höher die variablen Kosten, desto elastischer ist der Betrieb. Wir sprechen dann von dem Grad der Betriebsstarrheit und messen sie durch den Fixkostenkoeffizienten, in der einfachsten Form etwa folgendermaßen:

$\frac{\text{fixe Kosten}}{\text{Gesamtkosten}}$ z. B. $\frac{40}{80} = 0.5$. Der Fixkostenkoeffizient von 0.5 sagt, daß der Anteil der fixen Kosten an den Gesamtkosten 50% beträgt.

Diese Art der Errechnung vereinfacht aber die Kostenverhältnisse ungebührlich. Sie nimmt eine Statik der Kostenverhältnisse an, die die Wirklichkeit nicht kennt. Die Betriebselastizität ist von drei Faktoren abhängig:

1. von der allgemeinen Kostenstruktur des Betriebes,
2. von der Betriebslage (Ausnutzung des Betriebes, Lage des Betriebes in der Kostenkurve),
3. von der Bewegungsrichtung der Produktion, ob sie vorwärtsschreitend oder rückläufig ist.

Die Betriebselastizität ist darum eine durchaus verschiedene, je nach dem betrieblichen Ausnutzungsgrad. Je besser ein Betrieb ausgenutzt ist, desto günstiger ist das Verhältnis der variablen zu den fixen Kosten, desto geringer ist seine Produktionsintensität, sein Drang zum Produzieren. Je elastischer ein Betrieb (sei es aus Gründen der allgemeinen Kostenstruktur oder infolge günstiger Kapazitätsausnutzung), desto geringer ist der Zwang zur Produktion um jeden Preis, je geringer die Elastizität und je geringer die Anpassungsfähigkeit, desto mehr ist ein Betrieb vom Markte abhängig und zu destruktiver Konkurrenz bereit.

Die Betriebselastizität ist eine Kostenelastizität. Die Kosten und das Verhältnis ihrer Arten in der Einheit bestimmen daher die Elastizität des Betriebes. Von der Betriebselastizität ist die Angebotselastizität zu unterscheiden. Ist erstere rein von der Kostenstruktur abhängig, freilich unter Berücksichtigung der Kostenentwicklung, so ist letztere daneben auch von den Ertragsaussichten beeinflußt. Der Ertrag kann auch relativer Gewinn sein. Den Begriff der Angebotselastizität wollen wir analog dem (Marshallschen) Begriff der Nachfrageelastizität bilden. Die Nachfrageelastizität, vom Betrieb bisher unverständlicherweise vernachlässigt, ist der Grad der Reagibilität der Nachfrage auf

Preisveränderungen. Ist die Nachfrageelastizität = 1, so folgt einer Preisveränderung in demselben Grade eine Nachfrageänderung, z. B. 10% Preiserhöhung bewirkt 10% Nachfrageminderung. Die Nachfrage ist gleichförmig. Folgt einer Preisänderung eine Nachfrageänderung in höherem Maße, dann ist die Nachfrage elastisch, in geringerem Maße, dann ist sie unelastisch. Die elastische Nachfrage ist größer als 1, z. B. 3, 4; die unelastische kleiner als 1, z. B. 0.5, 0.3.

Die Angebotselastizität ist der Grad der Reagibilität des Angebots auf Preisveränderungen. Auch sie kann gleichförmig = 1, elastisch über 1 und unelastisch unter 1 sein. Der Untergrund der Angebotselastizität ist die Betriebselastizität, also die Kostenstruktur. Die Kostengesetze: sinkende Kosten in der Degressionszone und steigende Kosten in der Progressionszone (umgekehrt bei rückläufiger Bewegung: sinkende Kosten aus der Progressionszone heraus, steigende Kosten bei der Entfernung vom optimalen Kostenpunkt) bestimmen die Angebotselastizität. Es kommt also auch hier auf die Grenzkosten an. Ist auch die Ertragsaussicht (durch die Preiserhöhung oder -verminderung) an sich bedeutsam, so ist sie doch von der Kostengestaltung abhängig, so daß die Kostenentwicklung das entscheidende Moment der Angebotselastizität ist, und wir kommen zu dem Ergebnis, daß die Betriebselastizität die Angebotselastizität zum größten Teil bestimmt, und daß wir für betriebliche Zwecke mit dem Begriff der Betriebselastizität auskommen und die Komplizierung durch die Einwirkung der Preiserhöhung für betriebswirtschaftliche Zwecke entbehren können. Wohl aber müssen wir die Kostengesetze berücksichtigen, damit das Differential- und Grenzprinzip. Für jeden Grad der Ausnutzung der Kapazität ergibt sich dann ein anderer Elastizitätskoeffizient. Dieser Koeffizient ist dann der unmittelbare Maßstab: 1. für das Streben zur Steigerung der Produktion und 2. für die Reagibilität auf Preisveränderungen.

Der Elastizitätskoeffizient (E) ist das Verhältnis der Differenzkosten $(K' - K)$ zum Produktionszuwachs $(M' - M)$, bezogen auf die Ausgangswerte K bzw. M.

$$E = \frac{K' - K}{K} : \frac{M' - M}{M} = (K' - K)M : (M' - M)K = \frac{(K' - K)M}{(M' - M)K}$$

$$= \frac{(24\,000 - 20\,000)\;30}{(40 - 30)\;20\,000} = \frac{120\,000}{200\,000} = \frac{6}{10} = 0.6$$

Menge	Gesamtkosten	Differenzkosten	Differentialkosten	Elastizitätskoeffizient
30	20000	—	—	—
40	24000	4000	400	0.6

Menge	Gesamtkosten	Einheitskosten	Differenzkosten	Differentialkosten	Elastizitätskoeffizient
30	19573	652	—	—	0.62
40	23657	591	4084	408.4	0.54
50	26873	537	3216	321.6	0.50
60	29556	492	2683	268.3	0.49
70	31990	457	2434	243.4	0.58
80	34640	433	2650	265.0	0.71
90	37710	419	3070	307.0	0.93
100	41600	416	3890	389.0	1.23
110	46738	424	5138	513.8	1.54
120	53281	444	6543	654.3	1.88
130	61645	474	8364	836.4	—

Der Elastizitätskoeffizient, mit 100 multipliziert, gibt nicht den prozentualen Anteil der proportionalen Kosten an den Gesamtkosten. Bei allmählich wachsender Kapazität sind ja auch Fixkostenteile enthalten. Der Elastizitätskoeffizient, mit den Gesamtkosten multipliziert, gibt dagegen die Gesamtdifferentialkosten.

Nach dieser theoretischen Betrachtung ist die praktische Elastizität der einzelnen Wirtschaftszweige zu untersuchen. Wir beschränken uns auf die vier Geschäftszweige und gehen auf die einzelnen Betriebstypen in den einzelnen Geschäftszweigen nicht ein. Da genügendes Material über die Kostenentwicklung der einzelnen Wirtschaftszweige nicht vorhanden ist, müssen wir uns meist mit der Angabe von Prozentsätzen begnügen, ohne auch nur das dazugehörige Produktionsvolumen angeben zu können. Da der Anteil der Fixkosten aber je nach dem Ausnutzungsgrad schwankt, sollte man den Wert der Zahlen nicht überschätzen. Sie besitzen lediglich Veranschaulichungswert. Teilweise können wir bei den folgenden Ausführungen auf die Abschnitte über die Analyse der funktionalen Kosten und die Kostenzusammensetzung verweisen.

I. Industrie.

1. Gewinnungsindustrie. Der Bergbau ist ein sehr kapitalintensiver Betrieb, der Kostenstruktur nach ist er dagegen arbeitsintensiv. Die Arbeitskosten machen etwa $^2/_3$ der Gesamtkosten aus. Danach müßte der Anteil der fixen Kosten verhältnismäßig gering sein. In der Tat gibt man den Fixkostenteil mit etwa 30% an, vor dem Enquèteausschuß wurde ein Satz von 25% genannt. Uns scheint der Anteil der fixen Kosten höher zu sein.

In Steinkohlenbrikettfabriken und Kokereien ist die Kostenstruktur folgende:

Kostenstruktur in (Steinkohlen-)Brikettfabriken und Kokereien.

Kostenarten	Brikettfabriken		Kokereien	
	Kosten p. t Briketts	in %	Kosten p. t Koks	in %
Wert des Kohleneinsatzes	10.39	56.84	19.09	79.86
Wert des Pechzusatzes	5.84	31.95	—	—
Löhne	0.61	3.34	1.24	5.18
Sozialversicherung	0.10	0.55	0.18	0.75
Gehälter	0.19	1.04	0.15	0.63
Material u. Reparatur	0.45	2.46	0.54	2.26
Dampf, Gas, Strom	0.26	1.42	0.16	0.67
Steuern	0.18	0.99	0.15	0.63
Unkosten	0.06	0.32	0.06	0.25
Schwefelsäure	—	—	0.04	0.17
Frachten	—	—	0.40	1.70
Abschreibungen	0.20	1.09	1.89	7.90
	18.28	100.00	23.90	100.00

Die variablen Kosten: Material und Löhne sind sehr hoch, etwa 90%, in Kokereien 85%, so daß der Fixkostenkoeffizient etwa 0,1 bzw. 0,15 beträgt.

2. In Veredelungsbetrieben. Meist ist hier das Material der Hauptkostenbestandteil, die variablen Kostenteile daher sehr hoch.

Als Beispiel wählen wir eine Gießerei. Lischka [1]) gibt folgende Kostenentwicklung:

Leistung in to	Gesamtkosten	Feste Kosten	Bewegl. Kosten	Ges.Kosten p. t	Feste Kosten p. t	Bewegl. Kosten p. t
50	29000	18500	10500	580	370	210
100	40150	20100	20050	402	201	201
150	50000	—	—	333	—	—
290	76000	22100	53900	262	76	186
300	80000	20000	60000	266	66	200

Der Elastizitätskoeffizient ist bei 125 t etwa 0.7, bei 275 t etwa 1, bei 300 t 1.5. Der Fixkostenkoeffizient beträgt im Durchschnitt etwa 0.3.

Zum Vergleich sei eine andere Kostenentwicklung in einer Gießerei [2]) angegeben:

Spalte 1: Relativer Beschäftigungsgrad.
„ 2: Durchschnittliche Selbstkosten für 100 kg flüssiges Eisen = RM 18.10.
„ 3: Betriebsunkosten für 100 kg Rohguß.
„ 4: Verwaltungs- und Vertriebskosten für 100 kg Rohguß.
„ 5: Selbstkosten für 100 kg Rohguß.
„ 6: Gesamtkostenentwicklung (100% = 1000 Einheiten).

[1]) Die Selbstkostenrechnung in der Eisengießerei, Berlin-München 1926, S.77.

[2]) Schröder, Fehlerquellen aus den Abrechnungsverfahren der Handelsgießereien. Diss. Berlin 1932.

1	2	3	4	5	6
%	RM	RM	RM	RM	RM
20	18.10	11.22	15.54	44.86	8.972
30	18.10	9.57	12.17	39.84	11.952
40	18.10	8.65	10.17	36.92	14.768
50	18.10	7.99	8.87	34.96	17.480
60	18.10	7.46	7.92	33.48	19.088
70	18.10	7.13	7.06	32.29	22.603
75	18.10	7.06	6.79	31.95	23.963
80	18.10	6.93	6.76	31.79	25.412
85	18.10	6.86	6.49	31.45	26.733
90	18.10	6.80	6.47	31.37	28.233
95	18.10	6.67	6.19	30.96	29.412
100	18,10	6.60	6.18	30.88	30.880
105	18.10	6.53	5.91	30.54	32.067
110	18.10	6.47	5.65	30.22	33.242
115	18.10	6.40	5.64	30.14	34.661
120	18.10	6.34	5.38	29.82	35.784

Der Fixkostenkoeffizient beträgt hier im Durchschnitt etwa 0.2, der variable Kostenanteil damit etwa 80%.

3. Verarbeitungsindustrie. In diesem Betriebstyp sind die Unterschiede in der Kostenstruktur sehr viel größer als in den beiden anderen Gruppen. Jedoch ist der Anteil der Fixkosten kaum über 50%. Wir nehmen hier ein Beispiel aus der Maschinenindustrie, da der V. D. M. A. besonders verläßliches Material veröffentlicht.

Zusammensetzung der Selbstkosten, insbesondere der Unkosten bei verschiedenen Beschäftigungsgraden. (Nach Tafel 4. VDMA-Druckschrift Nr. 1.)

Kostenarten	100%Besch. Gr.		2/3 Besch.Grd.		1/2 Besch.Grd.		Stillstand	
	Betrag	%	Betrag	%	Betrag	%	Betrag	%
Fertigungsmaterial.	181 000	36.2	120 000	24.1	90 000	18.1	—	—
Materialunkosten ..	14 000	2.8	12 500	2.5	10 500	2.1	1 700	0.34
Fertigungslöhne....	75 000	15.0	50 000	10.0	37 500	7.5	—	—
Betriebsunkosten ..	150 000	30.0	132 000	26.4	107 500	21.5	31.500	6.30
Vertriebs- u. Verwaltungsunkosten	80 000	16.0	78 500	15.7	70 000	14.0	13 500	2.70
Selbstkosten.......	500 000	100.0	393 000	78.7	315 500	63.2	46 700	9.34

Fixkostenkoeffizient im Durchschnitt = 0.36.

Die Kostenentwicklung, auf die Leistungseinheit bezogen, bei einem Sinken des Beschäftigungsgrades von 70 auf 30%, zeigt die nächste Tabelle:

Kostenarten	70% Besch. Grd.	30% Besch. Grd.	E
Gehälter	1.0	1.9	0.171
Energie............................	1.0	1.7	0.279
Gas, Wasser	1.0	1.9	0.171
Instandhaltungsmaterial	1.0	0.8	1.437
Instandhaltungslöhne	1.0	1.5	0.417
Selbstkosten pro Einheit	1.0	1.4	0.500

Nach diesen Durchschnittszahlen aus Groß- und Kleinbetrieben ist der Elastizitätskoeffizient = 0.5.

II. Verkehrsbetriebe.

Die Verkehrsbetriebe gehören zu den Betrieben mit den höchsten Fixkosten und sind darum gegen Verkehrsschwankungen außerordentlich empfindlich. Besonders starr in der Kostenstruktur sind die Eisenbahnen. Elastischer, wenn auch nur in geringem Maße, sind die übrigen Verkehrsbetriebe. Der Anteil der fixen Kosten ist folgender:

1. Eisenbahn: Die Reichsbahn (Rekordjahr 1929):

Güterverkehr		Personenverkehr	
fix	proportional	fix	proportional
75%	25%	72%	28%

Der Fixkostenkoeffizient ist 0.75 bzw. 0.72.

Amerikanische Eisenbahnen:

fix	proportional
67.5%	32.5%

Der Fixkostenkoeffizient ist demnach 0.675.

2. Kraftwagen:

Tragfähigkeit	fix	variabel	Fixkosten-koeffizient
2.5 t	61.5	38.5	0.615
5.0 t	49.2	50.8	0.492
10.0 t	51.4	48.6	0.514
15.0 t	52.9	47.1	0.529

3. Binnenschiffahrt:

a) Raddampfer (Rheinschiffahrt):

fix	variabel	Fixkostenkoeffizient
62.6%	37.4%	0.626

b) 1500 t-Kahn (Rheinschiffahrt):

fix	variabel	Fixkostenkoeffizient
72.9%	27.1%	0.729

4. Seeschiffahrt:

Die fixen Kosten schwanken zwischen 80—90%. Reuther gibt für den äußersten Fall 92.5% Fixkosten an. Der Fixkostenkoeffizient wäre in diesem Falle 0.925.

5. Luftverkehr: Fixkostenkoeffizient 0.61.

6. Versorgungsbetriebe:

a) Elektrizitätswerke[1]):

	fix	variabel	Fixkosten-koeffizient
Dampfkraftwerke	70	30	0.7
Wasserkraftwerke	80—90	20—10	0.8—0.9

[1]) Zur Nieden, Selbstkosten und Preisstellung bei Elektrizitätswerken. Diss. Köln 1931.

b) Gaswerke.

Kostengliederung der Berliner Städt. Gaswerke A. G., 1929:

Kostenarten	RM	%
Kosten der Gaserzeugung	21 733 902	30.3
Kosten der Verteilung: Vertrieb	12 324 017	17.2
Rohrnetz	2 572 853	3.6
Zentralverwaltung: Büro	8 872 198	12.4
Generalkosten	3 845 330	5.4
Werkerhaltung	12 806 116	17.9
Abschreibungen	2 485 631	3.4
Abgabe an die Stadt	7 336 084	10.2
	71 976 131	100.4
./. Gewinn aus Sonderbetrieben	273 541	0.4
Selbstkosten insgesamt	71 702 590	100.0

Der Fixkostenkoeffizient ist etwa 0.6, der Anteil der variablen Kosten etwa 40%.

III. Handel.

Wir können uns hier auf die Kostenanalysen beim Groß- und Einzelhandel beziehen und lediglich noch einmal feststellen, daß die Fixkosten im Einzelhandel höher sind als im Großhandel.

a) Großhandel: Der Fixkostenanteil beträgt etwa 60%.

b) Einzelhandel: Der Fixkostenkoeffizient ist hier etwa 0.65. Wir fügen noch folgende Tabelle bei, die mehr ins einzelne geht:

Anteil der fixen Kosten an den Gesamtkosten im Einzelhandel 1931 (in % v. Umsatz).

	Gesamtkosten	davon Löhne und Gehälter	davon Miete	fixe Kosten in % d. Gesamtkosten
Lebensmittel	16.6	7.6	4.1	70.4
Lebensmittelfilialgeschäfte	26.3	13.0	2.3	58.1
Edeka-Geschäfte	12.8	5.4	2.2	59.3
Tabakwaren	13.2	6.5	4.1	80.3
Schuhwaren	25,0	17.8	4.4	88.8
Textilwaren	25.1	12.3	5.1	69.3

IV. Banken.

Bei Banken kann der Fixkostenkoeffizient lediglich geschätzt werden. Wir nehmen ihn etwa mit 0.70—0.75 an.

Aus all diesen Kostenanalysen ist ersichtlich, daß die Belastung der Betriebe mit fixen Kosten erheblich ist, am geringsten noch in der Industrie, trotz der hohen Kapitalintensität dieses Wirtschaftszweiges. Daraus geht hervor, wie verhältnismäßig wenig das Fixkapital auf die Fixkostenstruktur einwirkt, wie sehr neben der Anlagekapazität die menschliche Kapazität berücksichtigt werden muß.

In diesem Zusammenhange ist auch die Abbaufähigkeit fixer Kosten zu streifen, die in den letzten Jahren in den Betrieben eine so große Rolle gespielt hat. Es ist hierbei die Dauer der wirtschaftlichen Schwankung zu berücksichtigen: Tages-, Wochen-, Monatsschwankungen oder konjunkturelle und strukturelle Änderungen. Man wird bei kurzen Schwankungen zunächst versuchen, durch organisatorische Maßnahmen die Schwankungen aufzufangen. Gegen konjunkturelle und strukturelle Produktionsminderungen hilft nur Kapazitätsabbau. In der Industrie ist dies wegen der Anlagekapazität besonders schwierig. Oft hilft nur eine Verschmelzung und Stillegung. Menschen lassen sich leichter abbauen, aber immer mit der Folge der Erzeugung sozialer Gemeinkosten, eine der schlimmsten modernen Wirtschaftskrankheiten. Immerhin ist in der Industrie die Anpassung der Produktion an den Bedarf leichter möglich als im Handel, was eben eine Folge der höheren Fixkosten im Handel ist. Wie gering die Erfolge der Anpassung an das Umsatzvolumen im Handel sind, dafür einige Zahlenangaben[1]) (1930 in % von 1929):

Handelszweig	Umsätze	Kosten
Textilwaren	88.5	97.0
Schuhe	88.3	100.0
Leder (2. Halbjahr)	100.0	106.3
Sportartikel (2. Halbjahr)	85.9	98.8
Glas und Porzellan	88.8	98.6
Eisenwaren	87.0	99.5
Sprechmaschinen, Schallplatten	69.5	84.6
Kreditgebender Einzelhandel	64.5	80.5
Drogen	94.3	100.9
Schokolade	87.7	105.9

5. Ursachen und Folgen der fixen Kosten.

Die Vorherrschaft der fixen Kosten ist eine neuzeitliche Erscheinung, die sogar noch in Zeiten des Handwerks unbekannt war. Welches sind die Ursachen dieser Kostenerscheinung und welches ihre Folgen?

Die fixen Kosten und damit die Betriebskapazität und ihre Entwicklung sind auf zwei Ursachengruppen zurückzuführen:

I. auf Faktoren, die die Starrheit des Betriebes erhöhen:
   1. Maschinenproduktion statt Handarbeit (Anlagekapitalintensität),
   2. Großbetrieb und Massenproduktion,
   3. die moderne Güterverteilung.

II. Faktoren, die die festen Lasten erhöhen:
   4. Unentgeltliche Kundendienste,
   5. Steuern und soziale Lasten.

---

[1]) Hirsch, in: Kostenaufbau, Kostensenkung, Preisgestaltung.

Die betriebliche Starrheit ist infolge der Maschinenproduktion gewachsen. Maschinen verursachen fixe Kosten, während die Arbeitslöhne proportionale Kosten darstellen. Eine harmonische Maschinenorganisation ist fast unmöglich. Immer wird eine Maschine, eine Abteilung nicht voll ausgenutzt. Der moderne Großbetrieb, der Massenproduktion, Massenverteilung, Massentransport zur Folge hat, ist immer ein kapitalintensiver Betrieb, der in seiner Kapazität starr ist und nur auf lange Sicht und nur mit großen Opfern verkleinert werden kann. Insbesondere die Verwaltung, die Groß- und Spezialmaschinen und Betriebsvergrößerungen verursachen hohe Fixkosten. Die Vorteile der Massenproduktion sind es, die immer wieder Riesenbetriebe entstehen lassen, aber immer nur unter großen Opfern an Elastizität des Betriebes und unter Steigerung der fixen Kosten.

Weiter ist die Verteilung: physische und kommerzielle, Ursache fixer Kosten. Auch hier sind es besonders die hohen Verwaltungskosten, die fixer Natur sind, und die vor allem mit Großverteilungsbetrieben zusammenhängen. Auch die Reklamekosten gehören hierher. Feste Lasten sind zweierlei Art: Kundendienst und Steuern. Die Kosten des Kundendienstes sind ganz beträchtlich gewachsen und immer stellt der Kunde noch höhere Anforderungen an unentgeltliche Dienste: Warenzusendung, Beratung, Vorführung, Kinderunterhaltung, Erfrischungsräume.

Die Steuern sind — mit wenigen Ausnahmen — gleichfalls feste Lasten. Sie beschweren den Betrieb mit Ausgaben in einer solchen Höhe, daß sie ihn international fast konkurrenzunfähig machen. Die sozialen Lasten erhöhen diese Fixkosten noch. In diese Gruppe gehören auch die sozialen Gemeinkosten, die Gemeinkosten, die die Gesellschaft infolge nichtgenutzter menschlicher Kapazität — insbesondere infolge Arbeitslosigkeit — zu tragen hat. Der Betrieb, der Maschinen ein- und Menschen freisetzt, verursacht soziale Gemeinkosten, da die Gesellschaft ihre arbeitslosen Glieder unterhalten muß. Jeder Betrieb nimmt an diesen Kosten teil, aber leider nicht immer in entsprechendem Maße, sonst würde mit mehr Sorgfalt rationalisiert worden sein. Die Lohnsummensteuer, die den arbeitsintensiven Betrieb benachteiligt und die Arbeitslosenbeiträge, die als Beiträge für die beschäftigten Arbeiter zu zahlen sind und sich als Prämien für Arbeiterentlassungen auswirken, verstärken die betriebliche Bereitschaft, soziale Gemeinkosten zu erzeugen. Vielleicht wäre Maschinenbenutzung neben Arbeiterzahl ein besserer Maßstab für Arbeitslosenbeiträge. Zweifellos hängen die sozialen Gemeinkosten mit der modernen Maschinenproduktion zusammen und erhöhen ihre, die Fixkosten steigernden Wirkungen. Nur die volle Klärung der Zusammenhänge vermag hier Hilfe zu bringen.

Die Betriebsstarrheit ist dann belangslos, wenn die Kapazität voll ausgenutzt ist. Sie wird ein schwerwiegendes Problem, wenn die Ausnutzung der Kapazität ungenügend ist, sei es dauernd, oder auch nur vorübergehend infolge Bedarfsschwankungen. Wirtschaftliche Schwankungen: kurz- und langfristige, Saison- und Konjunkturschwankungen, sind aber der modernen

Wirtschaft immanent, die zeitweise Nichtausnutzung der Kapazität also nicht zu umgehen. Die Entwicklung ist aber bereits weiter geschritten und hat eine dauernde Nichtvollausnutzung hervorgebracht. Sie hat das Problem der Überkapazität gezeitigt, das uns an anderer Stelle beschäftigen wird. Infolge natürlicher Wirtschaftsschwankungen treten die Folgen fixer Kosten als selbstverständliche Erscheinung auf, und der Betrieb muß sich mit ihnen auseinandersetzen. Wiederum ermöglicht nur tiefste Einsicht in die Zusammenhänge ein richtiges Verhalten. Die wichtigsten Folgen der Betriebsstarrheit sind folgende:

1. Abhängigkeit vom Betriebsvolumen und daher große Empfindlichkeit gegenüber wirtschaftlichen Schwankungen,
2. Umwandlung variabler Kosten in fixe und Verminderung der Anpassungsfähigkeit an die Nachfrage,
3. hohe Kapitalkosten und insbesondere Abschreibungen,
4. destruktive Konkurrenz,
5. Zusammenschlüsse zu Kartellen, Syndikaten, Konzernen, Trusts,
6. Preisdifferenzierung und Dumping,
7. soziale Kontrolle der Betriebswirtschaft.

Die ersten sechs Folgen sprechen für sich und bedürfen keiner weiteren Ausführung. Die siebente ist aber scharf umstritten und leicht Mißverständnissen ausgesetzt. Vor allem Schmalenbach hat die These scharf formuliert, daß die fixen Kosten die freie Wirtschaft töten und eine geregelte Wirtschaft naturnotwendig herbeiführen müssen. Freilich bedeutet für ihn Wirtschaftsregelung Preisregelung. Und wer die Entwicklung der geregelten Preisbildung und auch sonstiger staatlicher Eingriffe in die wirtschaftliche Betätigung bedenkt, ist versucht, ihm recht zu geben. Nun glaube ich aber nicht, daß man freie Preisbildung und freie Wirtschaft identifizieren kann. Die Wirtschaft kann auch noch auf andre Weise unfrei werden als durch Preisregelung, z. B. durch Produktionskontingentierung, und die Wirtschaft kann trotz Regelung einzelner Preise immer noch relativ frei sein. Übrigens gab es eine völlig freie Wirtschaft nie, der Staat hat durch Betriebsvorschriften und Gewerbeordnungen schon immer eingegriffen. Es ist freilich nicht zu leugnen, daß die Wirtschaft immer unfreier geworden ist, teils durch Staatseingriffe, teils aber durch Kartellbindungen, und es ist zuzugeben, daß der Staat aus verschiedenen Gründen die Wirtschaft in bestimmten Sphären zu regulieren gezwungen ist. Das aber ist nicht eine natürliche Folge nur der fixen Kosten, sondern auch der menschlichen Unzulänglichkeit, wirtschaftlicher Unbildung und des unternehmerischen Egoismus.

Sobald die Produktion eine soziale wird — und das ist eine Eigenschaft der modernen Produktion — sind soziale Verpflichtungen vorhanden und soziale Bindungen notwendig. Die wirtschaftliche Freiheit ist etwas Relatives. Sie ist heute gegenüber einst gemindert, aber doch nicht aufgehoben, und auch die fixen Kosten allein würden die Planwirtschaft nicht hervorbringen. Wir haben keine Veranlassung, sie künstlich zu erzeugen oder zu fördern und sei es nur durch Erzeugung eines wirtschaftlichen Fatalismus. Die private Initiative ist durch nichts zu ersetzen, die Zwangs-, Monopol- und Planwirtschaft ist nicht die produktivste Wirtschaftsform und an sich nicht erstrebenswert. Freilich ist die freie Wirtschaft, zweifellos eine sehr erfolgreiche Wirtschaftsform, heute nicht so leicht durchzuführen und zu erhalten wie einst. Hierzu gehört viel Einsicht in die Zusammenhänge, viel wirtschaftliche und betriebswirtschaftliche Bildung und moralisches Verantwortungsbewußtsein gegenüber der Allgemeinheit, viel Aufklärung durch Hochschulen und Verbände, und viel Einsicht bei Staat und Regierung. Die freie Wirtschaft ist auch heute trotz hoher fixer Kosten noch möglich, wenn auch in einem weit engeren Sinne; sie würde nur unmöglich gemacht, wenn die wirtschaftliche Bildung nicht im Grade des schwierigeren Wirtschaftens erhöht werden könnte; wenn durch falsche wirtschaftliche Maßnahmen unnötige Krisen herbeigeführt werden und durch unzweckmäßige planwirtschaftliche Maßnahmen die private Initiative ertötet wird.

Da die Ursache der wirtschaftlichen Schwierigkeiten die Betriebskapazität mit ihrer Starrheit ist, liegen die Abhilfemaßnahmen in richtiger Kapazitätspolitik, in richtiger Planung der Gründungs- und Erweiterungskapazität, in richtiger Planung der Produktion auf möglichst lange Sicht im voraus. Richtige Betriebsplanung macht (unter halbwegs normalen Umständen) Planwirtschaft unnötig. Sie ist in jedem Falle ihre Grundlage und Folge.

Es ist ein Problem der Betriebskapazität und der Kapazitätskosten zu meistern. Es sind zunächst ihre Entwicklungstendenzen festzustellen. Die wichtigsten Tendenzen sind zwei:

1. Tendenz zur weiteren Steigerung der fixen Kosten (steigender Trend),
2. Tendenz zur Überkapazität.

Beide zeigen, wie ungemein schwierig das zu lösende Problem ist.

6. Der Trend der fixen Kosten.

Unter „Trend" der fixen Kosten ist die Grundrichtung ihrer Entwicklung zu verstehen. Der Trend kann gleichbleibend, steigend oder fallend sein. Das Charakteristikum der modernen Wirtschaft ist der steigende Trend der fixen Kosten. Das muß nicht heißen, daß nun alle einzelnen fixen Kostenelemente gestiegen wären. Es sind sicherlich einzelne gefallen; aber ebenso sicher sind die fixen Kosten in der Gesamtheit, als Kostengruppe, gestiegen: absolut und relativ, so daß aus dem Trend der fixen Kosten ein Entwicklungsgesetz der Kosten klar zu erkennen ist: das Schmalenbachsche Gesetz von der Steigerung der fixen Kosten.

Die Überzeugung, daß in den letzten drei Jahrzehnten die fixen Kosten gestiegen sind, ist allgemein, und es ist nicht schwierig, Gründe hierfür anzuführen: alle die Ursachen für die Entstehung der fixen Kosten überhaupt.

Denn die Ursachen für die Entstehung sind zugleich die Ursachen für ihre Höhe und ihren steigenden Trend. Trotz der allgemeinen Ansicht von der Steigerung der fixen Kosten ist der exakte Beweis des Steigens sehr schwierig, ja infolge des Fehlens hinreichenden Materials kaum zu führen. Wie ist die Steigerung der fixen Kosten zu messen? Es gibt hierfür vier Möglichkeiten, zwei direkte und zwei indirekte.

I. Direkte Maßstäbe:

1. Zunahme des Fixkapitals und des Fixkapitalanteils am Gesamtkapital:
   a) absolut und relativ,
   b) Fallen des Anlagekapital-Umschlagskoeffizienten, feststellbar aus der Betriebskennziffer Umsatz: Anlagekapital,
   c) Zunahme des Kapitalanteils:
      aa) auf den Kopf des Beschäftigten bzw. des produktiven Arbeiters, wobei die letzte Kennziffer die größere Erkenntniskraft besitzt,
      bb) auf die Produktionseinheit,
   d) Zunahme des Gebrauchs mechanischer Kraft.
2. Zunahme des Fixkostenanteils an den Kosten einer Leistungseinheit: a) der gesamten fixen Kostengruppe,
   b) der einzelnen fixen Kostenelemente.

II. Indirekte Maßstäbe:

3. Zunahme der Ausbringung trotz Abnahme der Arbeiterzahl,
4. Zunahme der Ausbringung auf den Kopf der Arbeiter.

I. Direkte Maßstäbe.

Es besteht gar kein Zweifel, daß der Trend der Kapitalinvestition steigend ist. Absolut sind die Kapitalsummen ganz bedeutend gestiegen. Es braucht nur auf die Investitionen in den Verkehrs-, vor allem in den Eisenbahnbetrieben, hingewiesen zu werden: In Deutschland allein nahm die Kapitalinvestition von 1918—1931 von 18 auf 27 Milliarden zu und ähnlich in den Eisenbahnbetrieben aller Kulturstaaten. Die Zunahme gilt gleichfalls für die Schiffahrt, insbesondere die Seeschiffahrt. Sie gilt auch für die Industrie und den Handel.

Die absoluten Zahlen würden an sich noch nicht viel sagen. Sie bekommen ihre Erkenntniskraft erst durch einen doppelten Vergleich: a) mit der Entwicklung der Bevölkerungszahl, b) mit der Entwicklung der Produktion. Betrachten wir wiederum die Eisenbahnen: Die Investition nahm seit 1918 um mindestens 50% zu. Die Bevölkerung ist stationär geblieben oder hat nur wenig zugenommen. Im Falle der Produktion als Vergleichsziffer ist sogar festzustellen, daß das Verkehrsvolumen gegenüber 1913 abgenommen hat.

Im Schiffsverkehr hat in der Nachkriegszeit das Welthandelsvolumen gegenüber der Vorkriegszeit abgenommen, die Schiffstonnage hat dagegen um 35% zugenommen.

In der Kohlenproduktion ist die Kapazität gestiegen, der Kohlenverbrauch ist aus vielen Gründen zurückgegangen.

Für das abnehmende Verhältnis von Umsatz zu Anlagekapital, also Verminderung der Kapitalumschlagsziffer, ein Beispiel aus den amerikanischen Druckereibetrieben:

1921	1922	1923	1924	1925	1926	1927	1928	1929
2.81	2.46	2.36	2.19	2.30	2.23	2.35	2.37	2.29.

Die Zahlen zeigen ein Fallen der Kennziffer von 2.81 auf 2.29. Es gibt kaum eine Industrie, in der es anders ist. Die Mechanisierung der Produktion kann gar kein anderes Ergebnis haben. Welche Verhältniszahl würde z. B. der Telephonbetrieb (bei Selbstanschluß) zeigen, und welche eine Produktion im kontinuierlichen Fließverfahren, wie etwa bei Ford? Wie stark die Mechanisierung und damit die Kapitalinvestition zugenommen hat, zeigt die Fensterglasindustrie. Die mechanisierte Erzeugung betrug in Belgien:

1913	1922	1923	1924	1925	1926	1927
3%	5%	15%	25%	35%	51%	71%.

Aus der Zunahme des Fixkapitals und der nur geringeren Zunahme, oft sogar einer Abnahme der Zahl der Arbeiter, ist weiter auch die Zunahme des Anteils des Fixkapitals auf den Kopf der Beschäftigten bzw. des produktiven Arbeiters ohne weiteres ersichtlich.

Die Zunahme der Kapitalmenge auf die Produktionseinheit zeigt ein Beispiel aus der Glasindustrie [1]):

Jahr	U. S. A.		Belgien	
	Anlage-Kapital insgesamt Mill. $	Anlage-Kapital per Quadr.-Fuß Mill. $	Anlage-Kapital insgesamt Mill. $	Anlage-Kapital per Quadr.-Fuß Mill. $
1923	33.3	0.397	5.4	0.143
1924	42.0	0.496	6.3	0.149
1925	50.4	0.483	6.7	0.202

Die folgende Tabelle zeigt die Zunahme des Fixkapitals an zwei Maßstäben:

1. An der Zunahme des Einsatzes von mechanischer Kraft an Stelle von Menschenkraft und
2. an einem von Douglas errechneten „Fixkapitalindex":

[1]) Europe: United States, Bd. 3. Industrial Problems, S. 28. International Chambers of Commerce, Washington 1931.

Jahr	Produktion (Menge)	Genutzte mechanische Kraft	Produktion je PS	Douglas-Index des Fixkapitals
1899	100	100	100	100
1904	122	134	91	138
1909	159	185	86	198
1914	169	222	76	244
1919	214	292	73	387
1921	170	—	—	431 (1922)
1923	261	330	79	—
1925	275	356	77	—

Im Verhältnis zur Zunahme der Gesamtproduktion ist der Einsatz mechanischer Kraft höher gestiegen; die Produktion je PS ist gefallen. Noch deutlicher zeigt der Douglas-Index die Zunahme des Fixkapitals. Vor allem nach Ende des Weltkrieges ist die Steigerung sehr deutlich. Eine Zunahme des Fixkapitals muß aber eine Zunahme der Fixkosten zur Folge haben, die außerdem noch durch andere, auch steigende Fixkostenelemente erhöht werden [1]).

Die Zunahme der fixen Kosten, gemessen an den Kostenziffern, zeigt 1. eine Untersuchung von Kleine [2]):

Struktur der Selbstkosten 1890.

	Spinnerei pro Einheit	in %	Weberei pro Einheit	in %
Personalkosten, fix	6.25	11.27	9.44	14.38
proportional	15.70	28.32	32.27	49.16
Sachkosten, fix	5.95	10.73	4.86	7.40
proportional	16.18	29.19	10.10	15.39
Abschreibungen und Zinsen	11.09	20.00	8.56	13.04
Steuern, fix	0.20	0.36	0.28	0.43
proportional	0.07	0.13	0.13	0.20
	55.44	100%	65.64	100%
davon fix	23.49	42.37	23.14	35.25
davon proportional	31.95	57.63	42.50	64.75

Schon für die Zeit um 1890 stellen die fixen Kosten einen großen Teil der Betriebskosten dar, und zwar in der Spinnerei 42.67% und in der Weberei 35.25%. Die Hauptkosten mit fixem Einschlag bilden in der Spinnerei die Abschreibungen und Zinsen, die allein die Hälfte ausmachen. In der Weberei werden die Kosten für Abschreibungen und Zinsen noch durch die fixen Personalkosten übertroffen. Die Zinskosten sind für das gesamte, durchschnittlich in der Unternehmung arbeitende Kapital errechnet worden, und zwar 1890 5%, die einer langfristigen Anlage der damaligen Zeit entsprachen. Die Abschreibung betrug ebenfalls 5%. Sie wurde lediglich nach der Ab-

[1]) Ein Großteil der Zunahme des Fixkapitals ist durch Selbstfinanzierung entstanden. Interessant ist die amerikanische Schätzung, daß mehr als $^1/_3$ des Gesamteinkommens der Unternehmungen zur Bildung von Reserven und zur Selbstfinanzierung benutzt worden ist, nur etwa $^1/_3$ zu Dividenden.

[2]) Kleine, Die Verschiebung der fixen und proportionalen Kosten in Textilbetrieben. Z. f. h. F. 1929.

nutzung berechnet, das Risiko des technischen Fortschrittes spielte damals noch nicht die Rolle, die es heute einnimmt. Bei Webereien war der Abschreibungssatz 4%, die Lebensdauer der Maschinen betrug die ungewöhnliche Zeit von 30—35 Jahren.

Struktur der Selbstkosten 1902.

	Spinnerei pro Einheit	in %	Weberei pro Einheit	in %
Personalkosten, fix	7.71	15.97	12.10	19.19
proportional	11.21	23.21	30.79	48.84
Sachkosten, fix	6.19	12.82	4.77	7.57
proportional	11.47	23.75	5.85	9.28
Abschreibungen, Zinsen	11.42	23.65	9.12	14.47
Steuern, fix	0.20	0.42	0.28	0.44
proportional	0.09	0.18	0.19	0.21
	48.29	100	63.10	100
davon fix	25.52	52.85	26.27	41.67
proportional	22.77	47.15	36.83	58.33

Beachtenswert ist das Fallen der Kosten für die Leistungseinheit, obwohl, oder während die fixen Kosten steigen.

Kostenstruktur 1913.

	Spinnerei pro Einheit	in %	Weberei pro Einheit	in %
Personalkosten, fix	8.38	17.53	12.69	19.60
proportional	13.02	27.23	32.42	50.08
Sachkosten, fix	5.06	10.58	3.86	5.96
proportional	8.87	18.55	5.61	8.67
Abschreibung, Zinsen	12.08	25.27	9.63	14.87
Steuern, fix	0.27	0.57	0.36	0.56
proportional	0.13	0.27	0.17	0.26
	47.81	100	64.74	100
davon fix	25.79	53.94	26.54	40.99
proportional	22.02	46.06	38.20	59.01

Das Fallen der fixen Kosten im Gesamtbild ist durch das Fallen der fixen Sachkosten bedingt.

Kostenstruktur 1926.

	Spinnerei pro Einheit	in %	Weberei I pro Einheit	in %	Weberei II in %
Personalkosten, fix	7.32	8.39	14.67	13.63	19.13
proportional	25.10	28.79	43.29	40.23	39.32
Sachkosten, fix	5.94	6.81	8.57	7.97	8.47
proportional	10.75	12.33	8.46	7.86	13.99
Abschreibung, Zinsen	34.97	40.10	28.39	26.39	15.86
Steuern, fix	2.13	2.44	2.88	2.68	2.14
proportional	0.99	1.14	1.34	1.24	1.09
	87.20	100	107.60	100	100
davon fix	50.36	57.75	54.51	50.67	45.60
proportional	36.84	42.25	53.09	49.33	54.40

Bei der letzten Aufstellung läßt sich deutlich eine Kostenverschiebung innerhalb der fixen Kosten feststellen. Während die Personal- und Sachkosten gefallen sind, sind die fixen Kosten für Abschreibung und Zinsen bedeutend gestiegen.

Die Entwicklung der fixen Kosten in einer Spinnerei und zwei Webereien zeigt von 1890-1926 folgenden Verlauf:

	1890	1902	1913	1926
fix	**42.37**	52.85	53.94	**57.75**
proportional	57.63	47.15	46.06	42.25

	Weberei I				Weberei II	
	1890	1902	1913	1926	1913	1926
fix	**35.25**	41.67	40.99	**50.66**	**39.69**	**45.60**
proportional	64.75	58.33	59.01	49.34	60.31	54.40

2. Eine ähnliche Entwicklung zeigt der folgende chemisch-elektrische Betrieb:

Entwicklung des Unkostenzuschlags von 1928—1931.

Jahr	1928	1929	1930	1931
Grundstücke, Unterhaltung	0.4	0.2	0.7	0.7
Gebäude, Unterhaltung	0.6	1.1	1.2	1.2
Patent-Kosten	0.5	0.7	0.9	0.3
Unterstützungsfonds	1.0	0.1	0.2	0.1
Gehälter	18.0	19.5	21.9	19.2
Versicherung	0.5	0.6	0.7	1.2
Laboratorien	2.1	2.0	2.2	3.9
Reisekosten	0.5	0.3	0.3	0.3
Abschreibung	9.3	9.9	11.2	14.5
Steuern	3.0	2.1	2.7	2.3
	35.9 %	36.5%	42.0%	43.7%

3. Amerikanische Druckereien [1]):

Herstellungskosten und Gewinn im Verhältnis zum Umsatz im Druckereigewerbe 1921—1929: (Umsatz = 100).

Jahr	Materialkosten	fixe Werkstattkosten	laufende Werkstattkosten	Verwaltungskosten	Vertriebskosten	Reingewinn
1921	33.36	3.99	34.98	11.47	5.61	11.59
1922	32.83	4.29	36.87	11.98	5.78	8.25
1923	33.92	4.66	34.47	13.07	7.44	6.44
1924	34.00	4.97	34.03	12.67	7.60	6.73
1925	33.01	7.56	35.26	12.43	6.76	6.41
1926	32.33	7.15	35.22	13.06	5.84	6.96
1927	33.33	6.28	33.66	12.75	7.19	6.92
1928	34.66	6.55	33.06	12.50	7.35	6.34
1929	34.32	6.39	33.77	12.47	7.00	6.10

Es steigen hier die fixen Betriebskosten von 1921 bis 1929 um fast 60%!

[1]) Europe: U. S. A. Band 3. Industrial Problems, S. 39. International Chamber of Commerce, Washington 1931.

4. Im amerikanischen Eisen- und Stahlwareneinzelhandel: Unkostenentwicklung von 1923—1929 (in % von 1923).

Jahr	1923	1924	1925	1926	1927	1928	1929
Anzahl der Geschäfte	1248	1267	1338	1284	1330	1267	1309
Abschreibung a. Ladeneinrichtung	0.34%	106	106	124	132	129	132
Miete	2.36%	107	116	130	132	136	133
Reparaturen	0.10%	110	120	150	160	160	170
Licht, Kraft, Wasser	0.47%	102	102	123	126	128	136
Versicherungen	0.52%	102	102	98	100	102	100
Steuern	0.71%	101	97	96	97	100	99
Fremdkap.-Zinsen	0.59%	100	86	107	107	105	100
Eigenkap.-Zinsen	2.73%	93	93	119	100	103	104
½ versch. Kosten	0.28½%	100	111	86	89	82	88
	8.10½%	100	102	117	113	115	115
Verkaufskosten:							
Gehälter f. leitende Angestellte	2.15%	109	108	104	107	107	107
Verkaufsgehälter	7.52%	103	105	118	121	122	123
Gehälter f. Angestellte	1.73%	105	107	101	102	105	103
Bürobedarf, Porti,	0.36%	106	106	94	92	94	92
Reklame	0.79%	108	113	103	115	114	116
Rabatte, Zugaben	0.13%	92	85	100	100	92	92
Ladenunkosten	0.20%	105	100	85	85	90	90
Telephon und Telegraph	0.17%	106	112	129	135	135	141
Uneinbringl. Forderungen	0.87%	87	85	70	69	71	70
Lieferungsunkosten	1.19%	108	114	107	107	127	109
Abschreibg. a. Fuhrpark	0.26%	100	100	115	112	108	115
½ versch. Kosten	0.28½%	100	111	86	89	82	88
	15.65½%	104	106	108	111	112	112
Gesamtunkosten	23.76%	103	105	111	111	113	113
Gewinn	25.25%	98	101	101	103	104	105

Auch in dieser Branche ist der steigende Trend der fixen Kosten unverkennbar. Er ist klar ersichtlich aus einzelnen fixen Kostenelementen, wie den Abschreibungen, der Miete, aber auch aus den Gesamtkosten, von denen 60—70% fix sind.

II. Indirekte Maßstäbe.

Die Zunahme der Ausbringung trotz Abnahme der Arbeiterzahl ist die Wirkung mechanischer Verfahren und Benutzung mechanischer Kraft, also der Kapitalinvestition. Clark Evans zeigt (in der N. Y. Times) an vielen Beispielen die Wandlung der Verhältnisse. In der Ölgewinnung vermochte die Industrie trotz Abnahme der absoluten Zahl der Arbeiter der „skyrocketing" Nachfrage nach Treibstoff nachzukommen, ja sie konnte sie bei weitem übersteigen. Ähnlich sind die Ergebnisse in der Zigarren- und Zigarettenindustrie, in der (amerikanischen) Bauindustrie (diese ist aus einer Summe von Handindustrien zu einer fast reinen Maschinenindustrie geworden); in der Kohlengewinnung (71% der amerikanischen Steinkohle ist maschinell gewonnen), der Eisenindustrie (mit derselben Belegschaft kann man heute dreimal soviel Roheisen produzieren wie 1904); sogar in der Landwirtschaft haben 45000 Ernte- und Dreschmaschinen mehr als 130000 Arbeiter ersetzt, und sogar im letzten Jahr (1927) sparten die amerikanischen Farmer 30 Mill. $ durch Maschinen als Ersatz für Arbeiter. Die folgende Tabelle gibt genauere Ziffern:

Industrie	Prozentuale Veränderung der Produktion 1923/1927	Prozentuale Veränderung der Beschäftigung 1923/1927
Petroleum-Raffinerie	+ 84	— 5
Tabak	+ 53	— 13
Schlächterei u. Konserven	+ 20	— 19
Eisenbahnen....(1922-1926)	+ 30	— 1
Automobilindustrie	+ 69	+ 48
Bauindustrie	+ 11	— 15
Kohle	+ 4	— 15
Elektrizität	+ 70	+ 52
Landwirtschaft (1920-25)	+ 10	— 5
Bauholz	— 6	— 21
Herrenkleidung	+ 1	— 7
Papier	0	— 7
Schuhe	— 7	— 12
Stahl	+ 8	— 9
Baumwolle	+ 3	— 13
Elektrische Apparate	+ 3	— 6

Folgende Zahlen zeigen die Verbesserung der Produktionsergiebigkeit 1919/27: Zahl der Arbeiter in den vier wichtigsten amerikanischen Gewerbezweigen: Landwirtschaft, Bergbau, Verkehr, Industrie: — 7%,
dagegen Zunahme der Ausbringung (Menge) + 20%
Ausbringung pro Arbeiter + 30%

Die Reichskreditgesellschaft (in ihren Halbjahrsstatistiken) stellt für Deutschland fest:

Im Ruhrdistrikt hat in den Jahren 1913—1928 die Zahl der Arbeiter um 10% ab-, die Ausbringung um 20% zugenommen; im Jahre 1929 (bis Juni) die Arbeiterzahl um 2% ab-, die Produktion um 9% zugenommen.

Die technische Ergiebigkeit (und der Arbeitsanteil) in der amerikanischen Industrie 1899—1927 [1]) sind aus der folgenden Statistik ersichtlich:

Jahr	Ausbringung je Beschäftigter	Ausbringung je Arbeitsstunde	Arbeitsanteil
1899	100	100	100
1904	104.0	109.0	101
1909	109.6	119.0	106
1914	108.5	122.0	106
1919	104.5	125.0	118
1921	107.3	132.0	117
1923	132.5	160.0	138
1925	145.4	177.0	154
1927	149.5	—	—

[1]) Europe: U. S. A. Bd. 3. Industrial Problems, S. 35.

Die Produktivität der Arbeit zeigt seit 1899 ein dauerndes, seit 1921 aber ein ganz besonders schnelles Steigen. Zwischen 1899 bis 1914 stieg die durchschnittliche Produktivität der Arbeitsstunde um 2% jährlich. Von 1914—1921 war der Fortschritt etwas geringer (1.43%), von 1919—1921 betrug er 5.6%, 1921 erfolgt eine scharfe Steigerung, von 1921—1923 um 25%. In den Jahren 1923—1925 steigt sie um 10.7%. Im Jahresdurchschnitt von 1914—1927 also um 4.23%, von 1899—1927 um 2.75%. Das scharfe Ansteigen in den Nachkriegsjahren bedeutet im Grunde genommen nichts anderes, als ein Nachholen der im Kriege unterbliebenen Fortschritte.

Interessant ist bei der Betrachtung der fixen Kosten die Entwicklung, die die Löhne, insbesondere die Arbeitskostenanteile genommen haben. Es besteht nämlich die allgemeine Ansicht, daß bei der großen Verdrängung des Arbeiters durch die Maschine der Arbeitskostenanteil zurückgegangen sein muß. Statistiken aber beweisen, daß der Lohnanteil durchaus nicht abgenommen hat, daß er vielmehr seinen Anteil zumindest behalten hat; vor allem der Anteil der Gehälter hat zugenommen. Dies sagt nichts gegen unsere These vom steigenden Trend der fixen Kosten, da Arbeitskosten, insbesondere Gehaltskosten, durchaus nicht nur variable Kosten sind. Die Arbeitsmenge (in Stunden ausgedrückt) hat bestimmt abgenommen, nur haben es die Arbeiter verstanden, durch Erhöhung der Löhne den Lohnanteil wenigstens gleichzuhalten. Bei der folgenden Statistik ist zu beachten, daß der Materialanteil in den Kosten nicht enthalten ist:

Produktion und Lohnanteil in der amerikanischen Industrie 1899—1927[1]).

Jahr	Produktionsmenge	Löhne	Löhne u. Gehälter	Lohnkosten je Einheit	Löhne u. Gehälter je Einheit
1899	100	100	100	100	100
1904	122	124	127	102	104
1909	159	151	162	95	102
1914	169	178	196	105	116
1919	214	213	228	100	107
1921	170	221	243	130	143
1923	261	278	298	106	114
1925	275	278	302	101	110
1927	279	301	327	107	117

Die folgende Tabelle zeigt den Anteil der Löhne und Gehälter an den Herstellungskosten (net value added by manufacture) in der amerikanischen Industrie:

[1]) John Jewkes, Economic Journal, Dec. 1930.

Jahr	ohne Abschreibung	mit Abschreibung
1899	53	50
1904	54	51
1909	55	51
1914	58	54
1919	57	54
1921	64	59
1923	58	54
1925	56	52
1927	—	51

Eine weitere Tabelle soll den Trend aller Kostenfaktoren darlegen:

Verhältnis der Produktionskostenelemente 1899/1927 [1]).

Jahr	Wert der hergestellten Güter	Materialkosten	Wertzuwachs durch Produktion	Löhne	Gehälter	Abschreibung	Miete und Steuern
1899	100	57.7	42.3	17.6	3.3	2.4	1.1
1904	100	57.5	42.5	17.7	3.9	2.6	0.9
1909	100	58.7	41.3	16.5	4.5	2.7	2.2
1914	100	59.2	40.7	16.8	5.3	3.0	2.4
1919	100	60.0	40.0	17.0	5.0	2.3	3.7
1921	100	57.9	42.1	18.8	5.9	3.7	—
1923	100	57.3	42.7	18.1	5.0	3.0	—
1925	100	57.3	42.7	17.1	5.0	3.2	—
1927	100	56.0	44.0	17.3	5.1	—	—

Während Löhne gleichblieben, Material abnahm, haben Abschreibungen (entsprechend erhöhtem Kapital von 2.4 auf 3.2%) und andere fixe Kostenelemente (von 1.1 auf 3.7%) zugenommen.

Aufschlußreich ist der Anteil der Arbeitskosten (Anteil der Arbeiter und Angestellten) und des Unternehmergewinnes (Zinsen des Eigenkapitals, Risikoprämie, Unternehmerlohn, Übergewinn) am Gesamtertrage in USA., 1913/27:

Jahr	Anteil der Beschäftigten	Anteil des Unternehmers
1914	52	48
1921	57	43
1922	57	43
1923	58	42
1924	58	42
1925	57	43
1926	59	41
1927	59	41

Der Anteil am Gesamtertrag ist innerhalb der letzten 14 Jahre verschoben worden: der Anteil der Arbeiter ist gestiegen, der des Unternehmers

[1]) Europe: U. S. A., a. a. O. S. 38.

ist gefallen. Da der Arbeitsanteil an den Kosten nur gleich geblieben ist, ergibt sich hieraus, daß der wirtschaftliche Ertrag mit der technischen Ergiebigkeit nicht Schritt gehalten hat. Es gibt Verlustquellen, vor allem im Vertrieb, der nur mit gesteigerten Kosten die gestiegene Produktion unterbringen kann. Hierher gehören aber auch die Kosten der Überkapazität, so daß bei steigender Produktivität eine nicht proportional steigende Ökonomität vorhanden ist, und bei steigendem Gesamtertrag ein abnehmender Reinertrag erzielt wird.

7. Die Überkapazität.

Das gesamte betriebliche Handeln ist ein Kampf um die Ausnutzung der Kapazität. Ohne Kapazitätsausnutzung gibt es keine entsprechende Rentabilität, keine Werterhaltung der Anlagen. Die übermäßige Produktion und noch mehr die Produktionsmöglichkeit sind die Ursache dauernder Beunruhigungen im Markt und destruktiver Konkurrenz. Und doch wird die Kapazität immer wieder erweitert: aus Gründen der Rationalisierung, häufig, um einen Teil der Anlagen besser ausnutzen zu können. Kapitalintensive Betriebe sind das hervorstechendste Merkmal der neuzeitlichen Produktion, mit der Wirkung des Ersatzes menschlicher Arbeit durch Maschinen, der Erweiterung der Größenmaße der Betriebe ins Gigantische, der Steigerung der Betriebsstarrheit, der Unmöglichkeit der Produktionsanpassung an die schwankende Nachfrage und vor allem mit der Wirkung der Überproduktion und damit der Schaffung neuer Krisenursachen.

Kapitalintensive Betriebe befinden sich in dauernder Kostendegression. Die „Kostendegression aber schreit nach Sättigung" (Schmalenbach), was Überproduktion zur Folge hat. Der Drang nach Sättigung gilt für den Gesamtbetrieb. Er gilt aber auch für Teilbetriebe, Teilanlagen und Einzelmaschinen. Jede dieser Anlagen schreit nach Vollausnutzung, die aber häufig nur durch Beschaffung anderer Maschinen oder von mehr Aggregaten einer Maschine möglich ist, die nach Beschaffung selbst wieder nicht voll ausgenutzt sind, aber durch Anschaffung neuer vor- oder nachgelagerter Maschinen besser ausgenutzt werden könnten usf., eine Schraube ohne Ende, die man als „Kapitalschraube" bezeichnen könnte, gegenüber der Lohn- und Preisschraube.

Es sind die konjunkturellen und saisonalen Beschäftigungsschwankungen, die dieses Problem der Überkapazität schaffen. Die säkularen Schwankungen dagegen sind in dieser Beziehung von geringer Bedeutung, weil in langen Zeiträumen eine Anpassung immer möglich ist, sowohl ein Aus-, als auch ein Abbau. Die Einstellung der Produktionskapazität auf die Spitzenbeanspruchung muß ungenügende Beschäftigung in Zeiten geringerer Beanspruchung hervorbringen. Strukturwandlungen der Wirtschaft: Kraftwagen statt Eisenbahn, Seide statt Wolle schaffen ebenso nicht ausgenutzte Kapazität wie Standortsverlagerungen. An den neuen

Standorten (z. B. in der amerikanischen Stahlindustrie in Detroit, Chicago, Birmingham, in der Nähe der Hauptmärkte, während die alten Zentren: Pittsburg, Mahoning Valley allmählich konkurrenzunfähig werden) entsteht eine neue Kapazität, während die alte an den bisherigen Produktionszentren noch voll intakt ist. Nicht zuletzt sind aber Fehlinvestitionen, Überdimensionierungen schon bei der Gründung, noch viel mehr bei späteren Erweiterungen Ursache der Überkapazität. Überkapazität ist so das eigentliche Produktionsproblem geworden und bedroht ständig die gesamte Wirtschaft. Sie ist der Herd moderner Krisen. Es ist deshalb durchaus richtig gesehen, wenn die Leitung des Stahlvereins schreibt: „Die Lage des Stahlvereins wird durch die Beschäftigungsquote bestimmt“. Bei der vorhandenen Überkapazität und dem „Gesetz der Ausdehnung der Produktion bis zur Grenze“ sind zur „Sanierung“ außerordentliche Maßnahmen notwendig, die auf voller Erkenntnis der Ursachen und Folgen der Überkapazität und der Kapazitätskosten ruhen müssen.

Ist die Kapazität eines Betriebes seine Produktions-, seine Fassungskraft, so ist Überkapazität die nichtgenutzte Kapazität (idle capacity), die Differenz zwischen wirtschaftlich verwertbarer und technisch möglicher Produktion bei Vollausnutzung. In vielen Betrieben ist die mögliche Nutzung schwer bestimmbar. Dann nimmt man als Maßstab die jeweils erreichte Höchstnutzung an, z. B. im Bergbau. Überkapazität ist von der Überproduktion zu scheiden. Die letztere ist die Differenz zwischen der erzeugten und abgesetzten Produktion, die erstere die über die absetzbare Menge hinausgehende Produktionsfähigkeit. Nicht die Überproduktion an sich ist das moderne Industrie- und Wirtschaftsproblem, sondern die Überkapazität, die Produktionsmöglichkeit infolge vorhandener Kapazität. Diese ist Hauptursache der wirtschaftlichen Unstabilität.

Wie groß ist nun diese die Welt so sehr beunruhigende Überkapazität? Erst die Größenvorstellung nicht genutzter Kapazität gibt den rechten Begriff von der modernen Wirtschaftskrankheit. Hier können freilich nur einige wenige Beispiele aufgezählt werden.

1. Stickstoffindustrie.

1913 betrug die Weltstickstofferzeugung 770000 t; 60% entfielen auf Chile. Synthetischen Stickstoff stellten nur Deutschland und England her.

1925 betrug die Erzeugung	1250000 t,
1930 schon	2180000 t,
1931	4000 000 t.

Seit 1928 blieb der Absatz hinter der Erzeugung zurück. 1930 befanden sich noch 40% der vorjährigen Erzeugung auf Lager. Gegenüber der riesigen Erzeugung beträgt der Jahresverbrauch nur etwa 1.2 Mill. t. Die Produktion verteilte sich 1931 folgendermaßen:

Deutschland	30% der Erzeugung,	Japan	7% der Erzeugung,
U. S. A.	15% ,, „	Frankreich	7% ,, „
Chile	13% ,, „	England	6% ,, „

Deutschland allein ist imstande, mit der vorhandenen Kapazität den gesamten Weltbedarf zu decken. Immer noch aber werden neue Anlagen errichtet, aus Wehrrücksichten. Selbst die kleinsten Länder schaffen eigene Anlagen.

2. Werften, Waggon-, Lokomotiv- und Autofabriken.

Die (noch bestbeschäftigte) englische Werftindustrie war 1931 mit nur 17% beschäftigt; 60 bis 70% aller Werftarbeiter waren beschäftigungslos.

Bekannt ist die überaus große ungenutzte Kapazität der Waggon- und Lokomotivfabriken. Im Automobilbau genügt Fords Kapazität, um die ganze Welt mit Autos zu versorgen.

3. Eisengießereien, Stahlwerke.

Die deutschen Eisengießereien waren 1930 mit nur 30% beschäftigt. Im letzten Vierteljahr 1932 arbeiteten die amerikanischen Stahlwerke mit nur 13% ihrer Kapazität und hatten damit, trotz beginnender Erholung der Wirtschaft, den tiefsten Stand des Jahres wieder erreicht. Selbst in dem Jahre größter Beanspruchung (1929) haben sie nur 64% der theoretischen Produktionskapazität erreicht. Eine Analyse des Absatzes zeigt deutlich die Schrumpfung der Absatzmöglichkeiten.

1931 verteilte sich die Produktion der amerikanischen Walzwerke folgendermaßen:

Bauindustrie	18.5%	Stahlflaschen	9%
Automobilindustrie	16.0%	Export	4%
Eisenbahnen	13.5%	Maschinenindustrie	3.0%
Erdöl, Erdgas, Bergwerke	11.0%	Landwirtschaft	4.5%
		Verschiedenes	20.5%

Vor allem die vier Hauptverbraucher (59%) haben nur geringe Aussicht, jemals ihre volle Konsumkraft wiederzuerlangen.

Das Expansionsprogramm betrug aber für 1929 noch fast die Hälfte der gesamten Kapazität. Während der letzten 30 Jahre wurde jährlich durchschnittlich eine Expansion von 1200000 t durchgeführt, 1930 (trotz Niedergangs) sogar von 4000000 t.

(Trotzdem ist es der Stahlindustrie gelungen, ihre Preise mit einem Durchschnittsabschlag von 20—24% zu halten, die Röhrenpreise sogar um 3% gegenüber 1929 zu erhöhen.)

Die deutsche Stahlindustrie ist gleichfalls außerordentlich überdimensioniert (dazu noch überkapitalisiert). Ende 1931 war ihr Produktionsvolumen auf nur 40% der Erzeugung von 1929 gesunken. Selbst in diesem bisher besten Jahre konnte die vorhandene Kapazität nicht voll ausgenutzt werden. Infolge der straffen Konzernierung ist es freilich möglich, unmoderne Werke stillzulegen. Die modernen Hamborner Werke sind auf diese Weise noch 1931 mit 80% ausgenutzt worden. Es kommt aber nicht auf gute Beschäftigung einzelner Anlagen an, sondern auf die Ausnutzung der gesamten vorhandenen Kapazität. Wenn der Stahlverein mitteilt, daß mit 50%iger Ausnutzung der Kapazität die Rentabilität gesichert sei, so ist zunächst unklar, was mit der Kapazität gemeint ist, die gesamten vorhandenen oder nur die genutzten Werke (die stillgelegten abgezogen), und ferner ist damit die Preisgebarung charakterisiert, wenn schon mit 50% Ausnutzung Rentabilität erreicht werden kann. Die stillgelegten Werke bedeuten eine starke Belastung der Selbstkosten mit Abschreibungen, obschon richtigerweise solche Abschreibungen reine Kapitalabschreibungen sind und die Kostenrechnung nicht berühren sollten.

1932 betrug die Kapazitätsausnutzung der arbeitenden Eisenwerke nur noch 30%. Um auf die Hälfte des Standes von 1929 zu kommen, müßte die Erzeugung um 75% gesteigert werden. Die Stahlerzeugung betrug 1932 nur 35% von 1929.

4. Kohlenbergbau.

Im Kohlenbergbau liegen die Verhältnisse in Deutschland bedeutend günstiger. Um den Preis großer Haldenbestände (aber die Kohle wird durch lange Lagerung nicht besser) konnte die Beschäftigung 1932 bei 58% von 1929 gehalten werden. Die Absatzvorsorge durch die internationale Kohlenkonvention war hier besonders gut.

Im amerikanischen Kohlenbergbau [1]) liegen die Verhältnisse wesentlich ungünstiger.

Die Produktion schwankte schon in normalen Jahren von
7—12 Mill. t wöchentlich = ... 364—624 Mill. t pro Jahr.
Die Überkapazität bei einer Produktion von 364 t beträgt 260 Mill. t pro Jahr.
(624 Mill. t = 100%) = ... 41.67%

Durch den Krieg entstand eine Ausweitung der Nachfrage:
Produktion 1918 .... 579 Mill. t pro Jahr.
„ 1926 (Britischer Kohlenstreik) wöchentlich 14 551 000 t .... 756 652 000 t pro Jahr.

Rückgang der Produktion seit 1918:
Durchschnittliche Produktion 1917/18/19 .... 532 Mill. t pro Jahr
1927/28/29 .... 517 Mill. t pro Jahr.

Gründe für diesen Rückgang sind:
1. Ersatz der Kohle durch andere Kraftquellen.
2. Verbesserung der Methoden der Kohlennutzung.
3. Ausstattung der Industrie mit kraftsparenden Maschinen.

1. Ersatz der Kohle durch andere Kraftstoffe (Zahlen des Bureau of Mines):

1918 = 100	1928: Verbrauch von	Kohle	86
		Petroleum	249
		Naturgas	218
		Wasserkraft	232

1918 würde der Verbrauch von Petroleum, Gas und Wasserkraft einem Äquivalent von 152 Mill. t Steinkohle entsprochen haben. 1928 hatte sich der Ver-

[1]) Hierfür und für die übrigen Beispiele s. S. Hamlin, The menace of overproduction, its cause, extent and cure. New York 1930.

brauch von Ersatzstoffen auf ein Äquivalent von 372 Mill. t Steinkohle erhöht. Das ist gleichbedeutend mit einer Verdrängung von 220 Mill. t Steinkohle vom Markt im Vergleich zu 1918.

2. Verbesserung der Methoden der Kohlenutzung:

1918: Verbrauch der Public Utility-Anlagen ..... 3.35 Pfund pro Kilowattstunde
1928: Verbrauch der Public Utility-Anlagen ..... 1.76 Pfund pro Kilowattstunde

Wenn die Produktion von 1928 mit der Kohlenverbrauchsrate von 1918 erfolgt wäre, so wären nahezu 40 Mill. t Steinkohle mehr verbraucht worden, als satsächlich erforderlich waren.

1918: Verbrauch der Eisenbahnen, um 1000 t Fracht und Ausrüstung („equipment") eine Meile fortzubewegen ... 174 Pfund Steinkohle
1928: Ermäßigung dieses Verbrauchs auf .... 127 Pfund Steinkohle

Wenn der Transport von 1928 zu der Verbrauchsrate von 1918 befördert worden wäre, so hätte dies einen zusätzlichen Steinkohlenverbrauch von 25 Mill. t erfordert.

Ähnliche Ersparnisse im Passagierverkehr usw. verursachten einen Rückgang des Kohleverbrauches von 15 Mill. t.

In anderen Industriezweigen wurde ein durch bessere Ausnutzung der Kohle verursachter Gesamtrückgang des Kohleverbrauches von 35 Mill. t geschätzt, so daß der Rückgang des Kohleverbrauches im ganzen beträgt:

1. infolge des Ersatzes der Kohle durch andere Kraftstoffe ..	220 Mill. t pro Jahr
2. infolge besserer Kohlenutzung	115 Mill. t pro Jahr
	335 Mill. t pro Jahr

Andererseits wurde trotz des Absatzrückganges zusätzliche Kapazität im Kohlenbergbau geschaffen:

1. durch Eröffnung neuer Bergwerke und Erweiterung der alten,
2. durch Mechanisierung der Förderung.

Der Prozentsatz der manuell gewonnenen Kohle betrug
1918: 23,8% — 1928: 14.2%.

Mechanische Lader (Loaders) wurden 1918 nicht verwandt;
1923 wurden 1.9 Mill. t mechanisch geladen
1928 wurden 14,6 „ t „ „
1918 betrug die Produktion pro Tag und Mann 3.78 t
1928 betrug die Produktion pro Tag und Mann 4.73 t.

Die durch die bestehende Überkapazität und Überproduktion verursachten Preissenkungen zeigt folgende Tabelle:

(Zahlen des Bureau of Mines (Preise ab Bergwerk) und des „Coal Age" (Preise frei Eisenbahn)):

	Bureau of Mines	Coal Age
1918/19/20	2.94	3.60
1921/22/23	2.88	2.99
1924/25/26	2.10	2.12
1927/28	1.93	1.86 (einschl. 1929).

5. Petroleum-Gewinnungsindustrie:

Die Überproduktion an Petroleum ist hauptsächlich auf die Anstrengungen zurückzuführen, die die Industrie machte, um die Kriegsnachfrage zu befriedigen. Große Kapitalien wurden anderen Verwendungen entzogen und in die Petroleumindustrie gelenkt.

1910:	Tägliche Produktion der Weltindustrie	900 000	barrels Rohöl
1920:	„ „ „ „	1 900 000	„ „
1929:	„ „ „ „	4 000 000	„ „

Bei maximaler Ausnutzung der Kapazität könnten zusätzliche 2 Mill. barrels Rohöl täglich gewonnen werden; d. h. die Industrie mit einem Markte von 4 Mill. barrels täglich besitzt eine Gesamtkapazität für eine tägliche Produktion von 6 Mill. barrels. Damit überschreitet sie die bestehende Nachfrage um mehr als 48%.

Das bereits geförderte Petroleum, das allein in den U. S. A. lagert, hat sich während der letzten 7 Jahre angesammelt bis zu 305 Mill. barrels roher und verarbeiteter Ware.

Die durch die scharfe Konkurrenz veranlaßten Bohrungen bilden die Hauptursache der Überproduktion von Petroleum. Ist ein Feld erst angebohrt, müssen die Konkurrenten, um einen Abfluß des Petroleums nach der angebohrten Stelle zu verhindern, gleichfalls Quellen erschließen.

6. Textilindustrie.

1927: Verbrauch von Fabrikaten der „Woolen and Worsted Piece Goods Industry" ....etwa $ 656000000
Maximale Produktionskapazität .. „ „ 1750000000 (300%!)

1929.

Weberei-Abteilung
Maximalkapazität .... $ 1465000000
Gegenwärtiger Verbrauch .... $ 550000000 = 37.5%

Spinnerei-Abteilung
Maximalkapazität .... 232000000 pounds
Gegenwärtiger Verbrauch .... 83109139 „ = 35.8%

„Wool-Machinery-Activity"	Durchschnitt für 12 Monate
1924	73.7%
1928	66.4%

7. Automobilindustrie.

April 1929: Theoretische Kapazität in U. S. A. 8 Mill. Einheiten pro Jahr. Das ist zweimal soviel, wie jemals jährlich produziert oder verbraucht worden ist.

1929 betrug die Produktion von Motorfahrzeugen in U. S. A., Kanada und Europa zusammen 6295352 Einheiten. Demnach hatten die U. S. A. allein die Kapazität, um mehr als die Weltnachfrage zu befriedigen.

8. Schuhindustrie.

Kapazität ....1750000 Paar pro Tag
Durchschnittliche Produktion .... 977000 Paar pro Tag für ein 300 Tage-Jahr. Die Ausnutzung beträgt also durchschnittlich 55.83%.

9. Druckerei-Gewerbe.

Die Überkapazität beträgt über 50%.

10. Werkzeugmaschinenindustrie.

Beschäftigungsgrad während der letzten 10 Jahre durchschnittlich 65%.

11. „Manufacturing Gas Industry."

Beschäftigungsgrad durchschnittlich etwa 66%.

12. Mühlen.

Gesamtkapazität = 2.5 mal ihre größte Produktion.

Überall sind große Unterschiede bezüglich der Produktivität zwischen den besten und den durchschnittlichen Anlagen vorhanden.

Wenn in U. S. A. alle Hochöfen mit höchster Wirksamkeit arbeiten würden, so könnte die gegenwärtige Produktion von Roheisen durch die Arbeit von 3000 Mann anstatt von 28 000 Mann erreicht werden.

In den Sägewerken könnten dann 45000 Mann die Arbeit tun, die jetzt von 292000 Mann geleistet wird.

420000 Bergleute könnten die Arbeit verrichten, zu der heute 750000 Bergleute erforderlich sind.

80% aller jetzt beschäftigten Ziegelmacher würden arbeitslos werden, wenn die Ziegelmaschine, die 49000 Ziegel pro Stunde mit einem Arbeiter produziert, allgemein Verwendung fände.

Wenn alle Schuhfabriken so produktiv arbeiteten wie die am besten ausgestattete, so würden 28084 Arbeiter dieselbe Produktion erzielen wie jetzt 196585 Arbeiter.

Das automatische Telephon erspart 80% Bedienung.

Ebenso groß wie in der Industrie ist die Überkapazität auch in Verkehrs-, Versorgungs- und Dienstleistungsbetrieben.

Woher kommt die Überkapazität?

1. Durch fortwährende Erweiterung der Anlagen. Der große Bevölkerungszuwachs im 19. Jahrhundert (1800: 640 Mill., 1930: 2 Mrd. Weltbevölkerung) und Steigerung des Konsums bedeutete einen Ansporn für die Industrie.

2. Durch Erfindungen, Mechanisierung und Maschinisierung, Ersatz menschlicher Arbeit durch maschinelle Arbeitskräfte wurde eine Vervielfachung der Produktivität erreicht. Im Jahre 1840 betrug die Dampfkraft etwa 5% der Weltarbeitskraft, 1895 war sie gleich der gesamten Arbeitskraft aller Menschen und Pferde. Die 39 Mill. PS, die 1927 in U. S. A. verwandt wurden, bedeuten 390 Mill. Arbeitskräfte. Die gesamte mechanische Arbeitskapazität beträgt in U. S. A. heute 800 Mill. PS. Das U. S. Department of Commerce schätzt die Produktion pro Arbeiter in Landwirtschaft, Bergbau, Industrie und Eisenbahntransportwesen im Jahre 1925 um fast 30% höher als 1919. Im besonderen ist es die Massenproduktion, die die Vermehrung der Produktion zuwege gebracht hat.

3. Durch Strukturwandlungen, die den Bedarf, der durch bestehende Anlagen gedeckt wurde, verminderten, dafür Anlagen für ähnlich gearteten Bedarf schufen. Hierfür nur ein Beispiel aus dem Verkehrswesen:

Die beiden neuen Verkehrsmittel, Kraftwagen und Flugzeug, revolutionieren das Verkehrswesen, vermindern die Ausnutzung der Eisenbahnanlagen für Güter- und Personenverkehr. Die Kapazität der Reichsbahn ist so groß, daß sie den gesamten Verkehr ohne Kapazitätserweiterung durchführen könnte. Ähnlich ist die Lage der Eisenbahn in den meisten übrigen Ländern. Trotzdem sind die Eisenbahnen gezwungen, aus technischen Gründen, zum Zwecke der Betriebsentwicklung, neue Investitionen vorzunehmen. Freilich sind auch oft genug unnötige Investitionen vorgenommen worden und werden immer noch vorgenommen, weil man das Zeitalter des Kraftwagens mit Eisenbahnaugen und das 20. Jahrhundert mit Augen des 19. Jahrhunderts ansieht.

So kam es, daß schon 1931 bei der Deutschen Reichsbahn 4000 Lokomotiven von 23000 und 141000 Wagen von 650000 stillgelegt waren und der benutzte Fuhrpark nur zu einem Bruchteil, 15—20% im Durchschnitt, ausgenutzt war.

Ähnlich sind die Verhältnisse in der Binnen- und Seeschiffahrt. In Duisburg-Ruhrort lagen 1931 750000 t im Hafen aufgelegt, im Hamburger Hafen 700000 t. Und wie gering war die Ausnutzung des genutzten Schiffsparkes!

4. Durch falsches betriebliches Denken: Die Erweiterungen wurden im Hinblick auf die Ergebnisse der Hausse vorgenommen, anstatt auf der Grundlage der Durchschnittsergebnisse einer Konjunkturperiode. Es werden überall Rationalisierungen vorgenommen, um an Löhnen zu sparen; aber Lohnkosten werden nur in Kapitalkosten umgewandelt. Methoden von menschenarmen, kapitalreichen Ländern können nicht ohne weiteres auf menschenreiche, kapitalarme Länder übertragen werden und Produktionsausmaße großer Länder nicht auf kleine Länder mit unübersteigbaren Zollmauern an ihren Grenzen. Die Rationalisierung der Industrie fand ihren Nachfolger in der Landwirtschaft, finanziert an beiden Stellen durch Kredit. Aber sowohl „expansiver" als auch „intensivierender" Kredit ist vom Absatz abhängig und immer ein Kostenfaktor. Vor allem die (an sich durchaus nicht verwerfliche) Selbstfinanzierung erleichtert Fehlinvestitionen.

5. Durch die Konzentration: Vertrustung, Kartellierung, Konzernierung. Der Zusammenschluß bewirkt, daß die Überproduktion sich nicht selbst ausschaltet. Der Verlustbetrieb würde aus der Produktion automatisch herausgedrängt werden, der Zusammenschluß schützt den abbaureifen Betrieb. Ein Grenzproduzent, mit seinem Zwang zur Kostensenkung, ist dann nicht vorhanden. Die Stillegungsmaßnahmen in zusammengeschlossenen Betrieben ändern an der vorhandenen Kapazität auch nichts, zumal häufig die Produktion mit den Kosten stillgelegter Werke belastet wird.

6. Durch Zurückbleiben der Konsumkraft — infolge mangelnder Kaufkraft — gegenüber der Produktionskraft. Die vorhandenen Spannungs-

verhältnisse in Produktion, Finanzierung und Vertrieb bringen Verlustquellen hervor, die den Ertrag nicht proportional der Produktionsmenge steigen lassen.

7. Durch die Struktur unseres Kreditsystems, das wohl eine Finanzierung der Produktion, nicht aber des Konsums gestattet.

Welche Wirkung bringt die Überkapazität hervor?

1. Sie zeigt zunächst die Tendenz zur weiteren Steigerung der Überkapazität. Es wird immer weiter falsch rationalisiert, und immer neue fixe Kosten werden geschaffen, und der Betrieb wird immer starrer gemacht (Kapitalschraube).

2. Sie erzeugt schärfste Konkurrenz, destruktive, unökonomische Konkurrenz (cut throat competition), weil das Problem der möglichst guten Ausnutzung der Kapazität alle anderen Fragen in den Hintergrund drängt.

3. Sie führt zu Preisdifferenzierung und Preisdiskriminierung.

4. Sie drängt zum Monopol, zum Zweck des Schutzes des investierten Kapitals vor Vernichtung.

5. Sie wirkt kostensteigernd, weil auf die Dauer doch alle Kosten gedeckt werden müssen.

6. Sie erhöht die Abschreibungsquote. Die Entwertung und Überholung schreitet fort, auch wenn die Anlagen nicht genutzt werden.

7. Sie zwingt zur Stillegung, mit der letzten Konsequenz der Kapitalabschreibung.

8. Sie zwingt zur endlichen Anpassung des Kostenwertes an den Ertragswert. Damit bringt sie aber (sichtbare) Kapital- und Ertragsverluste.

9. Sie steigert die Absatzintensität und erhöht die Vertriebskosten.

10. Sie bringt Krisen hervor und eine fortdauernde Unstabilität der Wirtschaft.

Die Tatsache der Überkapazität zwingt die Betriebswirtschaft zu einer Korrektur im Denken und in gewissen Grundbegriffen:

1. Gewinn ist nicht ein Jahresergebnis, sondern ein Durchschnittsergebnis im Konjunkturzyklus.
2. Vermögen ist nicht das investierte Kapital, sondern der kapitalisierte Ertragswert.
3. Die Erweiterung darf nicht auf Höchst-, sondern muß auf Durchschnittsgewinn beruhen.
4. Die Erweiterung kann niemals über die Konsum- und Kaufkraft hinaus vorgenommen werden, sonst sinkt die Kaufkraft durch Arbeitslosigkeit noch weiter.
5. Das Gesetz vom zunehmenden Ertrage ist durch das „Gesetz vom abnehmenden Reinertrage bei zunehmendem Bruttoertrage" zu ergänzen. Die steigenden fixen Kosten auf die Einheit bei nicht vollgenutzter Kapazität und die steigenden Vertriebskosten (Reklame) vermindern den Reinertrag.

6. Ziel der Betriebspolitik ist stabile Beschäftigung und Vollausnutzung der Kapazität (nicht stabile Preise). Daraus ergibt sich ein Kampf gegen die Überkapazität:
   a) Durch nationale und internationale Übereinkommen (Zucker, Stickstoff, Petroleum).
   b) Durch Produktionsbeschränkung auf die bestrentierenden Werke.
   c) Durch Planung auf möglichst weite Sicht, vor allem in Bezug auf Investitionen.
   d) Durch rechtzeitiges Abschreiben auf den Ertragswert. Dies gilt auch für Monopolbetriebe (Eisenbahnen).
   e) Durch betriebswirtschaftliche Schulung, insbesondere durch Verbände. Notwendige Maßnahmen werden nicht durchgeführt, wenn nur individuelle Durchführung verlangt wird. Der Verband als solcher muß auf Durchführung achten.
   f) Durch Kampf gegen die Arbeitslosigkeit, die selbst ungenutzte Menschenkapazität darstellt.
7. Insbesondere das Problem der fixen Kosten verlangt eine andere als die bisherige (statische) Behandlung. In früheren Zeiten gab es kein Problem der fixen Kosten. Bis zum Kriegsbeginn wurden sie nicht beachtet, weil infolge des Bevölkerungswachstums und der Steigerung der Kaufkraft die großen Erträge dieses Problem verdeckten. Erst jetzt sind wir sehend geworden. Die Problematik der fixen Kosten ist an anderer Stelle behandelt worden. Hier ist nur noch ein Wort über die betriebliche Finanzwirtschaft im Zusammenhang mit der Überkapazität zu sagen.

Die Reserven wurden nur zu leicht zur Expansion benutzt und nicht als Reserven, noch verstärkt durch die Kreditexpansion. Die Dividende, auf ungenutzte Kapazität gezahlt, schmälert die Dividende und verwischt das Kapital- und Rentabilitätsbild der Unternehmung. Es ist eine scharfe Scheidung zwischen Kapital und Gewinn zu machen. Zwar bilden beide Kapital, aber doch verschiedener Art. Gewinn ist wohl jederzeit in Kapital umwandelbar, aber nicht umgekehrt. Die Unterscheidung von Kapital und Gewinn ist ebenso wichtig wie die von „Vermögenszugang“ und „Kosten“, die auch häufig nicht beachtet wird. Hierdurch werden wiederum die Betriebszusammenhänge verschleiert.

Die Tendenz zur Überkapazität, die der modernen Wirtschaft eigen ist, schon wegen der falschen Einstellung auf die Spitzenbeanspruchung, geht parallel mit dem Gesetz zur Ausdehnung der Produktion bis zur Grenze, wodurch eine maximale Produktion erreicht wird, die eines Tages doch zum Rückschlag führen muß, mit allen Folgen für Arbeitslosigkeit, Einkommen, Kaufkraft, Kosten. Kapital und Arbeit tragen beide zur Überkapazität bei, die Folgen treffen allerdings mehr die Produktions- als die Konsumtionssphäre. Zweifellos liegt in der Überkapazität einer der schwächsten Punkte der kapitalistischen Organisation der Wirtschaft, und mit besonderer Schärfe tritt hier das Problem auf, Angebot und Nachfrage in Einklang zu halten.

8. Nutzschwelle, Nutzhöhe, Nutzgrenze.

Der betriebliche Ertrag ist in hohem Maße an die Ausnutzung der vorhandenen Kapazität gebunden. Der Einklang zwischen bester Ausnutzung der Kapazität und Absatzmöglichkeit der Produkte ist das eigentliche, vom Betrieb zu lösende Problem. Die fixen Kosten stellen eine so hohe Vorbelastung dar, daß erst von einem bestimmten Ausnutzungsgrad ab ein Reinertrag erzielt werden kann. Diese Mindestausnutzung bildet den kritischen Punkt des Betriebes. Sie stellt den Punkt dar, in dem die Gesamtkosten, proportionale und fixe, durch den Ertrag gerade gedeckt werden. An diesem Punkte beginnt die Nutzenzone, die wiederum bei einem bestimmten Ausnutzungsgrad endet. Dieser letzte Punkt stellt das Zusammenfallen der Gesamtkosten mit dem Gesamtertrag dar, so daß kein Reinertrag erzielt wird. Den ersten Punkt nennen wir den unteren kritischen, den letzteren den oberen kritischen Punkt. Der erste bezeichnet die Nutzschwelle, der letztere die Nutzgrenze. Zwischen beiden liegt die Nutzenzone, die natürlicherweise bei den einzelnen Betrieben eine verschiedene Breite und Länge hat. Die Schnittpunkte der Gesamtkosten (bzw. der Durchschnittskosten) mit der Gesamtertrags- (bzw. Einzelpreis-)Kurve stellen beide kritische Punkte dar. Da die Kosten eine Funktion der produzierten Menge und als solche gegeben sind, hängen die Schnittpunkte und damit Nutzschwelle und Nutzgrenze vom Preis ab. Nehmen wir an, daß die Preise für die gesamte Produktion gleich sind ($E = p \cdot x$), so sind die kritischen Punkte leicht zu bestimmen. Sie ergeben sich, wie später zu zeigen sein wird, als die zwei möglichen Lösungen derselben Gleichung. Da die Preise die Lage der Punkte bestimmen, müssen die Punkte um so weiter auseinander gerückt sein, je höher die Preise sind, d. h. der untere kritische Punkt liegt um so tiefer, und der obere um so höher, je höher die Preise sind. Der Preis deckt an diesen Punkten die Gesamtkosten, proportionale und fixe, ohne daß ein Gewinn erzielt wird. Er wird dies um so eher, d. h. bei einer um so geringeren Produktion tun können, je höher er ist. Ist der Preis selbst am Punkte tiefster Kosten (optimaler Kostenpunkt) tiefer als die Durchschnittskosten, erreicht der Betrieb den kritischen Punkt nie. Ist er gerade so groß wie die minimalen Durchschnittskosten, fallen unterer und oberer Nutzenpunkt zusammen. Ist der Preis gerade gleich den proportionalen Kosten, dann liegt der kritische Punkt unendlich weit.

Damit der Betrieb wenigstens ± 0 abschließt, muß er wenigstens die Nutzschwelle erreichen. Der Betrieb muß darum wissen, bei welchem Ausnutzungsgrade er den unteren kritischen Punkt erreicht. Dazu muß er seine Kostengestaltung kennen (das sind die verschieden hohen Kosten — entweder als Gesamt- oder Durchschnittskosten gesehen — bei den verschiedenen Ausnutzungsgraden), freilich auch die Preisgestaltung bei den verschiedenen Angebotsmengen, weil beide, Kosten und Preise, die kritischen Punkte bestimmen.

Die Feststellung der kritischen Punkte geschieht in Industrie und

Handel auf verschiedene Weise, weil sie verschieden kalkulieren. Die Industrie erhält den Preis im allgemeinen als Summe der Kosten, vermehrt um einen Gewinnzuschlag. Der Umsatz ist dann = Menge mal Preis (für die Einheit). Die Kostenkurve enthält alle Kosten. Der Handel versteht unter Kosten nur die Handlungskosten (fixe und proportionale Kosten), nicht dagegen die Einstandspreise für die gekauften Waren. Er errechnet die Preise durch einen Zuschlag der Handlungskosten (im Hundert) auf die Einstandspreise und den Gewinn durch einen Abschlag (vom Hundert) vom Verkaufspreis. Die verschiedenen Kalkulationsweisen ergeben verschiedene Verfahren zur Errechnung der kritischen Punkte.

Die Errechnung der Nutzschwelle soll zunächst unter einfachsten Voraussetzungen vorgenommen werden, das sind folgende:

1. Die Preise bleiben für die Gesamtproduktion (Gesamtabsatz) gleich. Die Preis- (Umsatz-)Kurve bilde eine Gerade.
2. Die Kapazität sei feststehend; die Mehrkosten sind proportionale Kosten, bzw. die unregelmäßig variablen Kosten werden als proportionale Kosten behandelt. Die Kostenkurve bilde gleichfalls eine Gerade.
3. Die gesamte Menge sei zum gleichen Preise abzusetzen.

Dann ist $$x \cdot p = F + xv$$

$$x = \frac{F}{p - v} = \frac{40\,000}{1\,000 - 500} = 80$$

x = Menge, p = Preis für die Einheit = 1 000, F = fixe Gesamtkosten = 40 000, v = variable Einheitskosten = 500.

Bei einer Produktion von 80 Mengeneinheiten und 80 000 RM Umsatz erreicht der Betrieb die Nutzschwelle. Jede weitere Einheit bringt Gewinn, da die fixen Kosten gedeckt sind und nur noch variable Kosten entstehen, die nur 500 RM bei einem Preis von 1000 RM betragen. Zur Errechnung der Nutzschwelle ist die Kenntnis der Preise, der fixen und variablen Kosten nötig. Graphisch stellt sich die Errechnung der Nutzschwelle folgendermaßen dar:

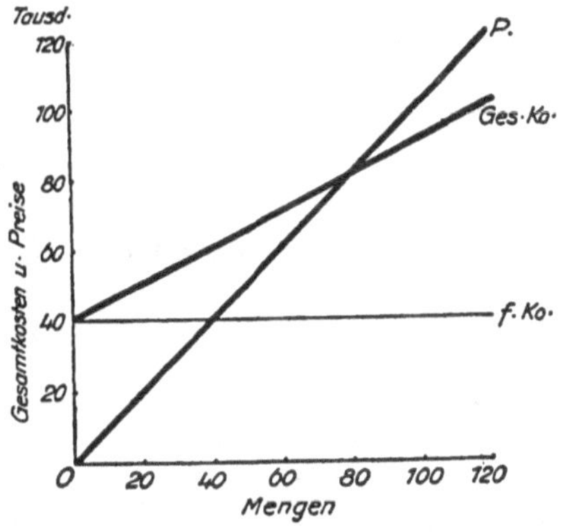

In diesem Falle gibt es keinen oberen kritischen Punkt, da nur einfache Kapazität angenommen ist und nur proportionale Mehrkosten entstehen, alle Einheiten abgesetzt werden können und die Preise gleichbleiben. Die letzte produzierte und verkaufte Einheit zeigt stets den Ort der Nutzhöhe.

Im Handel ist die Errechnungsweise infolge der verschiedenen Kalkulationsweise etwas anders. Schär errechnet die Nutzschwelle (er nennt sie toten Punkt) folgendermaßen:

$$x \cdot g = F + xv$$

$$x = \frac{F}{g - v} = \frac{40\,000}{0.3 - 0.05} = \frac{40\,000}{0.25} = 160\,000$$

g = Gewinnkoeffizient (Bruttoaufschlag) in % des Umsatzes (x), z. B. 30%. v = variable Kosten in % des Umsatzes, z. B. 5%. F = fixe Kosten (angenommen RM 40 000.—). Ein Umsatz von RM 160 000.— bildet die Nutzschwelle. Für Nutzhöhe und Nutzgrenze gilt das im ersten Falle (Industrie) Gesagte.

Die Wirklichkeit kennt so einfache Verhältnisse nicht, weder in der Industrie, noch im Handel. Zunächst ist die Kostenentwicklung keine Gerade, sondern eine überaus komplizierte Kurve. Die Preise bleiben auch nicht gleich, sondern schwanken mit der angebotenen Menge, dem Vorhandensein von Ersatzgütern und der Kaufkraft. Bei gleichgebliebener Kaufkraft und gleichen Ersatzgütermengen bleiben die Preise gleich, auch bei vergrößerter Angebotsmenge (Fall I),

a) wenn freie Konkurrenz herrscht und der eigene Marktanteil nur einen verhältnismäßig kleinen Teil der Gesamtangebotsmenge ausmacht. Die Preiskurve bildet dann unter diesen idealen Verhältnissen eine Gerade, als Einzelpreiskurve eine Horizontale, als Gesamtpreiskurve eine gleichmäßig steigende schräge Linie.

b) wenn bei Monopolpreisen die Güter auch bei steigender Angebotsmenge gleiche Preise erzielen können (unelastischer Bedarf) und die gesamte Menge abgesetzt wird.

Diese Umstände treffen nicht zu (Fall II),

1. wenn der eigene Anteil so beherrschend ist, daß die eigene Mehrproduktion den Markt stark beeinflußt. Dann muß bei verschiedenen Ausnutzungsgraden und der Kalkulation des günstigsten Preises ein Sinken der Einzelpreise erwartet werden. Das gleiche gilt

2. für Monopolbetriebe, die nach dem Prinzip günstigster Preise kalkulieren und stabile Preise nicht etwa durch Mengenbeschränkung erzielen wollen. In beiden Fällen ist die Preiskurve keine gerade Linie, sondern eine komplizierte Kurve.

Nehmen wir zunächst gleichbleibende Preise (Fall I) an, so ergeben sich folgende Verhältnisse:

Die Kostenkurve folgt bestimmten Gesetzen, sie ist eine Funktion der Menge: $K = F(x)$, $k = \frac{F(x)}{x}$. Die Kurve verläuft für die verschiedenen individuellen Verhältnisse verschieden, verschieden für die Betriebszweige, für die Branchen in demselben Betriebszweige, die einzelnen Betriebstypen und die einzelnen Betriebe, ja sogar für den einzelnen Betrieb verschieden unter verschiedenen Umständen. Die Kurve ist bestimmt durch die Gesamtkostenfunktion.

Immer durchläuft die Gesamtkostenkurve, wenn auch in verschiedener Form und Steilheit, eine Degressions-, Proportional- und Progressionszone. In der Degressionszone liegt der untere, in der Progressionszone der obere, in der Proportionalzone der optimale Nutzenpunkt.

Neben Gesamt- und Einheitskostenkurve ergeben sich aus der Gesamtkostenfunktion die Differentialkostenkurven (Gesamt- und Einheitsdifferentialkostenkurve). Beide Differentialkostenkurven erreichen ihren Tiefpunkt an der Stelle des Wendepunktes der Gesamtkostenkurve. Diese Stelle ist mathematisch leicht feststellbar, in unserem Beispiel liegt sie bei 70 Einheiten.

Kostenkurve (Gesamt- bzw. Durchschnittskostenkurve) und Differentialkosten- (Gesamt- und Einzeldifferentialkosten-)Kurve schneiden sich an bestimmten Stellen, nämlich dem optimalen Kostenpunkt, der für Gesamt- und Einheitskostenkurve an derselben Stelle beider Abszissen liegen muß. Dieser Punkt zeigt die Stelle geringster Kosten.

Die Preise bilden eine Gerade (als Einzelpreise eine Horizontale, die höher oder niedriger liegen kann, je nach Höhe der Preise; als Gesamtpreis eine mehr oder weniger steil aufsteigende Gerade).

Der Einzelnutzen ist maximal am Punkte tiefster Kosten, d. i. am Schnittpunkt der Durchschnitts- und Differentialkostenkurve (optimaler Einzelnutzen).

Die Nutzschwelle und Nutzgrenze entstehen an den zwei Schnittpunkten der Kosten- (Gesamt- bzw. Durchschnittskosten-)kurve mit der Preis- (Gesamt- bzw. Einzelpreis-)kurve. Der untere kritische Punkt ist der untere Schnittpunkt der Kostenkurve mit der Preiskurve, der obere kritische Punkt der obere Schnittpunkt der Kostenkurve mit der Preiskurve.

Die Gleichung für beide Punkte ist dieselbe:

$$K = F(x) = p \,.\, x$$
$$k = \frac{F(x)}{x} = p$$

Der maximale Gesamtnutzen (Nutzhöhe) wird am Schnittpunkt der Preiskurve mit der Differentialkostenkurve erzielt (Einzelpreiskurve und Einheitsdifferentialkostenkurve und Gesamtpreiskurve mit Gesamtdifferentialkostenkurve):

$Ne = F'(x) = p$ $\quad Ne$ = maximaler Einheitsnutzen,
$N = x \,.\, F'(x) = px$ $\quad N$ = maximaler Gesamtnutzen.

Der optimale Kostenpunkt und der maximale Nutzenpunkt fallen nicht zusammen. Der erstere entsteht am Schnittpunkte der Durchschnitts- und Differentialkostenkurve, der letztere am Schnittpunkt der Preiskurve mit der Differentialkostenkurve. Darum fallen auch maximaler Einzelnutzenpunkt und maximaler Gesamtnutzenpunkt nicht zusammen. Denn die Preislinie schneidet die Differentialkostenkurve, da der Preis höher ist als die Kosten, hinter dem Schnittpunkt der Differentialkostenkurve mit der Kostenkurve. Nur dort, wo Preis-, Differentialkosten- und Kostenkurve alle drei sich schneiden, da fallen beide Punkte zusammen. Dies trifft nur zu für den Grenzbetrieb, für den der Preis gleich ist den Kosten am Schnittpunkt von Differential- und Durchschnittskosten. Die Preislinie ist dann die Tangente, die die Durchschnittskostenlinien an diesem tiefsten Punkte berührt (Tangentenphänomen). Beim Grenzbetrieb fallen dann Nutzschwelle, Nutzhöhe und Nutzgrenze zusammen. Der Punkt maximalen Nutzens ist daher nicht der Schnittpunkt der Differentialkostenkurve und der Durchschnittskostenkurve (d. i. der optimale Kostenpunkt), sondern der Schnittpunkt der Preislinie mit der Differentialkostenlinie (Preislinie bei gleichbleibenden und Preiskurve bei veränderlichen Preisen).

Folgendes Beispiel zeigt das Dargestellte deutlicher:

1 x	2 $K=F(x)$ Gesamtkosten	3 $k=\frac{F(x)}{x}$ Durchschnitts- (Einheits-) kosten	4 $Dk=x \cdot F'(x)$ Gesamtdifferentialkosten	5 $dk=F'(x)$ Differentialkosten	6 $E=px$ Gesamterlöse	7 $Ne=p-k$ $p=950$ Einzelnutzen	8 $N=p \cdot x-K$ Gesamtnutzen
0	34 700	0	0	1570	0	—	—
10	48 400	4840	11 800	1180	9 500	— 3890	— 38 900
20	58 500	2925	17 000	850	19 000	— 1975	— 39 500
30	65 600	2186.67	17 400	580	28 500	— 1236.67	— 37 100
40	70 300	1757.50	14 800	370	38 000	— 807.50	— 32 300
50	73 200	1464.0	11 000	220	47 500	— 514	— 25 700
60	74 900	1248.33	7 800	130	57 000	— 298.33	— 17 900
70	76 000	1085.71	7 000	100	66 500	— 135.71	— 9 500
80	77 100	963.75	10 400	130	76 000	— 13.75	— 1 100
90	78 800	875.56	19.800	220	85 500	+ 74.44	+ 6 700
100	81 700	817.0	37 000	370	95 000	+ 133	+ 13 300
110	86 400	785.45	63 800	580	104 500	+ 164.55	+ 18 100
120	93 500	779.17	102 000	850	114 000	+ 170.83	+ 20 500
130	103 600	796.92	153 400	1180	123 500	+ 153.08	+ 19 900
140	117 300	837.86	219 800	1570	133 000	+ 112.14	+ 15 700
150	135 200	901.33	303 000	2020	142 500	+ 48.67	+ 7 300
160	157 900	986.875	404 800	2530	152 000	— 36.875	— 5 900
170	186 000	1 094.12	527 000	3100	161 500	— 144.12	— 24 500

1. $K = F(x) = \frac{1}{10}(x - 70)^3 + 100\,(x - 70) + 76\,000.$

2. $k = \frac{F(x)}{x} = \frac{1/10\,(x - 70)^3 + 100\,(x - 70) + 76\,000}{x}$

3. $dk = K' = F'(x) = 3/10\,(x - 70)^2 + 100.$

4. $Dk = xK' = xF'(x) = 3/10\,x\,(x - 70)^2 + 100\,x.$

Betriebsminimum = 70
Nutzschwelle = 81,35
Optimaler Kostenpunkt = 117.55
Optimaler Nutzenpunkt = 123.23
Nutzgrenze = 155,996 = 156,0
(Graphische Darstellung s. S. 391.)

Bei variablen Preisen stellt die Preiskurve keine Gerade, sondern eine Kurve dar. Es ändern sich dann die Spalten 6, 7 und 8.

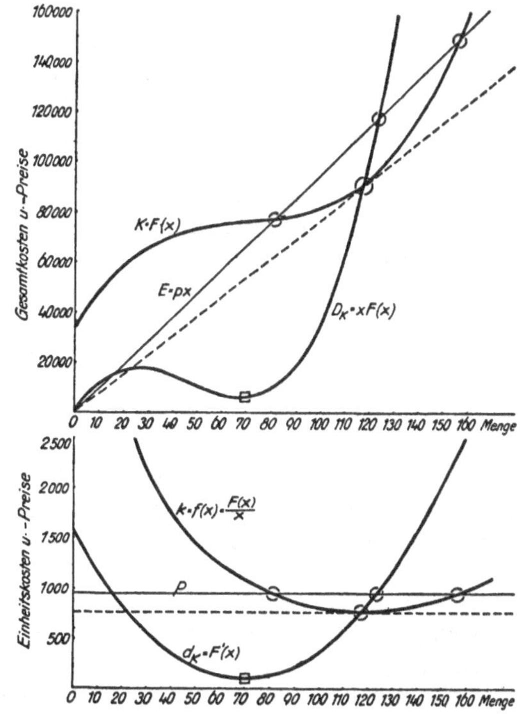

Ein praktisches Beispiel soll die Nutzschwelle und ihre Errechnung weiter verdeutlichen:

Eine Fabrik stellt einen elektrotechnischen Artikel her. Sie arbeitet bei einer Produktion von 10 000 Stck. im Dezember 1931 mit folgenden Kosten:

Miete, Versicherung, Hausverwaltung	5 000.—
Material	6 500.—
Löhne und Soziallasten	4 000.—
Allgemeine Unkosten	5 500.—

Durch die Dezember-Notverordnung sinken bei ihr die Mietkosten, die Löhne und Soziallasten um 10%, und die allgemeinen Unkosten um 5%. Das Material bezieht die Fabrik aus England. Der Preis hat sich entsprechend der Pfundentwertung gesenkt (Kurs RM 15.98 gegen 20.41).

Wie groß muß bei Zugrundelegung dieser Tatsachen in den folgenden Monaten bei einem Preis von RM 2.— je Stück der Mengenabsatz sein (Nutzschwelle)?

Fixe Kosten:		Proportionale Kosten:	
Miete, Versich., Hausverwalt.	5 000.—	Material	6 500.—
Allg. Unkosten	5 500.—	Löhne, Soziallasten	4 000.—
	10 500.—		10 500.—

Unter Berücksichtigung der Dezember-Notverordnung und der Pfundsenkung:

Miete	4 500.—	Material	5 089.17
Allgemeine Unkosten	5 225.—	Löhne, Soziallasten	3 600.—
	9 725.—		8 689.17

Nutzschwelle: $9\,725 + 0.8689\,x = 2\,x$

$$9\,725 = 1.1311\,x$$

$$x = 8.\,606$$

Da die Nutzschwelle von der Kosten- und Preisentwicklung, insbesondere den fixen Kosten abhängig ist, beeinflußt alles, was auf die Erhöhung oder Verminderung der fixen Kosten Einfluß besitzt, auch die Lage des unteren kritischen Punktes. Nun herrscht im Betrieb die Tendenz der Steigerung der fixen Kosten, so daß der untere kritische Punkt immer höher hinaufgerückt und die Rentabilität an immer größere Produktionsmengen geknüpft wird. Die erhöhte Produktionsmenge setzt erhöhte Kaufkraft voraus, die aber nicht in einem der Produktionserhöhung entsprechenden Maße entsteht, da Produktionssteigerung und Reinertragssteigerung (und damit Kaufkrafterhöhung) sich nicht in proportionalem, sondern in degressivem Verhältnis, d. h. mit geringerem Ertragszuwachs entwickeln. Trotzdem ist die Entwicklung zur weiteren Mechanisierung und Produktionssteigerung unaufhaltbar. Der Betrieb aber, dessen Rentabilität von der Lage des kritischen Punktes abhängig ist, muß sich fragen, wie weit die technische Entwicklung mit ihren neuen Verfahren, die durchweg kapitalintensiver, fixkostenreicher und an Massenabsatz gebunden sind, seine Nutzschwelle verschiebt. Jedes einzelne Verfahren besitzt seine Nutzschwelle, jedes neue meist eine höherliegende, entsprechend der Erhöhung der Fixkosten und der Preisgestaltung infolge erhöhter Mindestproduktion. Wir sprechen dann von einer Nutzschwelle der Verfahrensweisen, oder, da es sich meist um ein Problem der Massenproduktion handelt, mit Bücher von der Nutzschwelle der Massenproduktion. Man könnte diese Nutzschwelle auch die „relative“ Nutzschwelle nennen, da sie aus dem Kostendeckungsverhältnis zweier Verfahrensweisen hervorgeht. Das verbesserte Verfahren macht die Produktion rationeller, senkt die Einheitskosten, immer aber erst von einer bestimmten Mindestmenge an. Wenn diese Mindestmenge aber auf die Dauer nicht erzielt wird oder nur mit verringertem Gesamtreinertrage (infolge niedrigerer Preise bei erhöhtem Angebot), dann ist das neue Verfahren unwirtschaftlich. Die Verschiebung der Mindestmengen durch die kapitalintensiveren Verfahren ist es, die der Betriebswirt vor ihrer Einführung zu kalkulieren hat.

Die relative Nutzschwelle ist der Schnittpunkt der Kostenkurven beider zu vergleichenden Verfahren. Von diesem Schnittpunkt ab entsteht ein Nutzen, d. h. eine Kostenminderung des besseren gegenüber dem schlechteren Verfahren. Ein Gewinn muß mit diesem Nutzen noch nicht verbunden sein. Hierüber entscheidet die Preisgestaltung. Der Punkt des beginnenden Gewinns, der die absolute Nutzschwelle des verbesserten Verfahrens darstellt, ist auch hier der Schnittpunkt der Kostenkurve dieses Verfahrens mit der Preiskurve, die für alle Verfahren die gleiche ist. Er wird höherliegen als der des schlechteren Verfahrens; dafür wird aber auch die Nutzgrenze des besseren Verfahrens viel weiterliegen als die des schlechteren.

Zur Veranschaulichung diene ein Beispiel aus der Elektrizitätserzeugung [1]):

---

[1]) W. Windel u. C. Kromer, Aufbau und Entwicklungsmöglichkeiten der europäischen Elektrizitätswirtschaft. Berlin 1928. S. 24/25 (mit geringen Änderungen).

Jährliche Nutzungsdauer Std.	Dampfkraftwerk fixe Kosten	Dampfkraftwerk Kohlenkosten	Summe	Wasserkraftwerk fixe Kosten
	je kwh in Rpfg.			
300	58	2.6	60.6	80
400	43.5	2.6	46.1	60
500	34.8	2.6	37.4	48
600	29	2.6	31.6	40
700	24.8	2.6	27.4	34.3
800	21.7	2.6	24.3	30
900	19.3	2.6	21.9	26.7
1000	17.4	2.6	20	24.0
1500	11.6	2.6	14.2	16
2000	8.7	2.6	11.3	12
2500	6.9	2.6	9.5	9.6
3000	5.8	2.6	8.4	8
4000	4.3	2.6	6.9	6
5000	3.5	2.6	6.1	4.8
6000	2.9	2.6	5.5	4
7000	2.5	2.6	5.1	3.4
8000	2.2	2.6	4.8	3.0

Aw = 800 RM Anlagekosten (für ein jährliches kw) des Wasserkraftwerkes
Ad = 300 RM Anlagekosten (für ein jährliches kw) d. Dampfkraftwerkes
Af = 900 RM Anlagekosten (für ein jährliches kw) der Fortleitung und Verteilung (beide Verfahren).
pw = 15% Anteil für Verzinsung, Abschreibung, Bedienung d. Wasserkraftwerkes
pd = 20% Anteil für Verzinsung, Abschreibung, Bedienung des Dampfkraftwerkes
pf = 12% Anteil für Verzinsung, Abschreibung, Bedienung der Fortleitung und Verteilung.
e = 9% Energieverlust = 0.91 Nutzungskoeffizient.
v = 30% Arbeitsverlust der Fortleitung = 1.30.
b = 0.02 RM = Preis für 1 kg Steinkohle frei Kesselhaus.
c = 1 kg = Kohlenverbrauch für 1 kwh.

$$x = \frac{\frac{Aw \cdot pw}{e} + Af \cdot pf}{v \cdot b \cdot c} - \frac{\frac{Ad \cdot pd}{e} + Af \cdot pf}{v \cdot b \cdot c}$$

$$= \frac{1}{e} \cdot \frac{Aw \cdot pw - Ad \cdot pd}{v \cdot b \cdot c} = \frac{1}{0.91} \cdot \frac{800 \cdot 0.15 - 300 \cdot 0.20}{1.30 \cdot 0.02 \cdot 1}$$

$$= \frac{120 - 60}{0.91 \cdot 0.026} = 2\,536$$

x = 2 536 Jahresstunden = relative Nutzschwelle.

Die Elektrizitätserzeugung durch ein Wasserkraftwerk ist erst von 2536 Benutzungsstunden ab rentabler als die durch das mit weniger Fixkosten belastete (dafür aber mit mehr proportionalen Kosten beladene) Dampfkraftwerk. Die Kostenentwicklung des Wasserkraftwerks zeigt eine Fixität der Gesamtkosten, die offenbar nur durch eine Korrektur erzielt worden ist, wenngleich ein Wasserkraftwerk immerhin ein Beispiel für nahezu fixe Gesamtkosten ist.

VIII. Das Verhältnis von Kosten und Preis.

1. Theorie der Preisbildung.

Der Betrieb als eine Ertrag-Kosten-Organisation wendet Kosten auf, um einen Ertrag zu erzielen. Der Ertrag ist aber an den Marktpreis gebunden. Darum ist das Wissen um die Bildung des Preises für den Betriebswirt wichtig, und zwar vor allem aus zwei Gründen: 1. zur Erkenntnis der Preisbildungschance seiner eigenen Kosten, 2. zur vernünftigen Kalkulation der Angebotspreise. Die Bildung der Preise unterliegt nun in verschiedenen Fällen verschiedenen Gesetzen, die der kalkulierende Betriebswirt kennen muß. Sogar sehr feine Unterschiede sind für die Praxis der Kalkulation von Bedeutung. Preisbildungsunterschiede, wenngleich sie nur gradueller Art sind, ergeben sich a) für verschiedene Märkte (Beschaffungs- und Absatzmärkte, daher für die Nachfrage- und Angebotskalkulation; weiter für freie und geregelte Märkte); b) für verschiedene Waren (Leistungen), z. B. für Massen- und Einzelartikel, Markt- und Bestellartikel, Marken- und freie Artikel, insbesondere für Konsum- und Produktionsgüter; c) für verschiedene Betriebstypen, die aber mit den Warentypen eng zusammenhängen.

Aus diesen Unterschiedlichkeiten ergeben sich Preisbildungstypen, die insbes. praktischen Kalkulationszwecken dienen. Vom Betriebsstandpunkte wird es letzten Endes immer auf die Frage ankommen, welche Chance die Kosten des einzelnen Betriebes besitzen, im Preise rückvergütet zu werden; es kommt dem Betriebswirt auf die Kosten-Preis-Relation an.

Ausgangspunkt der Darstellung muß eine allgemeine Preistheorie sein, und zwar eine Preisbildungstheorie genetisch-kausaler Art. Sie wird nach dem heutigen Stand empirisch-statistischer Forschung vornehmlich eine abstrakte Theorie sein müssen, wobei zugleich zugegeben sei, daß eine jede empirische Theorie der abstrakten Theorie nicht entraten kann. Die folgende Darstellung, die natürlich persönliche betriebswirtschaftliche Ideen enthält, ruht in ihrem allgemeinen Teil vor allem auf der Preistheorie der österreichischen Schule und der Marshalls, während die funktionellen Theorien[1]) von Cournot, Walras, Pareto, Cassel uns betriebswirtschaftlich einen geringeren Erkenntniswert zu besitzen scheinen und dem Betriebswirt für seine Bildung des Angebotspreises nicht jene Anwendbarkeit geben, die er für sein praktisches Kalkulieren unbedingt braucht [2]).

---

[1]) Vgl. insbes. H. Mayer, Der Erkenntniswert der funktionellen Preistheorien (Die Wirtschaftstheorie der Gegenwart — Band II. Wert, Preis, Produktion, Geld und Kredit), S. 147—239b.

[2]) Auf die dem Preisbildungsprozeß vorgelagerte Wertbildung sei hier nicht näher eingegangen, vielmehr auf die Arbeit des Verfassers: Grundlagen betriebswirtschaftlicher Wertungslehre, Berlin 1926, verwiesen.

Die Preistheorie (genetisch-kausaler Art) sucht zu einer Erklärung des Preises zu kommen und forscht nach den Preisbestimmungsgründen und den Gesetzmäßigkeiten der Bildung des Gleichgewichts auf dem Markte. Damit wird sie eine Preisgrund- und Gleichgewichtstheorie, damit aber auch eine statische Theorie. Ihr kommt es darauf an, und sie ist nur in der Lage, die Bildung des Gleichgewichtes durch den Preis in einem Zeitpunkt, nicht in einem Zeitablauf zu zeigen. Sie muß daher mit Vereinfachungen, einem idealen Markte arbeiten und wird damit der Wirklichkeit, insbesondere der dynamischen Entwicklung, nicht ganz gerecht.

Zunächst sei die statische Preistheorie kurz skizziert. Es wird sich aber erweisen, daß sie auch der Wirtschaftsdynamik in genügendem Maße gerecht wird.

Die Vereinfachungen, die vorgenommen werden, erstrecken sich auf 4 Punkte. Es werden vorausgesetzt:

1. vollkommen freie Wirtschaft, so daß ein natürlicher Wettbewerb herrscht;
2. vertretbare Güter, also weder Seltenheitsgüter, noch Güter verschiedener Qualität;
3. ein organisierter Lokalmarkt, wo Käufer und Verkäufer über die Marktlage vollkommen orientiert sind;
4. statische Preisbildung.

Der Preismechanismus, der sich auf einem solchen Markt abwickelt, ist von Nachfrage und Angebot bestimmt. Die Ursachen für das Angebot und die Nachfrage sind die Preisbestimmungsgründe. Eine genaue Analyse beider schafft erst die Grundlagen für die Erkenntnis der Preisbildung, woraus sich die „Anleihen" bei Grenzwissenschaften, wie der Psychologie und der Technik, ergeben, die aber unvermeidlich sind. Die Nachfrage[1]) ist der auf dem Markt durch Kaufwilligkeit und Kauffähigkeit wirksam auftretende Bedarf. Bedarf selbst ist die zur Befriedigung eines Bedürfnisses nötige Gutsmenge. Für den Betriebswirt ist die effektive Nachfrage gleichbedeutend mit Absatz; die latente Nachfrage, die nur auf geringere Preise oder höhere Kaufkraft wartet, um wirksam zu werden, ist für ihn gleichfalls sehr wichtig. Das Angebot ist die zum Absatz zur Verfügung stehende Gesamtmenge.

Die Nachfrage wird durch den Grenznutzen bestimmt und durch die Kaufkraft begrenzt. Der Nutzen eines Gutes hängt von seiner Eignung ab und der Wichtigkeit des Bedürfnisses, zu dessen Befriedigung es dient. Das Angebot wird durch die Kosten bestimmt.

Auf dem Markte, dem Inbegriff der Tauschmöglichkeiten, treffen sich Käufer und Verkäufer, jeder mit einer vorgefaßten Meinung, die eigentlich etwas Doppeltes bedeutet: einen Grenzvoranschlag und eine Wertschätzung. Die Voranschläge bilden die Grenzen, bis zu denen beide Parteien zu gehen

---

[1]) Eine genauere Darstellung der Nachfrage erfolgt bei ihrer Analyse als Kalkulationsfaktor in Band II dieser Arbeit.

gedenken, um ihrem Prinzip, einen Höchstnutzen herauszuholen, gerecht zu werden. Die Wertschätzungen ermöglichen dann im realen Handeln ein Abweichen von den Voranschlägen. Die Voranschläge sind beim Käufer durch seinen psychischen Grenzertrag, beim Verkäufer durch seine Kosten bestimmt, die er auf alle Fälle mindestens rückvergütet haben will. Zwischen den Voranschlägen beider Gruppen liegt das „Feld der Preisbildungsmöglichkeiten". Innerhalb dieses Feldes liegt der Punkt des Gleichgewichtes, bei dem Angebot und Nachfrage sich ausgleichen. Der Preis bildet sich erst auf Grund der Beziehung von Angebot und Nachfrage, als Ausgleich beider. Das ist das „Gesetz von Angebot und Nachfrage": D e r P r e i s b i l d e t s i c h i m A u s g l e i c h s p u n k t v o n A n g e b o t u n d N a c h f r a g e. Dieser Mechanismus der Preisbildung ist an der folgenden graphischen Darstellung klar ersichtlich. Nachfrage- und Angebotskurve sind kontinuierlich. Bei großen Märkten und vertretbaren Waren trifft diese Annahme auch für die Angebotskurve durchaus zu, während bei kleinen Märkten ein Stufendiagramm richtiger wäre. Wo Angebots- und Nachfragekurve sich schneiden, bildet sich der Preis (in unserer Darstellung bei einem Preis von 5 RM und 325 verkauften Einheiten).

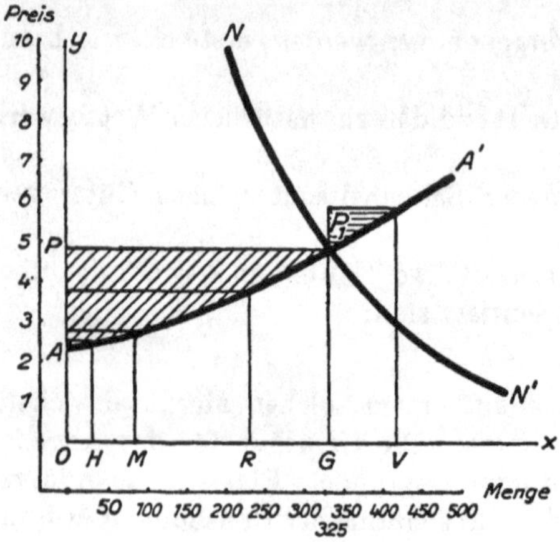

Die Wertetabelle zeigt folgende Größen:

Nachfrage Menge	Nachfrage Preis	Angebot Menge	Angebot Preis
		50	2.5
200	9.5	200	3.5
250	7.0	250	4.0
300	6.0	300	4.5
350	4.75	350	5.25
400	3.5	400	6.0
500	1.5	500	7.5

Die Nachfrage schwankt zwischen 200 Einheiten bei einem Preis von 9.5 und 500 Einheiten bei einem Preis von 1.5. Das Angebot zwischen 50 Einheiten bei einem Preis von 2.5 und 500 Einheiten bei einem Preise von 7.5. (Bei verschiedenen Gütern sind sowohl Nachfrage- als auch Angebotskurve verschieden, mehr oder weniger geneigt als die in der obigen Darstellung.) Die Grenze für die effektive Nachfrage und das effektive Angebot liegt am Schnittpunkt (P_1) beider Kurven *NN'* bzw. *AA'*. Die letzte Nachfrageeinheit, die noch wirksam wird, also die mit dem geringsten Grenznutzen, bildet die Grenznachfrage (des Grenzkäufers), das letzte, noch abgesetzte Angebot bildet das Grenzangebot, das vom Grenzbetrieb, dem Betrieb mit den höchsten Selbstkosten, den (zwischenbetrieblichen) Grenzkosten kommt. Grenznutzen und Grenzkosten müssen gleich sein. Die Nachfragenden mit höheren Grenznutzen als dem Preis, die also einen höheren Preis zu gewähren gewillt sind, erhalten eine Konsumentenrente. Die Anbietenden mit niedrigeren Selbstkosten als dem Marktpreis erzielen Unternehmergewinne (Differentialrenten), während der Grenzbetrieb, da die Grenzkosten, seine Selbstkosten, dem Preis entsprechen, nur seine Kosten rückvergütet erhält, dagegen keinen Unternehmergewinn erzielt. Der Preis ersetzt also nur die (zwischenbetrieblichen) Grenzkosten, hat jedenfalls die Tendenz, sich an dieser Stelle zu bilden.

Der Preis, der einheitlich für die gesamte abgesetzte Menge sein muß, trotz verschieden hoher Grenznutzen der Käufer und verschieden hoher Selbstkosten der Verkäufer, muß sich zwischen den beiden Grenzpaaren bilden: nach oben zwischen dem letzten noch zum Kauf kommenden Käufer (6 RM) und dem tauschfähigsten ausgeschlossenen Verkäufer (5.25RM), nach unten zwischen dem mindest tauschfähigen noch zum Tausch kommenden Verkäufer (4,5 RM) und dem tauschfähigsten ausgeschlossenen Käufer (4.75 RM). Es ist so eine doppelte Begrenzung vorhanden, wobei die engere Begrenzung entscheidet, bei uns zwischen 4.75 und 5.25 RM. Zwischen diesen beiden Voranschlägen liegt das Feld der Preismöglichkeiten, in dem sich voraussichtlich bei 5 RM und 325 abgesetzten Einheiten das Gleichgewicht ergeben wird.

Das beste praktische Beispiel für diese ideale Form der Preisbildung ist die Preisbildung der zu Einheitskursen notierten Effekten an der Fondsbörse, wo tatsächlich die Preisbildung durch Gegenüberstellung der Grenzwerte der Nachfragenden und Anbietenden entsteht. Der Kurs ist dann der Preis (Einheitskurs), bei dem die Grenzwerte übereinstimmen. Das ist der Preis, bei dem

1. die größten Umsätze erzielt werden,
2. die unlimitierten Aufträge nach Möglichkeit voll erfüllt sind,
3. die Angebote und Nachfragen, die unter bzw. über dem Einheitskurs liegen, voll erfüllt werden,
4. Angebote und Nachfragen, die mit dem Einheitskurs übereinstimmen, wenigstens teilweise befriedigt werden.

Dies ist ein idealer Fall, der freieste Konkurrenz voraussetzt. Er stellt die Grenzanbietenden und Grenznachfragenden anschaulich dar.

Daß in Deutschland auch dieser Fall der Einheitskursbildung am Effektenmarkt keine ideale Preisbildung darstellt, ergibt sich aus der Kompensationstätigkeit der Banken, die verhindert, daß alle Aufträge über die Börse gehen und dadurch eine vollkommene Preisbildung unmöglich macht. Die Börse ist darum hier zum guten Teil in ihrer Funktion beschränkt, aber als Preisbildungsvorgang ist sie immer noch sehr deutlich.

Auch andere Börsennotierungen sind Musterbeispiele für die Preisbildung auf der Grundlage der Grenzanbieter und Grenznachfragenden. Allerdings sind dies alles Beispiele des Handels: des Effekten- und Warenhandels, und zwar nur von vertretbaren Waren, wo die Preisbildung als reines Markterzeugnis besonders deutlich ist. In der Produktionsstufe sind die Verhältnisse nicht so klar.

Die hier dargestellte Gleichgewichtstheorie ist eine dualistische, auf Nachfrage und Angebot beruhend, Nutzen und Kosten berücksichtigend, wie die Wirtschaft selbst dualistisch ist. Der Primat gehört im allgemeinen Falle keiner der beiden Komponenten. Der Preis ist das Ergebnis, zugleich aber auch das Mittel des Ausgleichs, er ist keinesfalls das zuerst Gegebene, die unabhängig Variable. Vielmehr besteht zwischen Angebot und Nachfrage und Preis eine allseitige Interdependenz. Bei Preisänderungen wirken darum immer 3 Faktoren: Nachfrage, Angebot und Preis. Wird der Preis erhöht, so erhöht sich das Angebot und vermindert sich die Nachfrage. Wird der Preis ermäßigt, vermindert sich das Angebot und steigt die Nachfrage, wenn auch immer in verschiedenem Maße, entsprechend der Elastizität der Nachfrage und des Angebots. Bei steigendem Angebot richtet sich der Preis nach dem Produzenten mit der höchsten Erhöhung der Kosten.

Bei sinkenden Kosten sind die Kosten mit der geringsten Senkung entscheidend.

Die vereinfachte statische Preistheorie muß mit der komplizierten Wirklichkeit in Einklang gebracht werden. Die komplizierenden Momente sind:

1. Notzeiten,
2. unvollkommene Märkte, infolge
   a) Zersplitterung,
   b) Qualitätsunterschieden,
   c) Beeinflussung der Preisbildung,
3. der Zeitablauf (dynamische Preisbildung).

Alle diese Faktoren wirken in der Richtung, daß einer der beiden preisbildenden Faktoren, die Nachfrage oder das Angebot, das Übergewicht erreicht.

In Notzeiten erhält eine der Parteien das Übergewicht: in Baissezeiten, mit ihrem rückläufigen Absatz bei fast gleichbleibenden fixen Kosten für den Produzenten, ist der Konsument im Vorteil, wenn nicht seine verminderte Kaufkraft seine Stellung schwächt; in Zeiten des Aufschwungs und der Hochkonjunktur ist der Produzent begünstigt, der den Ansprüchen des Marktes oft nicht nachkommen kann. Besonders schwierige Notzeiten ergeben sich bei völlig gehemmten Beschaffungs- und Absatzverhältnissen: Kriegs- und kriegsähnlichen Zeiten. Trotzdem ist die Tendenz zum Ausgleich von Angebot und Nachfrage vorhanden. Es verschieben sich dann die Wertschätzungen bis zu bestimmten Grenzen: beim Produzenten zur Preisuntergrenze, beim Konsumenten erhöht (oder senkt) sich die Preisobergrenze.

Auch unvollkommene Märkte komplizieren die Preisbildung. Entweder ist der Markt zersplittert, unorganisiert, so daß nicht die gesamte Nachfrage und das gesamte Angebot bei der Preisbildung wirksam werden, (z. B. auf den deutschen Fondsbörsen infolge der Kompensationstätigkeit der deutschen Banken), so daß schon kleine Änderungen auf der Nachfrage- oder Angebotsseite den Preis stark beeinflussen können, oder aber die Information und Übersicht ist nicht vollkommen, so daß von den Parteien die Marktverhältnisse falsch beurteilt werden, was zu falschen Wertschätzungen führt.

Gleichfalls ergeben sich Schwierigkeiten der Preisbildung, wenn Qualitätsunterschiede den Vergleich erschweren. Meist ergibt sich daraus die Notwendigkeit verschiedener Preisbildung für die einzelnen Qualitäten.

Am stärksten wird die Beeinflussungsmöglichkeit eines Teils der Marktorganisation, wenn ein natürlicher Wettbewerb nicht vorhanden ist, vielmehr auf irgendeine Weise der Markt geregelt wird. Wir haben dann keine freie, sondern eine geregelte Preisbildung. Die Regelung kann von den verschiedensten Stellen kommen:

vom Staate: (Taxpreise),

vom Konsumenten: (z. B. zeitweilig die Reichsbank für Privatdiskonten),

vom Produzenten: (für Monopol- oder sonstige preisgebundene Artikel).

Am häufigsten und weitestgehend ist der Einfluß der Produzentenseite, der so weit gehen kann, daß die Kosten fast allein entscheidend sind, und zwar durch die Monopolisierung der angebotenen Mengen. Dann ist der Preis tatsächlich die abhängig Variable, und der Preis bestimmt die Nachfragemenge. Aber auch hier ist noch ein Zusammenhang mit der allgemeinen Preisbildungstheorie insofern vorhanden, als eine absolute Herrschaft einer Preisbildungskomponente doch nicht vorhanden ist. Selbst in diesem extremsten Fall muß die Nachfrage berücksichtigt werden, wenn der Betriebszweck: höchster Gesamtreinertrag erreicht werden soll. Der Gesamtertrag ist ein Produkt aus Stückpreis und Menge, und das Ergebnis ($x \,.\, F(p)$) soll doch ein Maximum sein. Das Marktziel ist nicht der höchste, sondern der günstigste Preis, das ist der, der bei Berücksichtigung des durch den Preis beeinflußten Absatzes den höchsten Gesamtreinertrag erzielt. Die Theorie der Bildung der geregelten Preise ist wegen der Beeinflussungsmöglichkeit durch eine Seite, insbes. den Produzenten, eine besonders wichtige Grundlage für eine vernünftige Kalkulation des Angebotspreises, vor allem auch deswegen, weil nicht nur die abzusetzende Menge an sich, sondern auch die Wirkung der Menge auf die Kostengestaltung zu berücksichtigen ist. Das zu kalkulierende Ertragsmaximum ist dann vom Preis, der Menge und der (von der Menge bedingten) Kostengestaltung abhängig.

Endlich ist der Zeitablauf ein Störungsmoment der statistischen Preisbildung, der die Theorie von der Wirklichkeit entfernt. Der Zeitablauf bedeutet Entwicklung und darum Veränderung von der Konsumenten- und Produzentenseite. Das einstige Beziehungsverhältnis ändert sich, vielleicht sogar stündlich. Die Folge dieser fortwährenden Änderung der Marktkonstellation muß eine dauernde Preisänderung sein, die wir in der Wirklichkeit auch tatsächlich beobachten, insbes. in vollständig freien Märkten. Wird damit aber die statische Preistheorie mit ihrem Ausgleichsgesetz als falsch erwiesen? Nein, die statische Preistheorie behält ihre Richtigkeit auch für die dynamische Wirklichkeit, weil der dynamische Zeitablauf nur eine Summe von statischen Zeitpunkten ist, die dynamische Tendenz zum Gleichgewicht nur eine Aufeinanderfolge statischer Marktausgleiche. Die Statik bildet auch hier einen Grenzfall der Dynamik. Auch für die dynamische Wirtschaft gilt das Ausgleichsgesetz von Angebot und Nachfrage, wenn auch ein dauernder Ausgleich nie erzielt wird. Der zukünftige Preis knüpft an den jüngst vergangenen an, so daß eine kontinuierliche Preisreihe entsteht, in der immerfort die drei Faktoren: Preis, Nachfrage und Angebot sich gegenseitig beeinflussen. Von entscheidender Bedeutung wird hier die Frage nach der Ursache der Preisänderung. Das ist die wichtigste Frage für die Praxis, die im allgemeinen von „schwebenden" Preisen ausgehen kann.

2. Das Zeitmoment in der Preisbildung.

Für die Preisänderung und das Übergewicht einer Marktpartei über die andere ist das Zeitmoment ausschlaggebend, das Marshall in die Preistheorie eingeführt und damit (und mit der Elastizität der Nachfrage) die Preistheorie an die Wirklichkeit herangeführt und auf diese Weise zugleich der Praxis ausgezeichnete Grundlagen für ihre Kalkulationen gegeben hat. Vom Zeitmoment ist es abhängig, welches der beiden Preisbildungselemente: Nachfrage oder Angebot, Nutzen oder Kosten entscheidend ist, wenngleich sie beide stets vereint wirksam werden. Hieraus ergeben sich auch die Tendenzen der Preisänderung. Aber auch hier gilt es zu differenzieren, vor allem, ob es sich um die Preisbildung von Konsum- oder Produktionsgütern handelt, so daß man zwei Preisbildungsprozesse zu unterscheiden hat, die wiederum in sich nach Gütern und Betriebstypen weiter zu differenzieren sind. Marshall unterscheidet im wesentlichen drei Perioden:

1. Die kurze Periode, in der das Angebot als Vorrat gegeben ist (der gewöhnliche Marktpreis).
2. Die Normalperiode, in der das Angebot bestimmt wird durch die zum fraglichen Preis mit den vorhandenen Produktionsmitteln produzierbaren Güter (Normalpreis).
3. Die Dauerperiode, in der das Angebot bestimmt wird durch die Menge, die mit Anlagen produziert wird, die herzustellen und anzuwenden es sich in dieser Periode lohnt (Preis auf die Dauer).

Die Periodisierung des Preisbildungsprozesess besagt nun nicht, daß einzelne Gütergruppen in die eine, andere dagegen in eine andere Periode einzuordnen sind, sondern für alle Güter kommen hintereinander alle drei Perioden in Frage. Genau so, wie es für einen Artikel Einzelhandels-, Großhandels- und Weltmarktpreise zu gleicher Zeit gibt, genau so gibt es für jedes Gut Marktpreise, Normalpreise und Preise auf die Dauer.

Der Marktpreis, der Preis der Nutzentheorien, ist am meisten subjektiv beeinflußt. Er ist der typische Preis der statischen Preistheorie, die von uns dargestellt worden ist.

Im Normalpreis setzt sich das objektive Moment bereits mehr durch, er ist bereits überwiegend kostenorientiert, und zwar folgendermaßen: Der Marktpreis bestimmt die Rentabilitätsgrenze der einzelnen Betriebe. Liegt er über dem Angebotspreis, so gestattet er die Inbetriebnahme von vorhandener, bisher ungenutzter Kapazität. Die Produkte der letzten Betriebsschichten und der letzten Betriebe bestimmen nun den Grenzangebotspreis, der dem Nachfragepreis gleich sein kann oder ihm wesentlich näherkommt. In entgegengesetzter Richtung wirkt der Marktpreis, wenn er unter dem Angebotspreis des unrentabelsten Betriebes liegt. Die verminderten Preise scheiden Betriebe, deren Kosten über dem Nachfragepreis liegen, aus. Wiederum erfolgt eine Anpassung der Kosten an den Nachfragepreis. In der Normalperiode bestimmt also die Nachfrage den Grad der Ausnutzung der bereits vorhandenen Produktionsmittel.

In der längsten Periode, der Periode auf die Dauer, erfolgt dann eine Anpassung des Produktionsmittelvorrates an die Nachfrage. Hier sind dann für die Preise nur die Kosten ausschlaggebend. Durch die Länge der Entwicklungsperiode sind die subjektiven Momente im Preis am meisten ausgeschaltet. Die Kosten haben sich durchgesetzt, der natürliche Preis der klassischen Schule ist erreicht.

Das Ergebnis wäre demnach: Je kürzer die Zeitspanne, desto größer der subjektive Einfluß der Nachfrage auf den Preis; je länger, desto größer ist die Anpassung an die Kosten.

Nach dieser Zerlegung des Preisbildungsprozesses scheint es, als ob sich hier ein Mechanismus ausgebildet hätte, der reibungslos das ganze Wirtschaftsleben reguliert, ein Mechanismus, der den Kanal, aus dem die Produktion strömt, bald öffnet, bald schließt, je nach der Spannung, die zwischen Angebot und Nachfrage herrscht. So ohne Komplikationen arbeitet dieses System aber nicht. Von beiden Seiten, vom Angebot und von der Nachfrage, kommen Störungen in dieses Spiel der Kräfte. Vom Subjekt aus ist die unterschiedliche Elastizität der einzelnen Bedürfnisse, vom Objekt aus dagegen sind es die degressiv verlaufenden Kosten, die Schwierigkeiten in das anscheinend so einfache Problem bringen.

Alle Bedürfnisse nehmen mit fortschreitender Sättigung an Intensität ab; aber der Verlauf dieser Intensitätskurven ist für jedes Bedürfnis individuell verschieden. Außerdem stehen dem Zweck „Bedürfnisbefriedigung" in der Regel mehrere Objekte gegenüber, auf die sich die Nachfrage richten wird. Aus diesen Gründen reagiert die Nachfrage auf Preisveränderungen bei verschiedenartigen Gütern ganz verschieden. Man kann darüber nur soviel sagen, daß Bedürfnisse, die elastisch sind und bereits bei einer geringen Preisdifferenz nach unten mit einer verstärkten Nachfrage reagieren, ebenso elastisch sind in der Anpassung in der anderen Richtung. Es handelt sich hierbei meist um Bedürfnisse mit geringer Intensität. Diese Art der Nachfrage reagiert auch zuerst auf Kaufkraftänderungen des Subjektes in Form erhöhter oder verminderter Einkommen. Anders geartet sind die unelastischen Bedürfnisse, die intensiven, die auf Preissenkungen kaum nach oben reagieren und bei Preissteigerungen auch konstant bleiben. Für die Anpassung der Gütererzeugung an den Verbrauch ist es für den Betrieb von wesentlicher Bedeutung, zu wissen, ob er es mit einem elastischen oder unelastischen Bedürfnis zu tun hat. Die Befriedigung des ersteren ist mit einem viel größeren Risiko verbunden.

Die Kosten der Produktion sind bei jeder Einheit der produzierten Menge verschieden. Steht die Produktion unter dem Gesetz vom abnehmenden Ertrag, dann sind die ersten produzierten Mengen weniger von Kosten belastet als die letzten.

Konstanter Ertrag, ein Produktionszustand, bei dem der Preis die speziellen Kosten jedes einzelnen Produktionsquantums deckt, wo also eine mengenmäßige Steigerung ohne Angebotspreisänderung möglich ist, ist ein in der Wirtschaft selten vorkommender Fall. Er wäre typisch für den Normalpreis in einer stationären Wirtschaft.

Die weitaus größte Anzahl der Produktionsprozesse steht aber unter dem Gesetz des zunehmenden Ertrages. Je größer die Gütermenge, desto geringer sind die Kosten des einzelnen Teiles. Dafür sind zwei Gründe anzuführen, ein betriebswirtschaftlicher und ein volkswirtschaftlicher, die beide gleichzeitig auf den Preis wirken.

Beim Betrieb ist das verschiedene Verhalten der variablen und fixen Kosten von Bedeutung, die gleichsam Grund- und Ergänzungskosten bilden. Die fixen Gesamtkosten sind unabhängig von der Produktionsmenge, die Aufteilung auf das einzelne Produkt ist ein reiner Rechnungsvorgang. Je größer die produzierte Menge ist, desto geringer ist der Anteil des einzelnen Gutes an den Ergänzungskosten.

Dieser Prozeß der betriebswirtschaftlich bedingten Kostensenkung wird noch verstärkt durch die volkswirtschaftlich bedingte Kostenminderung. Die Vollbeschäftigung aller bereits vorhandenen Anlagen ergibt den betriebswirtschaftlich bedingten niedrigsten Angebotspreis. Eine weiterhin verstärkte Nachfrage muß einen höheren Angebotspreis auslösen, da nun neue Anlagen errichtet und neue Arbeiter angelernt werden müssen, was mit erhöhten Kosten verbunden ist. Bei genügender Dauer dieser gesteigerten Nachfrage wird aber eine rückläufige Bewegung einsetzen, hervorgerufen durch die Ausnützung technischer Neuerungen, Ersetzung der Handarbeit durch Maschinenarbeit, Ergänzung des Stammes der gelernten Arbeiter, verbunden mit einem Abgleiten der Lohnkosten auf die Normalhöhe. Das ist gleichbedeutend mit einer Senkung der Produktionskosten im ganzen Gewerbezweig, unabhängig von den Verhältnissen in den einzelnen Betrieben. Einer gesteigerten Nachfrage steht demnach anfangs ein höherer, bei angemessener Dauer aber ein niedrigerer Angebotspreis gegenüber. Dieser volkswirtschaftliche Produktionsvorteil bleibt auch bestehen, wenn eine rückläufige Konjunktur einsetzt, während die betriebswirtschaftlich bedingte Preissenkung dann verlorengeht und sich eigentlich bei geringerer Nachfrage in einem gesteigerten Angebotspreis auswirken müßte. Wenn die Kostentheorien eine Unterscheidung zwischen proportional und degressiv verlaufenden Kosten gemacht hätten, müßte es ihnen klar geworden sein, warum bei geringerer Nachfrage in der Praxis die Preise, trotz erhöhter Durchschnittskosten, nie steigen, daß also nicht allein die Kosten die Preishöhe bestimmen, was für den Betriebswirt bedeutet, daß er nicht immer Ersatz aller Kosten verlangen kann. Hier ist einer der Punkte im Preismechanismus, wo die Wirkung der Nachfrage ausschlaggebend ist, denn die Höhe der Nachfragepreise verhindert die Anpassung der Marktpreise an die wirklichen Kosten.

Die Störungen, die die degressiv verlaufenden Kosten im Mechanismus der Preisbildung hervorrufen, liegen darin, daß sie eine exakte Feststellung der Gleichgewichtsmenge verhindern. Im Gleichgewichtszustand müssen Angebots- und Nachfragemenge gleich sein. Bei Produkten mit konstantem und abnehmendem Ertrag (oder konstant und progressiv verlaufenden Kosten) würden einem Angebotspreis stets eine genau feststellbare Angebotsmenge gegenüberstehen. Der Preis könnte als eine Funktion der Menge betrachtet werden.

Anders beim Produktionsprozeß mit degressiv verlaufenden Kosten. Hier kann dem Angebotspreis eine unbeschränkte Angebotsmenge gegenüberstehen. An einem praktischen Beispiel ist dies leicht zu erkennen.

Im Hüttenbetrieb rechnet man, daß die Ergänzungskosten dieselben sind, ob man einen Ofen voll ausnützt oder nur zu zwei Drittel. Würden sich nun Angebotspreis und Nachfragepreis dort decken, wo die Kosten von zwei Dritteln der möglichen Produktionsmenge getragen werden, dann hat zwar der Preis die Tendenz, stabil zu bleiben, nicht aber die Menge, denn gerade mit dem letzten Drittel der Produktion ist bei diesem Preisstand ein rentenähnlicher Gewinn zu machen. Theoretisch verwandelt sich das stabile Gleichgewicht „des Preises auf die Dauer" in ein labiles, bei dem es mehrere Gleichgewichtsmengen und mehrere Gleichgewichtspreise gibt. Es ist aus diesen Gründen nicht möglich, mit mathematischer Genauigkeit den Normalpreis auf die Dauer zu errechnen, weil kein funktionales Verhältnis zwischen Angebotsmenge und Angebotspreis besteht. Dieser Umstand wirkt sich auf die Preisbildung der Produktionsfaktoren aus.

Der wesentliche Unterschied in der Preisbildung der Konsumgüter und Produktionsmittel besteht darin, daß die Nachfrage nach Konsumgütern eine direkte ist, dagegen die nach Produktionsmitteln eine indirekte, aus der Nachfrage nach ihren Produkten abgeleitete. Damit besteht eine Verknüpfung zwischen der Preisbildung der Produktionsmittel mit der der Produkte. Diese Verbindung im Preismechanismus schafft der Ertrag.

Es ist nicht möglich, ohne weiteres eine Theorie für die Preisbildung der Produktionsmittel aufzustellen, da der Ertrag nicht vom einzelnen Produktionsmittel, sondern von der Gesamtheit der Produktionsfaktoren, verkörpert in der Unternehmung, erbracht wird. Durch die Zusammenarbeit von Arbeit, Kapital (Boden ist für den Betriebswirt Kapital) und Organisation wird der Ertrag erzielt [1]). Es ist schon schwierig, ihn zahlenmäßig auf diese drei Faktoren zu verteilen, unmöglich ist es aber, den Anteil der einzelnen Produktionsmittel festzustellen. Die Preisbildung hierfür geschieht gewissermaßen auf einem Umwege. Jedes Produktionsmittel ist (mit Ausnahme des Bodens) selbst wieder ein Produkt, und als solches hat es genau dieselbe Preisbildung wie die Konsumgüter. Sein Preis hat die Tendenz, um die Produktionskosten zu pendeln. Sind die Produktionsmittel dann aber als solche in der Betriebsanlage verbunden, dann verlieren sie ihre Selbständigkeit und werden in den Zusammenhang der Wirtschaftseinheit hineingezogen. Die Nachfrage nach einem Gut ist gleichbedeutend mit einer Nachfrage nach den zur Produktion nötigen Produktionsfaktoren; und zwar erstreckt sie sich immer auf die Gesamtheit derjenigen Produktionsmittel, die zur Erstellung einer bestimmten Leistung notwendig sind.

Entsteht nun auf Grund besonders günstiger, innerbetrieblicher oder Marktverhältnisse ein Überschuß, ein surplus oder eine Quasirente, so beginnt ein neuer Preisbildungsprozeß, der nur den Produktionsmitteln eigen ist. Der Ertrag wird für den Wert des Gutes plötzlich ausschlaggebend; der Preis ist nicht mehr kosten-, sondern ertragsorientiert.

Dieser zweite Preisbildungsprozeß wirkt sich weniger scharf auf den Märkten für einzelne Produktionsmittel aus, als dort, wo es sich um Kauf und Verkauf ganzer Produktionseinheiten, von Anlagen und ganzen Unternehmungen handelt.

Auf dem Markte der einzelnen Produktionsmittel macht sich der Ertrag als preisbildendes Element geltend, indem er an Stelle des Nutzens (der eines zahlenmäßigen Ausdruckes beim Konsumgut ermangelt) tritt. Der Ertrag wird oberste Grenze des Nachfragepreises, denn wenn ein Produktionsmittel nachgefragt wird, so geschieht es stets, um es in einen derartigen Verband von Produktionsfaktoren einzuordnen, dessen Ertrag bereits bekannt ist. Bei relativer Knappheit der Produktionsmittel werden nun auf Grund einer stärkeren Nachfrage Abweichungen vom Kostenpreise erfolgen, und zwar: Je kürzer die Produktionsdauer der Produktions-

[1]) Marshall bereits hat die Organisation als Produktionsfaktor erkannt.

mittel ist, desto geringer werden die Abweichungen vom Kostenpreis sein; je länger dagegen der Produktionsprozeß, je größer also die Seltenheit, desto stärker wirkt sich der Einfluß des Ertrages aus.

Das beste Beispiel hierfür ist die Preisbildung des Bodens, der keine Produktionskosten verursacht. Seine Preisbildung ist charakteristisch für den rein ertragsorientierten Preis. Er wird durch den kapitalisierten Bodenertrag bestimmt.

Genau nicht anders geht die Preisbildung dort vor sich, wo man in den Kosten keinen Maßstab für den Wert des Objektes finden kann, besonders beim Verkauf von ganzen Unternehmungen, vor allem wegen des immateriellen Wertes der Organisation, den man meist auf keine direkten Kosten zurückführen kann. Sein Vorhandensein ist nur an seiner Wirkung zu erkennen, und die Wirkung ist wiederum der Ertrag. Wie bei allen ertragsorientierten Preisen ist auch bei der Unternehmung der Wert nur durch Kapitalisierung aller zukünftigen Erträge zu ermitteln. Ganz losgelöst von der Kostengrundlage ist aber auch dieser Preis nicht. Die Kosten wirken sich im Ertragswert indirekt aus, da die Veranschlagung der latenten Konkurrenz, die allein kostenbestimmt ist, preisbeeinflussend wirkt.

Das Ergebnis ist demnach folgendes:

Der Wert der Produktionsmittel ist abhängig vom Preis der Produkte. Das Bindeglied zwischen beiden ist der Ertrag. Er wirkt einerseits als oberste Grenze des Nachfragepreises in den Fällen, in denen das Handelsobjekt Produkt für den Verkäufer und Produktionsmittel für den Käufer ist, andererseits als Angebotspreis, wenn es von beiden Kontrahenten als Produktionsmittel angesehen wird.

Zusammenfassend könnte man den Einfluß der Zeit, d. h. der kurzen und der langen Periode, auf das Kosten-Preis-Verhältnis wie folgt darstellen:

1. Auf kurze Sicht[1]) ist das Produktionskapital fix und das Angebot starr (Betriebe in Zahl und Ausrüstung).
   „ „ „ ist daher die Nachfrage entscheidend.
2. „ „ „ besteht gar kein Verhältnis zwischen Kosten und Preis (Marshall'sches Fischbeispiel, Weihnachtsbäume), vor allem bei verderblichen Waren.
3. „ „ „ kann der Preis so niedrig werden, daß er höchstens die Grenzkosten oder — unter besonderen Umständen — nicht einmal die deckt[2]).

---

[1]) Kurze Sicht für Preisbildungszwecke bedeutet etwas anderes als kurze Sicht z. B. in der Betriebsplanung. Kurze Sicht im ersten Falle bedeutet unter modernen Schnellproduktionsverhältnissen oft nur Perioden von Stunden, einem halben Tag, einem Tag, oft natürlich auch länger, je nach der Elastizität des Angebotes.

[2]) Wenn alle Betriebe so kalkulieren, wird der niedrige Preis die Nachfrage steigern und aus der Depression, dem schlechten Ausnutzungsgrad, hinausführen, die Arbeitslosigkeit bessern.

4. Auf lange Sicht oszillieren die Preise um die Kosten des Grenzproduzenten.
5. „ „ „ hat der Preis die Tendenz zum Normalpreis[1]).
6. „ „ „ besteht auch die Tendenz zur Vereinheitlichung der Kosten in einer Branche (Bergwerke, Landwirtschaft und andere Betriebe mit natürlichen Kostenvorteilen bilden die Ausnahme).
7. „ „ „ treibt der Produzent mit niedrigen Kosten den mit hohen Kosten aus dem Markt.
8. „ „ „ besteht die Tendenz zum (zwischenbetrieblichen) Ausgleich der Grenzerträge der einzelnen Branchen.
9. „ „ „ besteht die Tendenz, die gesamten Kosten des Betriebes zu decken, also variable und fixe.
10. „ „ „ sind die Produktionsmittel und die Zahl der Betriebe variabel. Das ist der fundamentale Faktor: die Vermehrung (und Änderung) des Produktionskapitals auf lange Sicht.
11. Der Monopolpreis liegt auf lange Sicht stets über den Kosten. Er ist auf lange Sicht der Preis, der den Höchstertrag verspricht.
12. Auf lange Sicht ändert der Preis mit der Erhöhung das Angebot, er vermindert schon auf kurze Sicht die Nachfrage.

Als allgemeinster Satz kann als Ergebnis der bisherigen preistheoretischen Betrachtungen vom Standpunkte des Betriebes der folgende aufgestellt werden: die Preise pendeln um die Kosten des Grenzproduzenten. Damit ist gesagt, daß die Preise die Tendenz haben, sich an den Kosten des Grenzproduzenten zu orientieren. Auf der anderen Seite ergibt sich wiederum die Folgerung, daß die Marktpreise den Grenzproduzenten bestimmen.

3. Kosten- und Ertragsdispersion und der Grenzproduzent.

Der Begriff des Grenzproduzenten und der (zwischenbetrieblichen) Grenzkosten ergibt sich aus der Kosten- und Ertragsdispersion, die eine innen- und eine zwischenbetriebliche sein kann. Mit der innerbetrieblichen Kosten- und Ertragsdispersion meint man die verschieden hohen Kosten und Erträge zu verschiedenen Zeiten des Jahres und in den verschiedenen Konjunkturphasen einerseits und zwischen den verschiedenen Abteilungen, Artikeln andererseits. Der Hauptgrund liegt im ersten Falle in dem verschieden hohen Ausnutzungsgrad, aber auch in der Güte der Betriebsgebarung. Die Beobachtung der Streuung, ihre Messung an Standardziffern und sonstigen Richtzahlen, ihre Wirkung auf die variablen und fixen Kosten ist zur Kontrolle des Betriebes unbedingt notwendig.

---

[1]) Der normale Preis auf lange Sicht ist der, der sich auf den Kosten der Grenzbetriebe bildet; er gleicht die Kosten der Betriebe an die Kosten der repräsentativen Betriebe an.

Die zwischenbetriebliche Kosten- und Ertragsdispersion, die sich immer auf die gesamte Branche bezieht, hat einen doppelten Charakter: einen zeitlichen und einen strukturellen. Zeitlich ergibt sich die Streuung aus den verschiedenen Kostenziffern zu verschiedenen Zeiten, die wiederum konjunkturellen und Entwicklungscharakter tragen. Die Wirkung braucht bei den verschiedenen Betrieben durchaus nicht die gleiche zu sein. Die zeitliche Kostenstreuung bedingt eine entsprechende Ertragsstreuung, womit nur die Unterschiedlichkeiten der Kosten und Erträge in einer Entwicklungsperiode gemeint sind, wobei die Streuung entweder vom Minimum oder vom Durchschnitt zu messen ist. So erzielten in U. S. A. 84 Kohlenhandlungen folgende Gewinne (in %):

1913	1914	1915	1916	1917	1918	1919	1920	1921	1922
19.9	15.8	15.9	31.3	42.8	31.1	18	49	6.6	15.6

So große Gewinnschwankungen wie zwischen 49% und 6.6% in zwei aufeinanderfolgenden Jahren müssen in der Branche und in der Stellung der einzelnen Betriebe innerhalb der Branche große Verschiebungen hervorbringen, wobei man bedenken muß, daß die einzelnen Ziffern Durchschnittsziffern sind, die die eigentliche Ertragsstreuung in der Branche nicht zeigen. Wie groß die Gewinnunterschiede der einzelnen Branchen sind, dafür ein Beispiel aus U. S. A. 1917 betrugen die Gewinne bei:

Handelsagenten	60.33%
Stahl- und Walzwerken	59 %
Telephon- und Telegraphenbetrieben	10.64
Grundstücksmaklern	9.76%
Spekulationsgeschäften	8.96%

10 Branchen erzielten Gewinne über 39, 10 unter 18%, 88 zwischen 18 und 39%.

Für die Preisbildung von größter Bedeutung ist die strukturelle Kosten- und Ertragsdispersion, und sie ist es, an die wir meistens denken, wenn wir von Kosten- und Ertragsdispersion sprechen. Sie zeigt sich in den verschieden hohen Selbstkosten und Reinerträgen der Betriebe einer Branche. Häufig fallen Kosten- und Ertragsdispersion der Betriebe zusammen, weil die Betriebe mit den höchsten Kosten zugleich die mit den geringsten Erträgen sind, aber infolge verschiedener Vertriebs- und Preispolitik können sie geringfügig auseinanderfallen. Die verschieden hohen Selbstkosten, die Größe ihrer Streuung, zeigt die Kostenstruktur der einzelnen Branche. Die Größe der Kostenunterschiede zeigt folgende Tabelle S. 408. (U. S. A.).

In der statistischen Untersuchung der Kosten-Preis-Relation werden weitere Beispiele für Kosten- und Etragsdispersion gegeben werden.

Aus den verschieden hohen Selbstkosten ergibt sich eine verschiedene Stellung der einzelnen Betriebe im Markt. Von entscheidender Bedeutung für die Preisbildung ist der Grenzproduzent. Er ist der letzte noch zur Produktion herangezogene Produzent. Er ist der Produzent mit den höchsten

Industrie	Jahr	Streuungskoeffizienten (basierend auf Durchschnittsabweichungen)
Buchpapier	1916	0.15
	1917	0.9
Zeitungspapier	1913	0.12
	1914	0.11
	1915	0.10
	1916 (1/2 Jahr)	0.11
Büchsenlachs	1916	0.21
	1917	0.33
Zuckerrüben	1913	0.20, 0.16 und 0.21 in drei verschiedenen Distrikten
Kupfer	1918	0.18

Kosten, die der Markt noch rückvergütet. Er erzielt keinen Gewinn, nur Kostendeckung, Eigenkapitalzinsen (in Höhe der Landeszinsen) als Kosten gesehen. Diese allgemein übliche Begriffsbestimmung ist aber nur bedingt richtig und nur eingeschränkt richtunggebend für den Betriebswirt, wenn er auch an der Höhe seines Ertrages seine Stellung im Markt und seinen Abstand vom Grenzbetriebe merkt. Es gibt Betriebe, die noch unter dem Grenzproduzenten stehen, also mit höheren Kosten arbeiten. Man muß im ganzen 4 Gruppen von Betrieben unterscheiden:

1. Die Verlustgruppe — kein Ersatz der Eigenkapitalzinsen, dazu noch Geldausgaben,
2. die Gruppe der Grenzproduzenten — gewinnlose Gruppe — Eigenkapitalzinsen stets als Kosten angesehen,
3. die repräsentative Gruppe — die Gewinngruppe, die den Großteil der Betriebe umfaßt und über die Kostendeckung einen mäßigen Gewinn erreicht,
4. die Höchstgewinngruppe, die meist sehr wenig Betriebe umfaßt und hohe Differentialgewinne erzielt.

Das Schaubild auf S. 396 verdeutlicht diese Verhältnisse. Die Gruppe *OH* erzielt die höchsten Differentialgewinne, *HM* schon weniger, *MG* ist die repräsentative Gruppe und erzielt mäßige Gewinne. Die kleine Gruppe um *G* sind die Grenzproduzenten, *GV* ist die Verlustgruppe.

Bei Berücksichtigung der verschiedenen Gruppen ist ferner — worauf Taussig besonders aufmerksam macht — zu bedenken, worauf die Überlegenheit der Betriebe zurückzuführen ist: ob auf natürliche Gegebenheiten (Standort, günstige Produktions- und Abbauverhältnisse, Arbeiterstamm, Absatzgelegenheiten) oder persönliche Fähigkeiten (diese zeigen sich in Organisation, Finanzierung, Vorausschau, politischen Fähigkeiten). Die verschiedenen Gründe für die Kostenüberlegenheit wirken zweifellos — aber verschieden — auf die Dauer und den Grad der Überlegenheit ein.

Es ist statistisch erwiesen, daß von allen Betrieben etwa 10—20% ohne Gewinn arbeiten. Wo daher von Behörden Preise festgesetzt werden, sollten sie so festgestellt werden, daß nur 80—90% aller Anbietenden mit Gewinn abschließen, wie dies in Amerika während des Weltkrieges durchgeführt worden ist. 10—20% aller Betriebe einer Branche bilden die Grenzproduzenten und die Verlustgruppe. Die Gewinne sind das Kriterium für die Festigkeit der Stellung eines Betriebes im Markt.

Infolge der verschiedenen Entwicklung der Betriebe bleibt aber ihre Stellung in der Kosten- und Gewinnskala einer Branche nicht dieselbe, und das ist die zweite Einschränkung in der Lehre vom Grenzproduzenten: der Grenzproduzent bleibt nicht immer Grenzproduzent, aus zwei Gründen nicht:

a) wenn er auch dieselbe Stellung in der Kostenskala beibehält, sind die Gewinne bei ihm verschieden: in einem Jahre erzielt er einen Gewinn, in einem anderen Jahre einen Verlust, im dritten Jahre nur Ersatz des Eigenkapitalzinses;

b) er ändert seine Stellung in der Kostenskala, d. h. im Markt: er steigt in die repräsentative Gruppe auf, sinkt in die Verlustgruppe hinab oder scheidet gar ganz aus. Unter Grenzbetrieb kann also nie ein individueller Betrieb verstanden werden, vielmehr sind es zu verschiedenen Zeiten verschiedene Betriebe bzw. Betriebsgruppen. Es kann nur gemeint sein, daß stets Grenzbetriebe vorhanden sein müssen;

c) auch die Zahl der Betriebe, die zu den Grenzbetrieben gehören, ändert sich: 1921 erzielten in U. S. A. z. B. $^1/_3$ aller Betriebe keinen Gewinn.

Der allgemeine Satz der Preisbildung auf Grund der Lehre von den preisbildenden Kosten des Grenzproduzenten erleidet aber noch weitere 4 Einschränkungen. Er trifft nur zu:

1. auf lange Sicht,
2. nicht auf Kosten, sondern Reproduktionskosten, wenn man Kosten überhaupt anders denn als Reproduktionskosten auffassen sollte;
3. in normalen Jahren (in der Baisse haben auch die Grenzbetriebe Verluste, sogar Betriebe der repräsentativen Gruppe. Sie erhoffen aber alle Besserung und Ausgleich in folgenden Jahren);
4. bei völlig freier Konkurrenz.

„Und immer handelt es sich nur um Tendenzen, auf lange Sicht, um allgemeine Grundsätze. Aber unter ihnen ruhen die Kräfte der Änderung, der Dynamik, des Fortschrittes. Die repräsentative Gruppe (die über dem Grenzbetrieb liegt und den Großteil der Betriebe umfaßt) dehnt sich aus und verengt sich; die Preise, die die Kosten dieser Gruppe decken sollen, erhöhen und senken sich; aber die Tendenz, die Kosten, Preise und Gewinne dieser Gruppe auszugleichen, ist dauernd lebendig.“ (Edie).

4. Statistische Anhaltspunkte für die Kosten-Preis-Relation.

Es käme jetzt darauf an, die Theorie von den Grenzkosten statistisch zu beweisen. Der statistische Nachweis ist aber nicht einfach zu erbringen, weil die Wirklichkeit zu kompliziert ist und sehr viele Unregelmäßigkeiten, insbesondere zeitliche Abweichungen, zeigt. Die Unterlagen sind nur bedingt vergleichbar, weil nur selten Einheitsbuchführungen und Einheitskalkulationen in Übung sind. Schwierigkeiten machen ferner der Kapitalzins, die Risikoprämie, die Höhe des investierten Kapitals. Voraussetzung ist weiter ein normales Jahr und die Kenntnis des Preises und des Ertrages neben den Kosten. Es ist ferner nötig, die Entwicklung durch mehrere Jahre zu verfolgen. All diese Voraussetzungen zeigen, daß der Nachweis nur schwer zu erbringen ist und das Ergebnis nur ein bedingt richtiges sein kann. Die folgenden Ausführungen beziehen sich auf Zahlenangaben der Federal Trade Commission, die Kemper Simpson [1]) ausgewertet hat, dem wir in der Darstellung folgen.

1. Rübenzucker.

(Verhältnis von Kosten und Preis bei Zuckerrüben, insbesondere hinsichtlich der Frage der Beibehaltung der gleichen Kostenposition eines Betriebes innerhalb der Gruppen eines Industriezweiges.)

Durchschnittskosten der verschiedenen Kostengruppen $	Anzahl der Betriebe	Prozent. Anteil der Gruppe an der Gesamt-Zucker-produktion	Kumulativer Prozentsatz
3.23	15	38	38
3.60	11	21	59
3.96	17	25	84
4.84	21	16	100
3.74	64	100	100

Die Statistik gibt die Produktionskosten für Zucker aus Zuckerrüben an, und zwar die Durchschnittskosten für eine Reihe von Jahren per 100 Pfund Zucker für 64 Fabriken. Der durchschnittliche Verkaufspreis für 100 Pfund für 5 Jahre ist $ 4.9277, nach Abzug der Verkaufskosten ergibt sich der Preis ab Fabrik mit $ 4.50. Die Anlagezinsen per 100 Pfund liegen zwischen $ 0.35 und 0.45, nach ihrer Berücksichtigung ist der Preis $ 4.10. Dieser Preis deckte die Kosten der dritten Gruppe (mit $ 3.96 Durchschnittskosten) und eines Teils der letzten Gruppe. Man kann mit Sicherheit darauf schließen, daß 85—90% der Gesamterzeugung ohne Verlust produziert wurde. Der Gewinn betrug etwas über 11%.

[1]) A statistical Analysis of the Relation between Cost and Price. Q. J. E. 1921. Further Evidence on the Relation between Cost, Price and Profit. Q. J. E. 1923. Ferner: Taussig, Price fixing. Q. J. E. 1918/19; P. G. Wright, Cost of Production and Price. Q. J. E. 1918/19.

Die nächste Tabelle zeigt die Entwicklung von Kosten und Ertrag der einzelnen Betriebe innerhalb von fünf Jahren.

Gewinn in % des Anlagekapitals	Zahlen zur Bezeichnung der Gesellschaften 1909—10	1910—11	1911—12	1912—13	1913—14	Durchschnitt für 5 Jahre
2.0— 2.5	10, 14, 17, 27, 35	10, 14, 17, 27, 35, 6, 21, 4, 3	10, 14, 35, 1, 2, 3, 7, 9, 13, 20	14, 17, 35, 1, 2, 5, 6, 7, 9, 12, 13, 16, 20, 34	10, 14, 17, 35, 1, 2, 3, 4, 5, 6, 7, 9, 13, 18, 20, 22, 34, 16	10, 14, 17, 35, 2, 3, 6, 7, 9 13, 20
2.5— 5.0	6, 21, 29, 36	9	12	3, 10	21, 24, 26, 27	1, 4
5.0— 7.5	2, 20, 22	7, 13	5	4, 21	19, 29, 30	16, 21, 27
7.5—10.0	9	2, 16, 20	6, 16, 21	19, 22	5, 12, 25	34
10.0—12.5	—	24, 30	4	—	—	5, 12, 22, 29
12.5—15.0	3, 7, 13, 30	1, 5, 29	27	27, 30	—	30
15.0—17.5	34	34	29	24	—	24, 36
17.5—20.0	1, 19	12,25	24, 36	29, 36	36, 37	19
20.0—22.5	2, 16	22	30	—	—	—
22.5—25.0	5, 24	36	—	—	—	18, 25
25.0—27.5	18	—	—	—	—	—
27.5—30.0	37	19	24	—	—	—
Über 30.0	12, 26	18, 37, 26	18, 19, 22, 25, 26, 37	18, 25, 26, 37	—	26, 37
Durchschnittsgewinn in % des Anlagekapitals	16.3	14.4	15.6	9.0	3.7	11.6

Die Tabelle zeigt folgendes:

1. Nr. 14, 17, 35 bleiben in ihrer Gruppe (verdienen nicht einmal Zins). Nr. 10 erfährt nur eine Änderung, erzielt keinen Zins, gehört daher zur Verlustgruppe.
2. 9, 20, 21, 27 sind Grenzproduzenten.
3. Repräsentative Gruppe: 35, 5, 12, 22, 29, 30 = 7.5—13% Ertrag (es kommen aber größere Schwankungen vor, bei Nr. 22 z. B., ebenso bei 12; 29, 30 sind stabiler.
4. Eine große Anzahl von Betrieben bleibt in ihrer Gruppe.
5. Es ist eine sichere Grenzproduzentengruppe vorhanden.
6. Normalpreis ($ 4. 10) und Grenzkosten ($ 3, 962 und etwas darüber) stimmen überein.

2. Kupfer.

Kosten in cts.	Zahl der Betriebe	Erzeugte lbs. (Mill.)	% der Ges.-Erzeugg.	Durchschn. Kosten für 1 lb.	Durchschn.-Verkaufspreis cts.	Durchschnitts-kapital per lb.
Kosten geringer als 15 cts.	6	424.3	33.84	12.630	24.357	22.428
15 bis 17.5	7	395.6	31.56	16.284	24.430	33.278
bis 20	8	169.5	13.53	18.078	25.073	31.453
21	5	36.8	2.94	20.477	23.664	40.419
22	5	91.8	7.32	21.605	23.108	36.412
24	7	90.1	7.19	22.090	24.207	29.998
28	8	33.9	2.71	26.273	24.455	20.961
über 28	7	11.4	—.91	35.989	24.172	93.629
Gesamt-Durchschnitt	53	1253.4	100	16.700	24.388	29.779

Die Regierung setzte den Preis im September 1917 auf 23.5 cts. fest, Anfang 1918 auf 26 cts. Die Grenzkosten liegen ganz in der Nähe des Preises. Der Durchschnittsgewinn war wegen der Ergebnisse der billigsten Betriebe trotzdem recht hoch: 25%.

Landwirtschaftliche Maschinen.

1913		1914		1915		1916		1917		1918	
Nr. des Betriebes	Gewinn %	Nr. des Betriebes	Gewinn %	Nr. des Betriebes	Gewinn %	Nr. des Betriebes	Gewinn %	Nr. des Betriebes	Gewinn %	Nr. des Betriebes	Gewinn %
2	7.94	23	13.00	23	16.60	23	10.06	23	8.91	2	2.04
16	2.02	2	9.75	13	11.44	2	6.51	2	2.61	10	4.05
6	1.32	1	6.07	16	6.42	13	5.24	19	5.03	19	9.76
26	0.95	19	4.15	2	4.60	19	0.29	13	8.08	15	12.18
24	0.38	16	3.44	6	4.33	16	4.47	15	8.39	1	16.31
23	2.05	26	1.43	1	3.36	4	4.69	3	8.62	4	16.56
13	2.53	6	0.55	12	3.04	24	5.20	20	9.39	20	17.11
1	3.22	24	0.19	14	2.20	20	6.53	24	11.10	3	19.62
4	3.29	17	0.33	19	1.17	1	7.13	17	12.65	11	19.66
19	*) 5.03	13	1.07	17	0.59	6	8.03	1	12.76	21	19.73
5	*) 5.62	7	2.58	24	1.66	17	8.62	4	13.54	22	20.63
14	7.92	12	*) 5.22	26	2.83	15	9.63	26	14.17	6	22.33
17	7.92	3	*) 5.51	25	3.16	14	10.18	10	15.69	13	24.01
11	8.48	20	*) 5.60	20	*) 4.12	8	10.29	21	18.61	16	26.29
12	8.72	4	*) 5.68	3	*) 5.66	26	10.90	11	18.67	14	32.68
20	9.56	21	5.72	4	6.90	3	10.94	6	20.39	17	34.02
10	9.69	11	7.05	15	7.69	7	11.65	22	20.42	18	40.96
22	10.93	14	7.67	11	7.83	22	11.79	14	20.93	5	42.61
21	11.05	22	7.97	22	8.68	11	12.14	18	21.36	7	49.67
7	11.95	15	8.68	8	9.09	12	12.16	7	23.53	9	53.89
5	13.49	5	8.81	21	9.59	25	12.61	8	26.11	12	58.80
18	14.18	8	9.45	7	10.55	18	13.44	16	26.32	8	70.53
8	15.91	25	10.92	18	10.77	21	14.22	12	30.23	—	—
25	16.52	18	13.21	5	17.29	10	22.91	5	34.35	—	—
3	20.36	10	17.06	10	24.20	5	27.89	9	46.78	—	—
9	41.14	9	33.36	9	32.27	9	39.59	25	50.12	—	—
Durchschnittsgewinn a. Kapitalanlage	10.21	—	6.40	—	7.22	—	10.88	—	18.26	—	21.10

Die Betriebe, die gerade 4 oder 5% verdienten, sind Grenzbetriebe. (Die Grenzbetriebe sind in der Tabelle mit einem * bezeichnet.) Es sind ein oder zwei Betriebe, die ziemlich beständig die marginale Position beibehalten, z. B. Betrieb 4 in den ersten drei Jahren und Betrieb 19; aber es gibt keine ausgesprochene Grenzgruppe.

Die Federal Trade Commission hat gleiche Untersuchungen für
Kondensierte Milch, Rohöl, Buch- und Zeitungspapier
veranstaltet. Im allgemeinen kann man daraufhin sagen, daß das vorhandene Material nicht genügt, um weitgehende Schlüsse aus ihm zu ziehen, wenngleich die Wahrscheinlichkeit der Richtigkeit der Grenzkostentheorie naheliegt.

5. Das Kosten-Preis-Verhältnis bei verschiedenen Preistypen.

Zur Erkenntnis des Verhältnisses von Kosten und Preis, das die Grundlage für die Kalkulation bildet, ist ferner zu berücksichtigen:

1. daß die Kosten schwanken:
   a) wegen des verschiedenen Ausnutzungsgrades des Betriebes;
   b) wegen der Schwankungen der Preise, die für den Betrieb Kosten bedeuten [1]);
   c) wegen Änderung der Organisation, der Verfahrensweise, der Betriebsgröße, der Auftragsgrößen;
2. daß die Preisstellung vor Vollendung des Produktes kalkuliert werden muß (z. B. bei Listen- und Kontraktpreisen).

Dies spricht aber nicht gegen die Grenzkostentheorie der Preisbildung, sondern nur dafür, daß Kostenrechnungsmethoden und Grundlagen der Absatz- und Produktionsschätzung auszubilden sind, die diesen dynamischen Verhältnissen und den Marktnotwendigkeiten gerecht werden. Kosten müssen innerhalb vernünftiger Schwankungen im voraus festgesetzt werden können, und da tatsächliche Kosten den Erfordernissen des Betriebes nicht immer entsprechen, sind Standardkosten (normale Kosten) zur Grundlage der Kostenrechnung zu machen. So gewiß der Betrieb stabile Verhältnisse braucht, ja Stabilität das Wichtigste ist und bei der gegenwärtigen Dynamik der Wirtschaft das individualistische Wirtschaftssystem nur durch Erreichung einer ausreichenden Stabilität erhalten werden kann, so wichtig werden dynamische Kostenrechnungsmethoden für den Betrieb, aber für den Betrieb in jedem Wirtschaftssystem.

Und doch kann nicht gesagt werden, daß die Produktion — wenigstens nicht die gesamte Produktion — dauernd veränderlich ist. Neben dem Versuchsbetrieb steht immer noch ein laufendes Geschäft, und die Versuche dauern oft mehrere Jahre, ehe sie in den regulären Betrieb genommen werden, und auch dann bilden sie nur einen Teil neben dem laufenden Geschäft. Sogar in

[1]) Daß Kosten, die zu Preisen werden sollen, wieder auf Preise zurückgeführt werden, bedeutet natürlich nicht, daß Preise aus Preisen erklärt werden. Das eine Mal handelt es sich um Absatz-, das andere Mal um Beschaffungspreise, also um Preise ganz verschiedener Märkte.

kurzfristigen Wechselfertigungsbetrieben ist der Wechsel nicht ständig und nicht für alle Produktionsteile. Normale Teile werden im großen auf lange Sicht hergestellt, und nur die teuren Betriebsteile werden nach Bedarf angefertigt. Freilich bleibt es immer wichtig, das Betriebsvolumen im voraus festzustellen.

Trotz aller Einschränkungen — und wir werden bald noch neue, die aber nur Differenzierungen bedeuten, anführen müssen — bleibt das Gesetz, daß die Preise auf die Dauer nach den Grenzproduktionskosten tendieren. In diesem Sinne kann man von Normalpreisen sprechen, das sind die, die sich an den Grenzkosten ausrichten. Der Betrieb mit niedrigen Kosten verkauft zu denselben Preisen wie der Betrieb mit hohen und höchsten Kosten. In freier Konkurrenz tendiert die Entwicklung zu Normalpreisen.

Sie tendiert aber auch zu Normalkosten: Betriebszweige mit niedrigen Kosten und hohen Preisen ziehen andere Betriebe heran, die, weil sie meist moderner sind, trotz geringerer Erfahrung mit niedrigeren Kosten produzieren; Betriebe mit niedrigen Kosten drängen aber auch Betriebe mit hohen Kosten hinaus. Die Konkurrenz hat die Tendenz zum Ausgleich der Kostenvorteile, aber eben auch nur die Tendenz!

Normale Preise tendieren dazu, sich an Grenzkosten auszurichten, außer:

a) bei unvollkommener Konkurrenz,

b) auf kurze Sicht und

c) bei Vorhandensein außerordentlicher Kräfte: Krieg, Streik, Blockade.

Und weiter: bei den verschiedenen Produktionsstufen sind Unterschiede zu verzeichnen:

Der Einzelhändler bestimmt den Preis, wenn auch nur einen Preis, der im Markte „schwebt". Die Käufer zahlen aber — mit ganz wenigen Ausnahmen — denselben, einen Standardpreis. Das ist Hauptgrundsatz einheitlicher Preispolitik. „Handeln" ist auf dieser Stufe (bei fortgeschrittenen Marktverhältnissen) etwas Unbekanntes. Anders ist es dagegen in der Produktion und im Großhandel. Beide geben viele Möglichkeiten zum Handeln. Es ist sogar die Regel, daß verschiedene Preise für verschiedene Käufergruppen vorherrschen. Die Grundlage ist oft die Menge der Verkäufe und daher die bevorzugte Preisbehandlung der Einkäufe großer Konzerne, z. B. der Warenhäuser, Gewährung von Großhandelspreisen an Einzelhändler. Dies gilt auch für genossenschaftlich organisierten Einkauf von Einzelhändlern und sogar Konsumentengruppen. Natürlich opponieren Großhändler gegen eine bevorzugte oder ihnen sogar gleichgestellte Behandlung der Einzelhändler und Konsumenten, oft ohne Erfolg. Das hängt von der Branche und der Stellung des Großhandels ab. Der einheitliche Preis ist natürlich der höhere Stand; hier entscheidet dann nur die Qualität. Aber er ist nur im Einzelhandel — und auch nicht durchweg zu finden. Lokale Preisdiskriminierung ist das Mittel des Niederkonkurrierens, sie ist die stärkste Waffe des Monopolisten. Beim Einzelhandel kann — bei freier Konkurrenz — nur ein Preis für ein Gut gelten, natürlich nur unter drei Bedingungen:

a) auf demselben Markt,
b) zur selben Zeit,
c) bei einander vergleichbaren Gütern.

Natürlich bedeutet die Einheitlichkeit keine minutiöse, auf einen Pfennig. Es gibt immer billige und teure Läden für eine Ware. Es hat darum schon Sinn, Preise zu vergleichen und in verschiedene Läden zu gehen. Aber solchen Preisunterschieden sind enge Grenzen gesetzt. Große Preisabstände müßten zur Folge haben, daß die billigeren Läden bevorzugt werden und die teuren Läden entweder billiger werden oder schließen müßten. Obgleich innerhalb derselben Branche an einem Ort die Tendenz zur Preisvereinheitlichung besteht, ist die Tendenz nicht immer durchschlagend. Es ist darum unter einheitlichem Preis und einheitlicher Preispolitik zunächst nicht verstanden: einheitlicher Preis in derselben Branche, sondern einheitlicher Preis in einem Geschäft gegen alle Kunden. Erst in zweiter Linie trifft dies auf die Branche in einem Ort zu und erst in dritter Linie, wenn überhaupt, auf eine Provinz und den ganzen Staat. Im Großhandel und in der Produktion besteht eine unterschiedliche Preisbehandlung, selbst wenn ein einheitlicher Lieferpreis gewährt wird, wegen der verschiedenen Frachtsätze, verstärkt oft durch verschiedene Zahlungsbedingungen. Gleichheit brächte nur ein gleicher Ab-Werk-Preis hervor, während cif- und fob-Preise Unterschiedlichkeiten ausdrücken. Bei einheitlichen Listenpreisen werden weitere Unterschiedlichkeiten durch verschiedene Großhandels-, Listen-, Mengen- und Kassenrabatte erzielt. Hierfür ein Beispiel:

Rabattsätze auf Listenpreise einer Eisen- und Röhren-G.m.b.H.

Artikel	I. Gruppe Händler	II. Gruppe Installat., Klempner	III. Gruppe Masch.-Fabr.	IV. Gruppe Chem. Fabr.	V. Gruppe Privat
Gas- und Siederohr	5—10[1])	5—10	5—10	5—10	10
Fittings	84	82—5	82—5	82—5	78
Flanschen	70—40	70—30	70—30	70—30	70—10
Schrauben	netto	netto	netto	netto	+ 20
Rohrbiegen	40/5[2])	30/5	30/5	30/5	10/netto
Abflußrohr	75	75	70	70	70
Kanalartikel	$50^1/_2$	$50^1/_2$	$42^1/_2$	$42^1/_2$	$42^1/_2$
Klosettzubehör	20/10	20/10	10/10	10/10	10/10
Druckrohr	10	10	10	10	10
Tonrohr	35—40	35—40	20	20	20
Rippenrohr	15—20	15	15	15	15
Pat. Façons	30	30	30	30	15
Fayencen	20/10	20/10	10/10	10/10	10/10
Rohrhaken	30/40/50	30/40/50	30/40/50	30/40/50	15/25/30
Armaturen	50/45/40	50/45/40	50/45/40	50/45/40	30
Bleifaçons	70—10	70	70	70	50
	50—10	50	50	50	40
Zinkblech	3	Tagespreis	Tagespreis	Tagespreis	Tagespreis
Bleirohr	Tagespreis	Tagespreis	Tagespreis	Tagespreis	Tagespreis
Werkzeuge	10	10	10	netto	netto
Dichtungsmaterial	Tagespreis	Tagespreis	Tagespreis	Tagespreis	Tagespreis + 20

[1]) Die Angabe bedeutet, daß vom Listenpreis erst 5% und von diesem Betrag

Darum sind in der Untersuchung des Verhältnisses von Kosten und Preisen neben den bisher gemachten Einschränkungen und Voraussetzungen noch folgende Unterscheidungen zu machen:

I. Besonderheiten der *Nachfrage*, vor allem ihre Elastizität, die der Nachfrage ein durchaus verschiedenes Gesicht verleihen.

II. Besonderheiten des *Angebotes*:

A. in bezug auf die *Zeit* — kurze und lange Periode;

B. in bezug auf die besondere Preisbildungs*technik*:

1. *Freie Preisbildung*:
   - a) reine Konkurrenzpreise
     - aa) Börsen-, Auktions-,
     - bb) freie Marktpreise.
   - b) Listen-, Katalog- und
   - c) freie Submissionspreise.

2. *Geregelte Preisbildung*:
   - a) Monopolpreise
     - aa) natürliche und rechtliche Monopolpreise.
     - bb) Kartell- und Verbandspreise,
     - cc) sonstige geschützte Preise (z. B. geschützte Submissionspreise).
   - b) gebundene Preise (Markenartikel).
   - c) Taxpreise und sonstige behördlich kontrollierte Preise.

C. im *Wirtschaftszyklus*, da in der Depression die Nachfrage, in der Hausse das Angebot das größere Gewicht erhält.

D. unter dem Einfluß der *festen* Kosten, da in der Depression die fixen Kosten nur einen bedingten Kostencharakter haben.

Hier interessieren vor allem die Besonderheiten von der *Angebotsseite*, und immer unter dem Gesichtspunkt, wie groß die Wahrscheinlichkeit ist, daß die Kosten zu Preisen werden, oder sogar, wieweit individuelle Kosten Preischance haben.

Bei der Berücksichtigung der Preisbildungs*technik* kommt es darauf an, festzustellen, bei welcher Technik der Preisbildung bzw. bei welchen Waren- und Betriebstypen die Kosten des Grenzproduzenten bzw. die individuellen Kosten die Chance haben, Preise zu werden, also berechtigte Kalkulationsgrundlage darstellen.

Die Betriebe, die die Chance haben, ihre Kosten durchzusetzen, sind im allgemeinen zugleich die Betriebstypen, deren *Hauptzweck der Kostenrechnung die Preisstellung* ist. Sie gehen jedenfalls von ihren Kosten aus, wenngleich die Marktlage sie oft genug zwingt, zu teilweise ungedeckten Kosten anzubieten. Diejenigen Betriebe dagegen, die ihre Kosten im Preise nicht notwendig verwirklicht sehen, deren Kosten nicht Ausgangspunkt des Angebotspreises sind, das sind die, deren Hauptzweck der Kostenrechnung

---

dann nochmal 10% zu kürzen sind. Als Grund für diese Methode wird die Vermeidung von Bruchteilen von Prozenten angegeben.

[2]) Je nach Art der Ware 40 oder 5%, ebenso in den übrigen Fällen dieser Art.

die Betriebskontrolle ist. (Allen Betrieben dient dann der dritte Zweck der Kostenrechnung: Grundlage für die Betriebspolitik zu sein.)

Betriebstypen mit dem kostenrechnerischen Hauptzweck der Betriebskontrolle müssen mit den „schwebenden" Marktpreisen auskommen, ihr Gewinn hängt nur von der Kostengestaltung ab. Die preiskalkulierenden Betriebe dagegen machen ihre Kosten zum Ausgangspunkt und versuchen diese und einen Gewinnaufschlag im jeweiligen Preise durchzusetzen. Ihre Stellung im Markt macht es ihnen möglich, rentabel zu sein, ohne wirtschaftlich zu sein, während die ersteren dies einfach nicht können.

Darum schließen sich diese Betriebe zu Kartellen zusammen, um die Preise zu beeinflussen, die sonst von schon bekannten Marktpreisen abhängen. Der Monopolbetrieb ist im allgemeinen immer imstande, seine Kosten im Markte durchzusetzen.

Versuchen wir, an Preisbildungstypen darzustellen, inwieweit bei den einzelnen Waren- und Betriebstypen die Möglichkeit besteht, Kostenpreise durchzusetzen, und wo daher die Gewohnheit besteht, zu Preisstellungszwecken von eigenen Kosten auszugehen.

Die regelmäßige Errechnung der tatsächlichen Kosten, die jeder Betrieb vornehmen muß, ist noch lange kein Beweis dafür, daß der Zweck dieser Kostenrechnung Preisstellung ist. Die Selbstkosten müssen in jedem Falle festgestellt werden, und zwar die tatsächlichen Kosten, die Gesamtkosten. Sie sind der Ausgangspunkt aller weiteren Überlegungen, wobei folgende Unterscheidungen zu machen sind:

1. Selbstkosten sind Endergebnis der Kostenrechnung. Zeitvergleich, Betriebsvergleich und Kennziffern ermöglichen die Kontrolle.
2. Die Selbstkosten werden mit Standard-, Budget- oder sonstigen Meßcharakter tragenden Kosten zum Zwecke der Kontrolle verglichen.
3. Die Selbstkosten bilden den Ausgangspunkt der Kalkulation des erzielbaren Marktpreises. Mit einem Gewinnzuschlag, festgestellt auf Grund bestehender Markterfahrung, durch Vergleich mit Substitutionsgütern und anderer Hilfsmittel, fühlt man sich an den erzielbaren Preis heran, oft nicht auf einmal, sondern mit mehrfachen Änderungen, wobei eine Erhöhung des einmal vorgenommenen Aufschlags gefährlich, die Ermäßigung des Preises für den Absatz förderlich ist. Nicht selten wird ein Abschlag von den Selbstkosten gemacht, so daß der erzielbare Marktpreis niedriger ist als die Selbstkosten.
4. Die Selbstkosten werden der Ausgangspunkt der Preispolitik, immer mit dem Zweck, den Ausnutzungsgrad zu erhöhen und dadurch die Kosten zu senken.

Die Fälle 1. und 2. finden wir in Kontrollkostenbetrieben. Bei ihnen bilden die Kosten, d. h. die individuellen Selbstkosten, niemals Grundlage der

Preiskalkulation. Die Preise sind im Markt bekannt, Umsätze finden häufig genug statt. In diese Klasse gehören:

a) Warentypen:
Vertretbare Waren, insbesondere Roh- und Halbfabrikate.

b) Betriebstypen:
Betriebe mit Massen- und Serienfabrikation;
Gewinnungsindustrien,
Aufbereitungsindustrien.

In diese Gruppe fallen also folgende Preistypen:

1. Börsen- und Auktionspreise (für Waren, Effekten, Devisen),
2. sonstige bekannte Marktpreise:
   a) Artikel der Massenproduktion — Fertigfabrikate bestimmter Betriebstypen aus der Gewinnungs- und Aufbereitungsindustrie,
   b) Zinsen als typische Marktpreise,
   c) Darstellungs- und Verkehrsgewerbe (unter Konkurrenzverhältnissen),
   d) Konkurrenzartikel im Einzelhandel — leicht vergleichbare Konsumartikel.

Diese Gruppe der Preisbildungstypen setzt immer eine freie Preisbildung, also Konkurrenzpreise voraus. Eigene Kosten werden hier zur Preisbildungsgrundlage nicht gemacht. Die Kosten des Grenzproduzenten — auf lange Sicht — setzen sich im freien Spiel der Kräfte durch. In diese Gruppe der kalkulatorischen Unabhängigkeit von den Kosten gehören vor allem die landwirtschaftlichen Artikel. Es ist hier regelmäßig eine Kalkulation unmöglich, um so weniger möglich, je weniger spezialisiert die Produktion ist und je mehr hierbei das Problem der Kalkulation der verbundenen Kosten auftritt. Daneben gehören die verbundenen Güter der Industrie, wenigstens für das Nebenprodukt, immer in diese Kategorie der Preisbildung.

Die Zahl der Preise, die das Ergebnis freier Marktpreisbildung sind, ist im Grade der Vertrustung, Kartellierung und Verbandsbildung kleiner geworden.

In demselben Maße ist die Zahl der geregelten Preise gestiegen. Zwischen dem sich im reinen Konkurrenzkampf bildenden bekannten Marktpreis und dem geregelten Preis gibt es auch Preisbildungstypen, wo die eigenen Selbstkosten zum Ausgangspunkt genommen und ein dem Käufer unbekannter, den Konkurrenzverhältnissen entsprechender Aufschlag gemacht wird. Dies ist bei solchen Konkurrenzpreisen der Fall, bei denen bekannte Marktpreise nicht vorhanden sind, weil das Merkmal der vergleichbaren Ware fehlt. Dies ist der Fall:

a) bei Listenpreisen, die zugleich ungebundene Preise sind,
b) bei Fertigfabrikaten, die mehr oder weniger unvergleichbar sind, mögen sie Erzeugnisse der Massen-, Serien- oder Einzelfertigung sein,
c) bei Kontraktpreisen,

d) bei (ungeschützten) Submissionspreisen,

e) bei Einzelhandelspreisen (für Kalkulationsartikel),

f) in der Bestellungsindustrie.

Der Gewinnaufschlag entspricht dem Urteil des Anbietenden über den erzielbaren Preis. Bei diesen Preisbildungstypen kommen außerordentlich große Unterschiede in den Preisen vor, was sich

a) aus der Kostendispersion und

b) aus der Verschiedenheit des Gewinnzuschlages ergibt. Sind in diesen Fällen auch die individuellen Kosten Kalkulationsgrundlage, so sorgt doch die vorhandene Konkurrenz, daß die eigenen Kosten nicht souverän herrschen. Man kalkuliert auch hier die Kosten der Konkurrenten, wenn man sie nur irgendwie erfassen oder wenigstens schätzen kann. Auch hier tendiert die Preisbildung auf lange Sicht zu den Kosten der Grenzproduzenten, weil sonst der teure Betrieb aus Mangel an Aufträgen zugrunde gehen müßte, nur der Vorgang der Kalkulation ist ein anderer: die eigenen Selbstkosten werden Ausgangspunkt des Kalkulierens, die Größe des Zuschlages bestimmt die Konkurrenz.

Ganz anders ist die Stellung der Betriebe bei geregelter Preisbildung. Hier sind die eigenen Selbstkosten immer Ausgangspunkt. Die Preise werden vom Betrieb bzw. von Betriebsverbänden gemacht. Der Vorgang ist stets: Selbstkosten + Aufschlag. Beide bestimmt der Kalkulierende, so daß kalkulatorisch gesehen der Betrieb über den Preis entscheidet. Die Grundlagen bilden also die eigenen Kosten bzw. die Kosten eines Verbandsbetriebes: meist des mit höchsten Kosten arbeitenden Betriebes. Oft werden Durchschnittskosten oder sonstwie gefundene Kosten zur Grundlage der Preisstellung gemacht. Der Aufschlag geht immer in der Richtung des günstigsten Preises, also des Preises, der bei Berücksichtigung des bei den einzelnen Preisen erzielbaren Absatzes den höchsten Gesamtreinertrag bringt.

Bei diesen Preisbildungstypen (Fälle 3 und 4) besitzen also die Kosten das größere Gewicht, ebenso wie in der Gruppe der vollkommenen und halbvollkommenen Konkurrenzpreise die Nachfrage zum Übergewicht neigt. Dies gilt immer auf kurze, nur mit starker Einschränkung auf lange Sicht. Daß aber auch bei Waren mit gebundenen Preisen und bei Betriebstypen mit autonomer Preisbildung nicht allein die Kosten entscheidend sind, ergibt sich aus der in jedem Falle zu berücksichtigenden Nachfrage und ihrer Kaufkraft, nur daß eben hier die Kosten eine größere Rolle bei der Preisbildung spielen als in der Gruppe der freien Preise, und zwar sowohl auf lange wie auf kurze Sicht, und daher die eigenen Kosten immer kalkulatorischer Ausgangspunkt sind. Das Urteil über die Richtigkeit der Kalkulation gibt aber auch hier erst der Markt.

In diese Klasse gehören folgende Preistypen:

1. Monopolpreise — stets über den Kosten liegend, außer im bestrittenen und im Kampfgebiet,
2. Kartell- und Verbandspreise (gebundene Listenpreise),

3. Preise für Markenartikel,
4. geschützte Submissionspreise,
5. sonstige behördlich geschützte oder kontrollierte Preise [1]) (Taxpreise),
6. Tarife der Versorgungsbetriebe,
7. Preise für Staatsleistungen,
8. Preise für Arbeitsleistungen (bei Tarifverträgen).

Behördlich geschützte bzw. kontrollierte Preise beruhen stets auf der Grundlage der individuellen oder normierten Selbstkosten und gestatten einen angemessenen Gewinn auf angemessenen investierten Wert (fair value and fair return). Die Kontrolle der Angemessenheit der Preise geschieht an Hand der (möglichst vereinheitlichten) Kostenrechnung.

Eine andere Kontrollbasis als die Selbstkosten gibt es nicht. Nur entspräche es gesunden Preisbildungsmethoden, nicht allen Betrieben einen Gewinn zu gewähren, sondern nur den Betrieben mit niedrigeren Kosten als die des Grenzproduzenten. Das sind regelmäßig nicht mehr als 80—90% der Produzierenden. Die Waren, die hier in Frage kommen, sind Fertigfabrikate, patentierte und nichtpatentierte, natürlich die mit Monopolcharakter in höchstem Maße, ferner solche Massenartikel und vertretbare Waren, die kartelliert sind oder auf andere Weise einen Monopolcharakter erreicht haben.

Aber auch in der zweiten Gruppe ist eine Differenzierung nötig; in verschiedenen Gebieten (bestrittenes Gebiet, Kampfgebiet) und zu verschiedenen Zeiten: Depression und Hausse. Im bestrittenen Gebiet herrscht stets ein Konkurrenzpreis, im Kampfgebiet ein (kostenungebundener) Kampfpreis. In der Depression ist der Kostenpreis viel weniger gebunden als in der Hausse.

Die Anpassung an die Marktlage ist bei allen Artikeln mit geregelten Preisen viel langsamer. Da die Kosten Grundlage der Preisbildung sind, die Kosten in Zeiten der Depression nicht geringer, sondern höher zu werden pflegen, ist es natürlich, daß Preisermäßigungen nur ungern vorgenommen werden, sie also regelmäßig viel später und in viel geringerem Maße zustande kommen als bei Konkurrenzpreisen. Das Charakteristische der geregelten Preise ist daher ihre Starrheit, entgegen der Elastizität der Preise bei freier Konkurrenz, bei denen die schwankende Kaufkraft der Nachfragenden eine viel größere Rolle spielt. Die Stabilität der Preise ist daher ein wesentliches Merkmal der geregelten Preisbildung. Daraus ergibt sich aber ein starkes Auseinanderfallen der freien und gebundenen Preise, vor allem zwischen den international gehandelten Börsenartikeln und den inlandspreisgebundenen Roherzeugnissen und Halbfabrikaten.

Aus der Theorie der Preisbildung und des Verhältnisses von Kosten, die der Betriebswirt immer kennt, und den Preisen ergeben sich die wissen-

---

[1]) Bei Apotheker-Taxpreisen ist für die Höhe des Zuschlages auf die Selbstkosten der Grundsatz des standesgemäßen Lebensunterhalts maßgebend.

schaftlichen Grundlagen der Kalkulation des Angebotspreises. Wenn uns der Ausgangspunkt der Preisbildung, die Kosten, bekannt sind, wenn wir außerdem den Mechanismus der Preisbildung und die Tendenzen der Preisentwicklung kennen, so müssen wir mit ziemlicher Sicherheit den Marktpreis schätzen und den Angebotspreis kalkulieren können. Wir werden zwar immer nur Näherungswerte erreichen, da die tatsächliche Preisbildung Privileg des Marktes ist, die vom einzelnen Subjekt nie vollkommen ausgeübt werden kann, aber für innerbetriebliche Zwecke genügen sie.

6. Die zwei Preisbildungsprinzipien.

In der betrieblichen Angebotspreisbildung kämpfen stets zwei Prinzipien um den Vorrang: das Kosten- und das Wertprinzip. Der nach dem Kostenprinzip kalkulierende Betriebswirt versucht immer, die Kosten mit einem Aufschlag zurückerstattet zu erhalten, und zwar stets die gesamten Kosten. Die Folge davon ist, daß bei eigener (oder Verbands-) Preisfeststellung unter Umständen der Preis zu hoch wird und ein Teil der Nachfrage ausfallen muß. Der Absatz geht zurück, die Kosten steigen noch mehr und werden im nächsten Preis noch viel weniger gedeckt usf. Das Kostenprinzip kann kein allgemeines Preisbildungsprinzip sein, allgemein in dem Sinne, daß es in jedem einzelnen Falle durchgeführt werden könnte. Es müßte schon genügen, wenn es im Durchschnitt auf längere Sicht durchgeführt wird. Auf längere Sicht aber gilt es unbedingt, aber nicht für den einzelnen Betrieb, nur für alle diejenigen, die Grenzbetriebe sind oder darüber liegen.

Das Wertprinzip dagegen geht von der Nachfrage aus, von dem Wert, den das Gut für den Konsumenten hat, und dem Preis, den der Konsument zu zahlen gewillt ist. Das Wertprinzip geht daher von dem aus, was der Verkehr zu tragen gewillt ist und zu tragen vermag (what the traffic will bear). Es ist das bekannte Prinzip, das bei der Tarifbildung der Verkehrsbetriebe zum Ausdruck kommt. Hier hat es auch seine besondere Bedeutung, weil die Eisenbahnen ein typisches Beispiel verbundener Produktion und verbundener Kosten sind und mit demselben Transportmittel Waren verschiedenster Art und verschiedensten Wertes befördern können. Eine gleichmäßige Belastung nach der Kostenverursachung (Gewicht bzw. Raum und Entfernung) würde die Beförderung vieler Güter unmöglich machen und bei anderen die Belastungsfähigkeit nicht erschöpfen. Bei verbundenen und gemeinsamen Kosten ist dieser Zustand überall vorhanden, nirgends aber so stark wie bei Eisenbahnen. Das Wertprinzip der Preisbildung ist das beste Mittel, den größtmöglichen Absatz und damit die größte Kapazitätsausnutzung zu erreichen, damit aber auch die geringsten Kosten pro Einheit. Insofern erleichtert es auch die Erfüllung des Kostenprinzips.

Mit dem Wertprinzip ist immer das Prinzip des kalkulatorischen Ausgleichs verbunden, es bildet geradezu ein Unterprinzip des Wertprinzips: die nach dem Wert differenzierten Preise müssen alle zusammen wenigstens eine Kostendeckung erzielen. Verluste einer Abteilung sollen durch Übergewinne anderer Abteilungen ausgeglichen werden. Der Ausgleich wird zu erreichen versucht:

a) in der Zeit (durch verschiedene Monatsergebnisse innerhalb eines Jahres oder wenigstens einer Konjunkturperiode);

b) im Gesamtbetrieb:

aa) durch die verschiedenen Ergebnisse der Abteilungen,

bb) innerhalb einer Abteilung durch verschiedene Artikel und Artikelgruppen,

cc) durch Kompensationsartikel.

Das Wertprinzip und das ihm untergeordnete Prinzip des kalkulatorischen Ausgleichs ist in der Wirkung aus der folgenden graphischen Darstellung ersichtlich, die die Tarifbildung bei Eisenbahnen bei Monopolverhältnissen verdeutlicht:

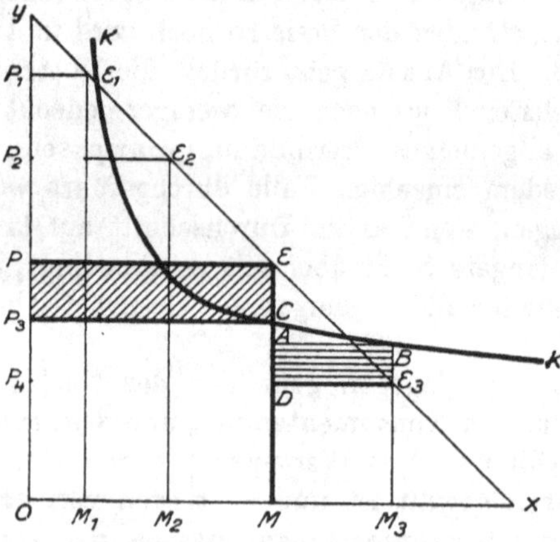

K K' = Kostenkurve

O x = Menge der beförderten Güter

O Y = Preise

P_3 C = Preis, zu dem die beförderte Menge O M ein ± O-Ergebnis erbringt

P E C P_3 = Gewinn bei Beförderung der Menge O M zu O P.

Die Menge O M_1 wird zum Preise OP_1 befördert.

" " M_1M_2 " " " OP_2 "

" " M_2M " " " P "

" " M M_3 " " " OP_4 "

Der Verlust A B E_3 D wird durch die Gewinne überdeckt.

Trotz gegenseitiger Beeinflussung stehen beide Preisbildungsprinzipien einander diametral gegenüber. Vom betrieblichen Standpunkt steht das Kostenprinzip im Vordergrunde, das auf lange Sicht auch ohne Zweifel seine Berechtigung hat. Die kurzfristige Preisbildung, dieses noch völlig unerforschte und ganz zu Unrecht vernachlässigte Gebiet, wird die Erfüllung des Kostenprinzips nicht immer zulassen. Bei der kurzfristigen Preisbildung muß eine Differenzierung der Kosten stattfinden: in variable und fixe Kosten. Auf kurze Sicht gilt das Deckungsprinzip nur für die variablen Kosten und für die fixen Kosten das Wertprinzip: was der Verkehr tragen kann. Auf diese Weise erreicht der Betrieb eine Versöhnung beider Prinzipien, soweit eine Versöhnung überhaupt möglich ist.

Das volle Wertprinzip kommt nur bei Monopolbetrieben zur Anwendung. Das Kalkulationsprinzip des günstigsten Preises bringt hier bei Anwendung des Wertprinzips zugleich die beste Kostendeckung, weil der Monopolist zugleich die Beschränkung der Menge des Angebots in der Hand hat und zugleich wirksam den Preis differenzieren kann.

Besonders schwierig und wichtig wird die Anwendung des Wertprinzips bei verbundenen Gütern und verbundenen Kosten. Handelt es sich um ein Haupt- und ein Nebenprodukt, so liegt der Fall noch nicht sehr schwierig, besonders, wenn das Nebenprodukt einen Marktpreis besitzt. Schwieriger wird es, wenn mehrere Neben- oder Hauptprodukte aus der Produktion zwangsläufig hervorgehen. Den kompliziertesten Fall bilden die Eisenbahnen, die aber tarifpolitisch den Vorteil des Monopols haben, und darum meist ihre Preise, die nach dem Wertprinzip — mehr oder weniger willkürlich und politisch — gebildet werden, im Markte durchsetzen können. Aber selbst hier scheint uns bis jetzt das Kostenprinzip in unzulässiger und unverantwortlicher Weise vernachlässigt worden zu sein. Selbst dort, wo das Wertprinzip allein zu herrschen in der Lage ist, ist seine Kontrolle (nicht etwa nur Kontrolle der Betriebsgebarung) durch das Kostenprinzip unumgänglich notwendig. Jeder Betrieb, der mehrere Produktarten hervorbringt, also auch die Eisenbahn, hat die Pflicht, die genauen Kosten jeder einzelnen Art zu errechnen und sie mit den erzielbaren Preisen zu vergleichen, weil er nur in diesem Fall erreichen kann:

1. daß er genau weiß, woran und wieviel er gewinnt und verliert,
2. daß er seine Betriebs- und Produktionspolitik danach einrichten und diejenigen Artikel bevorzugen oder sich auf die Artikel allein konzentrieren kann, die ihm Gewinn bringen.

Auch auf die Eisenbahnen trifft dieser Grundsatz zu. Eine Kontrolle der Tarife ist durch die Kostenrechnung notwendig und auch tatsächlich möglich. Die auch in Eisenbahnbetrieben einsetzende Konkurrenz wird eine solche Rechnung erzwingen.

Soweit die Durchführung des Kosten- und Wertprinzips im Betrieb mit eigener und Verbandspreisfeststellung, bei der also die Kostenrechnung den letzten Sinn der Preisstellung erhält. Wie steht es aber mit den beiden Preisbildungsprinzipien bei vorhandenen (schwebenden) Marktpreisen, wo also die Kostenrechnung nur Kontroll-, nicht Preisfeststellungscharakter hat? Hier hat der Markt bereits über die Preisfeststellung entschieden, und dem Betrieb bleibt nichts anderes übrig, als daraus die Konsequenzen zu ziehen: er hat nur festzustellen, ob (auf lange Sicht) das Deckungsprinzip bei ihm bei den geltenden Preisen durchgeführt wird oder nicht, und danach seine Entscheidungen zu treffen. Auf kurze Sicht wird auch er nur die Deckung der variablen Kosten erstreben dürfen. Auf jeden Fall ist für ihn die Kalkulation der Preisuntergrenze entscheidend, die auf dem Kostenprinzip beruht.

Im Markte selbst, der hier die Preise bildet, setzen sich bei der Preisbildung je nach der Ware dieselben Preisbildungsprinzipien durch: Kostenprinzip auf lange Sicht, Prinzip variabler Kosten auf kurze Sicht, bei verbundenen Gütern für Nebenprodukte das Wertprinzip.

Literaturverzeichnis.

1. Bücher:

Amidon, L. C., and Th. Lang. Essentials of Cost Accounting. New York 1928.

Andler, K. Rationalisierung der Fabrikation und optimale Losgröße. München 1929.

Baxter, William, I. Chain Store Distribution and Management, New York / London 1928.

Bliss, James, H. Financial and Operating Ratios in Management. New York 1923.

Borsodi, Ralph. The Distribution Age. A Study of the Economy of Modern Distribution. New York / London 1929.

Carver, T. N. The Distribution of Wealth. New York 1904.

Castenholz, William, B. Cost Accounting Procedure. Chicago 1923.

—, A Solution to the Appreciation Problem. Chicago 1931.

—, The Control of Distribution Costs and Sales. New York/London 1930.

Chase, Stuart. Men and Machine (deutsch: Moloch Maschine). Stuttgart 1931.

Church, A. H. Overhead Expense. New York/London 1930.

Clark, J. B. The Distribution of Wealth. New York 1899.

Clark, John, Maurice. Overhead Costs. Chicago 1923.

—, Social Control of Business. Chicago 1929.

Colm-Neisser. Kapitalbildung und Steuersysteme. Berlin 1930.

Copeland, Melvin, T. Marketing. In: Recent Economic Changes in the United States. London/New York 1929.

Dohr, J. L. Cost Accounting. New York 1924.

Donham, Wallace, B. Business Adrift. New York 1931.

Gerloff, W. Handel und Binnenhandelspolitik. In „Die Beamtenhochschule". Berlin 1929.

Godley, Edwin, A., und Alexander Kaylin. Control of Retail Store Operations. New York 1930.

Gounod, P. Rationalisation and Mass Production. In: Europe: United States, Industrial Problems. International Chamber of Commerce 1931.

Greer, Howard, C. The Costs of Handling Small Orders and Accounts. Chicago o. J.

Hall, Ronald, S. Theory and Practice of Advertising. New York / London 1926.

Hamlin, S. The Menace of Overproduction, its Cause, Extent and Cure. New York 1930.

Hardy, Charles, O. Risk and Risk Bearing. Chicago 1927.

Hayes, M. V. Accounting för Executive Control. New York/London 1929.

Heitkamp, Frederic, B. Product and Market Research. New York 1931.

Hellauer, Joseph. Kalkulation in Handel und Industrie. Berlin-Wien 1931.

Hirsch, Julius. Der moderne Handel. Grundriß der Sozialökonomik, V. Abteilung, II. Teil. Tübingen 1925.

—, Die Handelsspanne. Zeitgemäße Handelsfragen, Heft I. Berlin 1931.

Jüngst, Ernst. Wirtschaftsfragen des Ruhrbergbaus. Essen 1929.

Kahn, Karl. Die Werbung des Schuheinzelhändlers. Stuttgart 1930.

Kosiol, Erich. Kalkulation und Kostengestaltung im Warenhandel. 2 Bände, Stuttgart 1932.
Lehmann, M. R. Die industrielle Kalkulation. Berlin 1925.
Leitner, Friedrich. Die Selbstkostenberechnung industrieller Betriebe. Berlin 1930.
Liefmann, Robert. Grundsätze der Volkswirtschaftslehre. 2 Bände. Berlin 1917 und 1922.
Lischka, A. Die Selbstkostenrechnung in der Eisengießerei. Berlin/München 1926.
Lorentz, St. Grundlagen der Kostengestaltung. Berlin/Wien 1932.
McKinsey, I. O. Managerial Accounting. Chicago 1925.
Manes, Alfred. Versicherungswesen. 3 Bände. Berlin/Leipzig 1930, 1931, 1932.
Marshall, Alfred. Handbuch der Volkswirtschaftslehre. Deutsch von Hugo Ephraim und Arthur Salz. Stuttgart/Berlin 1905.
Maze, C. L., und I. G. Glover. How to analize Costs. New York 1929.
Mellerowicz, Konrad. Grundlagen betriebswirtschaftlicher Wertungslehre. Berlin 1926.
—, Allgemeine Betriebswirtschaftslehre. Berlin 1932.
—, Das Unkostenproblem im Bankgewerbe, insbes. in öffentlich-rechtlichen Kreditanstalten. Berlin 1929.
—, Die Warenverwaltung der Einzelhandelsbetriebe. In: Handbuch des Einzelhandels. Stuttgart 1932.
Müller-Bernhardt. IndustrielleSelbstkosten bei schwankendem Beschäftigungsgrad. (Betriebswirtschaftliche Zeitfragen, Heft 8.) Berlin 1925.
Nicklisch, Heinrich. Die Betriebswirtschaft. Stuttgart 1933.
Oberparleiter, Karl. Funktionen- und Risikenlehre des Warenhandels. Berlin 1930.
Peiser, H. Der Einfluß des Beschäftigungsgrades auf die industrielle Kostengestaltung (Betriebswirtschaftliche Zeitfragen, Heft 7), Berlin 1924.
Reuther, Otto. Beförderungsunternehmungen zur See. Stuttgart 1933.
Saliers, E. A. Accountants Handbook. New York 1923.
—, Depreciation-Principles and Applications. New York 1923.
Sanders, Th. H. Industrial Accounting. New York 1929.
Sax, Emil. Die Verkehrsmittel in Volks- und Staatswirtschaft. Bd. I: Allgemeine Verkehrslehre, Berlin 1918. Bd. II: Land- und Wasserstraßen, Post, Telegraph und Telephon, Berlin 1920. Bd. III: Die Eisenbahnen, Berlin 1922.
Schmalenbach, Eugen. Dynamische Bilanz. Leipzig 1926.
—, Grundlagen der Selbstkostenrechnung und Preispolitik. Leipzig 1930.
—, Der Kontenrahmen. Leipzig 1927.
Schmidt, Fr. Die organische Tageswertbilanz. Leipzig 1929.
—, Kalkulation und Preispolitik. Berlin/Wien 1930.
Schüller, Hans, Herm. Kostenbegriff und Ertragsgesetze. Diss. Berlin 1932.
Scovell, C. Interest as a Cost. New York 1929.
Seligmann, Edwin R. Die Lehre von der Steuerüberwälzung. Jena 1927.
Seyffert, Rudolf. Allgemeine Werbelehre. Stuttgart 1929.
Silbe, C. Die Ertragsgestaltung in der Industrie und ihre Bedeutung für Wirtschaft und Bevölkerung. Karlsruhe 1926.
Skrodzki und Moeßner. Besteuerung, Ertrag und Arbeitslohn industrieller Unternehmungen im Jahre 1927. Berlin 1929.
Sombart, Werner. Der moderne Kapitalismus. 2 Bände. München/Leipzig 1922.
Starch, Daniel. Principles of Advertising. Chicago/New York/London 1923.
Stoker, H. Viel bessere Ladengeschäfte. Zürich 1928.
Taussig, Frank, William. Principles of Economics. New York 1923/24.
Teubert, Osk. Die Binnenschiffahrt. Leipzig 1932.
Wagemann, Ernst. Konjunkturlehre. Berlin 1928.

White, Percival. Advertising Research. New York 1927.
v. Wieser, Friedrich, Freiherr. Theorie der gesellschaftlichen Wirtschaft. Grundriß der Sozialökonomik I. Abtlg. II. Teil. 2. Aufl., Tübingen 1924.
Woytinsky, W. Die Welt in Zahlen. 3. Aufl. Berlin 1927.
Reichskuratorium für Wirtschaftlichkeit. Kostenaufbau, Kostensenkung, Preisgestaltung (RKW - Veröffentlichung Nr. 80). Leipzig 1932.
Reichsverband der Industrie. Die Steuerbelastung der deutschen Industrie 1913—1925. Berlin 1927.
Kapitalbildung und Investitionen in der deutschen Volkswirtschaft 1924—1928. Vierteljahrshefte zur Konjunkturforschung. Sonderheft 22. Berlin 1929.
Kapital und Kapitalismus. Herausg. B. Harms. Berlin 1932.
Recent Economic Changes in the United States. New York/London 1929.
Ursachen und Wirkungen des hohen Zinsfußes auf die deutsche Volkswirtschaft. Herausg. Diehl. Jena 1932.
Wirtschaftstheorie der Gegenwart. Herausg. Hans Mayer. Bd. II: Wert, Preis, Produktion, Geld, Kredit. Wien 1932.

Ferner [1]):

Veröffentlichungen der Forschungsstelle für den Handel (FfH-Mitteilungen), Berlin.
Veröffentlichungen des Ausschusses zur Untersuchung der Erzeugungs- und Absatzbedingungen der deutschen Wirtschaft (Enquète-Ausschuß), Berlin.
Veröffentlichungen des Instituts für Konjunkturforschung, Berlin.
Veröffentlichungen des Reichskuratoriums für Wirtschaftlichkeit, Berlin.
Veröffentlichungen des Bureau of Business Research der Harvard-University, Boston/Mass.

[1]) Einzelheiten und weitere Literaturangaben in den Fußnoten des Textes.

Veröffentlichungen des U. S. Department of Commerce, Washington.
Veröffentlichungen der National Retail Dry Goods Association, New York.
Veröffentlichungen der National Association of Cost Accountants (NACA), New York.

2. Zeitschriften:

Bücher, K. Das Gesetz der Massenproduktion. Ztsch. f. d. gesamten Staatswissenschaften, 66. Jahrg. Tübingen 1910.
Copeland, Melvin, T. Some Present Day Problems in Distribution. Harvard Business Review, April 1931.
Geldmacher, Erwin. Grundbegriffe und systematischer Grundriß des Rechnungswesens. Zeitschrift für handelswissenschaftliche Forschung. 23. Jahrg. Heft 1.
Haney, L. H. Gasoline Prices as affected by Interlocking Stockownership and Joint Costs. Quarterly Journal of Economics. 26. Jahrg. S. 35ff.
Kleine, Klemens. Die Verschiebung der fixen und proportionalen Kosten in Textilbetrieben. Zeitschrift für handelswissenschaftliche Forschung. 23. Jahrg. S. 241ff.
Knight. Statik und Dynamik (Zur Frage der mechanischen Analogie in den Wirtschaftswissenschaften). Zeitschrift für Nationalökonomie. II. Jahrg. S. 1ff.
Kreps. Joint Costs in the Chemical Industry. Quarterly Journal of Economics. 44. Jahrg.
Lorenz, Charlotte. Der Steuergehalt der Fertigware. Markt der Fertigware 1932/4.
Maletz, Joseph. Kostenauflösung. Zeitschrift für handelswissenschaftliche Forschung. 20. Jahrg. S. 241.
McNair, Malcolm, P. Trend in large Scale Retailing. Harvard Business Review, Okt. 1931.
—, Department Store Rentals. Harvard Business Review, Januar und April 1931.
McNiece, Thomas, M. Analysis of

Wholesalers' Operating Costs. Harvard Business Review, Oktober 1928.
Mellerowicz, Konrad. Eisenbahn und Kraftwagen. Sonderschrift der Deutschen Bergwerkszeitung, Januar 1933.
—, Grundlagen rationaler Verkehrsorganisation. Frankfurter Zeitung. Wirtschaftsheft 8. Frankfurt 1933.
—, Zusammenarbeit der Verkehrsmittel. Eine Kritik der Kritik. Frankfurter Zeitung v. 15. 2. 1933.
—, Die Bankbilanz. Welt des Kaufmanns. 9. Jahrg. Heft 1.
—, Absatzschwankungen und ihr Einfluß auf die Betriebspolitik. Zeitschrift für Betriebswirtschaft 1928. Heft 11—12.
Robbins, The representative Firm. The Economic Journal, Bd. 38. London 1928.
Ruberg, Karl. Bankkredit für den mittelständischen Einzelhandel. Bankwissenschaft 9. Jahrg. Heft 15.
Schulz, Carl-Ernst. Das Problem der Preisuntergrenze und ihre Arten. Annalen der Betriebswirtschaft. 1. Jahrg. S. 347.
Schulz-Mehrin Die Abhängigkeit der Selbstkosten insbes. der Unkosten vom Beschäftigungsgrad. Maschinenbau 1925.
Simpson, Kemper. A Statistical Analysis of the Relation between Cost and Price.. Quarterly Journal of Economics. 35. Jahrg. S. 264ff.
—, Further Evidence on the Relation between Cost, Price and Profit. Quarterly Journal of Economics. 37. Jahrg. S. 476ff.
Skatikat. Die Warenhausreklame unter besonderer Berücksichtigung der Königsberger Verhältnisse. Zeitschrift für Handelswissenschaft und Handelspraxis, 1921/8—12.
Whright, P. G. Cost of Production and Price. Quarterly Journal of Economics 1918 Bd. 19.

Schlagwortverzeichnis.

Inhalt des zweiten Bandes.

C. Theorie der Kostenrechnung.

D. Betriebliche Preispolitik.

Buchhaltung. Von Dr. *Hermann Lüdke*, Dozent an der Handelshochschule Berlin. Mit 4 Abbildungen und 1 Tabelle. 158 Seiten. 1931. Geb. 1.62
(Sammlung Göschen Bd. 1046.)

Eine der besten Einführungen mit zahlreichen instruktiven Beispielen in das Gebiet, die man sich auf so knappem Raum denken kann.

„Die Schrift kann als eine ausgezeichnete Einführung in das Rechnungswesen der Unternehmung empfohlen werden.“ *Mitteilungen d. Handelskammer Frankfurt a. Main, Nr. 21 v. 1. XI. 31.*

Das Kredit- und Bankwesen. Von Dr. *Wilhelm Lexis*. Zweite Auflage, besorgt von Dr. *Karl Muhs*, Professor an der Universität Greifswald. Neue Ausgabe mit Nachtrag. 161 Seiten. 1929. Geb. 1.62
(Sammlung Göschen Bd. 733.)

„Das Werk verdient infolge seiner leichtverständlichen Ausdrucksweise weitgehendste Beachtung. Jedem, der sich ein Bild von dem gegenwärtigen Stand des Kredits und des Bankwesens machen will, wird das Werk unentbehrlich sein.“ *Hansa-Bund, Steuer-Zeitung.*

Technik des Bankbetriebes. Von Professor Dr. *Karl Eichenseer*, Direktor der Städtischen Sparkasse Harburg a. E. 146 Seiten. 1925. Geb. 1.62
(Sammlung Göschen Bd. 484.)

„Ein hervorragender Kenner auf dem Gebiete des Bankwesens hat es mit großem Geschick und mit übersichtlicher Klarheit verstanden, einen sicheren Führer durch die schwierigen und verwickelten Probleme der Technik des Bankbetriebes zu schaffen.“ *Hamburger Industrie- und Gewerbe-Zeitung.*

Die Technik des Zahlungsverkehrs. Von Dr. *A. Scheibke*, Dozent an der Handelshochschule Berlin. Mit 17 Abb. 136 Seiten. 1933. Geb. 1.62
(Sammlung Göschen Bd. 1069.)

Aus dem Inhalt: Die Zahlungen im allgemeinen. / Die Bargeldzahlung. / Die Zahlung durch verbriefte Forderungen — Wechsel und Scheck. / Die Bargeldzahlung.

Das Handelswesen. Von Professor Dr. *Wilhelm Lexis* und Professor Dr. *Karl Muhs*.

I. Das Handelspersonal und der Warenhandel. Dritte, vermehrte Auflage. 118 Seiten. 1923. Geb. 1.62
(Sammlung Göschen Bd. 296.)

II. Die Effektenbörse und die innere Handelspollitik. Dritte, vermehrte Auflage. 110 Seiten. 1923. Geb. 1.62
(Sammlung Göschen Bd. 297.)

Volkswirtschaftslehre. Von Professor Dr. *Carl Johannes Fuchs*. Sechste Auflage. 160 Seiten. 1931. Geb. 1.62
(Sammlung Göschen Bd. 133.)

„Diese knappe Volkswirtschaftslehre dürfte unstreitig zum Besten gehören, was in solch konzentrierter Form darüber geschrieben worden ist. Die Einleitung gibt Grundbegriffe, im ersten Abschnitt wird die Entstehung der Volkswirtschaft, im zweiten die moderne Volkswirtschaft geschildert. Dabei wird überall, soweit dies möglich ist, bis an die Entwicklung der neuesten Zeit herangeführt.“ *Deutsche Volkserziehung.*

Grundlagen der Handelspolitik. Von *Heinrich Sieveking*, Professor an der Universität Hamburg. Dritte, gänzlich umgearbeitete Auflage. 122 Seiten. 1927. Geb. 1.62
(Sammlung Göschen Bd. 245.)

„Das Büchlein enthält eine leichtverständliche Einführung in die Probleme der Handelspolitik.“
Mitteilungen des Reichsverbandes der Deutschen Industrie.

Die Gestaltung der Handelspolitik in den wichtigsten Ländern. Von *Heinrich Sieveking*, Professor an der Universität Hamburg. 128 Seiten. 1930. Geb. 1.62
(Sammlung Göschen Bd. 1024.)

„Eine auf die modernste Literatur- und Quellenwerke gestützte Darstellung, die insbesondere bemüht ist, die Bedingtheit der jeweiligen handelspolitischen Gestaltung durch die Wirtschaftsstruktur und -situation des betreffenden Landes aufzuzeigen.“

Handelsrecht und Schiffahrtsrecht. Von Dr. *Julius von Gierke*, o. Professor der Rechte in Göttingen. Vierte, vollständig neubearbeitete Auflage. Oktav. XV, 865 Seiten. 1933. Geb. 20.—
(Lehrbücher und Grundrisse der Rechtswissenschaft, Band VI.)

„Die vierte Auflage hat aber gleichwohl ihre besondere Note erhalten. Der Verfasser weist selbst in seinem Vorwort darauf hin, wie erstaunlich viel sich in Deutschland in der kurzen Spanne seit der 3. Auflage auf dem Gebiet des Handels- und Wirtschaftsrechts geändert und verschoben hat. Alles das einzufangen und wissenschaftlich zu verarbeiten, bedeutete gewiß keine leichte Aufgabe, zumal es im Hinblick auf die umfangreiche Notgesetzgebung zu erkennen galt, was dauernden und was ephemeren Charakter hat. Gerade in letzterer Hinsicht scheint mir v. Gierke im allgemeinen das Richtige getroffen zu haben.

Eine völlige Neubearbeitung ist dem Aktienrecht zuteil geworden . . .“
Jur. Wochenschrift Nr. 15/16 v. 15/.22. April 1933

Kommentar zum Gesetz betr. die Gesellschaften mit beschränkter Haftung. (Früher Staub-Hachenburg.) Fünfte Auflage unter Mitarbeit von Dr. *Fritz Bing*, Rechtsanwalt in Mannheim, und Dr. *Walter Schmidt II*, Rechtsanwalt in Berlin, von Dr. *Max Hachenburg*, Rechtsanwalt in Mannheim. 2 Bände. 43.—, geb. 47.—
I. Band: §§ 1—34. Groß-Oktav. VI, 527 Seiten. 1926.
II. Band: §§ 35—84. Groß-Oktav. II, 452 Seiten. 1927.

„Das Buch ist als Nachschlagewerk unübertrefflich. Es wird wenig Fälle geben, in denen es den Lesern nicht die gewünschte Belehrung geben wird; es wird aber auch die Grundlage bieten zur rechtlichen Beurteilung neuer Gestaltungen des stets sich ändernden Wirtschaftslebens." Deutsche Richterzeitung v. 15. II. 1927.

Gesetz betr. die Gesellschaften mit beschränkter Haftung. Kommentar von Dr. jur. *Erich Brodmann*, Reichsgerichtsrat i. R. Groß-Oktav. Zweite Auflage. 1930. (Gewerbe- und Industrie-Kommentar [GIK.] Bd. I.) 16.—, geb. 18.—

„Die Ausführungen sind, wie man es bei diesem Autor gewohnt ist, tief durchdacht und lassen bei Bekämpfung gegenteiliger Ansichten erkennen, daß das Für und Wider an der Hand voll ausgeschöpfter Rechtsprechung und Literatur überall zu seinem Recht kommt." Leipziger Ztsch. f. dtsch. Recht v. 1. VI. 1931.

Das Reichsgesetz, betreffend die **Gesellschaften mit beschränkter Haftung.** Textausgabe mit Anmerkungen und Sachregister. Von *Ludolf Parisius* und Dr. *Hans Crüger*. Achtzehnte Auflage, bearbeitet von Dr. *Adolf Crecelius* und Kammergerichtsrat *Fritz Citron*. Taschenformat. 244 Seiten. 1929. (Guttentagsche Sammlung Deutscher Reichsgesetze Bd. 32.) Geb. 3.15

„Wer kennt nicht die altbewährte Ausgabe des GmbH.-Gesetzes von Parisius-Crüger, die in immer verbesserter und erweiterter Auflage der Juristen- und Geschäftswelt nützt? Nicht wenige ziehen diese Ausgagbe einer größeren Kommentierung dieses Gesetzes vor, wenn der tägliche Gebrauch in Frage steht. Und das mit Recht." Ztsch. f. Aktiengesellschaft Nr. 3, März 1929.

Staubs Kommentar zur Wechselordnung. Fortgesetzt von Dr. *J. Stranz* und Dr. *M. Stranz*. Zwölfte Auflage, bearbeitet von Justizrat *M. Stranz*, Rechtsanwalt am Kammergericht, und *Martin Stranz*, Rechtsanwalt an den Landgerichten Berlin. Groß-Oktav. 432 Seiten. 1929. 16.—, geb. 18.—

„. . . Ein Urteil über die Güte des Werkes erübrigt sich, denn der Staubsche Kommentar ist und bleibt der Wechselkommentar." Bankwissenschaft v. 5. VII. 1929.

Wechselordnung in der Fassung der Bekanntmachung vom 3. Juni 1908. Kommentar von Justizrat Dr. *J. Stranz* und Dr. *M. Stranz*, Rechtsanwälte in Berlin. Dreizehnte, der Neubearbeitung sechste Auflage. Bearbeitet von Justizrat Dr. *M. Stranz*, Rechtsanwalt am Kammergericht und *Martin Stranz*, Rechtsanwalt an den Landgerichten Berlin. Taschenformat. 419 Seiten. 1930. (Guttentagsche Sammlung Deutscher Reichsgesetze Bd. 5.) Geb. 6.30

Die bekannte „Stranz-Stranz'sche" Wechselordnung hat in ihrer neuen — dreizehnten! — Auflage 1930 eine sorgfältige Ergänzung durch die seit Erscheinen der letzten Auflage ergangene Rechtsprechung und veröffentlichte Literatur erfahren. Diese Ausgabe enthält nicht etwa nur Hinweise und kurze Erläuterungen, sondern ist ihrer ganzen Anlage nach ein verkürzter Kommentar; außer der Wechselordnung bringt sie auch die bekannten Nebengesetze: sie umfaßt also das gesamte Wechselrecht.

Wechselordnung in der Fassung der Bekanntmachung vom 3. Juni 1908 (RGBl. S. 326 ff.). Mit einem Anhang, enthaltend den Wechselprozeß und Nebengesetze. Textausgabe mit Einleitung und Sachregister. Taschenformat. 104 Seiten. 1928. (Guttentagsche Sammlung Deutscher Reichsgesetze. Textausgaben ohne Anmerkungen mit Sachregister.) Geb. 1.35

Vorteilhafte Anordnung, ein zuverlässiges Sachregister, das das Gesetz erschließt, Handlichkeit und sauberer Druck zeichnen auch die neue Auflage der Wechselordnung aus, deren Einleitung den letzten Stand dieser Materie erfaßt und deren Anhang „Nebengesetze" bis auf die letzte Zeile ergänzt ist.

Wechselrecht. Kommentar auf der Grundlage der Deutschen Wechselordnung unter vergleichsweiser Heranziehung der hauptsächlichsten ausländischen Wechselgesetze und des künftigen einheitlichen Wechselrechts. Von *Richard Michaelis*, Reichsgerichtsrat i. R. Groß-Oktav. VIII, 553 und 29* Seiten. 1932. (Gewerbe- u. Industrie-Kommentar Bd. VI.) 36.—, geb. 37.80

„Die Erläuterungen der einzelnen Bestimmungen der WO. sind selbständig, erschöpfend und tiefgründig; sie zeugen von einer seltenen Beherrschung der gesamten Rechtsprechung und des Schrifttums. . . . Es dürfte schwer sein, eine Einrede zu finden, die in dieser Darstellung nicht erwähnt und erörtert ist." Zeitschrift des Deutschen Notarvereins Nr. 8, 1932.

Scheckgesetz mit allen einschlägigen Nebengesetzen, den ausländischen Gesetzen und dem Deutschen Postscheckgesetz mit Postscheckordnung. Kommentar von Reichsgerichtsrat *Michaelis*. Groß-Oktav. VII, 339 Seiten. 1927. (Gewerbe- und Industrie-Kommentar, II. Bd.) 16.—, geb. 18.—

„Was der Staub für das Handelsgesetzbuch ist, dürfte der Kommentar von Michaelis für das Scheckgesetz bedeuten, nämlich eine großangelegte, dem Bedürfnis der Wissenschaft wie dem der Praxis in gleicher Weise Rechnung tragende Durcharbeitung des Gesetzestextes, der dazugehörigen Materialien, der einschlägigen Literatur sowie der höchstrichterlichen Rechtsprechung." Deutsche Wirtschafts-Zeitung.

Das Reichsgesetz, betreffend die **Erwerbs- und Wirtschaftsgenossenschaften.** Kommentar zum praktischen Gebrauch für Juristen, Genossenschaften und ihre Mitglieder. Bis zur dritten Auflage herausgegeben von *Ludolf Parisius* und Dr. *Hans Crüger*, später von Dr. *Hans Crüger* und Dr. *Adolf Crecelius*. Zwölfte, neubearbeitete Auflage von Oberverwaltungsgerichtsrat *Fritz Citron*. Groß-Oktav. XVI, 605 Seiten. 1932. 25.20, geb. 27.—

Der große Parisius-Crüger ist nach wie vor das unentbehrliche Nachschlagewerk für jeden auf dem Gebiete des Genossenschaftsrechtes tätigen Juristen und praktischen Genossenschaftsleiter.

Das Reichsgesetz, betreffend die **Erwerbs- und Wirtschaftsgenossenschaften.** Textausgabe mit Anmerkungen und Sachregister. Von *Ludolf Parisius* und Dr. *Hans Crüger* (später Dr. *Hans Crüger* und Dr. *Adolf Crecelius*). Einundzwanzigste, neu bearbeitete und erweiterte Auflage, von Oberverwaltungsgerichtsrat *Fritz Citron*. Oktav. 299 Seiten. 1933. (Guttentagsche Sammlung Deutscher Reichsgesetze Nr. 29 Textausgaben mit Anmerkungen und Sachregister.) Geb. 3.60

Die Textausgabe mit Anmerkungen von Parisius-Crüger-Crecelius-Citron ist die weitaus verbreitetste erläuterte Ausgabe des Genossenschaftsgesetzes. Die 21., neubearbeitete und erweiterte Auflage umfaßt bereits das 93.—98. Tausend. Alle Neuerungen und Ergänzungen, die sich seit der letzten, 1930 erschienenen Auflage notwendig gemacht haben, sind nachgetragen. Der Band enthält im Anhang ergänzende Gesetze und Verordnungen.

Handbibliothek für das deutsche Genossenschaftswesen. Herausgegeben von Dr. *Hans Crüger*. Groß-Oktav.

I. Band: **Vorschuß- und Kreditvereine als Volksbanken.** Praktische Anweisung zu deren Einrichtung und Gründung. Von *Schulze-Delitzsch*. Neunte, neubearbeitete Auflage von Dr. *Hans Crüger* und *Reinhold Letschert*. XXIII, 455 Seiten. 1926. 15.—, geb. 17.—

„Das Werk enthält in gedrängter und doch klarer Form alles Wissenswerte über das Kreditgenossenschaftswesen und stellt ein unentbehrliches Handbuch für den Praktiker dar." Zahlungsverkehr und Bankbetrieb.

VIII. Band: **Musterformulare für den Geschäftsverkehr der Erwerbs- und Wirtschaftsgenossenschaften.** Herausgegeben von dem Allgemeinen Verbande der auf Selbsthilfe beruhenden deutschen Erwerbs- und Wirtschaftsgenossenschaften, e. V. 122 Seiten. 1907. 2.50

X. Band: **Rechtsbuch für Genossenschaften.** Von *E. Scholz*. XII, 322 Seiten. 1909. 7.—

Die übrigen Bände sind zurzeit vergriffen.

Das deutsche Genossenschaftswesen. Von Dr. *Robert Deumer*. I. Zweite Auflage. 136 Seiten. 1926. II. Zweite Auflage. 156 Seiten. 1927. (Sammlung Göschen Bd. 384, 782.) Geb. je 1.62

„Eine wertvolle Darstellung der gesamten Genossenschaftsbewegung wird hier in knapper Form geboten Besonders wertvoll erscheint uns die Art der Behandlung, die überall die kulturelle und wirtschaftliche Bedeutung der Genossenschaften in allen ihren Beziehungen zum Wirtschaftsleben schildert." Landwirtschaftliche Genossenschaftsblätter.

Verordnung gegen Mißbrauch wirtschaftlicher Machtstellungen vom 2. November 1923. Kommentar von Reichsgerichtsrat Dr. *W. Staffel*. Oktav. 108 Seiten. 1927. (Guttentagsche Sammlung Deutscher Reichsgesetze Bd. 167.) Geb. 3.15

Die für das Wirtschaftsrecht so wichtige Kartellordnung findet hier eine eingehende Kommentierung aus der Feder eines in diese Fragen tief eingedrungenen Mitglieds des höchsten Gerichtshofs. Die Erläuterungen werden daher um so unentbehrlicher für die wirtschaftliche Praxis auf diesem Gebiete sein.

Offenbarungseid und Haft im Zivilprozeß. Von Dr. *Wilhelm Huyke*, Amtsgerichtsrat. Taschenformat. 1930. (Guttentagsche Sammlung Deutscher Reichsgesetze Bd. 177.) 3.60

Dieser Band bietet eine ganz auf die Praxis zugeschnittene Erläuterung der das Offenbarungseidsverfahren betreffenden Paragraphen der ZPO. und gibt in einem allgemeinen Teil zuverlässig Auskunft über die sich auf diesem Gebiete ergebenden Streit- und Zweifelsfragen. Die Rechtsprechung der höheren Gerichte und die Literatur ist berücksichtigt worden.

Bürgerliches Gesetzbuch nebst Einführungsgesetz. Mit Einleitung, Anmerkungen und Sachregister. Nach dem Tode des ersten Herausgebers Dr. *A. Achilles* in Verbindung mit *J. Altstötter*, Oberamtsrichter in Sonthofen, *O. Meyer*, Oberlandesgerichtspräsident in Celle, Dr. *J. Kieckebusch*, Land- und Amtsgerichtsrat in Kassel, Dr. *O. Strecker*, Senatspräsident am Reichsgericht i. R. in Leipzig, herausgegeben von Dr. *M. Greiff*, Wirkl. Geh. Oberjustizrat, Oberlandesgerichtspräsident i. R. in Berlin. Dreizehnte, vermehrte und verbesserte Auflage. Mit Erläuterungen der Verordnung über das Erbbaurecht, des Gesetzes über die religiöse Kindererziehung und des Gesetzes für Jugendwohlfahrt. Groß-Oktav. XXIII, 1304 Seiten. 1930. (Guttentagsche Sammlung Deutscher Reichsgesetze Bd. 38/39.) Geb. 21.60

„Das angesehene Werk bedarf keines Wortes der Empfehlung. Es gehört zu denjenigen Handkommentaren, die sich in der juristischen Praxis unangefochtenes Bürgrecht erworben haben . . .“

Berliner Tageblatt v. 22. VII. 1930

Bürgerliches Gesetzbuch nebst Einführungsgesetz. Vom 18. August 1896 mit Berücksichtigung der bis zum 1. Januar 1928 ergangenen Abänderungen. Textausgabe mit ausführlichem Sachregister. Sechzehnte Auflage (61.—66. Tausend). Taschenformat. 758 Seiten. 1928. (Guttentagsche Sammlung von Textausgaben ohne Anmerkungen mit Sachregister.) Geb. 2.50

Die vorliegende Ausgabe zeichnet sich durch Vollständigkeit und besondere Ausführlichkeit des Sachregisters aus.

Strafgesetzbuch für das Deutsche Reich mit Nebengesetzen, Anmerkungen und Sachregister. Früher von Dr. *Franz von List* † und Dr. *Ernst Delaquis*. 30. Auflage. Von Professor Dr. *Eduard Kohlrausch*. Taschenformat. XII, 520 und 48* Seiten. 1932. Mit Ergänzung: Novelle vom 26. 5. 1933. (Guttentagsche Sammlung Deutscher Reichsgesetze, 2.) Geb. 8.—

Die Bearbeitung dieser Ausgabe stimmt mit der der Strafprozeßordnung überein. Ebenfalls sind die wichtigsten Nebengesetze mit angefügt. Mit der Ergänzung durch die Novelle vom 26. 5. 33 ist die Ausgabe auf den heutigen Stand gebracht.

Strafprozeßordnung und Gerichtsverfassungsgesetz. Textausgabe mit Einleitung, Anmerkungen und Nebengesetzen. In Verbindung mit Dr. *Hermann Mannheim*, Landgerichtsrat und Professor in Berlin, bearbeitet von Dr. *Eduard Kohlrausch*, Professor der Rechte in Berlin. 23. Aufl. (105. bis 108. Tausend). VIII, 506 Seiten. 1933. (Guttentagsche Sammlung Deutscher Reichsgesetze, 12.) Geb. 6.75

Die 23. Auflage berücksichtigt alle bis zum Juni 1933 eingetretenen Änderungen. Die Anmerkungen unterrichten in prägnanter Form über alle wichtigeren Auslegungsfragen.

Handwörterbuch der Rechtswissenschaft (HdR). Unter Mitberatung von Reichsgerichtspräsident Dr. Dr. *E. Bumke*, Reichsgerichtsrat Dr. *L. Busch*, Oberreichsanwalt Prof. Dr. Dr. *L. Ebermayer*, Geh.-Rat Professor Dr. Dr. *Fr. Endemann*, Geh. Justizrat Professor Dr. Dr. *E. Heymann*, Senatspräsident am Reichsgericht Dr. *O. Strecker*, Präsident des Bayerischen Obersten Landesgerichts Staatsrat Dr. *K. v. Unzner* †, herausgegeben von Dr. jur. *Fritz Stier-Somlo*, o. Professor an der Universität Köln, und Dr. jur. *Alexander Elster*, Berlin. 6 Bände. 1926/29. 1 Ergänzungsband 1931. Lexikon-Oktav. In Halbleder geb. 312.—

„Das Handwörterbuch der Rechtswissenschaft ist unbestritten das bedeutendste Sammelwerk seiner Art, das sicherlich dem Kaufmann und Industriellen, überhaupt jedem Wirtschaftler Zeit und Geld erspart; mühelos wird er in alles Wissenswerte mit einer Vollkommenheit eingeführt, daß eine etwaige Rateinholung bei anderen Stellen durchaus überflüssig wird. Das Standardwerk eignet sich nicht nur für den täglichen Gebrauch aller kaufmännischen Berufsstände, sondern für jeden, der irgendwie Interesse für die Rechtsfragen des Tages hat. Die Vorzüge des Werkes sind: Systematik, Schärfe der Begriffsbestimmung, Klarheit der Sprache, Einstellung auf die Praxis, also Nichtbeachtung jedweden nicht unbedingt erforderlichen Gedächtnisballastes, Herstellung von Brücken unter den einzelnen Stoffgebieten durch entsprechende Hinweise.“

Deutsche Arbeitgeberzeitung.

FSC
www.fsc.org
MIX
Papier | Fördert gute Waldnutzung
FSC® C083411

Kolibri 360 GmbH
Ferdinand-Jühlke-Straße 7
99095 Erfurt, Deutschland
produktsicherheit@kolibri360.de